eXamen.press

T0259677

eXamen.press ist eine Reihe, die Theorie und
Praxis aus allen Bereichen der Informatik für
die Hochschulausbildung vermittelt.

Martin Dietzfelbinger • Kurt Mehlhorn
Peter Sanders

Algorithmen
und Datenstrukturen

Die Grundwerkzeuge

 Springer Vieweg

Martin Dietzfelbinger
Technische Universität Ilmenau
Fakultät für Informatik und
Automatisierung
Helmholtzplatz 5
98693 Ilmenau
martin.dietzfelbinger@tu-ilmenau.de

Kurt Mehlhorn
Max-Planck-Institut für Informatik
Abt. 1: Algorithmen und Komplexität
Campus E1 4
66123 Saarbrücken
mehlhorn@mpi-inf.mpg.de

Peter Sanders
Karlsruher Institut für Technologie
Fakultät für Informatik
Am Fasanengarten 5
76131 Karlsruhe
sanders@kit.edu

ISSN 1614-5216
ISBN 978-3-642-05471-6   ISBN 978-3-642-05472-3 (eBook)
DOI 10.1007/978-3-642-05472-3

Die Deutsche Nationalbibliothek verzeichnet diese Publikation in der Deutschen Nationalbibliografie; detaillierte bibliografische Daten sind im Internet über http://dnb.d-nb.de abrufbar.

Springer Vieweg
© Springer-Verlag Berlin Heidelberg 2014

Gedruckt auf säurefreiem und chlorfrei gebleichtem Papier

Springer Vieweg ist eine Marke von Springer DE. Springer DE ist Teil der Fachverlagsgruppe Springer Science+Business Media.
www.springer-vieweg.de

Für alle Algorithmikerinnen
und Algorithmiker

Vorwort

Algorithmen bilden das Herzstück jeder nichttrivialen Anwendung von Computern. Daher sollte jede Informatikerin und jeder Informatiker Kenntnisse über die wesentlichen algorithmischen Werkzeuge haben: über Strukturen, die es erlauben, Daten effizient zu organisieren und aufzufinden, über häufig benutzte Algorithmen und über die Standardtechniken, mit denen man algorithmische Probleme modellieren, verstehen und lösen kann.

Dieses Buch bietet eine straff gehaltene Einführung in die Welt dieser Grundwerkzeuge an, für Studierende und für im Beruf stehende Experten, die mit der Programmierung und den Grundelementen der Sprache der Mathematik vertraut sind. Wir haben dieses Buch in Bachelor-Lehrveranstaltungen über Algorithmik benutzt. In Lehrveranstaltungen auf dem Master-Level setzen wir große Teile des Buchs als bekannt voraus und konzentrieren uns auf die mit einem Stern versehenen Abschnitte sowie weiteren fortgeschritten Stoff. Nach unserer Überzeugung macht eine knappe, aber klare und einfache Darstellung das Material selbst für Bachelor-Studierende leichter zugänglich, solange sie auch Beispiele, Bilder, informelle Erläuterungen, Übungsaufgaben und eine gewisse Anknüpfung an die reale Welt einschließt.

Die meisten Kapitel des Buchs sind nach dem gleichen Muster angelegt. Wir beginnen mit der Betrachtung eines Problems in einer realen Situation. Wir erläutern die wichtigsten Anwendungen und stellen dann einfache Lösungen vor, und zwar *so informell wie möglich, so formal wie nötig*, um die wesentlichen Kernpunkte gut verständlich zu machen. Wenn wir im weiteren Verlauf zu fortgeschrittenerem und optionalem Material kommen, gehen wir zu einer mathematisch genaueren Behandlung über, die auch die Formulierung von Sätzen und Beweise beinhaltet. Damit sollte das Buch von Leserinnen und Lesern[1] mit einer großen Bandbreite von mathematischen Vorkenntnissen gewinnbringend benutzt werden können. Es gibt auch fortgeschrittene Abschnitte; diese sind mit einem Stern (*) markiert. Es wird ausdrücklich *emp-*

---

[1] Anm. d. Ü.: Natürlich richtet sich das Buch auch in der deutschen Übersetzung an Leserinnen und Leser gleichermaßen. Um umständliche Formulierungen zu vermeiden, wird im weiteren Verlauf des deutschen Textes wechselweise „der Leser" und „die Leserin" angesprochen – es sind aber immer beide Geschlechter gemeint.

fohlen, sie beim ersten Lesedurchgang auszulassen. Übungsaufgaben stellen zusätzliche Beispiele und alternative Herangehensweisen bereit und bieten die Gelegenheit, selbständig weiter über die Probleme nachzudenken. Wir empfehlen dringend, die Übungsaufgaben anzusehen, auch wenn beim ersten Lesedurchgang keine Zeit sein sollte, sie zu lösen. Um zu erreichen, dass nicht Programmierdetails, sondern die Ideen im Vordergrund stehen, verwenden wir für die Darstellung unserer Algorithmen Bilder, Text und höheren Programmiersprachen nachempfundenen Pseudocode. Ein Abschnitt „Implementierungsaspekte" verknüpft die abstrakten Ideen mit sauberen, effizienten Implementierungen in echten Programmiersprachen wie C++ und Java. Jedes Kapitel schließt mit einem Abschnitt mit historischen Bemerkungen und weiterführenden Ergebnissen, die einen Ausblick auf den aktuellen Stand der Forschung, auf Verallgemeinerungen und auf fortgeschrittene Lösungen geben.

Algorithmik ist ein modernes und aktives Teilgebiet der Informatik, sogar auf dem Niveau der Grundwerkzeuge. Bei der Darstellung haben wir großen Wert auf eine moderne Herangehensweise gelegt, einschließlich explizit angegebener Invarianten. Auch neuere Trends wie Algorithm Engineering, Speicherhierarchien, Algorithmenbibliotheken und zertifizierende Algorithmen werden diskutiert.

Wir haben uns entschieden, den größten Teil des Materials nach Problembereichen und nicht nach algorithmischen Techniken zu organisieren. Hiervon weichen wir nur im letzten Kapitel über Optimierungstechniken ab. Grund hierfür ist, dass die an Problemfeldern orientierte Organisation zu einer strafferen Darstellung führt. Es ist jedoch ebenso wichtig, dass die Leserinnen und Leser einen guten Überblick über die verfügbaren Techniken erhalten. Daher haben wir das letzte Kapitel nach Techniken strukturiert, und ein sehr ausführliches Stichwortverzeichnis stellt Querbezüge zwischen verschiedenen Anwendungen der gleichen Technik her. Fettgedruckte Seitenzahlen im Sachverzeichnis verweisen auf die Stelle, an der ein Begriff definiert wird.

Die nun vorliegende deutsche Fassung des Buchs soll es deutschsprachigen Leserinnen und Lesern leichter machen, mit dieser modernen Darstellung der algorithmischen Grundwerkzeuge zu arbeiten. Die Struktur des Textes ist dieselbe wie die der englischen Ausgabe, so dass beide nebeneinander benutzt werden können. Martin Dietzfelbinger übersetzte das Buch nicht nur, er hat es auch sehr gründlich durchgesehen und die Darstellung an vielen Stellen verbessert. Auch wurden Fehler der englischen Ausgabe korrigiert. Das Buch hat durch die Übersetzung also nicht verloren, sondern gewonnen. Die deutsche Ausgabe wird in Zukunft die Referenzausgabe sein, und wir werden die englische Auflage auf ihrer Grundlage überarbeiten. Daher ist es nur natürlich, dass das Buch in Zukunft drei Autoren hat.

Saarbrücken, Karlsruhe,   *Kurt Mehlhorn*
März 2014   *Peter Sanders*

Inhaltsverzeichnis

1

Vorspeise: Arithmetik für ganze Zahlen

Eine Vorspeise soll zu Beginn eines Essens den Appetit anregen. Genau dies ist der Zweck dieses Kapitels: Um das Interesse der Leserin für algorithmische[1] Techniken zu wecken, wollen wir ein überraschenden Ergebnis vorstellen: Die Schulmethode für die Multiplikation von natürlichen Zahlen ist nicht der beste Multiplikationsalgorithmus. Für die Multiplikation sehr großer Zahlen, d. h. solcher mit Tausenden oder sogar Millionen von Ziffern, gibt es viel schnellere Methoden. Eine solche Methode wird die Leserin in diesem Kapitel kennenlernen.

Arithmetik auf „langen" (d. h. vielziffrigen) ganzen Zahlen wird in Bereichen wie der Kryptographie, dem geometrischem Rechnen oder der Computeralgebra benötigt. Ein verbesserter Multiplikationsalgorithmus ist daher nicht nur ein intellektuelles Glanzlicht, sondern auch nützlich in Anwendungen. Auf dem Weg zu diesem Algorithmus werden wir – in einer sehr einfachen Situation – einige grundlegende Techniken des Algorithmenentwurfs, der Algorithmenanalyse und des „Algorithm Engineering" kennenlernen.

Für das Folgende nehmen wir an, dass natürliche Zahlen[2] wie üblich als Ziffernfolgen dargestellt werden. Im Zahlensystem zur Basis B, wobei B eine ganze Zahl größer als 1 ist, gibt es die Ziffern $0, 1, \ldots, B-1$, und eine Ziffernfolge $a_{n-1}a_{n-2}\ldots a_1 a_0$ stellt die Zahl $\sum_{0 \le i < n} a_i B^i$ dar. Die wichtigsten Systeme mit einer kleinen Basis B sind das Binärsystem (Basis 2, Ziffern 0 und 1), das Dezimalsystem (Basis 10, Ziffern 0 bis 9) und das Hexadezimalsystem (Basis 16, Ziffern 0 bis 15, oft als $0, \ldots, 9, A, B, C, D, E, F$ geschrieben). Größere Basen wie 2^8, 2^{16}, 2^{32} und 2^{64} sind ebenfalls nützlich. Zum Beispiel stellt

---

[1] Die oben abgebildete Briefmarke aus der ehemaligen UdSSR zeigt den persischen Mathematiker und Astronomen *Muhammad ibn Musa al-Chwarizmi* (* um 780; † zwischen 835 und 850) aus der Provinz Khorasan im Bereich des heutigen Usbekistan. Das Wort „Algorithmus" leitet sich von seinem Namen ab.

[2] In diesem Kapitel soll „Zahl" immer „natürliche Zahl" bedeuten.

„10101" zur Basis 2   den Wert $1 \cdot 2^4 + 0 \cdot 2^3 + 1 \cdot 2^2 + 0 \cdot 2^1 + 1 \cdot 2^0$ $= 21$,

„924" zur Basis 10   den Wert $9 \cdot 10^2 + 2 \cdot 2 \cdot 10^1 + 4 \cdot 10^0$ $= 924$

dar.

Wir stellen uns vor, dass uns zwei Elementaroperationen zur Verfügung stehen: Die Addition von drei Ziffern mit einem zweiziffrigen Ergebnis (mitunter *Volladdierer* genannt) und die Multiplikation von zwei Ziffern, ebenfalls mit einem zweiziffrigen Ergebnis.[3] Im Fall $B = 10$ gilt zum Beispiel

$$
\begin{array}{r}
3 \\
5 \\
+\ 5 \\
\hline
13
\end{array}
\qquad \text{und} \qquad 6 \cdot 7 = 42 \ .
$$

Wir werden die Effizienz unserer Algorithmen messen, indem wir die ausgeführten Elementaroperationen zählen.

Jede Zahl mit n Ziffern kann man künstlich mit $m \geq n$ Ziffern schreiben, indem man führende Nullen hinzufügt. Konkret stellen „425" und „000425" die gleiche Zahl dar. Wir werden im Folgenden annehmen, dass die Operanden einer Addition oder Multiplikation, die a und b heißen sollen, beide n-ziffrig sind. Die Annahme, dass beide Zahlen die gleiche Länge haben, vereinfacht die Darstellung der Algorithmen, ohne dass sich an den wesentlichen Erkenntnissen des Kapitels etwas ändert. Auf diese Bemerkung kommen wir am Ende nochmals zurück. Die Ziffern von a heißen $a_{n-1}, \ldots, a_0$, wobei a_{n-1} die höchstwertige und a_0 die niedrigstwertige Ziffer ist; wir schreiben $a = (a_{n-1} \ldots a_0)$. Die höchstwertige Ziffer kann auch 0 sein. Genauso bezeichnen wir die Ziffern von b mit $b_{n-1}, \ldots, b_0$ und schreiben $b = (b_{n-1} \ldots b_0)$.

1.1 Addition

Wir wissen alle, wie man zwei Zahlen $a = (a_{n-1} \ldots a_0)$ und $b = (b_{n-1} \ldots b_0)$ addiert. Wir schreiben die Zahlen einfach untereinander, so ausgerichtet, dass die am wenigsten signifikanten Ziffern untereinander stehen, und addieren ziffernweise von rechts nach links, wobei jeweils eine einzelne Ziffer von einer Position zur nächsten übertragen wird. Diese Ziffer heißt *Übertrag*. Das Ergebnis ist eine $(n+1)$-ziffrige Zahl $s = (s_n \ldots s_0)$. Die Verfahrensweise lässt sich graphisch wie folgt darstellen:

	a_{n-1}	$\ldots$	a_1	a_0		erster Operand
	b_{n-1}	$\ldots$	b_1	b_0		zweiter Operand
c_n	c_{n-1}	$\ldots$	c_1	0		Überträge
s_n	s_{n-1}	$\ldots$	s_1	s_0		Summe

---

[3] Man beachte, dass die Summe von drei Ziffern höchstens $3(B-1)$ und das Produkt von zwei Ziffern höchstens $(B-1)^2$ beträgt, und dass diese beiden Zahlen nicht größer sind als $(B-1) \cdot B^1 + (B-1) \cdot B^0 = B^2 - 1$, der größten Zahl, die sich mit zwei Ziffern darstellen lässt.

Dabei ist $c_0, \ldots, c_n$ die Folge der Überträge und $s = (s_n \ldots s_0)$ die Summe. Wir haben $c_0 = 0$, $c_{i+1} \cdot B + s_i = a_i + b_i + c_i$ für $0 \leq i < n$ und $s_n = c_n$. Als Programm lässt sich der Algorithmus wie folgt aufschreiben:

$c = 0 : Digit$ // Variable für den Übertrag

for $i := 0$ **to** $n-1$ **do**   addiere a_i, b_i, c, um s_i und den neuen Übertrag c zu bilden

$s_n := c$

Wir benötigen eine Elementaroperation für jede Position und daher insgesamt n Elementaroperationen.

Satz 1.1 *Die Addition zweier natürlicher Zahlen mit n Ziffern benötigt genau n Elementaroperationen. Das Ergebnis ist eine $(n+1)$-ziffrige Zahl.*

1.2 Multiplikation: Die Schulmethode

Wir wissen alle, wie man zwei Zahlen multipliziert. In diesem Abschnitt erinnern wir an die „Schulmethode". In einem späteren Abschnitt lernen wir eine andere Methode kennen, die für große Zahlen deutlich schneller ist.

Wir fangen ganz langsam an. Zuerst überlegen wir, wie man eine n-ziffrige Zahl a mit einer einziffrigen Zahl b_j multipliziert. Die Bezeichnung b_j wurde so gewählt, weil sie im weiteren Verlauf in dieser Form benötigt wird. Für jede Ziffer a_i von a bilden wir das Produkt $a_i \cdot b_j$. Das Resultat ist eine zweiziffrige Zahl $(c_i d_i)$, d. h.

$$a_i \cdot b_j = c_i \cdot B + d_i \, .$$

Aus den c_i- und d_i-Ziffern bilden wir zwei Zahlen $c = (c_{n-1} \ldots c_0 0)$ und $d = (d_{n-1} \ldots d_0)$. Da die c_i-Ziffern höherwertig sind, hängen wir bei ihnen eine 0 an. Nun addieren wir c und d und erhalten das Produkt $p_j = a \cdot b_j$. Graphisch sieht das folgendermaßen aus:

$$(a_{n-1} \ldots a_i \ldots a_0) \cdot b_j \quad \longrightarrow \quad \frac{\begin{array}{l} c_{n-1} \; c_{n-2} \; \ldots \; c_i \quad\;\; c_{i-1} \; \ldots \; c_0 \; 0 \\ \quad\quad d_{n-1} \ldots d_{i+1} \; d_i \quad \ldots d_1 \; d_0 \end{array}}{\text{Summe von } c \text{ und } d}$$

Wir bestimmen die Anzahl der Elementaroperationen. Für jedes i benötigt man eine Elementaroperation, um das Produkt $a_i \cdot b_j$ zu bilden; dies ergibt zusammen n solche Operationen. Bei der Addition von $(c_{n-1} \ldots c_0 0)$ und $(d_{n-1} \ldots d_0)$ kann die Ziffer d_0 kopiert werden; es ist für diese Position keine Operation nötig. Die Gesamtanzahl der Elementaroperationen ist demnach $2n$. Die letzte Elementaraddition erzeugt Übertrag 0, weil $a \cdot b_j < (b^n - 1)(b-1) < b^{n+1}$ gilt, das Ergebnis also mit $n+1$ Ziffen geschrieben werden kann.

Lemma 1.2. *Die Multiplikation einer n-ziffrigen und einer einziffrigen natürlichen Zahl kann mit 2n Elementaroperationen durchgeführt werden. Das Ergebnis ist eine Zahl mit $n+1$ Ziffern.*

Wenn man tatsächlich eine n-ziffrige und eine einziffrige Zahl multipliziert, geht man wahrscheinlich etwas anders vor. Man zieht nämlich die Erzeugung der Ziffernprodukte $a_i \cdot b_j$ und die Addition von c und d in eine Phase[4] zusammen, d. h., die Ziffern von c und d werden erst dann erzeugt, wenn sie in der abschließenden Addition benötigt werden. Unser Algorithmus erzeugt die Ziffernprodukte $a_i \cdot b_j$ in einer eigenen Phase. Dies dient nur der Klarheit der Beschreibung.

Aufgabe 1.1. Geben Sie ein Programm für die Multiplikation von a und b_j an, das nur eine Phase hat.

Wir können uns nun der Multiplikation von zwei Zahlen mit n Ziffern zuwenden. Die Schulmethode für diese Aufgabe sieht folgendermaßen aus: Wir bilden Teilprodukte p_j (mit Darstellung $(p_{j,n} \ldots p_{j,0})$), indem wir a mit der j-ten Ziffer b_j von b multiplizieren, und addieren dann die passend untereinander ausgerichteten Produkte $p_j \cdot B^j$, um so das Produkt von a und b zu erhalten. Dies kann man graphisch wie folgt darstellen:

$$
\begin{array}{cccccccc}
 & & & p_{0,n} & p_{0,n-1} & \cdots & p_{0,2}\ p_{0,1}\ p_{0,0} \\
 & & p_{1,n} & & p_{1,n-1}\ p_{1,n-2} & \cdots & p_{1,1}\ p_{1,0} \\
 & p_{2,n} & & p_{2,n-1}\ p_{2,n-2}\ p_{2,n-3} & \cdots & p_{2,0} \\
 & & & \cdots & & & \\
p_{n-1,n} & \cdots & p_{n-1,3}\ p_{n-1,2}\ p_{n-1,1}\ p_{n-1,0} & & & \\
\hline
\end{array}
$$

Summe der n Teilprodukte

In Pseudocode lässt sich der Algorithmus sehr kompakt beschreiben. Wir initialisieren das Produkt p mit 0 und addieren dann zu p nacheinander die Teilprodukte $a \cdot b_j \cdot B^j$:

$p = 0 : \mathbb{N}$
for $j := 0$ **to** $n-1$ **do** $p := p + a \cdot b_j \cdot B^j$

Nun wollen wir bestimmen, wie viele Elementaroperationen bei der Schulmethode benötigt werden. Für jedes partielle Produkt p_j werden $2n$ Elementaroperationen ausgeführt, und daher erfordert die Berechnung aller Teilprodukte zusammen $2n^2$ Elementaroperationen. Das Produkt $a \cdot b$ hat $2n$ Ziffern, und daher verarbeitet jede Addition $p + a \cdot b_j \cdot B^j$ Zahlen mit höchstens $2n$ Ziffern. Jede dieser $n-1$ Additionen kostet höchstens $2n$ Elementaroperationen, alle zusammen also höchstens $2n^2 - 2n$ viele. Insgesamt werden also weniger als $4n^2$ Elementaroperationen ausgeführt.

Eine einfache Beobachtung erlaubt uns, diese Schranke noch zu verbessern. Die Zahl $a \cdot b_j \cdot B^j$ hat $n + 1 + j$ Ziffern, von denen die letzten j den Wert 0 haben. Wir können daher mit der Addition bei der $(j + 1)$-ten Position beginnen. Zudem hat in dem Moment, in dem $a \cdot b_j \cdot B^j$ auf p aufaddiert wird, p den Wert $a \cdot (b_{j-1} \ldots b_0)$, wofür $n + j$ Ziffern genügen. Daher läuft die Addition von p und $a \cdot b_j \cdot B^j$ auf die Addition zweier $(n + 1)$-ziffriger Zahlen mit $(n + 1)$-ziffriger Summe hinaus und

---

[4] In der Literatur zu Compilern ist diese Transformation, die zu den Schritten Codeerzeugung und Codeoptimierung gehört, unter der Bezeichnung *Schleifenfusion* bekannt.

n	T_n [s]	$T_n/T_{n/2}$
8	0.00000469	
16	0.0000154	3.28527
32	0.0000567	3.67967
64	0.000222	3.91413
128	0.000860	3.87532
256	0.00347	4.03819
512	0.0138	3.98466
1024	0.0547	3.95623
2048	0.220	4.01923
4096	0.880	4
8192	3.53	4.01136
16384	14.2	4.01416
32768	56.7	4.00212
65536	227	4.00635
131072	910	4.00449

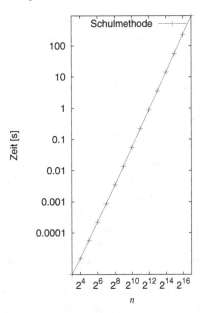

Abb. 1.1. Die Rechenzeit der Schulmethode für die Multiplikation von zwei Zahlen mit je n Ziffern. Die drei Spalten der Tabelle *links* geben n, die Rechenzeit T_n der C++-Implementierung aus Abschnitt 1.7 und das Verhältnis $T_n/T_{n/2}$ an. Die Graphik *rechts* zeigt $\log T_n$ als Funktion von $\log n$; dabei sehen wir im Wesentlichen eine Gerade. Man beachte, dass aus $T_n = \alpha n^\beta$ für konstante Faktoren α und β folgt, dass $T_n/T_{n/2} = 2^\beta$ und $\log T_n = \beta \log n + \log \alpha$ gilt, d. h., $\log T_n$ ist eine lineare Funktion von $\log n$ mit Steigung β. In unserem Fall beträgt die Steigung 2, wie man mit einem Lineal nachkontrollieren kann.

benötigt nur $n+1$ Elementaroperationen. Insgesamt benötigen alle $n-1$ Additionen zusammen nicht mehr als $(n-1)(n+1) < n^2$ Elementaroperationen. Damit erhalten wir das folgende Ergebnis.

Satz 1.3 *Die Schulmethode berechnet das Produkt von zwei n-ziffrigen natürlichen Zahlen mit weniger als $3n^2$ Elementaroperationen.*

Wir haben jetzt die Anzahl der Elementaroperationen analysiert, die für die Addition und die Multiplikation von natürlichen Zahlen mit der Schulmethode benötigt werden. Die Anzahl M_n der Elementaroperationen bei der Schulmethode für die Multiplikation ist im Allgemeinen etwa $3n^2$. Wir sagen, dass M_n *quadratisch wächst*. Weiter gilt

$$\frac{M_n}{M_{n/2}} = \frac{3n^2}{3(n/2)^2} = 4 \ .$$

Also bedeutet quadratisches Wachstum, dass sich die Anzahl der Elementaroperationen im Wesentlichen vervierfacht, wenn die Größe der Probleminstanz verdoppelt wird.

Nehmen wir jetzt einmal an, wir implementieren den Multiplikationsalgorithmus in unserer Lieblingsprogrammiersprache (später in diesem Kapitel werden wir dies wirklich tun) und messen dann die Rechenzeit, die das Programm benötigt, wenn wir damit auf unserem Lieblingscomputer verschiedene n-ziffrige Zahlen a und b multiplizieren, für verschiedene n. Welche Ergebnisse sollten wir erwarten? Wir wollen darlegen, dass sich quadratisches Wachstum zeigen wird. Der Grund hierfür ist, dass *Elementaroperationen für die Rechenzeit des Programms repräsentativ sind.* Man betrachte zunächst die Addition zweier Zahlen mit n Ziffern. Was geschieht bei der Ausführung des Programms? Für jede Ziffernposition i werden die Ziffern a_i und b_i aus dem Hauptspeicher zum Prozessor transportiert, die Summe $a_i + b_i + c$ wird berechnet, die Summenziffer s_i wird in den Hauptspeicher kopiert, die Übertragsziffer c wird aktualisiert, der Index i wird erhöht und ein Schleifenendetest wird durchgeführt. In unserer Analyse haben wir eine Elementaroperation für jedes i gezählt, daher ist die Anzahl der Elementaroperationen repräsentativ für die Anzahl der ausgeführten Maschinenzyklen. Natürlich gibt es besondere Effekte wie etwa Pipelining oder den sehr komplexen Mechanismus für den Datentransport zwischen Hauptspeicher und dem Prozessor, aber diese werden sich bei jeder Ziffernposition i in etwa gleich auswirken, und daher ist die Anzahl der Elementaroperationen auch repräsentativ für die Rechenzeit einer tatsächlichen Implementierung auf einem echten Rechner. Die Überlegung lässt sich auch auf den Multiplikationsalgorithmus übertragen, weil die Multiplikation einer Zahl mit einer einziffrigen Zahl der Addition sehr ähnelt und die zweite Phase der Schulmethode auf eine Folge von Additionen hinausläuft.

Wir wollen nun die eben angestellte Überlegung durch ein Experiment bestätigen. In Abb. 1.1 sind Ausführungszeiten einer C++-Implementierung der Schulmethode angegeben; das Programm findet man in Abschnitt 1.7. Für jedes n wurden sehr viele[5] Multiplikationen von zufällig gewählten Zahlen mit n Ziffern durchgeführt, um dann die mittlere Rechenzeit T_n zu bestimmen. Diese findet sich in der zweiten Spalte der Tabelle. Abbildung 1.1 zeigt überdies eine graphische Darstellung der Datenpunkte[6]. Die Daten zeigen in etwa quadratisches Wachstum, wie man auf verschiedene Arten ablesen kann. Das Verhältnis $T_n / T_{n/2}$ ist stets nahe bei 4, und die graphische Darstellung mit doppelt-logarithmischer Skalierung zeigt im Wesentlichen eine Gerade mit Steigung 2. Die experimentellen Ergebnisse sind recht ermutigend: *Unsere theoretische Analyse erlaubt Vorhersagen über das tatsächliche Verhalten des Algorithmus. Die Analyse ergab, dass die Anzahl der Elementaroperationen quadratisch wächst, wir haben dargelegt, dass die Rechenzeit eng mit der Anzahl der Elementaroperationen zusammenhängen sollte, und die gemessene Rechenzeit wächst tatsächlich quadratisch.* Jedoch beobachten wir auch systematische Abweichungen. Für kleine n wächst die Zeit von einer Zeile zur nächsten um weni-

---

[5] Die Uhr, die die CPU-Zeit misst, liefert ihre Ergebnisse in einer gewissen Einheit, etwa in Millisekunden, und durch die notwendige Rundung entsteht ein Fehler bis zur Hälfte dieser Einheit. Das Experiment muss daher viel länger dauern als diese Einheit, um den durch die Rundung verursachten Fehler in Grenzen zu halten.

[6] In diesem Buch wird mit $\log x$ der Logarithmus von x zur Basis 2, also $\log_2 x$, bezeichnet.

ger als einen Faktor 4. Das liegt daran, dass in der Rechenzeit lineare und konstante Terme immer noch eine beträchtliche Rolle spielen. Für größere n ist das Verhältnis wirklich sehr nahe bei 4. Für sehr große n (zu groß, als dass man die Rechenzeit so einfach messen könnte) würden wir wahrscheinlich einen Faktor messen, der größer als 4 ist, weil die Speicherzugriffszeit vom Umfang der Daten abhängt. Wir werden auf diesen Punkt in Abschnitt 2.2 zurückkommen.

Aufgabe 1.2. Schreiben Sie Programme für die Addition und die Multiplikation von langen Zahlen. Stellen Sie dabei Zahlen als Folgen (Arrays oder Listen oder eine andere von Ihrer Programmiersprache zur Verfügung gestellte Datenstruktur) von Dezimalziffern dar und benutzen Sie die vorgegebene Arithmetik, um die Elementaroperationen zu implementieren. Schreiben Sie dann Funktionen ADD, MULTIPLY1 und MULTIPLY, für die Addition von zwei Zahlen, die Multiplikation einer natürlichen Zahl mit einer einziffrigen Zahl und die Multiplikation von zwei Zahlen mit je n Ziffern. Stellen Sie mit Ihrer Implementierung Ihre eigene Version von Abb. 1.1 her. Experimentieren Sie auch mit einer größeren Basis als 10, etwa der Basis 2^{16}.

Aufgabe 1.3. Beschreiben und analysieren Sie die Schulmethode für die Division zweier natürlicher Zahlen.

1.3 Ergebnisprüfung

Unsere Algorithmen für Addition und Multiplikation sind recht einfach, und daher kann man sicherlich annehmen, dass wir sie in einer von uns ausgewählten Programmiersprache auch korrekt programmieren können. Jedoch ist die die Erstellung von Software notorisch fehleranfällig[7], und daher sollten wir uns immer fragen, ob wir die Ergebnisse einer Berechnung nachprüfen können. Für die Multiplikation haben die Autoren in der Grundschule die folgende Methode gelernt, die „Neunerprobe". (Auf Englisch heißt sie „casting out nines", auf Französisch „preuve par neuf".)

Bilde die Summe der Ziffern von a, also die Quersumme. Wenn das Ergebnis mehr als eine Ziffer hat, bilde hiervon die Quersumme. Wiederhole dies, bis nur noch eine Ziffer übrig ist, die *Prüfsumme* von a genannt und mit s_a bezeichnet wird. Hierzu ein Beispiel:

$$4528 \rightarrow 19 \rightarrow 10 \rightarrow 1 \ .$$

Wende die gleichen Operationen auf b und auf das Resultat c der Berechnung an, was die Prüfsummen s_b und s_c liefert. Nun berechne das Produkt $s_a \cdot s_b$ und bilde seine Prüfsumme s. Wenn s und s_c verschieden sind, ist c nicht das Produkt $a \cdot b$. Dieser Test wurde von al-Chwarizmi in seinem Buch über Algebra angegeben.

Wir wollen die Neunerprobe an einem einfachen Beispiel durchspielen. Sei $a = 429$, $b = 357$ und $c = 154153$. Dann gilt $s_a = 6$, $s_b = 6$ und $s_c = 1$. Weiter ist $s_a \cdot s_b =$

---

[7] Der Fehler im Divisionsalgorithmus der Gleitkommaeinheit des ersten Pentium-Prozessors erlangte traurige Berühmtheit. Verursacht wurde er durch das Fehlen von einigen Einträgen in einer im Algorithmus fest eingebauten Tabelle.

36 und daher $s = 9$. Also ist $s_c \neq s$, und c kann nicht das Produkt von a und b sein. Tatsächlich ist $c = 153153$ das korrekte Produkt. Die Prüfsumme dieser Zahl ist 9, so dass die korrekte Lösung den Test besteht. Der Test ist nicht narrensicher, weil $c = 135153$ ihn auch besteht. Aber er ist nützlich und entdeckt viele Fehler.

Was steckt mathematisch hinter der Neunerprobe? Wir betrachten gleich eine etwas allgemeinere Methode. Dazu gehen wir von einer positiven Zahl q aus (bei der Neunerprobe ist $q = 9$). Sei s_a der Rest bei der Division von a durch q, d. h. $s_a = a - \lfloor a/q \rfloor \cdot q$. Dann gilt $0 \leq s_a < q$. In mathematischer Notation schreibt man $s_a = a \bmod q$.[8] Analog gilt $s_b = b \bmod q$ und $s_c = c \bmod q$. Schließlich ist $s = (s_a \cdot s_b) \bmod q$. Wenn $c = a \cdot b$ gilt, dann muss auch $s = s_c$ sein. Daher folgt aus $s \neq s_c$, dass $c \neq a \cdot b$ ist und legt einen Fehler bei der Multiplikation offen (oder einen Fehler bei der Neunerprobe). Was wissen wir, wenn $s = s_c$ gilt? Dann muss q Teiler der Differenz zwischen c und $a \cdot b$ sein. Wenn diese Differenz nicht 0 ist, wird der Fehler von jedem q entdeckt, das die Differenz nicht teilt.

In unserem Beispiel versuchen wir es nun mit $q = 7$. Dann gilt $a \bmod 7 = 2$, $b \bmod 7 = 0$, und daher $s = (2 \cdot 0) \bmod 7 = 0$. Aber $135153 \bmod 7 = 4$, und wir haben herausgefunden, dass 135153 und $429 \cdot 357$ verschieden sind.

Aufgabe 1.4. Erklären Sie, weshalb die Neunerprobe, wie sie die Autoren in der Schule gelernt haben, dem Fall $q = 9$ entspricht. *Hinweis*: $10^k \bmod 9 = 1$ für alle $k \geq 0$.

Aufgabe 1.5 (*Elferprobe*). Zehnerpotenzen haben sehr einfache Reste modulo 11: Es gilt nämlich $10^k \bmod 11 = (-1)^k$ für alle $k \geq 0$, d. h. $1 \bmod 11 = 1$, $10 \bmod 11 = -1$, $100 \bmod 11 = +1$, $1000 \bmod 11 = -1$ usw. Beschreiben Sie einen einfachen Test, der die Korrektheit einer ausgeführten Multiplikation mit Hilfe von Resten modulo 11 testet.

1.4 Eine rekursive Version der Schulmethode

Wir werden nun eine rekursive Version der Schulmethode entwickeln. Dabei werden wir zum ersten Mal dem Algorithmenprinzip „*Teile-und-Herrsche*" (engl.: *divide-and-conquer*) begegnen, einem der grundlegenden Paradigmen im Algorithmenentwurf.

Gegeben seien wieder zwei Zahlen a und b mit n Ziffern, die wir multiplizieren sollen. Wir gehen folgendermaßen vor: Sei $k = \lfloor n/2 \rfloor$. Wir zerlegen a in zwei Zahlen a_1 und a_0, wobei a_0 aus den k niedrigerwertigen Ziffern von a und a_1 aus den $n - k$ höherwertigen Ziffern besteht.[9] Die Zahl b wird auf analoge Weise in Teile b_1 und b_0 geteilt. Dann gilt

$$a = a_1 \cdot B^k + a_0 \quad \text{und} \quad b = b_1 \cdot B^k + b_0,$$

---

[8] Die Methode, die man in der Schule lernt, benutzt Reste im Bereich $1, \ldots, 9$ statt $0, \ldots, 8$; sie verwendet die Formel $s_a = a - (\lceil a/q \rceil - 1) \cdot q$.

[9] Man beachte, dass sich die Notation geändert hat; a_0 und a_1 bezeichnen nun die beiden Teile von a und nicht mehr einzelne Ziffern.

und daher

$$a \cdot b = a_1 \cdot b_1 \cdot B^{2k} + (a_1 \cdot b_0 + a_0 \cdot b_1) \cdot B^k + a_0 \cdot b_0 \, .$$

Diese Formel legt den folgenden Algorithmus für die Berechnung von $a \cdot b$ nahe:

(a) Zerlege a und b in a_1, a_0, b_1 und b_0.
(b) Berechne die vier Produkte $a_1 \cdot b_1$, $a_1 \cdot b_0$, $a_0 \cdot b_1$ und $a_0 \cdot b_0$.
(c) Addiere die passend ausgerichteten Produkte, um $a \cdot b$ zu erhalten.

Man beachte, dass die Zahlen a_1, a_0, b_1 und b_0 alle $\lceil n/2 \rceil$ Ziffern haben und dass daher die Multiplikationen in Schritt (b) einfacher sind als die ursprüngliche Multiplikation, sobald $\lceil n/2 \rceil < n$ oder äquivalent $n > 1$ gilt. Nun können wir den vollständigen Algorithmus angeben. Um einziffrige Zahlen zu multiplizieren, benutzen wir die Elementaroperation für die Multiplikation. Um Zahlen mit $n \geq 2$ Ziffern zu multiplizieren, benutzen wir den eben beschriebenen Ansatz mit den drei Schritten (a) bis (c).

Es sollte klar sein, weshalb dieser Ansatz „*Teile-und-Herrsche*" heißt: Wir reduzieren die Aufgabe, zwei Zahlen a und b zu multiplizieren, auf eine Anzahl von *einfacheren* Teilaufgaben derselben Art. Ein Teile-und-Herrsche-Algorithmus hat immer drei Teile: Im ersten Teil wird die ursprüngliche Instanz in kleinere Instanzen aufgespalten (unser Schritt (a)); im zweiten Teil lösen wir das Problem auf jeder der kleineren Instanzen mit derselben Methode, also *rekursiv* (unser Schritt (b)); im dritten Teil konstruieren wir eine Lösung für die ursprüngliche Instanz aus den Lösungen für die Teilinstanzen (unser Schritt (c)).

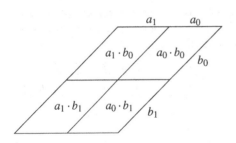

Abb. 1.2. Veranschaulichung der Schulmethode und ihrer rekursiven Variante. Das gesamte Parallelogramm stellt die n^2 Teilprodukte von Ziffern dar, die bei der Ausführung der Multiplikation von a und b auftreten. Die vier Teilparallelogramme entsprechen den Produkten $a_1 \cdot b_1$, $a_1 \cdot b_0$, $a_0 \cdot b_1$ und $a_0 \cdot b_0$. Bei der rekursiven Variante addieren wir zunächst die Ziffernprodukte in den vier Teilflächen und dann, in einem zweiten Schritt, die vier dabei entstandenen Summen.

Wie hängen die rekursive Multiplikationsmethode und die Schulmethode zusammen? Die Methoden sind insofern eng verwandt, als in beiden Verfahren sämtliche n^2 Ziffernprodukte $a_i \cdot b_j$ berechnet werden, was $2n^2$ Ziffern liefert, und diese Ziffern (gemäß des Stellenwertes verschoben) zum Produkt $a \cdot b$ aufsummiert werden. Unterschiedlich ist die Reihenfolge, in der diese Summation erfolgt. Abbildung 1.2 zeigt schematisch als Parallelogramm die Ziffernprodukte und ihre Anordnung entsprechend der Stellenwerte. Bei der Schulmethode werden die Ziffernprodukte Zeile für Zeile aufsummiert, bei der rekursiven Methode werden die Teilergebnisse in den vier Teilflächen berechnet und diese am Ende in drei abschließenden Additionen zusammengefügt. Aus diesen Beobachtungen folgt, dass die Anzahl der Elementaroperationen auch bei der rekursiven Multiplikationsmethode quadratisch ist. Trotzdem wollen wir dies auch direkt aus einer Untersuchung des rekursiven Algorithmus herleiten. Dabei werden wir den Begriff der *Rekurrenzrelation* kennenlernen, einer sehr mächtigen und sehr wichtigen Methode für die Analyse von rekursiven Algorithmen.

Lemma 1.4. *Sei $T(n)$ die maximale Anzahl von Elementaroperationen, die unser rekursiver Multiplikationsalgorithmus für die Multiplikation von zwei Zahlen mit n Ziffern benötigt. Dann gilt:*

$$T(n) \leq \begin{cases} 1, & \text{wenn } n = 1, \\ 4 \cdot T(\lceil n/2 \rceil) + 2 \cdot 2 \cdot n, & \text{wenn } n \geq 2. \end{cases}$$

Beweis. Die Multiplikation zweier einziffriger Zahlen benötigt eine Elementarmultiplikation. Damit gilt die Behauptung für $n = 1$. Nun nehmen wir $n \geq 2$ an. Das Aufteilen der Zahlen a and b in die vier Teile a_1, a_0, b_1 und b_0 erfordert keine Elementaroperation.[10] Jede Teilzahl hat höchstens $\lceil n/2 \rceil$ Ziffern; daher erfordern die vier rekursiven Multiplikationen nicht mehr als $4 \cdot T(\lceil n/2 \rceil)$ Elementaroperationen. Das Zusammenbauen von $a_0 \cdot b_0$ und $a_1 \cdot b_1 \cdot B^{2k}$ zu einer Zahl erfordert keine Elementaroperation, da $a_0 \cdot b_0$ nur $2k$ Ziffern hat und $a_1 \cdot b_1 \cdot B^{2k}$ auf $2k$ Nullen endet. Schließlich benötigen wir zwei Additionen, um das Endresultat zu berechnen. Jede dieser Additionen betrifft zwei Zahlen mit maximal $2n$ Ziffern und benötigt daher höchstens $2n$ Elementaroperationen. Daher gilt auch die für $n \geq 2$ behauptete Ungleichung.   □

In Abschnitt 2.6 werden wir sehen, dass die in Lemma 1.4 aufgestellte Rekurrenzungleichung leicht zu lösen ist und dass sie die schon vermutete quadratische Ausführungszeit für den rekursiven Algorithmus liefert.

Lemma 1.5. *Sei $T(n)$ die maximale Anzahl von Elementaroperationen, die der rekursive Multiplikationsalgorithmus für zwei n-ziffrige Zahlen benötigt. Dann gilt $T(n) \leq 5n^2$, falls n eine Zweierpotenz ist, und $T(n) \leq 20n^2$ für beliebige natürliche Zahlen n.*

Beweis. Einen Beweis findet man in Abschnitt 1.8.   □

1.5 Karatsuba-Multiplikation

Im Jahr 1962 entdeckte der sowjetische Mathematiker A. Karatsuba [115] eine schnellere Methode zur Multiplikation großer natürlicher Zahlen. Die Rechenzeit seines Algorithmus wächst etwa wie $n^{\log 3} \approx n^{1.585}$. Die Methode ist überraschend einfach. Karatsuba beobachtete, dass eine einfache Gleichheit zwischen zwei Termen es erlaubt, eine der vier Multiplikationen in der Teile-und-Herrsche-Variante

---

[10] Es entsteht hierfür natürlich Aufwand, der aber in der Analyse nicht berücksichtigt wird.

zu eliminieren, d. h., man kann n-ziffrige Zahlen multiplizieren, indem man nur *drei* Zahlen der halben Länge multipliziert.

Wir beschreiben jetzt die Details des Ansatzes. Die beiden Zahlen mit n Ziffern, die wir multiplizieren wollen, heißen wieder a und b. Sei $k = \lfloor n/2 \rfloor$. Wie oben teilen wir a in zwei Zahlen a_1 and a_0; dabei besteht a_0 aus den k niedrigstwertigen Ziffern von a und a_1 besteht aus den $n - k$ höchstwertigen Ziffern. Die Zahl b wird auf die gleiche Weise in b_0 und b_1 aufgeteilt. Dann gilt

$$a = a_1 \cdot B^k + a_0 \quad \text{und} \quad b = b_1 \cdot B^k + b_0 \,,$$

und daher (der Trick sitzt in der zweiten Gleichung!)

$$a \cdot b = a_1 \cdot b_1 \cdot B^{2k} + (a_1 \cdot b_0 + a_0 \cdot b_1) \cdot B^k + a_0 \cdot b_0$$
$$= a_1 \cdot b_1 \cdot B^{2k} + ((a_1 + a_0) \cdot (b_1 + b_0) - (a_1 \cdot b_1 + a_0 \cdot b_0)) \cdot B^k + a_0 \cdot b_0 \,.$$

Auf den ersten Blick haben wir alles nur komplizierter gemacht. Genaueres Hinsehen zeigt aber, dass die letzte Formel mit nur drei Multiplikationen von kürzeren Zahlen ausgewertet werden kann, nämlich mit der Berechnung von $a_1 \cdot b_1$, $a_0 \cdot b_0$ und $(a_1 + a_0) \cdot (b_1 + b_0)$. Es werden auch fünf Additionen benötigt.[11] Das sind drei mehr als in der rekursiven Variante der Schulmethode. Entscheidend ist aber, dass (unmittelbar auszuführende) Additionen im Vergleich zu (rekursiven) Multiplikationen sehr billig sind, und dass daher das Einsparen einer Multiplikation viel mehr wiegt als drei zusätzliche Additionen. Wir erhalten den folgenden Algorithmus für die Berechnung von $a \cdot b$:

(a) Zerlege a und b in a_1, a_0, b_1 und b_0.

(b) Berechne die drei Produkte

$$p_2 = a_1 \cdot b_1, \quad p_0 = a_0 \cdot b_0, \quad p_1 = (a_1 + a_0) \cdot (b_1 + b_0).$$

(c) Addiere die Produkte aus (b), passend ausgerichtet, so dass sich das Produkt $a \cdot b$ ergibt, d. h., berechne $a \cdot b$ gemäß der Formel

$$a \cdot b = (p_2 \cdot B^{2k} + p_0) + (p_1 - (p_2 + p_0)) \cdot B^k.$$

(Die erste Summe wird durch Zusammensetzen gebildet, nicht durch eine wirkliche Addition.)

Die Zahlen a_1, a_0, b_1, b_0, $a_1 + a_0$ und $b_1 + b_0$ lassen sich mit $\lceil n/2 \rceil + 1$ Ziffern darstellen. Daher sind die Multiplikationen in Schritt (b) einfacher als die ursprüngliche Aufgabe, solange $\lceil n/2 \rceil + 1 < n$, d. h. $n \geq 4$, gilt. Der vollständige Algorithmus kann nun wie folgt beschrieben werden: Um Zahlen mit drei oder weniger Ziffern zu multiplizieren, benutzt man die Schulmethode; um Zahlen mit $n \geq 4$ Ziffern zu multiplizieren, benutzt man das oben angegebene Drei-Schritt-Verfahren.

---

[11] Genau genommen handelt es sich um vier Additionen und eine Subtraktion. Wir überlassen es der Leserin, sich davon zu überzeugen, dass Subtraktionen keinen höheren Aufwand als Additionen erfordern.

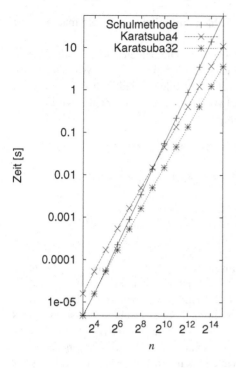

Abb. 1.3. Experimentell ermittelte Rechenzeiten für zwei Implementierungen des Karatsuba-Algorithmus und für die Schulmethode für die Multiplikation natürlicher Zahlen. Die beiden folgenden Versionen der Karatsuba-Methode wurden untersucht: Karatsuba4 benutzt die Schulmethode für Zahlen mit weniger als vier Ziffern, wohingegen Karatsuba32 für Zahlen mit weniger als 32 Ziffern auf die Schulmethode umschaltet. Die Steigung der beiden Geraden für die Karatsuba-Varianten beträgt etwa 1.58. Die Rechenzeit des Programms Karatsuba32 beträgt etwa ein Drittel der Rechenzeit von Karatsuba4.

Abbildung 1.3 zeigt die Rechenzeiten $T_S(n)$, $T_{K4}(n)$ und $T_{K32}(n)$ von C++-Implementierungen der Schulmethode und des Algorithmus von Karatsuba für die Multiplikation von zwei n-ziffrigen Zahlen. Bei Karatsuba4 (Rechenzeit $T_{K4}(n)$) wird für Zahlen mit weniger als vier Ziffern die Schulmethode benutzt. Die Verbesserung, die zum Algorithmus Karatsuba32 (Rechenzeit $T_{K32}(n)$) führt, wird in Abschnitt 1.6 besprochen. Beide Achsen sind mit logarithmischen Skalen versehen. Im Wesentlichen zeigt die Graphik Geraden mit verschiedenen Steigungen. Die Rechenzeit der Schulmethode wächst wie n^2, daher ist die Steigung dieser Geraden 2. Im Fall von Karatsuba4 ist die Steigung geringer; dies lässt vermuten, dass die Rechenzeit wie n^β wächst, für eine Konstante $\beta < 2$. Tatsächlich liegen die Quotienten[12] $T_{K4}(n)/T_{K4}(n/2)$ und $T_{K32}(n)/T_{K32}(n/2)$ nahe bei 3, was zu der Vermutung führt, dass β die Gleichung $2^\beta = 3$ erfüllt, d. h. dass $\beta = \log 3 \approx 1.585$ gilt. Diese Steigung kann man auch direkt aus Abb. 1.3 ablesen. Wir werden unten beweisen, dass $T_{K4}(n)$ wie $n^{\log 3}$ wächst. Wir sagen, dass der Karatsuba-Algorithmus *ein besseres asymptotisches Verhalten* hat als die Schulmethode. Wir sehen aber auch, dass die Eingaben recht groß sein müssen, damit sich das bessere asymptotische Verhalten des Karatsuba-Algorithmus auch in einer geringeren Rechenzeit niederschlägt. Man beobachte, dass für $n = 2^8$ die Schulmethode immer noch schneller ist als Karatsuba4, für $n = 2^9$ die Rechenzeiten etwa gleich sind, und dass für $n = 2^{10}$ der

---

[12] $T_{K4}(1024) = 0.0455$, $T_{K4}(2048) = 0.1375$ und $T_{K4}(4096) = 0.41$.

Karatsuba-Algorithmus gewinnt. Aus diesen Betrachtungen kann man die folgenden Lehren ziehen:

- Besseres asymptotisches Verhalten wird am Ende gewinnen.
- Ein asymptotisch langsamerer Algorithmus kann auf kleinen Eingaben schneller sein.

Im nächsten Abschnitt werden wir sehen, wie sich das Verhalten des Karatsuba-Algorithmus auf kleinen Eingaben verbessern lässt. Dies wird zu einem Algorithmus führen, der immer mindestens so gut ist wie die Schulmethode. Wir wollen nun endlich das asymptotische Verhalten des Karatsuba-Algorithmus analysieren.

Lemma 1.6. *Sei $T_K(n)$ die maximale Anzahl von Elementaroperationen, die der Karatsuba-Algorithmus benötigt, wenn er auf natürliche Zahlen mit n Ziffern angewandt wird. Dann gilt:*

$$T_K(n) \leq \begin{cases} 3n^2 & \textit{für } n \leq 3, \\ 3 \cdot T_K(\lceil n/2 \rceil + 1) + 8n & \textit{für } n \geq 4. \end{cases}$$

Beweis. Für die erste Zeile benutzen wir Satz 1.3, der besagt, dass die Multiplikation zweier n-ziffriger Zahlen mit der Schulmethode nicht mehr als $3n^2$ Elementaroperationen benötigt. Nun begründen wir die Ungleichung für $n \geq 4$. Die Aufteilung von a und b in die vier Teile a_1, a_0, b_1 und b_0 benötigt keine Elementaroperation (vgl. die Fußnote im Beweis von Lemma 1.4). Alle Teilstücke und die Summen $a_0 + a_1$ und $b_0 + b_1$ haben höchstens $\lceil n/2 \rceil + 1$ Ziffern; daher benötigen die drei rekursiv ausgeführten Multiplikationen höchstens $3 \cdot T_K(\lceil n/2 \rceil + 1)$ Elementaroperationen. Um $a_0 + a_1$ und $b_0 + b_1$ zu bilden, benötigen wir zwei Additionen von Zahlen, deren jeweilige Summe weniger als n Ziffern hat. Hierfür genügen $2n$ Elementaroperationen. Um aus den drei Produkten das Ergebnis zu berechnen, benötigen wir drei Additionen von $2n$-ziffrigen Zahlen, was höchstens $3 \cdot 2n$ weitere Elementaroperationen nötig macht. Zusammen ergibt sich die in der zweiten Zeile für $n \geq 4$ angegebene Schranke.   □

In Abschnitt 2.6 werden wir eine allgemeine Technik kennenlernen, mit der sich Rekurrenzen dieser Art lösen lassen.

Satz 1.7 *Sei $T_K(n)$ die maximale Anzahl von Elementaroperationen, die der Karatsuba-Algorithmus für die Multiplikation zweier natürlicher Zahlen mit n Ziffern benötigt. Dann gilt: $T_K(n) \leq 153n^{\log 3}$ für alle n.*

Beweis. Ein direkter Beweis findet sich in Abschnitt 1.8.   □

1.6 Algorithm Engineering

Die Karatsuba-Methode für die Multiplikation von natürlichen Zahlen ist für große Eingaben besser als die Schulmethode. In unserer Implementierung Karatsuba4 zeigt sich die Überlegenheit erst für Zahlen mit mehr als 1000 Ziffern. Durch eine sehr einfache Verfeinerung lässt sich das Rechenzeitverhalten aber deutlich verbessern. Weil für kurze Zahlen die Schulmethode besser ist, sollten wir die Rekursion schon früher abbrechen und für Zahlen mit n_0 und weniger Ziffern auf die Schulmethode umschalten, für ein n_0, das wir passend bestimmen müssen. Diesen Ansatz nennen wir die *verfeinerte Karatsuba-Methode*. Er kann nie schlechter sein als die Schulmethode oder der einfache Karatsuba-Algorithmus, solange n_0 nicht zu groß ist. Was ist

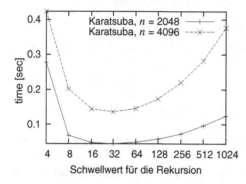

Abb. 1.4. Die Rechenzeit des Karatsuba-Algorithmus (in Sekunden) in Abhängigkeit von der Rekursionsschwelle n_0. Dargestellt sind die Zeiten für die Multiplikation von Zahlen mit 2048 Ziffern bzw. Zahlen mit 4096 Ziffern. Das Minimum ist bei $n_0 = 32$.

ein guter Wert für n_0? Diese Frage wollen wir sowohl mit Hilfe eines Experiments als auch durch eine Analyse beantworten. Experimentell messen wir einfach die Rechenzeit, die der verfeinerte Karatsuba-Algorithmus für verschiedene Schwellwerte n_0 benötigt, und wählen den Wert, der die kleinste Rechenzeit liefert. Für unsere Implementierung ergaben sich die besten Ergebnisse für $n_0 = 32$ (s. Abb. 1.4). Das asymptotische Verhalten des verfeinerten Karatsuba-Algorithmus mit diesem Schwellwert ist Abb. 1.3 dargestellt. Wir sehen, dass die Rechenzeit ebenfalls wie $n^{\log 3}$ wächst. Die verfeinerte Methode ist aber etwa um den Faktor 3 schneller als der einfache Karatsuba-Algorithmus, ist also eine sehr wirkungsvolle Verbesserung, und sie ist niemals langsamer als die Schulmethode.

Aufgabe 1.6. Leiten Sie eine Rekurrenz für die Anzahl $T_R(n)$ von Elementaroperationen her, die beim verfeinerten Karatsuba-Algorithmus im schlechtesten Fall auftreten können.

Wir können die Frage auch analytisch angehen. Die Schulmethode benötigt nicht mehr als $3n^2$ Elementaroperationen für die Multiplikation von zwei n-ziffrigen Zahlen. Wenn wir einen Karatsuba-Schritt ausführen und die resultierenden Zahlen der Länge $\lceil n/2 \rceil + 1$ mit der Schulmethode multiplizieren, benötigen wir etwa $3 \cdot 3(n/2 + 1)^2 + 8n$ Elementaroperationen. Der letzte Ausdruck ist für $n \geq 24$ kleiner als $3n^2$, und daher spart ein rekursiver Schritt Elementaroperationen ein, sobald die Eingabezahlen mehr als 24 Ziffern haben. Nun sollte man diese Überlegung nicht einfach zum Anlass nehmen, die Schwelle für die Rekursion bei etwa 24 Ziffern anzusetzen. Sie beruht ja nur auf Schätzwerten und berücksichtigt nur die Elementaroperationen. Vielmehr sollte man aus unserer Überlegung schließen, dass es sinnvoll ist, eine nichttriviale Rekursionsschwelle n_0 zu benutzen, und ein geeignetes n_0 experimentell bestimmen.

Aufgabe 1.7. Entwickeln und analysieren Sie eine Variante der Karatsuba-Multiplikation, die das Entstehen von Übertragsziffern bei der Summenbildung $a_1 + a_0$ bzw. $b_1 + b_0$ vermeidet. *Hinweis*: Bilden Sie p_0 und p_2 wie vorher, setzen Sie jedoch $p_1' = (a_1 - a_0) \cdot (b_1 - b_0)$ und verändern Sie die Formel zur Ermittlung des Ergebnisses $a \cdot b$ in passender Weise. Was kann man über die Anzahl der Ziffern der Absolutbeträge $|a_1 - a_0|$ und $|b_1 - b_0|$ sagen, wenn a und b jeweils n Ziffern haben? Nehmen Sie an, dass ganze Zahlen als Kombination von Vorzeichen und Absolutbetrag dargestellt sind, und schätzen Sie die Anzahl der für Größenvergleiche, Additionen und Subtraktionen nötigen Elementaroperationen ab. Passen Sie die Rekurrenz für die Elementaroperationen aus Lemma 1.6 an die veränderte Situation an. Lösen Sie die Rekurrenz für den Fall, dass n eine Zweierpotenz ist.

Aufgabe 1.8. In diesem Kapitel haben wir stets angenommen, dass die beiden zu multiplizierenden Zahlen gleich viele Ziffern haben. Was kann man über den Aufwand für die Multiplikation einer n-ziffrigen Zahl a mit einer m-ziffrigen Zahl b sagen? (a) Zeigen Sie, dass die Schulmethode nicht mehr als $\alpha \cdot nm$ Elementaroperationen benötigt, für eine Konstante α. (b) Wenn $n \geq m$ ist, können wir a in $\lceil n/m \rceil$ Zahlen mit je m Ziffern einteilen und mit dem Karatsuba-Algorithmus jedes der Teilstücke mit b multiplizieren. Dann sind noch die Teilergebnisse zu kombinieren. Bestimmen Sie eine Schranke für die Anzahl der Elementaroperationen bei diesem Ansatz.

1.7 Die Programme

In diesem Abschnitt geben wir C++-Programme für die Schulmethode und für die beiden Varianten des Karatsuba-Algorithmus an. Diese Programme wurden auch für die Rechenzeit-Experimente dieses Kapitels benutzt. Dafür wurden sie auf einem Rechner mit einem Intel-T7200-Prozessor (2 GHz, Dual-Core) mit 4 Mbyte Cachespeicher und 2 Gbyte Hauptspeicher ausgeführt. Übersetzt wurden die Programme mit dem GNU C++-Compiler Version 3.3.5, Optimierungslevel -O2.

Eine Ziffer (Typ „*digit*") ist einfach ein *unsigned int*, und eine natürliche Zahl (Typ „*integer*") ist ein Vektor von Ziffern, wobei „Vektor" der Vektortyp der STL ist. Eine Deklaration *integer a(n)* deklariert eine natürliche Zahl mit n Ziffern, *a.size()* liefert die Länge von a und $a[i]$ liefert einen Zeiger auf die i-te Ziffer von a. Die Nummerierung der Ziffern beginnt bei 0. Die globale Variable B enthält die Basis. Die Funktionen *fullAdder* und *digitMult* implementieren die Elementaroperationen auf den Ziffern. Mitunter sollen Indizes i benutzt werden, die außerhalb des durch die Größe von a gegebenen Bereichs liegen. Hierfür benutzen wir die Funktion *getDigit(a, i)*, die $a[i]$ liefert, wenn i ein für a legaler Index ist, und 0 sonst.

```
typedef unsigned int digit;
typedef vector<digit> integer;
```

```
unsigned int B = 10;                        // Basis, 2 <= B <= 2^16

void fullAdder(digit a, digit b, digit c, digit& s, digit& carry)
{ unsigned int sum = a + b + c; carry = sum/B; s = sum - carry*B; }

void digitMult(digit a, digit b, digit& s, digit& carry)
{ unsigned int prod = a*b; carry = prod/B; s = prod - carry*B; }

digit getDigit(const integer& a, int i)
{ return ( i < a.size()? a[i] : 0 ); }
```

Wir wollen unsere Programme auf zufälligen Zahlen ablaufen lassen: *randDigit* ist ein einfacher (Pseudo-)Zufallszahlengenerator für Ziffern, und *randInteger* erzeugt damit zufällige Ziffern, um mit diesen sein Argument zu füllen.

```
unsigned int X = 542351;
digit randDigit() { X = 443143*X + 6412431; return X % B ; }
void randInteger(integer& a)
{ int n = a.size(); for (int i=0; i<n; i++) a[i] = randDigit(); }
```

Wir kommen nun zur Schulmethode. Zunächst beschreiben wir ein Unterprogramm *mult*, das eine Zahl a mit einer Ziffer b multipliziert und das Ergebnis als Zahl *atimesb* zurückgibt. Es wird eine Übertragsziffer *carry* benötigt, die mit 0 initialisiert wird. Im Schleifendurchlauf für i berechnen wir zunächst Ziffern d und c mit $c \cdot B + d = a[i] \cdot b$. Die Summe von d und dem Wert c und den Übertrag *carry* aus dem vorherigen Schleifendurchlauf ergibt eine Summenziffer, die in *atimesb*[i] gespeichert wird, und einen neuen Übertrag *carry*. Die Schulmethode (die Funktion *mult*) multipliziert a mit jeder Ziffer von b und addiert (mittels der Funktion *addAt*) dieses Teilprodukt, um die korrekte Anzahl von Stellen verschoben, zum bisher aufgelaufenen Ergebnis.

```
void mult(const integer& a, const digit& b, integer& atimesb)
{ int n = a.size(); assert(atimesb.size() == n+1);
  digit carry = 0, c, d, cprev = 0;
  for (int i = 0; i < n; i++)
    { digitMult(a[i],b,d,c);
      fullAdder(d, cprev, carry, atimesb[i], carry); cprev = c;
    }
  d = 0;
  fullAdder(d, cprev, carry, atimesb[n], carry);  assert(carry == 0);
}
void addAt(integer& p, const integer& atimesbj, int j)
{ // p hat Laenge n+m,
  digit carry = 0; int L = p.size();
  for (int i = j; i < L; i++)
    fullAdder(p[i], getDigit(atimesbj,i-j), carry, p[i], carry);
  assert(carry == 0);
}
integer mult(const integer& a, const integer& b)
{ int n = a.size(); int m = b.size();
  integer p(n + m,0);  integer atimesbj(n+1);
  for (int j = 0; j < m; j++)
```

```
   { mult(a, b[j], atimesbj); addAt(p, atimesbj, j); }
   return p;
}
```

Für die Implementierung des Karatsuba-Algorithmus benötigen wir auch Programme für die allgemeine Addition und die Subtraktion. Bei der Subtraktion kann angenommen werden, dass das zweite Argument nicht größer als das erste ist. Die Differenz wird dann im ersten Argument zurückgegeben.

```
integer add(const integer& a, const integer& b)
{ int n = max(a.size(),b.size());
  integer s(n+1); digit carry = 0;
  for (int i = 0; i < n; i++)
      fullAdder(getDigit(a,i), getDigit(b,i), carry, s[i], carry);
  s[n] = carry;
  return s;
}
void sub(integer& a, const integer& b) // setzt a >= b voraus
{ digit carry = 0;
  for (int i = 0; i < a.size(); i++)
    if ( a[i] >= ( getDigit(b,i) + carry ))
      { a[i] = a[i] - getDigit(b,i) - carry; carry = 0; }
    else { a[i] = a[i] + B - getDigit(b,i) - carry; carry = 1; }
  assert(carry == 0);
}
```

Die Funktion *split* zerlegt eine Zahl in zwei Zahlen der halben Länge:

```
void split(const integer& a,integer& a1,  integer& a0)
{ int n = a.size(); int k = n/2;
  for (int i = 0; i < k; i++) a0[i] = a[i];
  for (int i = 0; i < n - k; i++) a1[i] = a[k + i];
}
```

Die Funktion *Karatsuba* geht genauso vor wie im Text beschrieben. Wenn die Eingabezahlen weniger als $n0$ Ziffern haben, wird die Schulmethode benutzt. Andernfalls werden die Eingabezahlen in je zwei Teile der halben Länge zerlegt und die Produkte $p0$, $p1$ und $p2$ werden gebildet. Anschließend werden $p0$ und $p2$ einerseits an die korrekte Position in den Ausgabevektor geschrieben und andererseits nacheinander von $p1$ subtrahiert. Die so modifizierte Zahl $p1$ wird, um die korrekte Anzahl von Stellen verschoben, zum bisherigen Ergebnis addiert. Dies liefert folgendes Programm:

```
integer Karatsuba(const integer& a, const integer& b, int n0)
{ int n = a.size(); int m = b.size(); assert(n == m); assert(n0 >= 4);
  integer p(2*n);

  if (n < n0) return mult(a,b);

  int k = n/2; integer a0(k), a1(n - k), b0(k), b1(n - k);

  split(a,a1,a0); split(b,b1,b0);
```

```
integer p2 = Karatsuba(a1,b1,n0),
        p1 = Karatsuba(add(a1,a0),add(b1,b0),n0),
        p0 = Karatsuba(a0,b0,n0);

  for (int i = 0; i < 2*k; i++) p[i] = p0[i];
  for (int i = 2*k; i < n+m; i++) p[i] = p2[i - 2*k];

  sub(p1,p0); sub(p1,p2); addAt(p,p1,k);

  return p;
}
```

Die Daten für Abb. 1.3 wurden von folgendem Programm erzeugt:

```
inline double cpuTime() { return double(clock())/CLOCKS_PER_SEC; }

int main(){

for (int n = 8; n <= 131072; n *= 2)
{ integer a(n),  b(n); randInteger(a); randInteger(b);

    double T = cpuTime();  int k = 0;
    while (cpuTime() - T < 1) {  mult(a,b); k++; }
    cout << "\n" << n << " school = " << (cpuTime() - T)/k;

    T = cpuTime(); k = 0;
    while (cpuTime() - T < 1) { Karatsuba(a,b,4); k++; }
    cout << " Karatsuba4 = " << (cpuTime() - T) /k; cout.flush();

    T = cpuTime(); k = 0;
    while (cpuTime() - T < 1) { Karatsuba(a,b,32); k++; }
    cout << " Karatsuba32 = " << (cpuTime() - T) /k; cout.flush();
}
return 0;
}
```

1.8 Beweise für Lemma 1.5 und Satz 1.7

Um die Überlegungen dieses Kapitels in sich abgeschlossen zu gestalten, geben wir noch Beweise für Lemma 1.5 und Satz 1.7 an. Wir beginnen mit der Analyse der rekursiven Variante der Schulmethode. In Lemma 1.4 haben wir gesehen, dass die maximale Anzahl von Elementaroperationen, die dieser Algorithmus für die Multiplikation von zwei Zahlen mit n Ziffern benötigt, die folgende Rekurrenzungleichung erfüllt:

$$T(n) \le \begin{cases} 1 & \text{falls } n = 1, \\ 4 \cdot T(\lceil n/2 \rceil) + 4n & \text{falls } n \ge 2. \end{cases}$$

Durch Induktion über n zeigen wir, dass $T(n) \le 5n^2 - 4n$ gilt, wenn n eine Zweierpotenz ist. Für $n = 1$ haben wir $T(1) \le 1 = 5n^2 - 4n$. Für $n > 1$ gilt

$$T(n) \le 4 \cdot T(n/2) + 4n \le 4(5(n/2)^2 - 4n/2) + 4n = 5n^2 - 4n\ ;$$

dabei folgt die zweite Ungleichung aus der Induktionsvoraussetzung. Für beliebige n beobachten wir, dass die Multiplikation von zwei n-ziffrigen Zahlen sicher nicht mehr kostet als die von zwei $2^{\lceil \log n \rceil}$-ziffrigen Zahlen, und dass daher $T(n) \leq T(2^{\lceil \log n \rceil})$ gilt. Mit $2^{\lceil \log n \rceil} \leq 2n$ erhalten wir die Abschätzung $T(n) \leq 20n^2$ für alle n.

Aufgabe 1.9. Beweisen Sie für Zweierpotenzen n eine Schranke für $T(n)$, wenn die Rekurrenz $T(1) \leq 1$ und $T(n) \leq 4 \cdot T(n/2) + 9n$ gegeben ist.

Wie konnten wir wissen, dass „$5n^2 - 4n$" die Schranke war, die wir beweisen mussten? Dafür benötigt man keine hellseherischen Fähigkeiten. Für $n = 2^k$ erhalten wir durch wiederholtes Einsetzen Folgendes:

$$T(2^k) \leq 4 \cdot T(2^{k-1}) + 4 \cdot 2^k \leq 4^2 \cdot T(2^{k-2}) + 4 \cdot (4^1 \cdot 2^{k-1} + 2^k)$$
$$\leq 4^3 \cdot T(2^{k-3}) + 4 \cdot (4^2 \cdot 2^{k-2} + 4^1 \cdot 2^{k-1} + 2^k) \leq \cdots$$
$$\leq 4^k \cdot T(1) + 4 \cdot \sum_{0 \leq i \leq k-1} 4^i 2^{k-i} \leq 4^k + 4 \cdot 2^k \cdot \sum_{0 \leq i \leq k-1} 2^i$$
$$\leq 4^k + 4 \cdot 2^k (2^k - 1) = n^2 + 4n(n-1) = 5n^2 - 4n \, .$$

Nun wenden wir uns dem Beweis von Satz 1.7 zu. Aus Lemma 1.6 wissen wir, dass T_K die folgende Rekurrenz erfüllt:

$$T_K(n) \leq \begin{cases} 3n^2 & \text{falls } n \leq 3, \\ 3 \cdot T_K(\lceil n/2 \rceil + 1) + 8n & \text{falls } n \geq 4. \end{cases}$$

Die Rekurrenz für die Schulmethode hatte die schöne Eigenschaft, dass für Zweierpotenzen n die Argumente von T auf der rechten Seite wieder Zweierpotenzen waren. Das stimmt im Fall von T_K nicht mehr. Wenn aber $n = 2^k + 2$ und $k \geq 1$ ist, dann gilt $\lceil n/2 \rceil + 1 = 2^{k-1} + 2$. Daher sollten wir hier unseren Induktionsbeweis über die Zahlen der Form $n = 2^k + 2$, $k \geq 0$, führen. Wir werden zeigen, dass für $k \geq 0$ Folgendes gilt:

$$T_K(2^k + 2) \leq 51 \cdot 3^k - 16 \cdot 2^k - 8 \, .$$

Für $k = 0$ haben wir

$$T_K(2^0 + 2) = T_K(3) \leq 3 \cdot 3^2 = 27 = 51 \cdot 3^0 - 16 \cdot 2^0 - 8 \, .$$

Im Induktionsschritt, für $k \geq 1$, gilt

$$T_K(2^k + 2) \leq 3 \cdot T_K(2^{k-1} + 2) + 8 \cdot (2^k + 2)$$
$$\leq 3 \cdot \left(51 \cdot 3^{k-1} - 16 \cdot 2^{k-1} - 8\right) + 8 \cdot (2^k + 2)$$
$$= 51 \cdot 3^k - 16 \cdot 2^k - 8 \, .$$

Wieder ist es keine Hexerei, die richtige Induktionsbehauptung zu finden. Sie ergibt sich einfach durch wiederholtes Einsetzen, wie folgt.

$$T_K(2^k+2) \leq 3 \cdot T_K(2^{k-1}+2) + 8 \cdot (2^k+2)$$
$$\leq 3^k \cdot T_K(2^0+2) + 8 \cdot (3^0 \cdot (2^k+2) + 3^1 \cdot (2^{k-2}+2) + \ldots + 3^{k-1} \cdot (2^1+2))$$
$$\leq 27 \cdot 3^k + 8 \cdot \left(2^k \cdot \frac{(3/2)^k - 1}{3/2 - 1} + 2 \cdot \frac{3^k - 1}{3 - 1} \right)$$
$$= 51 \cdot 3^k - 16 \cdot 2^k - 8 .$$

Wir müssen nun nur noch diese Schranke auf alle n verallgemeinern. Dazu wählen wir das kleinste k, das $n \leq 2^k + 2$ erfüllt. Offensichtlich gilt $k \leq 1 + \log n$. Die Multiplikation von Zahlen mit n Ziffern kann nicht teurer sein als die von Zahlen mit $2^k + 2$ Ziffern. Daraus folgt:

$$T_K(n) \leq 51 \cdot 3^k - 16 \cdot 2^k - 8 \leq 153 \cdot 3^{\log n} \leq 153 \cdot n^{\log 3} ,$$

wobei wir die Gleichung $3^{\log n} = 2^{(\log 3) \cdot (\log n)} = n^{\log 3}$ benutzt haben.

Aufgabe 1.10. Lösen Sie die Rekurrenzungleichung

$$T_R(n) \leq \begin{cases} 3n^2 + 2n & \text{falls } n < n_0, \\ 3 \cdot T_R(\lceil n/2 \rceil + 1) + 8n & \text{falls } n \geq n_0, \end{cases}$$

wobei n_0 eine natürliche Zahl ist. Finden Sie einen optimalen Wert für n_0!

1.9 Implementierungsaspekte

Die in Abschnitt 1.7 angegebenen Programme sind nicht optimiert. Zum Beispiel sollte die Basis B des benutzten Zahlensystems eine Zweierpotenz sein, so dass man die Summen- und Übertragsziffern bei den Elementaroperationen durch einfache Bitoperationen aus den Ergebnissen der Maschinenoperationen erhält. Auch sollte die Größe einer Ziffer der Wortlänge des Rechners entsprechen, und man sollte sich bei der Implementierung der Elementaroperationen mehr Mühe geben.

1.9.1 C++

In den Paketen GMP [81] und LEDA [130] werden Langzahlarithmetik für ganze Zahlen, exakte Arithmetik für rationale Zahlen und beliebig genaue Arithmetik für Gleitkommazahlen bereitgestellt. Für die Multiplikation werden dabei stark optimierte Implementierungen der Methode von Karatsuba benutzt.

1.9.2 Java

Im Paket *java.math* werden beliebig lange ganze Zahlen und beliebig genaue Gleitkommazahlen bereitgestellt.

1.10 Historische Anmerkungen und weitere Ergebnisse

Ist die Methode von Karatsuba die schnellste bekannte Methode für die Multiplikation von ganzen Zahlen? Nein, man kennt viel schnellere Methoden. Im Algorithmus von Karatsuba werden Zahlen der Länge n in zwei Teile geteilt; man benötigt dann drei rekursive Multiplikationen von halb so langen Teilzahlen. Eine natürliche Verallgemeinerung ist, die Zahlen in k Stücke der Länge n/k zu teilen. Wenn der rekursive Schritt ℓ Multiplikationen von Zahlen der Länge n/k benötigt, wächst die Rechenzeit des resultierenden Algorithmus wie $n^{\log_k \ell}$. Mit diesem Ansatz reduzierten Toom [211] und Cook [48] die Rechenzeit[13] auf $O(n^{1+\varepsilon})$ für beliebige positive ε. Lange Jahre waren die von Schönhage und Strassen [186] und Schönhage [185] angegebenen Algorithmen die asymptotisch effizientesten bekannten Verfahren. Der erste Algorithmus multipliziert zwei n-Bit-Zahlen mit $O(n \log n \log \log n)$ Bitoperationen; er kann auch auf einer Turingmaschine mit der entsprechenden Anzahl von Schritten ablaufen. Der zweite läuft in linearer Zeit $O(n)$; er benötigt das Maschinenmodell, das in Abschnitt 2.2 vorgestellt wird. In diesem Modell können ganze Zahlen mit $\log n$ Bits in konstanter Zeit multipliziert werden. Der erste Algorithmus wurde 2007 und 2009 von Fürer [76] und von De, Kurur, Saha und Saptharishi [51] auf $O((n \log n)2^{c \log^* n})$ Bitoperationen verbessert. Dabei ist $\log^* n$ die kleinste Zahl $k \geq 0$ mit der Eigenschaft, dass $\log(\log(\ldots \log(n)\ldots))$ (k-fache Hintereinanderausführung) einen Wert ≤ 1 hat. Die Funktion $\log^* n$ wächst extrem langsam.

---

[13] Die $O(\cdot)$-Notation wird in Abschnitt 2.1 definiert.

2

Einleitung

Wer Bildhauer[1] werden will, muss eine Reihe von Grundtechniken erlernen: woher man die geeigneten Steine bezieht, wie man sie bewegt, wie man mit dem Meißel arbeitet, wie man ein Gerüst aufbaut, … . Wer die Grundtechniken beherrscht, ist noch lange kein berühmter Künstler, aber selbst jemand mit außergewöhnlichem Talent wird kaum ein erfolgreicher Künstler werden, wenn er die Grundtechniken nicht kennt. Natürlich muss er nicht alle beherrschen, bevor er die erste Skulptur gestaltet. Aber er muss stets bereit sein, zu den Grundtechniken zurückzukehren, um sie immer besser beherrschen zu lernen.

Dieses einleitende Kapitel spielt für dieses Buch eine ähnliche Rolle. Wir stellen hier grundlegende Begriffe und Methoden vor, mit deren Hilfe wir in späteren Kapiteln Algorithmen leichter besprechen und analysieren können. Man muss dieses Kapitel nicht von A bis Z durcharbeiten, bevor man die nachfolgenden Kapitel liest. Wir empfehlen dem Leser, beim ersten Durchgang das Material bis einschließlich Abschnitt 2.3 genau zu studieren und die restlichen Abschnitte einmal durchzusehen. Abschnitt 2.1 macht den Anfang mit Notation und Terminologie, die uns helfen wird, in knapper Form über die Komplexität von Algorithmen zu reden. In Abschnitt 2.2 wird ein einfaches Maschinenmodell vorgestellt, das es ermöglicht, durch eine abstrakte Sichtweise die vielfältigen Komplikationen zu vermeiden, die sich bei der Berücksichtigung der Eigenschaften echter Hardware ergeben würden. Das Modell ist konkret genug, um nützliche Vorhersagen zu liefern, und abstrakt genug, um damit elegante Überlegungen anzustellen. In Abschnitt 2.3 wird eine Pseudocode-Notation eingeführt, die einer höheren Programmiersprache ähnelt und für das Aufschreiben von Algorithmen viel bequemer zu handhaben ist als die Maschinensprache unseres abstrakten Modells. Die Benutzung von Pseudocode ist außerdem bequemer als die einer echten Programmiersprache, da wir dann abstrakte Begriffe aus der Mathematik verwenden können, ohne uns den Kopf darüber zu zerbrechen, wie man

---

[1] Die obige Abbildung des Steinrings von Stonehenge ist [170] entnommen.

sie übersetzen kann, damit sie auf echten Maschinen benutzt werden können. Wir werden Programme häufig mit Anmerkungen versehen, um sie besser lesbar zu machen und um das Führen von Korrektheitsbeweisen zu erleichtern. Techniken für solche Beweise sind der Gegenstand von Abschnitt 2.4. In Abschnitt 2.5 wird ein erstes Beispiel umfassend besprochen: Binäre Suche in einem geordneten Array. In Abschnitt 2.6 werden mathematische Techniken für die Komplexitätsanalyse von Programmen besprochen, insbesondere für die Analyse von geschachtelten Schleifen und rekursiven Prozeduraufrufen. Für die Analyse von Algorithmen im mittleren Fall werden weitere Techniken benötigt; mit diesen befasst sich Abschnitt 2.7. Randomisierte Algorithmen, vorgestellt in Abschnitt 2.8, führen während des Ablaufs Zufallsexperimente („Münzwürfe") durch. Abschnitt 2.9 behandelt Graphen, einen Begriff, der im Rest des Buches eine große Rolle spielen wird. In Abschnitt 2.10 wird die Frage diskutiert, wann man einen Algorithmus effizient nennen soll, und die Komplexitätsklassen **P** und **NP** sowie die wichtige Klasse der **NP**-vollständigen Probleme werden vorgestellt. Das Kapitel schließt, wie jedes Kapitel in diesem Buch, mit einem Abschnitt zu Implementierungsaspekten (Abschnitt 2.11) und einem mit historischen Anmerkungen und weiteren Ergebnissen (Abschnitt 2.12).

2.1 Asymptotische Notation

Die Analyse eines Algorithmus dient hauptsächlich dazu, zuverlässige Aussagen über sein Verhalten zu gewinnen, z. B. Schranken für die Rechenzeit, die zugleich genau, knapp, allgemein und leicht verständlich sein sollen. Natürlich ist es schwierig, all diesen Anforderungen gleichzeitig gerecht zu werden. Um beispielsweise die Rechenzeit eines Algorithmus zu erfassen, kann man T als eine Funktion auffassen, die die Menge $\mathscr{I}$ aller möglichen Eingaben (oder *Instanzen*) in die Menge $\mathbb{R}_{>0}$ der positiven reellen Zahlen abbildet. Für jede Instanz I des Problems ist dann $time(I)$ die Rechenzeit auf I. Eine solche Detailgenauigkeit führt aber zu einer so überwältigenden Menge an Information, dass man darüber niemals eine brauchbare Theorie entwickeln könnte. Eine nützliche Theorie muss das (Rechenzeit-)Verhalten eines Algorithmus von einem allgemeineren Standpunkt aus betrachten.

Wir unterteilen die Menge aller Eingaben in Klassen „ähnlicher" Eingaben und fassen das (Rechenzeit-)Verhalten des Algorithmus auf Eingaben einer Klasse in einer einzigen Zahl zusammen. Das nützlichste Kriterium für eine Klasseneinteilung ist die *Größe* einer Eingabe. Normalerweise kann man jeder Eingabe auf natürliche Art eine Größe zuordnen. Die Größe einer ganzen Zahl ist die Anzahl der Ziffern ihrer Binärdarstellung; die Größe einer Menge ist die Anzahl ihrer Elemente. Die Größe einer Eingabe ist immer eine natürliche Zahl. Manchmal verwendet man mehr als einen Parameter, um die Größe einer Eingabe anzugeben; beispielsweise ist es üblich, die Größe eines Graphen durch die Anzahl seiner Knoten und seiner Kanten zu charakterisieren. Diese kleine Komplikation werden wir hier zunächst außer Acht lassen. Die Größe der Eingabe I wird mit $size(I)$ bezeichnet, und mit $\mathscr{I}_n$ die Menge aller Eingaben der Größe n, für $n \in \mathbb{N}$. Für die Eingaben der Größe n fragen wir nach maximalen, minimalen und mittleren Ausführungszeiten:[2]

schlechtester Fall (*worst case*): $T(n) = \max\{time(I) : I \in \mathscr{I}_n\}$

bester Fall (*best case*): $T(n) = \min\{time(I) : I \in \mathscr{I}_n\}$

mittlerer Fall (*average case*): $T(n) = \dfrac{1}{|\mathscr{I}_n|} \sum\limits_{I \in \mathscr{I}_n} time(I)$.

Die interessanteste Größe ist dabei die Ausführungszeit im schlechtesten Fall, weil sie die umfassendste Garantie für das Verhalten des Algorithmus darstellt. Ein Vergleich der Rechenzeiten im besten und im schlechtesten Fall sagt uns, wie stark die Ausführungszeit für Eingaben aus einer Größenklasse variieren kann. Wenn die Abweichung zwischen bestem und schlechtestem Fall sehr groß ist, liefert eventuell eine Analyse der Rechenzeit im mittleren Fall genauere Einsichten in das wirkliche Rechenzeitverhalten des Algorithmus. Ein Beispiel hierfür werden wir in Abschnitt 2.7 sehen.

Wir gehen in der Vergröberung und damit Reduktion der Daten noch einen Schritt weiter: Wir konzentrieren uns auf die Untersuchung der *Wachstumsordnung*, oder die *asymptotische Analyse*, der Rechenzeit. Zwei Funktionen $f(n)$ und $g(n)$ haben die *gleiche Wachstumsordnung*, wenn es positive Konstanten c und d gibt, so dass für genügend große n die Ungleichung $c \le f(n)/g(n) \le d$ gilt. Die Funktion $f(n)$ *wächst schneller* als $g(n)$, wenn für jede positive Konstante c gilt, dass für alle genügend großen n die Ungleichung $f(n) \ge c \cdot g(n)$ erfüllt ist. Beispielsweise haben die Funktionen n^2, $n^2 + 7n$, $5n^2 - 7n$ und $n^2/10 + 10^6 n$ alle die gleiche Wachstumsordnung. Weiter wachsen diese Funktionen alle schneller als die Funktion $n^{3/2}$, die wiederum schneller als $n \log n$ wächst. Die Wachstumsordnung bezieht sich auf das Verhalten für große n. Ebenso soll das Wort „asymptotisch" in „asymptotische Analyse" hervorheben, dass es um das Verhalten für große n geht.

Weshalb interessieren wir uns nur für Wachstumsordnungen und das Verhalten für große Eingabegrößen n? Nun, man entwirft effiziente Algorithmen meistens zu dem Zweck, große Instanzen bearbeiten und lösen zu können. Wenn die Rechenzeit eines Algorithmus A eine kleinere Wachstumsordnung hat als die eines anderen Algorithmus B, wird für große n Algorithmus A überlegen sein. Auch die Tatsache, dass unser Maschinenmodell eine Abstraktion ist und reale Rechenzeiten nur bis auf einen (maschinenabhängigen) konstanten Faktor vorhersagen kann, legt es nahe, keinen Unterschied zwischen Algorithmen zu machen, deren Rechenzeiten dieselbe Wachstumsordnung haben. Dass wir uns auf die Wachstumsordnungen zurückziehen, hat den erfreulichen Nebeneffekt, dass wir die Rechenzeiten von Algorithmen durch sehr einfache Funktionen charakterisieren können. In den Abschnitten, die sich mit Implementierungsaspekten befassen, werden wir jedoch regelmäßig genauer hinsehen und dann den Bereich der asymptotischen Analyse verlassen. Auch sollte sich der Leser bei der Verwendung eines Algorithmus aus diesem Buch immer fragen, ob die asymptotische Sichtweise gerechtfertigt ist.

---

[2] Wir werden immer sicherstellen, dass die Menge $\{time(I) : I \in \mathscr{I}_n\}$ ein Minimum und ein Maximum hat und dass $\mathscr{I}_n$ endlich ist, wenn es um Mittelwerte gehen soll.

Die folgenden Definitionen gestatten es uns, präzise Überlegungen über das *asymptotische Verhalten* von Funktionen anzustellen. Mit $f(n)$ und $g(n)$ seien dabei Funktionen bezeichnet, die natürliche Zahlen auf nichtnegative reelle Zahlen abbilden. Wir definieren:

$$O(f(n)) = \{g(n) : \exists c > 0 : \exists n_0 \in \mathbb{N}_+ : \forall n \geq n_0 : g(n) \leq c \cdot f(n)\},$$

$$\Omega(f(n)) = \{g(n) : \exists c > 0 : \exists n_0 \in \mathbb{N}_+ : \forall n \geq n_0 : g(n) \geq c \cdot f(n)\},$$

$$\Theta(f(n)) = O(f(n)) \cap \Omega(f(n)),$$

$$o(f(n)) = \{g(n) : \forall c > 0 : \exists n_0 \in \mathbb{N}_+ : \forall n \geq n_0 : g(n) \leq c \cdot f(n)\},$$

$$\omega(f(n)) = \{g(n) : \forall c > 0 : \exists n_0 \in \mathbb{N}_+ : \forall n \geq n_0 : g(n) \geq c \cdot f(n)\}.$$

Die linken Seiten liest man als „groß-O von $f(n)$", „groß-Omega von $f(n)$", „Theta von $f(n)$", „klein-o von $f(n)$" bzw. „klein-omega von $f(n)$". Man beachte, dass mit „$f(n)$" in „$O(f(n))$" und „$g(n)$" in „$\{g(n) : \ldots\}$" die Funktionen $f(n)$ bzw. $g(n)$ bezeichnet werden – es wird nur deutlich gemacht, dass diese Funktionen von der Variablen n abhängen. In Bedingungen wie „$\forall n \geq n_0 : g(n) \leq c \cdot f(n)$" sind hingegen die Funktions*werte* für ein n gemeint.

Wir betrachten einige Beispiele. Die Menge $O(n^2)$ enthält die Funktionen, die höchstens quadratisch wachsen, die Menge $o(n^2)$ die Funktionen, die langsamer als quadratisch wachsen, und $o(1)$ enthält die Funktionen, die für wachsendes n gegen Null streben. Dabei steht „1" für die konstante Funktion $n \mapsto 1$, die überall den Wert 1 hat. Damit liegt eine Funktion $f(n)$ in $o(1)$, wenn $f(n) \leq c \cdot 1$ für jedes positive c gilt, wenn nur n genügend groß ist, d. h., wenn $f(n)$ für wachsendes n gegen Null strebt. Allgemein ist $O(f(n))$ die Menge all der Funktionen, die „nicht schneller wachsen als" $f(n)$; ähnlich ist $\Omega(f(n))$ die Menge der Funktionen, die „mindestens so schnell wachsen wie" $f(n)$. Zum Beispiel liegt beim Algorithmus von Karatsuba für die Multiplikation ganzer Zahlen die asymptotische Rechenzeit im schlechtesten Fall in $O(n^{1.585})$, wohingegen die asymptotische Rechenzeit der Schulmethode in $\Omega(n^2)$ liegt. Daher können wir sagen, dass der Algorithmus von Karatsuba asymptotisch schneller ist als die Schulmethode. Die Notation $o(f(n))$ („klein-o" von $f(n)$") bezeichnet die Menge aller Funktionen, die „strikt langsamer wachsen als" $f(n)$. Ihr Gegenstück, die Notation $\omega(f(n))$ („klein-omega von $f(n)$"), wird eher selten benutzt und ist hier nur der Vollständigkeit halber aufgeführt.

Die meisten Algorithmen in diesem Buch haben Rechenzeitschranken, die sich als ein Polynom oder als eine logarithmische Funktion oder als Produkt solcher Funktionen schreiben lassen. Am Beispiel der Polynome machen wir nun den Leser mit einigen grundlegenden Umformungen für unsere asymptotische Notation vertraut.

Lemma 2.1. *Sei $p(n) = \sum_{i=0}^{k} a_i n^i$ ein Polynom mit reellen Koeffizienten, wobei $a_k > 0$ gilt. Dann ist $p(n) \in \Theta(n^k)$.*

Beweis. Es genügt, die beiden Beziehungen $p(n) \in O(n^k)$ und $p(n) \in \Omega(n^k)$ zu beweisen. Wir beobachten zunächst, dass für $n > 0$

$$p(n) \leq \sum_{i=0}^{k} |a_i| n^i \leq n^k \sum_{i=0}^{k} |a_i|$$

gilt; daraus folgt $p(n) \leq (\sum_{i=0}^{k} |a_i|) n^k$ für alle positiven n. Daher gilt $p(n) \in O(n^k)$.

Nun setzen wir $A = \sum_{i=0}^{k-1} |a_i|$. Für alle $n > 0$ gilt

$$p(n) \geq a_k n^k - A n^{k-1} = \frac{a_k}{2} n^k + n^{k-1} \left(\frac{a_k}{2} n - A \right)$$

und daher $p(n) \geq (a_k/2) n^k$ für $n > 2A/a_k$. Wir wählen $c = a_k/2$ und $n_0 = 2A/a_k$, und erhalten mit der Definition von $\Omega(n^k)$, dass $p(n) \in \Omega(n^k)$ gilt. $\square$

Aufgabe 2.1. Richtig oder falsch? (a) $n^2 + 10^6 n \in O(n^2)$; (b) $n \log n \in O(n)$; (c) $n \log n \in \Omega(n)$; (d) $\log n \in o(n)$.

Die asymptotische Notation wird bei der Algorithmenanalyse häufig benutzt, und es ist bequem, die präzise Definition etwas flexibler zu handhaben, indem man Bezeichnungen für Mengen von Funktionen (wie $O(n^2)$) einfach so benutzt, als ob es sich um gewöhnliche Funktionen handeln würde. Insbesondere schreiben wir immer $h(n) = O(f(n))$ anstelle von $h(n) \in O(f(n))$ und $O(h(n)) = O(f(n))$ anstelle von $O(h(n)) \subseteq O(f(n))$, z. B.:

$$3n^2 + 7n = O(n^2) = O(n^3) \ .$$

Folgen von „Gleichungen" mit der O-Notation muss man also als Elementbeziehungen und Inklusionen auffassen und als solche immer nur von links nach rechts lesen.

Für eine Funktion $h(n)$, Mengen F und G von Funktionen, und einen Operator $\diamond$ (wie $+$, $\cdot$ oder $/$) soll $F \diamond G$ eine Abkürzung für $\{f(n) \diamond g(n) : f(n) \in F, g(n) \in G\}$ sein, und $h(n) \diamond F$ soll für $\{h(n)\} \diamond F$ stehen. Mit dieser Vereinbarung bezeichnet also $f(n) + o(f(n))$ die Menge aller Funktionen $f(n) + g(n)$ mit der Eigenschaft, dass $g(n)$ strikt langsamer wächst als $f(n)$, d. h., dass der Quotient $(f(n) + g(n))/f(n)$ für $n \to \infty$ gegen 1 strebt. Äquivalent kann man auch $(1 + o(1))f(n)$ schreiben. Diese Notation benutzen wir, wenn wir die Rolle von $f(n)$ als „*führendem Term*" betonen wollen, gegenüber dem „*Terme niedrigerer Ordnung*" ignoriert werden können.

Lemma 2.2. *Für die O-Notation gelten die folgenden Regeln:*

$$c f(n) = \Theta(f(n)), \textit{ für jede positive Konstante } c,$$
$$f(n) + g(n) = \Omega(f(n)),$$
$$f(n) + g(n) = O(f(n)), \textit{ wenn } g(n) = O(f(n)),$$
$$O(f(n)) \cdot O(g(n)) = O(f(n) \cdot g(n)).$$

Aufgabe 2.2. Beweisen Sie Lemma 2.2.

Aufgabe 2.3. Verschärfen Sie Lemma 2.1, indem Sie zeigen, dass sogar $p(n) = a_k n^k + o(n^k)$ gilt.

Aufgabe 2.4. Beweisen Sie, dass $n^k = o(c^n)$ gilt, für ganzzahlige k und beliebige $c > 1$. In welcher Relation steht $n^{\log \log n}$ zu n^k und c^n?

2.2 Das Maschinenmodell

Im Jahr 1945 schlug John von Neumann (Abb. 2.1)
eine einfache, aber mächtige Rechnerarchitektur
vor [215]. Die eingeschränkten Hardwaremöglichkei-
ten der damaligen Zeit brachten ihn zu einem eleganten Entwurf, der sich auf das Wesentliche beschränkte; andernfalls wäre eine Realisierung nicht
möglich gewesen. In den Jahren seit 1945 hat sich
zwar die Hardwaretechnologie dramatisch weiterentwickelt, aber das Programmiermodell, das sich aus
von Neumanns Entwurf ergab, ist so elegant und
mächtig, dass es heute noch die Grundlage für den
Großteil der modernen Programmierung darstellt. Im
Normalfall funktionieren Programme, die für das
von-Neumann-Modell geschrieben werden, auch auf
der viel komplexeren Hardware der heutigen Computer recht gut.

Abb. 2.1. John von Neumann,
*28.12.1903   in   Budapest,
†8.2.1957 in Washington, DC.

Für die Analyse von Algorithmen benutzt man eine Variante des von-Neumann-Rechners, die *RAM*
(*„random access machine"*: Maschine mit wahlfreiem Speicherzugriff) oder *Regis-
termaschine* genannt wird. Dieses Modell wurde 1963 von Shepherdson und Sturgis
vorgeschlagen [195]. Dabei handelt es sich um einen *sequentiellen* Rechner mit uni-
formem Speicher, d. h., es gibt nur eine Recheneinheit (CPU), und jeder Speicherzugriff kostet genau gleich viel Zeit. Der Speicher (*„memory"* oder *„store"*) besteht aus
unendlich vielen Speicherzellen $S[0]$, $S[1]$, $S[2]$, ...; zu jedem Zeitpunkt ist nur eine endliche Anzahl davon in Gebrauch. Zusätzlich zu diesem Hauptspeicher besitzt
eine RAM eine kleine, konstante Anzahl von *Registern* $R_1, \ldots, R_k$.

In den Zellen und den Registern werden „kleine" ganze Zahlen gespeichert, die
auch (*Maschinen-*)*Wörter* genannt werden. In unseren Überlegungen zur ganzzahligen Arithmetik in Kap. 1 hatten wir angenommen, dass „klein" das gleiche wie „ein-
ziffrig" bedeutet. Es ist jedoch vernünftiger und auch bequemer anzunehmen, dass es
von der Eingabegröße abhängt, was „klein" bedeutet. Unsere Standardannahme wird
sein, dass eine ganze Zahl in einer Zelle gespeichert sein kann, solange ihre Größe
durch ein Polynom in der Größe der Eingabe beschränkt ist. Die Binärdarstellung
solcher Zahlen benötigt eine Anzahl von Bits, die logarithmisch in der Größe der
Eingabe ist. Diese Annahme ist vernünftig, weil wir den Inhalt einer Speicherzelle
immer auf logarithmisch viele Zellen aufteilen könnten, von denen jede ein Bit speichern kann, ohne dass Zeit- und Speicherbedarf um mehr als einen logarithmischen
Faktor zunehmen. Da Register für die Adressierung von Speicherzellen benutzt werden, wird man verlangen, dass jede in einer Berechnung vorkommenden Adresse
in einem Register Platz findet. Hierfür ist eine polynomielle Größenbeschränkung
ausreichend.

Die Annahme einer logarithmischen Beschränkung der Bitlänge der gespeicherten Zahlen ist aber auch notwendig: Wenn man zuließe, dass in einer Zelle Zahlen

beliebiger Größe gespeichert werden können, würden sich in manchen Fällen Algorithmen mit absurd kleinem Zeitbedarf ergeben. Beispielsweise könnte man mit n nacheinander ausgeführten Quadrierungen aus der Zahl 2 (zwei Bits) eine mit 2^n Bits erzeugen. Man beginnt mit $2 = 2^1$, quadriert einmal, um $2^2 = 4$ zu erhalten, nochmaliges Quadrieren liefert $16 = 2^{2\cdot2}$ usw. Nach n-maligem Quadrieren ist die Zahl 2^{2^n} entstanden.

Unser Modell lässt eine bestimmte, eingeschränkte Art von Parallelverarbeitung zu: einfache Operationen auf einer logarithmischen Anzahl von Bits können in konstanter Zeit ausgeführt werden.

Eine RAM kann ein (Maschinen-)Programm ausführen. Ein solches *Programm* ist dabei eine Liste von Maschinenbefehlen, durchnummeriert von 1 bis zu einer Zahl ℓ. Die Einträge der Liste heißen *Zeilen* des Programms. Das Programm steht in einem Programmspeicher. Unsere RAM kann folgende Maschinenbefehle ausführen:

- $R_i := S[R_j]$ *lädt* den Inhalt der Speicherzelle, deren Index in Register R_j steht, in Register R_i.
- $S[R_j] := R_i$ *schreibt* den Inhalt von Register R_i in die Speicherzelle, deren Index in Register R_j steht.
- $R_i := R_j \odot R_h$ führt auf den Inhalten von Registern R_j und R_h eine binäre Operation $\odot$ aus und speichert das Ergebnis in Register R_i. Dabei gibt es für „$\odot$" eine Reihe von Möglichkeiten. Die *arithmetischen* Operationen sind wie üblich $+$, $-$ und $*$; sie interpretieren die Registerinhalte als ganze Zahlen. Die Operationen **div** und **mod**, ebenfalls für ganze Zahlen, liefern den Quotienten bzw. den Rest bei der ganzzahligen Division. Die *Vergleichsoperationen* $\leq$, $<$, $>$ und $\geq$ für ganze Zahlen liefern als Ergebnis einen Wahrheitswert, also *true* ($= 1$) oder *false* ($= 0$). Daneben gibt es auch die bitweise auszuführenden Operationen $\mid$ (logisches Oder, OR), $\&$ (logisches Und, AND) und $\oplus$ (exklusives Oder, XOR); sie interpretieren Registerinhalte als Bitstrings. Die Operationen $\gg$ (Rechtsshift) und $\ll$ (Linksshift) interpretieren das erste Argument als Bitstring und das zweite als nichtnegativen Verschiebewert. Die *logischen* Operationen $\wedge$ und $\vee$ verarbeiten die *Wahrheitswerte* 1 and 0. Wir können auch annehmen, dass es Operationen gibt, die die in einem Register gespeicherten Bits als Gleitkommazahl interpretieren, d. h. als endlichen Näherungswert für eine reelle Zahl.
- $R_i := \odot R_j$ führt auf Register R_j eine *unäre* Operation $\odot$ aus und speichert das Ergebnis in Register R_i. Dabei sind die Operationen $-$ (für ganze Zahlen), $\neg$ (logische Negation für Wahrheitswerte, NOT) und $\sim$ (bitweise Negation für Bitstrings) vorgesehen.
- $R_i := C$ weist dem Register R_i einen *konstanten* Wert C zu.
- JZ k, R_i setzt die Berechnung in Programmzeile k fort, wenn Register R_i den Inhalt 0 hat (*Verzweigung* oder *bedingter Sprung*), andernfalls in der nächsten Programmzeile.[3]
- J k setzt die Berechnung in Programmzeile k fort (*unbedingter Sprung*).

---

[3] Das Sprungziel k kann, falls nötig, auch als Inhalt $S[R_j]$ einer Speicherzelle angegeben sein.

Ein solches Programm wird auf einer gegebenen Eingabe Schritt für Schritt ausgeführt. Die Eingabe steht zu Beginn in den Speicherzellen $S[1]$ bis $S[R_1]$; die erste ausgeführte Programmzeile ist Zeile 1. Mit Ausnahme der Sprungbefehle JZ und J folgt auf die Ausführung einer Programmzeile stets die Ausführung der darauffolgenden Programmzeile. Die Ausführung des Programms endet, wenn eine Zeile ausgeführt werden soll, deren Nummer außerhalb des Bereichs $1..\ell$ liegt.

Wir legen den Zeitaufwand für die Ausführung eines Programms auf einer Eingabe auf denkbar einfache Art fest: *Die Ausführung eines Maschinenbefehls dauert genau eine Zeiteinheit.* Die Gesamtausführungszeit oder *Rechenzeit* eines Programms ist dann einfach die Gesamtzahl aller ausgeführten Befehle.

Es ist wichtig, sich klarzumachen, dass die RAM eine Abstraktion ist; man darf das Modell nicht mit wirklichen Rechnern verwechseln. Insbesondere haben echte Rechner einen endlichen Speicher und eine feste Anzahl von Bits pro Register bzw. Speicherzelle (z. B. 32 oder 64). Im Gegensatz hierzu wachsen („skalieren") Wortlänge und Speichergröße einer RAM mit der Eingabegröße. Wenn man so will, kann man dies als Abstraktion der historischen Entwicklung der Rechner ansehen: Mikroprozessoren hatten nacheinander Wortlängen von 4, 8, 16, 32 und 64 Bits. Mit Wörtern der Länge 64 kann man einen Speicher der Größe 2^{64} adressieren. Daher ist, auf der Basis heutiger Preise für Speichermedien, die Speichergröße durch die Kosten und nicht durch die Länge der Adressen begrenzt. Interessanterweise traf diese Aussage auch zu, als 32-Bit-Wörter eingeführt wurden!

Auch unser Modell für die Komplexität von Berechnungen stellt insofern eine grobe Vereinfachung dar, als moderne Prozessoren versuchen, viele Instruktionen gleichzeitig auszuführen. Zu welcher Zeitersparnis dies führt, hängt von Faktoren wie Datenabhängigkeiten zwischen aufeinanderfolgenden Operationen ab. Infolgedessen ist es gar nicht möglich, einer Operation feste Kosten zuzuordnen. Dieser Effekt tritt besonders bei Speicherzugriffen zutage. Die im schlechtesten Fall für einen Zugriff auf den Hauptspeicher benötigte Zeit kann mehrere Hundert mal größer sein als die im besten Fall! Dies liegt daran, dass moderne Prozessoren versuchen, häufig benutzte Daten in *Cachespeichern* zu halten, das sind vergleichsweise kleine, schnelle Speichereinheiten, die eng an die Prozessoren angebunden sind. Welche Rechenzeitersparnis durch Cachespeicher erzielt wird, hängt sehr stark von der Architektur, vom Programm und sogar von der konkreten Eingabe ab.

Wir könnten versuchen, ein sehr genaues Kostenmodell zu entwickeln, aber dies ginge am Ziel vorbei. Es ergäbe sich ein sehr komplexes und schwer handhabbares Modell. Selbst eine erfolgreiche Analyse würde zu einer monströsen Formel führen, die von vielen Parametern abhängt, die sich dann auch noch mit jeder neuen Prozessorgeneration ändern. Obgleich die in einer solchen Formel enthaltene Information sehr präzise wäre, wäre sie allein aufgrund ihrer Komplexität unbrauchbar. Daher gehen wir gleich zum anderen Extrem, eliminieren sämtliche Modellparameter und nehmen einfach an, dass die Ausführung eines Maschinenbefehls genau eine Zeiteinheit beansprucht. Das führt dazu, dass konstante Faktoren in unserem Modell eigentlich keine Rolle spielen – ein weiterer Grund dafür, dass wir meistens bei der asymptotischen Analyse von Algorithmen bleiben. Zum Ausgleich gibt es in jedem Kapitel einen Abschnitt zu Implementierungsaspekten, in denen Implementierungsvarianten und „*trade-offs*" diskutiert werden, also Abhängigkeiten zwischen dem Bedarf an verschiedenen Ressourcen wie Zeit und Speicherplatz.

2.2.1 Hintergrundspeicher

Eine RAM und ein realer Rechner unterscheiden sich am dramatischsten in der Speicherstruktur: einem uniformen Speicher in der RAM steht eine komplexe Speicherhierarchie im realen Rechner gegenüber. In den Abschnitten 5.7, 6.3 und 7.6 werden wir Algorithmen betrachten, die speziell auf große Datenmengen zugeschnitten sind, die in langsamen (Hintergrund-)Speichern wie etwa Platten gehalten werden müssen. Zur Untersuchung dieser Algorithmen benutzen wir das *Externspeichermodell*.

Das Externspeichermodell ähnelt dem RAM-Modell, unterscheidet sich von diesem aber in der Speicherstruktur. Der (schnelle) interne Speicher (Hauptspeicher) besteht nur aus M Wörtern; der (langsame) Externspeicher (Hintergrundspeicher) hat unbeschränkte Größe. Es gibt spezielle *E/A-Operationen*, die B aufeinanderfolgende Wörter zwischen langsamem und schnellem Speicher hin- und hertransportieren. Wenn z. B. der Externspeicher eine Festplatte ist, wäre M die Größe des Hauptspeichers, und B wäre eine Blockgröße für die Datenübertragung zwischen Hauptspeicher und Platte, die einen guten Kompromiss zwischen der hohen Wartezeit (Latenzzeit) und der großen Bandweite bei einer Übertragung von einer Speicherart auf die andere darstellt. Beim aktuellen Stand der Technik sind $M = 2$ GByte und $B = 2$ MByte realistische Werte. Ein E/A-Schritt würde dann etwa 10 ms dauern, was $2 \cdot 10^7$ Taktzyklen eines 2 GHz-Prozessors entspricht. Mit anderen Festlegungen für die Parameter M und B könnten wir den (kleineren) Unterschied in den Zugriffszeiten zwischen einem Hardware-Cachespeicher und dem Hauptspeicher modellieren.

2.2.2 Parallelverarbeitung

In modernen Rechnern finden wir viele Arten von Parallelverarbeitung vor. Viele Prozessoren weisen *SIMD*-Register mit einer Breite zwischen 128 und 256 Bits auf, die die parallele Ausführung eines Befehls auf einer ganzen Reihe von Datenobjekten ermöglicht („*single instruction – multiple data*").

Simultanes Multi-Threading erlaubt es Prozessoren, ihre Ressourcen besser auszulasten, indem mehrere Threads (Teilprozesse) gleichzeitig auf einem Prozessorkern ausgeführt werden. Sogar auf mobilen Geräten gibt es oft Mehrkernprozessoren, die unabhängig voneinander Programme ausführen können, und die meisten Server haben mehrere solcher Mehrkernprozessoren, die auf einen *gemeinsamen Speicher* zugreifen können.

Coprozessoren, insbesondere solche, die in der Computergrafik Verwendung finden, weisen noch mehr parallel arbeitende Komponenten auf einem einzigen Chip auf. Hochleistungsrechner bestehen aus mehreren Server-Systemen, die durch ein eigenes schnelles Netzwerk miteinander verbunden sind. Schließlich gibt es die Möglichkeit, dass Computer aller Art über ein Netzwerk (das Internet, Funk-Netzwerke usw.) eher lose verbunden sind und so ein *verteiltes System* bilden, in dem Millionen von Knoten zusammenarbeiten. Es ist klar, dass kein einzelnes einfaches Modell genügt, um parallele Programme zu beschreiben, die auf diesen vielen Ebenen von Parallelität ablaufen. In diesem Buch werden wir uns daher darauf beschränken, gelegentlich (ohne formale Argumentation) zu erläutern, weshalb ein bestimmter sequentieller Algorithmus vielleicht besser oder weniger gut für die parallele Ausführung umgearbeitet werden kann. Beispielsweise könnte man bei den Algorithmen für Langzahlarithmetik in Kap. 1 auch SIMD-Instruktionen einsetzen.

2.3 Pseudocode

Das RAM-Modell, eine Abstraktion und Vereinfachung der Maschinenprogramme, die auf Mikroprozessoren ausgeführt werden, soll eine präzise Definition des Begriffs „Rechenzeit" ermöglichen. Zur Formulierung komplexer Algorithmen ist es jedoch wegen seiner Einfachheit nicht geeignet, weil die entsprechenden RAM-Programme viel zu lang und schwer lesbar wären. Stattdessen werden wir unsere Algorithmen in *Pseudocode* formulieren, der eine Abstraktion und Vereinfachung von imperativen Programmiersprachen wie C, C++, Java, C# oder Pascal darstellt, kombiniert mit großzügiger Benutzung von mathematischer Notation. Wir beschreiben nun Konventionen für die in diesem Buch verwendete Pseudocode-Notation und leiten ein Zeitmessmodell für Pseudocodeprogramme ab. Dieses ist sehr einfach: *Elementare Pseudocode-Befehle benötigen konstante Zeit; Prozedur- und Funktionsaufrufe benötigen konstante Zeit plus die Zeit für die Ausführung ihres Rumpfes.* Wir zeigen, dass dies gerechtfertigt ist, indem wir skizzieren, wie man Pseudocode in äquivalenten RAM-Code übersetzen kann, der dieses Zeitverhalten aufweist. Wir erklären diese Übersetzung nur so weit, dass das Zeitmessmodell verständlich wird. Über Compileroptimierungstechniken etwa muss man sich hier keine Gedanken machen, weil konstante Faktoren in unserer Theorie keine Rolle spielen. Der Leser mag sich auch dafür entscheiden, die folgenden Absätze zu überblättern und das Zeitmessmodell für Pseudocodeprogramme als ein Axiom zu akzeptieren. Die hier verwendete Pseudocode-Syntax ähnelt der Syntax von Pascal [110], weil diese Notation aus typographischer Sicht angenehmer für ein Buch erscheint als die wohlbekannte Syntax von C und den daraus durch Weiterentwicklung entstandenen Sprachen C++ und Java.

2.3.1 Variablen and elementare Datentypen

Eine *Variablendeklaration* „$v = x : T$" stellt eine Variable v vom Typ T bereit und initialisiert sie mit dem Wert x. Beispielsweise erzeugt „*answer* $= 42 : \mathbb{N}$" eine Variable *answer*, die nichtnegative ganzzahlige Werte annehmen kann, und initialisiert sie mit dem Wert 42. Der Typ einer Variablen wird in der Deklaration eventuell nicht genannt, wenn er aus dem Zusammenhang hervorgeht. Als Typen kommen elementare Typen wie integer (ganze Zahlen), Boolean (Boolesche Werte) oder Zeiger bzw.

Referenzen oder zusammengesetzte Typen in Frage. Dabei gibt es vordefinierte zusammengesetzte Typen wie Arraysund anwendungsspezifische Klassen (siehe unten). Wenn der Typ einer Variablen für die Diskussion irrelevant ist, benutzen wir den unspezifierten Typ *Element* als Platzhalter für einen beliebigen Typ. Die numerischen Typen werden manchmal um die Werte $-\infty$ und ∞ erweitert, wenn dies bequem ist. Ähnlich erweitern wir manchmal Typen um einen undefinierten Wert (bezeichnet mit dem Symbol $\perp$), der von den „eigentlichen" Objekten vom Typ T unterscheidbar sein soll. Besonders bei Zeigertypen ist ein undefinierter Wert hilfreich. Werte des Zeigertyps „**Pointer to** T" sind „Griffe" (engl.: *handle*) für Objekte vom Typ T. Im RAM-Modell ist ein solcher Griff einfach der Index (die „Adresse") der ersten Zelle eines Speichersegments, in dem ein Objekt vom Typ T gespeichert ist.

Eine Deklaration „$a : Array\ [i..j]\ \mathbf{of}\ T$" stellt ein *Array a* bereit, das aus $j - i + 1$ *Einträgen* vom Typ T besteht, die in $a[i]$, $a[i+1]$, ..., $a[j]$ gespeichert sind. Arrays werden als zusammenhängende Speichersegmente realisiert. Um den in $a[k]$ abgelegten Eintrag zu finden, genügt es, die Startadresse von a und die Größe eines Objektes vom Typ T zu kennen. Wenn beispielsweise Register R_a die Startadresse des Arrays $a[0..k]$ enthält und R_i den Index 42, und wenn jeder Eintrag ein Speicherwort ist, dann lädt die Befehlsfolge „$R_1 := R_a + R_i$; $R_2 := S[R_1]$" den Inhalt von $a[42]$ in Register R_2. Die Größe eines Arrays wird festgelegt, wenn die Deklaration ausgeführt wird; solche Arrays heißen *statisch*. In Abschnitt 3.2 werden wir sehen, wie man *dynamische Arrays* implementiert, die während der Programmausführung wachsen und schrumpfen können.

Eine Deklaration „$c :$ **Class** $age : \mathbb{N}$, $income : \mathbb{N}$ **end**" stellt eine Variable c bereit, deren Werte Paare von ganzen Zahlen sind. Die Komponenten von c werden mit $c.age$ und $c.income$ angesprochen. Für eine Variable c liefert **addressof** c einen Griff für c (d. h. die Adresse von c). Wenn p eine Variable vom passenden Zeigertyp ist, dann können wir mit $p := $ **addressof** c diesen Griff in p speichern; mit $*p$ erhalten wir das Objekt c zurück. Die beiden „*Felder*" von c können dann auch durch $p \rightarrow age$ und $p \rightarrow income$ angesprochen werden. Die alternative Schreibweise $(*p).age$ und $(*p).income$ ist möglich, aber ungebräuchlich.

Arrays und Objekte, auf die mit Zeigern verwiesen wird, können mit den Anweisungen **allocate** und **dispose** bereitgestellt und mit einem Namen versehen bzw. wieder freigegeben werden. Beispielsweise stellt die Anweisung $p := $ **allocate** $Array\ [1..n]\ \mathbf{of}\ T$ ein Array von n Objekten vom Typ T bereit, d. h., es wird ein zusammenhängendes Speichersegment reserviert, dessen Länge für genau n Objekte vom Typ T ausreicht, und die Variable p erhält als Wert den Griff für das Array (die Startadresse dieses Speichersegments). Die Anweisung **dispose** p gibt den Speicherbereich frei und macht ihn damit für anderweitige Benutzung verfügbar. Mit den Operationen **allocate** und **dispose** können wir das Array S der RAM-Speicherzellen in disjunkte Stücke zerlegen, auf die man individuell zugreifen kann. Die beiden Funktionen können so implementiert werden, dass sie nur konstante Zeit benötigen, zum Beispiel auf die folgende extrem einfache Weise: Die Adresse der ersten freien Speicherzelle in S wird in einer speziellen Variablen *free* gehalten. Ein Aufruf von **allocate** reserviert einen Speicherabschnitt, der bei *free* beginnt, und erhöht *free* um dem Umfang des reservierten Abschnitts. Ein Aufruf von **dispose** hat keinen Effekt. Diese Implementierung ist zeiteffizient, aber nicht speicherplatzeffizient: Zwar benötigt jeder Aufruf von **allocate** oder **dispose** nur konstante Zeit, aber der gesamte Speicherplatzverbrauch ist die Summe der Längen aller jemals reservierten Segmente und nicht der maximale zu einem Zeitpunkt benötigte (d. h. reservierte, aber noch nicht freigegebene) Platz. Ob jede beliebige Folge von **allocate**- und **dispose**-Operationen zugleich speicherplatzeffizient und mit konstantem Zeitaufwand für jede Operation realisiert werden kann, ist ein offenes Problem. Jedoch lassen sich für alle Algorithmen, die in diesem Buch vorgestellt werden, **allocate** und **dispose** zugleich zeit- und platzeffizient realisieren.

Einige zusammengesetzte Datentypen werden wir aus der Mathematik übernehmen. Insbesondere verwenden wir Tupel, (endliche) Folgen und Mengen. (Geordnete) *Paare*, *Tripel* und andere *Tupel* werden in Klammern geschrieben, wie in $(3,1)$, $(3,1,4)$ und $(3,1,4,1,5)$. Weil sie nur eine im Typ festgelegte Anzahl von Komponenten enthalten, können Operationen auf Tupeln auf offensichtliche Weise in Operationen auf diesen Komponenten zerlegt werden. Eine *Folge*, geschrieben mit spitzen Klammern, speichert Objekte eines Typs in einer spezifizierten Reihenfolge; dabei legt der Typ die Anzahl der Einträge nicht fest. Beispielsweise deklariert die Anweisung „$s = \langle 3,1,4,1 \rangle : Sequence\ of\ \mathbb{Z}$" eine Folge s von ganzen Zahlen und initialisiert sie mit der Folge $\langle 3,1,4,1 \rangle$ der Zahlen 3, 1, 4 und 1, in dieser Reihenfolge. Die leere Folge wird als $\langle \rangle$ geschrieben. Folgen sind eine natürliche Abstraktion vieler Datenstrukturen wie Dateien (Files), Strings (Zeichenreihen), Listen, Stapel (Stacks) und Warteschlangen (Queues). In Kap. 3 werden wir viele verschiedene Möglichkeiten betrachten, Folgen darzustellen. In späteren Kapiteln werden wir Folgen als mathematische Abstraktion vielfältig benutzen, ohne uns weiter um Implementierungsdetails zu kümmern.

Mengen spielen eine wichtige Rolle in mathematischen Überlegungen; wir werden sie auch in unserem Pseudocode benutzen. Es werden also Deklarationen wie „$M = \{3,1,4\} : Set\ of\ \mathbb{N}$" vorkommen, die analog zu Deklarationen von Arrays oder Folgen zu verstehen sind. Die Implementierung des Datentyps „Menge" erfolgt meist über Folgen.

2.3.2 Anweisungen

Die einfachste Anweisung ist eine *Zuweisung* $x := E$, wobei x eine Variable und E ein (in üblicher Weise aus Operationen aufgebauter) Ausdruck ist. Eine Zuweisung lässt sich leicht in eine Folge von RAM-Befehlen konstanter Länge transformieren. Beispielsweise wird die Anweisung $a := a + b \cdot c$ in „$R_1 := R_b * R_c$; $R_a := R_a + R_1$" übersetzt, wobei R_a, R_b und R_c die Register sind, die a, b bzw. c enthalten. Aus der Programmiersprache C leihen wir uns die Abkürzungen ++ und -- für das Erhöhen und das Erniedrigen einer Variablen um 1. Wie benutzen auch die simultane Zuweisung an mehrere Variablen. Wenn beispielsweise a und b Variable desselben Typs sind, vertauscht „$(a,b) := (b,a)$" die Inhalte von a und b (engl.: *swap*).

Die bedingte Anweisung „**if** C **then** I **else** J", wobei C ein Boolescher Ausdruck ist und I und J Anweisungen sind, wird in die Befehlsfolge

$$eval(C); \text{ JZ } sElse, R_C; trans(I); \text{ J } sEnd; trans(J)$$

übersetzt. Dabei haben die einzelnen Teile folgende Bedeutung: $eval(C)$ ist eine Befehlsfolge, die den Ausdruck C auswertet und das Ergebnis in Register R_C ablegt; $trans(I)$ ist eine Befehlsfolge, die die Anweisung I implementiert; $trans(J)$ implementiert die Anweisung J; $sElse$ ist die Nummer des ersten Befehls in $trans(J)$; $sEnd$ schließlich ist die Nummer des Befehls, der auf $trans(J)$ folgt. Diese Folge berechnet zunächst den Wert von C. Wenn dies *false* ($= 0$) liefert, springt das RAM-Programm zum ersten Befehl der Übersetzung von J. Wenn das Ergebnis hingegen *true* ($= 1$) ist, führt das Programm die Übersetzung von I aus und springt nach Erreichen des Endes dieses Programmsegments zum ersten Befehl, der auf die Übersetzung von J folgt. Die Anweisung „if C **then** I" ist eine Abkürzung für „if C **then** I **else** ;", d. h. eine bedingte Anweisung mit leerem else-Teil.

Aus einzelnen Anweisungen kann man durch Aneinanderreihung eine Gruppe $I_1; I_2; \ldots; I_r$ von Anweisungen erzeugen, die man auch wieder als eine (komplexere) Anweisung auffassen kann. Bei der Übersetzung in ein Maschinenprogramm werden die Übersetzungen der einzelnen Anweisungen hintereinandergesetzt.

Unsere Pseudocode-Notation für Programme ist für einen menschlichen Leser gedacht und hat daher eine nicht ganz so strenge Syntax wie Programmiersprachen. Insbesondere werden wir Anweisungen durch Einrückung zu Gruppen zusammenfassen und dadurch viele der Klammern vermeiden, die sich etwa in C-Programmen finden. Höhere Programmiersprachen wie C stellen einen Kompromiss dar: die Programme sollen für Menschen lesbar sein, aber auch maschinell verarbeitet werden können. Wir benutzen Klammern zur Gliederung von Anweisungen nur, wenn das Programm sonst mehrdeutig wäre. Genauso kann der Beginn einer neuen Zeile anstelle eines Semikolons benutzt werden, um zwei Anweisungen zu trennen.

Eine Schleife „**repeat** I **until** C" wird in $trans(I); eval(C); \text{ JZ } sI, R_C$ übersetzt, wobei sI die Nummer des ersten Befehls in $trans(I)$ ist. Wir werden viele andere Arten von Schleifen benutzen, die als Abkürzungen für repeat-Schleifen angesehen werden können. In der folgenden Liste sind für einige Beispiele links die Abkürzungen angegeben und rechts die jeweiligen vollen Formulierungen:

while C **do** I	**if** C **then repeat** I **until** $\neg C$
for $i := a$ **to** b **do** I	$i := a;$ **while** $i \leq b$ **do** $I; i{+}{+}$
for $i := a$ **to** ∞ **while** C **do** I	$i := a;$ **while** C **do** $I; i{+}{+}$
foreach $e \in s$ **do** I	**for** $i := 1$ **to** $|s|$ **do** $e := s[i]; I$

Bei der Übersetzung von Schleifen in RAM-Code sind viele maschinennahe Optimierungen möglich, die wir aber nicht berücksichtigen. Für unsere Zwecke ist nur von Bedeutung, dass die Rechenzeit für die Ausführung einer Schleife die Summe der Rechenzeiten für die einzelnen Durchläufe ist, wobei natürlich die Zeit für die Auswertung der Bedingungen mit berücksichtigt werden muss.

2.3.3 Prozeduren und Funktionen

Ein Unterprogramm mit Namen *foo* wird wie folgt deklariert: „**Procedure** *foo*(D) I". Dabei ist I der Prozedurrumpf, und D ist eine Liste von Variablendeklarationen, die die „formalen" Parameter von *foo* spezifizieren. Ein Aufruf von *foo* hat die Form *foo(P)*, wobei *P* eine Liste von „aktuellen"[4] Parametern oder Argumenten ist, die genauso lang wie die Liste der Variablendeklarationen ist. Aktuelle Parameter sind entweder Wertparameter (engl.: *pass by value*) oder Referenzparameter (engl.: *pass by reference*). Wenn nichts anderes gesagt ist, nehmen wir an, dass elementare Objekte wie ganze Zahlen oder Boolesche Variablen als Wert übergeben werden, komplexe Objekte wie Arrays dagegen als Referenz. Diese Konventionen entsprechen denen, die in C benutzt werden; sie stellen sicher, dass die Parameterübergabe konstante Zeit benötigt. Die Semantik der Parameterübergabe ist dabei folgende: Ist x ein Wertparameter vom Typ T, dann muss der entsprechende aktuelle Parameter im Aufruf ein Ausdruck E sein, der einen Wert vom Typ T liefert. Die Parameterübergabe ist dann äquivalent zur Deklaration einer lokalen Variablen mit Namen x, die mit dem Wert von E initialisiert wird. Ist x dagegen ein Referenzparameter vom Typ T, dann muss der entsprechende aktuelle Parameter im Aufruf eine Variable desselben Typs sein; während der Ausführung des Prozedurrumpfes ist x einfach ein alternativer Name für diese Variable.

Ebenso wie bei Variablendeklarationen lassen wir mitunter die Angabe des Typs bei Parameterdeklarationen weg, wenn er unwesentlich oder aus dem Zusammenhang ersichtlich ist. Manchmal werden Parameter auch durch Verwendung von mathematischer Notation nur implizit deklariert. Beispielsweise deklariert „**Procedure** *bar*($\langle a_1, \ldots, a_n \rangle$) *I*" eine Prozedur, deren Argument eine Folge von Elementen eines nicht weiter bezeichneten Typs ist.

Im Prozedurrumpf darf die spezielle Anweisung **return** vorkommen, die die Ausführung des Schleifenrumpfes beendet und mit der Ausführung der ersten Anweisung nach der Aufrufstelle fortfährt. Wird bei der Ausführung das Ende des Prozedurrumpfes erreicht, hat dies denselben Effekt.

Die meisten Prozeduraufrufe können übersetzt werden, indem einfach der Prozedurrumpf für den Aufruf eingesetzt wird und Maßnahmen für die Parameterübergabe vorgesehen werden. Dieses Vorgehen nennt man „Inline-Aufruf" (engl.: *inlining*). Die Übergabe eines Wertparameters E für einen formalen Parameter $x : T$ wird durch eine Folge von Befehlen realisiert, die den Ausdruck E auswerten und das Resultat der lokalen Variablen x zuweisen. Bei einem formalen Referenzparameter $x : T$ geschieht die Übergabe dadurch, dass die lokale Variable x den Typ **Pointer to** T erhält und alle Vorkommen von x im Prozedurrumpf durch ($*x$) ersetzt werden. Zudem muss vor Betreten des Prozedurrumpfes die Zuweisung $x := $ **addressof** y ausgeführt werden, wobei y der aktuelle Parameter ist. Die Benutzung von Inline-Aufrufen gibt dem Compiler viele Optimierungsmöglichkeiten, so dass dieses Vorgehen zum effizientesten Code führt, wenn es sich um kleine Prozeduren oder um Prozeduren handelt, die nur von einer Stelle aus aufgerufen werden.

Funktionen ähneln Prozeduren, nur ist bei ihnen vorgesehen, dass die **return**-Anweisung einen Wert zurückgibt. In Abb. 2.2 findet man die Deklaration einer

---

[4] Anm: d. Ü.: Der Ausdruck „aktueller Parameter" in diesem Zusammenhang ist eine seit langem eingebürgerte Fehlübersetzung von „*actual parameter*"; dies heißt eigentlich „konkreter/tatsächlicher Parameter".

Function *factorial*(*n*) : ℕ
  if *n* = 0 **then return** 1 **else return** *n* · *factorial*(*n* − 1)

`factorial`:	// erster Befehl von *factorial*
$R_{arg} := RS[R_r - 1]$	// lade *n* in Register R_{arg}
`JZ thenCase`, R_{arg}	// springe zum then-Fall, falls *n* = 0
$RS[R_r] := \texttt{aRecCall}$	// else-Fall; Rückkehradresse für rek. Aufruf
$RS[R_r + 1] := R_{arg} - 1$	// Parameter ist *n* − 1
$R_r := R_r + 2$	// erhöhe Stackzeiger
`J factorial`	// starte rekursiven Aufruf
`aRecCall`:	// Rückkehradresse für rek. Aufruf
$R_{result} := RS[R_r - 1] * R_{result}$	// speichere *n* ∗ *factorial*(*n* − 1) ins Resultatregister
`J return`	// gehe zur Rücksprung-Vorbereitung
`thenCase`:	// Code für then-Fall
$R_{result} := 1$	// speichere 1 ins Resultatregister
`return`:	// Code für Rücksprung
$R_r := R_r - 2$	// gib Aktivierungssatz frei
`J` $RS[R_r]$	// springe zur Rückkehradresse

Abb. 2.2. Eine rekursive Funktion *factorial* zur Berechnung der Fakultätsfunktion und der entsprechende RAM-Code. Der RAM-Code gibt das Resultat *n*! in Register R_{result} zurück.

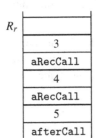

Abb. 2.3. Rekursionsstack eines Aufrufs *factorial*(5), wenn die Rekursion den Aufruf *factorial*(3) erreicht hat.

Funktion *factorial*, die auf Eingabe *n* das Ergebnis *n*! zurückgibt, sowie ihre Übersetzung in RAM-Code. Die Inline-Ersetzung funktioniert nicht für *rekursive* Prozeduren und Funktionen, die sich (wie *factorial*) direkt oder indirekt selber aufrufen – die Code-Ersetzung würde nie enden. Um rekursive Unterprogramme in RAM-Code zu realisieren, benötigt man den Begriff des *Rekursionsstacks* (oder Rekursionsstapels). Man benutzt explizite Aufrufe und den Rekursionsstack auch für umfangreiche Unterprogramme, die von mehreren Stellen im Programm aus aufgerufen werden, weil dabei die Inline-Ersetzung den Code zu sehr aufblähen würde. Der Rekursionsstack, bezeichnet mit *RS*, wird in einem reservierten Teil des Speichers angelegt. Er enthält eine Folge von "Aktivierungssätzen" (engl.: *activation record*), einen für jeden aktiven Unterprogrammaufruf. Ein spezielles Register R_r zeigt immer auf den ersten freien Platz oberhalb dieses Stacks. Der Aktivierungssatz für ein Unterprogramm mit *k* Parametern und ℓ lokalen Variablen hat Größe 1 + *k* + ℓ. Die erste Position enthält die „Rücksprungadresse", d. h. die Nummer der Programmzeile, bei der die

Ausführung fortgesetzt werden soll, wenn der Aufruf beendet ist; die nächsten k Positionen sind für die Parameter reserviert, die restlichen ℓ Positionen für die lokalen Variablen. Ein Unterprogrammaufruf wird nun im RAM-Code wie folgt realisiert: Zuerst schreibt die aufrufende Prozedur *caller* die Rücksprungadresse und die aktuellen Parameter auf den Stack, erhöht den Wert in R_r um $1 + k$ und springt zur ersten Programmzeile des Unterprogramms *called*. Das aufgerufene Unterprogramm reserviert als Erstes durch Erhöhen von R_r Platz für seine ℓ lokalen Variablen. Dann wird der Rumpf von *called* abgearbeitet. Wird während dieser Abarbeitung der i-te formale Parameter ($0 \leq i < k$) angesprochen, so wird auf die Zelle $RS[R_r - \ell - k + i]$ zugegriffen; ein Zugriff auf die j-te lokale Variable ($0 \leq j < \ell$) wird durch einen Zugriff auf $RS[R_r - \ell + j]$ realisiert. Eine **return**-Anweisung in *called* wird in eine Folge von RAM-Befehlen umgesetzt, die R_r um $1 + k + \ell$ erniedrigt (*called* kennt natürlich die Zahlen k und ℓ) und dann zur in $RS[R_r]$ gespeicherten Rückkehradresse springt. Hierdurch wird die Ausführung der Prozedur *caller* fortgesetzt. Man beachte, dass mit dieser Methode Rekursion kein Problem mehr darstellt, denn jeder Aufruf („Inkarnation") eines Unterprogramms hat seinen eigenen Bereich im Stack für seine Parameter und lokale Variablen. Abbildung 2.3 zeigt den Inhalt des Rekursionsstacks für einen Aufruf *factorial*(5) in dem Moment, in dem die Rekursion den Aufruf *factorial*(3) erreicht hat. Die Marke `afterCall` steht für die Nummer der Programmzeile, die auf den Aufruf *factorial*(5) folgt; `aRecCall` wird in Abb. 2.2 definiert. Für diesen speziellen Fall erlauben wir in Erweiterung des ganz einfachen RAM-Befehlssatzes auch $RS[R_r]$ als Ziel eines unbedingten Sprungs.

Aufgabe 2.5 (Sieb des Eratosthenes). Übersetzen Sie den folgenden Pseudocode, der alle Primzahlen bis zur Zahl n findet und ausgibt, in RAM-Code. (Die letzte Zeile, in der die eingerahmte Zahl als Wert ausgegeben wird, braucht nicht übersetzt zu werden.) Zeigen Sie zunächst, dass der Algorithmus korrekt ist.

$a = \langle 1, \ldots, 1 \rangle : Array\ [2..n]\ \textbf{of}\ \{0, 1\}$
       // Referenzparameter; am Ende: $a[i] = 1 \Leftrightarrow i$ ist Primzahl
  for $i := 2$ **to** $\lfloor \sqrt{n} \rfloor$ **do**
    if $a[i]$ **then for** $j := 2i$ **to** n **step** i **do** $a[j] := 0$
                  // Wenn $a[i] = 1$, ist i prim, Vielfache von i dagegen nicht
  for $i := 2$ **to** n **do if** $a[i]$ **then** output("$\boxed{i}$ ist Primzahl")

2.3.4 Objektorientierung

Wir werden eine einfache Form der objektorientierten Programmierung benutzen, um die Spezifikation (engl.: *interface*) und die Implementierung von Datenstrukturen zu trennen. Die entsprechende Notation soll hier anhand eines Beispiels erklärt werden. Die Definition

Class *Complex*$(x, y : Number)$ **of** *Number*
  $re = x : Number$
  $im = y : Number$
  Function *abs* $: \mathbb{R}$ **return** $\sqrt{re^2 + im^2}$
  Function *add*$(c' : Complex) : Complex$ **return** *Complex*$(re + c'.re, im + c'.im)$

stellt eine (partielle) Implementierung eines Zahlentyps für komplexe Zahlen dar, der beliebige elementare Zahlentypen wie $\mathbb{Z}$, $\mathbb{Q}$ und $\mathbb{R}$ als Real- und Imaginärteil benutzen kann. („*Complex*" ist ein Beispiel dafür, dass wir unseren Klassen oft Namen geben werden, die mit einem Großbuchstaben beginnen.) Real- und Imaginärteil werden in den *Instanzvariablen re* bzw. *im* gehalten. Die Deklaration „$c : Complex(2, 3)$ **of** $\mathbb{R}$" erzeugt eine komplexe Zahl c, die mit $2 + 3i$ initialisiert ist, wobei i die imaginäre Einheit ist. Mit $c.im$ erhält man den Imaginärteil von c und mit dem Methodenaufruf $c.abs$ den Absolutbetrag von c – einen reellen Wert.

Die Angabe des Typs nach dem **of** in der Variablendeklaration ermöglicht es, Klassen in ähnlicher Weise zu parametrisieren wie mit dem Template-Mechanismus in C++ oder mit den generischen Typen in Java. Man beachte, dass mit dieser Notation die früher erwähnten Deklarationen „*Set* **of** *Element*" und „*Sequence* **of** *Element*" ganz gewöhnliche (parametrisierte) Klassen definieren. Objekte einer Klasse werden initialisiert, indem den Instanzvariablen die in der Variablendeklaration angegebenen Werte zugewiesen werden.

2.4 Erstellung korrekter Algorithmen und Programme

Ein Algorithmus ist eine allgemeine Methode, um Probleme einer bestimmten Art zu lösen. Wir beschreiben Algorithmen in natürlicher Sprache und mit Hilfe von mathematischer Notation. Algorithmen an sich können nicht von einem Computer ausgeführt werden. Die Formulierung eines Algorithmus in einer Programmiersprache nennt man Programm. Korrekte Algorithmen zu entwerfen und korrekte Algorithmen in korrekte Programme zu übertragen sind nichttriviale Aufgaben, bei denen Fehler auftreten können. In diesem Abschnitt befassen wir uns mit Zusicherungen und Invarianten, zwei nützlichen Konzepten, die die Erstellung korrekter Algorithmen und Programme unterstützen.

Function $power(a : \mathbb{R}; n_0 : \mathbb{Z}) : \mathbb{R}$
    assert $n_0 \geq 0$ // negative Exponenten können nicht bearbeitet werden
    $p = a : \mathbb{R}; \quad r = 1 : \mathbb{R}; \quad n = n_0 : \mathbb{N}$ // es gilt $p^n r = a^{n_0}$
    while $n > 0$ **do**
        invariant $p^n r = a^{n_0}$
        if n *ist ungerade* **then** $n--; r := r \cdot p$ // zwischen Zuweisungen ist Invariante verletzt
        else $(n, p) := (n/2, p \cdot p)$ // parallele Zuweisung erhält Invariante aufrecht
    assert $r = a^{n_0}$ // Folgerung aus der Invarianten und $n = 0$
    return r

Abb. 2.4. Ein Algorithmus zur Berechnung nichtnegativer ganzzahliger Potenzen von reellen Zahlen.

2.4.1 Zusicherungen und Invarianten

Zusicherungen und *Invarianten* beschreiben Eigenschaften des Programmzustandes, d. h. Eigenschaften von einzelnen Variablen und Beziehungen zwischen den Werten verschiedener Variablen. Typische solche Eigenschaften sind etwa, dass ein Zeiger einen bestimmten Wert hat, dass eine ganze Zahl nicht negativ ist, dass eine Liste nicht leer ist oder dass der Wert einer Variablen *length* gleich der Länge einer bestimmten Liste L ist. Abbildung 2.4 zeigt ein Beispiel für den Gebrauch von Zusicherungen und Invarianten in einer Funktion $power(a, n_0)$, die für eine gegebene reelle Zahl a und eine nichtnegative ganze Zahl n_0 den Wert a^{n_0} berechnet.

Wir beginnen mit der Zusicherung **assert** $n_0 \geq 0$. Diese stellt fest, dass die Funktion erwartet, dass die ganze Zahl n_0 in der Eingabe nicht negativ ist. Über das Verhalten des Programms im Fall, dass diese Zusicherung nicht erfüllt ist, wird nichts gesagt. Diese Zusicherung wird daher die *Vorbedingung* des Programms genannt. Zur guten Programmierpraxis gehört es, die Vorbedingung zu überprüfen, d. h. Code zu schreiben, der sie überprüft und einen Fehler anzeigt, wenn sie verletzt ist. Wenn die Vorbedingung erfüllt ist (und das Programm korrekt ist), dann gilt bei Beendigung des Programms eine *Nachbedingung*. In unserem Beispiel ist dies die Zusicherung, dass $r = a^{n_0}$ gilt.

Vor- und Nachbedingungen kann man als eine Art *Vertrag* („*design by contract*") zwischen dem aufrufenden Programm und dem aufgerufenen Unterprogramm auffassen: Der Aufrufer muss sicherstellen, dass die beim Aufruf übergebenen Parameter die Vorbedingung erfüllen; das Unterprogramm garantiert, dass dann ein Resultat erzeugt wird, das die Nachbedingung erfüllt.

Um die Programme nicht ausufern zu lassen, werden wir Zusicherungen sparsam verwenden und oft einfach annehmen, dass gewisse Bedingungen gelten, die sich „offensichtlich" aus der textuellen Beschreibung des Algorithmus ergeben. Deutlich ausgefeiltere Systeme von Zusicherungen werden für sicherheitskritische Programme oder für die formale Verifikation von Programmen benötigt.

Vor- und Nachbedingungen sind Zusicherungen, die den Zustand eines Programms zu Beginn und am Ende der Ausführung beschreiben. Wir müssen aber auch Eigenschaften an Stellen während der Ausführung betrachten. Oft steht und fällt der Korrektheitsbeweis für einen Algorithmus damit, dass man einige besonders wichtige Konsistenzeigenschaften identifiziert und formuliert, die immer gelten, wenn eine bestimmte Stelle im Programm durchlaufen wird. Solche Eigenschaften heißen *Invarianten*. Schleifeninvarianten und Datenstruktur-Invarianten sind dabei besonders wichtig.

2.4.2 Schleifeninvarianten

Eine *Schleifeninvariante* gilt vor und nach jedem Schleifendurchlauf. In unserem Beispiel behaupten wir, dass vor jedem Schleifendurchlauf die Gleichung $p^n r = a^{n_0}$ gilt. Sie ist vor dem ersten Durchlauf richtig: Dies wird durch die Initialisierung der lokalen Variablen sichergestellt. Tatsächlich legen Invarianten oft fest, wie die Variablen initialisiert werden müssen. Nun nehmen wir an, dass vor einer Ausführung des

Schleifenrumpfes die Invariante gilt, und dass $n > 0$ ist. Wenn n ungerade ist, verringern wir n um 1 und multiplizieren r mit p. Diese Operationen stellen die Invariante wieder her. (Man beachte, dass sie zwischen den Zuweisungen verletzt ist!) Wenn n gerade ist, halbieren wir n und quadrieren p; auch in diesem Fall ist die Invariante wieder hergestellt. Wenn die Schleife endet, gilt $p^n r = a^{n_0}$ wegen der Invarianten und $n = 0$ wegen der Schleifenendebedingung. Daraus folgt $r = a^{n_0}$, und wir haben die Nachbedingung bewiesen.

Der Algorithmus in Abb. 2.4 und viele andere Algorithmen in diesem Buch haben eine recht einfache Struktur. Einige Variablen werden deklariert und initialisiert, um die Schleifeninvariante gültig zu machen. Dann folgt eine Hauptschleife, die den Zustand des Programms verändert. Wenn die Schleife endet, folgt aus der Gültigkeit der Schleifeninvarianten zusammen mit der Abbruchbedingung der Schleife, dass das richtige Ergebnis berechnet wurde. Die Schleifeninvariante trägt dadurch entscheidend dazu bei, dass man versteht, weshalb ein Programm korrekt arbeitet. Wenn man erst einmal die „richtige" Schleifeninvariante aufgestellt hat, muss man nur noch nachprüfen, dass sie am Anfang gilt, und dass die Ausführung eines Durchlaufs ihre Gültigkeit aufrechterhält. Dies ist natürlich besonders leicht, wenn wie im obigen Beispiel der Schleifenrumpf nur aus einer kleinen Anzahl von Anweisungen besteht.

2.4.3 Datenstruktur-Invarianten

Bei komplexeren Programmen wird man den Zustand in Objekte einkapseln, wobei dann die Konsistenz der Darstellung wieder durch Invarianten sichergestellt wird. Solche *Datenstruktur-Invarianten* werden zusammen mit dem Datentyp (d. h. der entsprechenden Klasse) deklariert. Sie gelten unmittelbar nach der Konstruktion eines Objektes, und sie sind Vorbedingung und Nachbedingung für alle Methoden der Klasse. Beispielsweise werden wir diskutieren, wie man Mengen durch geordnete Arrays darstellen kann. Die Datenstruktur-Invariante wird dabei aus folgenden Aussagen bestehen: Die Datenstruktur benutzt ein Array a und eine ganze Zahl n; die Zahl n ist die Länge von a; die Menge S, die in der Datenstruktur gespeichert ist, ist genau $\{a[1], \ldots, a[n]\}$; es gilt $a[1] < a[2] < \cdots < a[n]$. Die Methoden der Klasse müssen diese Invariante aufrechterhalten, sie dürfen sie aber auch verwenden; beispielsweise darf die Suchmethode ausnutzen, dass das Array geordnet ist.

2.4.4 Zertifizierung von Algorithmen

Wir haben oben erwähnt, dass es zur guten Programmierpraxis gehört, Zusicherungen nachzuprüfen. Es ist nun nicht immer klar, wie dies effizient bewerkstelligt werden kann; in unsere Beispielprogramm war es einfach, die Vorbedingung zu überprüfen, aber es scheint keine einfache Methode zur Überprüfung der Nachbedingung zu geben. In vielen Situationen kann aber *die Überprüfung von Zusicherungen* dadurch *vereinfacht* werden, dass man *zusätzliche Information berechnet*. Diese zusätzliche Information heißt ein *Zertifikat* oder *Zeuge* (engl.: *witness*); sie soll die Überprüfung einer Zusicherung erleichtern. Einen Algorithmus, der ein Zertifikat für die Nachbedingung berechnet, nennen wir einen *zertifizierenden Algorithmus*. Ein Beispiel soll die Idee veranschaulichen. Wir betrachten eine Funktion, deren Eingabe ein Graph $G = (V, E)$ ist. (Graphen werden in Abschnitt 2.9 definiert.) Die Aufgabe ist zu entscheiden, ob der Graph bipartit ist, d. h., ob es eine Färbung der Knoten von G mit den Farben blau und rot gibt, so dass jede Kante zwei verschiedenfarbige Knoten verbindet. Mit dieser Spezifikation liefert die Funktion als Ergebnis *true* (wenn der Graph bipartit ist) oder *false* (wenn er nicht bipartit ist). Mit dieser summarischen Ausgabe kann die Nachbedingung nicht überprüft werden. Wir können aber das Programm wie folgt erweitern: wenn es erklärt, dass G bipartit ist, liefert es auch eine 2-Färbung der Knoten des Graphen; wenn es erklärt, dass G nicht bipartit ist, liefert es auch einen Kreis ungerader Länge in G. Für das so erweiterte Programm kann die Nachbedingung leicht überprüft werden. Im ersten Fall testen wir jede Kante darauf, ob ihre Endpunkte verschiedenfarbig sind. Im zweiten Fall testen wir, ob die ausgegebene Knotenfolge, etwa $v_0, v_1, \ldots, v_k$, tatsächlich einen Kreis in G mit ungerader Länge bildet. Die meisten Algorithmen in diesem Buch können zu zertifizierenden Versionen erweitert werden, ohne die asymptotische Rechenzeit zu erhöhen.

2.5 Ein Beispiel: Binäre Suche

Binäre Suche ist eine äußerst nützliche Technik, mit der man in einer geordneten Menge von Elementen suchen kann. Wir werden sie später sehr oft benutzen.

Das einfachste Szenario sieht folgendermaßen aus. Gegeben ist ein geordnetes Array $a[1..n]$ mit paarweise verschiedenen Einträgen, d. h. $a[1] < a[2] < \cdots < a[n]$, sowie ein Element x. Wir sollen entscheiden, ob x im Array vorkommt, und den Index $k \in 1..n+1$ finden, für den $a[k-1] < x \leq a[k]$ gilt. Dabei sollen $a[0]$ und $a[n+1]$ als fiktive Einträge mit Werten $-\infty$ bzw. $+\infty$ aufgefasst werden. In Invarianten und Beweisen können wir diese fiktiven Einträge benutzen, aber im Programm darf auf sie nicht zugegriffen werden.

Binäre Suche beruht auf dem Teile-und-Herrsche-Prinzip. Wir wählen einen Index $m \in 1..m$ und vergleichen x mit $a[m]$. Falls $x = a[m]$ gilt, sind wir fertig und geben $i = m$ zurück. Im Fall $x < a[m]$ können wir uns bei der weiteren Suche auf den Teil des Arrays vor $a[m]$ beschränken, im Fall $x > a[m]$ auf den Teil des Arrays nach $a[m]$. Wir müssen natürlich genauer erklären, was es heißen soll, die Suche auf ein Teilarray zu beschränken. Wir führen zwei Indizes ℓ und r mit und sorgen dafür, dass stets die Invariante

$$0 \leq \ell < r \leq n+1 \quad \text{und} \quad a[\ell] < x < a[r] \tag{I}$$

gilt. Sie gilt am Anfang mit $\ell = 0$ und $r = n+1$. Wenn ℓ und r aufeinanderfolgende Indizes sind, kann x nicht im Array vorkommen. Abbildung 2.5 zeigt das vollständige Programm.

Die Kommentare im Programm zeigen, dass der zweite Teil der Invariante stets gilt. Bezüglich des ersten Teils beobachten wir, dass die Schleife mit Werten $\ell < r$

betreten wird. Wenn $\ell + 1 = r$ gilt, endet die Schleife und die Prozedur. Andernfalls gilt $\ell + 2 \leq r$, und daraus folgt $\ell < m < r$. Daher ist m ein legaler Arrayindex, und wir können auf $a[m]$ zugreifen. Wenn nun $x = a[m]$ ist, endet die Schleife mit der korrekten Ausgabe. Andernfalls setzen wir entweder $r = m$ oder $\ell = m$; daher gilt $\ell < r$ auch am Ende der Schleife, und die Invariante bleibt erhalten.

Nun wollen wir nachweisen, dass die Schleife terminiert. Wir beobachten zunächst, dass in einem Durchlauf, der nicht der letzte ist, entweder ℓ erhöht oder r erniedrigt wird, d.h., dass $r - \ell$ auf jeden Fall abnimmt. Daher terminiert die Schleife. Wir wollen aber mehr zeigen, nämlich dass die Schleife schon nach einer logarithmischen Anzahl von Durchläufen terminiert. Hierfür betrachten wir die Größe $r - \ell - 1$. Dies ist die Anzahl der Indizes i mit $\ell < i < r$ und daher ein natürliches Maß für die Größe des aktuellen Teilproblems. Wir zeigen nun, dass sich in jedem Schleifendurchlauf außer dem letzten die Größe des Teilproblems mindestens halbiert. Wenn es sich nicht um den letzten Durchlauf handelt, verringert sich $r - \ell - 1$ auf einen Wert, der nicht größer als

$$\max\{r - \lfloor (r+\ell)/2 \rfloor - 1, \lfloor (r+\ell)/2 \rfloor - \ell - 1\}$$
$$\leq \max\{r - ((r+\ell)/2 - 1/2) - 1, (r+\ell)/2 - \ell - 1\}$$
$$= \max\{(r - \ell - 1)/2, (r-\ell)/2 - 1\} = (r - \ell - 1)/2$$

ist, und wird damit mindestens halbiert. Wir beginnen mit $r - \ell - 1 = n + 1 - 0 - 1 = n$. Daher gilt nach $k \geq 0$ Durchläufen die Ungleichung $r - \ell - 1 \leq n/2^k$. Durchlauf $k+1$ sei nun der letzte durchgeführte Durchlauf, in dem der Vergleich zwischen x und Eintrag $a[m]$ stattfindet. (Wenn die Suche erfolgreich ist, stellt sich heraus, dass $x = a[m]$ gilt, und die Suche endet. Wenn die Suche erfolglos ist, ergibt der Test in Runde $k+2$, dass $r = \ell + 1$ gilt, und die Suche endet ohne einen weiteren Vergleich.) Dann muss nach Runde k die Ungleichung $r - \ell - 1 \geq 1$ gültig gewesen sein. Es folgt $1 \leq n/2^k$, und damit $2^k \leq n$, also $k \leq \log n$. Weil k ganzzahlig ist, kann dies zu $k \leq \lfloor \log n \rfloor$ verschärft werden.

```
(ℓ,r) := (0, n+1)
while true do
    invariant (I)                                      // d.h. Invariante (I) gilt hier
    if ℓ+1 = r then return ( "(a[ ℓ ] < x < a[ ℓ+1 ]"  )
    m := ⌊(r+ℓ)/2⌋                                      // ℓ < m < r
    s := compare(x, a[m])           // −1 falls x < a[m], 0 falls x = a[m], +1 falls x > a[m]
    if s = 0 then return ( "x steht in a[ m ]" )
    if s < 0
        then r := m                                     // a[ℓ] < x < a[m] = a[r]
        else ℓ := m                                     // a[ℓ] = a[m] < x < a[r]
```

Abb. 2.5. Binäre Suche nach x in einem geordneten Array $a[1..n]$. (Eingerahmte Zahlen werden als Werte in die Textausgabe eingebaut.)

Satz 2.3 *Binäre Suche findet ein Element in einem geordneten Array der Länge n in nicht mehr als* $1 + \lfloor \log n \rfloor$ *Vergleichen zwischen Einträgen. Die Rechenzeit ist* $O(\log n)$.

Aufgabe 2.6. Zeigen Sie, dass diese Schranke scharf ist, d. h., dass es für jedes n Eingaben der Größe n gibt, bei denen $1 + \lfloor \log n \rfloor$ Vergleiche benötigt werden.

Aufgabe 2.7. Formulieren Sie binäre Suche mit Zweiweg-Vergleichen, d. h., ein Vergleich liefert nur, ob $x \leq a[m]$ oder $x > a[m]$ gilt.

Als Nächstes diskutieren wir zwei wichtige Erweiterungen der binären Suche. Erstens müssen die Werte $a[i]$ nicht in einem Array gespeichert sein. Wir müssen nur $a[i]$ berechnen können, wenn i gegeben ist. Wenn beispielsweise eine streng monoton wachsende Funktion f und Argumente i und j mit $f(i) < x \leq f(j)$ gegeben sind, dann können wir binäre Suche benutzen, um den Index $k \in i+1..j$ mit $f(k-1) < x \leq f(k)$ zu finden. In diesem Zusammenhang heißt binäre Suche oft auch „Bisektionsmethode".

Zweitens können wir binäre Suche auf den Fall erweitern, in dem das Array unendlich lang ist. Nehmen wir an, wir hätten ein geordnetes Array $a[1..\infty]$ und möchten das $k \in \{1, 2, 3, \ldots\}$ finden, das $a[k] < x \leq a[k+1]$ erfüllt. Falls x größer ist als alle Einträge im Array, darf die Prozedur auch unendlich lange rechnen. Wir gehen folgendermaßen vor: Wir vergleichen x mit $a[2^0]$, $a[2^1]$, $a[2^2]$, $a[2^3]$, $\ldots$, bis das erste i mit $x \leq a[2^i]$ gefunden wird. Dieses Verfahren nennt man *exponentielle Suche*. Falls $i = 0$, wird $k = 1$ zurückgegeben, andernfalls wird die Suche mit gewöhnlicher binärer Suche im Array $a[2^{i-1} + 1..2^i]$ abgeschlossen.

Satz 2.4 *Die Kombination von exponentieller und binärer Suche findet x in einem unbeschränkten geordneten Array in höchstens* $2 \log k + 3$ *Vergleichen, wobei k durch die Bedingung* $a[k-1] < x \leq a[k]$ *festgelegt ist.*

Beweis. Wir benötigen $i+1$ Vergleiche, um das kleinste i mit $x \leq a[2^i]$ zu finden, und (falls $i > 0$) anschließend maximal $\log(2^i - 2^{i-1}) + 1 = i$ Vergleiche für die binäre Suche. Zusammen sind dies $2i + 1$ Vergleiche. Da $k \geq 2^{i-1}$, gilt $i \leq 1 + \log k$, womit sich die Behauptung ergibt. $\square$

Binäre Suche ist ein zertifizierender Algorithmus. Sie gibt einen Index k zurück, der $a[k-1] < x \leq a[k]$ erfüllt. Falls $x = a[k]$, belegt der Index k, dass x im Array vorkommt. Falls $a[k-1] < x < a[k]$, und das Array geordnet ist, belegt der Index k, dass x nicht im Array vorkommen kann. Wenn natürlich das Array die Vorbedingung verletzt und gar nicht geordnet ist, wissen wir nichts. Es ist unmöglich, die Vorbedingung in logarithmischer Zeit zu überprüfen.

2.6 Grundlagen der Algorithmenanalyse

Die Prinzipien der Algorithmenanalyse, soweit bisher betrachtet, lassen sich wie folgt zusammenfassen. Wir abstrahieren von den Komplikationen eines realen Rechners, indem wir das vereinfachte RAM-Modell betrachten. In diesem Modell wird die Rechenzeit dadurch gemessen, dass man die Anzahl der ausgeführten Befehle zählt. Wir vereinfachen die Analyse weiter, indem wir Eingaben nach ihrer Größe gruppieren und uns auf den schlechtesten Fall konzentrieren. Die asymptotische Notation ermöglicht es uns, konstante Faktoren und Terme kleinerer Ordnung zu ignorieren. Diese vergröberte Sichtweise erlaubt es uns auch, obere Schranken für die Ausführungszeiten zu betrachten, solange das asymptotische Ergebnis sich nicht ändert. Insgesamt ergibt sich aus diesen Vereinfachungen, dass die Rechenzeit von Pseudocode direkt analysiert werden kann, ohne dass man das Programm in Maschinensprache übersetzen muss.

Als Nächstes stellen wir einen Satz einfacher Regeln für die Analyse von Pseudocode vor. Es sei $T_n(I)$ die maximale Ausführungszeit eines Programmstücks I auf Eingaben einer bestimmten Größe n. Die folgenden Regeln sagen uns dann, wie wir die Rechenzeit für größere Programme abschätzen können, wenn wir die Rechenzeiten für ihre Bestandteile kennen:

- Für nacheinander ausgeführte Anweisungen: $T_n(I; J) \leq T_n(I) + T_n(J)$.
- Für bedingte Anweisungen: $T_n(\textbf{if } C \textbf{ then } I \textbf{ else } J) = T_n(C) + \max\{T_n(I), T_n(J)\}$.
- Für Schleifen: $T_n(\textbf{repeat } I \textbf{ until } C) = \sum_{i=1}^{k(n)} T'_n(I, C, i)$, wobei $k(n)$ die maximale Anzahl der Schleifendurchläufe auf Eingaben der Größe n ist und $T'_n(I, C, i)$ die Ausführungszeit des i-ten Schleifendurchlaufs ist, inklusive des Tests C.

Unterprogrammaufrufe werden später in Abschnitt 2.6.2 betrachtet. Von den bisher angegebenen Regeln ist nur die Regel für Schleifen nicht trivial; bei ihr muss man Summen auswerten.

2.6.1 Summationen

Wir stellen hier einige Grundtechniken für die Auswertung von Summen vor. Summen tauchen bei der Analyse von Schleifen, bei der Analyse von mittleren Rechenzeiten und bei der Analyse von randomisierten Algorithmen auf.

Beispielsweise weist der Algorithmus „Einfügesortieren", der in Abschnitt 5.1 vorgestellt wird, zwei geschachtelte Schleifen auf. Die äußere Schleife zählt die Variable i von 2 bis n hoch. Die innere Schleife wird maximal $(i - 1)$-mal durchlaufen. Daher ist die Gesamtanzahl der Durchläufe durch die innere Schleife höchstens

$$\sum_{i=2}^{n}(i-1) = \sum_{i=1}^{n-1} i = \frac{n(n-1)}{2} = O(n^2) \; ,$$

wobei sich die zweite Gleichung aus (A.11) ergibt. Da eine Ausführung der inneren Schleife Zeit $O(1)$ benötigt, erhalten wir eine Ausführungszeit im schlechtesten Fall von $\Theta(n^2)$. Alle geschachtelten Schleifen mit einer Anzahl von Iterationen, die leicht vorhergesagt werden kann, können auf analoge Weise analysiert werden: man arbeitet „von innen nach außen" und versucht dabei, für die Rechenzeit der jeweils aktuellen „innersten Schleife" eine Abschätzung durch einen geschlossenen Ausdruck zu finden. Mit einfachen Umformungen wie $\sum_i c a_i = c \sum_i a_i$, $\sum_i (a_i + b_i) = \sum_i a_i + \sum_i b_i$

oder $\sum_{i=2}^{n} a_i = -a_1 + \sum_{i=1}^{n} a_i$ kann man die Summen oft auf eine einfache Form bringen, die man in einem Katalog von Summenformeln findet. Eine kleine Auswahl solcher Formeln ist in Anhang A bereitgestellt. Weil wir uns normalerweise nur für das asymptotische Verhalten interessieren, können wir oft darauf verzichten, exakte Formeln für die Summen zu finden, und stattdessen auf Abschätzungen zurückgreifen. Zum Beispiel könnten wir, anstatt die Summe von oben exakt auszuwerten, einfacher wie folgt abschätzen (für $n \geq 2$):

$$\sum_{i=2}^{n}(i-1) \leq \sum_{i=1}^{n} n = n^2 = \mathrm{O}(n^2) \ ,$$

$$\sum_{i=2}^{n}(i-1) \geq \sum_{i=\lceil n/2 \rceil + 1}^{n} n/2 = \lfloor n/2 \rfloor \cdot n/2 = \Omega(n^2) \ .$$

2.6.2 Rekurrenzen

In unseren Regeln zur Algorithmenanalyse haben wir uns bisher nicht um Unterprogrammaufrufe gekümmert. Nichtrekursive Unterprogrammaufrufe sind leicht zu handhaben, weil wir das Unterprogramm gesondert analysieren können und die resultierende Schranke in den Ausdruck für die Rechenzeit des aufrufenden Programms einsetzen können. Für rekursive Unterprogramme führt dieser Ansatz aber nicht zu einer geschlossenen Formel, sondern zu einer Rekurrenzrelation.

Beispielsweise haben wir bei der rekursiven Variante der Schulmethode für die Multiplikation als Abschätzung für die Anzahl der Elementaroperationen die Gleichungen $T(1) = 1$ und $T(n) = 4T(\lceil n/2 \rceil) + 4n$ erhalten. Die entsprechenden Gleichungen für den Karatsuba-Algorithmus lauteten $T(n) = 3n^2$ für $n \leq 3$ und $T(n) = 3T(\lceil n/2 \rceil + 1) + 8n$ für $n > 3$. Allgemein definiert eine *Rekurrenzrelation* (kurz: *Rekurrenz*) eine Funktion unter Verwendung von Werten derselben Funktion für kleinere Argumente. Explizite Definitionen für kleine Parameterwerte (Basisfall) vervollständigen die Definition. Das Lösen von Rekurrenzen, d. h. das Auffinden von nichtrekursiven, geschlossenen Formeln für auf diese Weise definierte Funktionen, ist ein interessanter Gegenstand der Mathematik. Hier befassen wir uns hauptsächlich mit den Rekurrenzen, die sich typischerweise bei der Analyse von Teile-und-Herrsche-Algorithmen ergeben. Wir beginnen mit einem einfachen Spezialfall, der die Hauptideen verständlich machen soll. Gegeben ist eine Eingabe der Größe $n = b^k$ für eine natürliche Zahl k. Wenn $k \geq 1$ ist, wenden wir lineare Arbeit auf, um die Instanz in d Teilinstanzen der Größe n/b aufzuteilen und die Ergebnisse der rekursiven Aufrufe auf diesen Teilinstanzen zu kombinieren. Wenn $k = 0$ ist, gibt es keine rekursiven Aufrufe, und wir wenden Arbeit a auf, um die Aufgabe für die Instanz direkt zu lösen.

Satz 2.5 (Mastertheorem (einfache Form)) *Für positive Konstanten a, b, c und d, und $n = b^k$ für eine natürliche Zahl k, sei die folgende Rekurrenz gegeben:*

$$r(n) = \begin{cases} a & \text{für } n = 1 \ , \\ d \cdot r(n/b) + cn & \text{für } n > 1 \ . \end{cases}$$

Dann gilt:

$$r(n) = \begin{cases} \Theta(n) & \text{für } d < b\,, \\ \Theta(n \log n) & \text{für } d = b\,, \\ \Theta\!\left(n^{\log_b d}\right) & \text{für } d > b\,. \end{cases}$$

Abbildung 2.6 illustriert die zentrale Einsicht, die Satz 2.5 zugrundeliegt. Wir betrachten den Zeitaufwand auf jeder Rekursionsebene. Begonnen wird mit einer Instanz der Größe n. Auf der i-ten Rekursionsebene haben wir d^i Teilinstanzen der Größe n/b^i. Die Gesamtgröße aller Instanzen auf Ebene i ist daher

$$d^i \frac{n}{b^i} = n \left(\frac{d}{b}\right)^i .$$

Die Zeit, die (abgesehen von den von ihr verursachten rekursiven Aufrufen) für eine Instanz verbraucht wird, ist c mal die Größe der Instanz, und daher ist der gesamte Zeitaufwand auf einer Rekursionsebene proportional zur Gesamtgröße aller Instanzen auf der Ebene. Je nachdem ob d/b kleiner als 1, gleich 1 oder größer als 1 ist, ergibt sich unterschiedliches Verhalten.

Wenn $d < b$ gilt, dann *verringert sich* der Zeitaufwand *geometrisch* mit der Rekursionsebene und die *erste* Rekursionsebene verursacht schon einen konstanten Anteil der gesamten Ausführungszeit.

Wenn $d = b$ gilt, haben wir auf *jeder* Rekursionsebene *genau den gleichen* Zeitaufwand. Weil es logarithmisch viele Ebenen gibt, ist der gesamte Zeitaufwand $\Theta(n \log n)$.

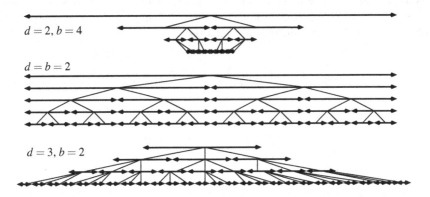

Abb. 2.6. Beispiele für die drei Fälle im Mastertheorem. Instanzen werden durch horizontale Strecken mit Doppelpfeilen angedeutet. Die Länge einer solchen Strecke steht für die Größe der Instanz, und die Teilinstanzen, die aus einer Instanz entstehen, sind in der darunterliegenden Ebene dargestellt. Der obere Teil der Abbildung stellt den Fall $d = 2$ und $b = 4$ dar, bei dem aus einer Instanz zwei Teilinstanzen mit einem Viertel der Größe erzeugt werden – die Gesamtgröße der Teilinstanzen ist nur die Hälfte der Größe der Instanz. Der mittlere Teil der Abbildung stellt den Fall $d = b = 2$ dar, und der untere Teil den Fall $d = 3$ und $b = 2$.

Wenn schließlich $d > b$ gilt, sehen wir einen mit der Rekursionsebene *geometrisch wachsenden* Zeitbedarf, so dass ein konstanter Anteil der Rechenzeit auf der *letzten* Rekursionsebene verbraucht wird. Diese Überlegungen werden nun im Detail ausgeführt.

Beweis. Wir beginnen mit einer Instanz der Größe $n = b^k$. Diese wollen wir Ebene 0 der Rekursion nennen.[5] Auf Ebene 1 gibt es d Instanzen, jede mit Größe $n/b = b^{k-1}$. Auf Ebene 2 gibt es d^2 Instanzen, jede mit Größe $n/b^2 = b^{k-2}$. Auf Ebene i gibt es d^i Instanzen, jede mit Größe $n/b^i = b^{k-i}$. Auf Ebene k schließlich gibt es d^k Instanzen, jede mit Größe $n/b^k = b^{k-k} = 1$. Jede solche Instanz verursacht Kosten a; daher sind die gesamten Kosten auf Ebene k genau ad^k.

Als Nächstes berechnen wir die Gesamtkosten der Teile-und-Herrsche-Schritte auf Ebenen 0 bis $k - 1$. Auf Ebene i gibt es d^i rekursive Aufrufe für jeweils eine Instanz der Größe b^{k-i}. Jeder solche Aufruf verursacht Kosten $c \cdot b^{k-i}$; die Gesamtkosten auf Level i betragen daher $d^i \cdot c \cdot b^{k-i}$. Damit ergeben sich die Kosten aller Ebenen von 0 bis $k - 1$ zusammengenommen zu

$$\sum_{i=0}^{k-1} d^i \cdot c \cdot b^{k-i} = c \cdot b^k \cdot \sum_{i=0}^{k-1} \left(\frac{d}{b}\right)^i = cn \cdot \sum_{i=0}^{k-1} \left(\frac{d}{b}\right)^i .$$

Nun betrachten wir verschiedene Fälle, je nach dem Größenverhältnis von d und b.

Fall $d = b$. Wir haben Kosten $ad^k = ab^k = an = \Theta(n)$ für die letzte Rekursionsebene und Kosten $cnk = cn\log_b n = \Theta(n\log n)$ für die Teile-und-Herrsche-Schritte.

Fall $d < b$. Wir haben Kosten $ad^k < ab^k = an = O(n)$ für die letzte Rekursionsebene. Für die Kosten der Teile-und-Herrsche-Schritte benutzen wir Gleichung (A.13), die die Summe einer geometrischen Reihe angibt, nämlich $\sum_{i=0}^{k-1} q^i = (1 - q^k)/(1 - q)$ für $q > 0$ und $q \neq 1$, und erhalten die Schranken

$$cn \cdot \sum_{i=0}^{k-1} \left(\frac{d}{b}\right)^i = cn \cdot \frac{1 - (d/b)^k}{1 - d/b} < cn \cdot \frac{1}{1 - d/b} = O(n)$$

und

$$cn \cdot \sum_{i=0}^{k-1} \left(\frac{d}{b}\right)^i = cn \cdot \frac{1 - (d/b)^k}{1 - d/b} > cn = \Omega(n) .$$

Fall $d > b$. Wir rechnen:

$$d^k = (b^{\log_b d})^k = b^{k\log_b d} = (b^k)^{\log_b d} = n^{\log_b d} .$$

---

[5] In diesem Beweis verwenden wir die Terminologie von rekursiven Programmen, um Intuition dafür zu wecken, was vor sich geht. Unsere mathematische Überlegung ist aber auf jede Rekurrenz der in Satz 2.5 angegebenen Form anwendbar, auch wenn sie nicht von einem rekursiven Programm herrührt.

Daher hat die letzte Rekursionsebene Kosten $an^{\log_b d} = \Theta(n^{\log_b d})$. Für die Teile-und-Herrsche-Schritte benutzen wir wieder die Formel (A.13) für die geometrische Reihe und erhalten

$$cb^k \frac{(d/b)^k - 1}{d/b - 1} = c \frac{d^k - b^k}{d/b - 1} = cd^k \frac{1 - (b/d)^k}{d/b - 1} = \Theta(d^k) = \Theta(n^{\log_b d}) \, . \qquad \square$$

Wir werden das Mastertheorem in diesem Buch sehr oft benutzen. Leider wird die Rekurrenz $T(n) \leq 3n^2$ für $n \leq 3$ und $T(n) \leq 3T(\lceil n/2 \rceil + 1) + 8n$ für $n > 3$, die sich beim Algorithmus von Karatsuba ergibt, durch das Mastertheorem in seiner einfachen Form nicht erfasst, da dieses auf- oder abgerundete Formelteile und Ungleichungen nicht vorsieht. Auch kann es vorkommen, dass der additive Term in der Rekurrenz nicht linear ist. Wir zeigen nun, wie man die oberen Schranken aus dem Mastertheorem auf die folgende recht allgemeine *Rekurrenzungleichung* erweitern kann:

$$r(n) \leq \begin{cases} a & , \text{wenn } n \leq n_0, \\ cn^s + d \cdot r(\lceil n/b \rceil + e_n) & , \text{wenn } n > n_0. \end{cases} \qquad (2.1)$$

Dabei sind $a > 0$, $b > 1$, $c > 0$, $d > 0$ und $s \geq 0$ konstante reelle Zahlen, und die e_n, $n > n_0$, sind ganze Zahlen mit $-\lceil n/b \rceil < e_n \leq e$, für eine ganze Zahl $e \geq 0$.

Satz 2.5 (Mastertheorem (allgemeine Form)) *Wenn $r(n)$ die Rekurrenzungleichung (2.1) erfüllt, dann gilt:*

$$r(n) = \begin{cases} O(n^s) & \text{für } d < b^s, \text{ d. h. } \log_b d < s \, , \\ O(n^s \log n) & \text{für } d = b^s, \text{ d. h. } \log_b d = s \, , \\ O(n^{\log_b d}) & \text{für } d > b^s, \text{ d. h. } \log_b d > s \, . \end{cases}$$

Beweis.[6] Über die Parameter dürfen wir ohne Beschränkung der Allgemeinheit die folgenden technischen Annahmen machen:

(i) $\lceil n/b \rceil + e < n$ für $n > n_0$,
(ii) $n_0 \geq 2(e+1)/(1 - 1/b)$,
(iii) $a \leq c(n_0 + 1)^s$.

Wenn nötig, lassen sich (i) und (ii) erreichen, indem man n_0 erhöht. Eventuell muss dann auch a erhöht werden, um sicherzustellen, dass für $n \leq n_0$ die Ungleichung $r(n) \leq a$ gilt. Nachher kann man auch (iii) garantieren, indem man c erhöht.

Wir „glätten" die Rekurrenz (2.1), indem wir $\hat{r}(n) := \max(\{0\} \cup \{r(i) \mid i \leq n\})$ definieren. Offensichtlich gilt dann $0 \leq r(n) \leq \hat{r}(n)$ für alle n. Daher genügt es, die angegebenen Schranken für $\hat{r}(n)$ zu beweisen. Wir behaupten, dass $\hat{r}(n)$ die folgende einfachere Rekurrenz erfüllt:

$$\hat{r}(n) \leq \begin{cases} a & , \text{wenn } n \leq n_0, \\ cn^s + d \cdot \hat{r}(\lceil n/b \rceil + e) & , \text{wenn } n > n_0. \end{cases}$$

---

[6] Dieser Beweis kann beim ersten Lesen überblättert werden.

Um dies einzusehen, betrachte ein n. Wenn $n \leq n_0$, gilt offenbar $\hat{r}(n) \leq a$. Sei also $n > n_0$. Dann gibt es ein $i \leq n$ mit $\hat{r}(n) = r(i)$. Wenn $i \leq n_0$, ergibt sich aus Annahme (iii) und $\hat{r}(\lceil n/b \rceil + e) \geq 0$ die Ungleichung $\hat{r}(n) = r(i) \leq a \leq c(n_0 + 1)^s \leq cn^s + d \cdot \hat{r}(\lceil n/b \rceil + e)$. Wenn $i > n_0$, haben wir $\hat{r}(n) = r(i) \leq ci^s + d \cdot r(\lceil i/b \rceil + e_i) \leq cn^s + d \cdot \hat{r}(\lceil n/b \rceil + e)$, weil $\lceil i/b \rceil + e_i \leq \lceil n/b \rceil + e$ gilt.

Nun beweisen wir die in Satz 2.5 behaupteten Schranken für jede Funktion $r(n) \geq 0$, die die Rekurrenz

$$r(n) \leq \begin{cases} a & \text{, wenn } n \leq n_0, \\ cn + d \cdot r(\lceil n/b \rceil + e) & \text{, wenn } n > n_0, \end{cases} \qquad (2.2)$$

erfüllt, wobei für die Konstanten die Annahmen (i)–(iii) gelten. Daraus folgt der Satz.

Sei $n > n_0$ beliebig. Zunächst betrachten wir die Argumente für $r(\cdot)$, die entstehen, wenn die Rekurrenz (2.2) wiederholt angewendet wird. Sei $N_0 = n$ und $N_i = \lceil N_{i-1}/b \rceil + e$, für $i = 1, 2, \ldots$. Nach Annahme (i) gilt $N_i < N_{i-1}$, solange $N_{i-1} > n_0$. Sei k die kleinste Zahl mit $N_k \leq n_0$.

Behauptung 1:
$$N_i \leq 2n/b^i, \text{ für } 0 \leq i < k.$$

Beweis von Beh. 1: Sei $\beta = b^{-1} < 1$. Durch Induktion über i zeigen wir Folgendes:

$$N_i \leq \beta^i n + (e+1) \sum_{0 \leq j < i} \beta^j, \text{ für } 0 \leq i < k. \qquad (2.3)$$

Der Fall $i = 0$ ist trivial. Sei also $0 < i < k$. Dann haben wir:

$$\begin{aligned} N_i &= \lceil \beta N_{i-1} \rceil + e \\ &\overset{\text{I.V.}}{\leq} \left\lceil \beta \cdot \left(\beta^{i-1} n + (e+1) \sum_{0 \leq j < i-1} \beta^j \right) \right\rceil + e \\ &\leq \beta^i n + (e+1) \sum_{0 \leq j < i-1} \beta^{j+1} + 1 + e \\ &= \beta^i n + (e+1) \sum_{0 \leq j < i} \beta^j. \end{aligned}$$

Weil $\sum_{0 \leq j < i} \beta^j = (1 - \beta^i)/(1 - \beta) < 1/(1 - \beta)$ (siehe (A.13)), folgt aus (2.3) die Ungleichung $n_0 < N_i \leq \beta^i n + (e+1)/(1 - \beta)$. Nach Annahme (ii) haben wir $(e+1)/(1 - \beta) \leq n_0/2$. Es folgt $(e+1)/(1 - \beta) < \beta^i n$, also $N_i \leq 2\beta^i n = 2n/b^i$.

Behauptung 2: $\log_b(n/n_0) \leq k < \log_b(2n/n_0) + 1$ und $b^k = \Theta(n)$.

Beweis von Beh. 2: Weil $2n/b^{k-1} \geq N_{k-1} > n_0$ gilt, haben wir $b^k < 2bn/n_0$, also $b^k = O(n)$, und $k < \log_b(2n/n_0) + 1$. Auf der anderen Seite sieht man mit Induktion ganz leicht, dass $N_i \geq n/b^i$ gilt, für $0 \leq i \leq k$. Daher ist $n_0 \geq N_k \geq n/b^k$; daraus folgt $b^k \geq n/n_0$, also $b^k = \Omega(n)$, und $k \geq \log_b(n/n_0)$.

Wiederholtes Anwenden der Rekurrenz (2.2) liefert Folgendes:

$$
\begin{aligned}
r(n) \;&\le\; dr(N_1) + cN_0^s \\
&\le\; d^2 r(N_2) + cdN_1^s + cN_0^s \\
&\;\vdots\qquad\vdots \\
&\le\; d^k r(N_k) + cd^{k-1}N_{k-1}^s + \ldots + cdN_1^s + cN_0^s \\
&\overset{\text{(Beh. 1)}}{\le}\; d^k a + c \sum_{0 \le i < k} d^i (2n/b^i)^s \\
&=\; d^k a + 2^s c \cdot n^s \sum_{0 \le i < k} (d/b^s)^i. \qquad\qquad (2.4)
\end{aligned}
$$

Fall $d < b^s$. – Dann ist die Summe $\sum_{0 \le i < k}(d/b^s)^i$ in (2.4) nach (A.13) durch eine Konstante beschränkt, woraus sich $r(n) \le d^k a + \mathrm{O}(n^s)$ ergibt. Weil $d < b^s$, gilt $d^k < (b^k)^s$, und nach Beh. 2 gilt $(b^k)^s = \mathrm{O}(n^s)$. Damit erhalten wir $r(n) = \mathrm{O}(n^s)$.

Fall $d = b^s$. – Die k Terme in der Summe in (2.4) sind alle gleich 1; daher gilt $r(n) \le d^k a + 2^s cn^s k$. Mit $d^k = (b^k)^s = \mathrm{O}(n^s)$ (nach Beh. 2) erhalten wir $r(n) = \mathrm{O}(n^s) + \mathrm{O}(n^s k) = \mathrm{O}(n^s) + \mathrm{O}(n^s \log_b n) = \mathrm{O}(n^s \log n)$.

Fall $d > b^s$. – Dann steigen die Terme in der Summe in (2.4) an. Weil $b^k = \Omega(n)$ (nach Beh. 2), also $(b^s)^k = \Omega(n^s)$, liefert (A.13) in diesem Fall

$$
n^s \sum_{0 \le i < k} (d/b^s)^i < n^s \cdot \frac{(d/b^s)^k}{d/b^s - 1} = \mathrm{O}\!\left(d^k\right).
$$

Mit (2.4) folgt $r(n) = \mathrm{O}\!\left(d^k\right)$. Nach Beh. 2 haben wir $d^k = b^{k \log_b d} = \mathrm{O}\!\left(n^{\log_b d}\right)$, und wir erhalten $r(n) = \mathrm{O}\!\left(n^{\log_b d}\right)$. $\qquad\square$

Es gibt viele Verallgemeinerungen des Mastertheorems: Man könnte die Rekursion früher abbrechen, die Größe der Teilinstanzen könnten stärker variieren, die Anzahl der Teilinstanzen könnte von der Größe der Instanz abhängen usw. Für weiterführende Informationen verweisen wir den Leser auf die Bücher [90, 190].

Aufgabe 2.8. Betrachten Sie die Rekurrenz

$$
C(n) = \begin{cases} 1 & \text{für } n = 1, \\ C(\lfloor n/2 \rfloor) + C(\lceil n/2 \rceil) + cn & \text{für } n > 1. \end{cases}
$$

Zeigen Sie, dass $C(n) = \mathrm{O}(n \log n)$ gilt.

*Aufgabe 2.9. Gegeben sei ein Teile-und-Herrsche-Algorithmus, dessen Rechenzeit durch die Rekurrenz $T(1) = a$ und $T(n) = \lceil \sqrt{n} \rceil\, T(\lceil n/\lceil \sqrt{n} \rceil \rceil) + cn$ für $n > 1$ gegeben ist. Zeigen Sie, dass die Rechenzeit $\mathrm{O}(n \log \log n)$ ist.

Aufgabe 2.10. Der Aufwand für den Zugriff auf eine Datenstruktur ist oft durch die folgende Rekurrenz gegeben: $T(1) = a$, $T(n) = T(n/2) + c$. Zeigen Sie, dass $T(n) = \mathrm{O}(\log n)$ gilt.

2.6.3 „Globale" Betrachtungen

Die Techniken zur Algorithmenanalyse, die bisher vorgestellt wurden, sind in folgendem Sinn syntaxorientiert: Um ein großes Programm zu analysieren, betrachten wir zunächst seine Teile und fügen die Analyse-Ergebnisse für die Teile zu einer Analyse für das ganze Programm zusammen. Beim Kombinationsschritt werden Summationen und Rekurrenzen benutzt.

Wir werden auch einen völlig anderen Ansatz benutzen, den man „semantikorientiert" nennen könnte. Dabei ordnen wir Teilen der Programmausführung Teile einer kombinatorischen Struktur zu und argumentieren dann über diese Struktur. Beispielsweise könnten wir feststellen, dass ein bestimmtes Programmsegment für jede Kante eines Graphen höchstens einmal ausgeführt wird und dass daher die Gesamtkosten der Kantenzahl entsprechen. Oder wir könnten feststellen, dass die Ausführung eines bestimmten Programmteils die Größe einer bestimmten Struktur verdoppelt; wenn man zusätzlich weiß, dass die Größe der Struktur am Anfang mindestens 1 ist und bei Beendigung des Programms höchstens n, dann kann die Anzahl der Ausführungen dieses Programmteils höchstens logarithmisch in n sein.

2.7 Analyse des mittleren Falles

In diesem Abschnitt stellen wir die Analyse von Algorithmen im mittleren (oder durchschnittlichen) Fall vor. Hierzu betrachten wir drei Beispiele von zunehmender Komplexität. Wir nehmen dabei an, dass der Leser mit den Grundbegriffen der Wahrscheinlichkeitsrechnung vertraut ist, z. B. mit diskreten Wahrscheinlichkeitsräumen, Erwartungswerten, Indikatorvariablen und der Linearität des Erwartungswerts. In Abschnitt A.3 sind diese Grundlagen kurz dargestellt.

2.7.1 Inkrementieren eines Zählers

Wir beginnen mit einem sehr einfachen Beispiel. Die Eingabe ist ein Array $a[0..n-1]$, in dem Nullen und Einsen stehen. Wir wollen die durch die Bits im Array dargestellte Zahl um 1 erhöhen (modulo 2^n).

> $i := 0$
> **while** ($i < n$ *and* $a[i] = 1$) **do** $a[i] = 0$; $i++$
> **if** $i < n$ **then** $a[i] = 1$

Wie oft wird der Rumpf der while-Schleife ausgeführt? Offensichtlich ist n der schlechteste Fall und 0 der beste Fall. Was ist der mittlere Fall? Der erste Schritt bei einer Durchschnittsanalyse ist immer, das Zufallsmodell zu definieren, genauer gesagt, den zugrundeliegenden Wahrscheinlichkeitsraum. Hier legen wir das folgende Zufallsmodell fest: Jede Ziffer hat mit Wahrscheinlichkeit $1/2$ den Wert 0 bzw. 1, und verschiedene Ziffern sind unabhängig. Äquivalent könnte man sagen, dass jede Bitfolge mit n Bits dieselbe Wahrscheinlichkeit hat, nämlich $1/2^n$. Für gegebenes $k \in 0..n$ wird der Schleifenrumpf k-mal ausgeführt genau dann wenn entweder $k < n$

ist und $a[0] = \cdots = a[k-1] = 1$ und $a[k] = 0$ gilt oder wenn $k = n$ ist und alle Bits in a den Wert 1 haben. Das erste Ereignis hat Wahrscheinlichkeit $2^{-(k+1)}$, das zweite Wahrscheinlichkeit 2^{-n}. Die mittlere Anzahl von Schleifendurchläufen ist daher

$$\sum_{k=0}^{n-1} k2^{-(k+1)} + n2^{-n} \leq \sum_{k=0}^{n-1} (k+1)2^{-(k+1)} < \sum_{k \geq 1} k2^{-k} = 2\,,$$

wobei die letzte Gleichheit im Anhang unter (A.14) zu finden ist.

2.7.2 Zwischenmaxima

Unser zweites Beispiel ist etwas anspruchsvoller. Wir betrachten das folgende einfache Programm, das den größten Eintrag in einem Array $a[1..n]$ findet:

$m := a[1];$ **for** $i := 2$ **to** n **do if** $a[i] > m$ **then** $m := a[i]$

Wie oft wird die Zuweisung $m := a[i]$ ausgeführt? Im schlechtesten Fall wird die Zuweisung in jedem Schleifendurchlauf und damit $(n-1)$-mal ausgeführt, im besten Fall überhaupt nicht. Was ist der mittlere Fall? Wieder beginnen wir mit der Festlegung des Wahrscheinlichkeitsraumes. Wir nehmen an, dass das Array n verschiedene Einträge enthält und dass jede Anordnung dieser Einträge gleich wahrscheinlich ist. Mit anderen Worten: der Wahrscheinlichkeitsraum besteht aus den $n!$ Permutationen der Arrayeinträge. Dabei hat jede Permutation die gleiche Wahrscheinlichkeit, nämlich $1/n!$. Weil es gleichgültig ist, welche konkreten Einträge im Array stehen, nehmen wir an, dass das Array die Zahlen von 1 bis n in irgendeiner Anordnung enthält. Wir fragen nach der mittleren Anzahl der „Zwischenmaxima". Dabei ist ein Eintrag $a[i]$ ein *Zwischenmaximum*, wenn es größer als alle vorhergehenden Einträge ist. Beispielsweise hat die Folge $\langle 1,2,4,3 \rangle$ drei Zwischenmaxima, die Folge $\langle 3,1,2,4 \rangle$ hat zwei Zwischenmaxima. Die Anzahl der Ausführungen der Zuweisung $m := a[i]$ ist um 1 geringer als die Anzahl der Zwischenmaxima. Für eine Permutation π der Zahlen von 1 bis n sei $M_n(\pi)$ die Anzahl der Zwischenmaxima in π. Was ist $\mathrm{E}[M_n]$? Wir werden zwei Überlegungen angeben, mit denen man diesen Erwartungswert ermitteln kann. Für kleine n kann man den Erwartungswert leicht direkt berechnen. Für $n = 1$ gibt es nur eine Permutation, nämlich $\langle 1 \rangle$, mit einem Zwischenmaximum; daher gilt $\mathrm{E}[M_1] = 1$. Für $n = 2$ gibt es zwei Permutationen, nämlich $\langle 1,2 \rangle$ und $\langle 2,1 \rangle$. Die erste hat zwei Zwischenmaxima, die zweite eines; daher gilt $\mathrm{E}[M_2] = 1.5$. Für größere n führt die folgende Überlegung zum Ziel.

Wir schreiben M_n als Summe von Indikatorvariablem I_1 bis I_n, d. h., $M_n = I_1 + \ldots + I_n$, wobei $I_k = 1$ für eine Permutation π gilt, wenn der k-te Eintrag in π ein Zwischenmaximum ist. Beispielsweise ist $I_3(\langle 3,1,2,4 \rangle) = 0$ and $I_4(\langle 3,1,2,4 \rangle) = 1$. Es gilt:

$$\begin{aligned} \mathrm{E}[M_n] &= \mathrm{E}[I_1 + I_2 + \ldots + I_n] \\ &= \mathrm{E}[I_1] + \mathrm{E}[I_2] + \ldots + \mathrm{E}[I_n] \\ &= \mathrm{prob}(I_1 = 1) + \mathrm{prob}(I_2 = 1) + \ldots + \mathrm{prob}(I_n = 1)\,. \end{aligned}$$

Dabei gilt die zweite Gleichung wegen der Linearität des Erwartungswerts (A.2); die dritte Gleichung folgt daraus, dass die I_k's Indikatorvariablen sind. Es bleibt die Wahrscheinlichkeit dafür zu bestimmen, dass $I_k = 1$ ist. Der k-te Eintrag in einer Zufallspermutation ist ein Zwischenmaximum genau dann wenn der k-te Eintrag der größte der k ersten Einträge ist. In einer Zufallspermutation steht das Maximum der ersten k Einträge mit gleicher Wahrscheinlichkeit in jeder der ersten k Positionen. Daher ist die gesuchte Wahrscheinlichkeit $\text{prob}(I_k = 1) = 1/k$ und es gilt

$$\mathrm{E}[M_n] = \sum_{k=1}^{n} \text{prob}(I_k = 1) = \sum_{k=1}^{n} \frac{1}{k}.$$

Damit ergibt sich etwa $\mathrm{E}[M_4] = 1 + 1/2 + 1/3 + 1/4 = (12 + 6 + 4 + 3)/12 = 25/12$. Die Summe $\sum_{k=1}^{n} 1/k$ wird in diesem Buch noch häufiger auftauchen. Sie heißt die „n-te harmonische Zahl" und wird mit H_n bezeichnet. Man weiß, dass $\ln n \leq H_n \leq 1 + \ln n$ gilt, d. h. $H_n \approx \ln n$, siehe (A.12). Wir erkennen daraus, dass die Zahl von Zwischenmaxima im Mittel viel kleiner ist als im schlechtesten Fall.

Aufgabe 2.11. Zeigen Sie, dass $\displaystyle\sum_{k=1}^{n} \frac{1}{k} \leq \ln n + 1$ gilt. *Hinweis*: Beweisen Sie, dass $\displaystyle\sum_{k=2}^{n} \frac{1}{k} \leq \int_{1}^{n} \frac{1}{x}\,dx$ gilt.

Wir geben jetzt noch eine weitere Methode an, mit der sich die mittlere Anzahl der Zwischenmaxima ermitteln lässt. Dazu setzen wir zur Abkürzung $A_n = \mathrm{E}[M_n]$ für $n \geq 1$ und $A_0 = 0$. Der erste Eintrag in einer Permutation ist immer ein Zwischenmaximum, und jede Zahl hat die gleiche Wahrscheinlichkeit $1/n$, an der ersten Stelle zu stehen. Wenn die erste Zahl i ist, können weiter rechts nur noch die Zahlen von $i + 1$ bis n Zwischenmaxima sein. Diese $n - i$ Zahlen erscheinen in diesem Rest der Permutation in zufälliger Reihenfolge; daher ist die mittlere Anzahl weiterer Zwischenmaxima genau A_{n-i}. Wir erhalten die folgende Rekurrenzgleichung:

$$A_n = 1 + \frac{1}{n} \cdot \sum_{i=1}^{n} A_{n-i} \qquad \text{oder} \qquad nA_n = n + \sum_{i=1}^{n-1} A_i.$$

Diese Gleichung lässt sich mit einem einfachen Trick vereinfachen. Wenn wir die Gleichung für $n - 1$ anstelle von n aufschreiben, erhalten wir $(n-1)A_{n-1} = n - 1 + \sum_{i=1}^{n-2} A_i$. Wenn wir dies von der Gleichung für n subtrahieren, ergibt sich

$$nA_n - (n-1)A_{n-1} = 1 + A_{n-1} \qquad \text{oder} \qquad A_n = 1/n + A_{n-1},$$

und damit sofort $A_n = H_n$.

2.7.3 Lineare Suche

Wir kommen jetzt zu unserem dritten Beispiel, das noch etwas mehr Mühe erfordert. Es geht dabei um das folgende Suchproblem. Wir sollen Einträge mit Nummern 1 bis n linear in irgendeiner Reihenfolge anordnen, Eintrag i steht z. B. in Position ℓ_i. Nachdem die Einträge arrangiert worden sind, werden Suchen durchgeführt. Um einen Eintrag mit Schlüssel x zu suchen, durchlaufen wir die Folge von links nach rechts, bis wir auf den Schlüssel x stoßen. Auf diese Weise kostet es ℓ_i Schritte, um auf Eintrag i zuzugreifen.

Es könnte nun sein, dass wir wissen, dass in allen Suchrunden auf die Einträge mit festen Wahrscheinlichkeiten zugegriffen wird; die Wahrscheinlichkeit, dass nach Eintrag Nummer i gesucht wird, wollen wir p_i nennen. Dann ist $p_i \geq 0$ für alle i, $1 \leq i \leq n$, und $\sum_i p_i = 1$. In dieser Situation sind die *erwarteten* oder *mittleren* Kosten einer Suche gleich $\sum_i p_i \ell_i$, weil wir mit Wahrscheinlichkeit p_i nach Eintrag i suchen und die Kosten dieser Suche ℓ_i sind.

Was ist die „beste" Anordnung für die Einträge, also die Anordnung, die die mittleren Zugriffskosten minimiert? Intuitiv ist es klar, dass wir die Einträge nach fallenden Zugriffswahrscheinlichkeiten ordnen sollten. Dies wollen wir beweisen.

Lemma 2.6. *Eine Anordnung ist optimal bezüglich der mittleren Suchkosten, wenn aus $p_i > p_j$ stets $\ell_i < \ell_j$ folgt. Wenn $p_1 \geq p_2 \geq \cdots \geq p_n$, dann führt die Anordnung $\ell_i = i$ für alle i zu optimalen mittleren Suchkosten von $Opt = \sum_i p_i i$.*

Beweis. Man betrachte eine Anordnung, in der es i und j mit $p_i > p_j$ und $\ell_i > \ell_j$ gibt, d. h., Eintrag i ist wahrscheinlicher als Eintrag j und ist dennoch hinter ihm angeordnet. Wenn wir die Einträge vertauschen, ändern sich die mittleren Suchkosten um den Betrag

$$-(p_i \ell_i + p_j \ell_j) + (p_i \ell_j + p_j \ell_i) = (p_j - p_i)(\ell_i - \ell_j) < 0 \,,$$

d. h., die neue Anordnung ist besser als die alte, und daher kann die erste Anordnung nicht optimal gewesen sein.

Nun betrachten wir den Fall $p_1 > p_2 > \cdots > p_n$. Da es nur $n!$ mögliche Anordnungen gibt, existiert eine optimale Anordnung. Wenn $i < j$ ist und wir Eintrag i nach Eintrag j anordnen, dann kann die Anordnung nach der Überlegung im vorigen Absatz nicht optimal sein. Daher setzt die optimale Anordnung Eintrag i an Position $\ell_i = i$, und die resultierende erwartete Suchzeit ist $\sum_i p_i i$.

Wenn $p_1 \geq p_2 \geq \cdots \geq p_n$, ist die Anordnung mit $\ell_i = i$ für alle i immer noch optimal. Wenn allerdings einige Wahrscheinlichkeiten gleich sind, gibt es mehr als eine optimale Anordnung. Innerhalb von Blöcken mit gleichen Wahrscheinlichkeiten ist die Anordnung irrelevant. □

Können wir immer noch etwas Intelligentes tun, wenn wir die Wahrscheinlichkeiten p_i nicht kennen? Die Antwort ist ja, und eine sehr einfache Strategie, die sogenannte „*move-to-front*-Heuristik", führt zum Ziel. Sie funktioniert folgendermaßen. Angenommen, in einem Schritt wird Eintrag i gesucht und in Position ℓ_i gefunden. Wenn $\ell_i = 1$, sind wir zufrieden und tun nichts weiter. Andernfalls verschieben wir Eintrag i an Position 1 und verschieben die Einträge an Positionen 1 bis $\ell_i - 1$ um eine Stelle nach hinten. Wir hoffen, dass auf diese Weise Einträge, auf die oft zugegriffen wird, eher näher am Anfang der Anordnung zu finden sind, und dass selten aufgesuchte Einträge sich eher weiter hinten befinden werden. Wir analysieren jetzt das durchschnittliche Verhalten der *move-to-front*-Heuristik.

Wir nehmen dafür an, dass die n Einträge anfangs in der Liste beliebig angeordnet sind, und betrachten eine feste solche Startanordnung. Als Wahrscheinlichkeitsmodell nehmen wir an, dass eine Folge von Suchrunden stattfindet, wobei in jeder Runde *unabhängig vom bisherigen Verlauf* mit Wahrscheinlichkeit p_i auf Eintrag i zugegriffen wird. Da die Kosten des allerersten Zugriffs auf einen Eintrag i wenig mit dem zufälligen Ablauf zu tun haben, sondern im Wesentlichen von der Startanordnung bestimmt werden, ignorieren wir die Kosten für den ersten Zugriff auf Eintrag i und bewerten ihn pauschal mit Kosten 1.[7] Wir betrachten eine feste Suchrunde t. Mit C_{MTF} bezeichnen wir die erwarteten Kosten in Runde t. Für jedes i sei ℓ_i die Position von Eintrag i in der Liste zu Beginn von Runde t. Die Größen $\ell_1, \ldots, \ell_n$ sind Zufallsvariablen, die nur von dem abhängen, was in den ersten $t-1$ Runden passiert ist. Wenn in Runde t auf i zugegriffen wird, sind die Kosten $1 + Z_i$, wo

$$Z_i = \begin{cases} \ell_i - 1 & \text{falls vor } t \text{ schon einmal auf } i \text{ zugegriffen wurde,} \\ 0 & \text{sonst.} \end{cases}$$

Natürlich hängen auch die Zufallsvariablen $Z_1, \ldots, Z_n$ nur von dem ab, was in den ersten $t-1$ Runden passiert ist. Daher gilt $C_{MTF} = \sum_i p_i(1 + \mathrm{E}[Z_i]) = 1 + \sum_i p_i \mathrm{E}[Z_i]$. Nun wollen wir für gegebenes i den Wert $\mathrm{E}[Z_i]$ abschätzen. Dazu definieren wir für $j \neq i$ Indikatorzufallsvariablen

$$I_{ij} = \begin{cases} 1 & \text{falls zu Beginn von Runde } t \text{ in der Liste } j \text{ vor } i \text{ steht,} \\ & \text{und vor Runde } t \text{ schon auf mindestens einen der beiden Einträge} \\ & \text{zugegriffen wurde,} \\ 0 & \text{sonst.} \end{cases}$$

Dann gilt $Z_i \leq \sum_{j \text{ mit } j \neq i} I_{ij}$. (Wenn auf i in Runde t erstmals zugegriffen wird, ist $Z_i = 0$. Wenn Runde t nicht den ersten Zugriff auf i darstellt, ist $I_{ij} = 1$ für jedes j, das in der Liste vor i steht, also $Z_i = \sum_{j \text{ mit } j \neq i} I_{ij}$.) Daher gilt auch $\mathrm{E}[Z_i] \leq \sum_{j \text{ mit } j \neq i} \mathrm{E}[I_{ij}]$. Wir müssen also für jedes $j \neq i$ den Erwartungswert $\mathrm{E}[I_{ij}]$ abschätzen.

Wenn es vor Runde t noch keinen Zugriff auf i oder auf j gab, ist $I_{ij} = 0$. Andernfalls betrachten wir die letzte Runde $t_{ij} < t$, in der auf i oder auf j zugegriffen wurde. Die (bedingte) Wahrscheinlichkeit, dass dieser Zugriff j und nicht i galt, dass also $I_{ij} = 1$ gilt, ist $p_j/(p_i + p_j)$. Insgesamt ergibt sich: $\mathrm{E}[I_{ij}] = \mathrm{prob}(I_{ij} = 1) \leq p_j/(p_i + p_j)$, also $\mathrm{E}[Z_i] \leq \sum_{j \text{ mit } j \neq i} p_j/(p_i + p_j)$.

Durch Summieren über i erhalten wir:

$$C_{MTF} = 1 + \sum_i p_i \mathrm{E}[Z_i] \leq 1 + \sum_{i,j \text{ mit } i \neq j} \frac{p_i p_j}{p_i + p_j}.$$

---

[7] Insgesamt werden hierdurch höchstens Kosten $n(n-1)$ nicht gezählt. Man kann auch zeigen, dass für eine Suchrunde $t > n$ die durch diese Festlegung verursachte Abweichung von den echten erwarteten Kosten nicht größer als n^2/t ist.

Man beobachtet nun, dass für jedes Paar (i,j) mit $j < i$ der Term $p_i p_j/(p_i + p_j) = p_j p_i/(p_j + p_i)$ doppelt in der Summe erscheint. Um die Notation zu vereinfachen, nehmen wir an, dass $p_1 \geq p_2 \geq \cdots \geq p_n$ gilt. Mit $\sum_i p_i = 1$ erhalten wir:

$$C_{MTF} \leq 1 + 2 \sum_{i,j \text{ mit } j<i} \frac{p_i p_j}{p_i + p_j} = \sum_i p_i \left(1 + 2 \sum_{j \text{ mit } j<i} \frac{p_j}{p_i + p_j} \right)$$

$$\leq \sum_i p_i \left(1 + 2 \sum_{j \text{ mit } j<i} 1 \right) < \sum_i p_i 2i = 2 \sum_i p_i i = 2Opt .$$

Satz 2.7 *Wenn man die erste Suche nach jedem Eintrag ignoriert, sind die mittleren Suchkosten bei der move-to-front-Heuristik höchstens doppelt so groß wie die mittleren Suchkosten bei optimaler fester Anordnung.*

2.8 Randomisierte Algorithmen

Felizitas darf an einer TV-Spielshow teilnehmen. Das Spiel läuft folgendermaßen ab: Es gibt 100 Kästchen, durchnummeriert von 1 bis 100, die sie in einer beliebigen Reihenfolge öffnen darf. Kästchen i enthält m_i Euro. Felizitas weiß natürlich nicht, was m_i ist, aber sobald sie Kästchen i geöffnet hat, kann sie nachsehen. Verschiedene Kästchen enthalten verschiedene Beträge. Die Spielregeln sind ganz einfach:

- Zu Spielbeginn erhält Felizitas vom Showmaster 10 Spielmarken.
- Wenn sie ein Kästchen öffnet, das einen höheren Betrag als alle vorher geöffneten Kästchen enthält, muss sie eine Spielmarke abgeben.[8]
- Wenn sie eine Marke abgeben müsste, aber keine mehr übrig hat, endet das Spiel und sie verliert alles.
- Wenn es Felizitas gelingt, alle Kästchen zu öffnen und dabei höchstens zehn Marken abzugeben, gewinnt sie und darf alles gefundene Geld behalten.

Die Kästchen sind mit seltsamen Bildern bemalt, und der Showmaster versucht, Felizitas zu helfen, indem er vorschlägt, welches Kästchen sie als Nächstes öffnen sollte. Felizitas' Tante, die keine der Shows verpasst, erzählt ihr, dass nur wenige Kandidaten gewinnen. Felizitas fragt sich nun, ob es sich lohnt, an diesem Spiel teilzunehmen. Gibt es eine Strategie, die ihr eine gute Gewinnchance gibt? Sind die Hinweise des Showmasters nützlich?

Wir wollen zunächst den offensichtlichen Algorithmus analysieren: Felizitas macht immer das, was der Showmaster vorschlägt. Im schlechtesten Fall zeigt er auf Kästchen mit immer steigenden Beträgen. Beim Öffnen eines jeden neuen Kästchens muss sie eine Spielmarke abgeben, und nach dem elften Kästchen hat sie verloren. Die Kandidaten und die Zuschauer würden sich über den Showmaster ärgern,

---

[8] Der Betrag im ersten Kästchen ist größer als der in allen bisher geöffneten Kästchen. Das Öffnen des ersten Kästchens kostet Felizitas also auf jeden Fall eine Spielmarke.

die Einschaltquote würde sinken, und er würde gefeuert werden. Die Analyse des schlechtesten Falles hilft uns hier nicht weiter. Der beste Fall wäre, dass der Showmaster sofort das beste Kästchen verrät, also das mit dem größten Betrag. Felizitas wäre glücklich, aber es wäre keine Zeit für die Werbung, und der Showmaster würde auch gefeuert werden. Auch die Analyse des besten Falles gibt uns hier nicht die richtige Information.

Etwas Überlegen führt uns zu der Erkenntnis, dass das Spiel eigentlich nur eine Umformulierung des Zwischenmaxima-Problems aus dem letzten Abschnitt ist. Felizitas muss immer dann eine Spielmarke abgeben, wenn ein neues Maximum auftaucht. Nun wissen wir aus dem letzten Abschnitt, dass die erwartete Anzahl von Zwischenmaxima in einer zufälligen Permutation die n-te harmonische Zahl H_n ist. Für $n = 100$ gilt $H_n < 6$. Würde der Showmaster die Kästchen in zufälliger Anordnung präsentieren, müsste Felizitas im Durchschnitt nur sechs Spielmarken abgeben. Aber weshalb sollte der Showmaster dies tun? Es gibt für ihn keinen Grund, allzu viele Gewinner zu haben.

Die Lösung ist, dass Felizitas ihr Schicksal in die eigene Hand nimmt: *Sie öffnet die Kästchen in zufälliger Reihenfolge.* Sie wählt eines der Kästchen rein zufällig, öffnet es, dann ein weiteres zufällig aus den verbleibenden, öffnet dieses, und immer so weiter. Wie wählt sie ein zufälliges Kästchen? Wenn k viele übrig sind, wählt sie eine Zufallszahl aus dem Bereich von 1 bis k, etwa durch Drehen eines Kreisels, dessen Rand ein regelmäßiges k-Eck ist. Auf diese Weise erzeugt sie eine zufällige Permutation der Kästchen, und die Analyse aus dem vorherigen Abschnitt kann angewendet werden. Im Mittel wird sie weniger als sechs Spielmarken zurückgeben müssen, und die 10 Spielmarken werden normalerweise ausreichen. – Was wir eben beschrieben haben, ist ein *randomisierter Algorithmus*. Es muss betont werden, dass zwar die mathematische Analyse die gleiche ist wie im Fall, wo der Showmaster die Kästchen in zufälliger Reihenfolge präsentiert, dass aber die Schlussfolgerungen sehr unterschiedlich sind. Im Durchschnitts-Szenario ist man darauf angewiesen, dass der Showmaster tatsächlich eine zufällige Reihenfolge verwendet. Wenn dies der Fall ist, gilt die Analyse; wenn er eine andere Strategie verfolgt, gilt sie nicht. Was wirklich passiert, kann man nicht sagen, höchstens nach vielen Shows und im Nachhinein. Die Situation im Szenario „Randomisierter Algorithmus" ist völlig anders. Felizitas selbst führt die Zufallsexperimente durch und erzeugt auf diese Weise die Zufallspermutation. Die Analyse gilt immer, gleichgültig was der Showmaster tut.

2.8.1 Das formale Modell

Formal statten wir unsere RAM mit einem zusätzlichen Befehl aus: $R_i := randInt(R_j)$ weist Register R_i einen zufälligen Wert aus der Menge $0..k-1$ zu, wobei k der Inhalt von R_j ist.

In Pseudocode schreiben wir $v := randInt(C)$, wobei v eine Integervariable ist. Als Kosten für das Wählen einer solchen Zufallszahl veranschlagen wir eine Zeiteinheit. Algorithmen ohne solche Zufallsexperimente heißen *deterministisch*.

Die Rechenzeit eines randomisierten Algorithmus hängt im Allgemeinen von den zufälligen Entscheidungen ab, die er trifft. Damit ist die Rechenzeit auf einer Eingabe i keine Zahl mehr, sondern eine Zufallsvariable, die von den Ergebnissen der Zufallsexperimente abhängt. Wir könnten die Abhängigkeit der Rechenzeit von den Zufallsexperimenten vermeiden, indem wir unsere Maschine mit einer „Stoppuhr" ausstatten. Zu Beginn einer Programmausführung stellen wir die Stoppuhr auf einen Wert $T(n)$, der von der Größe n der Eingabe abhängen kann, zählen die Schritte herunter, und halten die Berechnung an, wenn $T(n)$ Schritte ausgeführt worden sind. Wenn die Berechnung auf diese Weise endet, gibt das Programm allerdings keine Antwort zurück.

Auch die Ausgabe eines randomisierten Algorithmus kann von den Ergebnissen der Zufallsexperimente abhängen. Es ist natürlich die Frage, ob ein Algorithmus wirklich nützlich sein kann, dessen Antwort auf einer Eingabe i vom Zufall abhängen kann – wenn die Antwort also heute „Ja" und morgen „Nein" sein kann. Wenn die beiden Fälle gleich wahrscheinlich sind, ist die Antwort des Algorithmus natürlich wertlos. Wenn aber die korrekte Antwort viel wahrscheinlicher als die falsche Antwort ist, dann ist die Antwort nützlich. Wir erläutern dies an einem Beispiel.

Alice und Bob sind über eine langsame Telefonleitung miteinander verbunden. Alice hat eine n-Bit-Zahl x, und Bob hat eine n-Bit-Zahl y. Sie wollen herausfinden, ob beide Zahlen gleich sind. Da der Kommunikationskanal langsam ist, möchten sie die Informationsmenge, die ausgetauscht werden muss, möglichst klein halten. Der Aufwand für lokale Berechnungen spielt dagegen keine Rolle.

In der naheliegenden Lösung schickt Alice ihre Zahl an Bob, Bob überprüft, ob die beiden Zahlen gleich sind, und meldet das Ergebnis. Bei diesem Ansatz muss man n Ziffern senden. Alternativ könnte Alice ihre Zahl ziffernweise übermitteln, Bob überprüft Gleichheit für jede Ziffer und meldet das Ergebnis, sobald es feststeht, d. h., sobald zwei Ziffern an derselben Position verschieden sind. Im schlechtesten Fall müssen alle n Ziffern übermittelt werden, nämlich wenn die beiden Zahlen gleich sind. Wir werden nun sehen, dass Randomisierung zu einer dramatischen Verbesserung führt. Nach der Übermittlung von nur $O(\log n)$ Bits kann eine Aussage über Gleichheit oder Ungleichheit gemacht werden, wobei mit großer Wahrscheinlichkeit das richtige Ergebnis herauskommt.

Alice und Bob verfahren nach dem folgenden Protokoll. Jeder von beiden erstellt eine geordnete Liste $p_1, \ldots, p_L$ von Primzahlen, und zwar mit den L kleinsten Primzahlen, die größer als 2^k sind. Wir sagen weiter unten, wie k und L (als Funktion von n) zu wählen sind. Auf diese Weise wird sichergestellt, dass Alice und Bob die gleiche Liste erzeugen. Dann wählt Alice zufällig einen Index i mit $1 \le i \le L$ und sendet i und $x_A \bmod p_i$ an Bob. Dieser berechnet $x_B \bmod p_i$. Wenn $x_A \bmod p_i \ne x_B \bmod p_i$ gilt, meldet er, dass die Zahlen unterschiedlich sind, sonst, dass sie gleich sind. Wenn $x_A = x_B$ gilt, wird Bob offensichtlich immer „gleich" sagen. Wenn jedoch $x_A \ne x_B$ ist und trotzdem $x_A \bmod p_i = x_B \bmod p_i$ gilt, dann wird Bob die beiden Zahlen fälschlicherweise für gleich erklären. Wie groß ist die Wahrscheinlichkeit für einen solchen Irrtum?

Ein Fehler passiert, wenn $x_A \ne x_B$, aber $x_A \equiv x_B \pmod{p_i}$ gilt. Die letztere Bedingung ist äquivalent dazu, dass p_i die Differenz $D = x_A - x_B$ teilt. Der Absolutbetrag dieser Differenz kann nicht größer als 2^n sein. Weil jedes p_i größer als 2^k ist, enthält die Liste von Alice und Bob höchstens n/k Primzahlen, die D teilen.[9] Daher ist die Fehlerwahrscheinlichkeit nicht größer als $(n/k)/L$. Diese Wahrscheinlichkeit können wir beliebig klein machen, indem wir L genügend groß wählen. Wenn wir etwa die Wahrscheinlichkeit kleiner als $0.000001 = 10^{-6}$ machen wollen, wählen wir $L = 10^6 (n/k)$.

Wie sollte man aber k wählen? Für genügend große k sind von den Zahlen in $[2^k..2^{k+1} - 1]$ etwa $2^k / \ln(2^k) \approx 1.4427 \cdot 2^k / k$ viele Primzahlen.[10] Wenn also $2^k / k \geq 10^6 n/k$ gilt, wird die Liste nur Zahlen mit $k+1$ Bits enthalten. Die Bedingung $2^k \geq 10^6 n$ ist gleichbedeutend mit $k \geq \log n + 6 \log 10$. Diese Wahl von k führt dazu, dass Alice $\log L + k + 1 = \log n + 12 \log 10 + 1$ Bits sendet. *Dies ist eine exponentielle Verbesserung gegenüber dem naiven Protokoll!*

Wie wäre eine Fehlerwahrscheinlichkeit von weniger als 10^{-12} zu erreichen? Wir könnten analog rechnen wie eben, mit $L = 10^{12} n/k$. Alternativ könnten wir das Protokoll zweimal laufen lassen, und die Zahlen genau dann als gleich erklären, wenn beide Durchläufe sie für gleich erklären. Dieses 2-Stufen-Protokoll macht nur dann einen Fehler, wenn beide Stufen einen Fehler machen; daher ist die Fehlerwahrscheinlichkeit höchstens $10^{-6} \cdot 10^{-6} = 10^{-12}$.

Aufgabe 2.12. Vergleichen Sie die Effizienz der beiden Methoden, mit denen man eine Fehlerwahrscheinlichkeit von 10^{-12} erreicht.

Aufgabe 2.13. Im oben beschriebenen Protokoll müssen Alice und Bob unrealistisch lange Listen von Primzahlen bereitstellen. Diskutieren Sie das folgende, veränderte Protokoll: Alice wählt eine zufällige Zahl p mit $k+1$ Bits (und führender 1) und testet p darauf, ob es sich um eine Primzahl handelt. Wenn dies nicht der Fall ist, wiederholt sie den Versuch. Wenn p eine Primzahl ist, sendet sie p und $x_A \bmod p$ an Bob. Bob berechnet $x_B \bmod p$ und vergleicht.

Aufgabe 2.14. Nehmen Sie an, Sie haben einen randomisierten Algorithmus, der mit Wahrscheinlichkeit höchstens $1/4$ das falsche Ergebnis liefert. Sie lassen den Algorithmus k-mal laufen und geben das Mehrheitsergebnis aus, das häufiger als $k/2$-mal erscheint (falls es existiert). Leiten Sie eine Schranke für die Fehlerwahrscheinlichkeit her, als Funktion von k. Für $k = 2$ und $k = 3$ sollten Sie exakt rechnen, für größere k eine Schranke angeben. Beschreiben Sie dann, wie k zu wählen ist, um eine Fehlerwahrscheinlichkeit zu erreichen, die kleiner als eine gegebene Zahl ε ist.

---

[9] Sei d die Anzahl der Primzahlen in der Liste, die D teilen. Dann gilt $2^n \geq |D| \geq (2^k)^d = 2^{kd}$, also $d \leq n/k$.

[10] Für $x \geq 1$ bezeichne $\pi(x)$ die Anzahl der Primzahlen, die kleiner oder gleich x sind. Beispielsweise ist $\pi(10) = 4$, weil es vier Primzahlen (2, 3, 5 und 7) gibt, die kleiner oder gleich 10 sind. Dann gelten für alle $x \geq 55$ die Ungleichungen $x/(\ln x + 2) < \pi(x) < x/(\ln x - 4)$. Weitere Informationen findet man im (englischen) Wikipedia-Eintrag zu „*Prime Number Theorem*".

2.8.2 Las-Vegas- und Monte-Carlo-Algorithmen

Randomisierte Algorithmen gibt es im Wesentlichen in zwei Varianten, nämlich Las-Vegas-Algorithmen und Monte-Carlo-Algorithmen. Ein *Las-Vegas-Algorithmus* berechnet immer das richtige Ergebnis, aber seine Rechenzeit auf einer Eingabe i ist eine Zufallsvariable. Unsere Lösung für die Spielshow entspricht einem Las-Vegas-Algorithmus, wenn wir ihn immer weiter nach dem Kästchen mit dem maximalen Wert suchen lassen; allerdings ist die Anzahl der Zwischenmaxima, also die Anzahl der abzuliefernden Spielmarken, eine Zufallsvariable. Ein Monte-Carlo-Algorithmus hat immer die gleiche Rechenzeit, aber es gibt eine positive Wahrscheinlichkeit dafür, dass er ein falsches Ergebnis liefert. Die Wahrscheinlichkeit, dass das Ergebnis falsch ist, ist höchstens $1/4$. Unser Algorithmus, der zwei Zahlen über eine Telefonverbindung vergleicht, ist ein Monte-Carlo-Algorithmus. In Aufgabe 2.14 wird gezeigt, dass bei Monte-Carlo-Algorithmen (durch Wiederholen) die Fehlerwahrscheinlichkeit beliebig klein gemacht werden kann.

Aufgabe 2.15. Nehmen Sie an, Sie haben einen Las-Vegas-Algorithmus mit erwarteter Rechenzeit $t(n)$. Sie lassen ihn $4t(n)$ Schritte lang laufen. Wenn er innerhalb dieser erlaubten Zeit ein Ergebnis liefert, wird dieses als Antwort zurückgegeben, andernfalls wird eine beliebige Ausgabe zurückgegeben. Zeigen Sie, dass der resultierende Algorithmus ein Monte-Carlo-Algorithmus ist.

Aufgabe 2.16. Nehmen sie an, Sie haben einen Monte-Carlo-Algorithmus mit Rechenzeit $m(n)$, der mit Wahrscheinlichkeit mindestens p eine korrekte Antwort liefert, und einen deterministischen Algorithmus, der in Zeit $v(n)$ überprüfen kann, ob das vom Monte-Carlo-Algorithmus gelieferte Ergebnis korrekt ist. Beschreiben Sie, wie aus diesen beiden Algorithmen ein Las-Vegas-Algorithmus mit erwarteter Rechenzeit $(m(n) + v(n))/(1 - p)$ gewonnen werden kann.

Zum Schluss kommen wir nochmals auf das Spielshow-Beispiel zurück. Felizitas hat 10 Spielmarken, die erwartete Anzahl von verbrauchten Spielmarken ist kleiner als 6. Wie sicher kann sie sein, als Gewinnerin nach Hause zu gehen? Wir müssen dazu die Wahrscheinlichkeit dafür abschätzen, dass M_n größer als 11 ist, denn sie verliert genau dann, wenn die Anzahl der Zwischenmaxima in der Folge der gefundenen Geldbeträge 11 oder größer ist. Die *Markov-Ungleichung* erlaubt eine solche Abschätzung. Sie besagt, dass für eine beliebige nichtnegative Zufallsvariable X und eine beliebige Konstante $c \geq 1$ die Ungleichung $\text{prob}(X \geq c \cdot \text{E}[X]) \leq 1/c$ gilt, s. (A.4). Dies wenden wir für $X = M_n$ und $c = 11/6$ an. Wir erhalten

$$\text{prob}(M_n \geq 11) \leq \text{prob}\left(M_n \geq \frac{11}{6}\text{E}[M_n]\right) \leq \frac{6}{11},$$

und daher ist die Gewinnwahrscheinlichkeit größer als $5/11$.

2.9 Graphen

Graphen sind ein für die Algorithmik äußerst nützliches Konzept. Wir benutzen sie immer, wenn wir Objekte und Beziehungen zwischen ihnen zu modellieren haben;

in der Terminologie der Graphen heißen die Objekte *Knoten* und die Beziehungen zwischen Paaren von Knoten heißen *Kanten*. Ziemlich offensichtliche Anwendungen von Graphen sind Straßenkarten und Kommunikationsnetzwerke, aber es gibt auch abstraktere Anwendungen. Beispielsweise könnten die Knoten Teilaufgaben darstellen, die beim Bau eines Hauses durchgeführt werden müssen, wie etwa „Bauen der Mauern" oder „Einsetzen der Fenster", und Kanten könnten Präzedenzbeziehungen (Vorrangsbeziehungen) sein wie „die Mauern müssen gebaut werden, bevor die Fenster eingesetzt werden können". Wir werden auch viele Datenstrukturen kennenlernen, bei denen auf ganz natürliche Weise jedes Objekt als ein Knoten aufzufassen ist und jeder Zeiger als gerichtete Kante von dem Objekt, von er ausgeht, zu dem Objekt, auf das er verweist.

Wenn Menschen Überlegungen mit Graphen anstellen, finden sie es normalerweise bequem, mit Bildern zu arbeiten, die Knoten als kleine Kreise und Kanten als gerade oder gekrümmte Linien oder als Pfeile darstellen. Zur algorithmischen Verarbeitung von Graphen benötigen wir eine mehr mathematisch orientierte Notation: ein *gerichteter Graph* $G = (V, E)$ ist ein Paar, bestehend aus einer *Knotenmenge* (oder *Eckenmenge*) V und einer Kantenmenge (oder *Bogenmenge*) $E \subseteq V \times V$. Manchmal schreiben wir kurz „*Digraph*" für „gerichteter Graph" (engl.: *directed graph*). Zum Beispiel ist in Abb. 2.7 der gerichtete Graph $G = (\{s, t, u, v, w, x, y, z\}, \{(s, t), (t, u), (u, v), (v, w), (w, x), (x, y), (y, z), (z, s), (s, v), (z, w), (y, t), (x, u)\})$ bildlich dargestellt. Im ganzen Buch soll gelten, dass $n = |V|$ und $m = |E|$ ist, wenn n und m keine anderen Bedeutungen zugeordnet sind. Eine Kante $e = (u, v) \in E$ stellt eine Verbindung von u nach v dar. Wir nennen u den *Startknoten* und v den *Zielknoten* von e. Wir sagen, dass e *inzident* mit u und v ist, oder dass u und v *auf e liegen*, und dass u und v *adjazent* sind. Oft heißt auch u ein (unmittelbarer) *Vorgänger* von v und v ein (unmittelbarer) *Nachfolger* von u. Der Spezialfall einer (*Eigen-*)*Schleife* (v, v) ist verboten, außer er wird ausnahmsweise ausdrücklich erlaubt.

Der *Ausgangsgrad* eines Knotens v ist die Zahl der Kanten, die von v ausgehen, sein *Eingangsgrad* ist die Zahl der Kanten, die in v enden, formal $outdegree(v) = |\{u \in V \mid (v, u) \in E\}|$ und $indegree(v) = |\{u \in V \mid (u, v) \in E\}|$. Zum Beispiel hat Knoten w in Graph G in Abb. 2.7 Eingangsgrad 2 und Ausgangsgrad 1.

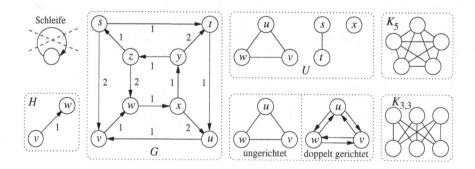

Abb. 2.7. Einige Graphen

Ein *doppelt gerichteter Graph* ist ein Digraph, in dem für jede gerichtete Kante (u, v) auch die Gegenkante (v, u) vorhanden ist. Ein *ungerichteter Graph* lässt sich als verschlankte Darstellung eines doppelt gerichteten Graphen auffassen, in der wir das Kantenpaar (u, v), (v, u) als die Paarmenge $\{u, v\}$ schreiben. Abb. 2.7 zeigt einen ungerichteten Graphen mit drei Knoten und sein doppelt gerichtetes Gegenstück. Die meisten graphentheoretischen Begriffe werden für ungerichtete Graphen genauso definiert wie für Digraphen; daher werden wir uns in diesem Abschnitt auf die Digraphen konzentrieren und ungerichtete Graphen nur erwähnen, wenn es Abweichungen gibt. Zum Beispiel hat ein ungerichteter Graph nur halb so viele Kanten wie sein doppelt gerichtetes Gegenstück. Wenn $\{u, v\}$ eine Kante ist, heißt u auch ein *Nachbar* von v; in der doppelt gerichteten Version ist u sowohl Vorgänger als auch Nachfolger von v. Der Eingangsgrad und der Ausgangsgrad eines Knotens in einem ungerichteten Graphen ist immer gleich, so dass wir hier einfach vom *Grad* eines Knotens sprechen. Ungerichtete Graphen sind deshalb wichtig, weil Richtungen häufig keine Rolle spielen und weil viele Probleme in ungerichteten Graphen leichter zu lösen sind als in allgemeinen Digraphen; manche Probleme sind überhaupt nur in ungerichteten Graphen sinnvoll.

Ein Graph $G' = (V', E')$ ist ein *Teilgraph* des Graphen $G = (V, E)$, wenn $V' \subseteq V$ und $E' \subseteq E$ gilt. Wenn $G = (V, E)$ und eine Teilmenge $V' \subseteq V$ gegeben sind, dann ist der durch V' *induzierte* Teilgraph definiert durch $G' = (V', E \cap (V' \times V'))$. In Abb. 2.7 wird durch die Knotenmenge $\{v, w\}$ in G der Teilgraph $H = (\{v, w\}, \{(v, w)\})$ induziert. Eine Teilmenge $E' \subseteq E$ der Kanten induziert den Teilgraphen (V, E').

Oft werden Knoten oder Kanten mit zusätzlichen Informationen verknüpft. Insbesondere werden wir oft *Kantengewichte* oder *Kantenkosten* $c \colon E \to \mathbb{R}$ benötigen, die jeder Kante einen Zahlenwert zuordnen. Beispielsweise hat die Kante (z, w) im Graphen G in Abb. 2.7 das Gewicht $c((z, w)) = -2$. Man beachte, dass in einem ungerichteten Graphen eine Kante $\{u, v\}$ nur ein Gewicht haben kann, wohingegen in doppelt gerichteten Graphen auch $c((u, v)) \neq c((v, u))$ gelten kann.

Die letzte Seite enthielt viele trockene Definitionen in gedrängter Form. Wenn der Leser sie „in Aktion" sehen möchte, findet er in Kap. 8 Algorithmen, die auf Graphen arbeiten. Aber auch an dieser Stelle wird das Material noch etwas interessanter.

Ein wichtiger etwas „höherer" graphentheoretischer Begriff ist der eines Weges oder Pfades. Ein *Weg* (oder *Pfad*) $p = \langle v_0, \dots, v_k \rangle$ in einem gerichteten Graphen $G = (V, E)$ ist eine Knotenfolge mit der Eigenschaft, dass aufeinanderfolgende Knoten durch Kanten in E verbunden sind, d. h., dass $(v_0, v_1) \in E$, $(v_1, v_2) \in E$, $\dots$, $(v_{k-1}, v_k) \in E$ gilt. Die Zahl $k \geq 0$ heißt die *Länge* von p; der Weg *verläuft* (oder *führt*) von v_0 nach v_k. Manchmal wird ein Weg auch durch die Folge seiner Kanten dargestellt. Beispielsweise ist im Digraphen G in Abb. 2.7 $\langle u, v, w \rangle = \langle (u, v), (v, w) \rangle$ ein Weg der Länge 2. In einem ungerichteten Graphen ist $p = \langle v_0, \dots, v_k \rangle$ ein Weg, wenn p Weg in dem entsprechenden doppelt gerichteten Graphen ist und für $1 \leq i < k$ stets $v_{i-1} \neq v_{i+1}$ gilt. (Es ist also nicht erlaubt, dass dieselbe Kante in einer Richtung und unmittelbar darauf in der anderen Richtung benutzt wird.) Im Graphen U in Abb. 2.7 ist $\langle u, w, v, u, w, v \rangle$ ein Weg der Länge 5. Ein Weg $\langle v_0, \dots, v_k \rangle$ heißt *einfach*, wenn seine Knoten, außer eventuell v_0 und v_k, paarweise verschieden sind. Im Digraphen G in Abb. 2.7 ist $\langle z,w,x,u,v,w,x,y\rangle$ ein Weg, der nicht einfach ist. Es ist leicht einzusehen, dass Folgendes gilt: Wenn es einen Weg von u nach v gibt, dann gibt es auch einen einfachen Weg von u nach v.

Kreise (oder *Zyklen*) sind Wege der Länge mindestens 1, bei denen der erste und der letzte Knoten zusammenfallen. In ungerichteten Graphen verlangt man, dass die erste und die letzte Kante des Weges verschieden sind, woraus sich ergibt, dass Kreise Länge mindestens 3 haben. (In G in Abb. 2.7 ist $\langle u,v,w,x,y,z,w,x,u\rangle$ ein Kreis, in U ist $\langle u,w,v,u,w,v,u\rangle$ ein Kreis.) Ein *einfacher* Kreis ist ein einfacher Weg, der ein Kreis ist. Folgendes ist leicht einzusehen: Wenn G einen Kreis hat, dann auch einen einfachen Kreis. Ein einfacher Kreis, der alle Knoten eines Graphen besucht, heißt *Hamiltonkreis*. (In Abb. 2.7 sind $\langle s,t,u,v,w,x,y,z,s\rangle$ in G und $\langle w,u,v,w\rangle$ in U Hamiltonkreise.)

Die Begriffe „Weg" und „Kreis" erlauben es uns, noch komplexere Begriffe zu definieren. Ein Digraph heißt *stark zusammenhängend*, wenn es von jedem Knoten u zu jedem anderen Knoten v einen Weg gibt. Graph G in Abb. 2.7 ist stark zusammenhängend. Eine *starke Zusammenhangskomponente* von G ist ein maximaler knoteninduzierter stark zusammenhängender Teilgraph von G. Wenn wir in Abb. 2.7 aus G die Kante (w,x) entfernen, erhalten wir einen Digraphen, der überhaupt keine Kreise enthält. Ein Digraph ohne Kreise heißt *azyklisch* oder *kreisfrei*. Azyklische Digraphen heißen kurz *DAG* (engl.: *directed acyclic graph*). In einem DAG besteht jede starke Zusammenhangskomponente aus genau einem Knoten. Ein ungerichteter Graph heißt *zusammenhängend*, wenn es von jedem Knoten u aus einen (ungerichteten) Weg zu jedem anderen Knoten v gibt. Die Zusammenhangskomponenten sind die maximalen zusammenhängenden Teilgraphen. Innerhalb einer Zusammenhangskomponente sind jeweils zwei Knoten durch Wege verbunden; von einer Zusammenhangskomponente in eine andere führt kein Weg. Zum Beispiel hat Graph U in Abb. 2.7 die Zusammenhangskomponenten $\{u,v,w\}$, $\{s,t\}$ und $\{x\}$. Die Knotenmenge $\{u,w\}$ induziert einen zusammenhängenden Teilgraphen, aber dieser ist nicht maximal und bildet daher keine Zusammenhangskomponente.

Aufgabe 2.17. Beschreiben Sie zehn grundlegend verschiedene Anwendungen, die unter Verwendung von Graphen modelliert werden können. (Straßen- und Radwegnetze sind *nicht* grundlegend verschieden!) Mindestens fünf dieser Anwendungen sollten in diesem Buch nicht vorkommen.

Aufgabe 2.18. Ein Graph heißt *planar*, wenn er auf einem Blatt Papier so gezeichnet werden kann, dass sich nirgends zwei Kanten überkreuzen. Erklären Sie, weshalb Straßennetzwerke *nicht* unbedingt planar sein müssen. Zeigen Sie, dass die Graphen K_5 und $K_{3,3}$ in Abb. 2.7 nicht planar sind.

2.9.1 Ein erster Graphalgorithmus

Es ist Zeit für einen Beispielalgorithmus. Wir beschreiben einen Algorithmus, der testet, ob ein gerichteter Graph azyklisch ist oder nicht. Der Ansatz ist die einfache Beobachtung, dass ein Knoten v mit Ausgangsgrad 0 nicht auf einem Kreis liegen kann. Wenn wir also v (und seine Eingangskanten) streichen, erhalten wir einen Graphen G', der genau dann azyklisch ist, wenn G azyklisch ist. Diese Transformation wird wiederholt ausgeführt, bis einer von zwei Fällen eintritt: Entweder erhalten wir den leeren Graphen ohne jeden Knoten, der sicherlich azyklisch ist, oder wir erhalten einen Graphen G^*, in dem jeder Knoten Ausgangsgrad mindestens 1 hat. Im letzteren Fall findet man leicht einen Kreis: Man beginnt an einem beliebigen Knoten und wählt in jedem Knoten, den man eben erreicht hat, eine beliebige Ausgangskante, bis ein Knoten v' erreicht wird, den man schon vorher einmal gesehen hat. Der so konstruierte Weg hat die Form $(v, \ldots, v', \ldots, v')$, und das Schlussstück $(v', \ldots, v')$ bildet einen Kreis. In Abb. 2.7 beispielsweise hat der Graph G keinen Knoten mit Ausgangsgrad 0. Um einen Kreis zu finden, könnten wir bei Knoten z starten und dem Weg $\langle z, w, x, u, v, w \rangle$ folgen, bis wir zum zweitenmal auf den Knoten w treffen. Damit haben wir dann den Kreis $\langle w, x, u, v, w \rangle$ gefunden. Anders verläuft die Ausführung des Algorithmus, wenn wir aus G die Kante (w, x) entfernen. Dann gibt es keinen Kreis, und unser Algorithmus streicht alle Knoten in der Reihenfolge w, v, u, t, s, z, y, x. In Kap. 8 werden wir sehen, wie man Graphen in einer Weise darstellen kann, dass der hier skizzierte Algorithmus in linearer Zeit, also in Zeit $O(|V| + |E|)$, abläuft. (Siehe hierzu auch Aufgabe 8.3.) Der Algorithmus kann leicht so ergänzt werden, dass er zertifizierend ist: Wenn der Algorithmus einen Kreis findet, ist der Graph sicherlich zyklisch, und es kann leicht getestet werden, ob die ausgegebene Knotenfolge ein Kreis in G ist. Wenn der Algorithmus alle Knoten aus G entfernt, nummerieren wir die Knoten in der Reihenfolge durch, in der sie aus G gestrichen werden. Wenn wir in einem Schritt einen Knoten v mit Ausgangsgrad 0 entfernen, müssen in G alle Kanten, die v als Startknoten haben, zu früher entfernten Knoten gehen, also zu solchen mit einer niedrigeren Nummer als v. Die Nummerierung beweist also, dass G kreisfrei ist: Entlang jeder Kante sind die Knotennummern fallend, was sich wiederum leicht verifizieren lässt.

Aufgabe 2.19. Finden Sie für beliebiges n einen DAG mit n Knoten, der $n(n-1)/2$ Kanten besitzt. Zeigen Sie, dass kein DAG mit n Knoten mehr als $n(n-1)/2$ Kanten haben kann.

2.9.2 Bäume

Ein ungerichteter Graph heißt ein *Baum*, wenn es zwischen zwei beliebigen Knoten jeweils *genau* einen Weg gibt; ein Beispiel ist in Abb. 2.8 dargestellt. Ein ungerichteter Graph heißt ein *Wald*, wenn es zwischen zwei beliebigen Knoten *höchstens* einen Weg gibt. Man sieht sofort, dass jede Zusammenhangskomponente eines Waldes ein Baum ist.

Lemma 2.8. *Für einen ungerichteten Graphen G sind die folgenden Aussagen äquivalent:*

(1) *G ist ein Baum.*
(2) *G ist zusammenhängend und hat genau $n-1$ Kanten.*
(3) *G ist zusammenhängend und besitzt keine Kreise.*

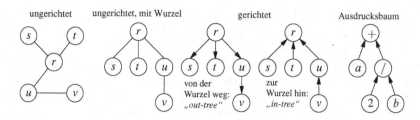

Abb. 2.8. Verschiedene Arten von Bäumen. Von *links* nach *rechts* sehen wir einen ungerichteten Baum, einen ungerichteten Baum mit Wurzel, einen von der Wurzel weg und einen zur Wurzel hin gerichteten Baum und einen arithmetischen Ausdruck.

Beweis. In einem Baum gibt es zwischen je zwei Knoten einen eindeutig bestimmten Weg. Daher ist ein Baum zusammenhängend und enthält keinen Kreis. Umgekehrt gilt: Wenn es in G zwei Knoten gibt, die durch zwei unterschiedliche Wege verbunden sind, dann enthält G einen Kreis. (Man betrachte zwei Knoten u und v und zwei verschiedene Wege von u nach v, wobei die Summe der Längen dieser Wege über alle möglichen solchen Situationen minimal ist. Wegen der Minimalität müssen die beiden Wege u auf unterschiedlichen Kanten verlassen, und sie können sich erst in Knoten v wieder treffen. Daher bilden die beiden Wege zusammen einen einfachen Kreis.) Damit haben wir die Äquivalenz von (1) und (3) bewiesen. Wir zeigen nun, dass auch (2) und (3) äquivalent sind. Dazu betrachten wir einen zusammenhängenden Graphen $G = (V, E)$; wir setzen $m = |E|$. Nun führen wir in Gedanken das folgende Experiment durch: Wir beginnen mit dem („leeren") Graphen mit Knotenmenge V und keiner Kante und fügen die Kanten aus E eine nach der anderen hinzu. Das Hinzufügen einer Kante verringert die Anzahl der Zusammenhangskomponenten um höchstens 1. Da wir mit $n = |V|$ Komponenten beginnen und am Ende nur noch eine Komponente vorhanden ist, muss die Anzahl m der Kanten mindestens $n - 1$ sein. Angenommen nun, das Hinzufügen der Kante $e = \{u, v\}$ würde die Anzahl der Komponenten nicht um 1 verringern. Dann sind u und v bereits durch einen Weg verbunden, und das Hinzufügen von e erzeugt einen Kreis. Wenn G kreisfrei ist, kann dies also nicht eintreten, und wir erhalten $m = n - 1$. Daher folgt (2) aus (3). Nun nehmen wir an, dass G zusammenhängend ist und genau $n - 1$ Kanten hat. Wieder fügen wir die Kanten nacheinander in einen anfangs leeren Graphen ein. Wenn nun durch die Kante $e = \{u, v\}$ ein Kreis geschlossen wird, sind u und v schon verbunden und das Einfügen von e verringert die Anzahl der Komponenten nicht. Damit bleibt am Ende mehr als eine Zusammenhangskomponente übrig, ein Widerspruch. Damit folgt auch (3) aus (2).   □

Lemma 2.8 gilt nicht für Digraphen. Insbesondere kann ein DAG viel mehr als $n - 1$ Kanten haben. Ein gerichteter Graph heißt ein *Out-Tree* (von der Wurzel weg gerichteter Baum), mit *Wurzel* r, wenn es von r aus zu jedem Knoten genau einen Weg gibt. Er heißt ein *In-Tree* (zur Wurzel hin gerichteter Baum) mit Wurzel r, wenn es von jedem Knoten aus genau einen Weg nach r gibt. Abbildung 2.8 zeigt einige Beispiele. Die *Tiefe* eines Knotens v in einem Baum mit Wurzel ist die Länge des

Function *eval(r)* : $\mathbb{R}$
    if *r ist ein Blatt* **then return** *die in r gespeicherte Zahl*
    else   // *r* ist ein Operatorknoten
        $v_1 := eval(\text{erstes Kind von } r)$
        $v_2 := eval(\text{zweites Kind von } r)$
        return v_1 *operator(r)* v_2 // wende den in *r* gespeicherten Operator an

Abb. 2.9. Rekursive Auswertung eines Ausdrucksbaums mit Wurzel *r*.

Weges zwischen *v* und der Wurzel. Die *Höhe* (oder auch *Tiefe*) eines Baums mit Wurzel ist die maximale Tiefe eines Knotens.

Man kann auch einen ungerichteten Baum mit einer Wurzel versehen, indem man einfach einen beliebigen Knoten zur Wurzel erklärt. Informatiker haben die merkwürdige Angewohnheit, Bäume so zu zeichnen, dass die Wurzel ganz oben sitzt und alle Kanten von oben nach unten verlaufen. Für Bäume mit Wurzeln ist es üblich, Beziehungen zwischen Knoten mit Wörtern zu bezeichnen, die aus der Welt der Verwandtschaftsbeziehungen stammen. Kanten verlaufen zwischen einem eindeutigen *Vorgängerknoten* (engl.: *parent*[11]) und seinen *Kindknoten* (engl.: *child*). Knoten mit demselben Vorgängerknoten heißen *Geschwisterknoten* (engl.: *sibling*). Knoten ohne Kinder heißen *Blätter* (engl.: *leaf*). Knoten, die keine Blätter sind, heißen *innere* Knoten. Wenn *u* auf dem Weg von der Wurzel zu einem Knoten *v* liegt und verschieden von *v* ist, nennen wir *u* einen Vorfahren von *v* und entsprechend *v* einen Nachkommen von *u*. Ein Knoten *u* und alle seine Nachkommen bilden einen *Teilbaum* mit Wurzel *u*. Wir betrachten ein Beispiel: In den gerichteten Bäumen in Abb. 2.8 ist *r* die Wurzel; *s*, *t*, und *v* sind Blätter; *s*, *t* und *u* sind Geschwisterknoten, weil sie Kindknoten desselben Vorgängerknotens *r* sind; *u* ist ein innerer Knoten; *r* und *u* sind die Vorfahren von *v*; *s*, *t*, *u* und *v* sind die Nachfahren von *r*; *v* und *u* bilden einen Teilbaum mit Wurzel *u*.

2.9.3 Geordnete Bäume

Bäume eignen sich ausgezeichnet zur Darstellung von Hierarchien. Man betrachte beispielsweise den arithmetischen Ausdruck $a + 2/b$. Wir wissen, dass dieser Ausdruck bedeuten soll, dass *a* und $2/b$ addiert werden sollen. Es ist aber gar nicht so einfach, dies aus der Zeichenfolge $\langle a, +, 2, /, b \rangle$ abzulesen. Es muss zum Beispiel die Punkt-vor-Strich-Regel beachtet werden. Compiler isolieren dieses syntaktische Wissen in *Parsern*, die aus dem Formeltext eine strukturierte, baumbasierte Darstellung erzeugen. Aus unserem Beispielausdruck würde der Ausdrucksbaum ganz rechts in Abb. 2.8 entstehen. Solche Bäume sind gerichtet und im Gegensatz zu graphentheoretischen Bäumen *geordnet*, d. h., die Kinder eines jeden inneren Knotens sind angeordnet. In unserem Beispiel ist der *a*-Knoten das erste Kind der Wurzel, der /-Knoten das zweite.

---

[11] Anm. d. Ü.: Leider gibt es im Deutschen kein genau passendes Wort im Singular.

Ausdrucksbäume lassen sich leicht durch einen einfachen rekursiven Algorithmus auswerten. Abbildung 2.9 gibt einen Algorithmus zur Auswertung von Ausdrucksbäumen an, deren Blätter Zahlen enthalten und deren innere Knoten Operatoren enthalten (etwa $+, -, \cdot, /$).

In diesem Buch werden uns viele weitere Beispiele für geordnete Bäume begegnen. In Kapiteln 6 and 7 werden sie für die Darstellung von grundlegenden Datenstrukturen benutzt, in Kap. 12 für die systematische Erkundung von Lösungsräumen.

2.10 P und NP

Wann sollten wir einen Algorithmus „effizient" nennen? Gibt es Probleme, für die kein effizienter Algorithmus existiert? Natürlich ist es immer etwas willkürlich, wo man die Grenze zwischen „effizienten" und „ineffizienten" Algorithmen ziehen möchte. Jedoch hat sich die folgende Unterscheidung als nützlich erwiesen: Ein Algorithmus $\mathscr{A}$ läuft in *polynomieller Zeit* oder ist ein *Polynomialzeitalgorithmus*, wenn es ein Polynom $p(n)$ gibt, so dass die Ausführungszeit von $\mathscr{A}$ auf Eingaben der Größe n in $O(p(n))$ liegt. Wenn nichts anderes gesagt wird, soll die Größe einer Eingabe immer in Bits gemessen werden. Ein Problem *kann in polynomieller Zeit gelöst werden*, wenn es einen Polynomialzeitalgorithmus dafür gibt. Wir setzen nun „effizient lösbar" gleich mit „lösbar in polynomieller Zeit". Ein großer Vorteil dieser Definition ist, dass Implementierungsdetails normalerweise keine Rolle spielen. Beispielsweise ist es irrelevant, ob eine clevere Datenstruktur die Rechenzeit eines $O(n^3)$-Algorithmus um den Faktor n verringern kann. In allen Kapiteln dieses Buches, außer in Kap. 12, geht es um effiziente Algorithmen.

Es gibt viele wichtige Probleme, für die es zwar im Prinzip Algorithmen gibt, für die man aber keine *effizienten* Algorithmen kennt. Hier wollen wir nur sechs Beispiele erwähnen:

- Das Hamiltonkreisproblem: Gegeben ist ein ungerichteter Graph. Entscheide, ob er einen Hamiltonkreis enthält.
- Das Erfüllbarkeitsproblem für Boolesche Formeln: Gegeben ist eine Boolesche Formel in *konjunktiver Normalform*. Entscheide, ob sie eine erfüllende Belegung besitzt. – Dabei ist eine Boolesche Formel in konjunktiver Normalform eine Konjunktion $C_1 \wedge C_2 \wedge \ldots \wedge C_k$ von *Klauseln*. Eine Klausel ist eine Disjunktion $(\ell_1 \vee \ell_2 \vee \ldots \vee \ell_h)$ von *Literalen*, und ein Literal ist eine Boolesche Variable x_i oder eine negierte Boolesche Variable $\neg x_i$. Zum Beispiel ist $(x_1 \vee \neg x_3 \vee \neg x_9)$ eine Klausel.
- Das Cliquenproblem: Gegeben ist ein ungerichteter Graph und eine natürliche Zahl k. Entscheide, ob der Graph einen vollständigen Teilgraphen (eine *Clique*) mit k Knoten enthält. – Dabei heißt ein Graph *vollständig*, wenn jedes Paar von Knoten durch eine Kante verbunden ist; ein Beispiel ist der Graph K_5 in Abb. 2.7.
- Das Rucksackproblem: Gegeben sind n Paare (w_i, p_i) von natürlichen Zahlen sowie natürliche Zahlen M und P. Entscheide, ob es eine Teilmenge $I \subseteq 1..n$ gibt, für die $\sum_{i \in I} w_i \leq M$ und $\sum_{i \in I} p_i \geq P$ gilt. – Anschaulich ist dies die Frage,

ob man bei n gegebenen Objekten, wobei Objekt i Volumen w_i und Profit p_i hat, eine Auswahl der Objekte in einen Rucksack mit Volumen M packen kann, so dass der gesamte Profit mindestens P ist.

- Das Problem des Handlungsreisenden (TSP): Gegeben ist ein kantengewichteter ungerichteter Graph und eine natürliche Zahl C. Entscheide, ob der Graph einen Hamiltonkreis der Länge höchstens C besitzt. (Siehe Abschnitt 11.6.2 für Details.)
- Das Graphfärbungsproblem: Gegeben ist ein ungerichteter Graph und eine natürliche Zahl $k > 0$. Entscheide, ob es eine Färbung der Knoten des Graphen mit k Farben gibt, so dass adjazente Knoten immer verschieden gefärbt sind.

Die Tatsache, dass wir für diese Probleme keine effizienten Algorithmen kennen, beweist natürlich nicht, dass es solche Algorithmen nicht gibt. Man weiß einfach nicht, ob es solche Algorithmen gibt oder nicht. Insbesondere kennt man auch keinen Beweis dafür, dass es für diese Probleme keine effizienten Algorithmen geben kann. Im allgemeinen ist es sehr schwierig zu beweisen, dass ein gegebenes Problem nicht innerhalb einer bestimmten Zeitschranke gelöst werden kann. (Einige einfache untere Schranken werden wir in Kap. 5.3 kennenlernen.) Die meisten Algorithmiker glauben, dass es für die sechs oben aufgeführten Probleme keine effizienten Algorithmen gibt.

Die Komplexitätstheorie hat einen interessanten Ersatz für die fehlenden Beweise für untere Schranken gefunden. Sie fasst algorithmische Probleme in große Gruppen („*Komplexitätsklassen*") zusammen, so dass die Probleme in einer Gruppe im Bezug auf ein Komplexitätsmaß äquivalent sind. Insbesondere gibt es eine große Klasse von äquivalenten Problemen, die man **NP**-*vollständig* nennt. Dabei ist „NP" eine Abkürzung für "nichtdeterministische polynomielle Zeit". Für das Verständnis des Folgenden ist es unerheblich, ob der Leser den Begriff „nichtdeterministische polynomielle Zeit" kennt oder nicht. Die sechs oben genannten Probleme sind **NP**-vollständig, so wie viele andere natürliche Probleme. Im Rest dieses Abschnittes werden wir die Klasse **NP** und die Klasse der **NP**-vollständigen Probleme formal definieren. Für eine vollständige Darstellung der Theorie verweisen wir den Leser auf Bücher über Berechenbarkeitstheorie und Komplexitätstheorie [16, 79, 197, 219].

Wie in der Komplexitätstheorie üblich, nehmen wir an, dass Eingaben als Zeichenreihen über einem festen endlichen Alphabet Σ mit $|\Sigma| \geq 2$ kodiert sind. (Man denke an das ASCII- oder Unicode-Alphabet oder die Binärkodierungen dieser Alphabete. Im letzteren Fall ist $\Sigma = \{0, 1\}$.) Die Menge aller Zeichenreichen (oder Wörter) mit Buchstaben aus Σ heißt Σ^*. Für $x = a_1 \ldots a_n \in \Sigma^*$ wird die Anzahl $|x| = n$ der Zeichen in x als Größenmaß benutzt. Ein *Entscheidungsproblem* ist eine Teilmenge $L \subseteq \Sigma^*$. Mit $\chi_L \colon \Sigma^* \to \{0, 1\}$ (gelesen „chi") bezeichnen wir die *charakteristische Funktion* von L, d. h., $\chi_L(x) = 1$, falls $x \in L$, und $\chi_L(x) = 0$, falls $x \notin L$. Ein Entscheidungsproblem ist *in polynomieller Zeit lösbar*, wenn seine charakteristische Funktion in polynomieller Zeit berechenbar ist. Mit **P** bezeichnen wir die Klasse der Entscheidungsprobleme, die in polynomieller Zeit lösbar sind. Ein Entscheidungsproblem L liegt in **NP**, wenn es ein Prädikat $Q(x, y)$, (d. h. eine Menge $Q \subseteq (\Sigma^*)^2$) und ein Polynom p gibt, so dass Folgendes gilt:

(1) Für jedes $x \in \Sigma^*$ gilt $x \in L$ genau dann wenn es ein $y \in \Sigma^*$ mit $|y| \leq p(|x|)$ und $Q(x, y)$ gibt;

(2) die charakteristische Funktion von Q ist in polynomieller Zeit berechenbar.

Wenn $x \in L$ und $Q(x, y) = true$ gilt, nennen wir y einen *Zeugen*, *Beweis* oder *Beleg für* x (d. h. für die Tatsache, dass $x \in L$ ist). Für unsere Beispielprobleme kann man leicht zeigen, dass sie in **NP** liegen. Beim Hamiltonkreisproblem ist der Zeuge ein Hamiltonkreis im Eingabegraphen. Ein Zeuge für eine Boolesche Formel ist eine Belegung für die Variablen, die die Formel wahr macht. Die Lösbarkeit einer Instanz des Rucksackproblems wird durch eine Teilmenge der Objekte belegt, die vom Volumen her in den Rucksack passen und die Profitschranke erreichen.

Aufgabe 2.20. Beweisen Sie, dass das Cliquenproblem, das Handlungsreisendenproblem (TSP) und das Graphfärbungsproblem in **NP** liegen.

Es wird weithin vermutet, dass **P** eine echte Teilmenge von **NP** ist. Obgleich es gute Argumente für diese Vermutung gibt, wie wir gleich sehen werden, ist sie bisher nicht bewiesen. Sie würde insbesondere nach sich ziehen, dass es für **NP**-vollständige Probleme keine effizienten Algorithmen gibt.

Ein Entscheidungsproblem ist L *polynomialzeitreduzierbar* (oder einfach *reduzierbar*) auf ein Entscheidungsproblem L', wenn es eine in polynomieller Zeit berechenbare Funktion g gibt, so dass für alle $x \in \Sigma^*$ gilt: $x \in L$ genau dann wenn $g(x) \in L'$. Wenn L auf L' reduzierbar ist und $L' \in \mathbf{P}$ gilt, dann folgt recht leicht $L \in \mathbf{P}$. (Sei ein Algorithmus für die Reduktionsfunktion g mit polynomieller Zeitschranke $p(n)$ und ein Algorithmus für $\chi_{L'}$ mit polynomieller Zeitschranke $q(n)$ gegeben. Ein Algorithmus für χ_L arbeitet wie folgt: Zu Eingabe x berechne $g(x)$ in Zeit $\leq p(|x|)$, dann teste, ob $g(x) \in L'$ ist. Weil Turingmaschinen pro Schritt nur ein Zeichen schreiben können, gilt $|g(x)| \leq |x| + p(|x|)$, daher kostet dieser Test Zeit höchstens $q(|x| + p(|x|))$. Dies ist ebenfalls polynomiell in $|x|$.) Ähnlich zeigt man, dass die Reduzierbarkeit eine transitive Relation ist. Ein Entscheidungsproblem L heißt **NP**-*schwer* (engl.: **NP**-*hard*), wenn *jedes* Problem in **NP** auf L polynomialzeitreduzierbar ist. Ein Problem heißt **NP**-*vollständig*, wenn es **NP**-schwer ist und in **NP** liegt. Auf den ersten Blick scheint es sehr schwierig zu sein, zu beweisen, dass irgendein Problem **NP**-vollständig ist – schließlich muss man beweisen, dass *jedes* Problem in **NP** darauf reduzierbar ist. Jedoch gelang genau dies im Jahr 1971: Cook und Levin bewiesen (unabhängig voneinander), dass das Erfüllbarkeitsproblem für Boolesche Formeln **NP**-vollständig ist [49, 132]. Von da ab war es „leicht". Nehmen wir an, es soll bewiesen werden, dass L **NP**-vollständig ist. Dafür muss man zwei Dinge zeigen: (1) $L \in \mathbf{NP}$, und (2) es gibt ein schon bekanntes **NP**-vollständiges Problem L', das auf L reduzierbar ist. Mit jedem neuen **NP**-vollständigen Problem wird es leichter, zu beweisen, dass andere Probleme **NP**-vollständig sind. Auf der Webseite `http://www.nada.kth.se/~viggo/wwwcompendium/wwwcompendium.html` findet man einen Katalog von **NP**-vollständigen Problemen, der laufend aktualisiert wird. Wir geben ein Beispiel für eine Reduktion an.

Lemma 2.9. *Das Erfüllbarkeitsproblem für Boolesche Formeln ist polynomialzeitreduzierbar auf das Cliquenproblem.*

Beweis. Sei $F = C_1 \wedge \ldots \wedge C_k$ eine Boolesche Formel in konjunktiver Normalform, mit $C_i = (\ell_{i1} \vee \ldots \vee \ell_{ih_i})$ und $\ell_{ij} = x_{ij}^{\beta_{ij}}$. Dabei ist x_{ij} eine Boolesche Variable, und $\beta_{ij} \in \{0, 1\}$. Ein hochgestellter Index 0 zeigt dabei eine negierte Variable an. Man betrachte den folgenden Graphen G. Seine Knoten stellen die Literale in unserer Formel dar, d. h. $V = \{r_{ij} : 1 \le i \le k \text{ und } 1 \le j \le h_i\}$. Zwei Knoten r_{ij} und $r_{i'j'}$ sind genau dann durch eine Kante verbunden, wenn $i \ne i'$ und entweder $x_{ij} \ne x_{i'j'}$ oder $\beta_{ij} = \beta_{i'j'}$ gilt. In Worten: Die Knoten zu zwei Literalen sind verbunden, wenn diese Literale zu verschiedenen Klauseln gehören und es eine Belegung gibt, die beide gleichzeitig erfüllt. Wir behaupten, dass F genau dann erfüllbar ist, wenn G eine Clique der Größe k hat.

Wir nehmen zuerst an, dass es eine Belegung α gibt, die F erfüllt. Diese Belegung muss mindestens ein Literal in jeder Klausel wahr machen, beispielsweise Literal $\ell_{i,j(i)}$ in Klausel C_i, für $1 \le i \le k$. Betrachte nun den Teilgraphen von G, der von den Knoten $r_{i,j(i)}$, $1 \le i \le k$, aufgespannt wird. Dies ist eine Clique mit k Knoten. Wären nämlich $r_{i,j(i)}$ und $r_{i',j(i')}$ nicht durch eine Kante verbunden, dann müsste $x_{i,j(i)} = x_{i',j(i')}$ und $\beta_{i,j(i)} \ne \beta_{i',j(i')}$ gelten. Dann wären aber die Literale $\ell_{i,j(i)}$ und $\ell_{i',j(i')}$ Komplemente voneinander, und α könnte nicht beide erfüllen.

Nehmen wir nun umgekehrt an, dass G eine Clique K der Größe k besitzt. Wir können dann eine erfüllende Belegung α für F konstruieren. Für jedes i, $1 \le i \le k$, enthält K genau einen Knoten, den wir $r_{i,j(i)}$ nennen. Wir konstruieren eine erfüllende Belegung für F, indem wir $\alpha(x_{i,j(i)}) = \beta_{i,j(i)}$ setzen. Die hiervon nicht erfassten Variablen werden beliebig belegt. Man beachte, dass α wohldefiniert ist, weil $x_{i,j(i)} = x_{i',j(i')}$ impliziert, dass $\beta_{i,j(i)} = \beta_{i',j(i')}$ ist; sonst wären die Knoten $r_{i,j(i)}$ und $r_{i',j(i')}$ nicht durch eine Kante verbunden. Es ist klar, dass α die Formel F erfüllt. $\square$

Aufgabe 2.21. Zeigen Sie, dass das Hamiltonkreisproblem auf das Handlungsreisendenproblem (TSP) polynomialzeitreduzierbar ist.

Aufgabe 2.22. Zeigen Sie, dass das Graphfärbungsproblem auf das Erfüllbarkeitsproblem für Boolesche Formeln polynomialzeitreduzierbar ist.

Alle **NP**-vollständigen Probleme sitzen sozusagen „in einem Boot". Falls es jemandem gelingen sollte, auch nur für *eines* von ihnen einen Polynomialzeitalgorithmus zu finden, dann folgt **NP = P**. Weil sehr viele Leute schon vergeblich versucht haben, solche Algorithmen zu finden, wird es immer unwahrscheinlicher, dass dies jemals passieren wird. Die **NP**-vollständigen Probleme sind wechselseitig Belege dafür, dass sie schwer zu lösen sind.

Kann man die Theorie der **NP**-Vollständigkeit auch auf Optimierungsprobleme anwenden? Optimierungsprobleme (siehe Kap. 12) lassen sich leicht in Entscheidungsprobleme umwandeln. Anstatt nach einer optimalen Lösung zu suchen, fragen wir einfach, ob es eine zulässige Lösung mit einem Zielfunktionswert mindestens k *gibt*, wobei k eine zusätzliche Eingabe ist. Auch die Umkehrung gilt: Wenn wir einen Algorithmus haben, der entscheidet, ob es eine zulässige Lösung mit Zielfunktionswert k oder größer gibt, können wir mittels einer Kombination von exponentieller und binärer Suche (siehe Abschnitt 2.5) den optimalen Zielfunktionswert finden.

Ein Algorithmus für ein Entscheidungsproblem gibt die Antwort „ja" oder „nein",
je nachdem ob die Eingabe zur entsprechenden Sprache gehört oder nicht. Er gibt
aber keinen Zeugen an. Häufig kann man aber Zeugen konstruieren, indem man den
Entscheidungsalgorithmus mehrfach (auch auf veränderte Versionen der Eingabe)
anwendet. Nehmen wir an, wir wissen, dass ein Graph G eine Clique der Größe k
enthält, und wollen eine solche finden, haben aber nur einen Algorithmus, der entscheidet, ob ein Graph eine Clique einer bestimmten Größe enthält. Wenn $k = 1$ ist,
bildet ein beliebiger Knoten in G die gesuchte Clique. Sonst wählen wir in G einen
beliebigen Knoten v und fragen, ob $G' = G \setminus v$ (dies steht für den Graphen G ohne v
und die mit v inzidenten Kanten) eine Clique der Größe k enthält. Falls ja, suchen wir
in G' rekursiv nach einer Clique dieser Größe. Falls nein, muss v in G zu jeder Clique
der Größe k gehören. In diesem Fall betrachten wir die Menge V' der Nachbarn von
v und suchen rekursiv in dem von V' induzierten Teilgraphen eine Clique der Größe
$k - 1$. Dann ist $\{v\} \cup V'$ eine Clique der Größe k in G.

2.11 Implementierungsaspekte

Unser Pseudocode lässt sich leicht in Programme in einer beliebigen imperativen
Programmiersprache übertragen. Für C++ and Java stellen wir unten etwas genauere
Hinweise bereit. Die Programmiersprache Eiffel [150] ermöglicht das Arbeiten mit
Zusicherungen, Invarianten, Vor- und Nachbedingungen.

Unsere speziellen Werte $\perp$, $-\infty$ und ∞ werden für Gleitkommazahlen von den
Programmiersprachen bereitgestellt. Für andere Datentypen müssen diese Werte
emuliert werden. Beispielsweise könnte man die kleinste und die größte darstellbare
ganze Zahl als $-\infty$ bzw. ∞ benutzen. Undefinierte Zeiger werden oft durch einen
Nullzeiger **null** dargestellt. Manchmal benutzen wir die speziellen Werte $\perp$, $-\infty$ und
∞ nur aus Bequemlichkeit; eine robuste Implementierung sollte ihre Verwendung
vermeiden. In späteren Kapiteln werden wir Beispiele hierfür sehen.

Randomisierte Algorithmen benötigen Zugang zu einer Quelle für Zufälligkeit.
Dabei hat man die Wahl zwischen einem Hardware-Zufallsgenerator, der echte Zu-
fallszahlen erzeugt, und einem algorithmischen Generator, der Pseudo-Zufallszahlen
erzeugt. Für mehr Information hierzu verweisen wir den Leser auf die (englische)
Wikipedia-Seite zu „*random number generation*".

2.11.1 C++

Unseren Pseudocode kann man als eine kompakte Schreibweise für eine Teilmenge
von C++ ansehen. Die Speicherverwaltungsoperationen **allocate** und **dispose** ähneln den Operationen *new* und *delete* in C++. In C++ wird bei der Erzeugung eines Arrays für jeden Arrayeintrag der Standardkonstruktor für den Typ des Eintrags
aufgerufen, d. h., die Bereitstellung eines Arrays der Länge n kostet Zeit $\Omega(n)$, wohingegen diese Operation bei Arrays mit n *int*s konstante Zeit benötigt. In unserem
Ansatz findet diese Initialisierung nicht statt, stattdessen nehmen wir an, dass Arrays, die nicht explizit initialisiert wurden, beliebige Inhalte („*garbage*") enthalten.

In C++ kann man diesen Effekt durch Benutzung der C-Funktionen *malloc* und *free* erzielen. Von diesem veralteten Vorgehen ist allerdings dringend abzuraten; es sollte nur in Ausnahmefällen benutzt werden, in denen die Initialisierung von Arrays zu einer zu starken Verschlechterung der Rechenzeit führen würde. Wenn die Speicherverwaltung für viele kleine Objekte rechenzeitkritisch ist, kann man sie mittels der *allocator*-Klasse der C++Standardbibliothek an die jeweilige Situation anpassen.

Unsere Parametrisierung von Klassen mittels **of** ist ein Spezialfall des Template-Mechanismus von C++. Die Parameter, die bei einer Objektdeklaration dem Klassennamen in runden Klammern angefügt werden, entsprechen in C++ den Parametern eines Konstruktors.

Zusicherungen werden als C-Makros im include-File `assert.h` implementiert. Im Standardfall lösen verletzte Zusicherungen einen Laufzeitfehler aus; die Fehlermeldung enthält die Position der Zusicherung im Programmtext. Durch Definieren des Makros *NDEBUG* lässt sich diese Überprüfung von Zusicherungen abschalten.

Für viele der Datenstrukturen und Algorithmen, die in diesem Buch diskutiert werden, gibt es in verschiedenen Softwarebibliotheken exzellente Implementierungen. Gute Quellen sind die Standard Template Library STL [171], die BOOST-Bibliotheken [29] für C++ und die LEDA-Bibliothek [143, 130] von effizienten Datenstrukturen und Algorithmen.

2.11.2 Java

Java besitzt keine explizite Speicherverwaltung. Vielmehr werden durch ein Speicherbereinigungsprogramm (engl.: *garbage collector*) in regelmäßigen Abständen Speichersegmente, die nicht mehr benutzt werden, identifiziert und für die Wiederverwendung bereitgestellt. Während dieser Ansatz die Programmierung sehr vereinfacht, kann er sich sehr negativ auf den Zeitaufwand auswirken. Methoden, die dem abhelfen, gehören nicht zum Themenbereich dieses Buches. Sogenannte generische Typen machen es möglich, Klassen zu parametrisieren. Zusicherungen werden mit der *assert*-Anweisung implementiert.

Hervorragende Implementierungen für viele Datenstrukturen und Algorithmen findet man im Paket *java.util* und in der Datenstrukturenbibliothek JDSL [87].

2.12 Historische Anmerkungen und weitere Ergebnisse

Die Definition des das RAM-Modells für die Algorithmenanalyse wurde von Shepherdson und Sturgis [195] vorgeschlagen. Dieses Modell erlaubt es nur, Zahlen mit einer logarithmischen Anzahl von Bits in einer Zelle zu speichern. Wenn man diese Einschränkung fallen lässt, ergeben sich unerwünschte Konsequenzen; beispielsweise fallen die Komplexitätsklassen **P** und **PSPACE** zusammen [97]. Ein detaillierteres abstraktes Maschinenmodell wurde von Knuth [124] beschrieben.

Floyd [68] führte das Konzept der Invarianten ein, um Programmen eine Bedeutung zuzuordnen, und Hoare [101, 102] wendete sie systematisch an. Das Buch [90] ist ein Kompendium über den Umgang mit Summen und Rekurrenzen und vielen anderen Themen der „zählenden" Kombinatorik, die für die Algorithmenanalyse hilfreich sind.

In Büchern über Compilerbau (z. B. [156, 221]) findet man weitere Informationen über die Übersetzung von in höheren Programmiersprachen geschriebenen Programmen in Maschinencode.

3

Darstellung von Folgen durch Arrays und verkettete Listen

Vielleicht die ältesten Datenstrukturen der Welt waren die Keilschrifttafeln[1], die vor mehr als 5000 Jahren von den Aufsehern in sumerischen Tempeln benutzt wurden. Diese Aufseher führten Listen mit Waren, ihren Mengen, ihren Besitzern und Käufern. Das Bild links zeigt eine solche Tafel. Es handelt sich dabei möglicherweise um das erste Vorkommen geschriebener Sprache. Die Operationen, die auf solchen Listen durchgeführt wurden und werden, sind dieselben geblieben: Einträge werden hinzugefügt, sie werden für später gespeichert, es wird nach Einträgen gesucht und sie werden verändert, die ganze Liste wird durchmustert, um eine Zusammenfassung zu erstellen, usw. Das peruanische Quipu [149] diente im Inkareich ähnlichen Zwecken; dabei verwendete man Knoten in farbigen Schnüren, die der Reihe nach an einer Hauptschnur befestigt waren. Es ist wahrscheinlich einfacher, Daten auf Tafeln aufzubewahren, zu pflegen und zu benutzen, als dies mit Knotenschnüren zu tun, aber es wäre auch unbequem, Steintafeln über Bergpfade in den Anden zu schleppen. Offenbar sind für dieselbe Art von Daten je nach den Umständen unterschiedliche Darstellungen sinnvoll.

Der abstrakte Begriff einer Folge, Liste oder Tabelle ist sehr einfach und hat mit der Darstellung in einem Rechner zunächst nichts zu tun. Mathematisch gesehen ist die einzige wesentliche Eigenschaft einer Folge $s = \langle e_1, \ldots, e_n \rangle$, dass eine Reihe von Einträgen in einer linearen Reihenfolge angeordnet sind – im Gegensatz zu den Bäumen und Graphen, die wir in Kap. 7 und 8 betrachten werden, oder den ungeord-

---

[1] Die 4600 Jahre alte Tafel oben links enthält eine Liste von Geschenken an die Hohepriesterin von Adab (s. `commons.wikimedia.org/wiki/Image: Sumerian_26th_c_Adab.jpg`).

neten Hashtabellen in Kap. 4. Grundsätzlich kann man auf die Einträge einer Folge auf zwei Arten zugreifen.

Die erste Möglichkeit besteht darin, den Index eines Eintrages anzugeben. Dieser Ansatz entspricht der üblichen Vorstellung des Zugriffs auf ein Array, bei dem man mit der Spezifikation $s[i]$ Zugriff auf den i-ten Eintrag einer Folge s erhält. Unser Pseudocode (s. Abschnitt 2.3) stellt *statische* Arrays bereit. Wir sprechen von einer *statischen* Datenstruktur, wenn ihre Größe von vornherein feststeht und sie nicht durch Einfügungen oder Löschungen geändert werden kann. Wir nennen eine Datenstruktur *beschränkt*, wenn eine Obergrenze für ihre Größe im Voraus bekannt ist. In Abschnitt 3.2 werden wir *dynamische* oder *unbeschränkte* Arrays betrachten, die wachsen und schrumpfen können, wenn Einträge eingefügt oder entfernt werden. Die Rechenzeitanalyse für unbeschränkte Arrays beruht auf dem Begriff der *amortisierten Analyse* von Algorithmen.

Die zweite Möglichkeit, auf Einträge einer Folge zuzugreifen, besteht darin, von anderen momentan betrachteten Einträgen auszugehen. Zum Beispiel könnte man nach dem Nachfolger eines Eintrags e, nach dem Vorgänger eines Eintrags e' oder nach der Teilfolge $\langle e, \ldots, e' \rangle$ von Einträgen zwischen e und e' fragen. Obwohl ein solcher relativer Zugriff auch über Arrays mit Indizierung simuliert werden kann, werden wir in Abschnitt 3.1 sehen, dass hier eine auf Listen beruhende Darstellung von Folgen flexibler ist. Insbesondere macht es diese Darstellung leichter, beliebige Abschnitte in eine Folge einzufügen oder aus ihr zu entfernen.

Viele Algorithmen benutzen Folgen nur in sehr eingeschränkter Weise. Oft wird nur der Anfang oder das Ende der Folge gelesen und verändert. Folgen, die in dieser eingeschränkten Weise benutzt werden, heißen *Stapel* (*Stacks*), *Warteschlangen* (*Queues*) und *Doppelschlangen* (*Deques*). Diese Datenstrukturen werden in Abschnitt 3.4 betrachtet. Abschnitt 3.5 fasst die Ergebnisse des Kapitels zusammen.

3.1 Verkettete Listen

In diesem Abschnitt betrachten wir die Darstellung von Folgen durch verkettete Listen. Verkettete Listen sind aus *Knoten* aufgebaut, wobei ein Knoten einen Folgeneintrag und einen oder mehrere Zeiger enthält. Eine verkettete Liste kann man sich gut als eine Kette vorstellen, bei der auf jedes Kettenglied ein Folgeneintrag geschrieben ist. Sobald wir ein Kettenglied in der Hand halten, können wir andere Einträge erreichen und ablesen. In einer doppelt verketteten Liste zeigt jeder Knoten auf seinen Nachfolger und auf seinen Vorgänger. In einer einfach verketteten Liste zeigt jeder Knoten auf seinen Nachfolger. Wir werden sehen, dass man verkettete Listen leicht auf vielerlei Weise ändern kann: man kann Knoten oder Teillisten einfügen oder löschen, und man kann Listen aneinanderhängen. Der Nachteil bei verketteten Listen ist, dass wahlfreier Zugriff über einen Index (d. h. der Operator $[\cdot]$) nicht unterstützt wird. Wir betrachten doppelt verkettete Listen in Abschnitt 3.1.1 und einfach verkettete Listen in Abschnitt 3.1.2. Einfach verkettete Listen benötigen weniger Platz und sind etwas schneller. Daher sollte man sie bevorzugt einsetzen, wenn ihre Funktionalität ausreichend ist.

3.1.1 Doppelt verkettete Listen

Abbildung 3.1 stellt die Elementarbausteine einer verketteten Liste dar. Ein *Knoten* (engl.: *item*) speichert einen Eintrag und zwei Zeiger, einen auf seinen Nachfolger und einen auf seinen Vorgänger. Ein Zeiger auf einen Knoten heißt ein *Griff* (engl.: *handle*) für diesen Knoten, wie in Abschnitt 2.3. Das klingt sehr einfach, aber Zeiger sind so mächtig, dass ein gewaltiges Durcheinander entstehen kann, wenn man bei ihrer Verwendung nicht größte Sorgfalt walten lässt. Welche Bedingung („Invariante") garantiert die Konsistenz einer Listenstruktur, d. h. die Linearität? Man fordert zunächst einmal, dass der Nachfolger des Vorgängers eines jeden Knotens *it* gleich *it* ist und der Vorgänger des Nachfolgers von *it* ebenfalls gleich *it* ist. Neben der lokalen Linearität ist es aber auch nötig, einen Zugangspunkt zu der Liste vorzusehen, von dem aus alle Einträge durch Verfolgen der Nachfolgerzeiger zu erreichen sind.

Eine Folge mit n Einträgen wird durch einen Ring mit $n + 1$ Knoten dargestellt. Im Ring gibt es einen speziellen Dummyknoten h, der keinen Eintrag enthält. Im Nachfolger h_1 von h ist der erste Eintrag der Folge gespeichert, im Nachfolger von h_1 der zweite Eintrag der Folge, und so weiter. Im Vorgänger von h ist der letzte Eintrag der Folge gespeichert, s. Abb. 3.2. Die leere Folge wird durch einen Ring dargestellt, der nur aus einem Dummyknoten h besteht. Dabei ist natürlich h sein eigener Vorgänger und Nachfolger. In Abb. 3.4 ist angegeben, wie Folgen mit doppelt verketteten Listen implementiert werden können. Ein Objekt der Klasse *List* enthält einen einzelnen Knoten h als Instanzvariable. Der Konstruktor der Klasse initialisiert diesen „Kopfknoten" h so, dass er den uneigentlichen Eintrag $\perp$ enthält und auf sich selbst als Vorgänger und Nachfolger zeigt. Dies stellt den anfänglichen Zustand einer leeren Liste her.

Alle grundlegenden Listenoperationen werden auf eine Basis-Operation *splice*[2] zurückgeführt. Diese ist in Abb. 3.3 dargestellt. Die Operation *splice* schneidet eine Teilliste aus einer Liste heraus und fügt sie hinter einem spezifizierten Zielknoten wieder ein. Die Teilliste ist dabei durch Griffe a und b für ihren ersten bzw. letzten Knoten gegeben. Dabei ist es für die korrekte Ausführung der Operation wesentlich, dass der Knoten mit Griff b ausgehend von dem mit Griff a über eine Folge

---

[2] Anm. d. Ü.: Das entsprechende deutsche Wort ist „spleißen", in der Bedeutung „auseinandernehmen und anders wieder zusammenfügen", wie etwa beim RNA-Spleißen in der Biologie.

Class *Handle* = **Pointer to** *Item*

Class *Item* **of** *Element*   // ein Knoten einer doppelt verketteten Liste
  e : *Element*
  next : *Handle*   //
  prev : *Handle*
  invariant *next*$\rightarrow$*prev* = *prev*$\rightarrow$*next* = **this**

Abb. 3.1. Die Knoten einer doppelt verketteten Liste.

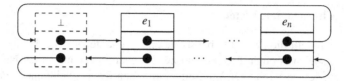

Abb. 3.2. Die Darstellung einer Folge $\langle e_1, \ldots, e_n \rangle$ durch eine doppelt verkettete Liste. Die Darstellung besteht aus $n + 1$ ringförmig angeordneten Knoten, einem Dummyknoten h, der keinen Eintrag enthält, und einem Knoten für jeden der n Einträge der Folge. Der Knoten mit Eintrag e_i ist der Nachfolger des Knotens mit dem Eintrag e_{i-1} und der Vorgänger der Knoten mit dem Eintrag e_{i+1}. Der Dummyknoten sitzt zwischen dem Knoten mit dem Eintrag e_n und dem Knoten mit dem Eintrag e_1.

// Entferne $\langle a, \ldots, b \rangle$ aus seiner Liste und füge es hinter t *ein*

// $\ldots, d', a, \ldots, b, b', \ldots + \ldots, t, t', \ldots \mapsto \ldots, d', b', \ldots + \ldots, t, a, \ldots, b, t', \ldots$

Procedure *splice*(a,b,t : *Handle*)

    assert *a und b gehören zur selben Liste, b steht nicht vor a, und* $t \notin \langle a, \ldots, b \rangle$

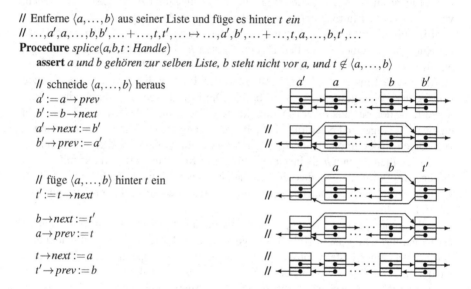

    // schneide $\langle a, \ldots, b \rangle$ heraus
    $d' := a \rightarrow prev$
    $b' := b \rightarrow next$
    $d' \rightarrow next := b'$
    $b' \rightarrow prev := a'$

    // füge $\langle a, \ldots, b \rangle$ hinter t ein
    $t' := t \rightarrow next$

    $b \rightarrow next := t'$
    $a \rightarrow prev := t$

    $t \rightarrow next := a$
    $t' \rightarrow prev := b$

Abb. 3.3. Die Operation *splice* auf Listen.

von Vorwärtszeigern erreichbar ist, ohne dass dabei der Dummyknoten durchlaufen wird. Der Zielknoten t, der ebenfalls durch einen Griff gegeben ist, kann entweder in derselben oder in einer anderen Liste sitzen. Im ersten Fall darf t natürlich nicht in der Teilliste enthalten sein, die bei a beginnt und bei b endet.

    Die Operation *splice* ändert die Gesamtanzahl der Knoten nicht, die sich im System befinden. Wir gehen davon aus, dass es eine spezielle Liste *freeList* gibt, die einen Vorrat an aktuell nicht benutzten Knoten bereitstellt. Wenn nun neue Einträge in eine Folge eingefügt werden sollen, werden die benötigten Knoten aus der Liste *freeList* entnommen; wenn Einträge entfernt werden, werden die entsprechenden Knoten an *freeList* zurückgegeben. Die Funktion *checkFreeList* reserviert Speicherplatz für neue Knoten, wann immer dies notwendig ist. In Aufgabe 3.3 wird gefragt

Class *List* **of** *Element*

// Knoten *h* ist der Vorgänger des ersten und der Nachfolger des letzten Knotens.

$h = \begin{pmatrix} \bot \\ \textbf{this} \\ \textbf{this} \end{pmatrix} : Item$ // Anfangssituation: leere Folge

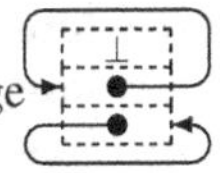

// Funktionen für einfache Zugriffe
Function *head* : *Handle*; **return address of** *h*   // Position vor allen Einträgen

Function *isEmpty* : $\{0,1\}$; **return** *h.next* = **this**   // $\langle\rangle$?
Function *first* : *Handle*; **assert** ¬*isEmpty*; **return** *h.next*
Function *last* : *Handle*; **assert** ¬*isEmpty*; **return** *h.prev*

// Verschieben von Einträgen innerhalb einer Folge.
// $(\langle\ldots,a,b,c\ldots,a',c',\ldots\rangle) \mapsto (\langle\ldots,a,c\ldots,a',b,c',\ldots\rangle)$
Procedure *moveAfter(b, a'* : *Handle) splice(b,b,a')*
Procedure *moveToFront(b* : *Handle) moveAfter(b,head)*
Procedure *moveToBack(b* : *Handle) moveAfter(b,last)*

Abb. 3.4. Einige Operationen auf doppelt verketteten Listen (jeweils konstante Zeit).

und in Abschnitt 3.6 wird kurz besprochen, wie diese Funktion zu implementieren ist.

Auf der Grundlage dieser Festlegungen können nun viele nützliche Operationen auf Listen als einzeilige Funktionen implementiert werden, die alle nur konstante Zeit benötigen. Weil *splice* so mächtig ist, können wir sogar beliebig lange Teillisten in konstanter Zeit bearbeiten. In Abb. 3.4 und 3.5 findet man viele Beispiele für solche Operationen. Um zu testen, ob eine Liste leer ist, muss man nur prüfen, ob *h* sein eigener Nachfolger ist. Wenn eine Liste nicht leer ist, findet man ihren ersten und ihren letzten Eintrag als Nachfolger bzw. Vorgänger von *h*. Um einen Knoten *b* an die Stelle hinter einem Knoten *a'* zu verschieben, schneidet man einfach die Teilliste aus, die bei *b* beginnt und endet und fügt sie hinter *a'* wieder ein. Dies wird durch den Aufruf *splice(b,b,a')* bewerkstelligt. Ein Eintrag wird an die erste oder die letzte Stelle einer Liste verschoben, indem der entsprechende Knoten hinter den Kopfknoten *h* oder hinter den letzten Eintrag gesetzt wird. Ein Eintrag *b* wird aus einer Liste gelöscht, indem der entsprechende Knoten nach *freeList* verschoben wird. Um einen neuen Eintrag *e* einzufügen, wird ein Knoten aus *freeList* entnommen, *e* wird eingetragen, und der Knoten wird an die für die Einfügung angegebene Stelle gesetzt.

Aufgabe 3.1 (Eine alternative Implementierung von Listen). Diskutieren Sie eine alternative Implementierung der Klasse *List*, die den Dummyknoten *h* nicht benötigt. Stattdessen speichert man in dieser Darstellung im Listenobjekt einen Zeiger auf den ersten Knoten der Liste. Die Position vor dem ersten Knoten wird durch einen Nullzeiger kodiert. Die Schnittstelle und die asymptotischen Ausführungszeiten sollten unverändert bleiben. Nennen Sie mindestens einen Vorteil und einen Nachteil dieser Implementierung im Vergleich zu der im Text angegebenen Implementierung.

// Löschen und Einfügen von Einträgen.

// $\langle \ldots, a, b, c, \ldots \rangle \mapsto \langle \ldots, a, c, \ldots \rangle$

Procedure *remove*(*b* : *Handle*) *moveAfter*(*b, freeList.head*)

Procedure *popFront remove*(*first*)

Procedure *popBack remove*(*last*)

// $\langle \ldots, a, b, \ldots \rangle \mapsto \langle \ldots, a, e, b, \ldots \rangle$

Function *insertAfter*(*x* : *Element*; *a* : *Handle*) : *Handle*

    checkFreeList   // Stelle sicher, dass *freeList* nicht leer ist. Siehe auch Aufgabe 3.3

    $a' := freeList.first$ // Hole einen Knoten a',

    $moveAfter(a', a)$ // verschiebe ihn an die vorgesehene Stelle

    $a' \rightarrow e := x$ // und trage den Eintrag *x* ein.

    return a'

Function *insertBefore*(*x* : *Element*; *b* : *Handle*) : *Handle* **return** *insertAfter*(*e, pred*(*b*))

Procedure *pushFront*(*x* : *Element*) *insertAfter*(*x, head*)

Procedure *pushBack*(*x* : *Element*) *insertAfter*(*x, last*)

// Bearbeitung ganzer Listen

// $(\langle a, \ldots, b \rangle, \langle c, \ldots, d \rangle) \mapsto (\langle a, \ldots, b, c, \ldots, d \rangle, \langle \rangle)$

Procedure *concat*(*L'* : *List*)

    splice(*L'.first, L'.last, last*)

// $\langle a, \ldots, b \rangle \mapsto \langle \rangle$

Procedure *makeEmpty*

    freeList.concat(**this**)   //

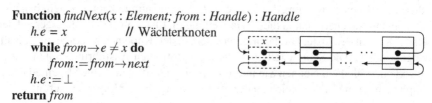

Abb. 3.5. Weitere Operationen auf doppelt verketteten Listen (jeweils konstante Zeit).

Der Dummyknoten kann auch bei anderen Operationen von Nutzen sein. Man betrachte z. B. das Problem, beginnend bei einem Knoten *from* das nächste Auftreten eine Eintrags *x* zu finden. Wenn *x* nicht vorhanden ist, soll der Griff *head* des Dummyknotens *h* zurückgegeben werden. Der Dummyknoten wird hier als *Wächterknoten* (engl.: *sentinel*) benutzt. Ein Wächterknoten ist ein Knoten in einer Datenstruktur, der dafür sorgt, dass eine bestimmte Schleife terminiert. Bei einer Liste speichern wir den gesuchten Schlüssel *x* im Dummyknoten. So erreichen wir, dass *x* in der Listenstruktur vorhanden ist und dass die Suche stets endet. Die Suche endet in einem eigentlichen Knoten oder im Dummyknoten, je nachdem ob *x* ursprünglich in der Liste vorkam oder nicht. Dieser Trick macht es überflüssig, in jedem Schleifendurchlauf zu testen, ob die Suche das Ende der Liste erreicht hat. Dies kann die Effizienz der Suche beträchtlich erhöhen:

Function *findNext*(*x* : *Element*; *from* : *Handle*) : *Handle*

    $h.e = x$ // Wächterknoten

    while $from \rightarrow e \neq x$ **do**

       $from := from \rightarrow next$

    $h.e := \perp$

    return *from*

Aufgabe 3.2. Implementieren Sie eine Prozedur *swap*, die in konstanter Zeit zwei Teillisten vertauscht, d. h., Folgen $(\langle \ldots, a', a, \ldots, b, b', \ldots\rangle, \langle \ldots, c', c, \ldots, d, d', \ldots\rangle)$ werden in die Folgen $(\langle \ldots, a', c, \ldots, d, b', \ldots\rangle, \langle \ldots, c', a, \ldots, b, d', \ldots\rangle)$ transformiert. Ist *splice* ein Spezialfall von *swap*?

Aufgabe 3.3 (Speicherverwaltung). Geben Sie eine Implementierung der Funktion *checkFreeList*, die von *insertAfter* aufgerufen wird, wie in Abb. 3.5 angegeben. Diese Funktion soll sicherstellen, dass *freeList* nicht leer ist, und gegebenenfalls neue Knoten erzeugen. Weil es sich nachteilig auf die Rechenzeit auswirken könnte, wenn man für jeden neuen Knoten separat die von der Programmiersprache bereitgestellte Primitivoperation **allocate** aufruft, sollte Ihre Funktion Speicherplatz für Knoten in größeren „Portionen" bereitstellen. Die Ausführungszeit für *checkFreeList* im schlechtesten Fall sollte unabhängig von der Größe dieser „Portionen" sein. *Hinweis*: Verwenden Sie neben *freeList* ein kleines Array, das unbenutzte (und nicht initialisierte) Knoten enthält.

Aufgabe 3.4. Implementieren Sie einen Algorithmus, der in konstanter Zeit eine Rechtsrotation $\langle a, \ldots, b, c\rangle \mapsto \langle c, a, \ldots, b\rangle$ einer Folge um eine Position durchführt. Verallgemeinern Sie den Algorithmus auf den Fall einer Rotation $\langle a, \ldots, b, c, \ldots, d\rangle \mapsto \langle c, \ldots, d, a, \ldots, b\rangle$. Die Position von b ist dabei als Griff gegeben; die Ausführungszeit soll wieder konstant sein.

Aufgabe 3.5. Die Funktion *findNext* läuft aufgrund der Verwendung eines Wächterknotens schneller als eine Implementierung, die in jedem Schleifendurchlauf testet, ob das Listenende erreicht wurde. Aber wie groß ist der Rechenzeitgewinn? Welchen relativen Rechenzeitunterschied würden Sie in folgenden Situationen erwarten? (a) In einer kurzen Liste mit 100 Einträgen werden viele Suchvorgänge durchgeführt; (b) in einer langen Liste mit beispielsweise 10 000 000 Einträgen wird eine Suche durchgeführt. Warum hängt der relative Geschwindigkeitsunterschied vom Umfang der Liste ab?

Mitführen der Listenlänge

In unserer einfachen Listen-Datenstruktur lässt sich die Länge einer Liste nicht in konstanter Zeit feststellen. Abhilfe kann man durch die Verwendung einer Instanzvariablen *size* schaffen, die jedes Mal aktualisiert wird, wenn sich die Zahl der Listeneinträge ändert. Nun müssen aber Operationen, die mehrere Listen verändern können, Kenntnis über jede der betroffenen Listen haben, im Gegensatz zur Sichtweise der Basisfunktion *splice*, die nur mit Griffen für die betroffenen Knoten operiert. Man betrachte beispielsweise den folgenden Programmtext, der einen Knoten a aus einer Liste L entnimmt und an die Position a' einer Liste L' verschiebt und die jeweiligen Instanzvariablen für die Längen aktualisiert:

Procedure *moveAfter*$(a, a' : Handle; L, L' : List)$
    splice(a, a, a'); $L.size--$; $L'.size++$

Das Mitführen der Listenlängen erfordert wiederum Änderungen bei der Implementierung anderer Listenoperationen. Wenn Knoten von einer Liste zu einer anderen verschoben werden, muss man die betroffenen Listen kennen. Ein größeres Problem tritt auf, wenn, wie bei der Operation *splice*, ganze Listenabschnitte verschoben werden, weil dann eine konstante Ausführungszeit nicht mehr garantiert werden kann. Die folgende Aufgabe stellt einen möglichen Kompromiss vor.

Aufgabe 3.6. Entwerfen Sie auf der Grundlage von doppelt verketteten Listen einen Listen-Datentyp, der es gestattet, in konstanter Zeit Teillisten von einer Liste zu einer anderen zu verschieben und in konstanter Zeit die Länge einer Liste zu ermitteln, solange diese Liste seit dem letzten Zugriff auf *size* nicht an Teillisten-Operationen mit anderen Listen beteiligt war. Wenn solche Teillisten-Operationen durchgeführt wurden, soll der Wert von *size* erst dann neu berechnet werden, wenn er benötigt wird.

Aufgabe 3.7. Erläutern Sie, wie die Operationen *remove*, *insertAfter* und *concat* modifiziert werden müssen, wenn man stets die aktuelle Länge einer Liste zur Verfügung haben will.

3.1.2 Einfach verkettete Listen

Dass in einer doppelt verketteten Liste jeder Knoten einen Vorwärts- und einen Rückwärtszeiger enthält, erleichtert die Programmierung sehr. Einfach verkettete Listen sind die schlanken Geschwister von doppelt verketteten Listen. Der Knotentyp bei einfach verketteten Listen wird mit *SItem* bezeichnet. Beim Typ *SItem* verzichtet man auf den Vorgängerzeiger und speichert nur einen Zeiger auf den Nachfolger. Das macht einfach verkettete Listen platzeffizienter und oft auch schneller als ihre doppelt verketteten Geschwister. Ein gewisser Preis ist hierfür zu zahlen: Manche Operationen lassen sich nicht mehr in konstanter Zeit ausführen oder können nicht mehr in voller Allgemeinheit bereitgestellt werden. Beispielsweise kann man einen *SItem*-Knoten nur entfernen, wenn man seinen Vorgänger kennt.

Wir übernehmen den Grundansatz der Implementierung der doppelt verketteten Listen. Es werden Ringe aus Knoten gebildet, wobei jede Liste einem Ring entspricht. Jedes Objekt vom Typ *SList* hat einen Dummy-Knoten *h* vom Typ *SItem*, der der Vorgänger des ersten eigentlichen Knotens und der Nachfolger des letzten Knotens ist. Viele Operationen auf Listen können weiterhin durchgeführt werden, wenn wir die Schnittstelle leicht ändern. Beispielsweise benötigt die folgende Implementierung der Operation *splice* den *Vorgänger* des ersten Knotens der Teilliste, die verschoben werden soll:

$$// (\langle \ldots, a', a, \ldots, b, b' \ldots \rangle, \langle \ldots, t, t', \ldots \rangle) \mapsto (\langle \ldots, a', b' \ldots \rangle, \langle \ldots, t, a, \ldots, b, t', \ldots \rangle)$$

Procedure *splice*(a', b, t : *SHandle*)

$$\begin{pmatrix} a' \to next \\ t \to next \\ b \to next \end{pmatrix} := \begin{pmatrix} b \to next \\ a' \to next \\ t \to next \end{pmatrix}$$

Ganz ähnlich sollte die Operation *findNext* mit Argument x nicht den Griff des Knotens in der Liste zurückgeben, der den Eintrag x enthält, sondern dessen *Vorgänger*, so dass es möglich bleibt, diesen Eintrag zu entfernen. Entsprechend wird die Funktion *findNext* ihre Suche nicht beim angegebenen Knoten, sondern erst bei dessen Nachfolger beginnen beginnen. Eine nützliche Ergänzung für einfach verkettete Listen ist ein Zeiger auf den letzten Listenknoten, weil damit die Operation *pushBack* in konstanter Zeit ausgeführt werden kann.

Aufgabe 3.8. Implementieren Sie die Klassen *SHandle*, *SItem* und *SList* auf der Basis von einfach verketteten Listen, analog zu *Handle*, *Item* und *List*. Zeigen Sie, dass man die im Folgenden angegebenen Funktionen so implementieren kann, dass sie in konstanter Zeit ausgeführt werden können. Dabei sollen die Operationen *head*, *first*, *last*, *isEmpty*, *popFront*, *pushFront*, *pushBack*, *insertAfter*, *concat* und *makeEmpty* die gleichen Schnittstellen wie bei doppelt verketteten Listen haben; die Operationen *moveAfter*, *moveToFront*, *moveToBack*, *remove*, *popFront* und *findNext* benötigen veränderte Schnittstellen.

Wir werden im weiteren Verlauf einige Situationen kennenlernen, bei denen einfach verkettete Listen eingesetzt werden, beispielsweise bei Hashtabellen in Abschnitt 4.1 und bei Mergesort in Abschnitt 5.2. Einfach verkettete Listen kann man auch benutzen, um in Speicherverwaltungsprogrammen Listen freier Knoten oder Objekte zu realisieren – sogar für die Knoten von doppelt verketteten Listen!

3.2 Unbeschränkte Arrays

Wir betrachten hier eine Array-Datenstruktur, die neben der indexbasierten Zugriffsoperation $[\cdot]$ die folgenden Operationen *pushBack*, *popBack* und *size* bereitstellt:

$$\langle e_1, \ldots, e_n \rangle.pushBack(e) = \langle e_1, \ldots, e_n, e \rangle \,,$$
$$\langle e_1, \ldots, e_n \rangle.popBack = \langle e_1, \ldots, e_{n-1} \rangle \qquad \text{(für } n \geq 1) \,,$$
$$size(\langle e_1, \ldots, e_n \rangle) = n \,.$$

Weshalb sind solche unbeschränkten Arraystrukturen wichtig? In vielen Situationen weiß man nicht von vornherein, wie groß ein Array sein sollte. Ein typisches Beispiel ist Folgends: Man will den Unix-Befehl `sort` implementieren, der die Zeilen einer Datei sortiert. Man beginnt mit dem Einlesen der einzelnen Zeilen der Datei in ein Array von Zeilen, sortiert dann das Array im Hauptspeicher und gibt schließlich das sortierte Array aus. Mit unbeschränkten Arrays ist das ganz einfach, mit beschränkten Arrays hingegen müsste man die Datei zweimal lesen: ein erstes Mal, um die Anzahl der Zeilen zu ermitteln, und ein zweites Mal, um sie in das dann bereitgestellte Array der richtigen Größe zu laden.

Wir wenden uns nun der Frage zu, wie man unbeschränkte Arrays implementiert. Wir emulieren ein unbeschränktes Array u mit n Einträgen mittels eines dynamisch bereitgestellten beschränkten Arrays b mit w Plätzen, wobei $w \geq n$ gilt. Die ersten n Plätze von b werden benutzt, um die Einträge von u zu speichern. Die letzten $w - n$ Plätze von b werden nicht benutzt. Solange $w > n$ gilt, kann die Operation *pushBack* einfach die Pegelvariable n inkrementieren und den ersten unbenutzten Platz von b für den neuen Eintrag benutzen. Wenn $w = n$ gilt, löst der nächste Aufruf von *pushBack* die Bereitstellung eines neuen beschränkten Arrays b' aus, das um einen konstanten Faktor (etwa um den Faktor 2) größer ist als b. Um die Invariante wieder herzustellen, dass u in b gespeichert ist, wird der Inhalt von b in die ersten n Plätze von b' kopiert, so dass anschließend das alte Array b freigegeben werden kann. Schließlich wird der Zeiger, der auf b zeigt, auf b' umgesetzt. Den letzten Eintrag zu löschen (mittels *popBack*) ist noch einfacher, da hier keine Gefahr besteht, dass b zu klein wird. Jedoch könnte es sein, dass eine ganze Menge Speicherplatz verschwendet wird, wenn wir es zulassen, dass b viel größer ist als nötig. Der überflüssigerweise benutzte Speicherplatz kann klein gehalten werden, indem man b schrumpfen lässt, wenn n im Vergleich zu w zu klein wird. In Abb. 3.6 ist Pseudocode für eine Klasse angegeben, die unbeschränkte Arrays realisiert. Das Wachsen und das Schrumpfen werden von einer Hilfsprozedur *reallocate* ausgeführt. Unsere Implementierung benutzt die Konstanten α und β, mit $\beta = 2$ und $\alpha = 4$. Wenn das gegenwärtig benutzte beschränkte Array zu klein wird, wird es durch ein um den Faktor β größeres neues Array ersetzt; wenn der benutzte Teil des Arrays um den Faktor α kleiner wird als seine Größe, wird es durch ein Array der Größe n/β ersetzt. Weiter unten wird klar werden, weshalb wir α und β wie angegeben festgelegt haben.

3.2.1 Amortisierte Analyse von unbeschränkten Arrays: die globale Sicht

Unsere Implementierung von unbeschränkten Arrays folgt dem Entwurfsprinzip „mache den häufigen Fall schnell". Der Zugriff auf einen Eintrag mittels $[\cdot]$ ist so schnell wie für beschränkte Arrays. Intuitiv betrachtet werden auch *pushBack* und *popBack* „im Normalfall" schnell sein – es muss ja nur die Pegelvariable n aktualisiert werden. Jedoch erfordern einige Einfügungen und Löschungen einen Zeitaufwand von $\Theta(n)$. Wir werden zeigen, dass diese teuren Operationen selten sind und dass jede Folge von m Operationen, beginnend mit einem leeren Array, in Zeit $O(m)$ ausgeführt werden kann.

Lemma 3.1. *Man betrachte ein unbeschränktes Array u, das anfangs leer ist. Jede Folge $\sigma = \langle \sigma_1, \ldots, \sigma_m \rangle$ von m pushBack- und popBack-Operationen auf u wird in Zeit $O(m)$ ausgeführt.*

Lemma 3.1 ist alles andere als trivial. Eine kleine und unverfänglich aussehende Änderung der Implementierung macht die Aussage falsch.

Class *UArray* **of** *Element*
   Constant $\beta = 2 : \mathbb{R}_{>0}$ // Wachstumsfaktor
   Constant $\alpha = 4 : \mathbb{R}_{>0}$ // Speicherüberhang im schlechtesten Fall
   $w = 1 : \mathbb{N}$ // bereitgestellte Arraygröße
   $n = 0 : \mathbb{N}$ // benutzte Arraygröße
   invariant $n \leq w < \alpha n$ *or* $n = 0$ *and* $w \leq \beta$
   $b : Array\ [1..w]$ **of** *Element*   // $b \rightarrow \boxed{e_1\ \cdots\ e_n}$

   Operator $[i : \mathbb{N}] : Element$
      assert $1 \leq i \leq n$
      return $b[i]$

   Function *size* $: \mathbb{N}$ **return** n

   Procedure *pushBack*$(e : Element)$ // Beispiel für $n = w = 4$:
      if $n = w$ **then**   // $b \rightarrow \boxed{1|2|3|4}$
         reallocate(βn) // $b \rightarrow \boxed{1|2|3|4}$
      $b[n+1] := e$ // $b \rightarrow \boxed{1|2|3|4|e}$
      $n{+}{+}$ // $b \rightarrow \boxed{1|2|3|4|e}$

   Procedure *popBack*   // Beispiel für $n = 5, w = 16$:
      assert $n > 0$ // $b \rightarrow \boxed{1|2|3|4|5}$
      $n{-}{-}$ // $b \rightarrow \boxed{1|2|3|4|5}$
      if $\alpha n \leq w \wedge n > 0$ **then**   // verringere überflüssigen Speicherplatz
         reallocate(βn) // $b \rightarrow \boxed{1|2|3|4}$

   Procedure *reallocate*$(w' : \mathbb{N})$ // Beispiel für $w = 4, w' = 8$:
      $w := w'$ // $b \rightarrow \boxed{1|2|3|4}$
      $b' := $**allocate** $Array\ [1..w']$ **of** *Element*   // $b' \rightarrow \boxed{\ \ \ \ }$
      $(b'[1], \ldots, b'[n]) := (b[1], \ldots, b[n])$ // $b' \rightarrow \boxed{1|2|3|4}$
      dispose b // $b \rightarrow \boxed{1\!\!\times\!\!4}$
      $b := b'$ // Umstellen des Zeigers $b \rightarrow \boxed{1|2|3|4}$

Abb. 3.6. Pseudocode für unbeschränkte Arrays.

Aufgabe 3.9. Ihr Abteilungsleiter fordert Sie auf, die Voreinstellung von α auf $\alpha = 2$ zu ändern. Er argumentiert, es sei Verschwendung, das Array erst dann durch ein kleineres zu ersetzen, wenn drei Viertel davon unbenutzt sind. Er schlägt also vor, das Array schrumpfen zu lassen, sobald $n \leq w/2$ ist. Überzeugen Sie ihn davon, dass dies eine schlechte Idee ist. Geben Sie dazu eine Folge von m *pushBack*- und *popBack*-Operationen an, die Zeit $\Theta(m^2)$ benötigen würden, wenn Sie seinem Vorschlag folgten.

Lemma 3.1 trifft eine Aussage über die „amortisierten" Kosten einer Folge von *pushBack*- und *popBack*-Operationen. Einzelne Operationen können teuer sein, aber die Kosten einer ganzen Folge von m Operationen ist O(m). Wenn wir die Gesamtkosten der Operationen in σ durch die Anzahl der Operationen teilen, ergibt sich eine Konstante. Wir sagen dann: Die *amortisierten Kosten* einer Operation sind konstant. Der Sinn, mit dem wir das Wort „amortisiert" belegen, ähnelt dem alltäglichen Sprachgebrauch, aber er vermeidet eine Falle, die oft mit der Vorstellung von Amortisierung einhergeht. Kommt der Leserin die folgende Argumentation bekannt vor? Max sagt: „Ich fahre ab heute jeden Tag mit dem Rad zur Arbeit, und daher kann ich mir ein Luxusfahrrad leisten. Auf die Dauer sind die Kosten jeder Fahrt ganz klein – die Investition wird sich amortisieren." Was passiert in Wirklichkeit? Max kauft das Rad, es regnet, und alle guten Vorsätze sind dahin; das teure Fahrrad steht in der Ecke, und nichts hat sich amortisiert. In unseren Datenstruktur-Anwendungen werden wir so planen, dass große Ausgaben stets durch in der Vergangenheit angehäufte Ersparnisse gerechtfertigt sind und nicht durch die Hoffnung auf künftige Spartätigkeit. In unserem Arbeitsweg-Beispiel sähe das vielleicht so aus: Moritz hat eigentlich das Ziel, mit einer Luxuslimousine zur Arbeit zu fahren. Es kauft sie sich aber nicht am ersten Arbeitstag, sondern geht zuerst einmal zu Fuß und legt für jeden Tag eine feste Summe aufs Sparbuch. Nach einer Weile kann er sich ein Fahrrad leisten. Er spart konsequent weiter, und nach einiger Zeit reicht das Geld für ein kleines Auto. Mit viel Geduld, einem höheren Einkommen und größeren Sparraten wird er sich schließlich die erträumte Luxuslimousine leisten können. Jede Ausgabe ist durch vorangegangenes Sparen gedeckt und hat sich schon in dem Moment amortisiert, in dem sie getätigt wird! Mit dem Begriff der amortisierten Kosten können wir Lemma 3.1 noch eleganter formulieren, wobei die größere Eleganz auch einen präziseren Vergleich zwischen verschiedenen Datenstrukturen zulässt.

Korollar 3.2. *Unbeschränkte Arrays implementieren die Operation* $[\cdot]$ *in konstanter Zeit im schlechtesten Fall und die Operationen pushBack und popBack in amortisiert konstanter Zeit.*

Um Lemma 3.1 zu beweisen, benutzen wir die sogenannte *Bankkonto-Methode* (die äquivalent zur *Potenzialmethode* ist, wie weiter unten erläutert wird). Wir denken uns zu unserer Datenstruktur ein Bankkonto hinzu, das zu jedem Zeitpunkt ein bestimmtes Guthaben aufweisen soll, aber nie im Minus stehen darf. Für jede *pushBack*- und jede *popBack*-Operation muss eine bestimmte (konstante) Summe eingezahlt werden. Normalerweise werden wir unsere Währungseinheit Jeton nennen (engl.: *token*). Offensichtlich ist das Kopieren von Einträgen in der Prozedur *reallocate* die einzige Aktion im Programm in Abb. 3.6, die mehr als konstanten Aufwand erfordert. Genauer gesagt wird die Prozedur *reallocate* immer mit einem $w' = 2n$ aufgerufen und muss dann n Einträge kopieren bzw. verschieben. Die Grundidee ist nun die, dass immer, wenn ein Aufruf *reallocate* erfolgt, die Kosten dieser teuren Operation aus dem Sparguthaben bestritten werden. Wir legen fest, dass man mit einem Jeton die Kosten für den Transport eines Eintrags von b nach b' bezahlen kann. Für einen solchen Aufruf von *reallocate* heben wir dann einfach n Jetons von unserem Konto ab! Für jede *pushBack*-Operation zahlen wir zwei Jetons ein und für jede *popBack*-Operation einen Jeton. Wir zeigen nun, dass diese Einzahlungen genügen, um die Abhebungen zu decken, die von Aufrufen von *reallocate* bewirkt werden.

Der erste *reallocate*-Aufruf erfolgt, wenn das Array einen Eintrag enthält und ein weiterer Eintrag eingefügt werden soll. Für den schon vorhandenen Eintrag wurden zwei Jetons eingezahlt, und dies ist mehr als genug, um den einen Jeton abzudecken, den der *reallocate*-Aufruf kostet. Nach einem beliebigen Aufruf von *reallocate* im weiteren Verlauf hat das Array w Plätze, $n = w/2$ davon sind besetzt, $w/2$ davon sind leer. Der nächste Aufruf erfolgt entweder wenn $n = w$ gilt oder wenn $4n \leq w$ gilt. Im ersten Fall sind inzwischen mindestens $w/2$ Einträge neu hinzugekommen; für jeden davon wurden zwei Jetons eingezahlt. Also beträgt das Guthaben mindestens w Jetons, was ausreicht, um die Abhebung für den nächsten Aufruf von *reallocate* zu decken. Im zweiten Fall wurden mindestens $w/2 - w/4 = w/4$ Einträge aus dem Array entfernt; für jede dieser Operationen wurde ein Jeton eingezahlt. Daher beträgt das Guthaben nun mindestens $w/4$ Jetons, was genügt, um die Kosten des *reallocate*-Aufrufs zu decken, der $w/4$ Einträge verschiebt und dafür $w/4$ Jetons abhebt. Damit ist Lemma 3.1 bewiesen.   □

Aufgabe 3.10. Ändern Sie den Beweis für Lemma 3.1 so ab, dass er für den Fall allgemeiner Werte für α und β gültig ist. Verlangen Sie für einen Aufruf von *pushBack* eine Einzahlung von $\beta/(\beta - 1)$ Jetons und für einen Aufruf von *popBack* eine Einzahlung von $\beta/(\alpha - \beta)$ Jetons. Wenn n' die Gleichung $w = \beta n'$ erfüllt, sind nach einem Aufuf von *reallocate* genau n' Plätze besetzt und $(\beta - 1)n' = ((\beta - 1)/\beta)w$ viele sind frei. Der nächste Aufruf von *reallocate* erfolgt, wenn entweder $n = w$ oder $\alpha n \leq w$ geworden ist. Zeigen Sie, dass in beiden Fällen genügend viele Jetons auf dem Konto liegen.

Amortisierte Analyse ist ein äußerst vielseitig verwendbares und nützliches Werkzeug, und daher lohnt es sich, weitere Methoden zu kennen, mit denen man solche Aussagen beweisen kann. Wir betrachten dazu zwei Varianten des obigen Beweises.

Wir haben bisher zwei Jetons für jeden *pushBack*-Aufruf und einen für jeden *popBack*-Aufruf veranschlagt. Alternativ hätten wir auch drei Jetons für *pushBack* berechnen können und nichts für *popBack*. Die Abrechnung ist denkbar einfach: Von den drei Jetons gehören zwei wie oben zur Einfügung, der dritte zur Löschung, für die hier lange im Voraus bezahlt werden muss.

Aufgabe 3.11 (Fortsetzung von Aufg. 3.10). Zeigen Sie, dass eine Gebühr von $\beta/(\beta - 1) + \beta/(\alpha - \beta)$ Jetons für jede *pushBack*-Operation genügt. Finden Sie (in Abhängigkeit von β) einen passenden Wert α, so dass $\beta/(\alpha - \beta) \leq 1/(\beta - 1)$ bzw. $\beta/(\alpha - \beta) \leq \beta/(\beta - 1)$ gilt.

3.2.2 Amortisierte Analyse von unbeschränkten Arrays: die lokale Sichtweise

Wir kommen nun zu einer zweiten Variante des Beweises von Lemma 3.1. In der obigen Überlegung hatten wir global argumentiert, um einzusehen, dass vor jedem

Aufruf von *reallocate* genügend Jetons auf dem Konto liegen. Nun wollen wir einen eher lokalen Standpunkt einnehmen. Wir erinnern uns, dass das unmittelbar nach einem Aufruf von *reallocate* ein Array mit w Plätzen vorliegt, von denen $w/2$ besetzt und $w/2$ frei sind. Wir zeigen nun, dass zu jedem Zeitpunkt nach dem ersten Aufruf von *reallocate* für die Jetonanzahl die folgende Invariante gilt:

Auf dem Konto liegen mindestens $\max\{2(n - w/2), w/2 - n\}$ Jetons.

Dabei ist natürlich n die aktuelle Anzahl von Einträgen. Offensichtlich ist die in der Invarianten angegebene Zahl nicht negativ. Die Invariante wird durch Induktion über die Anzahl der ausgeführten Operationen bewiesen. Unmittelbar nach der ersten Ausführung von *reallocate* weist das Konto ein Guthaben von mindestens einem Jeton auf, während die Invariante keinen verlangt ($n = w/2 = 1$). Jede Ausführung von *pushBack* (ohne den eventuell ausgelösten *reallocate*-Aufruf) erhöht n um 1 und zahlt zwei Jetons ein – die Invariante gilt daher weiter. Jede Ausführung von *popBack* (ohne den eventuell ausgelösten *reallocate*-Aufruf) erniedrigt n um 1 und zahlt einen Jeton ein – auch hier bleibt die Invariante erhalten. Nun betrachten wir einen Aufruf von *reallocate* in einer Situation, in der $n = w$ ist. Nach der Invariante ist der Kontostand mindestens $2(n - w/2) = n$. Es werden n Jetons abgehoben, so dass ein Kontostand von mindestens 0 verbleibt. Ähnlich sieht es bei einer *reallocate*-Operation in einer Situation aus, in der die Ungleichungen $4n \leq w$ und $n > 0$ erfüllt sind: nach der Invariante sind mindestens $w/2 - n \geq n$ Jetons verfügbar. Für den *reallocate*-Aufruf werden n Jetons abgehoben, also ist der Kontostand nachher wieder mindestens 0. In beiden Fällen gilt nach der Ausführung von *reallocate* die Gleichung $n = w/2$; daher verlangt die Invariante auch nicht mehr als einen Kontostand von 0.

Aufgabe 3.12. Verlangen Sie für eine *pushBack*-Operation drei Jetons, und keinen für einen *popBack*-Aufruf. Zeigen Sie, dass das Konto stets ein Guthaben von mindestens $n + \max\{2(n - w/2), w/2 - n\} = \max\{3n - w, w/2\}$ Jetons aufweist.

Aufgabe 3.13 (Gleichzeitiges Entfernen mehrerer Einträge). Implementieren Sie eine Operation *popBack(k)*, die die letzten $k > 0$ Elemente aus dem Array entfernt, in amortisiert konstanter Zeit. Der Wert k ist dabei ein nichtkonstanter Parameter des Aufrufs.

Aufgabe 3.14 (Konstante Zugriffszeit im schlechtesten Fall). Für eine Echtzeit-Anwendung benötigen Sie eine Datenstruktur, die die Funktionalität eines unbeschränkten Arrays hat, aber für alle Operationen konstante Ausführungszeit *im schlechtesten Fall* garantiert. Entwerfen Sie eine solche Datenstruktur. (Zur Vereinfachung können Sie sich auf den Fall der Vergrößerung des Arrays bei Bedarf beschränken.) *Hinweis*: Halten Sie die Einträge in einem oder (meistens) zwei Arrays. Beginnen Sie, Einträge aus einem kleineren Array in ein größeres zu kopieren, lange bevor das kleinere Array vollständig gefüllt ist.

Aufgabe 3.15 (Implizit wachsende Arrays). Implementieren Sie unbeschränkte Arrays, bei denen für die Operation $[i]$ jeder nicht negative Index i zugelassen ist. Wenn $i \geq n$, lässt man das Array implizit auf die Größe $n = i$ anwachsen; wenn dabei

$n > w$ wird, stellt man ein neues, größeres Array bereit, genau wie bei der Klasse *UArray*. Plätze, auf die nie geschrieben wurde, sollen mit einem speziellen Wert $\bot$ initialisiert werden.

Aufgabe 3.16 (Dünn besetzte Arrays). Implementieren Sie *beschränkte* Arrays so, dass sowohl die Bereitstellung eines neuen Arrays als auch die Ausführung der Operation $[\cdot]$ konstante Zeit erfordert. Alle Arrayeinträge sollen implizit mit $\bot$ initialisiert werden. Über den Inhalt eines neu bereitgestellten Arrays dürfen keinerlei Annahmen gemacht werden. *Hinweis*: Stellen Sie neben dem Array b mit Indexbereich $[1..w]$ ein weiteres Array c derselben Größe bereit und führen Sie in einer Variablen die Zahl t der Plätze in Array b mit, die schon einen echten Wert erhalten haben. Anfangs gilt also $t = 0$. Ein Arrayplatz $b[i]$, dem ein Wert zugewiesen worden ist, enthält diesen Wert und einen Index j, $1 \le j \le t$, im Array c; an der Stelle j in Array c ist der Wert i gespeichert.

3.2.3 Amortisierte Analyse von Binärzählern

Um zu demonstrieren, dass unsere Techniken für die amortisierte Analyse auch für andere Anwendungen als Arrays von Nutzen sind, wollen wir ein weiteres Beispiel betrachten. Wir untersuchen die amortisierten Kosten für das Hochzählen eines Binärzählers. Der Wert n eines solchen Zählers wird durch eine Folge $\ldots \beta_i \ldots \beta_1 \beta_0$ von Binärziffern dargestellt (d. h., $\beta_i \in \{0,1\}$ und $n = \sum_{i \ge 0} \beta_i 2^i$). Der Startwert ist 0; er wird durch eine Folge von Nullen dargestellt. Wir definieren die Kosten für das Inkrementieren, d. h. das Hochzählen des Zählers um 1, als die Anzahl der Binärziffern, die geändert werden müssen, also als 1 plus die Anzahl der Einsen am Ende der Binärdarstellung. Für jedes $k \ge 0$ hat also der Übergang

$$\ldots 0 \underbrace{1 \ldots 1}_{k} \to \ldots 1 \underbrace{0 \ldots 0}_{k}$$

Kosten $k + 1$. Was kosten nun m Imkrementierungen insgesamt? Wir werden zeigen, dass die Kosten $O(m)$ sind. Wieder wird dies zuerst mit einer globalen und dann mit einer lokalen Überlegung bewiesen.

Wenn der Zähler m-mal erhöht wird, wird schließlich der Wert m erreicht. Die Binärdarstellung von m hat $L = 1 + \lfloor \log m \rfloor$ Bits. Von den Zahlen 0 bis $m - 1 < 2^L$ haben höchstens $2^L / 2^{k+1} = 2^{L-k-1}$ viele eine Binärdarstellung, die auf eine Null gefolgt von k Einsen endet. Die Erhöhung jeder dieser Zahlen hat Kosten $1 + k$. Die Gesamtkosten für die m Erhöhungen sind also beschränkt durch

$$\sum_{0 \le k < L} (k+1)2^{L-k-1} = 2^L \sum_{1 \le k \le L} k/2^k \le 2^L \sum_{k \ge 1} k/2^k = 2 \cdot 2^L \le 4m \,,$$

wobei wir für die letzte Ungleichung Formel (A.14) benutzt haben. Die amortisierten Kosten einer Inkrementierung sind daher $O(1)$.

Die obige Argumentationsweise ist global in dem Sinn, dass sie eine Abschätzung für die Gesamtzahl aller Binärdarstellungen von Zahlen kleiner als m benutzt, die auf eine Null gefolgt von k Einsen enden. Wir geben nun eine lokale Überlegung an, die dieselbe Aussage beweist und keine solche globale Schranke benötigt. Wir führen mit dem Zähler ein Konto mit. Das Guthaben auf dem Konto soll stets die Anzahl der Einsen sein, die in der Binärdarstellung der im Zähler dargestellten Zahl vorkommen. Am Anfang ist der Kontostand 0. Nun betrachten wir eine Inkrementierung mit Kosten $k + 1$. Vorher endete die Binärdarstellung auf eine Null und k Einsen, nachher auf eine Eins und k Nullen. Die Anzahl der Einsen verringert sich also um $k - 1$, d. h., es werden $k - 1$ Jetons vom Konto abgehoben. Die tatsächlichen Kosten betragen $k + 1$, von denen $k - 1$ durch die Abhebung abgedeckt werden. Um die Invariante aufrechtzuerhalten, ist es also ausreichend, für jede Operation genau zwei Jetons einzuzahlen. Für alle m Operationen zusammen werden $2m$ Jetons eingezahlt, die für alle Bitänderungen aufkommen; daher betragen die Gesamtkosten nicht mehr als $2m$.

3.3 *Amortisierte Analyse

In diesem Abschnitt definieren wir allgemein, was wir unter amortisierten Zeitschranken und amortisierter Analyse verstehen wollen. Der Leserin wird empfohlen, diesen Abschnitt kurz durchzusehen, und bei Bedarf zurückzublättern, um Details nachzulesen. Wir betrachten eine beliebige Datenstruktur. Die Werte aller Programmvariablen (veränderliche Komponenten der Datenstruktur wie Variableninhalte oder Zeiger) ergeben in ihrer Gesamtheit den *Zustand* der Datenstruktur; mit S bezeichnen wir die Menge aller möglichen Zustände. Im ersten Beispiel in Abschnitt 3.2, dem unbeschränkten Array, setzt sich der Zustand aus den Werten n und w sowie den Einträgen in b zusammen. Den Anfangszustand bezeichnen wir mit s_0. In unserem Beispiel gilt anfangs $n = 0$ und $w = 1$, und b ist ein Array der Größe 1, das einen Standardwert enthält. Zur Datenstruktur gehören Operationen, die den Zustand verändern. Im Beispiel waren dies die Operationen *pushBack*, *popBack* und *reallocate*. Genau genommen ändert auch ein schreibender Zugriff über die Operation $[\cdot]$ eine Komponente von b. Diese Änderung können wir aber ignorieren, da die Kosten hierfür stets konstant sind. Wir werden daher den Zustand als durch n und w gegeben ansehen. Wird im Zustand s eine Operation X angewendet, dann wird dadurch die Datenstruktur in einen neuen Zustand s' überführt. Als graphische Kurznotation für diese Situation verwenden wir $s \xrightarrow{X} s'$; die Kosten für diesen Übergang bezeichnen wir mit $T_X(s)$. In unserem Beispiel betragen die Kosten für die Operationen *pushBack* und *popBack* jeweils 1, wobei die Kosten für einen eventuell davon ausgelösten Aufruf von *reallocate* nicht berücksichtigt sind. Die Kosten für einen Aufruf *reallocate*(βn) betragen n.

Sei nun F eine Folge $\langle Op_1, \ldots, Op_m \rangle$ von m Operationen. Wenn man diese beginnend mit s_0 nacheinander anwendet, entsteht eine Folge

$$s_0 \xrightarrow{Op_1} s_1 \xrightarrow{Op_2} s_2 \xrightarrow{Op_3} \cdots \xrightarrow{Op_m} s_m \qquad \text{(kurz: } s_0 \xrightarrow{F} s_m \text{)}$$

von Zuständen, die schließlich einen Zustand s_m erreicht. Die Kosten $T(F)$ von F sind durch insgesamt

$$T(F) = \sum_{1 \le i \le m} T_{Op_i}(s_{i-1})$$

gegeben. Eine Familie von Funktionen $A_X : S \to \mathbb{N}$, eine für jede Operation X, nennen wir eine *Familie von amortisierten Zeitschranken*, wenn für jede solche Folge F von Operationen mit der Festlegung

$$A(F) := \sum_{1 \le i \le m} A_{Op_i}(s_{i-1})$$

die Ungleichung

$$T(F) \le A(F) + c$$

gilt, für eine Konstante c, die nicht von F abhängt. Das heißt: Abgesehen von der additiven Konstanten c ist die Gesamtausführungszeit durch die Summe der amortisierten Kosten der Operationen in F beschränkt.

Diese Definition stellt eine sehr allgemeine Formulierung der Bankkontomethode dar, in folgendem Sinn. Man zahlt anfangs pauschal c Jetons auf das Konto ein. Danach verlangt man für die Ausführung von Operation Op im Zustand s die Einzahlung von $A_{Op}(s)$ Jetons und hebt zugleich $T_{Op}(s)$ Jetons ab, um die Kosten dieser Operation zu bestreiten. Die Funktionen A_X bilden genau dann eine Familie von amortisierten Zeitschranken, wenn der Kontostand nie negativ werden kann. Um die Bankkontomethode anzuwenden, muss man also Funktionen A_X definieren, eventuell c festlegen und dann *beweisen*, dass der Kontostand nie negativ wird.

Es gibt immer eine triviale Möglichkeit, eine Familie von amortisierten Zeitschranken zu festzulegen, indem man nämlich $A_X(s) := T_X(s)$ definiert, für alle Operationen X und alle Zustände s. Um zu interessanten Ergebnissen zu kommen, müssen die Funktionen A_X aber einfach sein (und möglichst kleine Werte haben) – und es ist mitunter nicht ganz leicht, solche Funktionen zu finden. Der Beweis, dass eine solche Familie tatsächlich geeignet ist, wird dann durch Induktion geführt; hierfür muss man auch noch eine geeignete Invariante formulieren. In unserem Beispiel bilden die Funktionen $A_{pushBack}(s) = 2$, $A_{popBack}(s) = 1$ und $A_{reallocate}(s) = 0$ für alle s eine Familie von amortisierten Zeitschranken; die Invariante ist, dass nach Ausführung einer Operationsfolge F, die in den Zustand $s_m = (n, w)$ führt, der Kontostand $A(F) - T(F)$ mindestens $\max\{2(n - w/2), w/2 - n\}$ beträgt.

3.3.1 Amortisierte Analyse mit der Potenzialmethode

Wir geben nun eine mächtige allgemeine Technik an, mit der man zu amortisierten Zeitschranken kommen kann. In Abschnitt 3.2.3 hatten wir direkt jedem Zustand der Datenstruktur (einer Binärzahl) einen Zahlenwert zugeordnet (die Anzahl der 1-Bits) und daraus die erforderlichen Einzahlungen berechnet. Diese Technik wird nun formalisiert und verallgemeinert. Kern der Methode ist eine Funktion *pot*, die jedem Zustand der Datenstruktur ein nichtnegatives „Potenzial" zuordnet, d. h., $pot : S \to \mathbb{R}_{\ge 0}$. Wir nennen $pot(s)$ das *Potenzial* des Zustandes s. Wenn eine Operation X einen Zustand s in einen anderen Zustand s' überführt und dabei tatsächliche Kosten $T_X(s)$

anfallen, definieren wir die amortisierten Kosten $A_X(s)$ dieser Operation als die Summe $pot(s') - pot(s) + T_X(s)$ der Potenzialänderung und der tatsächlichen Kosten. Es stellt sich heraus, dass diese Funktionen immer eine Familie von amortisierten Zeitschranken bilden.

Satz 3.3 (Potenzialmethode) *Sei S die Zustandsmenge einer Datenstruktur, sei s_0 der Startzustand, und sei $pot: S \to \mathbb{R}_{\geq 0}$ eine nichtnegative Funktion. Für eine Operation X und einen Zustandsübergang s mit $s \xrightarrow{X} s'$, der tatsächliche Kosten $T_X(s)$ verursacht, definieren wir:*

$$A_X(s) := pot(s') - pot(s) + T_X(s).$$

Dann bilden die Funktionen A_X eine Familie von amortisierten Zeitschranken.

Beweis. Es wird nur eine kurze Rechnung benötigt. Wir betrachten eine Folge $F = \langle Op_1, \ldots, Op_m \rangle$ von Operationen, die aus dem Startzustand s_0 die Zustandsfolge $s_0, s_1, \ldots, s_m$ erzeugt. Dann gilt:

$$\sum_{1 \leq i \leq m} A_{Op_i}(s_{i-1}) = \sum_{1 \leq i \leq m} (pot(s_i) - pot(s_{i-1}) + T_{Op_i}(s_{i-1}))$$

$$= pot(s_m) - pot(s_0) + \sum_{1 \leq i \leq m} T_{Op_i}(s_{i-1})$$

$$\geq \sum_{1 \leq i \leq m} T_{Op_i}(s_{i-1}) - pot(s_0).$$

Die letzte Ungleichung gilt, weil $pot(s_m) \geq 0$ ist. Es folgt $T(F) \leq A(F) + pot(s_0)$, und $pot(s_0)$ ist eine Konstante. $\square$

Um die Potenzialmethode anzuwenden, muss man also eine passende Potenzialfunktion definieren, die zu einer solchen Abschätzung für die Werte $A_X(s)$ führt, dass die Summe $A(F)$ leicht berechnet werden kann. Allerdings erfordert es oft einigen Einfallsreichtum, die passende Potenzialfunktion zu finden!

Als ein Beispiel können wir unsere Analyse für unbeschränkte Arrays aus Abschnitt 3.2.2 in der Sprechweise der Potenzialmethode ausdrücken. Der Zustand eines unbeschränkten Arrays ist durch die Werte n und w gegeben. Das Ergebnis von Aufgabe 3.12 legt es nahe, das Potenzial im Zustand (n, w) als $\max\{3n - w, w/2\}$ zu definieren. Die tatsächlichen Kosten $T_{pushBack}(s)$ und $T_{popBack}(s)$ betragen 1; die tatsächlichen Kosten $T_{reallocate}((n, w))$ betragen n. Das Potenzial des Startzustandes $(n, w) = (0, 1)$ ist $1/2$. Eine Ausführung von *pushBack* erhöht n um 1 und vergrößert daher das Potenzial höchstens um 3. Die amortisierten Kosten $A_{pushBack}(s)$ betragen daher höchstens 4. Eine Ausführung von *popBack* verringert n um 1 und erhöht daher das Potenzial nicht. Die amortisierten Kosten $A_{popBack}(s)$ sind daher nicht größer als 1. Der erste Aufruf von *reallocate* erfolgt im Zustand $(n, w) = (1, 1)$. Das Potenzial dieses Zustandes beträgt $\max\{3 - 1, 1/2\} = 2$; die tatsächlichen Kosten von $T_{reallocate}((1, 1))$ betragen 1. Nach dieser ersten Ausführung von *reallocate* befindet sich die Datenstruktur im Zustand $(n, w) = (1, 2)$ und hat das Potenzial

$\max\{3-2,1\} = 1$. Die amortisierten Kosten des ersten *reallocate*-Aufrufs sind daher $1 - 2 + 1 = 0$. Nun betrachten wir einen späteren Aufruf von *reallocate*. Dabei gilt entweder $n = w$ oder $4n \leq w$. Im ersten Fall beträgt das Potenzial vor dem Aufruf $2n$, die tatsächlichen Kosten sind n, und der neue Zustand $(n, 2n)$ hat Potenzial n. Damit ergeben sich die amortisierten Kosten zu $n - 2n + n = 0$. Im zweiten Fall beträgt das Potenzial vor der Operation $w/2$, die tatsächlichen Kosten sind n, also nicht größer als $w/4$, und der neue Zustand ist $(n, w/2)$, mit Potenzial $w/4$. Damit ergeben sich amortisierte Kosten von höchstens $w/4 - w/2 + w/4 = 0$. Wir fassen zusammen: Die amortisierten Kosten von *pushBack* und *popBack*-Operationen sind $O(1)$, die von *reallocate*-Aufrufen sind 0 oder sogar negativ. Nach Satz 3.3 hat damit eine Folge von m Operationen aus der Menge $\{pushBack, popBack, reallocate\}$ tatsächliche Gesamtkosten $O(m)$.

Aufgabe 3.17 (Amortisierte Analyse von Binärzählern). Wir betrachten hier die Darstellung einer natürlichen Zahl c durch eine Folge von Binärziffern und eine Folge von m Inkrementierungen und Dekrementierungen. Am Anfang hat der Zähler den Wert 0. Mit dieser Aufgabe setzen wir unsere Überlegungen vom Ende des Abschnitts 3.2 fort.

(a) Was ist die Ausführungszeit einer Inkrement- oder Dekrement-Operation im schlechtesten Fall, ausgedrückt als Funktion von m? Nehmen Sie an, dass in einem Schritt nur ein Bit geändert werden kann.

(b) Beweisen Sie, dass die amortisierten Kosten einer Inkrementierung konstant sind, wenn es keine Dekrementierungen gibt. *Hinweis*: Definieren Sie das Potenzial von c als die Anzahl der Einsen in der Binärdarstellung von c.

(c) Geben Sie eine Folge von m Inkrement- und Dekrement-Operationen an, deren Kosten $\Theta(m \log m)$ beträgt.

(d) Beschreiben Sie eine Darstellung für einen Zähler, bei der Inkrement- und Dekrement-Operationen in konstanter Zeit im schlechtesten Fall ausgeführt werden können.

(e) Nehmen Sie nun an, dass jede Ziffer d_i in der Folge Werte aus der Menge $\{-1, 0, 1\}$ annehmen kann. Der Wert des Zählers ist dann $c = \sum_i d_i 2^i$. Eine solche Darstellung wird *redundantes Dreiersystem* genannt, weil es drei Ziffern gibt und eine Zahl c mehrere verschiedene Darstellungen haben kann. Zeigen Sie, dass in dieser Darstellung Inkrementierungen und Dekrementierungen konstante amortisierte Kosten haben. Kann man auf einfache Weise feststellen, ob der Zähler den Wert 0 hat?

3.3.2 Universalität der Potenzialmethode

Im vorigen Abschnitt haben wir gesehen, dass jede Potenzialfunktion zu einer Familie von amortisierten Zeitschranken führt. Da man den Ansatz mit amortisierten Zeitschranken als die allgemeine Form der Bankkontomethode auffassen kann, bedeutet dies, dass die Potenzialmethode höchstens so gute Schranken beweisen kann wie die Bankkontomethode. Hier wollen wir nun zeigen, dass umgekehrt die

Potenzialfunktions-Technik stark genug ist, alle Familien von amortisierten Zeitschranken zu erzeugen. Dies bedeutet, dass beide Methoden gleich stark sind – wenn man so will, handelt es sich nur um unterschiedliche Formulierungen ein und desselben Ansatzes.

Satz 3.4 *Sei B_X, für Operationen X, eine Familie amortisierter Zeitschranken für eine Datenstruktur mit Zustandsmenge S. Dann gibt es eine Potenzialfunktion $pot: S \to \mathbb{R}_{\geq 0}$, so dass folgendes gilt: Wenn A_X wie in Satz 3.3 definiert wird, gilt $A_X(s) \leq B_X(s)$ für jede Operation X und jeden Zustand s.*

Beweis. Für eine Folge $F = \langle Op_1, \ldots, Op_m \rangle$ von Operationen, die aus dem Startzustand s_0 die Folge $s_0, \ldots, s_m$ erzeugt, definieren wir $B(F) = \sum_{1 \leq i \leq m} B_{Op_i}(s_{i-1})$. Sei eine Konstante c so gewählt, dass für jede solche Folge F die Ungleichung $T(F) \leq B(F) + c$ gilt. Dann definieren wir für einen Zustand s das Potenzial *pot* wie folgt:

$$pot(s) := \inf \{B(F) + c - T(F) : F \text{ ist Operationsfolge, die von } s_0 \text{ nach } s \text{ führt}\} \ .$$

Wir müssen hier das Infimum und nicht das Minimum nehmen, da es unendlich viele Folgen F geben könnte, die zum Zustand s führen. Nun gilt $pot(s) \geq 0$ für jedes s, weil $T(F) \leq B(F) + c$ für jede Folge F gilt. Also ist *pot* eine Potenzialfunktion, und die Funktionen A_X bilden eine Familie amortisierter Zeitschranken. Wir müssen jetzt nur noch zeigen, dass $A_X(s) \leq B_X(s)$ für alle X und s gilt. Wir zeigen für ein beliebig gewähltes $\varepsilon > 0$, dass $A_X(s) \leq B_X(s) + \varepsilon$ gilt. Daraus folgt dann $A_X(s) \leq B_X(s)$.

Sei also $\varepsilon > 0$ fest, und sei F eine Folge mit Endzustand s, so dass die Ungleichung $B(F) + c - T(F) \leq pot(s) + \varepsilon$ erfüllt ist. Wir definieren F', indem wir an F die Operation X anhängen, d. h.

$$s_0 \xrightarrow{F} s \xrightarrow{X} s' \ .$$

Dann gilt $pot(s') \leq B(F') + c - T(F')$ nach der Definition von $pot(s')$, es gilt $pot(s) \geq B(F) + c - T(F) - \varepsilon$ nach Wahl von F, weiter gilt offenbar $B(F') = B(F) + B_X(s)$ und $T(F') = T(F) + T_X(s)$, und schließlich gilt $A_X(s) = pot(s') - pot(s) + T_X(s)$ wegen der Definition von $A_X(s)$. Wenn man diese Ungleichungen kombiniert, erhält man

$$
\begin{aligned}
A_X(s) &\leq (B(F') + c - T(F')) - (B(F) + c - T(F) - \varepsilon) + T_X(s) \\
&= (B(F') - B(F)) - (T(F') - T(F) - T_X(s)) + \varepsilon \\
&= B_X(s) + \varepsilon \ .
\end{aligned}
$$ □

3.4 Stapel und Warteschlangen

Folgen werden oft in recht eingeschränkter Weise benutzt. Wir betrachten zwei Beispiele aus der Zeit, bevor es Computer gab. Ein Beamter könnte seine „Vorgänge" nach folgender Methode bearbeiten: Er hat auf seinem Schreibtisch einen *Stapel* von noch nicht bearbeiteten Aktenmappen. Neu eintreffende Mappen werden oben auf den Stapel gelegt. Wenn der Beamte einen Vorgang bearbeiten will, wählt er die Mappe, die ganz oben auf dem Stapel liegt. Diese „Datenstruktur" für Aktenmappen ist einfach zu benutzen; allerdings kann es vorkommen, dass Mappen sehr lange unbearbeitet unten im Stapel schlummern ... In der Terminologie der Klasse *List* aus Abschnitt 3.1 ist ein *Stapel* eine Folge, die nur die Operationen *pushBack*, *popBack*, *last* und *isEmpty* bereitstellt. Wir werden im Fall der Stapel die ersten drei dieser Operationen mit *push*, *pop* und *top* abkürzen. Statt Stapel verwendet man auch die Bezeichnungen *LIFO-Liste* („*last-in-first-out*"), *Keller* oder *Stack*.

Ein anderes Verhalten ist zu beobachten, wenn Leute auf einem Postamt Schlange stehen: die Kunden stellen sich hinten in der Schlange an und verlassen sie vorne, wenn ein Schalter frei wird. Solche Folgen heißen *Warteschlangen*, *FIFO-Listen* („*first-in-first-out*"), *FIFO-Schlangen* oder einfach *Schlangen*. In der Terminologie der Klasse *List* aus Abschnitt 3.1 stellen Warteschlangen nur die Operationen *pushBack*, *popFront*, *first* und *isEmpty* bereit.

Die allgemeinere *Doppelschlange* („Deque", gesprochen „Deck") stellt die Operationen *first*, *last*, *pushFront*, *pushBack*, *popFront*, *popBack* und *isEmpty* bereit. Auch sie kann man auf dem Postamt beobachten, wenn sich ein nicht so netter Zeitgenosse „vorne anstellt" oder wenn die Schalterangestellte eine schwangere Frau vom Ende der Schlange zuerst bedient. In Abb. 3.7 ist die Funktionsweise der Datenstrukturen Stapel, Warteschlange und Doppelschlange schematisch dargestellt.

Aufgabe 3.18 (Die Türme von Hanoi). *Im großen Brahmatempel in Benares in Indien, unter der Kuppel, die den Mittelpunkt der Welt markiert, liegen auf einer Messingplatte 64 runde Scheiben aus purem Gold, von verschiedenen Größen, jede mit einem Loch in der Mitte. Priester tragen diese Scheiben einzeln zwischen drei langen Nadeln hin und her und befolgen dabei stets Brahmas ehernes Gesetz: Niemals darf eine größere Scheibe auf einer kleineren zu liegen kommen. Als die Welt entstand, lagen alle 64 Scheiben auf einer Nadel; sie bildeten den Turm des Brahma. Derzeit ist der Transport der Scheiben zur zweiten Nadel in vollem Gang. Wenn schließlich*

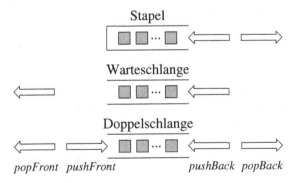

Abb. 3.7. Operationen auf Stapeln, Warteschlangen und Doppelschlangen (Deques).

der Turm des Brahma auf der zweiten Nadel wieder vollständig aufgebaut ist, dann wird das Ende der Welt kommen und alles wird zu Staub zerfallen [103].[3]
Geben Sie eine formale Beschreibung für das Problem an, eine beliebige Anzahl k von Scheiben von einer Nadel zu einer anderen zu transportieren, unter Zuhilfenahme einer dritten Nadel. Schreiben Sie ein Programm, das die drei Türme als Stapel $\langle u_1, \ldots, u_l \rangle$ mit Einträgen aus $\{1, \ldots, k\}$ realisiert, wobei immer $u_1 > \cdots > u_l$ gelten soll, und das eine Folge von Stapeloperationen ausgibt, die den Zustand $(\langle k, \ldots, 1\rangle, \langle\rangle, \langle\rangle)$ in den Zustand $(\langle\rangle, \langle\rangle, \langle k, \ldots, 1\rangle)$ transformiert. *Hinweis*: Das Programm lässt sich am elegantesten rekursiv formulieren.

Aufgabe 3.19. Erklären Sie, wie man eine Warteschlange mit Hilfe zweier Stapel implementieren kann, so dass jede Warteschlangen-Operation konstanten amortisierten Zeitbedarf hat.

Weshalb sollten wir uns eigentlich über die Folgentypen Stapel, Warteschlange und Doppelschlange Gedanken machen, wo wir doch schon eine Listen-Datenstruktur haben, die jede der obigen Operationen und mehr mit konstanter Ausführungszeit bereitstellt? Es gibt dafür mindestens drei gute Gründe. Zum ersten werden Programme besser lesbar und Fehler sind leichter zu finden, wenn man sich explizit auf engere Benutzungsmuster festlegt. Zum zweiten erlauben engere Schnittstellen eine größere Flexibilität bei der Implementierung. Weil sie so einfach sind, kann man für Stapel und Warteschlangen zu spezialisierten Implementierungen greifen, die speicherplatzeffizienter sind als Implementierungen des allgemeinen Typs *List*. Wir werden auf diesen algorithmischen Aspekt im Rest dieses Abschnitts näher eingehen. Insbesondere wollen wir nach Implementierungen suchen, die auf Arrays anstelle von Listen beruhen. Zum dritten sind Listen nicht für die Benutzung auf Hintergrundspeichern geeignet, da jeder Zugriff auf einen Listenknoten eine E/A-Operation auslösen kann. Wenn man Stapel und Warteschlangen durch Arrays darstellt, führen ihre sequentiellen Zugriffsmuster zu wiederholten Zugriffen in denselben Cacheblock, was die Effizienz sehr verbessert.

Beschränkte Stapel, deren maximale Größe von Anfang an bekannt ist, lassen sich unmittelbar mit beschränkten Arrays implementieren. Für unbeschränkte Stapel greifen wir auf unbeschränkte Arrays zurück. Stapel lassen sich auch gut mit einfach verketteten Listen darstellen: das obere Stapelende entspricht dem Listenanfang. Warteschlangen, also FIFO-Listen, lassen sich direkt durch einfach verkettete Listen mit einem zusätzlichen Zeiger auf den letzten Listenknoten darstellen. Doppelschlangen dagegen lassen sich nicht effizient mit einfach verketteten Listen darstellen.

Als Nächstes betrachten wir die Implementierung von beschränkten Warteschlangen auf der Basis beschränkter Arrays, siehe Abb. 3.8. Wir fassen hier ein Array als eine zyklische Struktur auf, bei der auf den letzten Eintrag der Eintrag mit Index 0 folgt. Mit anderen Worten: Mögliche Array-Indizes sind die Zahlen $0, \ldots, n$, und wir fassen die Indizes modulo $n + 1$ auf. Wir führen zwei Indizes h und t mit,

---

[3] In Wirklichkeit wurde diese Geschichte im Jahr 1883 von dem französischen Mathematiker Édouard Lucas als mathematisches Rätsel erdacht.

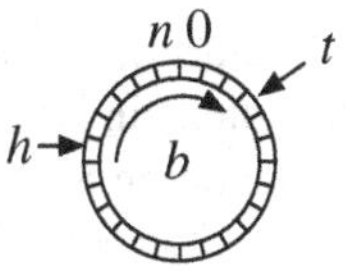

Class *BoundedFIFO*(n : $\mathbb{N}$) **of** *Element*
  b : *Array* $[0..n]$ **of** *Element*
  $h = 0$: $\mathbb{N}$ // Index des ersten Eintrags
  $t = 0$: $\mathbb{N}$ // Index der ersten freien Position

  Function *isEmpty* : $\{0,1\}$; **return** $h = t$

  Function *first* : *Element*; **assert** $\neg isEmpty$; **return** $b[h]$

  Function *size* : $\mathbb{N}$; **return** $(t - h + n + 1) \bmod (n + 1)$

  Procedure *pushBack*(x : *Element*)
    assert *size* $< n$
    $b[t] := x$
    $t := (t + 1) \bmod (n + 1)$

  Procedure *popFront* **assert** $\neg isEmpty$; $h := (h + 1) \bmod (n + 1)$

Abb. 3.8. Eine Implementierung von beschränkten Warteschlangen mit Arrays.

die den Bereich der gültigen Warteschlangen-Einträge begrenzen; die Warteschlange umfasst die Arraypositionen mit Indizes $h..t - 1$. Die Indizes h und t wandern mit dem Einfügen und dem Entnehmen von Einträgen im Kreis herum. Das zyklische Verhalten der Indizes implementiert man dadurch, dass man modulo der Arraygröße $n + 1$ rechnet.[4] Ein Eintrag des Arrays bleibt immer unbenutzt; andernfalls wäre es schwieriger, eine volle Warteschlange (n Einträge) von einer leeren zu unterscheiden. Die Implementierung kann leicht auf beschränkte Doppelschlangen übertragen werden. Zyklische Arrays stellen sogar den wahlfreien Zugriff über den Indexoperator $[\cdot]$ bereit:

  Operator $[i : \mathbb{N}]$: *Element*; **return** $b[i + h \bmod n]$

Aus beschränkten Warteschlangen und Doppelschlangen kann man mit den Techniken für unbeschränkte Arrays aus Abschnitt 3.2 auch die entsprechenden unbeschränkten Versionen gewinnen.

  Wir haben jetzt die wesentlichen Techniken kennengelernt, die man für die Implementierung von Stapeln, Warteschlangen und Doppelschlangen braucht. Diese Techniken kann man auch miteinander kombinieren, um Lösungen zu erhalten, die sich besonders gut für sehr lange Folgen oder für Berechnungen eignen, die externe Speichermedien benutzen.

Aufgabe 3.20 (Listen von Arrays). Diese Aufgabe hat zum Ziel, eine einfache Datenstruktur für Stapel, Warteschlangen und Doppelschlangen zu entwickeln, die alle Vorteile von Listen und unbeschränkten Arrays hat und dabei sowohl Listen als auch unbeschränkte Arrays hinsichtlich der Speicherplatzeffizienz schlägt. Benutzen Sie

---

[4] Auf manchen Rechnern kann man eine spürbare Beschleunigung der Indexrechnungen erzielen, wenn man als Arraygröße eine Zweierpotenz wählt und die modulo-Operation durch Bitoperationen ersetzt.

dazu eine Liste (doppelt verkettet im Fall der Doppelschlangen), wobei jeder Listenknoten ein ganzes Array der Größe K beinhaltet, für eine große Konstante K. Implementieren Sie eine solche Datenstruktur in ihrer Lieblings-Programmiersprache. Vergleichen Sie für den Fall sehr großer Stapel Platzbedarf und Ausführungszeit Ihrer Datenstruktur mit der für verkettete Listen und unbeschränkten Arrays.

Aufgabe 3.21 (Stapel und Warteschlangen im externen Speicher). Entwerfen Sie eine Stapel-Datenstruktur, die in dem in Abschnitt 2.2 beschriebenen E/A-Modell $O(1/B)$ E/A-Operationen pro Stapel-Operation benötigt. Dabei genügt es, zwei Blocks im Hauptspeicher zu halten. Was könnte bei einer naiven Implementierung passieren, die nur einen Block im Hauptspeicher hält? Implementieren Sie Warteschlangen, indem Sie Ihren Ansatz modifizieren, wieder so, dass zwei Blöcke im Hauptspeicher genügen. Implementieren Sie Doppelschlangen mit vier Blöcken im Hauptspeicher.

3.5 Listen und Arrays im Vergleich

In Tabelle 3.1 findet sich eine Übersicht über die Ergebnisse dieses Kapitels. Arrays haben Vorteile bei Zugriffen über einen Index, wohingegen verkettete Listen besser für die Verarbeitung von Folgen geeignet sind, wenn Änderungen (Einfügungen, Löschungen) an beliebigen Stellen erforderlich sind. Beide Ansätze können die Operationen von Stapeln und Warteschlangen effizient realisieren. Jedoch sind Arrays hier cache-effizienter, Listen wiederum können Rechenzeitschranken im schlechtesten Fall garantieren.

Tabelle 3.1. Rechenzeiten für Operationen auf Folgen mit n Einträgen. Man muss sich jeden Tabelleneintrag mit einem „ $O(\cdot)$ " eingefasst denken. *List* steht für doppelt verkettete Listen, *SList* steht für einfach verkettete Listen, *UArray* für unbeschränkte Arrays und *CArray* für zyklisch organisierte Arrays.

Operation	List	SList	UArray	CArray	Erläuterungen („*")
$[\cdot]$	n	n	1	1	
size	1^*	1^*	1	1	nicht mit *splice* für mehrere Listen
first	1	1	1	1	
last	1	1	1	1	
insert	1	1^*	n	n	nur für *insertAfter*
remove	1	1^*	n	n	nur für *removeAfter*
pushBack	1	1	1^*	1^*	amortisiert
pushFront	1	1	n	1^*	amortisiert
popBack	1	n	1^*	1^*	amortisiert
popFront	1	1	n	1^*	amortisiert
concat	1	1	n	n	
splice	1	1	n	n	
findNext, ...	n	n	n^*	n^*	cache-effizient

Einfach verkettete Listen können mit doppelt verketteten Listen in fast jeder Hinsicht mithalten. Der einzige Vorteil von zyklisch organisierten Arrays gegenüber unbeschränkten Arrays ist der, dass sie *pushFront* und *popFront* effizient implementieren können.

Die Platzeffizienz der Datenstrukturen führt ebenfalls auf nichttriviale Fragen. Verkettete Listen sind sehr kompakt, wenn die Einträge deutlich umfangreicher sind als die Zeiger. Für Eintrags-Typen mit geringem Platzbedarf sind Arrays normalerweise die kompaktere Lösung, weil es keinen zusätzlichen Platzbedarf für Zeiger gibt. Dies gilt sicher immer dann, wenn die Arraygrößen im Voraus bekannt sind, so dass man beschränkte Arrays einsetzen kann. Unbeschränkte Arrays weisen einen „trade-off" zwischen Platzeffizienz und dem zusätzlichen Zeitaufwand für das Kopieren der Einträge bei einer *reallocate*-Operation auf.

3.6 Implementierungsaspekte

Jede vernünftige Programmiersprache stellt beschränkte Arrays bereit. Daneben sind unbeschränkte Arrays, Listen, Stapel, Warteschlangen und Doppelschlangen über Bibliotheken verfügbar, die es zu jeder der üblichen imperativen Programmiersprachen gibt. Dennoch wird es häufig vorkommen, dass man listenähnliche Datenstrukturen selbst implementieren muss, etwa wenn die behandelnden Objekte gleichzeitig als Einträge in mehreren verketteten Listen vorkommen können. In solchen Implementierungen stellt die Speicherverwaltung oft eine beträchtliche Herausforderung dar.

3.6.1 C++

Die Klasse *vector⟨Element⟩* in der STL (Standard Template Library) realisiert unbeschränkte Arrays. Jedoch ist das Schrumpfen der Arrays in den wenigsten Implementierungen der STL umgesetzt. Die Klasse bietet die Funktionalität an, den bereitgestellten Umfang zum Zeitpunkt der Erzeugung des Arrays festzulegen. Normalerweise wird man dazu zu diesem Zeitpunkt einen Schätzwert für die Folgenlänge n eingeben. Das kann viele Erweiterungsoperationen einsparen. Manchmal weiß man auch, wann das Wachstum des Arrays beendet ist, und kann dann die Eigenschaft $w = n$ erzwingen. Mit diesen Verfeinerungen gibt es eigentlich kaum Anlass, die in C++ ebenfalls bereitgestellen Arrays im C-Stil zu benutzen. Ein zusätzlicher Vorteil des Datentyps *vector* ist, dass seine Instanzen automatisch zerstört werden, wenn der Gültigkeitsbereich der entsprechenden Variablen verlassen wird. Während der Debugging-Phase kann zudem auf Varianten umgeschaltet werden, die bei jedem Zugriff die Einhaltung der Indexgrenzen überprüfen.

Es gibt einige weitere Gesichtspunkte, die man berücksichtigen kann, wenn man es mit häufig wachsenden und schrumpfenden Arrays zu tun hat und besonders gute Rechenzeiten gefordert werden. Während der Vergrößerung oder Verkleinerung muss die Klasse *vector* Einträge von einem Array in ein anderes transportieren, wofür der Copy-Konstruktor der Klasse *Element* benutzt wird. In den meisten

Fällen wird es viel zeiteffizienter sein, die maschinennahe Basisoperation *memcpy* aufzurufen, die einen angegebenen Block von aufeinanderfolgenden Bytes kopiert. Eine andere maschinennahe Optimierungsmöglichkeit besteht darin, die Operation *reallocate* über die C-Standardfunktion *realloc* zu realisieren. Das Speicherverwaltungssystem kann dann eventuell sogar ganz ohne Kopieren der Daten auskommen.

Ein Stolperstein bei der Verwendung von unbeschränkten Arrays ist der Umstand, dass Zeiger auf Arrayeinträge ungültig werden, wenn ein neues Array bereitgestellt wird. (Man sagt, die „referenzielle Integrität" werde verletzt.) Man muss also unbedingt sicherstellen, dass das Array nicht ausgetauscht wird, während solche Zeiger in Gebrauch sind. Wenn Neu-Bereitstellungen nicht ausgeschlossen werden können, muss man Indizes anstele von Zeigern verwenden.

Die STL und LEDA [130] stellen in der Klasse *list⟨Element⟩* doppelt verkettete Listen bereit, einfach verkettete Listen in der Klasse *slist⟨Element⟩*. Für die Speicherverwaltung werden in beiden Bibliotheken Listen freier Objekte benutzt, und zwar jeweils eine für Objekte von annähernd gleicher Größe, nicht separate Listen für Objekte einer jeden Klasse.

Wenn man eine listenartige Datenstruktur implementiert, sollte man beachten, dass der Operator *new* für jede Klasse umdefiniert (überladen) werden kann. Die STL-Klasse *allocator* bietet eine Schnittstelle an, die es erlaubt, ein eigenes Speicherverwaltungsverfahren zu benutzen, wobei man für andere Klassen mit den vom System vorgegebenen Speicherverwaltungsroutinen kooperiert.

Die STL stellt die Klassen *stack⟨Element⟩* und *deque⟨Element⟩* zur Verfügung, die die Datentypen Stapel und Doppelschlange realisieren. Die *deque*-Klasse erlaubt auch den Zugriff über den Indexoperator [·] in konstanter Zeit. LEDA stellt die Klassen *stack⟨Element⟩* und *queue⟨Element⟩* für unbeschränkte Stapel bzw. Warteschlangen bereit, wobei die Implementierung über verkettete Listen realisiert ist. Daneben bietet LEDA auch beschränkte Varianten dieser Datenstrukturen an, die als Arrays implementiert sind.

Iteratoren sind ein zentrales Konzept der STL; sie implementieren unsere abstrakte Vorstellung von Folgen ohne Berücksichtigung einer speziellen Art der Darstellung.

3.6.2 Java

Das Paket *util* der Java-6-Plattform stellt die Klassen *ArrayList* für unbeschränkte Arrays und *LinkedList* für doppelt verkettete Listen bereit. Es gibt auch eine Schnittstelle *Deque* für Doppelschlangen, die sowohl durch die Klasse *ArrayDeque* als auch durch die Klasse *LinkedList* implementiert wird. Die Schnittstelle *Stack* wird in Java als Erweiterung der Klasse *Vector* implementiert.

Viele Bücher, die Java beschreiben, verkünden stolz, dass Java keine Zeiger hat; die Leserin mag sich daher fragen, wie man dann verkettete Listen implementieren kann. Die Lösung ist natürlich, dass Referenzen auf Objekte im Wesentlichen Zeiger sind, und man sie auf jeden Fall wie Zeiger benutzen kann. In einem gewissen Sinn kann man sogar sagen, dass Java *nur* Zeiger hat, weil auf Objekte von nichtelementaren Datentypen nur über Referenzen zugegriffen werden kann – sie werden nie direkt im Elternobjekt gespeichert.

Explizite Speicherverwaltung ist in Java nicht unbedingt notwendig, da die vom Laufzeitsystem bereitgestellte Speicherbereinigung alle Objekte erfasst, auf die durch keine Referenz mehr Bezug genommen wird.

3.7 Historische Anmerkungen und weitere Ergebnisse

Alle in diesem Kapitel beschriebenen Algorithmen sind „Folklore" in dem Sinn, dass sie schon sehr lange bekannt sind und niemand behauptet (hat), sie erfunden zu haben. Tatsächlich haben wir gesehen, dass eine ganze Reihe der zugrundeliegenden abstrakten Vorstellungen älter sind als die Computer.

Amortisierung ist so alt wie die Analyse von Algorithmen selbst. Die *Bankkontomethode* und die *Potenzialmethode* wurden Anfang der 1980er Jahre von R. E. Brown, S. Huddlestone, K. Mehlhorn, D. D. Sleator und R. E. Tarjan vorgeschlagen [35, 106, 198, 199]. Der Übersichtsartikel [204] führte dazu, dass die Bezeichnung *amortisierte Analyse* allgemein gebräuchlich wurde; Satz 3.4 erschien erstmals in [139].

Es gibt eine arrayähnliche Datenstruktur für Folgen, die Zugriffe über Indizes in konstanter Zeit und das Einfügen und Löschen von Einträgen an beliebiger Stelle in amortisierter Zeit $O(\sqrt{n})$ erlaubt.

Man erreicht dies mit einem relativ einfachen Trick. Das Array wird als Folge von Teilarrays realisiert, von denen jedes eine Anzahl $n' = \Theta(\sqrt{n})$ von Einträgen enthält, bis eventuell auf das letzte, das weniger Einträge enthalten darf. Jedes der Teilarrays ist zyklisch organisiert wie in Abschnitt 3.4 beschrieben. Zugriffe $[i]$ auf Stelle i werden also um einen Wert h verschoben. Den Eintrag i findet man an der Stelle $i \bmod n'$ des Teilarrays mit Nummer $\lfloor i/n' \rfloor$. Ein neuer Eintrag wird in Zeit $O(\sqrt{n})$ in das durch seinen Index i bestimmte Teilarray eingefügt. Dieses Teilarray hat nun aber einen überzähligen Eintrag. Um die Invariante zu erhalten, dass jedes Teilarray exakt n' Einträge hat, wird der überzählige letzte Eintrag als das erste Element in das nächste Teilarray eingefügt. Dieser Prozess des Weiterschiebens des überlaufenden Eintrags wird $O(n/n')$-mal, also $O(\sqrt{n})$-mal wiederholt, bis das letzte Teilarray erreicht ist. Löschungen werden in ähnlicher Weise durchgeführt. Gelegentlich kommt es vor, dass ein neues letztes Teilarray begonnen werden muss oder die Größe n' geändert werden muss und alle Einträge neu angeordnet werden müssen. Die amortisierten Kosten dieser zusätzlichen Operationen können klein gehalten werden. Mit einigen weiteren Modifikationen lassen sich auch alle Doppelschlangen-Operationen in konstanter Zeit ausführen. In [118] findet die interessierte Leserin ausgeklügeltere Implementierungen von Doppelschlangen und eine Implementierungsstudie.

4
Hashtabellen und assoziative Arrays

Wenn eine Benutzerin ein Buch aus der Zentralbibliothek des KIT (Karlsruher Institut für Technologie) ausleihen möchte, muss sie es vorbestellen. Ein Bibliotheksmitarbeiter holt das Buch aus dem Magazin und stellt es in einen Raum mit 100 Regalfächern. Die Benutzerin findet dann ihr Buch in einem Regalfach, dessen Nummer den beiden letzten Ziffern der Nummer auf ihrem Benutzerausweis entspricht. Man kann sich fragen, weshalb die beiden letzten Ziffern und nicht die beiden ersten verwendet werden. Wahrscheinlich führt diese Wahl dazu, dass die Bücher gleichmäßiger auf die Fächer verteilt werden. Wieso? Die Bibliotheksausweise werden in der Reihenfolge der Anmeldung fortlaufend nummeriert. Daher werden Studierende, die gleichzeitig immatrikuliert sind, fast die gleichen führenden Ziffern in ihrer Benutzernummer haben, und nur einige wenige Regalfächer würden benutzt werden.

In diesem Kapitel wollen wir uns mit robusten und effizienten Implementierungen einer „Auslieferungsregal-Datenstruktur" wie eben skizziert befassen. In der Informatik heißt eine solche Datenstruktur *Hashtabelle*[1]. Hashtabellen sind eine Möglichkeit, *assoziative Arrays*, oder synonym *Wörterbücher*, zu implementieren. Die andere grundlegende Möglichkeit dafür ist die Baum-Datenstruktur, mit der wir uns in Kap. 7 ausführlich beschäftigen werden. Ein assoziatives Array muss man sich als ein Array mit potentiell unendlicher oder zumindest sehr großer Indexmenge vorstellen, wobei allerdings nur sehr wenige Indizes tatsächlich benutzt werden. Beispielsweise könnten die möglichen Indizes alle Strings sein, und die tatsächlich benutzten Indizes die Bezeichner in einem bestimmten C++-Programm. Oder die möglichen Indizes könnten alle Möglichkeiten sein, Schachfiguren auf ein Schachbrett zu stellen; die benutzten Indizes sind die Stellungen, die bei der Analyse eines bestimmten Spielverlaufs auftreten. Assoziative Arrays sind sehr vielfältig einsetzbare Datenstrukturen. Compiler benutzen sie für ihre *Symboltabellen*, die im zu übersetzenden Programm verwendete Bezeichner mit der zugehörigen Information verknüpft.

---

[1] Oben: Foto eines Fleischwolfs von Kku, Rainer Zenz (Wikipedia), Lizenz CC-by-sa 2.5.

Programme, die Probleme aus dem Bereich der kombinatorischen Suche lösen, verwenden sie oft, um festzustellen, ob eine bestimmte Konfiguration schon betrachtet worden ist. Bei Schachprogrammen ist zum Beispiel zu beachten, dass dieselbe Stellung über verschiedene Zugfolgen erreicht werden kann, dass man aber eine Stellung nur einmal bewerten muss. Eine Lösung besteht einfach darin, die Bewertungen in einem assoziativen Array zu speichern, mit den Stellungen als Indexmenge. Eine der verbreitetsten Implementierungen der *join*-Operation in relationalen Datenbanken speichert eine der beteiligten Relationen vorübergehend in einem assoziativen Array. Skriptsprachen wie AWK [7] oder Perl [217] benutzen assoziative Arrays gar als ihre *zentrale* Datenstruktur. In allen genannten Beispielen wird das assoziative Array normalerweise als Hashtabelle implementiert. In den Aufgaben zu diesem Abschnitt wird nach weiteren Anwendungsmöglichkeiten für assoziative Arrays gefragt.

Formal enthält ein assoziatives Array S eine Menge von *Einträgen* (engl.: *element*). Jedem Eintrag e ist ein Schlüssel $key(e) \in Key$ zugeordnet, wobei Key die Menge aller möglichen Schlüssel ist. Wir werden sicherstellen, dass Schlüssel in S eindeutig sind, dass also verschiedene Einträge im assoziativen Array verschiedene Schlüssel haben. Assoziative Arrays stellen die folgenden Operationen bereit:

- $S.build(\{e_1, \ldots, e_n\})$: $S := \{e_1, \ldots, e_n\}$.
- $S.insert(e : Element)$: Falls es ein $e' \in S$ mit $key(e') = key(e)$ gibt:
  $$S := (S \setminus \{e'\}) \cup \{e\};$$
  andernfalls: $S := S \cup \{e\}$.
- $S.remove(x : Key)$: Falls es ein $e \in S$ mit $key(e) = x$ gibt: $S := S \setminus \{e\}$.
- $S.find(x : Key)$: Falls es ein $e \in S$ mit $key(e) = x$ gibt, dann gib e zurück,
  andernfalls gib $\bot$ zurück.

Werden nur die Operationen *build* und *find* benutzt, spricht man von einer *statischen*, sonst von einer *dynamischen* Datenstruktur. Bei der Ausführung der Operation $build(\{e_1, \ldots, e_n\})$ muss sichergestellt sein, dass die Schlüssel der Einträge $e_1, \ldots, e_n$ paarweise verschieden sind. Die Operation $insert(e)$ erfüllt einen doppelten Zweck: Wenn $x = key(e)$ in S nicht vorkommt, wird e eingefügt, andernfalls wird der Eintrag mit Schlüssel x durch e ersetzt. Dies entspricht einer *Aktualisierung* (engl.: *update*) der durch den Index x gegebenen Position im assoziativen Array. Man beachte, dass die Operationen *find* bzw. *insert* und *remove* im Wesentlichen den lesenden bzw. schreibenden „wahlfreien Zugriff" (engl.: *random access*) auf ein Array darstellen – daher der Name „assoziatives Array".

Wir nehmen an, dass es neben den genannten Operationen einen Mechanismus gibt, mit dem man sich alle Einträge in S ausgeben lassen kann. Diese *forall*-Operation ist normalerweise recht leicht zu realisieren; daher befassen wir uns damit nur in den Übungsaufgaben.

Die Menge Key enthält alle potentiellen Arrayindizes, wohingegen die Menge $\{key(e) : e \in S\}$ nur die Indizes enthält, die zu einem bestimmten Zeitpunkt in Gebrauch sind. Im ganzen Kapitel bezeichnet n die Größe von S und N die Größe von Key. Bei den typischen Anwendungen von assoziativen Arrays ist N so riesig, dass die Verwendung eines Arrays der Größe N nicht in Frage kommt. Wir suchen nach Lösungen, bei denen der Platzbedarf $O(n)$ ist.

Im Beispiel der Bibliothek ist *Key* die Menge aller Ausweisnummern, die Einträge sind die Buchbestellungen. Ein Englisch-Deutsch-Wörterbuch ist ein anderes Beispiel, das nichts mit Computern zu tun hat. Die Schlüssel sind die englischen Wörter, ein Eintrag besteht aus dem englischen Wort zusammen mit seinen deutschen Übersetzungen.

Die Grundidee hinter der Implementierung von assoziativen Arrays mit Hashtabellen ist einfach. Eine *Hashfunktion h* bildet die Menge *Key* aller möglichen Arrayindizes in einen kleinen Bereich $0..m-1$ der ganzen Zahlen ab. Weiter gibt es ein Array t mit Indexmenge $0..m-1$, die *Hashtabelle*. Um den Platzbedarf niedrig zu halten, sollte m ungefähr der Anzahl der Elemente von S entsprechen. Die Hashfunktion weist jedem Eintrag e einen *Hashwert* $h(key(e))$ zu. Zur Vereinfachung der Notation schreiben wir $h(e)$ anstelle von $h(key(e))$ für den Hashwert von e. Im Bibliotheksbeispiel bildet h jede Ausweisnummer auf ihre beiden letzten Ziffern ab. Idealerweise möchten wir den Eintrag e in Position $t[h(e)]$ der Tabelle t speichern. Wenn dies funktioniert, lässt sich jede der drei Operationen *insert*, *remove* und *find* in konstanter Zeit[2] ausführen.

Leider wird es nicht immer möglich sein, e in $t[h(e)]$ zu speichern, da verschiedene Einträge *kollidieren*, d. h. denselben Hashwert haben könnten. Das Bibliotheksbeispiel enthält schon einen möglichen Ausweg: man erlaubt dort, dass bestellte Bücher verschiedener Benutzer im gleichen Regalfach stehen. Natürlich muss man nun das gesamte Fach durchsehen, um eine bestimmte Bestellung zu finden. Eine Verallgemeinerung dieser Idee führt zu *Hashing mit Verkettung* (engl.: *hashing with chaining*). In jeder Tabellenposition speichern wir eine *Menge* von Einträgen; dabei wird eine Menge als einfach verkettete Liste implementiert. In Abschnitt 4.1 wird Hashing mit Verkettung analysiert, wobei einige recht optimistische (und daher unrealistische) Annahmen über das Verhalten der Hashfunktion gemacht werden. In diesem Modell erreichen wir konstante erwartete Zeit für die drei Wörterbuchoperationen.

In Abschnitt 4.2 lösen wir uns von unrealistischen Annahmen und konstruieren Hashfunktionen, über die sich (Wahrscheinlichkeits-)Garantien für gutes Verhalten beweisen lassen. Sogar unsere einfachen Beispiele zeigen, dass es eine nichttriviale Aufgabe ist, eine gute Hashfunktion zu finden. Wenn wir beispielsweise die Idee aus dem Bibliotheksbeispiel, die letzten Ziffern zu nehmen, auf ein Englisch-Deutsch-Wörterbuch zu übertragen versuchen, erhalten wir vielleicht eine Hashfunktion, die die vier letzten Buchstaben eines Wortes in Betracht zieht. Dann würden aber Wörter, die mit „tion" oder „able" enden, sehr viele Kollisionen verursachen.

Wir können die Struktur von Hashtabellen einfach halten (aber nicht die Analyse!), indem wir zur ursprünglichen Idee zurückkehren, alle Einträge in der Tabelle selbst zu speichern. Wenn ein neuer Eintrag e eingefügt werden soll, aber der Tabel-

---

[2] Genau genommen müssen wir zusätzliche Kosten für die Auswertung der Hashfunktion und für das Herumschieben von Einträgen veranschlagen. Um die Notation einfach zu halten, nehmen wir in diesem Kapitel an, dass all dieses zusammen konstante Zeit benötigt.

lenplatz $t[h(e)]$ besetzt ist, durchläuft man die folgenden Tabellenplätze, bis ein freier Platz gefunden wird. Im Bibliotheksbeispiel würde dies bedeuten, dass an jedem Regalplatz höchstens ein Buch stehen kann. Die Bibliotheksmitarbeiter würden dann benachbarte Regalplätze benutzen, um Bücher abzulegen, denen von der Hashfunktion der gleiche Platz zugewiesen wird. Dieser Ansatz, der als *Hashing mit offener Adressierung und linearem Sondieren* bekannt ist, wird in Abschnitt 4.3 genauer betrachtet.

Woher kommt die Bezeichnung „Hashtabelle"? In einem Englisch-Deutsch-Wörterbuch wird „*to hash*" mit „klein hacken, klein schneiden, zerhacken" übersetzt. Genau dies machen übliche Hashfunktionen mit den Schlüsseln. Wenn die Schlüssel zum Beispiel Strings sind, könnte die Hashfunktion sie in Stücke fester Länge zerhacken, jedes Teilstück als Zahl interpretieren, um dann aus der so entstandenen Zahlenfolge eine einzige Zahl, den Hashwert, zu berechnen. Eine gute Hashfunktion erzeugt Unordnung und vermeidet so Kollisionen.

Aufgabe 4.1. Gegeben sei eine Menge M von Paaren von ganzen Zahlen, durch die eine zweistellige Relation R_M definiert ist. Benutzen Sie ein assoziatives Array, um festzustellen, ob R_M symmetrisch ist. (Eine zweistellige Relation heißt *symmetrisch*, wenn $\forall (a,b) \in M : (b,a) \in M$ gilt.)

Aufgabe 4.2. Schreiben Sie unter Benutzung eines assoziativen Arrays ein Programm, das eine Textdatei einliest und die 100 häufigsten Wörter in dem Text ausgibt.

Aufgabe 4.3 (Ein System zur Rechnungsstellung). Entwerfen Sie unter Benutzung eines assoziativen Arrays einen Algorithmus für folgendes Problem: Gegeben ist eine sehr große Datei, in der Tripel des Formats (Transaktion, Preis, Kundennummer) gespeichert sind. Für jeden Kunden ist die Gesamt-Rechnungssumme zu ermitteln. Ihr Algorithmus sollte eine lineare Anzahl von Operationen auf dem assoziativen Array benutzen.

Aufgabe 4.4 (Auslesen einer Hashtabelle). Beschreiben Sie, wie man die *forall*-Operation realisieren kann, sowohl für Hashing mit Verkettung als auch für Hashing mit offener Adressierung und linearem Sondieren. Welche Rechenzeit benötigt Ihre Lösung?

4.1 Hashing mit Verkettung

Bei Hashing mit Verkettung verwendet man ein Array (im Weiteren „Tabelle" genannt) $t[0..m-1]$ von Folgen, die als einfach verkettete lineare Listen organisiert werden können (siehe Abb. 4.1). Die Idee ist, dass ein Eintrag e sich in der Folge $t[h(e)]$ befindet. Die Operationen für das assoziative Array sind leicht zu implementieren: Um einen Eintrag mit Schlüssel x zu *finden*, durchlaufen wir die Folge $t[h(x)]$; wenn dabei ein Eintrag e mit $key(e) = x$ gefunden wird, wird er zurückgegeben, andernfalls der Wert $\perp$. Um den Eintrag mit Schlüssel x zu *entfernen*, durchlaufen wir ebenfalls die Folge $t[h(x)]$; wenn ein Eintrag e mit $key(e) = x$ gefunden wird, entfernen wir ihn aus der Folge. Um einen Eintrag e *einzufügen*, wird ebenfalls die Folge durchlaufen. Wird dabei ein Eintrag e' mit $key(e') = key(e) = x$ gefunden, wird er durch e ersetzt; andernfalls wird e an einer beliebigen Stelle der Folge eingefügt. Die Operation $build(\{e_1,\ldots,e_n\})$ wird durch n Einfügeoperationen realisiert, wobei auf das Durchsuchen der jeweiligen Folge verzichtet werden kann. Daher hat diese Operation Ausführungszeit $O(n)$.

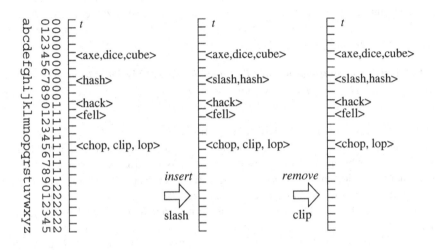

Abb. 4.1. Hashing mit Verkettung. Wir verwenden ein Array t von Folgen. In dem in der Abbildung dargestellten Beispiel ist in der Datenstruktur eine Menge von Wörtern (kurze Synonyme von „hash") gespeichert, mittels einer Hashfunktion, die ein Wort auf die Position seines letzten Buchstabens im Alphabet abbildet, d. h. auf einen Wert in 0..25. Offensichtlich ist dies keine besonders gute Hashfunktion.

Der Platzbedarf für die gesamte Datenstruktur ist $O(n+m)$. Um einen Eintrag mit Schlüssel x zu suchen, einzufügen oder zu entfernen, müssen wir die Folge $t[h(x)]$ durchsuchen. Im schlechtesten Fall, etwa dann, wenn *find* nach einem nicht vorhandenen Schlüssel sucht, muss die gesamte Folge durchlaufen werden. Wenn es ganz unglücklich läuft und alle Einträge auf den gleichen Tabellenplatz abgebildet werden, ist die Ausführungszeit hierfür $\Theta(n)$. Im schlechtesten Fall verhält sich also Hashing mit Verkettung nicht besser als lineare Listen.

Gibt es Hashfunktionen, die erzwingen, dass alle Folgen kurz sind? Die Antwort ist offensichtlich „nein". Eine Hashfunktion bildet die Menge der Schlüssel in den Wertebereich $0..m-1$ ab, daher gibt es für jede Hashfunktion eine Menge von N/m Schlüsseln, die alle auf den gleichen Tabellenplatz abgebildet werden. In den meisten Anwendungen wird $n < N/m$ gelten, und dann kann Hashing mit Verkettung zu linearer Suche entarten. Wir betrachten hier drei Möglichkeiten, mit diesem Verhalten umzugehen. Der erste Ansatz ist die Durchschnittsanalyse, mit der wir uns in diesem Abschnitt beschäftigen. Der zweite Ansatz besteht darin, Randomisierung einzusetzen und die Hashfunktion zufällig aus einer Menge von Hashfunktionen zu wählen. Ihn werden wir in diesem und im folgenden Abschnitt betrachten. Der dritte Ansatz besteht darin, den Algorithmus zu ändern. Beispielsweise könnten wir versuchen, die Hashfunktion an die Menge der Schlüssel anzupassen, die momentan gespeichert sind. Dieser Ansatz wird in Abschnitt 4.5 untersucht; wir werden sehen, dass er zu gutem Verhalten im schlechtesten Fall führt.

Sei H die Menge aller Funktionen von *Key* nach $0..m-1$. Wir nehmen an, dass die Hashfunktion h zufällig aus H gewählt wird[3] und werden zeigen, dass für jede feste Menge S von n Einträgen die Operationen *insert*, *remove* und *find* erwartete Ausführungszeit $O(1+n/m)$ haben.

Satz 4.1 *Wenn n Einträge in einer Hashtabelle mit m Tabellenplätzen gespeichert sind, und wir Hashing mit Verkettung benutzen, dann besitzen die Operationen insert, remove und find erwartete Ausführungszeit* $O(1+n/m)$.

Beweis. Im Beweis benötigen wir die Begriffe „Zufallsvariable" und „Erwartungswert" aus der Wahrscheinlichkeitsrechnung sowie die „Linearität des Erwartungswerts", die in Abschnitt A.3 beschrieben werden. Wir betrachten die Ausführungszeit einer Operation *insert*, *remove* oder *find* für einen festen Schlüssel x. Jede dieser Operationen benötigt konstante Zeit und zusätzlich die Zeit für das Durchsuchen der Folge $t[h(x)]$. Die erwartete Ausführungszeit ist daher $O(1+E[X])$, wobei die Zufallsvariable X die Länge der Folge $t[h(x)]$ angibt. Sei S mit $|S| = n$ die Menge der in der Tabelle gespeicherten Einträge. Für jedes $e \in S$ sei X_e die *Indikator-Zufallsvariable*, die ausdrückt, ob e von h auf den gleichen Tabellenplatz abgebildet wird wie x, d. h., $X_e = 1$ falls $h(e) = h(x)$, und $X_e = 0$ andernfalls, kurz $X_e = [h(e) = h(x)]$. Es gibt zwei Fälle. Wenn es in S keinen Eintrag mit Schlüssel x gibt, dann ist $X = \sum_{e \in S} X_e$. Wenn $key(e_0) = x$ für $e_0 \in S$, dann ist $X = 1 + \sum_{e \in S \setminus \{e_0\}} X_e$. Mit der Linearität des Erwartungswerts folgt im ersten Fall, dass

$$E[X] = E[\sum_{e \in S} X_e] = \sum_{e \in S} E[X_e] = \sum_{e \in S} \text{prob}(X_e = 1) \; .$$

Eine zufällige Hashfunktion bildet e mit der gleichen Wahrscheinlichkeit auf jeden der m Tabellenplätze ab, und zwar unabhängig von $h(x)$. Daher ist $\text{prob}(X_e = 1) = 1/m$; daraus ergibt sich $E[X] = n/m$. Im zweiten Fall (Schlüssel x kommt in S vor) ergibt sich analog $E[X] = 1 + (n-1)/m < 1 + n/m$. Daher haben *insert*, *remove* und *find* erwartete Ausführungszeit $O(1+n/m)$. □

Wir können linearen Platzbedarf und konstante erwartete Ausführungszeit für alle drei Operationen erreichen, wenn wir sicherstellen, dass stets $m = \Theta(n)$ gilt. Die hierfür geeignete Technik ist, die Tabellengröße adaptiv zu gestalten, d. h., sie an den Füllstand anzupassen, wie es in Abschnitt 3.2 für unbeschränkte Arrays beschrieben wurde.

---

[3] Diese Annahme ist völlig unrealistisch. Es gibt m^N Funktionen in H, daher werden $N \log m$ Bits benötigt, um eine Funktion in H zu benennen. Damit ist das Ziel, den Platzbedarf der Datenstruktur von N auf n zu reduzieren, natürlich nicht zu erreichen.

Aufgabe 4.5 (Unbeschränkte Hashtabellen). Erklären Sie, wie man bei Hashing mit Verkettung sicherstellen kann, dass stets $m = \Theta(n)$ gilt. Sie können dabei annehmen, dass eine Hashfunktion $h' : Key \rightarrow \mathbb{N}$ zur Verfügung steht. Setzen Sie $h(x) = h'(x) \bmod m$ und benutzen Sie adaptive Bereitstellung von Speicherplatz.

Aufgabe 4.6 (Ungenutzter Speicherplatz). Bei Hashing mit Verkettung wird dadurch Platz verschenkt, dass einige Tabellenplätze leer bleiben. Berechnen Sie die erwartete Anzahl leerer Tabellenplätze, unter der Annahme, dass die Hashfunktion rein zufällig ist. *Hinweis*: Definieren Sie Indikator-Zufallsvariablen $Y_0, \ldots, Y_{m-1}$, mit $Y_i = 1$, falls $t[i]$ leer ist.

Aufgabe 4.7 (Verhalten im Mittel). Nehmen Sie an, dass die Hashfunktion die Menge der möglichen Schlüssel gleichmäßig über die Tabelle verteilt, d. h., dass für jedes i, $0 \leq i \leq m - 1$, die Ungleichung $|\{x \in Key : h(x) = i\}| \leq \lceil N/m \rceil$ gilt. Nehmen Sie weiter an, dass eine zufällige Menge von Schlüsseln in der Tabelle gespeichert ist, d. h., dass die Menge der in S vorkommenden Schlüssel eine zufällige n-elementige Teilmenge von Key ist. Zeigen Sie, dass für jeden Tabellenplatz i die erwartete Anzahl der auf i abgebildeten Einträge höchstens $\lceil N/m \rceil \cdot n/N \approx n/m$ ist.

4.2 Universelles Hashing

Satz 4.1 ist insofern unbefriedigend, als er voraussetzt, dass die Hashfunktion zufällig aus der Klasse[4] aller Funktionen gewählt wird, die Schlüssel auf Tabellenplätze abbilden. Diese Klasse ist aber wegen ihres riesigen Umfangs nicht zu gebrauchen. In diesem Abschnitt werden wir sehen, dass sich das in Satz 4.1 beschriebene Verhalten mit viel kleineren Klassen von Hashfunktionen erzielen lässt. Die Familien, die in diesem Abschnitt vorkommen, sind so klein, dass man eine Funktion daraus in konstantem Platz beschreiben kann. Zudem lassen sie sich leicht auswerten.

Definition 4.2. *Sei c eine positive Konstante. Eine Familie H von Funktionen von Key nach* $0..m-1$ *heißt c-universell, wenn für alle x, y in Key mit* $x \neq y$ *folgendes gilt:*

$$|\{h \in H : h(x) = h(y)\}| \leq \frac{c}{m} |H| \, .$$

In anderen Worten: Je zwei verschiedene Schlüssel x und y kollidieren mit einer Wahrscheinlichkeit von höchstens c/m, *wenn man h aus H zufällig wählt, in Formeln:*

$$\text{prob}(h(x) = h(y)) \leq \frac{c}{m} \, .$$

Diese Definition ist so gebaut, dass der Beweis von Satz 4.1 weiter funktioniert.

---

[4] Im Zusammenhang mit Hashing spricht man normalerweise von einer *Klasse* oder einer *Familie* von Funktionen, und reserviert das Wort „Menge" für die Menge der gespeicherten Einträge oder der gespeicherten Schlüssel.

Satz 4.3 *Wenn n Einträge mittels Hashing mit Verkettung in einer Hashtabelle mit m Plätzen gespeichert sind, wobei die Hashfunktion zufällig aus einer c-universellen Klasse gewählt wurde, dann haben die Operationen insert, remove und find erwartete Ausführungszeit* $O(1 + cn/m)$.

Beweis. Wir können große Teile des Beweises von Satz 4.1 wörtlich übernehmen. (Der Hauptunterschied ist, dass der Analyse hier ein anderes Zufallsexperiment zugrundeliegt, nämlich das, eine Funktion h aus H zufällig zu wählen.) Man betrachte die Ausführungszeit von *insert*, *remove* oder *find* für einen festen Schlüssel x. Jede benötigt konstante Zeit und zusätzlich die Zeit für das Durchsuchen der Folge $t[h(x)]$. Die erwartete Ausführungszeit ist daher $O(1 + E[X])$, wobei die Zufallsvariable X die Länge der Folge $t[h(x)]$ angibt. Sei S mit $|S| = n$ die Menge der in der Tabelle gespeicherten Einträge. Für jedes $e \in S$ sei X_e die Indikator-Zufallsvariable, die ausdrückt, ob e von h auf den gleichen Tabellenplatz abgebildet wird wie x, d. h., $X_e = 1$ falls $h(e) = h(x)$, und $X_e = 0$ andernfalls. Es gibt zwei Fälle. Wenn es in S keinen Eintrag mit Schlüssel x gibt, dann ist $X = \sum_{e \in S} X_e$. Wenn $key(e_0) = x$ für $e_0 \in S$, dann ist $X = 1 + \sum_{e \in S \setminus \{e_0\}} X_e$. Mit der Linearität des Erwartungswerts folgt im ersten Fall, dass

$$E[X] = E[\sum_{e \in S} X_e] = \sum_{e \in S} E[X_e] = \sum_{e \in S} \mathrm{prob}(X_e = 1)\,.$$

Weil h zufällig aus einer c-universellen Klasse gewählt wurde, gilt $\mathrm{prob}(X_e = 1) \leq c/m$ für jedes $e \in S$, und daher $E[X] \leq cn/m$. Im zweiten Fall (Schlüssel x kommt in S vor) ergibt sich analog $E[X] = 1 + c(n-1)/m < 1 + cn/m$. Daher haben *insert*, *remove* und *find* erwartete Ausführungszeit $O(1 + n/m)$.   □

Nun müssen wir nur noch c-universelle Klassen von Hashfunktionen finden, die sich leicht konstruieren und schnell auswerten lassen. Wir werden eine einfache und praktikable 1-universelle Klasse konstruieren; weitere Beispiele werden in den Aufgaben vorgestellt. Die hier betrachteten Schlüssel sollen Bitstrings einer anfangs festgelegten Länge sein. (In den Aufgaben wird die Frage untersucht, wie man sich von der Annahme einer festen Länge befreien kann.) Wir nehmen auch an, dass die Tabellengröße m eine Primzahl ist. Wieso das? Der Grund ist, dass Arithmetik modulo einer Primzahl besonders schöne Eigenschaften hat; insbesondere bildet die Menge $\mathbb{Z}_m = 0..m - 1$ von Zahlen modulo m einen Körper[5]. Wir setzen $w = \lfloor \log m \rfloor$ und teilen die Schlüssel in (zusammenhängende) Stücke von je w Bits ein; das letzte Stück darf auch kürzer als w sein. Die Anzahl der Stücke sei k. Jedes Stück wird als Zahl im Bereich $0..2^w - 1$ aufgefasst. Ein Schlüssel ist dann ein k-Tupel solcher Zahlen. Für einen Schlüssel $\mathbf{x}$ schreiben wir $\mathbf{x} = (x_1, \ldots, x_k)$, um diese Aufteilung in Stücke zu beschreiben. Dabei liegt jedes x_i in $0..2^w - 1$, einer Teilmenge von $0..m - 1$. Nun können wir unsere Klasse von Hashfunktionen definieren. Für jedes Zahlentupel $\mathbf{a} = (a_1, \ldots, a_k) \in (0..m - 1)^k$ definieren wir wie folgt eine Funktion $h_\mathbf{a}$

---

[5] Ein Körper ist eine Menge mit zwei speziellen Elementen 0 und 1, die mit einer Additions- und einer Multiplikationsoperation versehen ist. Addition und Multiplikation erfüllen die üblichen Rechenregeln, die im Körper $\mathbb{Q}$ der rationalen Zahlen gelten.

von *Key* nach $0..m-1$: Für einen Schlüssel $\mathbf{x} = (x_1, \ldots, x_k)$ betrachte das Skalarprodukt $\mathbf{a} \cdot \mathbf{x} = \sum_{i=1}^{k} a_i x_i$ von $\mathbf{a}$ und $\mathbf{x}$ (über $\mathbb{Z}$), und definiere

$$h_{\mathbf{a}}(\mathbf{x}) = \mathbf{a} \cdot \mathbf{x} \bmod m \, .$$

(Dies ist das Skalarprodukt von $\mathbf{a}$ und $\mathbf{x}$, berechnet über dem Körper $\mathbb{Z}_m$.) Wir sehen uns ein Beispiel für $k = 4$ und $m = 17$ an. Dann ist $w = 4$, und Schlüssel sind 4-Tupel von Zahlen im Bereich $0..15$, beispielsweise $\mathbf{x} = (11, 7, 4, 3)$. Eine Hashfunktion wird durch ein 4-Tupel von Zahlen in $0..16$ beschrieben, zum Beispiel $\mathbf{a} = (2, 4, 7, 16)$. Dann gilt: $h_{\mathbf{a}}(\mathbf{x}) = (2 \cdot 11 + 4 \cdot 7 + 7 \cdot 4 + 16 \cdot 3) \bmod 17 = 7$.

Satz 4.4

$$H^{\mathrm{SP}} = \left\{ h_{\mathbf{a}} : \mathbf{a} \in (0..m-1)^k \right\}$$

ist eine 1-universelle Klasse von Hashfunktionen, wenn m eine Primzahl ist.

Mit anderen Worten: das Skalarprodukt zwischen der Darstellung eines Schlüssels als Tupel von Zahlen in $0..m-1$ und einem Zufallsvektor definiert eine gute Hashfunktion, wenn man modulo einer Primzahl m rechnet.

Beweis. Betrachte zwei verschiedene Schlüssel $\mathbf{x} = (x_1, \ldots, x_k)$ und $\mathbf{y} = (y_1, \ldots, y_k)$, und wähle ein $h_{\mathbf{a}}$ aus H^{SP} zufällig. Um $\mathrm{prob}(h_{\mathbf{a}}(\mathbf{x}) = h_{\mathbf{a}}(\mathbf{y}))$ zu bestimmen, zählen wir die Anzahl der Vektoren $\mathbf{a}$, die $h_{\mathbf{a}}(\mathbf{x}) = h_{\mathbf{a}}(\mathbf{y})$ erfüllen. Wir wählen einen Index j mit $x_j \neq y_j$. Dann gilt $x_j - y_j \not\equiv 0 \pmod{m}$, also kann jede Gleichung der Form $a_j(x_j - y_j) \equiv b \pmod{m}$ mit einem $b \in \mathbb{Z}_m$ eindeutig nach a_j aufgelöst werden, nämlich durch $a_j = ((x_j - y_j)^{-1} b) \bmod m$. Dabei bezeichnet $(x_j - y_j)^{-1}$ das *multiplikative Inverse*[6] von $(x_j - y_j)$ modulo m. Die folgende Rechnung zeigt, dass es für jede Wahl der a_is mit $i \neq j$ genau eine Wahl für $a_j \in 0..m-1$ gibt, so dass die Gleichung $h_{\mathbf{a}}(\mathbf{x}) = h_{\mathbf{a}}(\mathbf{y})$ erfüllt ist:

$$
\begin{aligned}
h_{\mathbf{a}}(\mathbf{x}) = h_{\mathbf{a}}(\mathbf{y}) &\Leftrightarrow \sum_{1 \leq i \leq k} a_i x_i \equiv \sum_{1 \leq i \leq k} a_i y_i && \pmod{m} \\
&\Leftrightarrow a_j(x_j - y_j) \equiv \sum_{i \neq j} a_i(y_i - x_i) && \pmod{m} \\
&\Leftrightarrow a_j \equiv (x_j - y_j)^{-1} \sum_{i \neq j} a_i(y_i - x_i) \pmod{m} \, .
\end{aligned}
$$

Es gibt m^{k-1} Möglichkeiten, die a_i mit $i \neq j$ zu wählen, und für jede solche Wahl ist a_j eindeutig bestimmt, wenn $h_{\mathbf{a}}(\mathbf{x}) = h_{\mathbf{a}}(\mathbf{y})$ gelten soll. Insgesamt gibt es m^k Möglichkeiten für $\mathbf{a}$. Damit erhalten wir

$$\mathrm{prob}(h_{\mathbf{a}}(\mathbf{x}) = h_{\mathbf{a}}(\mathbf{y})) = \frac{m^{k-1}}{m^k} = \frac{1}{m} \, . \qquad \square$$

---

[6] In einem Körper gibt es zu jedem Element $z \neq 0$ ein eindeutig bestimmtes multiplikatives Inverses, d. h. ein Element z' mit $z' \cdot z = 1$; dieses z' heißt dann z^{-1}. Mit multiplikativen Inversen kann man lineare Gleichungen der Form $zx = b$ mit $z \neq 0$ nach x auflösen. Die Lösung ist einfach $x = z^{-1} b$.

Ist es eine ernsthafte Einschränkung, dass die Tabellengröße eine Primzahl sein muss? Auf den ersten Blick ist dies so. Wir können sicher nicht von den Benutzern einer Datenstruktur erwarten, dass sie stets passende Primzahlen bereitstellen. Auch wenn die Tabellengröße dynamisch wächst und schrumpft, ist es nicht klar, woher die immer neuen Werte für m kommen sollen, die Primzahlen sein müssen. Näheres Hinsehen zeigt, dass das Problem in der Praxis doch recht leicht zu lösen ist. Aus der Zahlentheorie weiß man, dass im Prinzip an Primzahlen kein Mangel herrscht: Aus dem Primzahlsatz [91, p. 246] folgt sofort, dass für jedes feste $\alpha > 1$ und jede nicht zu kleine natürliche Zahl m das Intervall $[m, \alpha m]$ etwa $(\alpha - 1)m/\ln m$ Primzahlen enthält. Die einfachste Lösung ist dann, eine Tabelle bereitzustellen, die zum Beispiel für jedes Intervall $2^\ell..2^{\ell+1} - 1$ (oder $[\alpha^\ell, \alpha^{\ell+1}]$ für eine kleinere Konstante $\alpha > 1$) eine Primzahl in diesem Intervall angibt.

Wenn man keine Tabelle verwenden möchte, lässt sich das Problem des Findens von Primzahlen als Hashtabellengröße auch mit einem einfachen Algorithmus leicht lösen. Wir betrachten die folgende Aussage, für natürliche Zahlen $k \geq 1$:

$$\text{Im Intervall } k^3..(k+1)^3 \text{ liegt mindestens eine Primzahl.} \qquad (\text{A}_k)$$

Man weiß, dass (A_k) für jedes $k > e^{e^{15}}$ gilt [43]. Nun sind dies riesige Zahlen mit mehr als sieben Millionen Dezimalziffern, die als Hashtabellengrößen nie in Frage kommen werden. Es wird zwar vermutet, dass (A_k) für alle k gilt; dies konnte jedoch noch nicht bewiesen werden. Für praktische Zwecke mehr als ausreichend ist jedoch die Feststellung, dass (A_k) für alle $k \leq 8 \cdot 10^7$ gilt (s. Abschnitt 4.7).

Wenn wir also eine Hashtabelle der Größe etwa m anlegen wollen, bestimmen wir k mit $k^3 \leq m \leq (k+1)^3$ und suchen dann in $k^3..(k+1)^3$ nach einer Primzahl. Diese Suche ist garantiert erfolgreich, solange $m \leq 64 \cdot 10^{21}$ ist.

Wie läuft die Suche ab? Wir benutzen eine Variante des „Siebs des Eratosthenes" (s. Aufg. 2.5). Jede zusammengesetzte Zahl in $k^3..(k+1)^3$ muss einen nichttrivialen Faktor der Größe höchstens $\sqrt{(k+1)^3} = (k+1)^{3/2}$ haben. Wir durchlaufen also alle Zahlen j in $2..\lfloor (k+1)^{3/2} \rfloor$ und streichen die Vielfachen von j aus $k^3..(k+1)^3$. Für jedes j benötigt dies höchstens $((k+1)^3 - k^3)/j + 1$ Schritte, also Zeit $\mathrm{O}(k^2/j)$. Es bleibt die (nichtleere) Menge von Primzahlen in $k^3..(k+1)^3$ stehen, aus der wir eine auswählen. Die gesamte benötigte Zeit ist

$$\sum_{2 \leq j \leq (k+1)^{3/2}} \mathrm{O}\left(\frac{k^2}{j}\right) = k^2 \sum_{2 \leq j \leq (k+1)^{3/2}} \mathrm{O}\left(\frac{1}{j}\right)$$

$$= \mathrm{O}\left(k^2 \ln\left((k+1)^{3/2}\right)\right) = \mathrm{O}\left(k^2 \ln k\right) = \mathrm{o}(m) \ .$$

Dieser Aufwand ist vernachlässigbar gegenüber der Zeit, die für die Initialisierung einer Tabelle der Größe m benötigt wird. Die zweite Gleichheit in der obigen Rechnung benutzt übrigens die harmonische Summe (A.12).

Aufgabe 4.8 (Zeichenreihen als Schlüssel). Implementieren Sie die universelle Klasse H^{SP} für Strings. Nehmen Sie an, dass jeder Buchstabe acht Bits (d. h. ein

Byte) umfasst, und dass die Tabellengröße m mindestens 257 ist. Die Zeit für die Auswertung der Hashfunktion sollte proportional zur Länge des verarbeiteten Wortes sein. Die Länge der Eingabewörter soll dabei nicht beschränkt sein; es ist auch nicht bekannt, wie lang das längste zu verarbeitende Wort sein wird. *Hinweis*: Benutzen Sie „*lazy evaluation*" für die Festlegung des Zufallsvektors **a**, d. h., legen Sie nur so viele Komponenten von **a** (zufällig) fest wie gerade benötigt werden. Sie können benutzen, dass (wie in vielen Programmiersprachen üblich) die Zahl 0, die durch acht Nullbits dargestellt wird, nicht als Buchstabe vorkommt.

Aufgabe 4.9 (Universelles Hashing mit Bitmatrix-Multiplikation). Für diese Aufgabe wird angenommen, dass die Schlüssel Bitstrings der Länge k sind, d. h. *Key* = $\{0,1\}^k$, und dass die Tabellengröße m eine Zweierpotenz ist, etwa $m = 2^w$. Jede $w \times k$-Matrix M mit Einträgen aus $\{0,1\}$ definiert auf folgende Weise eine Hashfunktion h_M: Für $x \in \{0,1\}^k$ setze $h_M(x) = Mx \bmod 2$, d. h., $h_M(x)$ ist ein Matrix-Vektor-Produkt, berechnet modulo 2. Der resultierende w-Bit-Vektor wird als Zahl in $0..m-1$ interpretiert. Wir definieren:

$$H^{\mathrm{lin}} = \left\{ h_M : M \in \{0,1\}^{w \times k} \right\}.$$

Für $M = \begin{pmatrix} 1 & 0 & 1 & 1 \\ 0 & 1 & 1 & 1 \end{pmatrix}$ und $x = (1,0,0,1)^T$ erhalten wir zum Beispiel $Mx \bmod 2 = (0,1)^T$. Man beachte, dass Multiplikation modulo 2 die logische Und-Operation ist, die Addition modulo 2 die logische exklusiv-Oder-Operation $\oplus$.

(a) Erläutern Sie, wie $h_M(x)$ mit k bitparallelen exklusiv-Oder-Operationen berechnet werden kann. *Hinweis*: Die Einsen in x wählen Spalten aus M aus, die mit $\oplus$ zu verknüpfen sind.

(b) Erläutern Sie, wie $h_M(x)$ mit w bitparallelen Und-Operationen und w Parity-Operationen ausgewertet werden kann. Viele Rechner stellen einen Maschinenbefehl *parity*(y) zur Verfügung, der 1 zurückgibt, wenn die Anzahl der Einsen im Binärwort y ungerade ist, und 0 sonst. *Hinweis*: Multiplizieren Sie jede Zeile von M mit x.

(c) Nun soll bewiesen werden, dass H^{lin} 1-universell ist. Seien dazu x und y verschiedene Schlüssel. (1) Zeigen Sie, dass es für jede Bitposition j, in der sich x und y unterscheiden, und jede Belegung der Matrixeinträge in M außerhalb von Spalte j genau eine Möglichkeit gibt, Spalte j von M zu besetzen, so dass sich $h_M(x) = h_M(y)$ ergibt. (2) Bestimmen Sie die Anzahl der Möglichkeiten, Einträge für $k-1$ Spalten von M zu wählen. (3) Bestimmen Sie die Anzahl der Möglichkeiten, die Matrix M zu wählen. (4) Berechnen Sie die Wahrscheinlichkeit prob$(h_M(x) = h_M(y))$, wenn M zufällig gewählt wird.

*Aufgabe 4.10 (Weiteres zu Matrixmultiplikation). Sei p eine Primzahl und die Schlüsselmenge *Key* eine Menge von k-Tupeln von Elementen von $0..p-1$. Weiter sei $w \geq 1$ eine natürliche Zahl. Verallgemeinern Sie die Klasse H^{lin} zu einer Klasse

$$H^{\times} = \left\{ h_M : M \in (0..p-1)^{w \times k} \right\}$$

von Hashfunktionen von *Key* nach $(0..p-1)^w$, indem Sie Arithmetik modulo p benutzen. Zeigen Sie, dass $H^\times$ 1-universell ist. Erklären Sie, weshalb H^{SP} ein Spezialfall von $H^\times$ ist.

Aufgabe 4.11 (Einfache lineare Hashfunktionen). Nehmen wir an, dass *Key* $\subseteq$ $0..p-1 = \mathbb{Z}_p$ für eine Primzahl p gilt, und dass $m \le p$ ist. Für $a,b \in \mathbb{Z}_p$ definieren wir: $h_{(a,b)}(x) = ((ax+b) \bmod p) \bmod m$, für $x \in \textit{Key}$. Wenn beispielsweise $p = 97$ und $m = 8$ ist, haben wir $h_{(23,73)}(2) = ((23 \cdot 2 + 73) \bmod 97) \bmod 8 = 22 \bmod 8 = 6$. Sei

$$H^* = \left\{ h_{(a,b)} : a,b \in 0..p-1 \right\} \,.$$

Zeigen Sie, dass diese Klasse $(\lceil p/m \rceil / (p/m))^2$-universell ist.

Aufgabe 4.12 (Fortsetzung). Zeigen Sie, dass für die Klasse H^* aus Aufgabe 4.11 Folgendes gilt: Wenn x und y verschiedene Schlüssel und i und j beliebige Werte in $0..m-1$ sind, und wenn $h_{(a,b)}$ zufällig aus H^* gewählt wird, dann ist $\text{prob}(h_{(a,b)}(x) = i$ und $h_{(a,b)}(y) = j) \le c/m^2$, für eine gewisse Konstante c.

Aufgabe 4.13 (Ein Gegenbeispiel). Sei *Key* $= 0..p-1$ und $m \le p$ beliebig. Wir betrachten die Klasse

$$H^{\text{fool}} = \left\{ h_{(a,b)} : a,b \in 0..p-1 \right\}$$

von Hashfunktionen, wobei $h_{(a,b)}(x) = (ax+b) \bmod m$ ist, für $x \in \textit{Key}$. Zeigen Sie: Es gibt eine Menge K von $\lceil p/m \rceil$ Schlüsseln mit der Eigenschaft, dass jede Funktion in H^{fool} alle Schlüssel $x \in K$ auf den gleichen Wert abbildet. *Hinweis:* Benutzen Sie $K = \{0, m, 2m, \ldots, \lfloor p/m \rfloor m\}$.

Aufgabe 4.14 (Tabellengröße 2^ℓ). Sei *Key* $= 0..2^k - 1$. Zeigen Sie, dass die Klasse

$$H^{\gg} = \left\{ h_a : 0 < a < 2^k \wedge a \text{ ist ungerade} \right\},$$

wobei $h_a(x) = (ax \bmod 2^k) \operatorname{div} 2^{k-\ell}$, für $x \in \textit{Key}$, 2-universell ist. *Hinweis:* Siehe [59].

Aufgabe 4.15 (Tabellenhashing). Sei $m = 2^w$. Die Schlüssel sind Bitstrings, die als $(k+1)$-Tupel $(x_0, x_1, \ldots, x_k)$ aufgefasst werden, wobei Komponente x_0 eine w-Bit-Zahl ist und die restlichen Komponenten a-Bit-Zahlen sind, für eine kleine Konstante a. Eine Hashfunktion ist durch k Tabellen $t_1, \ldots, t_k$ gegeben, wobei jede Tabelle Größe $s = 2^a$ hat und ihre Einträge Bitstrings der Länge w sind. Wir setzen:

$$h_{(t_1,\ldots,t_k)}((x_0, x_1, \ldots, x_k)) = x_0 \oplus \bigoplus_{i=1}^{k} t_i[x_i] \,,$$

d. h., x_i bestimmt einen Eintrag in Tabelle t_i, für $i = 1, \ldots, k$, und der Hashwert ist das bitweise exklusiv-Oder von x_0 und den $t_i[x_i]$. Zeigen Sie:

$$H = \left\{ h_{(t_1,\ldots,t_k)} : t_1, \ldots, t_k \in (0..m-1)^s \right\}$$

ist 1-universell.

4.3 Hashing mit linearem Sondieren

Hashing mit Verkettung wird auch *offenes* Hashing genannt, weil zur Behandlung von Kollisionen (in den Listen) Speicherplatz außerhalb der eigentlichen Tabelle in Anspruch genommen wird. Von *geschlossenem* Hashing spricht man dagegen, wenn zur Speicherung der Einträge ausschließlich Plätze in der Tabelle selbst benutzt werden. Durch die Aufhebung des Zwangs, Eintrag e in Tabellenplatz $t[h(e)]$ zu speichern, entsteht zusätzliche Flexibilität (man spricht deshalb von „offener Adressierung"), die es möglich macht, völlig auf sekundäre Datenstrukturen wie Listen zu verzichten. Viele Methoden für die Organisation solcher *open-adressing*-Verfahren wurden untersucht [167], s. auch [85, Kap. 3.3]. Wir wollen uns hier nur mit dem einfachsten Verfahren beschäftigen, das *lineares Sondieren* heißt. Unbenutzte Tabellenplätze enthalten den speziellen Eintrag $\perp$. Ein Eintrag e steht in $t[h(e)]$ oder weiter rechts in der Tabelle. Wir weichen aber nur soweit vom eigentlich vorgesehenen Platz $t[h(e)]$ ab, wie es unbedingt notwendig ist: wenn e in $t[i]$ mit $i > h(e)$ gespeichert ist, dann müssen alle Positionen von $h(e)$ bis $i-1$ mit anderen Einträgen belegt sein. (Diese *Invariante* wird von den Implementierungen der Operationen aufrechterhalten.)

Die Implementierungen von *insert* und *find* sind trivial. Um *insert*(e) auszuführen, durchmustern wir die Tabelle sequentiell, beginnend bei Tabellenplatz $t[h(e)]$, bis entweder ein Eintrag e' mit $key(e') = key(e) = x$ oder ein freier Tabellenplatz gefunden wird. Im ersteren Fall wird e' durch e ersetzt, im letzteren wird e in dem freien Tabellenplatz gespeichert. Beispiele findet man in Abb. 4.2. Um nach einem Schlüssel x zu suchen (Operation *find*), gehen wir ähnlich vor: die Tabelle wird von der Stelle $t[h(x)]$ an sequentiell durchmustert, bis ein Eintrag mit Schlüssel x gefunden wird. Die Suche wird als erfolglos abgebrochen, sobald ein Tabellenplatz erreicht wird, der $\perp$ enthält. Bis hierher klingt das sehr einfach, aber es gibt eine kleine Komplikation. Was geschieht, wenn während einer Einfügung (oder Suche) das Ende der Tabelle t erreicht wird? Eine ganz einfache Reparaturmethode besteht darin, m' zusätzliche Tabellenplätze jenseits der m Plätze anzulegen, die von der Hashfunktion h angesprochen werden können. Für „gutartige" Hashfunktionen sollte auch ein Wert m' genügen, der viel kleiner als m ist, um einen Überlauf abzufangen. Eine andere Möglichkeit, die in Aufgabe 4.16 betrachtet wird (siehe auch Abschnitt 3.4), besteht darin, die Tabelle als zyklisches Array zu behandeln. Diese Variante ist robuster, aber auch etwas langsamer.

Die Implementierung der Löschoperation *remove* ist nicht ganz so einfach. Den zu löschenden Eintrag einfach mit $\perp$ zu überschreiben ist nicht ausreichend, da dies die Invariante ungültig machen kann. (Man nehme zum Beispiel an, dass $h(x) = h(z)$, $h(y) = h(x) + 1$ gilt, und dass Schlüssel x, y und z in dieser Reihenfolge eingefügt werden. Dann steht z an Stelle $h(x) + 2$. Wenn nun y gelöscht wird, indem Position $h(x) + 1$ mit $\perp$ überschrieben wird, ist z für die Suchoperation nicht mehr erreichbar.) Für dieses Problem gibt es drei Lösungen. Die erste Möglichkeit ist, Löschungen einfach zu verbieten. Die zweite ist, zu löschende Einträge zu markieren, aber nicht mit $\perp$ zu überschreiben. Suchvorgänge werden bei $\perp$ abgebrochen, nicht aber bei als gelöscht markierten Einträgen. Das Problem bei diesem Ansatz ist, dass die Zahl der *insert* : axe, chop, clip, cube, dice, fell, hack, hash, lop, slash

	an	bo	cp	dq	er	fs	gt	hu	iv	jw	kx	ly	mz
t	0	1	2	3	4	5	6	7	8	9	10	11	12
	⊥	⊥	⊥	⊥	axe	⊥	⊥	⊥	⊥	⊥	⊥	⊥	⊥
	⊥	⊥	chop	⊥	axe	⊥	⊥	⊥	⊥	⊥	⊥	⊥	⊥
	⊥	⊥	chop	clip	axe	⊥	⊥	⊥	⊥	⊥	⊥	⊥	⊥
	⊥	⊥	chop	clip	axe	cube	⊥	⊥	⊥	⊥	⊥	⊥	⊥
	⊥	⊥	chop	clip	axe	cube	dice	⊥	⊥	⊥	⊥	⊥	⊥
	⊥	⊥	chop	clip	axe	cube	dice	⊥	⊥	⊥	⊥	fell	⊥
	⊥	⊥	chop	clip	axe	cube	dice	⊥	⊥	⊥	hack	fell	⊥
	⊥	⊥	chop	clip	axe	cube	dice	hash	⊥	⊥	hack	fell	⊥
	⊥	⊥	chop	clip	axe	cube	dice	hash	lop	⊥	hack	fell	⊥
	⊥	⊥	chop	clip	axe	cube	dice	hash	lop	slash	hack	fell	⊥

remove ▽ clip

	⊥	⊥	chop	~~clip~~	axe	cube	dice	hash	lop	slash	hack	fell	⊥
	⊥	⊥	chop	lop	axe	cube	dice	hash	~~lop~~	slash	hack	fell	⊥
	⊥	⊥	chop	lop	axe	cube	dice	hash	slash	~~slash~~	hack	fell	⊥
	⊥	⊥	chop	lop	axe	cube	dice	hash	slash	⊥	hack	fell	⊥

Abb. 4.2. Hashing mit linearem Sondieren. In einer Tabelle t mit 13 Plätzen werden Synonyme von "*(to) hash*" gespeichert. Die Hashfunktion bildet den letzten Buchstaben des Wortes auf die Zahlen 0..12 ab wie oben im Bild angedeutet: „a" und „n" werden auf 0 abgebildet, „b" und „m" auf 1 usw. Die Wörter werden in alphabetischer Reihenfolge nacheinander eingefügt. Dann wird das Wort „clip" entfernt. Im Bild ist angegeben, wie sich mit jeder Operation der Zustand der Tabelle ändert. Bereiche, die bei der Ausführung der aktuellen Operation durchmustert werden, sind grau unterlegt.

nichtleeren Tabellenplätze (belegt oder markiert) wächst, so dass die Suchen langsamer als notwendig vonstatten gehen. Dieses Problem kann man nur abmildern, indem man die Tabelle regelmäßig reorganisiert und dabei alle markierten Einträge tatsächlich streicht. Die dritte Möglichkeit ist, die Invariante aufrechtzuerhalten. Wie geht dies vor sich? Angenommen, der Eintrag in Tabellenplatz i soll gelöscht werden. Wir überschreiben den Platz mit ⊥; dadurch entsteht möglicherweise ein „Loch", das die Suche nach Einträgen mit kleineren Hashwerten stört. Nun durchmustern wir die Tabellenplätze rechts von i sequentiell und suchen nach Einträgen, die die Invariante verletzen: Setze j auf $i+1$. Falls $t[j] = \bot$, sind wir fertig. Sonst sei f der Eintrag, der in $t[j]$ steht. Wenn $h(f) > i$ ist, können wir j um 1 erhöhen und iterieren. Wenn $h(f) \le i$ ist, dann wäre wegen des „Lochs" bei i die Invariante für Eintrag f verletzt, und eine Suche nach $key(f)$ würde fehlschlagen. Wir verschieben daher f nach $t[i]$, schreiben ⊥ nach $t[j]$ und setzen $i := j$. (Mit anderen Worten: wir vertauschen f mit dem „Loch" und speichern die neue Position des „Lochs" in i.) Nun beginnen wir mit $j := j + 1$ einen neuen Durchlauf. In Abb. 4.2 findet man ein Beispiel.

Aufgabe 4.16 (Zyklisches lineares Sondieren). Implementieren Sie die Variante von linearem Sondieren, bei der die Tabellengröße nicht $m + m'$ ist, sondern m. Um ein Überlaufen am rechten Ende der Tabelle zu vermeiden, wird das Durchmustern zyklisch organisiert (engl.: mit *wraparound*). (1) Passen Sie die Operationen *insert* und *remove* an, indem Sie die Inkrementierungen $i := i + 1$ durch $i := (i + 1) \bmod m$ ersetzen. (2) Spezifizieren Sie ein Prädikat $between(i, j, k)$ über den Tabellenpositionen $0..m - 1$, das genau dann den Wert *true* besitzt, wenn sich i zyklisch gesehen echt zwischen j und k befindet. (3) Geben Sie eine Neuformulierung der Invarianten an, die *between* benutzt. (4) Passen Sie die Operation *remove* an.

Aufgabe 4.17 (Hashtabellen mit linearem Sondieren). Implementieren Sie *unbeschränkte* Hashtabellen, also Hashtabellen, bei denen die Größe anfangs nicht bekannt ist, mit linearem Sondieren und universellen Hashfunktionen. Wählen Sie jeweils eine neue Hashfunktion, wenn die Tabelle vergrößert oder verkleinert wird. Seien α, β und γ Konstanten mit $1 < \gamma < \beta < \alpha$, die wir festlegen können. Führen Sie die Anzahl n der gespeicherten Einträge in einem Zähler mit. Erweitern Sie die Tabelle auf die neue Größe $m = \beta n$, wenn $n > m/\gamma$ wird. Schrumpfen Sie die Tabelle auf die neue Größe $m = \beta n$, wenn $n < m/\alpha$ wird. Wenn Sie nicht zyklisches lineares Sondieren wie in Aufgabe 4.16 benutzen, dann verwenden Sie eine Tabellengröße $m' = m/\delta$ für ein $\delta < 1$ und wählen Sie eine neue Hashfunktion (ohne m oder m' zu ändern), wenn die Tabelle am rechten Ende überlaufen sollte. (Anmerkung: Es kann Probleme verursachen, wenn man einfache universelle Hashklassen mit linearem Sondieren kombiniert – mehr hierzu in Abschnitt 4.7.)

4.4 Verkettung und lineares Sondieren im Vergleich

Wir haben nun zwei unterschiedliche Ansätze für die Realisierung von Hashtabellen gesehen. Welcher ist besser? Diese Frage kann man nicht aufgrund einer theoretischen Analyse beantworten, weil die Antwort von der Art und Weise der Benutzung und von vielen technischen Parametern abhängt. Wir sprechen hier einige qualitative Dinge an und berichten über experimentelle Ergebnisse.

Ein Vorteil von Hashing mit Verkettung ist die „referenzielle Integrität", was bedeutet, dass die Position eines Eintrages im Speicher sich nicht ändert, wenn er einmal eingerichtet worden ist. Spätere Suchen nach dem Eintrag werden stets dieselbe Stelle im Speicher finden. Dies hat zur Folge, dass man mit Zeigern auf Listenknoten arbeiten kann. Im Gegensatz dazu werden bei linearem Sondieren im Zug von Löschungen Einträge verschoben; absolute Referenzen oder Zeiger auf verschobene Einträge werden ungültig.

Lineares Sondieren hat den Vorteil, dass jeder Zugriff auf die Tabelle ein zusammenhängendes Speichersegment anspricht. Die Speichersysteme moderner Prozessoren sind für dieses Zugriffsmuster optimiert, dagegen sind sie langsam beim Verfolgen von Zeigern, wenn eine lineare Liste durchlaufen wird, wenn nicht die gesamten Daten in den Cache passen. Ein Problem bei linearem Sondieren ist, dass die Suchzeiten stark ansteigen, wenn die Anzahl der Einträge in die Nähe der Tabellengröße kommt, und dass die Tabelle überlaufen kann. Bei Hashing mit Verkettung gibt es keine solchen abrupten Übergänge, selbst bei einer Schlüsselanzahl, die größer als die Tabellengröße ist, bleiben die erwarteten Zugriffszeiten klein. Andererseits wird bei Hashing mit Verkettung Platz für Zeiger verbraucht, den man bei linearem Sondieren zur Vergrößerung der Tabelle einsetzen könnte. Ein fairer Vergleich muss daher den gesamten Platzverbrauch berücksichtigen und nicht nur die Tabellengröße.

Wir haben beide Methoden implementiert und ausgiebig Experimente durchgeführt. Das Ergebnis war, dass beide Methoden sich in etwa gleich gut verhielten, wenn sie die gleiche Menge an Speicherplatz zur Verfügung hatten. Die Unterschiede waren so klein, dass Implementierungsdetails, spezielle Eigenschaften der Compiler, des Betriebssystems oder der verwendeten Rechner das Bild umkehren könnten. Daher geben wir keine exakten Ergebnisse an.

Allerdings erschien uns die Implementierung von Hashing mit Verkettung schwieriger. Nur die Optimierungen, die in Abschnitt 4.6 vorgestellt werden, machten sie mit linearem Sondieren konkurrenzfähig. Verkettung wird viel langsamer, wenn die Implementierung nachlässig ist oder die Speicherverwaltung nicht gut organisiert ist.

Bezüglich mathematisch beweisbarer Eigenschaften ist zu sagen, dass Aussagen im Stil von Satz 4.3 *nur* für die Kombination von Hashing mit Verkettung und *c*-universellen Klassen gelten, nicht aber für die Kombination von linearem Sondieren mit *c*-universellen Klassen. Um erwartete lineare Suchzeit zu garantieren, benötigt lineares Sondieren Hashfamilien mit stärkeren Zufallseigenschaften oder die Annahme voller Zufälligkeit. (Siehe hierzu auch Abschnitt 4.7.)

4.5 *Perfektes Hashing

Die bisher betrachteten Hashverfahren garantieren nur *erwartete* konstante Zeit für die Operationen *find*, *insert* und *remove*. Damit sind diese Verfahren für Echtzeitanwendungen unbrauchbar, die eine strikte Rechenzeitgarantie im schlechtesten Fall benötigen. In diesem Abschnitt betrachten wir *perfektes Hashing*, ein Verfahren, das für die Operation *find* konstante Ausführungszeit garantiert. Um die Sache einfach zu halten, beschränken wir uns auf den *statischen* Fall, in dem eine feste Menge S von n Einträgen betrachtet wird. Der Einfachheit halber identifizieren wir die Einträge mit ihren Schlüsseln. Es sei also $S = \{x_1, \ldots, x_n\}$ die Menge der vorkommenden Schlüssel.

In diesem Abschnitt soll H_m eine c-universelle Klasse von Hashfunktionen mit Wertebereich $0..m-1$ bezeichnen. In Aufgabe 4.11 sollte gezeigt werden, dass es für jedes m eine solche Klasse mit $c = 2$ gibt. Für $h \in H_m$ soll $C(h)$ die Anzahl der von h erzeugten Kollisionen bezeichnen, d. h. die Anzahl der (geordneten) Paare von verschiedenen Schlüsseln in S, die denselben Hashwert haben:

$$C(h) = \left| \{(x,y) : x,y \in S,\ x \neq y \text{ und } h(x) = h(y)\} \right|.$$

Wenn h aus H_m zufällig gewählt wird, ist C eine Zufallsvariable. Als ersten Schritt berechnen wir eine Schranke für den Erwartungswert von C.

Lemma 4.5. *Es gilt* $\mathrm{E}[C] \leq cn(n-1)/m$. *Weiter gilt für mindestens die Hälfte der Hashfunktionen* $h \in H_m$ *die Ungleichung* $C(h) < 2cn(n-1)/m$.

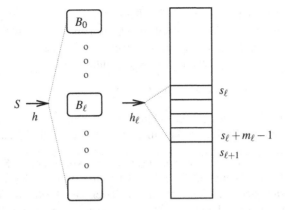

Abb. 4.3. Perfektes Hashing. Stufe 1: Die Hashfunktion h teilt S in Teilmengen $B_0, \ldots, B_\ell, \ldots$ ein. Sei $b_\ell = |B_\ell|$ und $m_\ell = \lceil cb_\ell(b_\ell - 1)\rceil$. Stufe 2: Die Hashfunktion h_ℓ bildet B_ℓ injektiv in eine Tabelle der Größe m_ℓ ab. Die Untertabellen werden in einem Array gespeichert. Die Untertabelle für B_ℓ beginnt an Position $s_\ell = m_0 + \ldots + m_{\ell-1}$ und endet an Position $s_\ell + m_\ell - 1$.

Beweis. Wir definieren $n(n-1)$ Indikator-Zufallsvariablen X_{ij} wie folgt: für $i \neq j$ sei $X_{ij}(h) = 1$, falls $h(x_i) = h(x_j)$, und $X_{ij}(h) = 0$ andernfalls. Dann ist $C(h) = \sum_{i \neq j} X_{ij}(h)$ und daher

$$E[C] = E[\sum_{i \neq j} X_{ij}] = \sum_{i \neq j} E[X_{ij}] = \sum_{i \neq j} \mathrm{prob}(X_{ij} = 1) \leq n(n-1) \cdot c/m .$$

Dabei folgt die zweite Gleichheit aus der Linearität des Erwartungswerts (s. (A.2)) und die letzte Gleichheit aus der c-Universalität von von H_m. Die zweite Behauptung ergibt sich dann leicht mithilfe der Markov-Ungleichung (A.4). □

Wenn wir in Kauf nehmen, dass die Tabellengröße quadratisch ist, lässt sich das Problem der garantiert konstanten Zugriffszeit lösen:

Lemma 4.6. *Wenn $m \geq cn(n-1)$ ist, dann sind mindestens die Hälfte der $h \in H_m$ injektiv auf S.*

Beweis. Nach Lemma 4.5 gilt $C(h) < 2$ für mindestens die Hälfte der Funktionen in H_m. Weil $C(h)$ gerade ist, folgt aus $C(h) < 2$ sogar $C(h) = 0$, und das bedeutet, dass h injektiv auf S ist. □

Wir legen also ein $m \geq cn(n-1)$ fest, wählen ein $h \in H_m$ zufällig und überprüfen dann, ob die Funktion h auf S injektiv ist. Falls nicht, wiederholen wir den Vorgang solange, bis ein injektives h gefunden worden ist. Dieser Erfolg wird sich im Mittel nach zwei Versuchen einstellen.

Im Weiteren zeigen wir, wie man den Platzbedarf der Tabelle auf einen linearen Wert $O(n)$ reduzieren kann. Die Idee ist dabei, die Hashfunktion zweistufig anzulegen (s. Abb. 4.3). Die erste Stufe zerlegt die Schlüsselmenge so in Behälter, dass der Mittelwert der Quadrate der Behältergrößen konstant ist. Die zweite Stufe benutzt dann für jeden Behälter jeweils quadratischen Speicherplatz. Für $\ell \in 0..m-1$ und $h \in H_m$ bezeichnen wir mit B_ℓ^h die Menge der Schlüssel in S, die von h auf ℓ abgebildet werden; b_ℓ^h bezeichnet die Kardinalität von B_ℓ^h.

Lemma 4.7. *Für jedes $h \in H_m$ gilt $C(h) = \sum_\ell b_\ell^h(b_\ell^h - 1)$.*

Beweis. Für jedes ℓ erzeugen die Schlüssel in B_ℓ^h genau $b_\ell^h(b_\ell^h - 1)$ (geordnete) Paare von kollidierenden Schlüsseln. Summieren über ℓ liefert die Behauptung. $\square$

Nun können wir eine perfekte Hashfunktion konstruieren. Sei α eine passende Konstante (die weiter unten festgelegt wird). Wir wählen eine Hashfunktion $h \in H_{\lceil \alpha n \rceil}$, mit der S in Teilmengen B_ℓ zerlegt wird. Natürlich wählen wir dabei h in der „guten" Hälfte von $H_{\lceil \alpha n \rceil}$, d.h., wir wählen $h \in H_{\lceil \alpha n \rceil}$ mit $C(h) \leq 2cn(n-1)/\lceil \alpha n \rceil \leq 2cn/\alpha$. Für jedes $\ell \in 0..\lceil \alpha n \rceil - 1$ sei B_ℓ die Menge der Elemente von S, die auf ℓ abgebildet werden, und sei $b_\ell = |B_\ell|$.

Nun betrachten wir ein beliebiges B_ℓ. Für jedes ℓ setzen wir $m_\ell = \lceil cb_\ell(b_\ell - 1) \rceil$ $\leq cb_\ell(b_\ell - 1) + 1$ und wählen eine Funktion $h_\ell \in H_{m_\ell}$, die B_ℓ injektiv nach $0..m_\ell - 1$ abbildet. Nach Lemma 4.6 haben mindestens die Hälfte der Funktionen in H_{m_ℓ} diese Eigenschaft. Wir können auch sagen, dass h_ℓ die Menge B_ℓ injektiv in eine Tabelle der Größe m_ℓ abbildet. Wir stapeln diese Tabellen aufeinander, so dass eine große Tabelle der Größe $\sum_\ell m_\ell$ entsteht. In dieser großen Tabelle beginnt die Teiltabelle für B_ℓ an Position $s_\ell = m_0 + m_1 + \ldots + m_{\ell-1}$. Dann berechnet

$$\ell := h(x); \quad \textbf{return } s_\ell + h_\ell(x)$$

eine Funktion, die auf S injektiv ist. Die Werte der Funktion sind durch

$$\sum_\ell m_\ell - 1 \leq \lceil \alpha n \rceil + c \cdot \sum_\ell b_\ell(b_\ell - 1) - 1$$
$$\leq 1 + \alpha n + c \cdot C(h) - 1$$
$$\leq \alpha n + c \cdot 2cn/\alpha$$
$$\leq (\alpha + 2c^2/\alpha)n$$

beschränkt; damit haben wir eine perfekte Hashfunktion, die S in einen Wertebereich der Größe $O(n)$ abbildet, nämlich nach $0..\lfloor (\alpha + 2c^2/\alpha)n \rfloor$. In der Rechnung benutzte die erste Ungleichung die Definition der Zahlen m_ℓ, die zweite beruht auf Lemma 4.7, die dritte schließlich benutzt, dass $C(h) \leq 2cn/\alpha$ gilt. Wenn wir $\alpha = \sqrt{2}c$ wählen, wird die Größe des Wertebereichs minimal; für $c = 1$ ist diese Größe $2\sqrt{2}n$. Der Speicherplatz, der für die Darstellung der perfekten Hashfunktion benötigt wird, wird im Wesentlichen durch den Platz für die Parameter der Funktionen h_ℓ, $\ell \in 0..\lceil \alpha n \rceil - 1$, bestimmt. Die erwartete Zeit für das Finden einer passenden Funktion h ist $O(n)$. Eine geeignete Funktion h_ℓ kann in erwarteter Zeit $O(b_\ell)$ gefunden werden; Summation über alle ℓ ergibt auch für die Konstruktion aller dieser Funktionen zusammen eine erwartete Rechenzeit von $O(n)$.

Satz 4.8 *Für jede Menge von n Schlüsseln kann eine perfekte Hashfunktion mit Wertebereich* $0..\lfloor 2\sqrt{2n}\rfloor$ *in erwarteter linearer Zeit konstruiert werden. Der Speicherplatz für die Funktion ist linear.*

Wir bemerken, dass es auch Konstruktionen mit kleinerem Wertebereich gibt, und dass die Konstruktion so erweitert werden kann, dass Einfügungen und Löschungen möglich sind.

Aufgabe 4.18 (Dynamisierung). Wir skizzieren ein Schema zur „Dynamisierung" von perfektem Hashing, d. h. ein Verfahren, in dem Einfügungen (und Löschungen) möglich sind. Für eine gegebene Schlüsselmenge S der Größe n wähle $h \in H_m$ mit $m = 2\lceil \alpha n\rceil$. Für jedes ℓ setze $m_\ell = 2\lceil cb_\ell(b_\ell - 1)\rceil$, also doppelt so groß wie im statischen Schema von oben. Die perfekte Hashfunktion wird dann wie oben konstruiert. Wenn ein neuer Schlüssel x eingefügt werden soll, geht man wie folgt vor. Sei $\ell = h(x)$. Wenn h_ℓ auf $B_\ell \cup \{x\}$ nicht mehr injektiv ist, wählt man ein neues h_ℓ. Wenn dabei b_ℓ so groß ist, dass $m_\ell < \lceil cb_\ell(b_\ell - 1)\rceil$, legt man eine neue Untertabelle für B_ℓ an, nun mit Größe $m_\ell = 2\lceil cb_\ell(b_\ell - 1)\rceil$. Zudem beobachtet man $|S|$ und $C(h)$. Wenn $|S|$ größer als m/α wird, muss die Tabelle ganz von vorn, mit der Wahl eines neuen m und einer neuen Stufe-1-Funktion h, neu aufgebaut werden. Wenn nur $C(h)$ größer als $2c|S|/\alpha$ wird, dann wählt man nur ein neues h, ohne m zu ändern. Man arbeite die Details einer solchen Konstruktion und ihrer Analyse aus. *Hinweis*: [60].

4.6 Implementierungsaspekte

Obgleich Hashing ein algorithmisch einfaches Konzept ist, kann es erstaunlich nichttrivial sein, eine saubere, effiziente und zuverlässige Implementierung zu erstellen. Weniger überraschend ist, dass die Hashfunktionen die Komponente sind, die die größte Aufmerksamkeit erfordern. Die meisten existierenden Implementierungen scheinen einfache, sehr schnelle Hashfunktionen zu benutzen, die auf der exklusiv-Oder-Operation, Shifts und der Benutzung von Tabellen anstelle von universellen Hashklassen beruhen; Beispiele hierfür findet man auf der Webseite www.burtleburtle.net/bob/hash/doobs.html oder mittels einer Internetsuche nach „hash tables". Obwohl diese Funktionen in der Praxis gut zu funktionieren scheinen, glauben wir, dass die in Abschnitt 4.2 vorgestellten universellen Klassen von Hashfunktionen konkurrenzfähig sind. Unglücklicherweise gibt es keine Implementierungsstudie, die alle Klassen mit den schnellsten Funktionen umfasst. Thorup [207] implementierte eine schnelle Klasse, die neben 1-Universalität zusätzliche Eigenschaften hat. Für ganzzahlige Schlüssel sollte insbesondere die Klasse $H^{\oplus[]}$ aus Aufgabe 4.15 gut geeignet sein, und Aufgabe 4.8 stellt eine Funktion vor, die für Strings gut geeignet ist. Diese Funktion kann man eventuell auch dadurch schnell auswerten, indem man die SIMD-Befehle der modernen Prozessoren ausnutzt, die es erlauben, eine Operation auf verschiedenen Daten gleichzeitig auszuführen.

Hashing mit Verkettung benutzt nur sehr spezialisierte Operationen auf Folgen, für die einfach verkettete Listen ideal sind. Weil es sich um viele sehr kurze Listen handelt, sollte man etwas vom Implementierungsschema aus Abschnitt 3.1 abweichen. Insbesondere wäre es Platzverschwendung, wenn jede Liste einen eigenen Dummyknoten hätte. Wir benutzen also nur einen Dummyknoten, der in jeder Liste am Ende steht. Dieser Knoten kann dann als Wächterknoten für die Operationen *find* und *remove* dienen, wie in der Funktion *findNext* in Abschnitt 3.1.1 beschrieben. Dieser Trick spart nicht nur Speicherplatz, sondern auch Zeit, da der Wächterknoten mit großer Wahrscheinlichkeit häufig im Cache stehen wird.

Für die ersten Listenknoten gibt es zwei Möglichkeiten. Bei der einen sind die Listeneinträge reine Zeiger, und der erste Knoten jeder Liste sitzt außerhalb der Tabelle. Die zweite Möglichkeit ist, den ersten Eintrag in jeder Liste direkt in der Tabelle zu speichern. Wir bezeichnen diese beiden Möglichkeiten als *schlanke Tabellen* bzw. *fette Tabellen*. Fette Tabellen sind normalerweise sowohl schneller als auch platzeffizienter; nur wenn die Einträge sehr umfangreich sind, sind schlanke Tabellen überlegen. Eine schlanke Tabelle benötigt im Vergleich den Platz für die Zeiger in der Tabelle zusätzlich, eine fette Tabelle lässt den Platz in den leeren Tabellenpositionen ungenutzt (s. Aufgabe 4.6). Schlanke Tabellen haben auch den Vorteil von „referenzieller Integrität" selbst im Fall, wo die Tabelle völlig neu organisiert wird oder gar die Schlüssel in eine neue Tabelle übertragen werden. Diese Zusatzanforderung hatten wir in Abschnitt 3.6 schon im Fall von unbeschränkten Arrays diskutiert.

Den Platzbedarf bei Hashing mit Verkettung und Hashing mit linearem Sondieren zu vergleichen ist sogar noch verzwickter als in Abschnitt 4.4 skizziert. Zum einen belasten verkettete Listen die Speicherverwaltung damit, dass Speicher in vielen kleinen Stücken bereitgestellt wird. (In Abschnitt 3.1.1 wird die Speicherverwaltung für verkettete Listen genauer diskutiert.) Zum anderen sollte bei Hashing mit Verkettung (und unbeschränkten Hashtabellen) unbedingt vermieden werden, dass während des Aufbaus einer neuen Tabelle zwei Tabellen gleichzeitig belegt werden. Im Fall von „schlanken" Tabellen kann man wie folgt vorgehen: Zuerst werden alle Listen an den Tabellenplätzen zu einer einzigen Liste L konkateniert. Erst nach der Freigabe der alten Tabelle wird die neue Tabelle bereitgestellt. Nun wird L durchlaufen, um die Einträge in der neuen Tabelle in die korrekten Listen einzufügen.

Aufgabe 4.19. Implementieren Sie Hashing mit Verkettung und „fetten" Tabellen und Hashing mit linearem Sondieren auf Ihrem eigenen Rechner mit Ihrer bevorzugten Programmiersprache. Vergleichen Sie experimentell das Verhalten der beiden Implementierungen. Vergleichen Sie Ihre Implementierungen auch mit Hashtabellen aus Softwarebibliotheken. Benutzen Sie Einträge, die acht Bytes lang sind.

Aufgabe 4.20 (Große Einträge). Wiederholen Sie die Messungen aus der vorherigen Aufgabe mit Einträgen, die 32 bzw. 128 Bytes lang sind. Implementieren Sie dazu ebenfalls Hashing mit Verkettung und „schlanken" Tabellen, wo in der Tabelle nur Zeiger auf die ersten Einträge der jeweiligen Liste gespeichert sind.

Aufgabe 4.21 (Große Schlüssel). Diskutieren Sie den Einfluss von langen Schlüsseln auf die Vor- und Nachteile von Hashing mit Verkettung und Hashing mit linearem Sondieren. Welche Variante wird im Vorteil sein? Weshalb?

Aufgabe 4.22. Implementieren Sie einen Hashtabellen-Datentyp für sehr große Tabellen, die in einer Datei, also extern, gespeichert sein sollen. Sollte man dabei Verkettung oder lineares Sondieren benutzen? Weshalb?

4.6.1 C++

Die C++-Standardbibliothek hatte bis 2011 noch keinen Hashtabellen-Datentyp definiert. Mit dem neuen Standard C++11 wurde ein solcher Datentyp eingeführt. Es werden mehrere Varianten angeboten, die alle über verkettete Listen zu implementieren sind: *hash_set*, *hash_map*, *hash_multiset* und *hash_multimap*. Dabei steht "set" für die Art Schnittstelle, die in den Beispielen dieses Kapitels benutzt wurde, wo nur eine Menge von Schlüsseln zu speichern ist, wohingegen ein "map" ein assoziatives Array ist, bei dem die Schlüssel als Indizes benutzt werden. Das Präfix "multi" zeigt an, dass mehrere Einträge mit demselben Schlüssel erlaubt sind. Hashfunktionen werden als *Funktionsobjekte* dargestellt, d. h., die Klasse *hash<T>* überlädt den Operator "()", so dass ein Objekt mit der Syntax eines Funktionsaufrufs benutzt werden kann. Dieses Vorgehen ermöglicht es, in der Hashfunktion Zustände wie etwa zufällig gewählte Koeffizienten zu speichern.

LEDA [130] bietet verschiedene Hashing-basierte Implementierungen von assoziativen Arrays an. Die Klasse $h\_array\langle Key, T\rangle$ bietet assoziative Arrays zur Speicherung von Objekten vom Typ T mit Schlüsseln vom Typ Key an. Die Klasse verlangt eine benutzerdefinierte Hashfunktion $int\ Hash(Key\&)$, die einen ganzzahligen Wert zurückgibt, der dann von LEDA auf einen Tabellenindex abgebildet wird. Die Implementierung benutzt Hashing mit Verkettung; die Tabellengröße wird der Zahl der gespeicherten Einträge angepasst. Die Klasse *map* ist ähnlich, außer dass sie mit einer eingebauten Hashfunktion arbeitet.

Aufgabe 4.23 (Assoziative Arrays). Implementieren Sie eine C++-Klasse für assoziative Arrays. Dabei sollte *operator* [] für jeden Indextyp unterstützt werden, für den eine Hashfunktion zur Verfügung steht. Stellen Sie durch Überladen des Zuweisungsoperators sicher, dass die Zuweisung H[x] = ... wie erwartet funktioniert, wenn x der Schlüssel eines neuen Eintrags ist.

4.6.2 Java

Die Klasse *java.util.HashMap* implementiert unbeschränkte Hashtabellen, unter Benutzung der Funktion *hashCode*, die in der Klasse *Object* als Hashfunktion definiert ist.

4.7 Historische Anmerkungen und weitere Ergebnisse

Hashing mit Verkettung und Hashing mit linearem Sondieren wurde schon in den 1950er Jahren benutzt [167]. Die ersten Analysen folgten bald darauf. In den 1960er und 1970er Jahren wurden vorwiegend Durchschnittsanalysen im Stil von Satz 4.1

und Aufgabe 4.7 durchgeführt, bei denen man annahm, dass die Hashfunktionen zufällig operierten oder die Schlüsselmenge zufällig war. Morris [155] schrieb einen frühen Übersichtsartikel. Reichhaltiges Material zum Thema Hashing findet man im Buch [123] von D. Knuth. Beispielsweise findet man dort eine Analyse von linearem Sondieren unter der Annahme von rein zufälligen Hashfunktionen. Sei n die Anzahl der Einträge, m die Tabellengröße; man setze $\alpha = n/m$. Die erwartete Anzahl T_{fail} von Zugriffen auf Tabelleneinträge bei einer erfolglosen Suche und die erwartete (über zufällige Hashfunktionen) mittlere (über die n Einträge) Anzahl T_{success} von Zugriffen bei einer erfolgreichen Suche sind näherungsweise durch folgende Formeln gegeben:

$$T_{\text{fail}} \approx \frac{1}{2}\left(1 + \left(\frac{1}{1-\alpha}\right)^2\right) \quad \text{und} \quad T_{\text{success}} \approx \frac{1}{2}\left(1 + \frac{1}{1-\alpha}\right).$$

Man beachte, dass diese Zahlen sehr groß werden, wenn α nahe an 1 liegt, d. h., es ist keine gute Idee, bei linearem Sondieren die Tabelle fast ganz zu füllen.

Universelle Klassen von Hashfunktionen wurden 1977 von Carter und Wegman [38] eingeführt. In der Originalarbeit wurde Satz 4.3 bewiesen und es wurden die universellen Klassen aus Aufgabe 4.11 definiert. Einen weiteren Beitrag zum Verhalten von universellen Klassen findet man in [10].

Das in Abschnitt 4.2 angegebene Verfahren zur Ermittlung einer Primzahl im Intervall $k^3..(k+1)^3$ ist nur korrekt, wenn dieses Intervall tatsächlich eine Primzahl enthält, also Aussage (A_k) gilt. Dies gilt sicher für $k > e^{e^k}$ [43]. Wenn die *Riemannsche Vermutung*, eine der berühmtesten unbewiesenen Vermutungen der Zahlentheorie, zutrifft, dann gilt (A_k) für alle $k \geq 1$ [37]. Für die Ermittlung von Primzahlen, die als Hashtabellengröße verwendet werden sollen, ist aber der Bereich $k \leq 8 \cdot 10^7$ mehr als ausreichend. Dass hier (A_k) gilt, sieht man folgendermaßen: Durch Betrachten einer Tabelle von „größten Lücken" zwischen Primzahlen, wie sie etwa auf der Webseite http://primes.utm.edu/notes/GapsTable.html für für den Bereich von 2 bis mehr als $4 \cdot 10^{17}$ angegeben ist, kann man (A_k) für alle $k \leq 3000$ verifizieren. Weiter ist bekannt, dass für alle Primzahlen $p > 11 \cdot 10^9$ der Abstand zur nächstgrößeren Primzahl nicht mehr als $p/(2.8 \cdot 10^7)$ beträgt [174]. Daraus folgt mit einer leichten Rechnung, dass Aussage (A_k) auch für $3000 < k < 8.4 \cdot 10^7$ gilt.

Es sei angemerkt, dass man zur Erzeugung einer Primzahl p mit mehr als 15 Dezimalziffern normalerweise keinen Algorithmus verwenden wird, der Rechenzeit und Speicherplatz $\Omega(p^{2/3})$ benötigt. Vielmehr wird man, wenn eine Primzahl p der Größe etwa m benötigt wird, wiederholt zufällig aus dem Intervall $[m, 2m]$ gewählte Zahlen darauf testen, ob es sich um eine Primzahl handelt. Hierfür bietet sich ein randomisierter Primzahltest [91, p. 254] an. Solche Algorithmen zu Erzeugung von Primzahlen haben Speicherplatzbedarf $O(\log p)$ und selbst bei naiver Implementierung erwartete Rechenzeit $O((\log p)^3)$; sie sind auch für Zahlen mit vielen hundert Dezimalstellen noch durchführbar.

Perfektes Hashing war eine „schwarze Kunst", bis schließlich Fredman, Komlós und Szemerédi [72] im Jahr 1982 die Konstruktion aus Satz 4.8 fanden. Die Dynamisierung des Verfahrens wurde von Dietzfelbinger *et al.* [60] beschrieben. Cuckoo

Hashing [165] ist ein noch neuerer Algorithmus, der auf andere Weise konstante Suchzeit garantiert.

Eine *minimale perfekte Hashfunktion* h bildet eine gegebene Schlüsselmenge $S \subseteq 0..U - 1$ mit $|S| = n$ bijektiv auf den Wertebereich $0..n - 1$ ab. Die Kunst dabei ist, dies so zu organisieren, dass die Auswertezeit konstant ist und die Darstellung der Funktion h möglichst wenig Speicherplatz erfordert – $\Omega(n)$ Bits ist eine untere Schranke. Heute gibt es praktikable Algorithmen, die diese Schranke erreichen [31]. Eine Variante nimmt an, dass drei vollständig zufällige Funktionen zur Verfügung stehen[7]: $h_i\colon 0..U - 1 \to im/3..(i+1)m/3 - 1$ für $i \in 0..2$ und $m = \alpha n$, wobei $\alpha \approx 1.23$ gilt. In einem ersten Schritt („*mapping*") wird eine *injektive* Funktion $p\colon S \to 0..m - 1$ gesucht, die folgende Eigenschaft erfüllt: $p(x) \in \{h_0(x), h_1(x), h_2(x)\}$, für alle $x \in S$. Man kann zeigen, dass ein solches p mit großer Wahrscheinlichkeit in linearer Zeit gefunden werden kann. Nun wird eine durch eine Tabelle dargestellte Funktion $g\colon 0..m - 1 \to \{0, 1, 2\}$ berechnet, die für jedes $x \in S$ die Gleichheit

$$p(x) = h_i(x) \text{ mit } i = \big(g(h_0(x)) + g(h_1(x)) + g(h_2(x))\big) \bmod 3$$

erfüllt. Auch g kann mit großer Wahrscheinlichkeit in linearer Zeit gefunden werden. Man beachte, dass die g-Tabelle $O(n)$ Bits an Speicherplatz beansprucht. In einem zweiten Schritt („*ranking*") wird die Menge $0..m - 1$ in $0..n - 1$ abgebildet, mittels $rank(i) = |\{k \in S : p(k) \leq i\}|$, für $i \in 0..m - 1$. Dann ist durch $h(x) = rank(p(x))$ eine injektive Funktion von S nach $0..n - 1$ gegeben. Das Problem, die Funktion *rank* zu berechnen und mit $O(n)$ Bits so darzustellen, dass sie in konstanter Zeit ausgewertet werden kann, ist ein Standardproblem im Bereich der extrem platzeffizienten (engl.: *succinct*) Datenstrukturen.

Universelles Hashing beschränkt die Wahrscheinlichkeit dafür, dass *zwei* Schlüssel kollidieren. Eine Verallgemeinerung ist die *k-fache Unabhängigkeit*, für ganzzahliges $k \geq 2$. Eine Klasse H von Hashfunktionen von *Key* nach $0..m - 1$ heißt *k-fach unabhängig*, wenn für verschiedene Schlüssel $x_1, \ldots, x_k$ und beliebige Werte $a_1, \ldots, a_k \in 0..m - 1$ stets $\text{prob}(h(x_1) = a_1 \wedge \ldots \wedge h(x_k) = a_k) = 1/m^k$ gilt. (Auch Klassen, die diese Anforderung nur näherungsweise erfüllen, sind nützlich.) Die Polynome vom Grad maximal $k - 1$ mit zufälligen Koeffizienten über einem Primzahlkörper $\mathbb{Z}_p$, mit nachgeschalteter $\bmod\, m$-Operation, bilden eine einfache (näherungsweise) k-fach unabhängige Klasse von Hashfunktionen [38] (s. Aufgabe 4.12 für den Fall $k = 2$).

In jüngster Zeit hat sich herausgestellt [164, 166], dass die Kombination von linearem Sondieren mit (zu) einfachen universellen Klassen wie H^* und H^* bei bestimmten (strukturierten) Schlüsselmengen zu schlechtem Verhalten führen kann, d. h., dass die erwartete Einfügezeit und die erwartete Suchzeit mit n wachsen kann. Abhilfe schaffen 5-fach unabhängige Klassen [164].

---

[7] Die Implementierung solcher Hashfunktionen würde Platz $\Omega(n \log n)$ Bits erfordern. Dieses Problem kann umgangen werden, indem man S mittels einer vorgeschalteten Hashfunktion in viele kleine Teilmengen zerlegt. Wir können dann für jede dieser Teilmengen die gleiche Menge von voll zufälligen Hashfunktionen benutzen [61].

Kryptographische Hashfunktionen haben stärkere Eigenschaften als die, die wir hier für Hashtabellen benötigen. Beispielsweise sollte es schwierig sein, zu gegebenem Schlüssel x einen anderen Schlüssel x' mit $h(x') = h(x)$ zu finden.

5

Sortieren und Auswählen

In Telefonbüchern sind die Einträge nach Nachnamen alphabetisch geordnet. Wieso eigentlich? Weil man einen geordneten Index schnell durchsuchen kann. Sogar im Telefonbuch einer riesengroßen Stadt findet man einen Namen normalerweise innerhalb von Sekunden. Wären die Einträge unsortiert, würde man gar nicht erst anfangen, nach einem Namen zu suchen. Zunächst einmal wird in diesem Kapitel dargestellt, wie man eine ungeordnete Menge von Einträgen in eine geordnete Reihenfolge bringt, d. h., wie man die Menge sortiert. Dann kann man einen Eintrag schnell finden. Sortieren hat aber noch viele andere Anwendungen. Ein frühes Beispiel für eine gigantische Datenverarbeitungs-Aufgabe war die statistische Auswertung von Volkszählungsdaten. Bei der Volkszählung in den USA, die im Jahr 1880 durchgeführt wurde, waren 1500 Leute sieben Jahre damit beschäftigt, die Daten von Hand auszuwerten. Der Ingenieur Herman Hollerith[1] war als Statistiker an dieser Auszählung beteiligt und beschäftigte sich in den zehn Jahren bis zur nächsten Volkszählung mit der Entwicklung von Zähl- und Sortiermaschinen, die diese extrem umfangreichen Auswertungsvorgänge mechanisieren sollten. Obwohl bei der Volkszählung von 1890 mehr Menschen mehr Fragen als 1880 gestellt wurden, war die Hauptauswertung 1891 beendet. Die von Hollerith gegründete Firma spielte im weiteren Verlauf eine bedeutende Rolle in der Datenverarbeitungsindustrie – seit 1924 firmiert sie unter dem Namen International Business Machines (IBM). Sortieren ist für die Erstellung von Statistiken aus Volkszählungsdaten wichtig, weil man oft Teilmengen bilden möchte, zum Beispiel die Menge der Personen, die zwischen 20 und 30 Jahre alt sind und auf einer Farm leben. Dieses Problem lässt sich durch zweimaliges Sortieren der Datensätze lösen! Wir sortieren zuerst nach Alter und bilden die Teilmenge der 20- bis 30-jährigen Personen. Dann sortieren wir diese Teilmenge nach der Art der Wohnumgebung und extrahieren die Teilmenge der Personen, die auf einer Farm wohnen.

---

[1] Aufnahme von C. M. Bell (siehe Abteilung „Prints and Photographs" in der „US Library of Congress", ID cph.3c15982).

Wahrscheinlich hat jede Leserin eine intuitive Vorstellung davon, worum es beim *Sortieren* geht. Dennoch wollen wir die Aufgabe formal definieren. Die Eingabe ist eine Folge $s = \langle e_1, \ldots, e_n \rangle$ von n Einträgen. Jeder Eintrag e_i ist mit einem *Schlüssel* $k_i = key(e_i)$ versehen. Die Schlüssel stammen aus einem geordneten Universum, d. h., auf den Schlüsseln ist eine *lineare* (oder *totale*) *Ordnung* $\leq$ definiert.[2] Um die Notation einfach zu halten, übertragen wir die Ordnungsrelation auf die Einträge, so dass also $e \leq e'$ nichts anderes als $key(e) \leq key(e')$ bedeutet. (Da verschiedene Einträge gleiche Schlüssel haben können, ergibt sich eine lineare Präordnung auf den Einträgen.) Die Aufgabe besteht darin, eine Folge $s' = \langle e'_1, \ldots, e'_n \rangle$ zu erzeugen, die eine Permutation von s ist, so dass $e'_1 \leq e'_2 \leq \cdots \leq e'_n$ gilt. Man beachte, dass die Anordnung von Einträgen mit gleichem Schlüssel beliebig ist.

Obwohl für ein und denselben Datentyp verschiedene Vergleichsrelationen in Frage kommen können, haben einige Datentypen natürliche Ordnungsrelationen: Für Zahlen ist dies die gewöhnliche Anordnung für Tupel, Strings und Folgen die lexikographische Ordnung (s. Anhang A). Bei der lexikographischen Ordnung für Strings gibt es verschiedene Versionen. Man kann Kleinbuchstaben und Großbuchstaben unterscheiden oder als gleich ansehen; auch werden in verschiedenen Zusammenhängen für Zeichen mit Akzenten oder Umlauten verschiedene Regeln angewendet.

Aufgabe 5.1. Gegeben seien lineare Ordnungen $\leq_A$ auf A und $\leq_B$ für B. Definieren Sie eine lineare Ordnung auf $A \times B$.

Aufgabe 5.2. Definieren Sie eine lineare Präordnung $\leq$ auf den komplexen Zahlen mit der Eigenschaft, dass aus $x \leq y$ die Beziehung $|x| \leq |y|$ folgt.

Sortieren ist ein allgegenwärtiges algorithmisches Werkzeug; es wird oft als Vorverarbeitungsschritt in komplexeren Algorithmen benutzt. Wir stellen hier einige Beispiele für diese Verwendung vor.

- *Vorverarbeitung für schnelle Suche.* In Abschnitt 2.5, der sich mit binärer Suche bechäftigt, haben wir gesehen, dass die Suche in einem geordnetem Telefonbuch leichter zu bewerkstelligen ist, sowohl für Menschen als auch für Computer. Zudem unterstützt ein angeordnetes Telefonbuch weitere Operationen wie das Finden aller Einträge in einem bestimmten Bereich. Das Suchproblem wird in Kap. 7 eingehend diskutiert. Für die Suche in ungeordneten Mengen kann man Hashing benutzen.
- *Gruppieren.* Häufig möchte man gleiche Einträge an eine Stelle bringen, um sie zu zählen, oder um Doppeleinträge zu erkennen und zu entfernen oder anderweitig zu bearbeiten. Auch hierfür ist Hashing eine alternative Lösung. Aber Sortieren bietet Vorteile: wir werden sehr schnelle, platzeffiziente deterministische Sortierverfahren kennenlernen, die auf riesige Datenmengen skalieren.

---

[2] Eine *lineare* (oder *totale*) *Ordnung* ist eine reflexive, transitive, totale und antisymmetrische Relation. Wenn die Anforderung „Antisymmetrie" fehlt, spricht man von einer linearen oder totalen *Präordnung* oder *Quasiordnung*. Siehe Anhang A.

● *Verarbeitung in sortierter Reihenfolge.* Manche Algorithmen werden besonders einfach, wenn die Eingaben in sortierter Reihenfolge verarbeitet werden. In Aufgabe 5.3 findet sich ein Beispiel. Andere Beispiele sind der Algorithmus von Kruskal in Abschnitt 11.3 und einige der Algorithmen für das Rucksackproblem in Kap. 12. Es mag auch nützlich sein, an Sortieren zu denken, wenn man Aufgabe 8.6 über Intervallgraphen zu lösen versucht.

In Abschnitt 5.1 werden wir einige einfache Sortieralgorithmen vorstellen. Sie haben quadratische Zeitkomplexität, sind aber dennoch für kleine Eingabemengen von Nutzen. Weiter geht es dort um einige maschinennahe Optimierungen. In Abschnitt 5.2 wird *Mergesort* vorgestellt, ein einfacher Teile-und-Herrsche-Sortieralgorithmus, der Rechenzeit $O(n \log n)$ hat. Wie wir in Abschnitt 5.3 beweisen werden, ist diese Rechenzeitschranke optimal für alle *vergleichsbasierten* Sortieralgorithmen, d. h. Algorithmen, die die Einträge als „*black boxes*" betrachten, die nur miteinander verglichen und verschoben werden können. Der Algorithmus *Quicksort*, um den es in Abschnitt 5.4 geht, beruht ebenfalls auf dem Teile-und-Herrsche-Ansatz. Er ist vielleicht der meistbenutzte Sortieralgorithmus. Quicksort ist auch ein herausragendes Beispiel für einen randomisierten Algorithmus. Die Idee, die in diesem Algorithmus verwendet wird, führt auch zu einem einfachen Algorithmus für ein mit dem Sortieren verwandtes Problem, das *Auswahlproblem*: in Abschnitt 5.5 werden wir sehen, wie man den k-t kleinsten Eintrag in einer Menge der Größe n in erwarteter Zeit $O(n)$ finden kann. Wenn Schlüssel eine bekannte Struktur haben, etwa Zahlen oder Zahlenfolgen sind oder als solche betrachtet werden können, kann man schneller sortieren als von der unteren Schranke in Abschnitt 5.3 angegeben wird. Hierfür müssen auf die Schlüssel andere Operationen als Vergleiche angewendet werden, etwa solche, die sich auf die Darstellung von Zahlen als Ziffernfolgen beziehen. In Abschnitt 5.7 schließlich werden auf *Quicksort* und *Mergesort* beruhende sehr gute Algorithmen vorgestellt, mit denen man Eingaben sortieren kann, die nicht in den Hauptspeicher passen.

Aufgabe 5.3 (Scheduling: Hotelplanung). Ein Hotelmanager hat für die nächste Saison n Reservierungswünsche vorliegen. Sein Hotel hat k identische Zimmer. Ein Reservierungswunsch besteht aus einem Ankunftsdatum und einem Abreisedatum. Der Manager möchte wissen, ob die im Hotel vorhandenen Zimmer ausreichen, um alle Wünsche zu erfüllen. Entwerfen Sie einen Algorithmus, der Sortieren verwendet, um danach das Problem in Zeit $O(n)$ zu lösen. *Hinweis*: Sortieren Sie als Erstes die (Multi-)Menge aller Ankunfts- und Abreisedaten. Verarbeiten Sie dann diese Menge in einem Durchlauf in aufsteigender Reihenfolge.

Aufgabe 5.4 (Sortieren mit einer kleinen Schlüsselmenge). Entwerfen Sie einen Algorithmus, der n Einträge in erwarteter Zeit $O(k \log k + n)$ sortiert, wenn es nur k verschiedene Schlüssel in der Eingabe gibt. *Hinweis*: Verwenden Sie ein späteres Ergebnis dieses Kapitels, nämlich dass sich k Schlüssel in Zeit $O(k \log k)$ sortieren lassen. Kombinieren Sie Hashing und Sortieren.

Aufgabe 5.5 (Ergebnisprüfung). Es ist leicht, zu überprüfen, ob ein Sortierverfahren tatsächlich eine aufsteigende Folge erzeugt hat. Nicht ganz so leicht ist es, zu überprüfen, ob die Ausgabefolge eine Permutation der Eingabefolge ist. Falls die Schlüssel ganze Zahlen sind, gibt es einen einfachen und schnellen Monte-Carlo-Algorithmus: (a) Zeigen Sie, dass $\langle e_1, \ldots, e_n \rangle$ genau dann eine Permutation von $\langle e'_1, \ldots, e'_n \rangle$ ist, wenn das Polynom

$$q(x) := \prod_{i=1}^{n}(x - e_i) - \prod_{i=1}^{n}(x - e'_i)$$

das Nullpolynom ist. Dabei ist x eine Variable. (b) Für beliebiges $\varepsilon > 0$ sei p eine Primzahl mit $p > \max\{n/\varepsilon, e_1, \ldots, e_n, e'_1, \ldots, e'_n\}$. Die Idee ist nun, das obige Polynom für einen zufällig gewählten Wert $r \in 0..p-1$ auszuwerten, und zwar modulo p. Zeigen Sie: Falls $\langle e_1, \ldots, e_n \rangle$ *keine* Permutation von $\langle e'_1, \ldots, e'_n \rangle$ ist, dann liefert die Auswertung von $q(r)$ mit Wahrscheinlichkeit höchstens ε den Wert 0. *Hinweis*: Ein Polynom vom Grad höchstens n, das modulo p nicht das Nullpolynom ist, hat maximal n Nullstellen, wenn man modulo p rechnet.

5.1 Einfache Sortierverfahren

Wir stellen hier zwei einfache Sortiertechniken vor: *Auswahlsortieren* (engl.: *selection sort*) und *Einfügesortieren* (engl.: *insertion sort*).

Beim Auswahlsortieren wiederholt man folgenden Schritt: Wähle den kleinsten Eintrag der Eingabefolge, lösche ihn dort, und füge ihn an die Ausgabefolge an. Die Ausgabefolge ist anfangs leer; der Prozess läuft so lange, bis die Eingabefolge leer ist. Ein Beispiel:

$$\langle\rangle, \langle 4,7,1,1\rangle \rightsquigarrow \langle 1\rangle, \langle 4,7,1\rangle \rightsquigarrow \langle 1,1\rangle, \langle 4,7\rangle \rightsquigarrow \langle 1,1,4\rangle, \langle 7\rangle \rightsquigarrow \langle 1,1,4,7\rangle, \langle\rangle .$$

Der Algorithmus kann so implementiert werden, dass er nur ein Array mit n Einträgen benötigt und *in-place* arbeitet, d. h. dass er außer dem Eingabearray und einer konstanten Anzahl von Speicherzellen für Schleifenzähler u. ä. keinen weiteren Speicher benötigt. Die Rechenzeit ist quadratisch.

Aufgabe 5.6 (Einfaches Auswahlsortieren). Implementieren Sie das Auswahlsortieren so, dass ein Array $a[1..n]$ mit n Einträgen in Zeit $\mathrm{O}(n^2)$ sortiert wird, indem die Eingabefolge wiederholt durchgesehen wird. Der Algorithmus sollte *in-place* sein, das heißt, dass die Ausgabe wieder direkt in das Eingabearray geschrieben wird, ohne die Benutzung weiterer Speicherplatzes. *Hinweis*: Die Implementierung läuft in $n-1$ Phasen ab. Zu Beginn von Phase i enthalten die ersten $i-1$ Plätze des Arrays die $i-1$ kleinsten Einträge in aufsteigender Reihenfolge, die restlichen $n-i+1$ die verbleibenden Einträge in beliebiger Reihenfolge.

In Abschnitt 6.5 werden wir eine raffiniertere Implementierung des Auswahlsortierens kennenlernen, bei der die Eingabefolge als *Prioritätswarteschlange* verwaltet wird. Prioritätswarteschlangen ermöglichen die effiziente wiederholte Auswahl und Entnahme des minimalen Eintrags. Der resultierende Algorithmus hat eine Rechenzeit von $\mathrm{O}(n \log n)$ und wird oft benutzt. Er ist effizient, deterministisch, arbeitet *in-place*, und die Eingabefolge kann dynamisch um Einträge erweitert werden, die größer als alle bisher ausgewählten Einträge sind. Diese letzte Eigenschaft ist im Bereich der ereignisorientierten (diskreten) Simulation (engl.: *discrete event simulation*) von großer Bedeutung, bei der Ereignisse in zeitlich aufsteigender Reihenfolge ausgeführt werden und die Ausführung eines Ereignisses die Erzeugung neuer Ereignisse bewirken kann, die später auszuführen sind.

Beim Auswahlsortieren wird der aus der Eingabefolge zu entnehmende Eintrag sorgfältig ausgewählt, so dass als Schleifeninvariante stets gilt, dass die (im Aufbau begriffene) Ausgabefolge sortiert ist. Beim Einfügesortieren gilt die gleiche Schleifeninvariante; man entnimmt hier einen *beliebigen* Eintrag aus der Eingabefolge, stellt aber sicher, dass er an der richtigen Stelle der (entstehenden) Ausgabefolge eingefügt wird. Ein Beispiel:

$$\langle \rangle, \langle 4,7,1,1 \rangle \rightsquigarrow \langle 4 \rangle, \langle 7,1,1 \rangle \rightsquigarrow \langle 4,7 \rangle, \langle 1,1 \rangle \rightsquigarrow \langle 1,4,7 \rangle, \langle 1 \rangle \rightsquigarrow \langle 1,1,4,7 \rangle, \langle \rangle \,.$$

Abbildung 5.1 zeigt eine Implementierung von Einfügesortieren, die *in-place* (im Ein- und Ausgabearray $a[1..n]$) arbeitet. Die Implementierung ist eine einfache, direkte Umsetzung der algorithmischen Idee, mit Ausnahme eines kleinen Tricks, der es erlaubt, zur Steuerung der inneren Schleife mit nur einem Vergleich auszukommen. Wenn der Eintrag e, der als Nächstes eingefügt werden soll, kleiner als alle vorher eingefügten Einträge ist, kann er ohne weitere Tests an den Anfang gestellt werden. Ansonsten läuft man mit diesem Eintrag an der schon sortierten Teilfolge von rechts nach links entlang, solange dort Einträge stehen, die größer als e sind. Dieser Prozess muss anhalten, weil $a[1] \leq e$ gilt.

Im schlechtesten Fall ist Einfügesortieren ziemlich langsam. Wenn zum Beispiel die Eingabe fallend sortiert ist, werden die einzelnen Einträge nacheinander an die Stelle $a[1]$ gesetzt, was bedeutet, dass im i-ten Durchlauf durch die äußere Schleife i Einträge verschoben werden müssen. Insgesamt erhalten wir

$$\sum_{i=2}^{n}(i-1) = -n + \sum_{i=1}^{n} i = \frac{n(n+1)}{2} - n = \frac{n(n-1)}{2} = \Omega(n^2)$$

viele Verschiebungen von Einträgen (siehe auch (A.11)).

Dennoch ist Einfügesortieren eine sehr nützliche Methode. Es ist schnell für kleine Eingabemengen (zum Beispiel für $n \leq 10$) und kann daher für den Basisfall bei Teile-und-Herrsche-Algorithmen für das Sortierproblem benutzt werden. In manchen Anwendungsbereichen sind die typischen Eingaben auch schon „fast sortiert"; in dieser Situation ist Einfügesortieren schnell.

Aufgabe 5.7 (Fast sortierte Eingaben). Beweisen Sie, dass *insertionSort* Rechenzeit $O(n+D)$ hat, wenn $D = \sum_{i} |r(e_i) - i|$, wobei $r(e_i)$ der *Rang* (die Position) von e_i in der sortierten Ausgabe ist.

Aufgabe 5.8 (Durchschnittsanalyse). Wir betrachten die Menge aller $n!$ Eingaben, die aus Permutationen der Zahlen von 1 bis n bestehen. Zeigen Sie, dass die mittlere Ausführungszeit von *insertionSort* auf diesen Eingaben $\Omega(n^2)$ ist. *Hinweis:* Beweisen Sie, dass im Mittel etwa ein Drittel aller Einträge, die zu Beginn im rechten Drittel des Arrays stehen, in das linke Drittel des Arrays verschoben werden müssen. Können Sie einen besseren Beweis finden, der sogar zeigt, dass im Mittel $n^2/4 - O(n)$ Durchläufe durch die innere Schleife nötig sind?

Aufgabe 5.9 (Einfügesortieren mit wenigen Vergleichen). Modifizieren Sie die inneren Schleifen des arraybasierten *insertionSort*-Algorithmus in Abb. 5.1, so dass er nur $O(n \log n)$ Vergleiche zwischen Einträgen benötigt. *Hinweis:* Benutzen Sie binäre Suche (siehe Abschnitt 2.5). Was ist die Rechenzeit dieser Variante von *insertionSort*?

Aufgabe 5.10 (Effizientes Einfügesortieren?). Benutzen Sie die Datenstruktur für geordnete Folgen, die in Kap. 7 vorgestellt wird, um eine Variante von Einfügesortieren mit Rechenzeit $O(n \log n)$ zu erstellen.

*Aufgabe 5.11 (Formale Verifikation). Benutzen Sie den Verifikationsformalismus, den Sie am schönsten finden (z. B. den Hoare-Kalkül), um zu beweisen, dass Einfügesortieren eine Permutation der Eingabe erzeugt.

5.2 Mergesort – ein $O(n \log n)$-Sortieralgorithmus

Mergesort (oder „Sortieren durch Mischen") ist eine einfache, direkte Anwendung des Teile-und-Herrsche-Prinzips. Die unsortierte Folge wird in zwei Teile etwa der gleichen Größe geteilt. Die beiden Teile werden rekursiv sortiert; danach werden die beiden sortierten Teilfolgen zu einer geordneten Folge zusammengefügt oder „gemischt"[3]. Dieser Ansatz ist effizient, weil das Mischen zweier geordneter Folgen a und b einfach und schnell ist. Der insgesamt kleinste Eintrag ist entweder der erste Eintrag in a oder der erste Eintrag in b. Wir verschieben diesen kleinsten Eintrag in die Ausgabefolge, finden auf die gleiche Weise den zweitkleinsten Eintrag usw. Dies wird iteriert, bis alle Einträge in die Ausgabe gewandert sind. In Abb. 5.2 findet man

---

[3] Anm. d. Ü.: Das hier benötigte reißverschlussartige Zusammenfügen zweier Folgen heißt im Englischen *to merge*; das übliche deutsche Wort „mischen" trifft dies nicht ganz.

```
Procedure insertionSort(a : Array [1..n] of Element)
    for i := 2 to n do
        invariant a[1] ≤ ··· ≤ a[i − 1]
        // bringe a[i] an seine korrekte Position
        e := a[i]
        if e < a[1] then                                      // neues Minimum
            for j := i downto 2 do  a[j] := a[j − 1]
            a[1] := e
        else                                    // benutze a[1] als Wächtereintrag
            for j := i downto −∞ while a[j − 1] > e do  a[j] := a[j − 1]
            a[j] := e
```

Abb. 5.1. Einfügesortieren.

Function *mergeSort*($\langle e_1,\ldots,e_n\rangle$) : *Sequence* **of** *Element*
  if $n = 1$ **then return** $\langle e_1\rangle$
  else return *merge*(*mergeSort*($\langle e_1,\ldots,e_{\lfloor n/2\rfloor}\rangle$),
                     mergeSort($\langle e_{\lfloor n/2\rfloor+1},\ldots,e_n\rangle$))

// Mischen zweier geordneter Folgen, als Listen dargestellt
Function *merge*(a,b : *Sequence* **of** *Element*) : *Sequence* **of** *Element*
  $c := \langle\rangle$
  loop
      invariant a, b und c sind aufsteigend geordnet und $\forall e \in c, e' \in a \cup b : e \le e'$
      if a.*isEmpty*   **then** c.*concat*(b); **return** c
      if b.*isEmpty*   **then** c.*concat*(a); **return** c
      if a.*first* $\le b$.*first* **then** c.*moveToBack*(a.*first*)
      else c.*moveToBack*(b.*first*)

Abb. 5.2. Mergesort

a	b	c	Operation
$\langle 1,2,7\rangle$	$\langle 1,2,8,8\rangle$	$\langle\rangle$	move a
$\langle 2,7\rangle$	$\langle 1,2,8,8\rangle$	$\langle 1\rangle$	move b
$\langle 2,7\rangle$	$\langle 2,8,8\rangle$	$\langle 1,1\rangle$	move a
$\langle 7\rangle$	$\langle 2,8,8\rangle$	$\langle 1,1,2\rangle$	move b
$\langle 7\rangle$	$\langle 8,8\rangle$	$\langle 1,1,2,2\rangle$	move a
$\langle\rangle$	$\langle 8,8\rangle$	$\langle 1,1,2,2,7\rangle$	concat b
$\langle\rangle$	$\langle\rangle$	$\langle 1,1,2,2,7,8,8\rangle$	

Abb. 5.3. Ablauf von *mergeSort*($\langle 2,7,1,8,2,8,1\rangle$). Die *linke* Seite zeigt den Ablauf der rekursiven Aufrufe in *mergeSort*, und die *rechte* Seite stellt den Ablauf von *merge* im äußersten Aufruf dar.

den Algorithmus in Pseudocode und in Abb. 5.3 als Beispiel den Ablauf des Algorithmus auf einer konkreten Eingabe. Wenn die vorkommenden Folgen als (einfach) verkettete Listen organisiert sind (siehe Abschnitt 3.1.2), wird keine Bereitstellung oder Freigabe von Listeneinträgen benötigt. Jede Iteration der innersten Schleife in der Prozedur *merge* führt einen Vergleich zwischen Einträgen aus und verschiebt einen Eintrag in die Ausgabefolge; dies benötigt konstante Zeit. Daher benötigt das Mischen lineare Zeit.

Satz 5.1 *Wenn die Prozedur merge auf zwei Folgen mit Gesamtlänge n angewendet wird, dann ist die Ausführungszeit O(n) und es werden maximal $n - 1$ Vergleiche zwischen Einträgen durchgeführt.*

Für die Rechenzeit von Mergesort erhalten wir Folgendes.

Satz 5.2 *Mergesort läuft in Zeit* $O(n \log n)$ *und führt nicht mehr als* $\lfloor n \log n \rfloor$ *Vergleiche zwischen Einträgen durch.*

Beweis. Sei $C(n)$ die Anzahl der Vergleiche, die im schlechtesten Fall auf einer Eingabe mit n Einträgen durchgeführt werden. Offensichtlich ist $C(1) = 0$; aus Satz 5.1 erhalten wir $C(n) \leq C(\lfloor n/2 \rfloor) + C(\lceil n/2 \rceil) + n - 1$. Das Mastertheorem für Rekurrenzrelationen (Satz 2.5) liefert $C(n) = O(n \log n)$. Wir geben zwei direkte Beweise an, die explizite konstante Faktoren liefern. Der erste zeigt $C(n) \leq 2n \lceil \log n \rceil$, der zweite sogar $C(n) \leq n \log n$.

Für Zweierpotenzen n definieren wir $D(1) = 0$ und $D(n) = 2D(n/2) + n$. Ein einfacher Induktionsbeweis zeigt, unter Benutzung der Gleichheit $\log(n/2) = \log n - 1$, dass für Zweierpotenzen n die Gleichung $D(n) = n \log n$ gilt. Nun sei n beliebig. Wir betrachten das eindeutig bestimmte k, das $2^{k-1} < n \leq 2^k$ erfüllt, und behaupten, dass $C(n) \leq D(2^k)$ gilt. Daraus folgt dann sofort $C(n) \leq D(2^k) = 2^k \cdot k \leq 2n \lceil \log n \rceil$. Die Ungleichung $C(n) \leq D(2^k)$ beweisen wir mittels Induktion über k. Für $k = 0$ ist $n = 1$ und $C(1) = 0 = D(1) = D(2^0)$. Für $k > 1$ beobachten wir, dass $\lfloor n/2 \rfloor \leq \lceil n/2 \rceil \leq 2^{k-1} < n$ gilt. Daraus ergibt sich unter Benutzung der Rekurrenz und der Induktionsvoraussetzung die Ungleichung

$$C(n) \leq C(\lfloor n/2 \rfloor) + C(\lceil n/2 \rceil) + n - 1 \leq 2D(2^{k-1}) + 2^k - 1 \leq D(2^k) .$$

Damit ist der erste Beweis beendet.

Wir wenden uns nun dem zweiten, verfeinerten Beweis zu, in dem wir durch Induktion über n die Schranke

$$C(n) \leq n \lceil \log n \rceil - 2^{\lceil \log n \rceil} + 1$$

beweisen. Für $n = 1$ ist die Behauptung sicherlich korrekt. Nun sei $n > 1$. Wir betrachten das k, das $2^{k-1} < \lceil n/2 \rceil \leq 2^k$ erfüllt, also $k = \lceil \log(\lceil n/2 \rceil) \rceil$. Dann gilt nach Induktionsvoraussetzung $C(\lceil n/2 \rceil) \leq \lceil n/2 \rceil k - 2^k + 1$. Falls $2^{k-1} < \lfloor n/2 \rfloor$ gilt, folgt ebenfalls nach Induktionsvoraussetzung, dass $C(\lfloor n/2 \rfloor) \leq \lfloor n/2 \rfloor k - 2^k + 1$. Falls $\lfloor n/2 \rfloor = 2^{k-1}$, besagt die Induktionsvoraussetzung, dass $C(\lfloor n/2 \rfloor) \leq \lfloor n/2 \rfloor (k - 1) - 2^{k-1} + 1$ gilt. Die rechte Seite ist aber gleich $2^{k-1} \cdot (k - 1) - 2^{k-1} + 1 = 2^{k-1} \cdot k - 2^k + 1 = \lfloor n/2 \rfloor k - 2^k + 1$. Demnach erhalten wir in jedem Fall:

$$
\begin{aligned}
C(n) &\leq C(\lfloor n/2 \rfloor) + C(\lceil n/2 \rceil) + n - 1 \\
&\leq \left(\lfloor n/2 \rfloor k - 2^k + 1 \right) + \left(\lceil n/2 \rceil k - 2^k + 1 \right) + n - 1 \\
&= nk + n - 2^{k+1} + 1 = n(k + 1) - 2^{k+1} + 1 = n \lceil \log n \rceil - 2^{\lceil \log n \rceil} + 1 .
\end{aligned}
$$

Wir zeigen nun noch, dass für $k = \lceil \log n \rceil$ die Ungleichung $nk - 2^k + 1 \leq n \log n$ gilt. Wenn $n = 2^k$ gilt, ist $2^k \cdot k - 2^k + 1 \leq 2^k \cdot k$ offensichtlich erfüllt. Wenn $n < 2^k$ gilt, erhalten wir $nk - 2^k + 1 \leq n(k - 1) + (n - 2^k + 1) \leq n \log n$.

Die Schranke für die Rechenzeit kann mit einer ähnlichen Rekurrenzungleichung bewiesen werden (s. auch Aufgabe 2.8). $\qquad\square$

Mergesort ist das Mittel der Wahl, wenn es um das Sortieren von verketteten Listen geht. Daher wird dieses Verfahren oft benutzt, wenn man funktionale oder logische Programmiersprachen verwendet, da diese Sprachen Listen als primäre Datenstruktur benutzen. In Abschnitt 5.3 werden wir sehen, dass Mergesort im Bezug auf die Anzahl der Vergleiche im Wesentlichen optimal ist; daher ist es auch dann eine gute Wahl, wenn die Vergleiche teuer sind. Bei der Implementierung mit Arrays hat Mergesort den zusätzlichen Vorteil, dass es Speicherabschnitte sequentiell durchläuft. Das führt zu Effizienzvorteilen, wenn es eine Speicherhierarchie gibt. Zu diesem Thema wird in Abschnitt 5.7 mehr gesagt. Dennoch ist Mergesort nicht die Standardmethode, wenn man in Arrays effizient sortieren möchte, da *merge* nicht *inplace* arbeitet, sondern zusätzlichen Speicherplatz benötigt. (Ein möglicher Ausweg wird in Aufgabe 5.17 betrachtet.)

Aufgabe 5.12. Erklären Sie, wie man in Zeit $O(k \log k + n)$ in eine geordnete Liste, die Länge n hat, k neue Einträge einfügen kann.

Aufgabe 5.13. Wir haben die Prozedur *merge* für Listen beschrieben, haben aber *mergeSort* in der Sprache abstrakter Folgen dargestellt. Beschreiben Sie *mergeSort* im Detail für verkettete Listen.

Aufgabe 5.14. Implementieren Sie Mergesort in einer funktionalen Programmiersprache.

Aufgabe 5.15. Erstellen Sie in der imperativen Programmiersprache, die Ihnen am besten liegt, eine arraybasierte Implementierung von Mergesort. Neben dem Eingabearray sollte ein Hilfsarray der Größe n bereitgestellt werden; diese beiden Arrays sollten zur Speicherung aller Zwischenergebnisse und zum Aufbau der Ausgabe benutzt werden. Können Sie die Rechenzeit verbessern, indem Sie für kleine Inputs (in der Rekursion) auf Einfügesortieren umschalten? Falls ja, was ist der optimale Umschaltpunkt in Ihrer Implementierung?

Aufgabe 5.16. In unserer Beschreibung von *merge* enthält jeder Schleifendurchlauf drei Vergleiche – ein Vergleich zwischen Einträgen und zwei Schleifenendetests. Entwickeln Sie eine Variante, die Wächtereinträge benutzt und dadurch mit nur einem Schleifenendetest auskommt. Kann man dies erreichen, ohne Dummy-Einträge an die Listenenden anzuhängen?

Aufgabe 5.17. In Aufgabe 3.20 wurde eine Darstellung für Folgen beschrieben, die als Liste von Arrays („Blöcken") organisiert ist. Implementieren Sie Mischen und Mergesort für diese Datenstruktur. Während des Mischens sollten geleerte Eingabeblöcke für die Ausgabe wiederverwendet werden. Vergleichen Sie Platz- und Zeitbedarf von Mergesort für diese Datenstruktur, für einfach verkettete Listen und für Arrays; berücksichtigen Sie dabei auch konstante Faktoren.

5.3 Eine untere Schranke

Algorithmen liefern obere Schranken für die Komplexität eines Problems. Nach der vorangegangenen Diskussion wissen wir, dass wir n Objekte in Zeit $O(n \log n)$ sortieren können. Geht es besser, und können wir eventuell sogar lineare Zeit erreichen? Falls die Antwort „ja" sein soll, müssen wir einen besseren Algorithmus und seine Analyse angeben. Aber wie könnten wir denn überhaupt die Antwort „nein" begründen? Wir müssten beweisen, dass kein Algorithmus, und sei er noch so genial, in Zeit $o(n \log n)$ laufen kann. Ein solcher Beweis heißt eine *untere Schranke*. Und was ist denn nun die Antwort? Die Antwort ist sowohl „nein" als auch „ja". Sie ist „nein", wenn wir uns auf vergleichsbasierte Algorithmen beschränken, und sie ist „ja", wenn wir andere Arten von Algorithmen zulassen. Nicht vergleichsbasierte Sortierverfahren werden in Abschnitt 5.6 behandelt.

Aber was ist eigentlich ein vergleichsbasierter Sortieralgorithmus? Die Eingabe ist eine Menge $\{e_1, \ldots, e_n\}$ von n Einträgen, und der Algorithmus darf mit diesen Einträgen nichts tun außer sie verschieben und kopieren. Um Informationen über den Input zu erhalten, darf er Einträge nur vergleichen. Insbesondere darf er die Darstellung der Schlüssel, etwa als Bitstrings, nicht ausnutzen. Am Ende liefert der Algorithmus eine Ausgabefolge $s = \langle e_1', \ldots, e_n' \rangle$, die eine Permutation der Eingabefolge ist, mit $e_1' \leq \cdots \leq e_n'$. Deterministische vergleichsbasierte Algorithmen kann man als Bäume (sogenannte *Vergleichsbäume*) ansehen. Dies sieht man wie folgt. Die Wege im Baum stellen die verschiedenen Berechnungen dar, wobei die inneren Knoten den ausgeführten Vergleichen entsprechen und ein zusätzlicher Knoten am Ende der Berechnung die Ausgabe darstellt. Weil nur Schlüsselvergleiche zu Verzweigungen in der Berechnung führen können, können sich Wege nur an Vergleichsknoten verzweigen. Der entscheidende Punkt ist, dass es stets *ausschließlich* vom Ergebnis der vorangegangenen Vergleiche abhängt, welcher Vergleich als Nächstes ausgeführt wird. Abbildung 5.4 zeigt einen Vergleichsbaum für drei Einträge.

Wenn der Algorithmus stoppt, muss er so viel Information über die Eingabe gesammelt haben, dass er sich auf eine Permutation π festlegen kann, in der Form, dass er die eingegebenen Einträge in der Reihenfolge $(e_{\pi(1)}, \ldots, e_{\pi(n)})$ ausgibt. Wann kann er sich aber festlegen? Dies zu verstehen hilft das folgende Gedankenexperi-

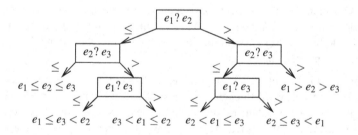

Abb. 5.4. Ein Baum, der drei Einträge sortiert. Zuerst vergleichen wir e_1 und e_2. Wenn $e_1 \leq e_2$, vergleichen wir e_2 und e_3. Wenn $e_2 \leq e_3$, gilt $e_1 \leq e_2 \leq e_3$, und wir sind fertig. Andernfalls vergleichen wir e_1 mit e_3. Für jedes der beiden Ergebnisse sind wir dann fertig. Wenn $e_1 > e_2$, vergleichen wir e_2 mit e_3. Wenn $e_2 > e_3$, haben wir $e_1 > e_2 > e_3$ und sind fertig. Andernfalls vergleichen wir e_1 mit e_3. Beide möglichen Ergebnisse beenden das Sortieren. Die Anzahl der Vergleiche im schlechtesten Fall ist 3. Die mittlere Zahl der Vergleiche, gemittelt über alle sechs möglichen Anordnungen, ist $(2 + 3 + 3 + 2 + 3 + 3)/6 = 8/3$.

ment. Wir nehmen an, dass die Eingabeschlüssel alle verschieden sind, und betrachten jede der $n!$ Permutationen π der Menge $\{1,\dots,n\}$. Die Permutation π entspricht der Situation $e_{\pi(1)} < e_{\pi(2)} < \cdots < e_{\pi(n)}$. Für ein beliebiges π lassen wir den Algorithmus ablaufen und beantworten alle gestellten Fragen so, wie sie durch diese Anordnung der Eingabe vorgegeben werden. Dies führt uns zu einem Blatt ℓ_π des Vergleichsbaums.

Lemma 5.3. *Ein Sortieralgorithmus und der zugehörige Vergleichsbaum seien gegeben. Wenn π und σ zwei verschiedene Permutationen von $\{1,\dots,n\}$ sind, dann müssen die Blätter ℓ_π und ℓ_σ verschieden sein.*

Beweis. Indirekt. Wir nehmen an, π und σ seien verschieden, aber ℓ_π und ℓ_σ seien identisch. Wir betrachten Eingaben $(e_1,\dots,e_n)$ und $(e'_1,\dots,e'_n)$ mit $e_{\pi(1)} < \cdots < e_{\pi(n)}$ und $e'_{\sigma(1)} < \cdots < e'_{\sigma(n)}$. Beide führen im Vergleichsbaum zum gleichen Blatt; das heißt, dass der Algorithmus auf beiden genau die gleiche Umordnung vornimmt. Dann sortiert aber der Algorithmus (mindestens) eine der beiden Eingaben nicht korrekt, ein Widerspruch. $\qquad\square$

Das Lemma besagt, dass jeder Vergleichsbaum, der von einem Sortieralgorithmus erzeugt wird, mindestens $n!$ Blätter haben muss. Weil ein Baum der Tiefe T nicht mehr als 2^T Blätter haben kann, muss

$$2^T \geq n! \quad \text{oder} \quad T \geq \log n!$$

gelten. Aus der einfachen unteren Schranke (A.8) für $n!$ ergibt sich:

$$T \geq \log n! \geq \log\left(\left(\frac{n}{e}\right)^n\right) = n\log n - n\log e .$$

Satz 5.4 *Jeder vergleichsbasierte Sortieralgorithmus benötigt im schlechtesten Fall $n\log n - \mathrm{O}(n)$ Vergleiche.*

Ohne Beweis halten wir fest, dass diese Schranke auch für randomisierte Sortieralgorithmen und im mittleren Fall gilt, wo alle Permutationen der Eingabeobjekte mit der gleichen Wahrscheinlichkeit auftreten. Das heißt: Eingaben sind im schlechtesten Fall nicht viel schwieriger als im mittleren Fall. Die Schranke gilt sogar für das anscheinend einfachere Problem, bei dem wir nur überprüfen wollen, ob ein Eintrag in der Eingabe doppelt vorkommt.

Für den folgenden Satz nehmen an, dass nur Inputs mit n verschiedenen Schlüsseln vorgelegt werden und dass jede Permutation mit der gleichen Wahrscheinlichkeit $1/n!$ die sortierende Permutation ist.

Satz 5.5 *Jeder vergleichsbasierte Sortieralgorithmus benötigt im mittleren Fall $n\log n - \mathrm{O}(n)$ Vergleiche, d. h.*

$$\frac{\sum_\pi d_\pi}{n!} = n\log n - \mathrm{O}(n) ,$$

wobei die Summation über die $n!$ Permutationen π der Menge $\{1,\dots,n\}$ läuft, und ℓ_π die Tiefe des Blattes mit Beschriftung π ist.

Aufgabe 5.18. Zeigen Sie, dass jeder vergleichsbasierte Algorithmus im schlechtesten Fall $n - 1$ Vergleiche benötigt, um den kleinsten von n Einträgen zu bestimmen. Zeigen Sie weiter, dass jeder vergleichsbasierte Algorithmus mindestens $n - 1 + \log n$ Vergleiche benötigt, um den kleinsten und den zweitkleinsten Eintrag zu bestimmen. Geben Sie einen Algorithmus an, der mit dieser Vergleichsanzahl auskommt.

Aufgabe 5.19. Das *Element-Uniqueness*-Problem ist die Aufgabe, zu entscheiden, ob in einer Folge von n Einträgen mit Schlüsseln aus einer total geordneten Menge alle Schlüssel verschieden sind. Zeigen Sie, dass vergleichsbasierte Algorithmen für dieses Problem $\Omega(n \log n)$ Vergleiche benötigen. Wieso steht dies nicht im Widerspruch zur Tatsache, dass wir dieses Problem mittels Hashing in linearer erwarteter Zeit lösen können?

Aufgabe 5.20 (Untere Schranke für den mittleren Fall). Gegeben sei ein vergleichsbasierter Sortieralgorithmus. In der Notation von oben bezeichnen wir mit d_π die Tiefe des Blattes ℓ_π im entsprechenden Vergleichsbaum. Begründen Sie, dass $A = (1/n!) \sum_\pi d_\pi$ die mittlere Komplexität (d. h. Vergleichsanzahl) des Algorithmus ist. Versuchen Sie zu zeigen, dass $A \geq \log(n!)$ ist. *Hinweis*: Beweisen Sie zunächst, dass $\sum_\pi 2^{-d_\pi} \leq 1$ gilt. Betrachten Sie dann das Minimierungsproblem „Minimiere $\sum_\pi d_\pi$ unter der Bedingung $\sum_\pi 2^{-d_\pi} \leq 1$, für reelle Zahlen $d_\pi \geq 0$". Zeigen Sie, dass das Minimum angenommen wird, wenn alle d_π gleich sind. (Alternativ können Sie die Jensensche Ungleichung (A.15) auf die konvexe Funktion $x \mapsto 2^{-x}$ anwenden.)

Aufgabe 5.21 (Optimales Sortieren von wenigen Einträgen). Geben Sie für kleine k Sortieralgorithmen an, die höchstens $\lceil \log k! \rceil$ Vergleiche benötigen. (a) Für $k \in \{2, 3, 4\}$: Mergesort. (b) Für $k = 5$ sind sieben Vergleiche gestattet. Dies ist etwas schwieriger. Mergesort ist nicht geeignet, da es bis zu acht Vergleiche benutzt. (c) Für $k \in \{6, 7, 8\}$ sollten Sie Fall $k = 5$ als Unterprogramm benutzen.

5.4 Quicksort

Quicksort ist ein Teile-und-Herrsche-Algorithmus, der in gewissem Sinn komplementär zum Mergesort-Algorithmus aus Abschnitt 5.2 ist. Quicksort führt die schwierige Arbeit *vor* den rekursiven Aufrufen aus. Die Idee dabei ist, die gegebenen Einträge in zwei oder mehr Folgen zu zerlegen, so dass sich die entsprechenden Schlüsselbereiche nicht überlappen. Dann genügt es, die kürzeren Folgen rekursiv zu sortieren und die Resultate zu konkatenieren. Für eine vollkommene Dualität mit Mergesort, auch in der Analyse, würden wir die Eingabefolge gerne in zwei Folgen der exakt gleichen Länge teilen. Leider ist gerade dies nicht trivial. Wir können aber in die Nähe dieses Ziels kommen, indem wir einen Eintrag zufällig wählen, der als spaltender Eintrag dienen soll. Dieser Eintrag heißt normalerweise das *Pivotelement*. Sei p das gewählte Pivotelement. Die Einträge werden nun danach klassifiziert, ob sie kleiner, gleich, oder größer p sind. Diese drei Teile der Eingabe werden wieder als Folgen organisiert. Abbildung 5.5 gibt eine noch schematische Umsetzung dieser Idee an,

Abb. 5.6 den Ablauf auf einer Beispieleingabe. Quicksort hat eine erwartete Ausführungszeit von $O(n \log n)$, wie wir in Abschnitt 5.4.1 sehen werden. In Abschnitt 5.4.2 besprechen wir Verfeinerungen, die das Verhalten so verbessern, dass sie Quicksort zum in der Praxis meistbenutzten Sortieralgorithmus gemacht haben.

5.4.1 Analyse

Bei der Analyse der Rechenzeit von Quicksort auf einer Eingabefolge $s = \langle e_1, \ldots, e_n \rangle$ konzentrieren wir uns auf die Anzahl der ausgeführten Vergleiche. Dabei zählen wir einen „Dreiweg-Vergleich" von Einträgen, bei dem als Ergebnis „kleiner", „gleich" oder „größer" herauskommen kann, als eine Operation. Ausgehend von der Vergleichsanzahl machen die anderen Operationen bei der Rechenzeit nur konstante Faktoren und kleine additive Terme aus.

Es sei $C(n)$ die Anzahl der Vergleiche, die von Quicksort im schlechtesten Fall auf irgendeiner Eingabfolge der Länge n ausgeführt wird, für irgendeine Wahl der Pivotelemente. Das Verhalten im schlechtesten Fall ist leicht festzustellen. Die Teilfolgen a, b und c in Abb. 5.5 werden gebildet, indem das Pivotelement mit allen anderen Einträgen verglichen wird. Dies erfordert $n - 1$ Vergleiche. Wenn wir die Anzahl der Einträge, die jeweils kleiner bzw. größer als das Pivotelement sind, mit k bzw. k' bezeichnen, erhalten wir die folgende Rekurrenzungleichung: $C(0) = C(1) = 0$ und

$$C(n) \leq n - 1 + \max \left\{ C(k) + C(k') : 0 \leq k \leq n - 1, 0 \leq k' < n - k \right\} .$$

Durch Induktion lässt sich daraus leicht Folgendes herleiten:

$$C(n) \leq \frac{n(n-1)}{2} = \Theta(n^2) .$$

Der schlechteste Fall tritt ein, wenn alle Einträge verschieden sind und der Algorithmus immer den größten oder den kleinsten Eintrag als Pivot wählt. Dann gilt $C(n) = n(n-1)/2$.

Das erwartete Verhalten ist viel besser. Wir geben zunächst ein Plausibilitätsargument für eine Schranke von $O(n \log n)$ für die erwartete Anzahl von Vergleichen an, um dann eine präzisere Schranke von $2n \ln n$ zu beweisen. Dabei konzentrieren wir uns auf den Fall, dass alle Einträge verschiedene Schlüssel haben. Die anderen

---

Function *quickSort*(s : *Sequence* **of** *Element*) : *Sequence* **of** *Element*
  if $|s| \leq 1$ **then return** s // Basisfall
  wähle $p \in s$ rein zufällig   // Pivotelement
  $a := \langle e \in s : e < p \rangle$
  $b := \langle e \in s : e = p \rangle$
  $c := \langle e \in s : e > p \rangle$
  return *Konkatenation von quickSort*(a), b *und quickSort*(c)

Abb. 5.5. Schematische Formulierung von Quicksort für Listen.

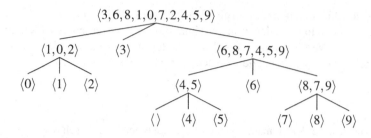

Abb. 5.6. Ausführung von *quickSort* (Fig. 5.5) auf $\langle 3,6,8,1,0,7,2,4,5,9 \rangle$, wobei immer der erste Eintrag jeder Teilfolge als Pivotelement benutzt wird. Der erste Aufruf von Quicksort benutzt 3 als Pivotelement und erzeugt die Teilfolgen $\langle 1,0,2 \rangle$, $\langle 3 \rangle$ und $\langle 6,8,7,4,5,9 \rangle$. Der rekursive Aufruf für die dritte Teilfolge benutzt 6 als Pivotelement und erzeugt die Teilfolgen $\langle 4,5 \rangle$, $\langle 6 \rangle$ und $\langle 8,7,9 \rangle$.

Fälle haben sogar noch geringere Rechenzeiten, weil ein Pivotelement, das mehrfach vorkommt, zu einem längeren Segment *b* in der Mitte führt, das nachher nicht mehr bearbeitet werden muss. Für jeden Eintrag e_i bezeichnen wir mit X_i die Anzahl von Vergleichen zwischen e_i und einem Pivotelement. Dann ist $\sum_i X_i$ die Gesamtanzahl von Vergleichen. Jedes Mal wenn e_i mit einem Pivotelement verglichen wird, landet es in einer kleineren Teilfolge. Daher ist $X_i \leq n - 1$ (was einen weiteren Beweis für die quadratische obere Schranke liefert). Wir wollen einen solchen Vergleich „gut für e_i" nennen, wenn die neue Teilfolge mit e_i höchstens eine Länge von $\frac{3}{4}$ der alten Teilfolge hat. Für jeden Eintrag e_i gibt es höchstens $\log_{4/3} n$ gute Vergleiche. Die Wahrscheinlichkeit, dass das gewählte Pivotelement nicht gut für e_i ist, beträgt höchstens $\frac{1}{2}$, weil dann das Pivotelement zum kleinsten oder zum größten Viertel der Einträge in der Teilfolge gehören muss. Daher ist $\mathrm{E}[X_i] \leq 2\log_{4/3} n$. Wenn wir diese Ungleichung summieren, ergibt sich $\mathrm{E}[\sum_i X_i] = \mathrm{O}(n \log n)$. – Nun beweisen wir auf ganz andere Weise eine schärfere Schranke.

Satz 5.6 *Die erwartete Anzahl $\overline{C}(n)$ von Vergleichen, die Quicksort auf Eingaben mit n Einträgen ausführt, erfüllt*

$$\overline{C}(n) \leq 2n \ln n < 1.39 n \log n \,.$$

Beweis. Mit $s' = \langle e'_1, \ldots, e'_n \rangle$ wollen wir die Einträge in der Eingabe in aufsteigender Reihenfolge bezeichnen. Die Einträge e'_i und e'_j werden höchstens einmal miteinander verglichen, und dies geschieht dann, wenn einer der beiden als Pivotelement gewählt wird, während beide (noch) zur gleichen Teilfolge gehören. Daher können wir die Vergleiche zählen, indem wir die folgenden Indikatorvariablen X_{ij}, $i < j$, betrachten: $X_{ij} = 1$, wenn e'_i und e'_j verglichen werden, $X_{ij} = 0$ sonst. Wir erhalten:

$$\overline{C}(n) = \mathrm{E}\left[\sum_{i=1}^{n} \sum_{j=i+1}^{n} X_{ij}\right] = \sum_{i=1}^{n} \sum_{j=i+1}^{n} \mathrm{E}[X_{ij}] = \sum_{i=1}^{n} \sum_{j=i+1}^{n} \mathrm{prob}(X_{ij} = 1) \,.$$

Die mittlere Umformung folgt aus der Linearität des Erwartungswerts (A.2). Die letzte Gleichheit benutzt, dass $E[X_{ij}] = \text{prob}(X_{ij} = 1)$ gilt, da es sich um eine Indikatorvariable handelt (vgl. Abschnitt A.3). Bevor wir den Ausdruck für $\overline{C}(n)$ weiter vereinfachen können, müssen wir $\text{prob}(X_{ij} = 1)$ bestimmen.

Lemma 5.7. *Für beliebige $i < j$ gilt:* $\text{prob}(X_{ij} = 1) = \dfrac{2}{j-i+1}$.

Beweis. Wir betrachten die $(j - i + 1)$-elementige Menge $M = \{e'_i, \ldots, e'_j\}$. Solange keiner der Einträge in M als Pivotelement gewählt wurde, werden e'_i und e'_j nicht verglichen, aber alle Einträge in M bleiben bei den rekursiven Aufrufen stets in der gleichen Teilfolge. Irgendwann einmal muss ein Eintrag p in M Pivotelement werden. Dabei hat jeder Eintrag in M genau die gleiche Wahrscheinlichkeit, gewählt zu werden, nämlich $1/|M|$. Wenn $p = e'_i$ oder $p = e'_j$ gilt, werden die Einträge e'_i und e'_j verglichen, also gilt $X_{ij} = 1$. Andernfalls werden e'_i und e'_j an verschiedene rekursive Aufrufe weitergegeben, so dass sie nie verglichen werden und $X_{ij} = 0$ gilt. Es folgt $\text{prob}(X_{ij} = 1) = \frac{2}{|M|} = \frac{2}{j-i+1}$. $\square$

Nun lässt sich mit einer recht einfachen Rechnung der Beweis von Satz 5.6 vervollständigen:

$$\overline{C}(n) = \sum_{i=1}^{n} \sum_{j=i+1}^{n} \text{prob}(X_{ij} = 1) = \sum_{i=1}^{n} \sum_{j=i+1}^{n} \frac{2}{j-i+1} = \sum_{i=1}^{n} \sum_{k=2}^{n-i+1} \frac{2}{k}$$

$$\leq \sum_{i=1}^{n} \sum_{k=2}^{n} \frac{2}{k} = 2n \sum_{k=2}^{n} \frac{1}{k} = 2n(H_n - 1) \leq 2n(1 + \ln n - 1) = 2n \ln n \,.$$

Für die letzten drei Schritte sollte man sich die Eigenschaften der n-ten harmonischen Zahl $H_n := \sum_{k=1}^{n} 1/k \leq 1 + \ln n$ in Erinnerung rufen, siehe (A.12). Schließlich beachte man: $2n \ln n = (2 \ln 2) n \log n$ mit $2 \ln 2 = 1.38629 \ldots$. $\square$

Man beachte auch, dass die Berechnungen in Abschnitt 2.7 für das Problem der Zwischenmaxima sehr ähnlich waren, obwohl es um ein ganz anderes Problem ging.

5.4.2 *Verfeinerungen

In diesem Abschnitt betrachten wir Verfeinerungen des einfachen Quicksort-Algorithmus. Der resultierende Algorithmus, den wir *qSort* nennen, arbeitet *in-place*, ist schnell und platzeffizient. Der Pseudocode ist in Abb. 5.7 angegeben, und Abb. 5.8 zeigt eine Beispielausführung. Die Verfeinerungen sind nicht trivial und erfordern daher eine sorgfältige Betrachtung.

Die Funktion *qSort* arbeitet auf einem Array a. Die Argumente ℓ und r spezifizieren das Teilarray, das sortiert werden soll. Der äußerste Aufruf ist *qSort*$(a, 1, n)$. Wenn das Teilarray kleiner als eine Konstante n_0 ist, verwenden wir einen einfachen

Procedure $qSort(a : Array \text{ of } Element;\ \ell, r : \mathbb{N})$ // Sortiere das Teilarray $a[\ell..r]$.
  while $r - \ell + 1 > n_0$ **do**   // Benutze Teile-und-Herrsche.
    $j := pickPivotPos(a, \ell, r)$ // Wähle Pivotelement
    $swap(a[\ell], a[j])$ // und schaffe es an die erste Stelle.
    $p := a[\ell]$ // p ist jetzt das Pivotelement.
    $i := \ell;\ j := r$
    repeat   // a: [ℓ $i \to$ $\leftarrow j$ r]
      while $a[i] < p$ **do** $i{+}{+}$ // Überspringe Einträge,
      while $a[j] > p$ **do** $j{-}{-}$ // die schon im richtigen Teilarray stehen.
      if $i \leq j$ **then**   // Wenn die Partitionierung noch nicht fertig ist,
        $swap(a[i], a[j]); i{+}{+}; j{-}{-}$ // (*) vertausche falsch positionierte Einträge.
    until $i > j$ // Partitionierung ist fertig.
    if $i < (\ell + r)/2$ **then** $qSort(a, \ell, j);\ \ell := i$ // Rekursiver Aufruf für kleineres
    else $qSort(a, i, r);\ r := j$ // der beiden Teilarrays.
  endwhile
  $insertionSort(a[\ell..r])$ // schneller für kleine $r - \ell$

Abb. 5.7. Verfeinertes Quicksort für Arrays.

```
i →                    ← j              3  6  8  1  0  7  2  4  5  9
3  6  8  1  0  7  2  4  5  9            2  0  1 │8  6  7  3  4  5  9
2  6  8  1  0  7  3  4  5  9            1  0 │2  5  6  7  3  4 │8  9
2  0  8  1  6  7  3  4  5  9            0  1 │   4  3 │7  6  5 │8  9
2  0  1  8  6  7  3  4  5  9                    3  4 │5  6 │7
      j  i                                           5  6 │
```

Abb. 5.8. Ausführung von $qSort$ (Abb. 5.7) auf $\langle 3, 6, 8, 1, 0, 7, 2, 4, 5, 9 \rangle$, wobei stets der erste Eintrag als Pivot dient und $n_0 = 1$ gewählt wurde. Die *linke Seite* stellt den ersten Partitionierungsschritt dar. (Eben vertauschte Einträge sind grau hinterlegt.) Die *rechte Seite* zeigt die Ergebnisse aller Partitionierungsschritte, sowohl in den rekursiven Aufrufen als auch in der while-Schleife.

Algorithmus[4], etwa Einfügesortieren wie in Abb. 5.1. Die beste Wahl für die Zahl n_0 hängt von vielen Details der verwendeten Maschine ab und muss experimentell bestimmt werden; ein Wert irgendwo zwischen 10 und 40 sollte für viele Situationen gut funktionieren.

Das Pivotelement wird durch eine Funktion *pickPivotPos* gewählt, die wir nicht näher spezifizieren. Die Korrektheit hängt nicht von der Wahl des Pivotelements ab, wohl aber die Rechenzeit. Möglichkeiten sind: der erste Eintrag, ein zufälliger Eintrag, der Median (das „mittlere Element") des ersten, mittleren und letzten Eintrags oder der Median einer Menge von k zufällig gezogenen Einträgen. (Im zweiten Fall

---

[4] Einige Autoren schlagen vor, kurze Stücke unsortiert zu lassen und das Ergebnis am Ende mit einem einzigen Aufruf von Einfügesortieren zu bereinigen. Dieser Aufruf wird schnell ablaufen (s. Aufgabe 5.7). Obwohl dieser hübsche Trick die Gesamtzahl der ausgeführten Maschinenbefehle reduziert, ist die in Abb. 5.7 angegebene Lösung auf modernen Rechnern schneller, weil das zu sortierende Teilarray immer schon im Cache steht.

ist k entweder eine kleine Konstante oder hängt von der Größe des Teilarrays ab, z. B. könnte man k als $\lceil \sqrt{r - \ell + 1} \rceil$ wählen.) Die erste Möglichkeit erfordert die geringste Arbeit, man kann aber die Größe der Teilarrays nicht steuern. Die zweite Möglichkeit erfordert zusätzliche Arbeit mit zusätzlichem, aber noch sublinearem Zeitaufwand, liefert allerdings mit hoher Wahrscheinlichkeit sehr gut balancierte Teilarrays. Nachdem das Pivotelement gewählt worden ist, tauschen wir es an die erste Stelle des aktuellen Teilarrays (an Stelle ℓ des Gesamtarrays).

Die repeat-Schleife partitioniert das Teilarray in zwei echte (d. h. kleinere) Teilarrays. Sie arbeitet mit zwei Indizes i und j. Anfangs steht i am linken und j am rechten Ende des Teilarrays; i durchläuft die Arraypositionen von links nach rechts, j von rechts nach links. Am Ende der repeat-Schleife gilt $i = j + 1$ oder $i = j + 2$, alle Einträge im Teilarray $a[\ell..j]$ sind nicht größer als p, alle Einträge im Teilarray $a[i..r]$ nicht kleiner als p, jedes Teilarray ist echt kürzer als $a[\ell..r]$, und wenn $i = j + 2$ gilt, ist $a[i + 1]$ gleich p. Daher werden die rekursiven Aufrufe $qSort(a, \ell, j)$ und $qsort(a, i, r)$ das Teilarray vollständig sortieren. Diese rekursiven Aufrufe werden in einer etwas ungewöhnlichen Weise organisiert; dies wird weiter unten besprochen.

Wir untersuchen nun genauer, wie die Partitionierungs-Schleifen funktionieren. In der ersten Iteration der repeat-Schleife bewegt sich i überhaupt nicht, sondern bleibt an der Stelle ℓ stehen. Index j läuft nach links bis zum ersten Eintrag, der nicht größer als p ist. Daher bleibt j bei ℓ oder (normalerweise) bei einer Position rechts davon stehen. In jedem Fall gilt $i \leq j$. Wir vertauschen $a[i]$ und $a[j]$, erhöhen i und erniedrigen j. Um den Effekt des Ganzen allgemein zu beschreiben, betrachten wir mehrere Fälle.

Wenn p der kleinste Eintrag im Teilarray ist und dort nur einmal vorkommt, dann läuft j ganz hinunter bis ℓ, der Austausch hat keinen Effekt, und Erhöhung von i bzw. Erniedrigung von j hinterlässt die Werte $j = \ell - 1$ und $i = \ell + 1$. Wir erhalten ein leeres Teilarray $a[\ell..\ell - 1]$ und ein Teilarray $a[\ell + 1..r]$. Die Partitionierung ist beendet, und beide entstandenen Teilarrays sind echt kleiner als $a[\ell..r]$.

Wenn j auf dem Wert $i + 1$ landet, vertauschen wir, erhöhen i auf $\ell + 1$ und erniedrigen j auf ℓ. Die Partitionierung ist beendet, und es ergeben sich die beiden Teilarrays $a[\ell..\ell]$ und $a[\ell + 1..r]$, die beide echt kleiner als $a[\ell..r]$ sind.

Wenn j bei einer Stelle größer als $i + 1$ stoppt, gilt nach Ausführung der mit (*) markierten Zeile in Abb. 5.7 die Beziehung $\ell < i \leq j < r$. Alle Einträge links von Position i sind höchstens p (und es gibt mindestens einen solchen Eintrag) und alle Einträge rechts von Position j sind höchstens p (und es gibt mindestens einen solchen Eintrag). Weil i in seiner while-Schleife nur über Einträge hinweglaufen kann, die kleiner als p sind, und j nur über Einträge, die größer als p sind, bleibt diese Situation bei weiteren Durchläufen durch die repeat-Schleife erhalten. Wegen der eingeklammerten Aussagen werden auch alle while-Schleifen für i und für j terminieren. Das erspart in den Schleifen den Test, ob ein Index den Bereich $\ell..r$ verlässt. Das heißt, dass die while-Schleifen so sparsam wie möglich arbeiten: jeder Durchlauf führt einen Test und eine Inkrementierung bzw. Dekrementierung aus.

Nun wollen wir uns ansehen, wie die repeat-Schleife terminiert. Wenn nach den while-Schleifen $i \leq j - 2$ gilt, haben wir im Schleifenendetest $i \leq j$. Die Schleife läuft also weiter. Wenn nach den while-Schleifen $i = j - 1$ gilt, vertauschen wir, und i wird erhöht und j erniedrigt. Nun gilt also $i = j + 1$, und die repeat-Schleife terminiert mit den echten Teilarrays $a[\ell..j]$ and $a[i..r]$. Der Fall $i = j$ nach den while-Schleifen kann nur entstehen, wenn $a[i] = p$ gilt. In diesem Fall hat die Vertauschung keinen Effekt. Nach der Erhöhung von i und der Erniedrigung von j gilt $i = j + 2$, was zu den echten Teilarrays $a[\ell..j]$ und $a[j+2..r]$ führt, zwischen denen ein Vorkommen von p steht. Wenn schließlich nach den while-Schleifen $i > j$ gilt, dann muss entweder in der ersten Schleife i über j oder in der zweiten Schleife j über i hinweggelaufen sein. Nach der Invarianten muss im ersten Fall i bei $j + 1$ stehen bleiben und dann wird j in seiner while-Schleife nicht verändert, oder es muss im zweiten Fall j bei $i - 1$ stehen bleiben. In beiden Fällen gilt am Ende $i = j + 1$. Die mit (*) markierte Zeile wird nicht ausgeführt, und wir erhalten zwei echte Teilarrays $a[\ell..j]$ und $a[i..r]$.

Damit haben wir gezeigt, dass die Partitionierungsschleifen terminieren, dass das Ergebnis korrekt ist und dass echte (kleinere) Teilarrays entstehen.

Aufgabe 5.22. Wäre der Algorithmus immer noch korrekt, wenn die Indizes i und j in den while-Schleifen über Einträge, die gleich p sind, hinweglaufen würden? Wäre diese Variante korrekt, wenn man wüsste, dass alle Einträge verschieden sind?

Die verfeinerte Quicksort-Prozedur $qSort$ organisiert die Rekursion in einer eigenartig scheinenden Weise. Eigentlich müssten die rekursiven Aufrufe $qSort(a,\ell,j)$ und $qSort(a,i,r)$ erfolgen. Die Reihenfolge ist dabei aber gleichgültig. Diese Flexibilität nutzen wir aus und stellen den rekursiven Aufruf für das kleinere Teilarray an den Anfang. Der rekursive Aufruf für das größere Teilarray wäre dann die letzte Aktion, die in $qSort$ ausgeführt wird. Diese Situation nennt man in der Programmiersprachenliteratur *Endrekursion* oder endständige Rekursion (engl.: *tail recursion*). Ein endständiger rekursiver Aufruf kann eliminiert werden, indem die Parameter (hier ℓ and r) auf die korrekten Werte gesetzt werden und zur ersten Zeile der Prozedur gesprungen wird. Das ist genau, was die while-Schleife bewirkt. Wozu ist diese Veränderung des Programmtextes gut? Durch sie wird garantiert, dass der Rekursionsstack logarithmisch beschränkt bleibt; die genaue Schranke ist $\lceil \log(n/n_0) \rceil$. Dies folgt daraus, dass im Aufruf für $a[\ell..r]$ nur ein rekursiver Aufruf für ein Teilarray vorkommt, das Größe höchstens $(r - \ell + 1)/2$ hat.

Aufgabe 5.23. Wie tief kann der Rekursionsstack höchstens werden, wenn man nicht die Strategie „kleinere Teilarrays zuerst" benutzt? Finden Sie ein Beispiel für den schlechtesten Fall!

*Aufgabe 5.24 (Sortieren von Strings mit Multikey-Quicksort [24]). Sei s eine Folge von n Strings. Wir nehmen an, dass jeder String mit einem speziellen Buchstaben endet, der von allen „normalen" Buchstaben verschieden ist. Zeigen Sie, dass die folgende Funktion $mkqSort(s,1)$ eine Folge s sortiert, wenn diese aus *verschiedenen* Strings besteht. Welche Schwierigkeit tritt auf, wenn s identische Strings enthält? Lösen Sie dieses Problem durch geeignete Modifikationen. Zeigen Sie, dass $mkqSort$ erwartete Rechenzeit $O(N + n \log n)$ hat, wenn $N = \sum_{e \in s} |e|$ ist.

Function $mkqSort(s : Sequence$ **of** $String, i : \mathbb{N}) : Sequence$ **of** $String$
   assert $\forall e, e' \in s : e[1..i-1] = e'[1..i-1]$

if $|s| \leq 1$ **then return** s // Basisfall
wähle $p \in s$ uniform zufällig   // Pivotbuchstabe
return *Konkatenation von* $mkqSort(\langle e \in s : e[i] < p[i]\rangle, i),$
$\qquad\qquad\qquad\qquad mkqSort(\langle e \in s : e[i] = p[i]\rangle, i+1)$ *und*
$\qquad\qquad\qquad\qquad mkqSort(\langle e \in s : e[i] > p[i]\rangle, i)$

Aufgabe 5.25. Implementieren Sie mehrere verschiedene Versionen von *qSort* in der Programmiersprache, die Ihnen am besten liegt. Schreiben Sie Versionen, die die Verfeinerungen aus diesem Abschnitt benutzen bzw. nicht benutzen, und untersuchen Sie die Auswirkungen auf den Zeit- und Speicherplatzbedarf.

5.5 Das Auswahlproblem

Mit „Auswahlproblem" bezeichnet man eine Klasse von Problemen, die sich leicht auf das Sortierproblem reduzieren lassen, die aber nicht volles Sortieren erfordern. Sei $s = \langle e_1, \ldots, e_n\rangle$ eine Folge mit sortierter Version $s' = \langle e'_1, \ldots, e'_n\rangle$. Den kleinsten Eintrag auszuwählen heißt einfach e'_1 zu bestimmen; den größten Eintrag auszuwählen heißt e'_n zu bestimmen, und den k-t kleinsten Eintrag (den Eintrag mit *Rang k*) auszuwählen heißt e'_k zu bestimmen. Den *Median* zu ermitteln bedeutet $e'_{\lceil n/2 \rceil}$ zu berechnen. Die Bestimmung des Medians ist, ebenso wie die Bestimmung der Quartile[5] ein grundlegendes Problem in der Statistik. Der kleinste und der größte Eintrag lassen sich leicht in Linearzeit bestimmen, indem man das Array einmal durchläuft. Wir wollen nun zeigen, dass sich auch der k-t kleinste Eintrag in Linearzeit bestimmen lässt. Die einfache rekursive Prozedur in Abb. 5.9 löst das Problem.

Diese Prozedur ähnelt Quicksort sehr und heißt daher *Quickselect*. Wesentlicher Unterschied zu Quicksort ist, dass man hier nur einen der rekursiven Aufrufe ausführen muss. Wie vorher wird ein Pivoteintrag ausgewählt und die Eingabefolge s wird in Teilfolgen a, b und c partitioniert, mit den Einträgen, die kleiner als der Pivoteintrag, gleich dem Pivoteintrag bzw. größer als der Pivoteintrag sind. Wenn $|a| \geq k$

---

[5] Die Quartile sind die Einträge mit Rang $\lceil \alpha n \rceil$, für $\alpha = \frac{1}{4}, \frac{1}{2}, \frac{3}{4}$.

// Finde den Eintrag mit Rang k
Function *select*(s : *Sequence* **of** *Element*; $k : \mathbb{N}$) : *Element*
    assert $|s| \geq k$
    wähle $p \in s$ rein zufällig   // Pivoteintrag
    $a := \langle e \in s : e < p\rangle$
    if $|a| \geq k$ **then return** *select*(a, k)   //
    $b := \langle e \in s : e = p\rangle$
    if $|a| + |b| \geq k$ **then return** p //
    $c := \langle e \in s : e > p\rangle$
    return *select*($c, k - |a| - |b|$)   //

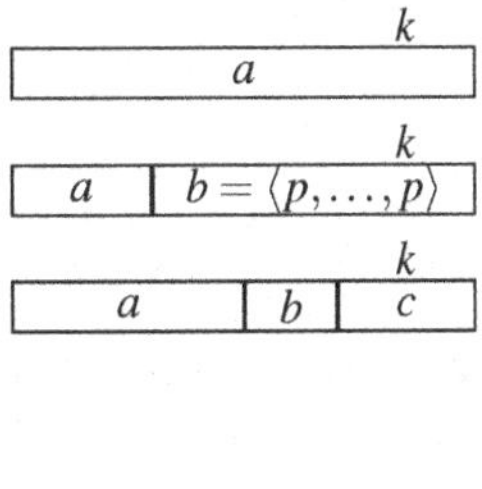

Abb. 5.9. Quickselect.

gilt, gibt es einen rekursiven Aufruf für a, wenn $k > |a| + |b|$ gilt, erfolgt ein rekursiver Aufruf für c mit einem korrigierten Rang k'. Wenn $|a| < k \leq |a| + |b|$, sind wir schon fertig: der Pivoteintrag hat Rang k und wird als Lösung zurückgegeben. Mit dem letzten Fall wird auch die Situation erfasst, wo $|s| = k = 1$ ist; daher wird hierfür kein spezieller Fall benötig. Abbildung 5.10 stellt die Ausführung von Quickselect auf einer Beispieleingabe dar.

Genau wie bei Quicksort ist die Ausführungszeit von Quickselect im schlechtesten Fall quadratisch. Aber die erwartete Ausführungszeit ist linear und ist daher um einen logarithmischen Faktor geringer als Quicksort.

Satz 5.8 *Die erwartete Rechenzeit von Algorithmus Quickselect auf einer Eingabe der Größe n ist* $\mathrm{O}(n)$.

Beweis. Wir präsentieren eine einfache Analyse, die lineare erwartete Rechenzeit beweist. Die resultierende Konstante ist nicht optimal. Sei $T(n)$ das Maximum der erwarteten Ausführungszeiten von Quickselect auf Eingaben der Länge höchstens n. Offensichtlich wächst $T(n)$ mit n (schwach) monoton. Wir nennen einen Pivoteintrag *gut*, wenn weder $|a|$ noch $|c|$ größer als $2n/3$ sind. Mit γ bezeichnen wir die Wahrscheinlichkeit, dass der zufällig gewählte Pivoteintrag gut ist. Dann ist $\gamma \geq 1/3$, weil jeder Eintrag im mittleren Drittel der sortierten Version $s' = \langle e'_1, \ldots, e'_n \rangle$ gut ist. Wir nehmen nun pessimistisch an, dass sich die Problemgröße im rekursiven Aufruf nur um einen Faktor von $2/3$ verringert, also von n auf $\lfloor 2n/3 \rfloor$, und wir schätzen die verbleibende Zeit grob durch $T(n)$ ab, wenn der Pivoteintrag nicht gut ist. Da die Arbeit außerhalb des rekursiven Aufrufs linear in n ist, gilt für eine passende Konstante c Folgendes:

$$T(n) \leq cn + \gamma T\left(\left\lfloor \frac{2n}{3} \right\rfloor\right) + (1 - \gamma)T(n).$$

Umstellen liefert eine Rekurrenzungleichung für $T(n)$, die sich durch iteriertes Einsetzen auflösen lässt:

$$T(n) \leq \frac{cn}{\gamma} + T\left(\left\lfloor \frac{2n}{3} \right\rfloor\right) \leq 3cn + T\left(\left\lfloor \frac{2n}{3} \right\rfloor\right) \leq 3c\left(n + \frac{2n}{3} + \frac{4n}{9} + \ldots\right)$$

$$\leq 3cn \sum_{i \geq 0} \left(\frac{2}{3}\right)^i \leq 3cn \frac{1}{1 - 2/3} = 9cn. \qquad \square$$

Aufgabe 5.26. Modifizieren Sie Quickselect so, dass die k kleinsten Einträge zurückgegeben werden.

s	k	p	a	b	c
$\langle 3,1,4,5,9,\mathbf{2},6,5,3,5,8 \rangle$	6	2	$\langle 1 \rangle$	$\langle 2 \rangle$	$\langle 3,4,5,9,6,5,3,5,8 \rangle$
$\langle 3,4,5,9,\mathbf{6},5,3,5,8 \rangle$	4	6	$\langle 3,4,5,5,3,4 \rangle$	$\langle 6 \rangle$	$\langle 9,8 \rangle$
$\langle 3,4,\mathbf{5},5,3,5 \rangle$	4	5	$\langle 3,4,3 \rangle$	$\langle 5,5,5 \rangle$	$\langle \rangle$

Abb. 5.10. Die Ausführung von *select*$(\langle 3,1,4,5,9,2,6,5,3,5,8,6 \rangle, 6)$. Als Pivoteintrag p wird jeweils der mittlere Eintrag (**fett**) der Folge s benutzt.

Aufgabe 5.27. Geben Sie einen Algorithmus für das Auswahlproblem an, der das Eingabearray so umstellt, dass die k kleinsten Einträge in Positionen $a[1], \ldots, a[k]$ stehen und dass $a[k]$ Rang k hat. (Weitere Anforderungen an die Reihenfolge in der Ausgabe werden nicht gestellt.) Benutzen Sie die Implementierungstricks aus der arraybasierten Version von Quicksort, um einen nichtrekursiven Algorithmus mit schnellen inneren Schleifen zu erhalten.

Aufgabe 5.28 (Auswahl bei Datenströmen).

(a) Entwickeln Sie einen Algorithmus, der den Eintrag mit Rang k in einer Folge findet, deren Einträge einzeln nacheinander geliefert werden, in einer Reihenfolge, die der Algorithmus nicht beeinflussen kann. Der verfügbare Speicherplatz hat nur Umfang $O(k)$. Dies modelliert die Situation, wo umfangreiche Daten über ein Netzwerk zu einem Sensor mit beschränkter Speicherkapazität gelangen.

(b) Verfeinern Sie Ihren Algorithmus so, dass die Rechenzeit $O(n \log k)$ wird. (Es kann nützlich sein, zunächst Teile von Kap. 6 zu lesen.)

*(c) Verfeinern Sie den Algorithmus und seine Analyse noch weiter, so dass Ihr neuer Algorithmus im Mittel in Zeit $O(n)$ läuft, wenn $k = O(n/\log n)$ gilt. Hier soll „im Mittel" bedeuten, dass jede Anordnung der Einträge in der Eingabe die gleiche Wahrscheinlichkeit hat.

5.6 Brechen der unteren Schranke

Die Überschrift dieses Abschnittes ist offenkundig sinnlos. Eine untere Schranke ist eine absolute Aussage, die besagt, dass in einem bestimmten Berechnungsmodell eine bestimmte Aufgabe nicht schneller durchgeführt werden kann als die Schranke angibt. Also kann man eine untere Schranke nicht „brechen". Aber Vorsicht! Dies gilt nur für Algorithmen, die unter das zugrundegelegte Berechnungsmodell fallen. Durch eine untere Schranke wird nicht ausgeschlossen, dass es in einem Berechnungsmodell mit reichhaltigerem Operationssatz eine schnellere Lösung gibt. Genau genommen kann man die untere Schranke sogar als Anleitung benutzen, um zu schnelleren Algorithmen zu gelangen. Sie sagt uns, dass wir den Satz von Grundoperationen erweitern müssen, wenn wir schnellere Algorithmen haben wollen.

Was heißt das nun im Fall des Sortierproblems? Bisher haben wir uns auf vergleichsbasierte Sortierverfahren beschränkt. Um etwas über die Größenbeziehung zwischen Einträgen zu erfahren, musste man sie vergleichen. Für strukturierte Schlüssel gibt es wirkungsvollere Arten, Information zu bekommen, und dies wird es uns gestatten, die untere Schranke von $\Omega(n \log n)$ zu brechen, die für vergleichsbasierte Sortierverfahren gilt. Beispielsweise haben Zahlen und Strings Struktur – sie stellen Folgen von Ziffern bzw. Buchstaben dar.

Wir beginnen mit einem sehr einfachen Algorithmus, *Ksort*, der dann schnell ist, wenn die Schlüssel kleine natürliche Zahlen sind, etwa im Bereich $0..K-1$. Der Algorithmus benötigt nur Zeit $O(n+K)$. Wir benutzen ein Array $b[0..K-1]$ von *Behältern*, die anfangs leer sind. Wir durchlaufen dann die Eingabe und legen einen

Eintrag mit Schlüssel k in Behälter $b[k]$. Das geht in konstanter Zeit pro Eintrag, beispielsweise indem man jeden Behälter als eine verkettete Liste organisiert. Schließlich konkatenieren wir alle diese Listen, um eine sortierte Ausgabe zu erhalten. In Abb. 5.11 ist der Algorithmus in Pseudocode angegeben. Wenn beispielsweise die Einträge Paare sind, deren erste Komponente ein Schlüssel im Bereich 0..3 ist, und wenn die Eingabe

$$s = \langle (3,a),(1,b),(2,c),(3,d),(0,e),(0,f),(3,g),(2,h),(1,i) \rangle$$

gegeben ist, ergibt sich

$$b = [\langle (0,e),(0,f) \rangle, \ \langle (1,b),(1,i) \rangle, \ \langle (2,c),(2,h) \rangle, \ \langle (3,a),(3,d),(3,g) \rangle]$$

und die Ausgabe $\langle (0,e),(0,f),(1,b),(1,i),(2,c),(2,h),(3,a),(3,d),(3,g) \rangle$. Dieses Beispiel macht eine wesentliche Eigenschaft von *Ksort* deutlich. Es handelt sich nämlich um ein *stabiles* Sortierverfahren, d. h., Einträge mit dem gleichen Schlüssel haben in der Ausgabe untereinander die gleiche Reihenfolge wie in der Eingabe. Hierfür ist es wesentlich, dass die Einträge an die Behälterlisten *angehängt* werden.

Ksort kann als Baustein für die Konstruktion eines Sortierverfahrens für größere Schlüssel verwendet werden. Hinter *Radixsort* steckt die Idee, natürliche Zahlen durch Ziffern im Bereich 0..K − 1 darzustellen. Dann wird *Ksort* für jede Ziffernposition einmal angewendet. Abbildung 5.12 zeigt die Version von Radixsort für Schlüssel im Bereich $0..K^d − 1$, mit einer Rechenzeit von $O(d(n+K))$. Die Einträge werden zunächst nach der Ziffer mit dem niedrigsten Stellenwert (engl.: *least significant digit*) sortiert, dann nach der mit dem zweitniedrigsten Stellenwert, und so fort, bis schließlich nach der Ziffer mit dem höchsten Stellenwert sortiert wird. Das Verfahren heißt *LSD-Radixsort*. Es ist nicht auf den ersten Blick klar, warum dies funktioniert. Die Korrektheit des Verfahrens beruht auf der Stabilität von *Ksort*. Weil *Ksort* stabil ist, bleiben die Einträge, die an Position i dieselbe Ziffer stehen haben, bezüglich der Ziffern $i − 1..0$ sortiert, wenn mit *Ksort* bezüglich der Ziffer an Stelle i sortiert wird. Wenn beispielsweise $K = 10$, $d = 3$ und

$$s = \langle 017,042,666,007,111,911,999 \rangle$$

gilt, erhalten wir nacheinander die Anordnungen

$$s = \langle 111,911,042,666,017,007,999 \rangle \, ,$$
$$s = \langle 007,111,911,017,042,666,999 \rangle \, ,$$
$$s = \langle 007,017,042,111,666,911,999 \rangle \, .$$

Procedure *KSort*(s : *Sequence* **of** *Element*)
  $b = \langle \langle \rangle, \ldots, \langle \rangle \rangle$: *Array* $[0..K-1]$ **of** *Sequence* **of** *Element*
  foreach $e \in s$ **do** $b[key(e)].pushBack(e)$
  $s := Konkatenation$ von $b[0], \ldots, b[K-1]$

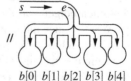

Abb. 5.11. Sortieren für Schlüssel aus dem Bereich $0..K-1$.

Procedure *LSDRadixSort*(s : *Sequence* **of** *Element*)
   for $i := 0$ **to** $d - 1$ **do**
      Definiere *key*(x) als (x **div** K^i) **mod** K
      KSort(s)
      invariant s ist bezüglich der Ziffern $i..0$ sortiert

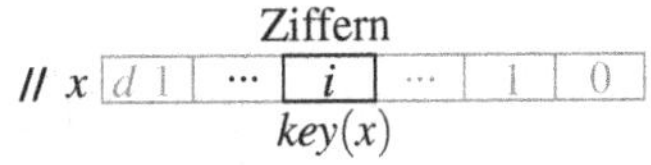

Abb. 5.12. Sortieren für Schlüssel aus dem Bereich $0..K^d - 1$ mit LSD-Radixsort.

Procedure *uniformSort*(s : *Sequence* **of** *Element*)
   $n := |s|$
   $b = \langle\langle\rangle, \ldots, \langle\rangle\rangle$: *Array* $[0..n-1]$ **of** *Sequence* **of** *Element*
   foreach $e \in s$ **do** $b[\lfloor key(e) \cdot n \rfloor].pushBack(e)$
   for $i := 0$ **to** $n - 1$ **do** sortiere $b[i]$ in Zeit $O(|b[i]| \log |b[i]|)$
   $s :=$ *Konkatenation von* $b[0], \ldots, b[n-1]$

Abb. 5.13. Sortieren von zufälligen Schlüsseln aus $[0, 1)$.

Es gibt auch eine Variante von Radixsort, bei der man mit dem Sortieren nach der Ziffer mit dem höchsten Stellenwert beginnt (*MSD-Radixsort*, wegen engl. *most significant digit*). Wir wenden *Ksort* auf die Ziffer mit dem höchsten Stellenwert an und sortieren dann jeden Behälter rekursiv. Das einzige Problem ist, dass die Behälter viel kleiner als K sein könnten, so dass es zu teuer sein könnte, auf sie *Ksort* anzuwenden. Dann müssen wir auf einen anderen Algorithmus ausweichen. Dies funktioniert dann besonders gut, wenn wir annehmen können, dass die Schlüssel uniform verteilt sind. Genauer wollen wir nun annehmen, dass die Schlüssel reelle Zahlen mit $0 \leq key(e) < 1$ sind. Der Algorithmus *uniformSort* in Abb. 5.13 skaliert diese Schlüssel auf Zahlen zwischen 0 und $n - 1 = |s| - 1$ hoch und verteilt sie auf n Behälter, wobei $b[i]$ die Schlüssel im Bereich $[i/n, (i+1)/n)$ aufnimmt. Wenn zum Beispiel $s = \langle 0.8, 0.4, 0.7, 0.6, 0.3 \rangle$ ist, erhalten wir fünf Behälter, von denen jeder für einen Bereich der Länge 0.2 zuständig ist:

$$b = [\langle\rangle, \quad \langle 0.3 \rangle, \quad \langle 0.4 \rangle, \quad \langle 0.7, 0.6 \rangle, \quad \langle 0.8 \rangle] ;$$

nur Behälter $b[3] = \langle 0.7, 0.6 \rangle$ stellt ein nichttriviales Teilproblem dar. Die Prozedur *uniformSort* ist für *zufällige* Schlüssel sehr effizient.

Satz 5.9 *Wenn n Schlüssel unabhängig und uniform aus $[0, 1)$ gewählt werden, dann werden sie von uniformSort in Zeit $O(n)$ im mittleren und Zeit $O(n \log n)$ im schlechtesten Fall sortiert.*

Beweis. Wir betrachten hier nur den mittleren Fall. (Die Analyse für den schlechtesten Fall wird in einer Übungsaufgabe behandelt.) Die Gesamtrechenzeit T ergibt sich aus $O(n)$ für das Verteilen der Schlüssel auf die Behälter und für das Konkatenieren der sortierten Listen zuzüglich der Zeit für das Sortieren der einzelnen Behälter; letztere beträgt $\sum_{i<n} T_i$, wenn wir die Zeit für das Sortieren von Behälter $b[i]$ mit T_i bezeichnen.

Es gilt also:

$$E[T] = O(n) + E\left[\sum_{i<n} T_i\right] = O(n) + \sum_{i<n} E[T_i] = O(n) + nE[T_0] \ .$$

Die zweite Gleichheit folgt aus der Linearität des Erwartungswerts (A.2); die dritte Gleichheit beruht auf der Tatsache, dass bei uniformer Verteilung der Inputs alle Behältergrößen dieselbe Verteilung haben. Es bleibt zu zeigen, dass $E[T_0] = O(1)$ gilt. Wir beweisen eine stärkere Behauptung: $E[T_0] = O(1)$ gilt sogar, wenn für das Sortieren ein Algorithmus mit quadratischer Rechenzeit wie etwa Einfügesortieren benutzt wird. Für den Beweis geht man ähnlich vor wie bei der Analyse von Hashing in Kap. 4.

Sei $B_0 = |b[0]|$. Dann gilt $E[T_0] = O(E[B_0^2])$. Die Zufallsvariable B_0 ist binomialverteilt (A.7) mit n Versuchen und Erfolgswahrscheinlichkeit $1/n$; daher gilt

$$\text{prob}(B_0 = k) = \binom{n}{k}\left(\frac{1}{n}\right)^k \left(1 - \frac{1}{n}\right)^{n-k} \le \frac{n^k}{k!}\frac{1}{n^k} = \frac{1}{k!} \le \left(\frac{e}{k}\right)^k \ ,$$

wobei die letzte Ungleichung aus der einfachen Näherung (A.8) für $k!$ folgt. Wir erhalten:

$$E[B_0^2] = \sum_{k \le n} k^2 \cdot \text{prob}(B_0 = k) \le \sum_{k \le n} k^2 \left(\frac{e}{k}\right)^k$$

$$\le \sum_{k \le 5} k^2 \left(\frac{e}{k}\right)^k + e^2 \sum_{k \ge 6} \left(\frac{e}{k}\right)^{k-2}$$

$$\le O(1) + e^2 \sum_{k \ge 6} \left(\frac{1}{2}\right)^{k-2} = O(1) \ ,$$

und daher $E[T] = O(n)$. (Man beachte, dass die Aufteilung bei $k = 6$ es erlaubt, $e/k \le 1/2$ zu verwenden.)   □

*Aufgabe 5.29. Implementieren Sie einen effizienten Sortieralgorithmus für Einträge mit Schlüsseln aus dem Bereich $0..K-1$, der für Eingabe und Ausgabe die in Aufgabe 3.20 beschriebene Datenstruktur benutzt. Bei n Einträgen und Blockgröße B sollte der Platzbedarf $n + O(n/B + KB)$ sein.

5.7 *Externes Sortieren

Manchmal ist die Eingabe so riesig, dass sie nicht in den Hauptspeicher passt. In diesem Abschnitt erfährt die Leserin, wie man solche Daten im Externspeichermodell sortieren kann, das in Abschnitt 2.2 vorgestellt wurde. Dieses Modell unterscheidet zwischen einem schnellen internen Speicher der Größe M und einem großen Externspeicher. Der Datentransport zwischen den Ebenen der Speicherhierarchie erfolgt in Blöcken der Größe B. Das lineare Durchlaufen von Daten (engl.: *scanning*) ist im

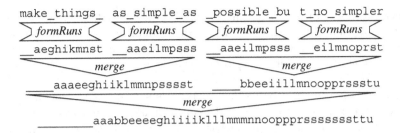

Abb. 5.14. Ein Beispiel für Zweiweg-Mergesort, ausgehend von Läufen der Länge 12.

Externspeichermodell sehr effizient, und Mergesort beruht auf linearem Durchlaufen. Um zu einem Sortierverfahren für das Externspeichermodell zu kommen, gehen wir daher von Mergesort aus.

Nehmen wir an, dass die Eingabe als Array der Länge n im Externspeicher gegeben ist. Wir beschreiben eine nichtrekursive Implementierung für den Fall, dass die Anzahl der Einträge durch B teilbar ist. Zuerst laden wir jeweils ein Teilarray der Größe M in den Internspeicher, sortieren es mit unserem bevorzugten Algorithmus (z. B. *qSort*), und schreiben das sortierte Teilarray wieder in den Externspeicher. Ein solches sortiertes Teilarray heißt ein *Lauf*. Die *Laufbildungsphase* benötigt n/B Blockleseschritte und n/B Blockschreibschritte, zusammen also $2n/B$ Block-E/A-Operationen. Anschließend werden in $\lceil \log(n/M) \rceil$ *Mischphasen* wiederholt Paare von Läufen zu einem längeren Lauf zusammengefügt, was schließlich dazu führt, dass nur noch ein sortierter Lauf übrigbleibt. In Abb. 5.14 findet man ein Beispiel für $n = 48$ Einträge und Läufe der Länge 12 (gebildet von einer Prozedur *formRuns*).

Wie fügt man man zwei Läufe zusammen? Wir halten je einen Block aus jedem der beiden Eingabeläufe und aus der Ausgabe im Internspeicher. Diese Blöcke nennen wir *Puffer*. Anfangs enthalten die Eingabepuffer die ersten B Einträge aus den beiden Eingabeläufen; der Ausgabepuffer ist leer. Wir vergleichen die ersten Einträge aus den Eingabepuffern und verschieben den kleineren davon in den Ausgabepuffer. Wenn ein Eingabepuffer leer wird, holen wir den nächsten Block aus dem entsprechenden Eingabelauf; wenn der Ausgabepuffer voll ist, schreiben wir ihn in den Externspeicher.

Jede Mischphase liest alle aktuell vorhandenen Läufe und schreibt neue Läufe der doppelten Länge. Daher benötigt jede Phase n/B Block-Leseoperationen und n/B Block-Schreiboperationen. Wenn wir über alle Phasen summieren, erhalten wir $(2n/B)(1 + \lceil \log(n/M) \rceil)$ E/A-Operationen. Die beschriebene Technik funktioniert, sobald $M \geq 3B$ ist.

5.7.1 Mehrweg-Mergesort

Normalerweise passen viele Blöcke in den Internspeicher, nicht nur drei. Wir beschreiben nun, wie man den vorhandenen Internspeicher in der Mischphase voll ausnützt. Die Idee dabei ist, mehr als zwei Läufe zusammenzumischen; dies verringert die Anzahl der Phasen. Bei *k-Weg-Mischen* werden k Läufe zu einem Ausgabelauf zusammengefügt. In jedem Schritt finden wir den Eingabelauf, dessen (momentan) erster Eintrag minimal ist. Dieser Eintrag wird entfernt und an die Ausgabefolge angehängt. Eine Implementierung im Externspeichermodell ist leicht, solange wir genügend Internspeicher für k Eingabepufferblöcke und einen Ausgabepufferblock und noch etwas zusätzlichen Speicher haben.

Für jeden der k Eingabepuffer muss stets bekannt sein, was der momentan betrachtete („aktuelle") Eintrag ist. Um den kleinsten dieser k aktuellen Einträge zu effizient bestimmen zu können, halten wir sie in einer *Prioritätswarteschlange*. Eine Prioritätswarteschlange speichert Einträge; dabei stehen Operationen für das Einfügen beliebiger Einträge und für das Entnehmen eines Eintrags mit kleinstem Schlüssel zur Verfügung. In Kap. 6 wird erklärt, wie Prioritätswarteschlangen so implementiert werden können, dass Einfügen und Entnehmen des Minimums Zeit $O(\log k)$ benötigen, wenn k Einträge in der Datenstruktur gespeichert sind. In jedem Schritt des Mischvorgangs sagt uns die Prioritätswarteschlange, welcher der Eingabepuffer den kleinsten aktuellen Eintrag enthält. Wir löschen diesen Eintrag aus der Prioritätswarteschlange, schreiben ihn in den Ausgabepuffer, und fügen den nächsten Eintrag aus diesem Eingabepuffer in die Prioritätswarteschlange ein. Wenn ein Eingabepuffer leer geworden ist, holen wir den nächsten Block des zugehörigen Laufs aus dem Externspeicher; wenn der Ausgabepuffer voll ist, schreiben wir ihn in den Externspeicher.

Wie groß kann man k wählen? Im Internspeicher benötigen wir Platz für $k+1$ Blöcke und für eine Prioritätswarteschlange mit k Einträgen. Also muss die Relation $(k+1)B + O(k) \leq M$ gelten, also $k = O(M/B)$. Die Anzahl der Mischphasen verringert sich auf $\lceil \log_k(n/M) \rceil$; damit ergibt sich für die Gesamtzahl aller E/A-Operationen die obere Schranke

$$2 \cdot \frac{n}{B} \left(1 + \left\lceil \log_{M/B} \frac{n}{M} \right\rceil \right) . \tag{5.1}$$

Der Unterschied zum Zweiweg-Mischen ist, dass der Logarithmus zu einer viel größeren Basis genommen wird. Interessanterweise ist die in (5.1) angegebene obere Schranke für die E/A-Komplexität des Sortierproblems auch eine untere Schranke [5], d. h., unter recht allgemeinen Voraussetzungen kann es kein Sortierverfahren für das Externspeichermodell geben, das weniger Operationen benötigt.

In der Praxis wird die Anzahl der Mischphasen sehr klein sein. Man beobachte, dass eine einzige Mischphase genügen wird, solange $n \leq M^2/B$ ist. Dann bilden wir zunächst M/B Läufe der Länge jeweils M, und mischen diese Läufe in einer Mischphase zu einer einzigen sortierten Folge zusammen. Wenn „Internspeicher" für Hauptspeicher steht und „Externspeicher" für Festplatten, stellt diese Schranke für n für praktisch sinnvolle Systemkonfigurationen keine Einschränkung dar.

Aufgabe 5.30. Zeigen Sie, dass Mehrweg-Mergesort nur $O(n \log n)$ Schlüsselvergleiche durchführt.

Aufgabe 5.31 (Balancierte Systeme). Ermitteln Sie aktuelle Marktpreise für Computer, Hauptspeicher und Massenspeicher (z. Zt. sind dies Festplatten und Solid-State-Drives [SSDs]). Schätzen Sie die Blockgröße B, die man für eine gute E/A-

Bandweite benötigt. Können Sie eine Konfiguration finden, bei der Mehrweg-Merge-sort mehr als eine Mischphase benötigt, für eine Eingabe, die alle Massenspeicher des Systems füllt? Wenn dies so ist, welchen Bruchteil der Systemkosten müsste man in zusätzlichen Hauptspeicher investieren, um wieder mit einer Mischphase auszu-kommen?

5.7.2 Stichprobensortieren

Für Sortieren im Hauptspeicher wird Quicksort häufiger benutzt als Mergesort. Es ist daher ganz natürlich, nach einem Sortierverfahren für das Externspeichermodell zu suchen, das auf den Ideen von Quicksort beruht. Wir werden hier das Verfahren *Stichprobensortieren* (engl.: *sample sort*) skizzieren. Im erwarteten Fall hat es den gleichen E/A-Aufwand wie Mehrweg-Mergesort (5.1). Es hat diesem Verfahren gegenüber aber den Vorteil, dass es leichter an parallel arbeitende Festplatten und parallel arbeitende Prozessoren angepasst werden kann. Außerdem können ähnliche Algorithmen für das schnelle externe Sortieren von ganzzahligen Schlüsseln benutzt werden, in Anlehnung an das Vorgehen in Abschnitt 5.6.

Anstatt einen Pivoteintrag wie bei Quicksort benutzen wir jetzt $k-1$ *Spalter* $s_1, \ldots, s_{k-1}$, um eine Eingabefolge in k Teilfolgen aufzuspalten, die wieder *Behälter* genannt werden. Behälter i erhält die Einträge e mit $s_{i-1} \leq e < s_i$. Um die Darstel-lung zu vereinfachen, legen wir $s_0 = -\infty$ und $s_k = \infty$ als künstliche Spalter fest und nehmen an, dass alle Einträge verschiedene Schlüssel haben. Die Spalter sollten so gewählt sein, dass alle Behälter eine Größe von etwa n/k haben. Die Behälter werden dann rekursiv sortiert. Insbesondere können Behälter, die ganz in den Hauptspeicher passen, intern sortiert werden. Man beachte die Ähnlichkeit zum Verfahren MSD-Radixsort in Abschnitt 5.6.

Das wesentliche Problem bei diesem Ansatz ist, schnell gute Spalter zu finden. Hierfür benutzt Stichprobensortieren eine schnelle und einfache randomisierte Stra-tegie. Wir wählen eine *Stichprobe* von $(a+1)k-1$ zufälligen Einträgen aus der Eingabe, wobei a eine natürliche Zahl ist. Die Einträge in dieser Stichprobe wer-den intern sortiert, und das Ergebnis wird in aufsteigender Reihenfolge in ein Array $S[1..(a+1)k-1]$ geschrieben. Die Spalter sind dann $S[(a+1)i]$, für $1 \leq i \leq k-1$, d. h., aufeinanderfolgende Spalter sind durch a Stichprobeneinträge voneinander ge-trennt, unterhalb des ersten Spalters und oberhalb des letzten liegen ebenfalls jeweils a Einträge der Stichprobe. Mit der Wahl $a = 0$ erhält man eine kleine Stichprobe, aber die Aufteilung in Behälter wird nicht sehr gleichmäßig sein. Wenn man alle n Einträge als Stichprobe benutzt, ist die Aufteilung perfekt, aber die Stichprobe ist zu umfangreich. Die folgende Analyse zeigt, dass die Wahl $a = O(\log k)$ zu Behältern von nahezu gleicher Größe führt, ohne dass die Kosten für das Ziehen der Stichprobe und das Sortieren zu groß werden.

Am teuersten im Hinblick auf die Anzahl der E/A-Operationen ist beim Stichpro-bensortieren das Aufteilen aller Schlüssel auf die k Behälter. Ein Pufferblock wird für die Eingabefolge benutzt, weitere k für die Behälter. Diese Puffer arbeiten analog zum Vorgehen beim k-Weg-Mischen. Indem wir die k Spalter in einem sortierten Array halten und binäre Suche benutzen, können wir für jeden Eintrag e in Zeit $O(\log k)$ den richtigen Behälter finden.

Satz 5.10 *Um n Einträge zu sortieren, führt Stichprobensortieren im erwarteten Fall*

$$O\left(\frac{n}{B}\left(1 + \left\lceil \log_{M/B} \frac{n}{M} \right\rceil\right)\right)$$

E/A-Operationen aus. Die Anzahl interner Operationen ist $O(n \log n)$.

Wir überlassen es der Leserin, die Details des Beweises auszuarbeiten, und beschreiben nur die zentrale Technik, die in der Analyse benutzt wird. Es gibt $k = \Theta(\min\{n/M, M/B\})$ Behälter und eine Stichprobe der Größe $O(k \log k)$. Das folgende Lemma besagt, dass bei dieser Stichprobengröße nur mit sehr kleiner Wahrscheinlichkeit ein Behälter entsteht, der Größe weit über dem Durchschnitt hat. Konstante Faktoren werden in der $O(\cdot)$-Notation versteckt, weil unsere Analyse in dieser Hinsicht nicht besonders scharf ist.

Lemma 5.11. *Sei $k \geq 2$ und $a + 1 = 12 \ln k$. Eine Stichprobengröße von $(a+1)k - 1$ stellt sicher, dass mit Wahrscheinlichkeit mindestens $1/2$ in keinen Behälter mehr als $4n/k$ Einträge fallen.*

Beweis. Wie in unserer Analyse von Quicksort (Theorem 5.6) ist es hilfreich, die sortierte Version $s' = \langle e'_1, \ldots, e'_n \rangle$ der Eingabe zu betrachten. Wir betrachten das Ereignis, dass in einem Behälter mehr als $4n/k$ Einträge landen, und schätzen die Wahrscheinlichkeit dafür ab.

Wir teilen s' in $k/2$ Segmente der Länge $2n/k$ auf. Das j-te Segment t_j enthält die Einträge $e'_{2jn/k+1}$ bis $e'_{2(j+1)n/k}$. Wenn in einem Behälter $4n/k$ Einträge landen, dann muss dieser Behälter ein Segment t_j vollständig enthalten. Das kann nur passieren, wenn weniger als $a + 1$ der Stichprobeneinträge in t_j liegen, weil sonst t_j einen Spalter enthalten würde und daher seine Einträge nicht in einem Behälter sitzen könnten. Wir betrachten zunächst ein festes j.

Die Zufallsvariable X soll die Anzahl der Stichprobeneinträge angeben, die in t_j liegen. Insgesamt besteht die Stichprobe aus $(a+1)k - 1$ Einträgen. Für jedes i, $1 \leq i \leq (a+1)k - 1$, definieren wir eine Indikatorvariable X_i wie folgt: $X_i = 1$, wenn das i-te Element der Stichprobe in t_j liegt, und $X_i = 0$ sonst. Dann gilt $X = \sum_{1 \leq i \leq (a+1)k-1} X_i$. Die Zufallsvariablen X_i, $1 \leq i \leq (a+1)k - 1$, sind unabhängig, und es gilt $\text{prob}(X_i = 1) = 2/k$. Weil Unabhängigkeit herrscht, dürfen wir die Chernoff-Schranke (A.5) benutzen, um die Wahrscheinlichkeit des Ereignisses $X < a + 1$ abzuschätzen. Weil

$$E[X] = ((a+1)k - 1) \cdot \frac{2}{k} = 2(a+1) - \frac{2}{k} \geq \frac{3(a+1)}{2},$$

folgt aus $X < a + 1$, dass $X < (1 - 1/3)E[X]$ gilt, und daher können wir (A.5) mit $\varepsilon = 1/3$ benutzen. Dies liefert

$$\text{prob}(X < a + 1) \leq e^{-(1/9)E[X]/2} \leq e^{-(a+1)/12} = e^{-\ln k} = \frac{1}{k}.$$

Daher ist für ein festes t_j die Wahrscheinlichkeit, zu wenige Einträge aus der Stichprobe zu enthalten, höchstens $1/k$, und die Wahrscheinlichkeit, dass es ein solches Segment t_j gibt, ist höchstens $(k/2) \cdot (1/k) = 1/2$. Also liegen mit Wahrscheinlichkeit mindestens $1/2$ in jedem Behälter höchstens $4n/k$ Einträge. $\Box$

Aufgabe 5.32. Arbeiten Sie die Details einer Implementierung von Stichprobensortieren für das Externspeicher-Modell aus. Erklären Sie insbesondere, wie man Mehrweg-Verteilen mit $2n/B + k + 1$ E/A-Schritten implementieren kann, wenn $k + 1$ Blöcke und O(k) weitere Einträge in den internen Speicher passen.

Aufgabe 5.33 (Wiederholte Schlüssel). Erklären Sie, wie man Mehrweg-Verteilen auf der Basis einer Zufallsstichprobe verallgemeinern kann, so dass Lemma 5.11 weiter gilt, auch wenn einige Schlüssel in vielen Kopien vorkommen. *Hinweis*: Es gibt mindestens zwei verschiedene Lösungen. Eine benutzt die Stichprobe, um zu ermitteln, welche Einträge häufig vorkommen. Eine andere Lösung erzwingt, dass die Einträge eindeutige Schlüssel haben, indem Schlüssel e an Position i in der Eingabe als Paar (e, i) behandelt wird.

*Aufgabe 5.34 (Gleichmäßigere Verteilung). Durch Vergrößerung der Stichprobe kann man die Qualität der Aufteilung verbessern: Beweisen Sie, dass eine Stichprobe der Größe O$\big((k/\varepsilon^2)\log(k/\varepsilon m)\big)$ bewirkt, dass mit hoher Wahrscheinlichkeit (mindestens $1 - 1/m$) in keinem Behälter mehr als $(1 + \varepsilon)n/k$ Einträge landen. Können Sie zeigen, dass das ε in dem logarithmischen Faktor überflüssig ist?

5.8 Implementierungsaspekte

Vergleichsbasierte Sortieralgorithmen werden normalerweise von Standardbibliotheken zur Verfügung gestellt, und daher wird man sie meist nicht selbst implementieren. Viele Bibliotheken benutzen dabei optimierte Varianten von Quicksort.

Vorgefertigte Sortierprogramme, die nicht vergleichsbasiert arbeiten, sind nicht ganz so leicht zu finden. Abbildung 5.15 gibt eine sorgfältige arraybasierte Implementierung von *Ksort* an. Sie arbeitet gut für kleine bis mittelgroße Instanzen. Wenn die Eingabe sehr groß ist, hat dieser Ansatz das Problem, dass das Verteilen der Einträge in das Ausgabearray für jeden Eintrag einen Cachefehler auslösen kann.

Um dieses Problem zu eliminieren, kann man Mehrphasen-Algorithmen benutzen, die ähnlich wie MSD-Radixsort arbeiten. Die Zahl K der Teilfolgen sollte so gewählt werden, dass für jeden Behälter ein Block in den Cache passt (siehe auch [146]). Der Aufteilungsgrad K kann größer gewählt werden, wenn das zu sortierende Teilarray in den Cache passt. Wir können dann zu einer Variante von *uniformSort* umschalten (siehe Abb. 5.13).

Ein weiterer wichtiger praktischer Aspekt beim Sortieren ist die Art und die Größe der Einträge. Mitunter werden wir sehr umfangreiche Einträge nach eher kleinen Schlüsseln zu sortieren haben Ein Beispiel hierfür wäre das Sortieren einer Mitarbeiter-Datenbank nach dem Nachnamen. In dieser Situation kann es sinnvoll sein, zunächst die Schlüssel zusammen mit je einem Zeiger auf den entsprechenden

Procedure *KSortArray*(*a,b* : *Array* [1..*n*] **of** *Element*)
   $c = \langle 0, \ldots, 0 \rangle : Array\ [0..K-1]$ **of** $\mathbb{N}$ // ein Zähler für jeden Behälter
   for $i := 1$ **to** n **do** $c[key(a[i])]++$ // zähle Einträge in Behälter

   $C := 1$
   for $k := 0$ **to** $K-1$ **do** $(C, c[k]) := (C + c[k], C)$ // speichere $1 + \sum_{j<k} c[j]$ in $c[k]$.

   for $i := 1$ **to** n **do**   // verteile die $a[i]$ im Ausgabearray
     $b[c[key(a[i])]] := a[i]$
     $c[key(a[i])]++$

Abb. 5.15. Arraybasiertes Sortieren mit Schlüsseln im Bereich $0..K-1$. Die Eingabe ist ein unsortiertes Array a. Die Ausgabe ist Array b, das die Einträge aus a in sortierter Reihenfolge enthält. Erst zählen wir für jeden Schlüssel, in wie vielen Einträgen er vorkommt. Dann bilden wir die Partialsummen dieser Zählwerte. Schließlich schreiben wir jeden Eintrag aus der Eingabe an seine Stelle im Ausgabearray.

Eintrag in einem eigenen Array zu speichern, und dann zunächst nur die Schlüssel-Zeiger-Paare zu sortieren. Wenn die ursprünglichen Einträge in sortierte Reihenfolge gebracht werden müssen, kann man sie mit Hilfe der in den Schlüssel-Zeiger-Paaren gegebenen Information in Linearzeit permutieren.

Besondere Erwähnung verdient das Mehrweg-Mischen einer kleinen Anzahl von Folgen (etwa bis zu acht). In diesem Fall kann man die Prioritätswarteschlange in den Prozessorregistern halten [175, 220].

5.8.1 C/C++

Das Sortierproblem ist eines der wenigen algorithmischen Probleme, für das in der C-Standardbibliothek ein Programm vorgesehen ist. Jedoch ist die C-Sortierroutine *qsort* langsamer und schwerer zu benutzen als die C++-Funktion *sort*. Der Hauptgrund hierfür ist, dass die Vergleichsfunktion als ein Funktionszeiger übergeben werden muss und bei jedem Schlüsselvergleich aufgerufen wird. Im Gegensatz dazu benutzt *sort* den Templatemechanismus von C++, um schon bei der Kompilierung des Programms festzulegen, wie Vergleiche auszuführen sind, so dass der für die Schlüsselvergleiche verwendete Code oft nur aus einem Maschinenbefehl besteht. Die an *sort* zu übergebenden Parameter sind ein Iterator, der auf den Anfang der zu sortierenden Folge zeigt, und ein Iterator, der auf die Stelle direkt hinter dieser Folge zeigt. Daher kann *sort* auf Listen, Arrays usw. angewendet werden. In Experimenten, die wir auf einem Intel Pentium III mit dem Compiler GCC 2.95 durchgeführt haben, lief *sort* auf Arrays schneller als unsere eigene direkte Implementierung von Quicksort. Ein Grund hierfür könnte sein, dass Compilerentwickler die Codeoptimierung so trimmen können, dass gerade für die (schon vorliegende) Bibliotheksversion von Quicksort guter Code erzeugt wird. Es gibt ein effizientes Programm für externes Sortieren auf parallelen Festplatten in STXXL [54], einer Implementierung der STL für Externspeicher. Effiziente parallele Sortierverfahren (paralleles Quicksort und paralleles Mehrweg-Mergesort) für Mehrkernrechner werden von der **Multi-Core Standard Template Library** [196, 137] zur Verfügung gestellt.

Aufgabe 5.35. Geben Sie eine Implementierung der Prozedur *qSort* in Abb. 5.7 in C oder in C++ an. Benutzen Sie nur zwei Parameter: einen Zeiger auf das zu sortierende Teilarray und dessen Größe.

5.8.2 Java

Die Java-6-Plattform stellt eine Methode *sort* zur Verfügung, die stabiles (binäres) Mergesort für *Arrays* und *Collections* implementiert. Man kann einen Vergleichsoperator (*Comparator*) benutzen, der auf die zu sortierenden Schlüssel zugeschnitten werden kann; es gibt aber auch eine Standardimplementierung für alle (Schlüssel-) Klassen, die das Interface *Comparable* implementieren.

5.9 Historische Anmerkungen und weitere Ergebnisse

In späteren Kapiteln werden wir mehrere Verallgemeinerungen des Sortierproblems betrachten. Kapitel 6 beschäftigt sich mit Prioritätswarteschlangen, eine Datenstruktur, die es erlaubt, neue Einträge einzufügen und einen Eintrag mit minimalem Schlüssel zu entnehmen. Insbesondere kann man mit dieser Datenstruktur n Einträge sortieren, indem man sie zuerst alle einfügt und anschließend n-mal den kleinsten Eintrag entnimmt. Schnelle Prioritätswarteschlangen liefern recht gute Sortierverfahren. Eine andere Verallgemeinerung stellen die *Suchbäume* dar, die in Kap. 7 vorgestellt werden, eine Datenstruktur, mit der man eine geordnete Liste verwalten kann, wobei die Operationen Suchen, Einfügen und Löschen jeweils in logarithmischer Zeit durchgeführt werden können.

In diesem Kapitel haben wir mehrere einfache, elegante und effiziente *randomisierte* Algorithmen kennengelernt. Eine interessante Frage ist, ob sich diese Algorithmen durch ähnlich gebaute deterministische Algorithmen ersetzen lassen. Blum *et al.* [27] beschreiben einen deterministischen Algorithmus für das Auswahlproblem, der dem randomisierten Algorithmus aus Abschnitt 5.5 ähnelt. Dieser deterministische Algorithmus stellt durch Anwendung von Rekursion sicher, dass immer ein geeigneter Pivoteintrag gewählt wird: Man teilt dazu die Eingabe in Teilmengen der Größe 5; in jeder der Teilmengen wird der Median bestimmt (zum Beispiel durch Sortieren); durch einen rekursiven Aufruf bestimmt man den Median der $n/5$ Mediane und benutzt diesen als spaltendes Element. Der Algorithmus, der sich auf diese Weise ergibt, hat zwar lineare Rechenzeit, aber der große konstante Faktor macht den Algorithmus unbrauchbar. (Die Leserin ist eingeladen, eine Rekurrenz für die Rechenzeit aufzustellen und zu zeigen, dass sie eine lineare Lösung hat.)

Es gibt recht brauchbare Methoden zur Auswahl des Pivoteintrags, die zu einer Reduzierung der erwarteten Anzahl von Vergleichen bei Quicksort führen. Wenn man den Median von drei zufällig gewählten Einträgen benutzt, erhält man einen Algorithmus mit etwa $1.188n \log n$ Vergleichen. Die Verwendung des Medians von drei

Medianen von dreielementigen Mengen reduziert dies weiter auf etwa $1.094n \log n$ Vergleiche [22]. Die Anzahl der Vergleiche kann noch weiter verringert werden, indem man die Anzahl der Einträge, die für die Auswahl des Pivoteintrags betrachtet werden, abhängig von der Größe des Teilarrays festlegt. Martinez und Roura [135] zeigten, dass für ein Teilarray der Größe m der Median von $\Theta(\sqrt{m})$ zufällig gewählten Einträgen eine gute Wahl für den Pivoteintrag ist. Mit diesem Ansatz erhält man eine erwartete Anzahl von $(1 + o(1))n \log n$ Vergleichen, was bis auf Terme niedrigerer Ordnung der unteren Schranke $n \log n - O(n)$ entspricht. Interessanterweise können sich die eben genannten Optimierungsansätze in der praktischen Anwendung als kontraproduktiv erweisen. Obwohl weniger Instruktionen ausgeführt werden, wird es unmöglich vorherzusagen, wann die inneren while-Schleifen von Quicksort beendet werden. Weil moderne Prozessoren mit ihren Pipelining-Mechanismen über mehrere Instruktionen hinweg nur dann effizient arbeiten, wenn sie bei Verzweigungen gut vorhersagen können, welche Entscheidung getroffen wird, kann der Effekt für die Gesamtrechenzeit sogar nachteilig sein [113]. Daher wurde in [182] ein vergleichsbasierter Sortieralgorithmus vorgestellt, der ohne bedingte Verzweigungen auskommt. Eine interessante deterministische Variante von Quicksort ist *„proportion-extend sort"* [42].

Ein klassischer Sortieralgorithmus von einigem historischem Interesse ist *Shellsort* [194, 189, 111], eine Verallgemeinerung von Einfügesortieren, die effizienter arbeitet, indem auch nicht benachbarte Einträge verglichen werden. Es war lange ein offenes Problem, ob es eine Variante von Shellsort gibt, die mittlere Rechenzeit $O(n \log n)$ erreicht [111, 136]. Ein Lösung dieses Problems in einem gewissen Sinn wurde vor kurzem in [86] erzielt.

Einige interessante Techniken wurden für die Verbesserung von externem Mehrweg-Mergesort vorgeschlagen. Die *„Schneepflug-Heuristik"* [123, Sect. 5.4.1] bildet Läufe von erwarteter Länge $2M$ mit einem schnellen Speicher, der nur Größe M hat, wie folgt. Im schnellen Speicher wird eine Prioritätswarteschlange PQ gehalten, die anfangs Größe M hat. In einer Runde wird der kleinste Eintrag e von PQ in den Ausgabepuffer geschrieben. Falls der nächste Eintrag des Eingabepuffers größer ist als e (also noch zu dem Lauf passt, der im Ausgabepuffer aufgebaut wird), wird er in PQ eingefügt und landet später im aktuellen Lauf. Sonst wird das Lesen aus dem Eingabepuffer blockiert, und PQ wird nur noch abgebaut. Man kann Mehrweg-Mischen auch dadurch beschleunigen, indem man anstelle von allgemeinen Prioritätswarteschlangen *Turnierbäume* (engl.: *tournament tree*) einsetzt [123].

Auch Parallelisierung kann zur Verbesserung des Sortierens von sehr großen Datenmengen benutzt werden, und zwar entweder mit einem Prozessor und parallelen Festplatten oder mit einem Mehrfachprozessor. Mehrweg-Mergesort und Sortieren durch Verteilen auf Behälter kann mit der *striping*-Technik für die Ausführung auf D parallelen Platten angepasst werden. Damit ist gemeint, dass je D aufeinanderfolgende Blöcke in einem Lauf oder einem Behälter gleichmäßig über die Platten verteilt werden. Mit Hilfe von Randomisierung kann diese Idee zu fast optimalen Algorithmen weiterentwickelt werden, die zusätzlich Überlappung von E/A-Operationen auf den Festplatten und interne Berechnung einsetzen [55]. Der Algorithmus Stichprobensortieren aus Abschnitt 5.7.2 kann auf Parallelrechner übertragen werden [26] und führt zu einem effizienten parallelen Sortierverfahren.

Wir haben gesehen, dass es für das Sortieren von Schlüsseln mit einer besonderen Struktur Linearzeitalgorithmen gibt. Ein sehr allgemeines Modell, für das die untere Schranke von $n \log n$ nicht gilt, ist das *Wortmodell*. In diesem Modell sind die Schlüssel ganze Zahlen, die in eine Speicherzelle passen, wobei die Wortbreite w die Ungleichung $n^k < 2^w$ erfüllen muss, für eine Konstante k. Die Standardoperationen auf Wörtern wie bitweises AND, bitweises OR, Addition usw. benötigen konstante Zeit. In diesem Modell kann man in Zeit $O(n \log \log n)$ sortieren [11]. Mit Randomisierung ist sogar eine Reduzierung auf $O\left(n\sqrt{\log \log n}\right)$ möglich [95]. *Flashsort* [161] ist ein Algorithmus, der die Idee der Verteilung auf Behälter benutzt und fast *in-place* arbeitet.

Aufgabe 5.36 (Rechtschreibprüfung mit Unix). Nehmen Sie an, dass Ihnen ein Wörterbuch vorliegt, in Form einer sortierten Folge richtig geschriebener Wörter. Um die Rechtschreibung in einem Text zu prüfen, soll dieser in eine Folge von Wörtern konvertiert werden, die dann sortiert wird. Anschließend werden sortierter Text und das Wörterbuch simultan durchlaufen, um die Wörter im Text zu finden und auszugeben, die nicht im Wörterbuch vorkommen. Implementieren Sie diesen Algorithmus zur Rechtschreibprüfung unter Benutzung von Unix-Hilfsprogrammen, mit wenigen Codezeilen. Schaffen Sie es sogar mit einer Zeile?

6

Prioritätswarteschlangen

Die Firma KnM *vermarktet maßgeschneiderte Kleidung von höchster Qualität. Vorgänge wie Marketing, Maßnehmen, Versand usw. liegen bei der Firma, aber die tatsächliche Herstellung überlässt sie unabhängigen Schneidereien. Die Firma erhält 20% des Erlöses. Als sie im 19. Jahrhundert gegründet wurde, gab es fünf Vertragsschneidereien. Heute beherrscht sie 15% des Weltmarkts, und weltweit arbeiten Tausende von Schneidereien für* KnM.

Ihre Aufgabe ist es, den Vertragsschneidereien Aufträge zuzuweisen. Dabei gilt die einfache Regel, dass die Schneiderei den nächsten Auftrag bekommt, deren Gesamt-Auftragswert (im laufenden Jahr) bisher am kleinsten ist. Die Gründer von KnM *benutzten eine Kreidetafel, um die aufgelaufenen Auftragssummen zu verfolgen; in Informatikterminologie ausgedrückt hatten sie eine lineare Liste von Werten und wendeten lineare Zeit auf, um die richtige Schneiderei zu finden. Das Geschäft ist für diese Lösung zu groß geworden. Können Sie eine „skalierbare" Lösung angeben, bei der man nur eine kleine Zahl von Einträgen ansehen muss, um herauszufinden, wer den nächsten Auftrag erhalten soll?*

Im kommenden Jahr werden die Regeln geändert. Damit es attraktiv ist, termingerecht zu liefern, erhält nun die Schneiderei den nächsten Auftrag, deren ausstehende Bestellungen den kleinsten Gesamtwert haben, d. h., immer wenn eine bestellte Lieferung eintrifft, muss der Wert vom ausstehenden Lieferwert der betreffenden Schneiderei abgezogen werden. Ist Ihre Strategie zur Verteilung der Aufträge so flexibel, dass sie auch diese Regel effizient ausführen kann?

Die Datenstruktur, die man für das eben beschriebene Problem und für viele andere Anwendungen benötigt, heißt *Prioritätswarteschlange* (engl.: *priority queue*). Wir beginnen mit der genauen Spezifikation der Datenstruktur. Prioritätswarteschlangen verwalten eine Menge Q von *Einträgen* mit *Schlüsseln* (engl.: *key*) unter den folgenden Operationen:

- $Q.build(\{e_1,\ldots,e_n\})$: $Q:=\{e_1,\ldots,e_n\}$.
- $Q.insert(e)$: $Q:=Q\cup\{e\}$.
- $Q.min$: **return** $\min Q$ (ein Eintrag mit minimalem Schlüssel).
- $Q.deleteMin$: $e:=\min Q$; $Q:=Q\setminus\{e\}$; **return** e.

---

[1] Die Fotografie zeigt eine Warteschlange am Mao-Mausoleum (V. Berger, siehe http:// commons.wikimedia.org/wiki/Image:Zhengyangmen01.jpg).

Dies Operationen genügen für den ersten Teil unseres Beispiels. Jedes Jahr bauen wir eine neue Prioritätswarteschlange auf, die für jede Schneiderei einen Eintrag mit einem Schlüssel hat, der anfangs auf 0 gesetzt ist. Um einen Auftrag zuzuteilen, entnehmen wir einen Eintrag e mit minimalem Schlüssel, addieren den Auftragswert zu diesem Schlüssel und fügen das modifizierte e wieder ein. In Abschnitt 6.1 wird eine einfache, effiziente Implementierung dieser Grundfunktionalität vorgestellt.

Adressierbare Prioritätswarteschlangen stellen zusätzlich Operationen auf beliebigen Einträgen bereit, die durch einen Griff h für Einträge gegeben sind:

- *Q.insert*:   wie oben, aber es wird ein Griff für den neuen Eintrag zurückgegeben.
- *remove*(h):   entferne den durch den Griff h angegebenen Eintrag.
- *decreaseKey*(h, k):   verringere den Schlüssel des durch den Griff h angegebenen Eintrags auf k.
- *Q.merge*(Q'): $Q := Q \cup Q'$; $Q' := \emptyset$.

In unserem Beispiel könnte die Operation *remove* hilfreich sein, wenn ein Vertrag mit einer Schneiderei gekündigt wird, weil sie schlechte Qualität liefert. Wir können auch die neue Zuweisungsregel implementieren, indem wir diese Operation mit *insert* kombinieren: wenn eine Lieferung von einer Schneiderei eingeht, entnehmen wir den Eintrag, der zu dieser Schneiderei gehört, subtrahieren den Wert der Lieferung, und fügen den Eintrag wieder ein. Die Operation *decreaseKey* fasst diesen Prozess in einer Operation zusammen. In Abschnitt 6.2 werden wir sehen, dass dies nicht nur bequem ist, sondern dass sich das Verkleinern von Schlüsseln wirklich effizienter implementieren lässt als allgemeine Schlüsselveränderungen.

Prioritätswarteschlangen kann man für viele Aufgaben benutzen. Beispielsweise werden wir in Abschnitt 12.2 sehen, dass die erste Zuteilungsregel in unserem einführenden Beispiel auch als Greedy-Algorithmus für ein Scheduling-Problem verstanden werden kann. Auch das naive Verfahren „Auswahlsortieren" aus Abschnitt 5.1 lässt sich jetzt effizient implementieren: zuerst werden alle Einträge in eine Prioritätswarteschlange eingefügt; nachher wird wiederholt ein Eintrag mit minimalem Schlüssel entnommen und ausgegeben, bis die Prioritätswarteschlange leer ist. Eine ausgearbeitete Version dieser Idee wird in Abschnitt 6.1 beschrieben. Der resultierende Algorithmus, der *Heapsort* heißt, ist beliebt, weil er keinen zusätzlichen Platz benötigt und auch im schlechtesten Fall effizient ist.

Bei einer Diskrete-Ereignis-Simulation (engl.: *discrete-event simulation*) geht es darum, eine Menge von „Ereignissen" zu verwalten, die irgendwann einmal eintreten. Ein solches Ereignis findet an einem festen, geplanten Zeitpunkt statt, und kann dabei kein, ein oder mehrere neue Ereignisse erzeugen, deren Ausführungszeitpunkt in der Zukunft liegt. Ausstehende Ereignisse werden in einer Prioritätswarteschlange gehalten. In einer Runde der Hauptschleife der Simulation wird ein Ereignis mit dem frühesten Ausführungszeitpunkt aus der Warteschlange entnommen, es wird ausgeführt, und gegebenenfalls werden dabei neu erzeugte Ereignisse in die Prioritätswarteschlange eingefügt. Man beachte, dass die Prioritäten (Zeiten) der gelöschten Einträge (simulierten Einträge) während der Simulation monoton wachsen. Es zeigt sich, dass viele Anwendungen von Prioritätswarteschlangen diese Monotonie-

Eigenschaft haben. In Abschnitt 10.5 untersuchen wir, wie man diese Eigenschaft bei Prioritätswarteschlangen ausnutzen kann, die mit ganzzahligen Schlüsseln arbeiten.

Eine weitere Anwendung von monotonen Prioritätswarteschlangen ist die Strategie *best-first branch-and-bound* für Optimierungsprobleme, die in Abschnitt 12.4 beschrieben wird. Dabei stellt jeder Eintrag eine Teillösung des Optimierungsproblems dar; der zugehörige Schlüssel ist eine optimistische Schätzung für die Qualität der besten Lösung, die sich durch Vervollständigen dieser Teillösung erhalten lässt. Der Algorithmus entnimmt aus der Prioritätswarteschlange immer die Teillösung mit dem momentan besten Schätzwert, verfeinert sie und fügt keine, eine oder mehrere neue Teillösungen ein.

In den Kapiteln über Graphalgorithmen werden wir zwei Anwendungen von adressierbaren Prioritätswarteschlangen kennenlernen. In beiden Fällen enthält die Prioritätswarteschlange Knoten eines Graphen. Der Algorithmus von Dijkstra für die Berechnung von kürzesten Wegen (Abschnitt 10.3) verwendet eine monotone Prioritätswarteschlange mit Weglängen als Schlüssel. Der Algorithmus von Jarník-Prim für die Berechnung von minimalen Spannbäumen (Abschnitt 11.2) setzt eine (nicht-monotone) Prioritätswarteschlange ein, wobei als Schlüssel für einen gespeicherten Knoten das Gewicht einer Kante benutzt wird, die den Knoten mit einem partiellen Spannbaum verbindet. In beiden Algorithmen kann jede Kante eine Ausführung von *decreaseKey* verursachen, wohingegen *insert* und *deleteMin* für jeden Knoten höchstens einmal aufgerufen werden. Man beachte, dass die Anzahl der Kanten viel größer sein kann als die Anzahl der Knoten, und dass daher die Implementierung von *decreaseKey* besondere Aufmerksamkeit verdient.

Aufgabe 6.1. Zeigen Sie, wie man (größen)beschränkte nicht-adressierbare Prioritätswarteschlangen mit Arrays implementieren kann. Wenn die Maximalgröße w ist, wird ein Array der Größe w benutzt; die tatsächlich vorhandenen n Einträge nehmen die ersten n Plätze im Array ein. Vergleichen Sie die Rechenzeiten für die Operationen für zwei Varianten dieser Implementierung: Die eine verwendet sortierte Arrays, die andere unsortierte Arrays.

Aufgabe 6.2. Zeigen Sie, wie man adressierbare Prioritätswarteschlangen mit doppelt verketteten Listen implementieren kann. Jeder Listenknoten stellt einen Eintrag der Warteschlange dar, und ein Griff ist ein Griff für einen Listenknoten. Vergleichen Sie die Rechenzeiten für die Operationen für zwei Varianten dieser Implementierung: Die eine verwendet sortierte Listen, die andere unsortierte Listen.

6.1 Binärheaps

Heaps (oder Binärheaps)[2] sind eine einfache und effiziente Implementierung von nicht-adressierbaren Prioritätswarteschlangen [222]. Sie lassen sich in derselben Weise wie Arrays zu einer unbeschränkten Version erweitern (s. Abschnitt 3.2). Man kann mit Heaps auch adressierbare Prioritätswarteschlangen implementieren; hierfür werden wir aber später noch bessere Möglichkeiten kennenlernen.

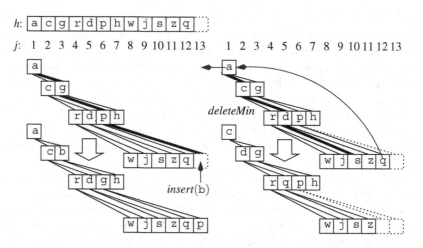

Abb. 6.1. Der *obere Teil* zeigt einen Heap mit $n = 12$ Einträgen, gespeichert in einem Array h mit $w = 13$ Plätzen. Implizit wird dadurch folgender Binärbaum dargestellt: Die Knoten entsprechen den Indizes in $1..n$. Dabei stellt 1 die Wurzel dar. Die Kinder der Wurzel entsprechen den Indizes 2 und 3. Die Kinder von Knoten j haben Indizes $2j$ und $2j+1$ (falls diese Zahlen in $1..h$ liegen). Der Vorgänger eines Knotens j, mit $2 \leq j \leq h$, hat Index $\lfloor j/2 \rfloor$. Die in diesem impliziten Baum gespeicherten Einträge erfüllen die Invariante, dass der Schlüssel in einem Vorgängerknoten nie größer als der in einem Kindknoten ist, d. h., dass der Baum heapgeordnet ist. Der *untere linke Teil* illustriert den Ablauf beim Einfügen eines neuen Eintrags b. Wir schreiben b in den neuen Knoten mit Index 13, der zum Blatt wird. Die dicken Kanten markieren den Weg von diesem neuen Blatt zur Wurzel. Der Eintrag b wandert diesen Weg hinauf zum ersten Knoten, dessen Vorgänger nicht größer als b ist. Um Platz für b zu schaffen, werden die anderen Einträge auf dem Weg um eine Ebene nach unten geschoben. Der *untere rechte Teil* stellt dar, was beim Löschen des Wurzeleintrags geschieht. (Dieser enthält stets den minimalen Schlüssel.) Die dicken Kanten markieren den Weg p von der Wurzel nach unten, der an jedem Knoten zum Kind mit dem kleineren Schlüssel abzweigt. Der Eintrag q, gefunden im Blatt mit dem größten Index, wird zunächst in die Wurzel geschoben, um von dort entlang p nach unten zu wandern, bis ein Knoten erreicht wird, dessen Nachfolger (auf p) nicht kleiner als q ist oder nicht existiert. Die anderen Einträge auf dem Weg werden um eine Ebene nach oben verschoben, um Platz für q zu schaffen.

Um die n Einträge der Prioritätswarteschlange zu speichern, benutzen wir die ersten n Positionen eines Arrays $h[1..w]$. Dabei ist das Array *heapgeordnet* oder ist ein *Heap*, d. h.,

für j mit $2 \leq j \leq n$ gilt: $h[\lfloor j/2 \rfloor] \leq h[j]$.

Was soll die Eigenschaft „*heapgeordnet*" bedeuten? Der Schlüssel zum Verständnis dieser Definition ist eine Bijektion zwischen den Zahlen $1..n$ und den Knoten eines „linksvollständigen" Binärbaums mit n Knoten, die in Abb. 6.1 beschrieben ist. Die Heapeigenschaft bedeutet, dass die Schlüssel entlang jedes Weges von einem Blatt

---

[2] Das englische Wort *heap* bedeutet „Halde" oder „Haufen".

Class *BinaryHeapPQ*(*w* : ℕ) **of** *Element*
   h : *Array* [1..*w*] **of** *Element*   // Der *Heap h* ist
   n = 0 : ℕ   // anfangs *leer.*
   invariant $\forall j \in 2..n : h[\lfloor j/2 \rfloor] \leq h[j]$ // Die *Heapeigenschaft*
   Function *min* **assert** $n > 0$; **return** $h[1]$ // ⇒ *Wurzel* enthält minimalen Schlüssel

Abb. 6.2. Eine Klasse für eine Prioritätswarteschlange auf der Basis von Binärheaps mit fester Größenschranke *w*.

zur Wurzel schwach monoton fallen; insbesondere hat der Eintrag in der Wurzel, also in Arrayposition 1, den minimalen Schlüssel. Die Operation *min*, die einen solchen Eintrag finden soll, benötigt also Zeit O(1). Die Erzeugung eines leeren Heaps mit Platz für *w* Einträge benötigt ebenfalls konstante Zeit, da nur ein Array der Größe *w* bereitgestellt werden muss. Abbildung 6.2 gibt Pseudocode für diese einfachen Operationen an.

Dass Zelle $h[1]$ einen minimalen Eintrag enthält, entspricht der Situation bei einem geordneten Array. Die Heapeigenschaft schränkt aber die Arraystruktur viel weniger ein als die Forderung, sortiert zu sein. Beispielsweise gibt es genau eine sortierte Version der Menge $\{1,2,3\}$, aber sowohl $\langle 1,2,3 \rangle$ als auch $\langle 1,3,2 \rangle$ sind legale Darstellungen dieser Menge als Heaps.

Aufgabe 6.3. Geben Sie alle Darstellungen der Menge $\{1,2,3,4\}$ als Heap an.

Als Nächstes werden wir sehen, dass die größere Flexibilität sehr effiziente Implementierungen von *insert* und *deleteMin* erlaubt. Wir beschreiben diese Prozeduren hier so, dass sie einfach zu verstehen sind und ihre Korrektheit leicht zu beweisen ist. In Abschnitt 6.4 skizzieren wir, wie eine effizientere Implementierung aussehen könnte. Eine Einfügeoperation *insert*(*e*) setzt den neuen Eintrag *e* vorläufig an das Ende des Heaps, d.h., sie erhöht *n* um 1 und setzt *e* in Position $h[n]$. Danach wird *e* zu einer passenden Position auf dem Weg von Blatt $h[n]$ zur Wurzel verschoben:

   Procedure *insert*(*e* : *Element*)
      assert $n < w$
      n++; $h[n] := e$
      siftUp(*n*)

Dabei schiebt die Operation *siftUp*(*j*) den Eintrag in Knoten *j* in Richtung der Wurzel, bis diese erreicht ist oder ein Vorgänger angetroffen wird, dessen Schlüssel nicht größer ist (s. Abb. 6.1). Man muss beweisen, dass danach *h* ein Heap ist. Wir sagen kurz „nur $h[j]$ ist eventuell zu klein", wenn *h* selbst Heap ist oder *h* zu einem Heap gemacht werden kann, indem der Schlüssel *x* in $h[j]$ durch einen geeigneten Schlüssel $x' > x$ ersetzt wird.

   Procedure *siftUp*(*j* : ℕ)
      assert nur $h[j]$ ist eventuell zu klein
      if $j = 1 \vee h[\lfloor j/2 \rfloor] \leq h[j]$ **then return**
      swap($h[j], h[\lfloor j/2 \rfloor]$)

assert nur $h[\lfloor j/2 \rfloor]$ ist eventuell zu klein
$siftUp(\lfloor j/2 \rfloor)$
assert h ist Heap

Aufgabe 6.4. Zeigen Sie: (a) Die im Algorithmus angegebenen Zusicherungen beweisen die Korrektheit. Im Wesentlichen ist zu zeigen: Wenn nur $h[j]$ eventuell zu klein ist, dann ist entweder h ein Heap oder die Vertauschung $swap(h[j], h[\lfloor j/2 \rfloor])$ bewirkt, dass nur $h[\lfloor j/2 \rfloor]$ eventuell zu klein ist. (b) $siftUp(n)$ hat Rechenzeit $O(\log n)$. (Dies überträgt sich direkt auf *insert*.)

Ein Aufruf von *deleteMin* gibt den Inhalt der Wurzel zurück und ersetzt diesen durch den Inhalt von Knoten n. Weil $h[n]$ eventuell größer ist als $h[2]$ oder $h[3]$, kann nun die Heapbedingung verletzt sein. Diese mögliche Verletzung wird durch einen Aufruf der Prozedur $siftDown(1)$ behoben.

Function *deleteMin* : *Element*
    assert $n > 0$
    $result = h[1]$: *Element*
    $h[1] := h[n];$ $n--$
    $siftDown(1)$
    return *result*

Die Prozedur $siftDown(1)$ schiebt den neuen Eintrag in der Wurzel im Baum nach unten, bis die Heapbedingung gilt. Genauer: Man betrachtet den Weg p, der an der Wurzel beginnt und an jedem Knoten zu dem Kind geht, das den kleineren Schlüssel enthält (s. Abb. 6.1); im Fall gleicher Schlüssel ist die Entscheidung beliebig. Man folgt diesem Weg, bis ein Knoten erreicht ist, dessen Kinder (soweit vorhanden) Schlüssel enthalten, die mindestens so groß wie der von $h[1]$ sind. Der Eintrag $h[1]$ wird an diese Stelle gesetzt; alle Einträge auf dem Weg p wandern um eine Stelle nach oben. Auf diese Weise wird die Heapbedingung wieder hergestellt. Die Strategie lässt sich am einfachsten rekursiv formulieren. Wir benutzen eine ähnliche Invariante wie bei *siftUp*, und sagen kurz „nur $h[j]$ ist eventuell zu groß", wenn h selbst Heap ist oder h zu einem Heap gemacht werden kann, indem der Schlüssel x in $h[j]$ durch einen geeigneten Schlüssel $x' < x$ ersetzt wird.

Procedure $siftDown(j : \mathbb{N})$
    assert nur $h[j]$ ist eventuell zu groß
    if $2j \leq n$ **then**   // j ist kein Blatt
        if $2j+1 > n \vee h[2j] \leq h[2j+1]$ **then** $m := 2j$ **else** $m := 2j+1$
        assert der Schlüssel im Geschwisterknoten von m,
                falls ein solcher existiert, ist nicht größer als der in m
        if $h[j] > h[m]$ **then**   // $h[j]$ ist zu groß
           $swap(h[j], h[m])$
           assert nur $h[m]$ ist eventuell zu groß
           $siftDown(m)$
    assert h ist Heap

Aufgabe 6.5. Zeigen Sie: (a) Die im Algorithmus angegebenen Zusicherungen beweisen die Korrektheit. Im Wesentlichen ist zu zeigen: Wenn nur $h[j]$ eventuell zu groß ist, dann ist entweder h ein Heap oder die Operation $swap(h[j], h[m])$ bewirkt, dass nur $h[m]$ eventuell zu groß ist. (b) Die eben beschriebene Implementierung von *siftDown* benötigt nicht mehr als $2\log n$ Schlüsselvergleiche. (c) Zeigen Sie, wie man dies auf $\log n + O(\log \log n)$ verringern kann. *Hinweis*: Bestimmen Sie zunächst den „Weg der kleineren Kinder" p von der Wurzel bis zu einem Blatt. Benutzen Sie dann binäre Suche, um die richtige Position für $h[1]$ zu finden. (In Abschnitt 6.5 findet man mehr über Varianten von *siftDown*.)

Wir betrachten nun die Operation *build* für Heaps. Offensichtlich kann man aus n gegebenen Einträgen in Zeit $O(n\log n)$ einen Heap bauen, indem man sie nacheinander einfügt. Interessanterweise geht das besser, indem man die Heapeigenschaft von unten nach oben („*bottom-up*") aufbaut: Mit der Prozedur *siftDown* kann man die Heapeigenschaft in einem Unterbaum der Höhe $k + 1$ herstellen, wenn sie vorher schon in beiden Unterbäume der Höhe k gegolten hat. In der folgenden Aufgabe soll diese Idee im Detail ausgearbeitet werden.

Aufgabe 6.6 (*build* für Binärheaps). Gegeben sei ein beliebiges Array $h[1..n]$ von Einträgen. Diese sollen so permutiert werden, dass die Heapeigenschaft erfüllt ist. Man betrachte zwei Prozeduren, die dies leisten sollen:

Procedure *buildHeapBackwards*
  for $j := \lfloor n/2 \rfloor$ **downto** 1 **do** *siftDown*(j)

Procedure *buildHeapRecursive*($j : \mathbb{N}$)
  if $4j \leq n$ **then**
    buildHeapRecursive($2j$)
    buildHeapRecursive($2j + 1$)
  siftDown(j)

(a) Zeigen Sie, dass sowohl *buildHeapBackwards* als auch *buildHeapRecursive*(1) die Heapeigenschaft herstellen.

(b) Implementieren Sie beide Algorithmen in effizienter Weise und vergleichen Sie die Rechenzeiten für zufällig gewählte natürliche Zahlen als Schlüssel und $n \in \{10^i : 2 \leq i \leq 8\}$. Es kommt sehr darauf an, wie effizient Ihre Implementierung von *buildHeapRecursive* ausfällt. Insbesondere könnte es sinnvoll sein, die Rekursion für kleine Unterbäume „abzuwickeln", also die entsprechenden Operationen direkt durch Fallunterscheidungen zu realisieren.

*(c) Für große n liegt der Hauptunterschied zwischen den beiden Algorithmen in Effekten, die mit der Speicherhierarchie zu tun haben. Analysieren Sie beide Algorithmen im Hinblick auf die Anzahl der benötigten E/A-Operationen im Externspeichermodell, das am Ende von Abschnitt 2.2 beschrieben wird. Zeigen Sie insbesondere, dass *buildHeapRecursive* nur $O(n/B)$ E/A-Operationen benötigt, wenn die Blockgröße B ist und der schnelle Speicher Größe $M = \Omega(B\log B)$ hat.

Der folgende Satz fasst unsere Ergebnisse zu Heaps zusammen.

Satz 6.1 *Wenn man nicht-adressierbare Prioritätswarteschlangen mit Heaps implementiert, benötigt die Erstellung eines leeren Heaps und das Finden des Minimums jeweils konstante Zeit, die Operationen deleteMin und insert können in logarithmischer Zeit* $O(\log n)$ *ausgeführt werden, und build benötigt lineare Zeit.*

Beweis. Der von einem Heap mit n Einträgen implizit dargestellte Binärbaum hat eine Tiefe von $k = \lfloor \log n \rfloor$. Die Operationen *insert* und *deleteMin* durchlaufen einen Abschnitt eines Wegs von der Wurzel zu einem Blatt und haben daher logarithmische Rechenzeit. Die Operation *min* liefert den Inhalt der Wurzel, was konstante Zeit benötigt. Die Erzeugung eines leeren Heaps läuft auf die Reservierung eines Arrays hinaus und kostet ebenfalls nur konstante Zeit. Gleichgültig welche der beiden für *build* angegebenen Prozeduren man benutzt: Die Operation *siftDown* wird für jeden der höchstens 2^ℓ Knoten in Tiefe ℓ höchstens einmal aufgerufen. Ein solcher Aufruf kostet Zeit $O(k - \ell)$. Die gesamte Rechenzeit für *build* ist daher

$$O\left(\sum_{0 \le \ell < k} 2^\ell (k - \ell)\right) = O\left(2^k \sum_{0 \le \ell < k} \frac{k - \ell}{2^{k-\ell}}\right) = O\left(2^k \sum_{j \ge 1} \frac{j}{2^j}\right) = O(n) \ .$$

Die letzte Ungleichung benutzt Formel (A.14).   □

Heaps bilden das Kernstück des Sortierverfahrens *heapsort*. Aus n Einträgen, die sortiert werden sollen, wird zunächst mittels *build* ein Heap h aufgebaut. Nachher wird $(n - 1)$-mal *deleteMin* ausgeführt. Dabei wird der Heap jedesmal um einen Eintrag verkürzt. Vor der i-ten *deleteMin*-Operation steht der i-t kleinste Eintrag in der Wurzel $h[1]$. Wir vertauschen $h[1]$ und $h[n - i + 1]$ und lassen den neuen Wurzeleintrag im verbleibenden Heap $h[1..n - i]$ mittels *siftDown* zu seiner korrekten Position nach unten wandern. Am Ende stehen die Einträge im Array in fallender Reihenfolge. Natürlich kann man auch in aufsteigender Reihenfolge sortieren, indem man eine „max-Prioritätswarteschlange" (*max-priority queue*) benutzt, also eine Datenstruktur, die als Operationen das Einfügen eines Eintrags und das Entnehmen eines *maximalen* Eintrags bereitstellt. Hierzu ist nur in allen Prozeduren „$\le$" durch „$\ge$" bzw. „$<$" durch „$>$" zu ersetzen und umgekehrt.

Binärheaps implementieren nicht direkt den Datentyp „adressierbare Prioritätswarteschlange", weil bei Einfüge- und Löschoperationen Einträge im Array verschoben werden und man daher die Position eines Eintrags im Array nicht als Griff verwenden kann.

Aufgabe 6.7 (Adressierbare Binärheaps). Erweitern Sie Heaps zu einer Implementierung von adressierbaren Prioritätswarteschlangen (ohne die Operation *merge*). Wie viele zusätzliche Zeiger werden pro Eintrag benötigt? Es gibt eine Lösung, die mit zwei zusätzlichen Zeigern pro Eintrag auskommt.

*Aufgabe 6.8 (Stapel-Einfügung). Entwerfen Sie einen Algorithmus, mit dem sich k neue Einträge in einen Binärheap mit n Einträgen einfügen lassen, so dass die Rechenzeit $O(k + \log n)$ beträgt. *Hinweis*: arbeiten Sie im Heap von unten nach oben („*bottom-up*"), ähnlich wie beim Heapaufbau.

6.2 Adressierbare Prioritätswarteschlangen

Binärheaps haben eine recht starre Struktur. Die n Einträge bilden einen Binärbaum der Tiefe $\lfloor \log n \rfloor$. Um zu schnelleren Implementierungen der Operationen *insert*, *decreaseKey*, *remove* und *merge* zu gelangen, betrachten wir nun flexiblere Strukturen. Der eine linksvollständige Binärbaum wird durch eine Menge von Bäumen (d. h. einen Wald) ersetzt, die ganz beliebige Struktur haben können. Es bleibt aber dabei, dass jeder Baum *heapgeordnet*, ist, d. h., dass kein Kind kleiner als sein Vorgänger ist. Dies kann man auch so ausdrücken: Entlang jedes Wegs von der Wurzel zu einem Blatt wachsen die Schlüssel schwach monoton an. In Abb. 6.4 ist ein heapgeordneter Wald dargestellt. Die Einträge der Prioritätswarteschlange sitzen nun in *Heapknoten*, deren Position im Speicher sich nie ändert. Daher können Zeiger auf Heapknoten als *Griffe* für Einträge dienen. Die Baumstruktur wird explizit dargestellt, mittels Zeigern zwischen Heapknoten.

Wir werden mehrere Varianten von adressierbaren Prioritätswarteschlangen besprechen. Beginnen wollen wir mit den Prinzipien, die ihnen allen gemeinsam sind. Diese sind in Abb. 6.3 zusammengestellt.

Um stets Zugriff auf einen Eintrag mit dem aktuell minimalen Schlüssel zu haben, speichern wir einen Griff für eine Wurzel, in der dieser Schlüssel steht. Dieser Griff heißt *minPtr*. Drei einfache Operationen erlauben es, den Wald zu verändern: das Hinzufügen eines neuen Baums zur Wurzelmenge (wobei *minPtr* aktuell gehalten werden muss), das Zusammenfügen von zwei Bäumen zu einem sowie das Herausschneiden eines Unterbaums, wodurch dieser zu einem eigenen Baum wird.

Die Einfüge-Operation *insert* erzeugt einen neuen Baum mit nur einem Knoten, der den neuen Eintrag enthält, und fügt diesen zum Wald hinzu. Die Kosten einer Einfügung sind O(1). Eine Folge von n Einfüge-Operationen wird also einfach n Bäume mit je einem Knoten erzeugen. Die Operation $build(\{e_1, \ldots, e_n\})$ wird so implementiert; sie hat Rechenzeit O(n).

Die Operation *deleteMin* entfernt die Wurzel, auf die der Griff *minPtr* zeigt, und gibt den Eintrag aus, der in dieser Wurzel steht. Die Kinder dieser Wurzel sind nun plötzlich selbst Wurzeln. Nun wird die Menge der (alten und neuen) Wurzeln durchlaufen, um einen Knoten zu finden, der das neue Minimum enthält. Dies erfordert eventuell recht hohen Aufwand. Dabei wird auch „rebalanciert", d. h., es werden Bäume zusammengefügt, um größere Bäume zu erhalten. Die Einzelheiten dieses Ablaufs sind für die verschiedenen Arten der adressierbaren Prioritätswarteschlangen unterschiedlich. In ihnen liegt auch der Schlüssel für die Effizienz der Operationen.

Nun wenden wir uns der Operation $decreaseKey(h,k)$ zu, die den Schlüsselwert des durch den Griff h gegebenen Eintrags auf k absenkt. Natürlich darf dabei der alte Schlüsselwert bei h nicht kleiner als k sein. Die Absenkung des Schlüssels bei h zerstört möglicherweise die Heapeigenschaft, weil k kleiner sein kann als der

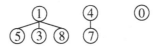

Abb. 6.3. Ein heapgeordneter Wald, der die Menge $\{0, 1, 3, 4, 5, 7, 8\}$ darstellt

Schlüssel im Vorgänger von *h*. Um die Heapeigenschaft aufrechtzuerhalten, schneiden wir den Unterbaum mit Wurzel *h* aus seinem Baum heraus und machen *h* zu einer Wurzel. Dies klingt recht einfach, erzeugt aber das Problem, dass sehr unausgeglichene Bäume entstehen können. Daher führen einige Varianten der adressierbaren

Class *Handle* = **Pointer to** *PQItem*

Class *AddressablePQ*

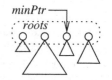

    minPtr : *Handle*   // Wurzel, die den minimalen Schlüssel enthält

    roots : *Set* **of** *Handle*   // Zeiger auf Wurzeln

    Function *min* **return** Eintrag bei *minPtr*

    Procedure *link*(*a,b* : *Handle*)

        assert $a \leq b$

        entnehme *b* aus *roots*

        mache *a* zum Vorgänger von *b*

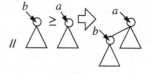

    Procedure *combine*(*a,b* : *Handle*)

        assert *a* und *b* sind Wurzeln

        if $a \leq b$ **then** *link*(*a*,*b*) **else** *link*(*b*,*a*)

    Procedure *newTree*(*h* : *Handle*)

        roots := *roots* ∪ {*h*}

        if *∗h* < *min* **then** *minPtr* := *h*

    Procedure *cut*(*h* : *Handle*)

        hänge den Unterbaum mit Wurzel *h*

            von seinem Vorgängerknoten ab

        newTree(*h*)

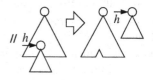

    Function *insert*(*e* : *Element*) : *Handle*

        i:=ein Griff für ein neues *PQItem*, das *e* enthält

        newTree(*i*)

        return *i*

    Function *deleteMin* : *Element*

        e := Eintrag bei *minPtr*

        foreach Kind *h* der Wurzel bei *minPtr* **do** *cut*(*h*)

        dispose *minPtr*

        Rebalancierung; Aktualisierung von *minPtr*   // benutzt *combine*

        return *e*

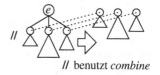

    Procedure *decreaseKey*(*h* : *Handle*, *k* : *Key*)

        assert $k \leq {*}h$

        ändere den Schlüssel von *h* auf *k*

        if *h* ist keine Wurzel **then**

            cut(*h*); führe eventuell Aktionen zur Rebalancierung aus

    Procedure *remove*(*h* : *Handle*)   *decreaseKey*(*h*, −∞); *deleteMin*

    Procedure *merge*(*o* : *AddressablePQ*)

        if *∗minPtr* > *∗*(*o.minPtr*) **then** *minPtr* := *o.minPtr*

        roots := *roots* ∪ *o.roots*

        o.roots := ∅;   eventuell Rebalancierung

Abb. 6.4. Adressierbare Prioritätswarteschlangen

Prioritätswarteschlangen weitere Operationen aus, um die Gestalt der Bäume in einem gewissen Rahmen zu halten.

Die restlichen Operationen sind nun leicht zu implementieren. Die *remove*-Operation soll einen durch einen Griff gegebenen Eintrag entfernen. Dazu senkt man zunächst mit *decreaseKey* den Schlüsselwert so ab, dass er minimal wird, und führt dann *deleteMin* aus. Um eine andere Warteschlange *o* mit der gegebenen Warteschlange zu verschmelzen (engl.: *merge*), berechnet man die Vereinigungsmenge von *roots* und *o.roots*. Der neue Wert von *minPtr* ergibt sich durch einen einfachen Vergleich. Wenn die Wurzelmengen durch verkettete Listen dargestellt sind und keine weitere Balancierungsaktion ausgeführt wird, benötigt eine solche Verschmelzung nur konstante Zeit.

Im Rest dieses Abschnitts diskutieren wir verschiedene Möglichkeiten, die bisher ignorierten Details in der Implementierung von adressierbaren Prioritätswarteschlangen zu ergänzen.

6.2.1 Pairing-Heaps

Pairing-Heaps [73] benutzen eine sehr einfache Rebalancierungsstrategie. Sie sind in der praktischen Anwendung sehr effizient; allerdings gibt es noch immer keine volle theoretische Analyse.

Unter den verschiedenen vorgeschlagenen Varianten von Pairing-Heaps wählen wir eine besonders einfache, bei der es immer nur einen Baum mit einer Wurzel gibt, die dann natürlich auch den minimalen Eintrag enthält. Es sind dann bei mehreren Operationen Rebalancierungsaktionen nötig. Zentral ist die Rebalancierung bei *deleteMin*. Nach Entfernen des Wurzelknotens mit dem Minimum bilden die Kinder der bisherigen Wurzel eine Folge $\langle r_1, \dots, r_k \rangle$ von Wurzeln. Diese werden nach dem folgenden „*two-pass*"-Verfahren wieder zu einem Baum vereinigt: In einem ersten Durchlauf von links nach rechts werden zuerst die Bäume mit Wurzeln r_1 und r_2 mittels *combine* vereinigt, dann die mit Wurzeln r_3 und r_4 usw., d.h., die Bäume werden *paarweise* zusammengefügt. Es entstehen $\lceil k/2 \rceil$ Bäume. Diese werden in einem zweiten Durchlauf mit $\lceil k/2 \rceil - 1$ weiteren *combine*-Operationen wieder zu einem einzigen Baum vereinigt. Dabei fügt man den letzten Baum mit dem vorletzten zusammen, das Resultat hiervon mit dem drittletzten, usw. (Ein Beispiel ist in Abb. 6.5 angegeben.) Wenn bei anderen Operationen zwei Bäume entstehen, vereinigt man diese einfach mit einer *combine*-Operation zu einem Baum. Hiervon sind die Operationen *insert*, *decreaseKey* und *merge* betroffen.

Aufgabe 6.9 (Knoten mit drei Zeigern). Erläutern Sie, wie man Pairing-Heaps mit drei Zeigern an jedem Knoten *i* des Heaps implementieren kann: einer zum jüngsten

Abb. 6.5. Die Operation *deleteMin* für Pairing-Heaps fügt die durch Löschen der Wurzel entstehenden Bäume zuerst paarweise zusammen, um sie danach in einem Durchlauf von rechts nach links wieder zu einem Baum zusammenzubauen: Wurzel *e* wird Kind von *g*, dann wird Wurzel *c* Kind von *g*, dann wird Wurzel *g* Kind von *a*.

Kind (d. h. dem Kind, das als letztes an *i* angefügt wurde), ein zweiter zum nächstälteren Geschwister (falls es existiert) und einer zum nächstjüngeren Geschwister. Wenn kein jüngeres Geschwister existiert, zeigt der dritte Zeiger auf den Vorgänger. Ein Beispiel findet man in Abb. 6.8.

*Aufgabe 6.10 (Knoten mit zwei Zeigern). Erläutern Sie, wie man Pairing-Heaps mit zwei Zeigern an jedem Knoten des Heaps implementieren kann: einer zum jüngsten Kind und ein zweiter zum nächstälteren Geschwister. Wenn es kein älteres Geschwister gibt, geht der zweite Zeiger zum Vorgänger. In Abb. 6.8 ist ein Beispiel angegeben.

6.2.2 *Fibonacci-Heaps

Fibonacci-Heaps [74] stecken mehr Aufwand in die Rebalancierung als Pairing-Heaps. Dies ebnet den Weg zu einer theoretischen Analyse. Insbesondere erhalten wir logarithmische amortisierte Rechenzeit für *remove* und *deleteMin*, konstante amortisierte Zeit für *decreaseKey* und konstante Zeit im schlechtesten Fall für alle anderen Operationen.

Jeder Knoten eines Fibonacci-Heaps hat vier Zeiger, die auf seinen Vorgänger, auf ein Kind und auf zwei Geschwister zeigen (s. Abb. 6.8). Mit den Geschwisterzeigern werden die Kinder eines Knotens als doppelt verkettete zirkuläre Liste organisiert. Die Geschwisterzeiger der Wurzelknoten kann man benutzen, um die Menge der Wurzeln in gleicher Weise darzustellen. Die Vorgängerzeiger der Wurzelknoten und die Kindzeiger von Blättern haben einen speziellen Wert, etwa einen Nullzeiger.

Darüber hinaus enthält jeder Heapknoten ein Feld *rank*, das den *Rang* des Knotens angibt, der einfach die Anzahl seiner Kinder ist. Bei Fibonacci-Heaps werden im Zuge der *deleteMin*-Operation nur solche Bäume durch *combine* verbunden, deren Wurzeln gleichen Rang r haben. Die Wurzel des resultierenden Baums hat dann Rang $r + 1$. Wir beschreiben eine effiziente Methode, wiederholt Bäume mit gleichem Wurzelrang zusammenzufügen. Dazu nehmen wir an, dass wir eine obere

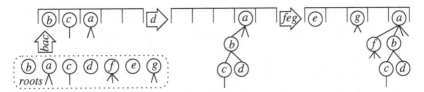

Abb. 6.6. Ein Beispiel für die Entwicklung des Wurzelarrays während der Ausführung der Operation *deleteMin* in einem Fibonacci-Heap. Die Pfeilbeschriftung gibt die jeweils betrachteten Wurzeln an. Man beachte, dass die Untersuchung der Wurzel *d* eine Kaskade von drei *combine*-Operationen auslöst.

Schranke *maxRank* für den größten möglichen Rang kennen. (Weiter unten werden wir eine solche Schranke *maxRank* beweisen, die logarithmisch in *n* ist.) Zunächst wird eine Folge von Behältern mit Nummern von 0 bis *maxRank* angelegt, die anfangs leer sind. Behälter Nummer *i* kann maximal eine Wurzel von Rang *i* aufnehmen. Nun werden die alten und neuen Wurzeln in der Wurzelliste durchlaufen. Wird dabei eine Wurzel mit Rang *i* betrachtet, dann wird Behälter Nummer *i* inspiziert. Wenn dieser leer ist, kommt die aktuelle Wurzel in diesen Behälter. Wenn er eine Wurzel enthält (die ebenfalls Rang *i* hat), werden die beiden Bäume zu einem neuen zusammengefügt, dessen Wurzel dann Rang $i + 1$ hat. Dieser Schritt leert Behälter Nummer *i* und erzeugt einen Baum mit Wurzelrang $i + 1$. Mit der Wurzel dieses Baums wird ebenso verfahren, d. h., es wird getestet, ob sie in Behälter $i + 1$ Platz hat. Wenn dieser belegt ist, werden die beiden Bäume kombiniert usw. Nachdem alle Wurzeln aus der Liste bearbeitet worden sind, liegt eine Menge von Bäumen vor, deren Wurzeln alle unterschiedliche Ränge aufweisen (s. Abb. 6.6).

Eine *deleteMin*-Operation kann hohe Kosten haben, wenn es viele Wurzeln gibt. Beispielsweise hat ein Aufruf von *deleteMin*, der auf *n* Einfügungen folgt, Kosten $\Omega(n)$. Im amortisierten Sinn sind die Kosten eines *deleteMin* jedoch O(*maxRank*). Um den nun folgenden Beweis dieser Aussage zu verstehen, muss der Leser die Technik „Amortisierte Analyse" kennen (s. Abschnitt 3.3). Für die amortisierte Analyse mit der Bankkontomethode legen wir fest, dass jede Wurzel genau einen Jeton hat. Mit einem Jeton kann man konstant viel Rechenzeit bezahlen.

Lemma 6.2. *Die amortisierten Kosten eines Aufrufs von deleteMin sind* O(*maxRank*).

Beweis. Die Wurzel, die das alte Minimum enthält, hat nicht mehr als *maxRank* Kinder. Daher erfolgen zunächst höchstens *maxRank* viele Aufrufe von *cut* und ebenso viele Aufrufe von *newTree*. Nun wird ein leeres Wurzelarray der Größe *maxRank* angelegt. Die Rechenzeit bis zu diesem Punkt ist O(*maxRank*), und es werden höchstens *maxRank* neue Jeton ausgegeben. Die restliche Rechenzeit ist proportional zur Anzahl der Aufrufe von *combine*. Jeder solche Aufruf macht aus einer Wurzel eine Nichtwurzel; der konstante Zeitaufwand hierfür kann mit dem dadurch frei werdenden Jeton bezahlt werden.   ☐

Wie können wir sicherstellen, dass die Ränge der Wurzeln nicht zu groß werden? Wir betrachten zunächst folgende einfache Situation: Erst wird eine Folge von Einfügungen in eine anfangs leere Struktur ausgeführt, danach ein *deleteMin*. In dieser Situation hat man anfangs eine Folge von Bäumen, die aus einem Knoten bestehen, und alle Bäume, die durch *combine*-Operationen entstehen, sind sogenannte *Binomialbäume*, wie sie in Abb. 6.7 dargestellt sind. Der Binomialbaum B_0 besteht aus einem einzelnen Knoten; der Binomialbaum B_{i+1} ergibt sich durch das Zusammensetzen von zwei Kopien von B_i. Diese Bildungsvorschrift hat zur Folge, dass die Wurzel von B_i Rang i hat und dass B_i genau 2^i Knoten hat. Daher ist der Rang jeder Wurzel logarithmisch in der Größe ihres Baums, und der größte auftretende Rang ist logarithmisch in der Zahl der Einträge im Fibonacci-Heap.

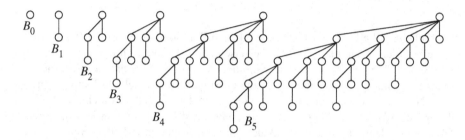

Abb. 6.7. Die Binomialbäume $B_0, \ldots, B_5$ mit Wurzelrängen $0, \ldots, 5$.

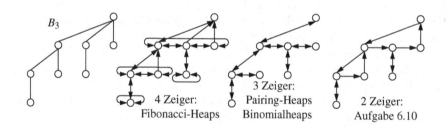

Abb. 6.8. Drei Arten der Darstellung von Bäumen mit Knoten von unterschiedlichem Grad. Als Beispiel dient der Binomialbaum B_3.

Unglücklicherweise kann die Operation *decreaseKey* die schöne Struktur eines Binomialheaps zerstören. Nehmen wir an, dass ein Knoten v herausgeschnitten wird. Natürlich muss nun der Rang seines Vorgängers w um 1 verringert werden. Das Problem ist, dass die Unterbäume, die Vorgänger von w als Wurzeln haben, einen Nachfahren verloren haben, aber sich ihr Rang nicht geändert hat. Man kann also nicht mehr sagen, dass die Größe eines Baums exponentiell im Rang seiner Wurzel sein muss. Um die Gestalt der Bäume in einem gewissen Rahmen zu halten, müssen wir „Rebalancierungsmaßnahmen" durchführen. Eine klassische Lösung [216] besteht darin, dafür zu sorgen, dass alle Bäume im Heap stets Binomialbäume sind. Allerdings bewirkt dies, dass *decreaseKey*-Operationen logarithmische Kosten haben.

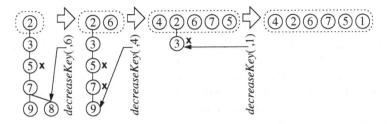

Abb. 6.9. Ein Beispiel für kaskadierende Schnitte. Markierungen sind als Kreuze gezeichnet. Man beachte, dass Wurzeln stets unmarkiert sind.

*Aufgabe 6.11 (Binomialheaps). Arbeiten Sie die Details dieser Idee aus. *Hinweis*: Wenn *decreaseKey*(v) ausgeführt wird und der Schlüssel in v kleiner als der Schlüssel im Vorgängerknoten wird, schneidet man mehrere Knoten von ihren Vorgängern ab und macht sie zu Wurzeln. Dies sind alle Vorfahren w von v, einschließlich v selbst, aber ohne die Wurzel, sowie alle Geschwister solcher Knoten w, deren Rang größer als der von w ist. Zeigen Sie, dass auf diese Weise nur Binomialbäume entstehen. Anschließend werden so lange Bäume mit gleichem Wurzelrang kombiniert, bis für jeden Rang nur noch ein Baum vorhanden ist. Zeigen Sie, dass die Kosten dieser Implementierung von *decreaseKey* logarithmisch sind.

Bei Fibonacci-Heaps lockert man die Anforderungen an die Gestalt der Bäume ein Stück weit, ohne die Kontrolle ganz aufzugeben. Die Idee ist überraschend einfach; sie beruht auf der amortisierten Analyse von Binärzählern (s. Abschnitt 3.2.3). Jeder Knoten erhält ein zusätzliches Flagbit; wenn dieses gesetzt ist, ist der Knoten „markiert", sonst „unmarkiert". Wurzeln sind immer unmarkiert. Das bedeutet insbesondere, dass der Aufruf *newTree*(h) in *deleteMin* die Markierung von Knoten h entfernt (wenn dieser vorher markiert war). Daraus folgt, dass beim späteren Zusammenfügen zweier Bäume durch *combine* keiner der beiden beteiligten Wurzelknoten markiert ist.

Wenn ein Knoten w, der keine Wurzel ist, ein Kind verliert, weil auf dieses Kind die Operation *decreaseKey* angewendet wurde, dann wird w markiert – unter der Voraussetzung, dass w nicht schon markiert ist. Andernfalls, also wenn w markiert ist, schneiden wir auch w von seinem Vorgänger ab und versuchen, diesen zu markieren. Wenn dieser Vorgänger schon markiert ist, dann ... . Man nennt dies die Technik der *kaskadierenden Schnitte*. Sie lässt sich auch so beschreiben: Angenommen, die Operation *decreaseKey* wird auf Knoten v angewendet, und die k nächsten Vorgänger von v sind markiert. Dann machen wir v und diese k Vorgänger zu neuen Wurzeln, entfernen ihre Markierungen und markieren den $(k+1)$-ten Vorgänger (außer dieser ist eine Wurzel). In Abb. 6.9 ist ein Beispiel angegeben.

Für die amortisierte Analyse legen wir fest, dass auf jedem markierten Knoten zwei Jetons liegen, auf jeder Wurzel einer. Der Leser möge überprüfen, dass dies an der Gültigkeit des Beweises von Lemma 6.2 nichts ändert.

Lemma 6.3. *Die amortisierten Kosten eines Aufrufs von decreaseKey sind konstant.*

Beweis. Angenommen, der Schlüssel in Knoten v wird erniedrigt, und die k nächsten Vorfahren von v sind markiert (mit $k \geq 0$). Die Rechenzeit der Operation ist $O(1 + k)$. Jeder der k markierten Vorfahren von v hat zwei Jetons, d. h., es sind insgesamt $2k$ Jetons verfügbar. Für die $k + 1$ neuen Wurzeln werden $k + 1$ Jetons benötigt. Wenn ein Knoten neu markiert wird, werden weitere zwei Jetons benötigt. Es werden also mindestens $\max\{0, k - 3\}$ Jetons frei. Mit diesen können die echten Kosten der Operation *decreaseKey* bis auf einen konstant großen Rest bezahlt werden. Daher sind die amortisierten Kosten von *decreaseKey* konstant.   □

Was passiert mit den Baumgrößen, wenn *decreaseKey*-Operationen mit kaskadierenden Schnitten vorkommen? Wir zeigen nun, dass die Größe eines Baums immer noch exponentiell mit dem Rang seiner Wurzel wächst. Hierfür wird etwas Notation benötigt. Man erinnere sich an die Folge $0, 1, 1, 2, 3, 5, 8, \ldots$ der *Fibonaccizahlen*, die durch die Rekurrenz $F_0 = 0$, $F_1 = 1$, und $F_i = F_{i-1} + F_{i-2}$ für $i \geq 2$ definiert ist. Es ist wohlbekannt, dass für alle $i \geq 0$ die untere Schranke $F_{i+2} \geq ((1 + \sqrt{5})/2)^i$ gilt. (Dabei ist $(1 + \sqrt{5})/2 > 1.618$.)

Aufgabe 6.12. Zeigen Sie (durch Induktion): $F_{i+2} \geq ((1 + \sqrt{5})/2)^i$, für alle $i \geq 0$.

Lemma 6.4. *Sei v ein Knoten mit Rang i in einem Fibonacci-Heap. Dann enthält der Unterbaum mit Wurzel v mindestens F_{i+2} Knoten. In einem Fibonacci-Heap mit n Knoten sind die Ränge durch $1.4405 \log n$ beschränkt.*

Beweis. Wir betrachten zunächst einen Knoten v mit Rang i. Die Kinder von v werden nach dem Zeitpunkt geordnet, zu dem sie Kinder von v wurden; das j-te Kind nennen wir w_j, für $1 \leq j \leq i$. Offensichtlich hat w_1 mindestens Rang 0. Für $j = 2, \ldots, i$ gilt: Als w_j im Zuge einer *combine*-Operation zum Kind von v gemacht wurde, hatten die beiden Knoten den gleichen Rang. Zu diesem Zeitpunkt waren die Knoten $w_1, \ldots, w_{j-1}$ schon Kinder von v, also hatte Knoten v mindestens Rang $j - 1$. In der Zwischenzeit kann sich der Rang von w_j nicht um mehr als 1 verringert haben, weil andernfalls w_j von v abgeschnitten worden wäre. Daher hat w_j mindestens Rang $j - 2$.

Wir können nun eine Rekurrenzungleichung für die minimale Knotenzahl S_i eines Unterbaums aufstellen, dessen Wurzel v Rang i hat. Offensichtlich gilt $S_0 = 1$ und $S_1 = 2$. Weiter haben wir $S_i \geq 2 + S_0 + S_1 + \cdots + S_{i-2}$, für $i \geq 2$, da die Kindknoten $w_2, \ldots, w_i$ (mit Rängen von mindestens $0, 1, \ldots, i - 2$) mindestens $S_0, \ldots, S_{i-2}$ Knoten zum Unterbaum mit Wurzel v beitragen und die Knoten v und w_1 hinzukommen. Die resultierende Rekurrenz (mit = anstelle von $\geq$) erzeugt die Folge $1, 2, 3, 5, 8, \ldots$ – das sind die Fibonaccizahlen ohne die beiden ersten Folgenglieder. Wir verifizieren dies durch Induktion. Setze $T_0 = 1$, $T_1 = 2$ und $T_i = 2 + T_0 + \cdots + T_{i-2}$ für $i \geq 2$. Für $i \geq 2$ erhalten wir: $T_{i+1} - T_i = 2 + T_0 + \cdots + T_{i-1} - 2 - T_0 - \cdots - T_{i-2} = T_{i-1}$, d. h. $T_{i+1} = T_i + T_{i-1}$. Damit ist die Gleichheit $T_i = F_{i+2}$ bewiesen.

Für die zweite Behauptung beobachten wir, dass aus $F_{i+2} \leq n$ die Ungleichung $i \cdot \log((1 + \sqrt{5})/2) \leq \log n$ folgt, was wiederum $i \leq 1.4405 \log n$ nach sich zieht.   □

Damit schließen wir unsere Betrachtungen zu Fibonacci-Heaps ab, in deren Verlauf wir das folgende Resultat bewiesen haben.

Satz 6.5 *Für Fibonacci-Heaps gelten die folgenden Zeitschranken: min, insert und merge nehmen konstante Zeit im schlechtesten Fall in Anspruch; decreaseKey hat amortisiert konstante Rechenzeit; die amortisierte Rechenzeit von remove und delete-Min wächst logarithmisch mit der Größe der Prioritätswarteschlange.*

Aufgabe 6.13. Beschreiben Sie eine Variante von Fibonacci-Heaps, bei der die Wurzeln stets unterschiedliche Ränge haben.

6.3 *Externspeicher

Wir kehren nun zu nicht-adressierbaren Prioritätswarteschlangen zurück und untersuchen Implementierungen, die im Bezug auf ihr Cache- bzw. E/A-Verhalten effizient sind. Folgendes ist eine Schwäche von Binärheaps: Besonders bei einer *siftDown*-Operation ist nicht vorhersagbar, welcher Weg im Baum genommen wird, so dass viele Cachefehler entstehen. Dies macht Binärheaps, wenn sie zu groß für den Hauptspeicher sind, so langsam, dass sich ihre Verwendung verbietet. Wir skizzieren nun eine Datenstruktur für (nicht-adressierbare) Prioritätswarteschlangen, bei denen das Speicherzugriffsmuster bei allen Operationen regelmäßiger ist. Diese Konstruktion ist auch ein gutes Beispiel für ein allgemein nützliches Entwurfsprinzip: Eine Datenstruktur wird aus einfacheren, bekannten Komponenten und Algorithmen zusammengebaut.

Hier werden folgende Komponenten benutzt: Prioritätswarteschlangen für internen Speicher, ein Sortierverfahren und Mehrweg-Mischen (vgl. Abschnitt 5.7.1). Der grundsätzliche Aufbau der Datenstruktur ist in Abb. 6.10 dargestellt. Die Datenstruktur besteht aus zwei internen Prioritätswarteschlangen Q und Q' (z. B. Binärheaps) und k Folgen $S_1, \ldots, S_k$, in denen die Einträge jeweils aufsteigend sortiert angeordnet sind. Jeder Eintrag ist entweder in der *Einfügeschlange Q*, in der *Entnahmeschlange Q'* oder in einer der Folgen gespeichert. Die Größe von Q ist durch einen Parameter m beschränkt. Die Entnahmeschlange Q' enthält den ersten (kleinsten) Eintrag aus jeder der k Folgen, zusammen mit dem Index der Folge, zu der dieser Eintrag gehört.

Neue Einträge werden in die Einfügeschlange eingefügt. Falls diese voll ist, wird sie vorher geleert; in diesem Fall wird aus ihren Einträgen eine neue geordnete Folge gebildet.

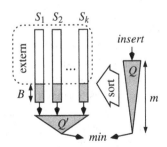

Abb. 6.10. Schematische Darstellung einer externen Prioritätswarteschlange

Procedure *insert*(*e* : *Element*)
    if $|Q| = m$ **then**
        $k{+}{+}$; $S_k := sort(Q)$; $Q := \emptyset$; $Q'.insert((S_k.popFront, k))$
    $Q.insert(e)$

In Q oder in Q' befindet sich mindestens ein Eintrag mit dem minimalen Schlüssel. Man findet einen solchen also durch Vergleich von $Q.min$ mit $Q'.min$. Wenn das Minimum in Q' steht und aus Folge S_i stammt, wird der erste Eintrag aus S_i nach Q' übertragen, falls S_i nicht leer ist:

Function *deleteMin*
    if $\min Q \leq \min Q'$ **then** $e := Q.deleteMin$ // Vereinbarung: $\min \emptyset = \infty$
    else $(e, i) := Q'.deleteMin$
        if $S_i \neq \langle \rangle$ **then** $Q'.insert((S_i.popFront, i))$
    return e

Wir müssen noch klären, wie die Bestandteile dieser Datenstruktur auf die Speicherhierarchie verteilt werden. Die Prioritätswarteschlangen Q and Q' werden im internen Speicher gehalten. Die Größenschranke m für Q sollte ein konstanter Bruchteil der Größe M des Internspeichers und zugleich ein ganzzahliges Vielfaches der Blockgröße B sein. Anfangs werden nur die B kleinsten Einträge der Folge S_i in einem Puffer b_i im Internspeicher gehalten. Wenn b_i völlig geleert wurde und der nächste Eintrag aus S_i nach Q' übertragen werden soll, werden die nächsten B Einträge aus S_i in den Puffer geladen. Man beachte, dass das Verfahren darauf hinausläuft, die Folgen S_i zu mischen. Dies ähnelt dem Ansatz des Mehrweg-Mischens aus Abschnitt 5.7.1. Jeder eingefügte Eintrag wird höchstens einmal in den Externspeicher geschrieben und höchstens einmal wieder zurück in den Internspeicher übertragen. Weil bei jedem Zugriff auf den Externspeicher mindestens ein ganzer Block übertragen wird, ist der E/A-Aufwand unseres Algorithmus für n Prioritätswarteschlangen-Operationen O(n/B).

Der Platzbedarf im Internspeicher ist höchstens $m + kB + 2k$, (gemessen in Einträgen). Dies passt in einen Internspeicher der Größe M, wenn wir $m = M/2$ setzen und k die Schranke $k \leq \lfloor (M/2 - 2k)/B \rfloor \approx M/(2B)$ erfüllt. Wenn es allzu viele Einfügungen gibt, kann der Internspeicher schließlich überlaufen, allerdings kann dies frühestens nach $m(1 + \lfloor (M/2 - 2k)/B \rfloor) \approx M^2/(4B)$ Einfügungen passieren. Wenn beispielsweise der Hauptspeicher Größe 1 Gbyte hat, die Einträge 8 Byte groß sind und die Blöcke 512 Kbyte umfassen, gilt $M = 2^{27}$ und $B = 2^{16}$ (gemessen in Einträgen). Die Datenstruktur kann dann auf jeden Fall 2^{36} Einfügungen verkraften – das entspricht Daten im Umfang von 128 Gbyte. Ähnlich wie bei externem Mergesort lassen sich noch größere Datenmengen behandeln, indem man mehrere Phasen von Mehrweg-Mischvorgängen hintereinanderschaltet (s. [33, 179]). Die Datenstruktur wird dadurch deutlich komplizierter, aber die E/A-Kosten für n Einfügungen und Löschungen sind die gleichen wie für das Sortieren von n Einträgen. Für die Hierarchie zwischen Cache und Hauptspeicher führt die Implementierung dieser Idee zu zwei- bis dreimal schnelleren Rechenzeiten als die naive Verwendung von Binärheaps [179]. Es gibt auch Implementierungen für externen (Festplatten-)Speicher [54].

6.4 Implementierungsaspekte

Es gibt einige Stellen, an denen *Wächterknoten* (s. Kap. 3) helfen können, die Implementierung von Prioritätswarteschlangen zu vereinfachen oder (ein wenig) zu beschleunigen. Weil die Verwendung von Wächterknoten aber Kenntnisse über Schlüsselwerte voraussetzt, wird es dadurch möglicherweise schwieriger, die Implementierung wiederverwendbar zu gestalten.

- Wenn in einem Binärheap die Arrayposition $h[0]$ einen Schlüssel enthält, der nicht größer als der kleinste jemals eingefügte Schlüssel ist, dann braucht die Operation *siftUp* den Fall $j = 1$ nicht gesondert zu behandeln.
- Wenn in einem Binärheap $h[n + 1]$ einen Schlüssel enthält, der nicht kleiner als der größte jemals eingefügte Schlüssel ist, braucht in *siftDown* der Fall $2j + 1 > n \geq 2j$ nicht gesondert behandelt zu werden. Wenn man dafür sorgt, dass in $h[n + 1..2n + 1]$ stets so große Schlüssel stehen, muss in *siftDown* auch der Fall $2i > n$ nicht gesondert behandelt zu werden.
- Adressierbare Prioritätswarteschlangen können anstelle eines Nullzeigers einen speziellen Dummyknoten benutzen.

Um die Darstellung einfach zu halten, haben wir die Operationen *siftDown* und *siftUp* als rekursive Prozeduren formuliert. Eine iterative Implementierung dürfte etwas schneller sein. Dann kann man auch die *swap*-Operationen durch einfache Verschiebungen ersetzen, was die Anzahl der Speicherzugriffe nahezu halbiert.

Aufgabe 6.14. Geben Sie iterative Varianten von *siftDown* und *siftUp* an. Ersetzen Sie dabei auch die *swap*-Operationen durch Verschiebungen.

Einige Compiler führen die Elimination der Rekursion automatisch durch.

Ebenso wie bei Folgen kann bei adressierbaren Prioritätswarteschlangen die Speicherverwaltung für die Knoten für die Effizienz der Datenstruktur kritisch sein. In vielen Fällen bewerkstelligt eventuell eine spezielle Anwendung die Verwaltung der Knoten effizienter als eine allgemeine Speicherbereinigung. Beispielsweise benutzen viele Graphalgorithmen Prioritätswarteschlangen, deren Einträge Graphknoten sind. In diesem Fall kann man die Graphknoten auch durch einige Komponenten und Zeiger so erweitern, dass sie direkt als Knoten der Prioritätswarteschlange benutzt werden können.

Es gibt Implementierungen von Prioritätswarteschlangen, die mit ganzzahligen Schlüsseln besonders effizient arbeiten. Es sei bemerkt, dass diese Implementierungen auch für nichtnegative Gleitkommazahlen benutzt werden können. Das liegt daran, dass der IEEE-Standard für nichtnegative Gleitkommazahlen die interessante Eigenschaft hat, dass für gültige Gleitkommazahlen $a, b \geq 0$ die Beziehungen $a \leq b$ und $bits(a) \leq bits(b)$ äquivalent sind, wobei $bits(x)$ die Uminterpretation des Binärwortes, das die Gleitkommazahl x darstellt, als vorzeichenlose Ganzzahl bedeutet.

6.4.1 C++

Die Klasse *priority_queue* der STL stellt nicht-adressierbare Prioritätswarteschlangen in der Implementierung als Binärheaps bereit. Die Externspeicher-Bibliothek STXXL [54] beinhaltet auch eine Externspeicher-Prioritätswarteschlange. In der Bibliothek LEDA [130] findet man Implementierungen für eine Vielzahl von adressierbaren Prioritätswarteschlangen, darunter Pairing-Heaps und Fibonacci-Heaps.

6.4.2 Java

Die Klasse *java.util.PriorityQueue* unterstützt adressierbare Prioritätswarteschlangen bis zu dem Punkt, dass die Operation *remove* implementiert ist. Jedoch werden *decreaseKey* und *merge* nicht unterstützt. Es scheint auch so zu sein, dass die aktuelle Implementierung der *remove*-Operation Rechenzeit $\Theta(n)$ hat! JDSL [87] bietet eine adressierbare Prioritätswarteschlange *jdsl.core.api.PriorityQueue* an, die zur Zeit als Binärheap implementiert ist.

6.5 Historische Anmerkungen und weitere Ergebnisse

Im Internet[3] gibt es eine interessante Umfrage zur Verwendung von Prioritätswarteschlangen. Dabei werden am häufigsten die folgenden Anwendungen genannt: (Kürzeste-)Wegeplanung (s. Kap. 10), Diskrete-Ereignis-Simulation, Kodierung und Datenkompression, Scheduling in Betriebssystemen, Berechnung maximaler Flüsse und Branch-and-Bound-Verfahren (s. Abschnitt 12.4).

Die in Abschnitt 6.1 vorgestellte Standardimplementierung von *deleteMin* benutzt einen Suchdurchlauf von oben nach unten (*top-down search*) durch den Binärheap und benötigt etwa $2\log n$ Schlüsselvergleiche. Dort wurde auch eine Variante erwähnt, die mit Hilfe von binärer Suche mit nur $\log n + \mathrm{O}(\log \log n)$ Schlüsselvergleichen auskommt. Diese ist aber hauptsächlich von theoretischem Interesse. Erstaunlicherweise benötigt eine sehr einfache „*bottom-up*-Variante" meistens noch weniger Vergleiche: Der alte Minimumseintrag wird entfernt; das entstehende Loch wird (mittels einer vereinfachten Version von *siftDown*) entlang des Wegs der kleineren Kinder bis zur Blattebene geschoben. Erst dann wird der im Array am weitesten rechts stehende Eintrag benutzt, um das Loch zu füllen, und anschließend mittels *siftUp* nach oben zu seiner richtigen Position geschoben. Wenn man dieses Prinzip im Sortieralgorithmus *heapsort* benutzt, erhält man das Verfahren *bottom-up heapsort*, das im schlechtesten Fall $\frac{3}{2}n\log n + \mathrm{O}(n)$ Vergleiche und im mittleren Fall $n\log n + \mathrm{O}(1)$ Vergleiche benötigt [218, 67, 184]. *Bottom-up heapsort* ist einfach und praktisch, aber von den Autoren durchgeführte Experimente deuten darauf hin, dass es (zumindest für ganzzahlige Schlüssel) nicht schneller ist als das Standardverfahren. Diese Beobachtung war überraschend. Sie lässt sich aber doch erklären. Der Grund ist, dass das Bottom-Up-Verfahren normalerweise nicht weniger, sondern

---

[3] http://www.leekillough.com/heaps/survey_results.html

etwas mehr Cachefehler auslöst als das Standardverfahren und dass es die Anzahl der bedingten Sprünge nicht verringert, deren Ergebnis schwer vorhersagbar ist. Cachefehler und falsche Sprungvorhersagen sind für die Rechenzeit viel wichtiger als die Anzahl der Schlüsselvergleiche. (Mehr zu diesem Thema findet man in [182]). Ein besseres Verhalten in der Praxis zeigen sogenannte d-äre Heaps, bei denen ein Knoten d anstelle von 2 Kindern hat. (Für experimentelle Ergebnisse hierzu s. [128].)

Die rekursive Heapaufbau-Prozedur *buildHeapRecursive* in Aufgabe 6.6 ist ein Beispiel für einen „*cache-oblivious*" Algorithmus [75]. Dies bedeutet, dass der Algorithmus im Externspeichermodell effizient ist, ohne dass er Blockgröße oder Cachegröße explizit benutzt.

Pairing-Heaps [73] haben konstante amortisierte Rechenzeit für die Operationen *insert* und *merge* [107] und logarithmische amortisierte Kosten für *deleteMin*. Die bisher genaueste Analyse stammt von Pettie [168]. Für Pairing-Heaps gibt es eine ganze Reihe von Varianten, auch solche, die mehrere Bäume verwalten. Fredman [71] hat eine Folge von $O(n)$ Einfügungen, *deleteMin*-Operationen und $O(n \log n)$ *decreaseKey*-Operationen angegeben, die Zeit $\Omega(n \log n \log \log n)$ benötigen, für eine Familie von adressierbaren Prioritätswarteschlangen, die alle bis dahin vorgeschlagenen Varianten von Pairing-Heaps einschließt. In [93] wird eine etwas stärker kontrollierte Variante von Pairing-Heaps vorgestellt, die dieselben Rechenzeiten wie Fibonacci-Heaps aufweist.

Die Familie der adressierbaren Prioritätswarteschlangen ist groß. Von Vuillemin [216] stammen die Binomialheaps, Fredman und Tarjan [74] erfanden die Fibonacci-Heaps. Høyer [105] beschrieb zusätzliche Balancierungsoperationen ähnlich zu Operationen, die bei Suchbäumen verwendet werden (s. Kap. 7). Eine solche Operation führt zu „dünnen Heaps" (engl.: *thin heap*) [114], die ähnliche Rechenzeitgarantien wie Fibonacci-Heaps aufweisen und ohne Vorgängerzeiger und Markierungsbits auskommen. Wahrscheinlich sind dünne Heaps in der Praxis schneller als Fibonacci-Heaps. Es gibt auch Prioritätswarteschlangen mit Rechenzeitschranken für den schlechtesten Fall, die asymptotisch ebenso gut sind wie die amortisierten Schranken, die wir für Fibonacci-Heaps bewiesen haben [32, 34]. Die Grundidee dabei ist, Verletzungen der Heapeigenschaft zu tolerieren und fortlaufend einige Arbeit zu investieren, um diese Verletzungen zu reduzieren. Eine andere interessante Variante sind „dicke Heaps" (engl.: *fat heap*) [114].

Viele Anwendungen benötigen nur Prioritätswarteschlangen mit ganzzahligen Schlüsseln. Für diesen Spezialfall gibt es effizientere Prioritätswarteschlangen. Die bisher besten theoretischen Schranken sind konstante Zeit für *decreaseKey* und *insert* sowie Zeit $O(\log \log n)$ für *deleteMin* [209, 148]. Unter Verwendung von Randomisierung kann die Zeitschranke sogar auf $O\left(\sqrt{\log \log n}\right)$ [95] gedrückt werden. Die benötigten Algorithmen sind recht komplex. Prioritätswarteschlangen für ganzzahlige Schlüssel, die zusätzlich die *Monotonie-Eigenschaft* haben, können einfach und praktisch verwendbar sein. Abschnitt 10.3 gibt hierfür Beispiele an. *Kalenderschlangen* [36] sind in der Welt der Diskrete-Ereignis-Simulation populär. Diese sind eine Variante der Behälterwarteschlangen (engl.: *bucket queues*) in Abschnitt 10.5.1.

7

Sortierte Folgen

Wir alle verbringen einen beträchtlichen Teil unserer Zeit mit Suchen. Ebenso ist es mit Computern: Sie schlagen Telefonnummern nach, Kontostände, Flugreservierungen, Rechnungen und Zahlungen, ... In vielen Anwendungen soll in dynamischen, d. h. veränderlichen, Datenmengen gesucht werden. Neue Buchungen werden in Reservierungssysteme eingegeben, Reservierungen werden geändert oder storniert, und Buchungen verwandeln sich in tatsächlich durchgeführte Flüge. Eine Lösung für dieses Problem haben wir schon gesehen, nämlich Hashing. Es ist aber oft wünschenswert, dass die veränderliche Datenmenge stets sortiert bleibt. Wenn man dies „im Handbetrieb" erreichen möchte, benutzt man einen Karteikasten. Neue Karten können an jeder beliebigen Position eingefügt werden, man kann Karten entfernen, die Karten in sortierter Reihenfolge durchsehen, und man kann eine Art binäre Suche benutzen, um eine bestimmte Karte zu finden. Große Bibliotheken hatten früher Karteisysteme, die Hunderttausende von Karten enthielten.[1]

In diesem Kapitel geht es darum, eine Menge S von Einträgen e (engl.: *Element*) zu verwalten. Jeder Eintrag e besitzt einen Schlüssel $key(e)$ aus einer Menge *Key*, die mit einer linearen Ordnung versehen ist. Dadurch ist auch auf S eine Anordnung definiert. Neben Suchen sollen auch Einfüge- und Löschoperationen möglich sein. Dies führt zu den folgenden Grundoperationen einer *sortierten Folge S*:

- $S.locate(k : Key)$:
  return Eintrag mit dem kleinsten Schlüssel in $\{e \in S : key(e) \geq k\}$.
- $S.insert(e : Element)$:
  Falls es ein $e' \in S$ mit $key(e') = key(e)$ gibt: $S := (S \setminus \{e'\}) \cup \{e\}$;
  andernfalls: $S := S \cup \{e\}$.
- $S.remove(k : Key)$:
  Falls es ein $e \in S$ mit $key(e) = k$ gibt: $S := S \setminus \{e\}$.

Die Operation $locate(k)$ lokalisiert Schlüssel k in S, d. h., sie findet den Eintrag mit Schlüssel k, falls ein solcher vorhanden ist, und andernfalls den Eintrag mit kleinstmöglichem Schlüssel größer als k. Die Operation $insert(e)$ dient zum Einfügen eines Eintrags mit einem neuen Schlüssel oder zum Überschreiben eines Eintrags mit

---

[1] Das Foto oben zeigt Karteikarten im Katalog der Universität von Graz (Dr. M. Gossler).

identischem Schlüssel; diese Form der Einfügung stellt sicher, dass die Schlüssel der Einträge in S stets paarweise verschieden sind. (Auf Alternativen hierzu kommen wir in Aufgabe 7.10 zurück.) Die Operation *remove(k)* entfernt den Eintrag mit Schlüssel k, falls es einen solchen gibt. Wir werden zeigen, dass man sortierte Folgen so implementieren kann, dass jede Operation Zeit O(log n) benötigt, wobei n die Länge der Folge ist.

In welchem Verhältnis stehen sortierte Folgen zu den Datenstrukturen aus vorangegangenen Kapiteln? Sie sind flexibler als sortierte Arrays, weil sie effiziente Formen der Operationen *insert* and *remove* bereitstellen. Sie sind langsamer, aber auch mächtiger als Hashtabellen, weil *locate(k)* auch funktioniert, wenn der Suchschlüssel k in S gar nicht vorkommt. Prioritätswarteschlangen sind ein Spezialfall von sortierten Folgen; sie können nur den Eintrag mit dem kleinsten Schlüssel finden und entnehmen.

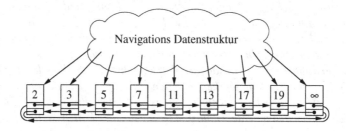

Abb. 7.1. Eine sortierte Folge als doppelt verkettete Liste mit einer Navigations-Datenstruktur.

Unser Grundansatz zur Realisierung einer sortierten Folge besteht aus einer sortierten doppelt verketteten Liste mit einer zusätzlichen Datenstruktur, die der Navigation bei der *locate*-Operation dient. In Abb. 7.1 ist dieser Ansatz schematisch dargestellt. Man erinnere sich, dass eine doppelt verkettete Liste für n Einträge aus $n + 1$ Knoten besteht, einem für jeden Eintrag und einem zusätzlichen Dummyknoten. Der Dummyknoten enthält dabei einen speziellen Schlüsselwert ∞, der größer als alle tatsächlich vorkommenden Schlüssel ist. Die Operation *locate(k)* soll dann einen Griff für den ersten Listenknoten liefern, dessen Schlüssel mindestens so groß wie k ist. Wenn k größer ist als alle Schlüssel in S, soll *locate* einen Griff für den Dummyknoten zurückgeben. In Abschnitt 3.1.1 haben wir gesehen, dass doppelt verkettete Listen eine Vielzahl von Operationen bereitstellen. Die meisten dieser Operationen können auch für sortierte Folgen effizient implementiert werden. Beispielsweise können wir Implementierungen für *first*, *last*, *succ* und *pred* übernehmen, die konstante Rechenzeit haben. Für die Operationen *remove(h : Handle)*, *insertBefore*, und *insertAfter* werden wir Implementierungen mit konstanten amortisierten Kosten kennenlernen; die Operationen „Konkatenieren" und „Aufspalten von Folgen" lassen sich mit logarithmischer Rechenzeit implementieren. Der Indexoperator [·] und das Ermitteln der Position eines Eintrags in der Folge nehmen ebenfalls logarithmische Zeit in Anspruch. Bevor wir uns der Beschreibung der Navigations-Datenstruktur zuwenden, wollen wir noch einen Blick auf konkrete Anwendungen von sortierten Folgen werfen.

Best-first-Heuristik. Wir nehmen an, es sollen Gegenstände in Behälter (engl.: *bin*) gepackt werden. Die Gegenstände kommen einzeln an und müssen nach dem Eintreffen sofort in einen Behälter gepackt werden. Jeder Gegenstand i hat ein Gewicht $w(i)$, und jeder Behälter hat dieselbe maximale Aufnahmekapazität. Ziel ist, möglichst wenige Behälter zu benutzen. (Dies ist eine Online-Variante des *„Binpacking-Problems".*) Eine erfolgreiche heuristische Strategie für dieses Problem heißt *best fit*; sie besteht darin, den aktuellen Gegenstand i in den Behälter zu legen, dessen verbleibende Kapazität unter allen Behältern mit Restkapazität mindestens $w(i)$ minimal ist [46]. Um diese Strategie zu implementieren, können wir die Behälter in einer Folge S halten, die nach den Restkapazitäten sortiert ist. Um einen Gegenstand i zu platzieren, rufen wir $S.locate(w(i))$ auf, entnehmen den gefundenen Behälter aus der Folge, reduzieren seine Restkapazität um $w(i)$ und fügen ihn wieder in S ein. (Vgl. auch Aufgabe 12.8.)

Sweep-line-Algorithmen. Eine Menge von horizontalen und vertikalen Strecken in der Ebene sei gegeben. Es sollen alle Punkte gefunden werden, an denen sich zwei dieser Strecken schneiden. Ein *„Sweep-line*-Algorithmus" für dieses Problem bewegt konzeptuell eine vertikale Gerade von links nach rechts über die Ebene und führt dabei in einer sortierten Folge S die Information mit, welche der horizontalen Strecken von dieser Geraden geschnitten werden. (Das Sortierkriterium ist die y-Koordinate der Strecke.) Wenn die Gerade das linke Ende einer horizontalen Strecke erreicht, wird diese in S eingefügt; wenn das rechte Ende erreicht wird, wird sie wieder aus S gelöscht. Wenn die Gerade eine vertikale Strecke s erreicht, mit x-Koordinate x_s, die in vertikaler Richtung den Bereich $[y, y']$ überstreicht, wird $S.locate(y)$ aufgerufen und S von der gefundenen Stelle aus nach rechts durchmustert, bis der Schlüssel y' überschritten wird.[2] Genau die horizontalen Strecken, die hierbei gefunden werden, schneiden s und liefern einen Schnittpunkt. Der *Sweep-line*-Algorithmus kann auf Strecken mit beliebigen Richtungen [23], auf gekrümmte Linien und viele andere geometrische Probleme verallgemeinert werden [52].

Datenbank-Indexe. Ein zentrales Problem im Gebiet der Datenbanken ist, große Mengen von Datensätzen so zu organisieren, dass man effizient in ihnen suchen kann. Sogenannte B-Bäume, eine Variante der Datenstruktur „(a, b)-Baum", mit der wir uns in Abschnitt 7.2 auseinandersetzen werden, ist eine der wichtigsten bei der Implementierung von Datenbanken verwendeten Datenstrukturen.

Am häufigsten als Navigations-Datenstruktur verwendet werden *Suchbäume.* Dabei sind die Einträge in den Blättern gespeichert.[3] Oft steht der Name der Navigations-Datenstruktur für die gesamte Datenstruktur, die die sortierte Folge darstellt. Wir wollen Suchbaumalgorithmen in drei Schritten einführen. Zum Aufwärmen werden in Abschnitt 7.1 (unbalancierte) *binäre Suchbäume* betrachtet, die unter bestimmten günstigen Umständen die Operation *locate* in $O(\log n)$ Zeit ausführen

---

[2] Diese „Bereichsanfrage" (engl.: *range query*) wird auch in Abschnitt 7.3 angesprochen.

[3] Es gibt auch Suchbaumvarianten, in denen jeder Baumknoten einen Eintrag enthält.

können. Dies sind von der Wurzel weg gerichtete Bäume mit zwei Kindern an jedem inneren Knoten. Weil es nicht ganz einfach ist, binäre Suchbäume unter Einfügungen und Löschungen in dem Bereich dieser „günstigen Umstände" zu halten, gehen wir dann zu einer Verallgemeinerung über, den (a,b)-Bäumen, die Knoten mit größerem Grad als 2 erlauben. In den Abschnitten 7.2 werden wir sehen, wie man mit (a,b)-Bäumen alle drei Grundoperationen so implementieren kann, dass sie im schlechtesten Fall logarithmische Zeit benötigen. In Abschnitt 7.3 und 7.5 werden wir Suchbäume durch weitere Mechanismen erweitern, die es erlauben, weitere Operationen effizient auszuführen. Abschnitt 7.4 untersucht die (amortisierten) Kosten von Einfüge- und Lösch-Operationen genauer.

7.1 Binäre Suchbäume

Die Navigation in einem Suchbaum läuft so ähnlich ab wie man in einer fremden Stadt durch wiederholtes Fragen zu einem Ziel findet: Man stellt eine Frage, folgt der erhaltenen Anweisung, fragt erneut, folgt der neuen Anweisung usw., bis schließlich das Ziel erreicht ist.

Ein *binärer Suchbaum* ist ein binärer Baum, in dessen Blättern die Einträge einer sortierten Folge (inklusive des Dummy-Eintrags) gespeichert sind, und zwar von links nach rechts in aufsteigender Reihenfolge. Um einen Schlüssel k zu *lokalisieren*, möchten wir an der Wurzel beginnen und den eindeutigen Weg zu dem Blatt mit dem kleinsten Schlüssel finden, der mindestens so groß wie k ist. Wie findet man den richtigen Weg? Hierzu sind in den inneren Knoten des Baums ebenfalls Schlüssel (nicht Einträge!) gespeichert, die die Suche steuern; diese Schlüssel heißen Spaltschlüssel (engl.: *splitter keys*). In einem binären Suchbaum mit mindestens zwei Blättern besitzt jeder innere Knoten genau zwei Kinder, ein *linkes* und ein *rechtes* Kind. Für den Spaltschlüssel s in einem inneren Knoten v gilt Folgendes: alle Schlüssel k im linken Unterbaum von v erfüllen $k \leq s$; alle Schlüssel k im rechten Unterbaum von v erfüllen $k > s$.

Angenommen, wir haben einen Baum T, der diese Definition erfüllt. Ein Schlüssel k sei gegeben. Nun ist es nicht allzu schwer, schrittweise den richtigen Weg zum gesuchten Eintrag zu finden, also den Eintrag mit dem kleinsten Schlüssel k', der $k' \geq k$ erfüllt. Beginne bei der Wurzel, und wiederhole den folgenden Schritt, bis ein Blatt erreicht ist: Wenn $k \leq s$ für den Spaltschlüssel s im aktuellen Knoten gilt, gehe zum linken Kind, andernfalls gehe zum rechten Kind. Wenn es im Baum einen Eintrag mit Schlüssel k gibt, ist leicht zu sehen, dass das Verfahren am Blatt mit diesem Eintrag endet. Wir müssen aber auch den Fall erfassen, dass k nicht vorkommt. Durch eine Fallunterscheidung überzeugt man sich, dass das beschriebene Suchverfahren die folgende Invariante besitzt: Der Unterbaum mit dem aktuellen Knoten als Wurzel enthält den k'-Eintrag *oder* im am weitesten rechts stehenden Blatt den unmittelbaren Listenvorgänger von k'. Die beschriebene Suche endet in einem Blatt mit einem Schlüssel k''. Dieser wird mit k verglichen. Wegen der Invariante gibt es dann nur die beiden folgenden Möglichkeiten: Wenn $k \leq k''$ gilt, ist das k''-Blatt selbst der gesuchte Knoten; wenn $k > k''$ gilt, ist es der Listennachfolger des k''-Blattes.

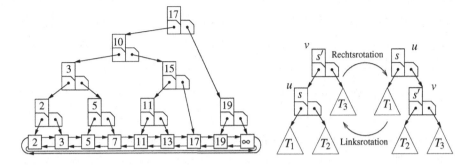

Abb. 7.2. *Links*: Die sortierte Folge $\langle 2, 3, 5, 7, 11, 13, 17, 19 \rangle$, dargestellt durch einen binären Suchbaum. In jedem inneren Knoten sieht man oben den Spaltschlüssel und unten die Zeiger auf die Kinder. *Rechts*: Rotationen in einem binären Suchbaum. Die Dreiecke stehen für Unterbäume. Man beachte, dass sich die Vorgänger-Kind-Relation zwischen den Knoten u und v umkehrt.

In Abb. 7.2 ist ein Beispiel für einen binären Suchbaum angegeben. Die Leserin sollte das Verhalten des Suchverfahrens in diesem Baum mit verschiedenen Schlüsseln wie 1, 9, 13 und 25 testen. Man erinnere sich, dass die Tiefe eines Baums die Länge eines längsten Weges von der Wurzel zu einem Blatt ist. Die Tiefe gibt also die maximale Anzahl von Suchschritten an, die benötigt wird, um das zu Suchschlüssel k gehörende Blatt zu finden.

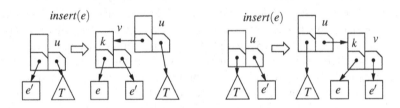

Abb. 7.3. Naive Einfügung eines Eintrags e in einen binären Suchbaum. Ein Dreieck steht für einen ganzen Unterbaum.

Aufgabe 7.1. Zeigen Sie, dass es für jede Anzahl $n \geq 1$ von Einträgen einen binären Suchbaum mit $n + 1$ Blättern gibt, der Tiefe $\lceil \log(n + 1) \rceil$ hat.

Ein Suchbaum mit $n + 1$ Blättern und Tiefe $\lceil \log(n + 1) \rceil$ heißt *perfekt balanciert*. Die daraus resultierende logarithmische Suchzeit stellt eine dramatische Verbesserung der linearen Suchzeit $\Omega(n)$ dar, die man für das Durchlaufen einer Liste benötigt. Die schlechte Nachricht ist, dass es ziemlich teuer ist, perfekte Balance aufrechtzuerhalten, wenn Einträge eingefügt und gelöscht werden. Um besser zu verstehen, um welches Risiko es dabei geht, betrachten wir die „naive" Einfügeprozedur, die in Abb. 7.3 bildlich dargestellt ist. Wir lokalisieren den Schlüssel k des neuen Eintrags

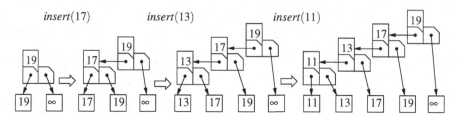

Abb. 7.4. Naives Einfügen von Einträgen in sortierter Reihenfolge liefert einen zu einer Liste entarteten Baum.

e in der Liste, d. h., wir finden den Knoten e' in der Liste, der den auf k folgenden Schlüssel enthält. Dann wird e in die Liste eingefügt, und es wird ein neuer Knoten v mit linkem Kind e, rechtem Kind e' und Spaltschlüssel k erzeugt. Der bisherige Vorgänger von e' zeigt nun auf v. Im schlechtesten Fall wird jede Einfügung ein Blatt in der größtmöglichen Tiefe auswählen, so dass die Tiefe des Baums jedes Mal zunimmt. Abbildung 7.4 zeigt ein Beispiel für diesen Effekt: Der Baum kann zu einer Liste entarten, und wir erhalten wieder eine Liste, die bei einer Suche linear durchmustert werden muss.

Eine einfache Lösung für dieses Problem ist eine gesunde Portion Optimismus: Es muss ja nicht zum Schlimmsten kommen. Tatsächlich zeigt sich, dass das Einfügen von n Einträgen in *zufälliger* Reihenfolge einen Baum erzeugt, dessen mittlere Tiefe etwa $\approx 2.99 \log n$ ist [57]. Wir werden dies hier nicht beweisen, aber eine Verbindung zu Quicksort skizzieren, die das Resultat zumindest plausibel macht. Man überlege beispielsweise, wie der Baum in Abb. 7.2 mittels naiver Einfügung aufgebaut werden kann. Als Erstes fügen wir 17 ein; dies zerlegt die Menge der Einträge in die Teilmengen $\{2,3,5,7,11,13\}$ und $\{19\}$. Von den Einträgen der ersten Teilmenge fügen wir als Nächstes die 7 ein; dies zerlegt diese Teilmenge in die beiden Teilmengen $\{2,3,5\}$ und $\{11,13\}$. In Quicksort-Terminologie würden wir sagen, dass 17 als Spalter im obersten rekursiven Aufruf gewählt wird und 7 im nächsten Aufruf für die linke Teilmenge. Der Aufbau eines binären Suchbaums und die Ausführung von Quicksort stellen sich so als völlig analoge Abläufe dar; die ausgeführten Vergleiche sind dieselben, wenn auch zu verschiedenen Zeiten. Jeder Eintrag wird mit dem Wurzelschlüssel 17 verglichen. Bei Quicksort finden diese Vergleiche statt, wenn die Menge im ersten Aufruf am Spaltschlüssel 17 zerlegt wird. Beim Aufbau des binären Suchbaums finden diese Vergleiche jeweils im Zug der einzelnen Einfügevorgänge für die anderen Einträge statt. Beispielsweise findet der Vergleich zwischen 17 und 11 bei Quicksort im ersten rekursiven Aufruf statt, im binären Suchbaum, wenn 11 eingefügt wird. Wie wir in Satz 5.6 gesehen haben, benötigt eine randomisierte Version von Quicksort für das Sortieren von n Einträgen im Erwartungswert $O(n \log n)$ Vergleiche. Nach der eben beschriebenen Entsprechung ist die erwartete Anzahl von Vergleichen beim Aufbau eines binären Suchbaums, bei dem die Einträge in zufälliger Reihenfolge eingefügt werden, ebenfalls $O(n \log n)$. Daher kostet jede Einfügung im Mittel $O(\log n)$ Vergleiche. Es gilt sogar noch mehr: mit großer

Wahrscheinlichkeit benötigt jede einzelne Einfügung $O(\log n)$ Vergleiche, und die mittlere Baumtiefe ist näherungsweise $2.99 \log n$.

Können wir erreichen, dass die Tiefe im schlechtesten Fall logarithmisch bleibt? Dies ist tatsächlich so, und es gibt dafür viele verschiedene Methoden. Wir werden uns in Abschnitt 7.7 einen Überblick verschaffen und in Abschnitt 7.2 zwei dieser Methoden genau besprechen. Als Erstes werden wir eine Konstruktion betrachten, in der Baumknoten unterschiedliche Grade haben dürfen; danach werden wir zeigen, wie man Binärbäume mit Hilfe von Rotationen balanciert halten kann.

Aufgabe 7.2. Abbildung 7.2 zeigt, wie man das Aussehen eines Binärbaums durch sogenannte Rotationen ändern kann. Wenden Sie mehrere Rotationen nacheinander auf Unterbäume des Baums in Abb. 7.2 an, so dass der Knoten, der den Schlüssel 11 enthält, zur Wurzel wird.

Aufgabe 7.3. Erklären Sie, wie man einen *impliziten* binären Suchbaum implementieren kann, d. h., der Baum ist linksvollständig und ist mittels der gleichen Abbildung wie bei Binärheaps in einem Array gespeichert (s. Abschnitt 6.1). Was sind die Vor- und Nachteile im Vergleich mit einer zeigerbasierten Implementierung? Vergleichen Sie den Suchvorgang in einem impliziten Binärbaum mit binärer Suche in einem sortierten Array.

7.2 (a, b)-Bäume und Rot-Schwarz-Bäume

Ein (a, b)-Baum ist ein Suchbaum, in dem alle inneren Knoten außer der Wurzel Grad zwischen a und b haben. Dabei sind a und b konstant. Die Wurzel hat Grad 1 nur im Fall eines trivialen Baums mit genau einem Blatt. Sonst hat die Wurzel Grad zwischen 2 und b. Wenn $a \geq 2$ und $b \geq 2a - 1$ gilt, erlaubt uns die Flexibilität bei der Wahl der Grade, auf effiziente Weise die Invariante sicherzustellen, dass *alle Blätter die gleiche Tiefe haben*. Man betrachte einen Knoten mit Grad d. Einem solchen Knoten ordnen wir ein Array $c[1..d]$ von Kindzeigern und ein sortiertes Array $s[1..d-1]$ von $d-1$ Spaltschlüsseln zu. Die Spaltschlüssel dienen zur Orientierung bei der Suche. Um die Notation zu vereinfachen, definieren wir zusätzlich $s[0] = -\infty$ und $s[d] = \infty$. Wir verlangen, dass für $1 \leq i \leq d$ die Schlüssel der Einträge im Unterbaum unter dem i-ten Kind $c[i]$ zwischen dem $(i-1)$-ten (ausschließlich) und dem i-ten Spaltschlüssel (einschließlich) liegen, d. h. $s[i-1] < key(e) \leq s[i]$ erfüllen. Abbildung 7.5 zeigt einen $(2, 4)$-Baum für die Folge $\langle 2, 3, 5, 7, 11, 13, 17, 19 \rangle$.

Lemma 7.1. *Ein (a, b)-Baum für $n \geq 1$ Einträge hat Tiefe höchstens*

$$1 + \left\lfloor \log_a \frac{n+1}{2} \right\rfloor .$$

Beweis. Der Baum hat $n + 1$ Blätter, wobei der Term "$+1$" das Dummyblatt mit Schlüssel ∞ zählt.

Wenn $n = 0$ ist, hat die Wurzel Grad 1, und es gibt ein Blatt. Nun nehmen wir $n \geq 1$ an. Sei h die Tiefe des Baums. Weil der Grad der Wurzel mindestens 2 ist und

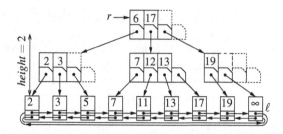

Abb. 7.5. Darstellung der Folge $\langle 2,3,5,7,11,13,17,19 \rangle$ durch einen $(2,4)$-Baum. Der Baum hat Tiefe 2.

jeder andere Knoten Grad mindestens a hat, ist die Anzahl der Blätter mindestens $2a^{h-1}$. Daraus ergibt sich $n+1 \geq 2a^{h-1}$, oder $h \leq 1 + \log_a((n+1)/2)$. Weil die Tiefe eine ganze Zahl ist, folgt die Schranke.   □

Aufgabe 7.4. Zeigen Sie, dass die Tiefe eines (a,b)-Baums mit n Einträgen mindestens $\lceil \log_b(n+1) \rceil$ ist. Beweisen Sie, dass diese Schranke und die Schranke aus Lemma 7.1 scharf sind.

Die Suche in einem (a,b)-Baum ist kaum komplizierter als die in einem binären Suchbaum. Es sei k der Suchschlüssel und k' der kleinste in einem Eintrag vorkommende Schlüssel, der mindestens so groß wie k ist. In einem inneren Knoten genügt ein einzelner Vergleich nicht mehr, sondern man muss aus den bis zu b Kindknoten den richtigen auswählen. Mit binärer Suche in der sortierten Folge der Spaltschlüssel kann dies mit $\lceil \log b \rceil$ Vergleichen erreicht werden; diese Kosten fallen für jeden Knoten auf dem Suchweg im Baum an. Die Korrektheit des Suchverfahrens beweist man mit der gleichen Invariante wie bei der Suche in binären Suchbäumen: Der Unterbaum mit dem aktuellen Knoten als Wurzel enthält den k'-Eintrag *oder* im am weitesten rechts stehenden Blatt den unmittelbaren Listenvorgänger von k'. Abbildung 7.6 gibt Pseudocode für den Aufbau von (a,b)-Bäumen und für die *locate*-Operation an. Weil wir den Suchbaum zur Navigation in einer doppelt verketteten Liste benutzen, die durch einen Dummyknoten mit Schlüssel ∞ abgeschlossen wird, ist dieser Knoten stets das am weitesten rechts stehende Blatt des Suchbaums. Daher kann es nicht passieren, dass die Wurzel Grad 0 hat, und bei der Suche nach einem Schlüssel, der größer ist als alle Schlüssel in der Liste, wird der Griff für den Dummyknoten zurückgegeben.

Aufgabe 7.5. Beweisen Sie, dass die Gesamtanzahl aller Vergleiche in einer Suche in einem (a,b)-Baum durch $\lceil \log b \rceil (1 + \log_a((n+1)/2))$ beschränkt ist. Nehmen Sie nun an, dass $b \leq 2a$ gilt, und zeigen Sie, dass diese Schranke in $O(\log b) + O(\log n)$ liegt. Welche Konstante steht vor dem $(\log n)$-Term?

Um einen Eintrag e mit Schlüssel $k = key(e)$ *einzufügen*, steigen wir zuerst rekursiv im Baum abwärts, um den Schlüssel k in der Liste zu lokalisieren. Wir finden dabei einen Listeneintrag e'. Dabei ist e' entweder der Eintrag mit dem kleinsten

Class *ABHandle* : **Pointer** *to ABItem* oder *Item*
// Ein ABItem [Item] ist ein Knoten in der Navigations-Datenstruktur [doppelt verkett. Liste]

Class *ABItem*(*splitters* : *Sequence* **of** *Key*, *children* : *Sequence* **of** *ABHandle*)
    $d = |children|$: $1..b$ // Grad
    $s = splitters$: *Array* $[1..b-1]$ **of** *Key*
    $c = children$: *Array* $[1..b]$ **of** *ABHandle*

    Function *locateLocally*(k : *Key*) : $\mathbb{N}$
        return $\min\{i \in 1..d : k \le s[i]\}$

    Function *locateRec*(k : *Key*, h : $\mathbb{N}$) : *ABHandle*
        $i := locateLocally(k)$
        if $h = 1$ **then**
            if $c[i] \rightarrow e \ge k$ **then return** $c[i]$
            else return $c[i] \rightarrow next$
        else return $c[i] \rightarrow locateRec(k, h-1)$ //

Class *ABTree*($a \ge 2$: $\mathbb{N}$, $b \ge 2a-1$: $\mathbb{N}$) **of** *Element*
    $\ell = \langle\rangle$: *List* **of** *Element*
    r : *ABItem*($\langle\rangle, \langle\ell.head\rangle$)
    $height = 1$: $\mathbb{N}$ //

    // Lokalisiere den Eintrag mit kleinstem Schlüssel $k' \ge k$
    Function *locate*(k : *Key*) : *ABHandle*
        return $r.locateRec(k, height)$

Abb. 7.6. (a,b)-Bäume. Ein (innerer) Knoten (*ABItem*) besteht aus einer Folge von Schlüsseln und einer Folge von Griffen für die Kindknoten. Der Grad ist die Anzahl der Kinder. Wir stellen Platz für den maximal möglichen Grad b bereit. Zur Klasse *ABItem* gehören zwei lokale Funktionen (Methoden): *locateLocally*(k) findet in der Folge der Spaltschlüssel die richtige Stelle für k; die Prozedur *locateRec*(k,h) nimmt an, dass der Knoten *ABItem* Höhe h hat und steigt noch h viele Levels im Baum ab, um das richtige Blatt (*Item*) für k zu finden. Der Konstruktor für *ABTree* erzeugt einen Baum für die leere Folge, der ein Blatt hat, nämlich den Dummyknoten mit Eintrag ∞, und eine Wurzel mit Grad 1. Um einen Schlüssel k in einem (a,b)-Baum zu lokalisieren, ruft man $r.locateRec(k,h)$ auf, wobei r die Wurzel und h die Höhe des Baumes ist.

Schlüssel, der mindestens so groß wie k ist oder der unmittelbare Listenvorgänger dieses Eintrags. (Letzteres kann nur eintreten, wenn k in der Liste nicht vorkommt.) Es wird zunächst geprüft, ob $k = key(e')$ ist. In diesem Fall wird der Eintrag e' einfach durch e ersetzt. Dies sichert auch, dass jeder Schlüssel in der Folge nur einmal vorkommt. Wenn $k < key(e')$ ist, muss unmittelbar vor e' ein neuer Listenknoten mit Eintrag e eingefügt werden. Wir können es vermeiden, den Fall $k > key(e')$ separat zu behandeln, indem wir ihn auf den ersten Fall reduzieren. Hierzu erzeugen wir einen neuen Listenknoten mit Eintrag e und vertauschen diesen mit dem e'-Listenknoten, sowohl in der doppelt verketteten Liste als auch bezüglich des Kindzeigers aus der Navigations-Datenstruktur. Die beim Einfügen durchgeführte Lokalisierung stellt sicher, dass eine Suche nach $key(e')$ zum Knoten mit Eintrag e führen würde. Wir können nun also genau wie im ersten Fall den e'-Listenknoten unmittelbar vor dem e-Listenknoten einfügen. Ab hier konzentrieren wir uns auf den Fall, wo der e-Knoten vor dem e'-Knoten in die Liste ℓ eingefügt wird. Wenn der e'-Knoten das i-te Kind $c[i]$ seines Vorgängerknotens v war, dann wird jetzt der e-Knoten das neue Kind $c[i]$, und $k = key(e)$ wird der neue Spaltschlüssel $s[i]$. Die früheren Kinder $c[i..d]$ und ihre Spaltschlüssel $s[i..d-1]$ werden um eine Indexposition nach rechts verschoben. Wenn d kleiner als b war, kann nun d um 1 erhöht werden, und die Einfügung ist beendet.

Schwierig wird es, wenn ein Knoten v schon Grad $d = b$ hat und nun Grad $b + 1$ erhalten würde. Sei s' das Array der Spaltschlüssel in diesem zu vollen Knoten, c' das Array der Kindzeiger und u der Vorgänger von v (falls er existiert). Das Problem wird gelöst, indem man v in der Mitte *spaltet* (s. Abb. 7.7). Das heißt genauer, dass ein neuer Knoten t erzeugt wird und der Grad von v auf $d = \lceil (b+1)/2 \rceil$ verringert wird, indem man die $b+1-d$ ersten Kindzeiger $c'[1..b+1-d]$ und die entsprechenden Schlüssel $s'[1..b-d]$ aus v in den neuen Knoten t verschiebt. Im alten Knoten v bleiben die d rechten Kindzeiger $c'[b+2-d..b+1]$ und die entsprechenden Spaltschlüssel $s'[b+2-d..b]$, stehen, rutschen aber in den Arrays in die ersten d bzw. $d-1$ Positionen.

Wohin mit dem „überflüssigen" mittleren Spaltschlüssel $k = s'[b+1-d]$? Weil der Schlüssel k eine obere Schranke für die Schlüssel im Unterbaum mit Wurzel t ist, werden er und der Zeiger auf t im Vorgänger u von v gebraucht. Die Situation in u entspricht genau der Situation in v vor der Einfügung: wenn v vorher das i-te Kind von u war, rückt t nun an diese Stelle; die anderen Kinder von u ab Position i rücken um eine Position nach rechts. Entsprechend nimmt k die Position des i-ten Spaltschlüssels ein. Durch diese Änderung an u wächst der Grad dieses Knotens um 1. Wenn er nun $b + 1$ ist, wird u gespalten. Dieser Prozess setzt sich fort, bis entweder ein Vorfahr von v Platz für ein neues Kind hat oder bis die Wurzel gespalten wird.

Im letzteren Fall stellen wir eine neue Wurzel bereit, die auf die zwei Bruchstücke der alten Wurzel zeigt. Dies ist die einzige Situation, in der die Tiefe des

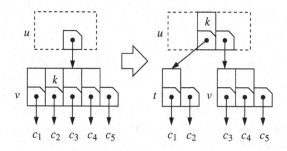

Abb. 7.7. Spalten eines Knotens: Der Knoten v mit Grad $b + 1$ (hier: 5) wird in einen Knoten mit Grad $\lfloor (b+1)/2 \rfloor$ und einen mit Grad $\lceil (b+1)/2 \rceil$ zerlegt. Der Grad des Vorgängerknotens erhöht sich um 1. Der Spaltschlüssel, der die beiden „Teile" von v trennt, wird zum Vorgängerknoten verschoben.

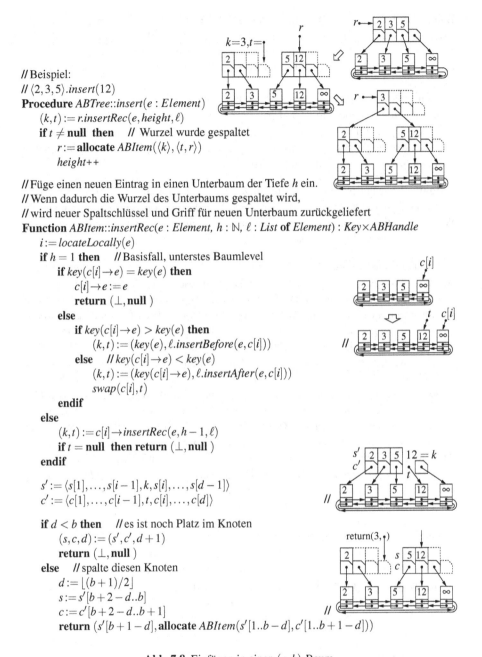

// Beispiel:

// $\langle 2,3,5 \rangle .insert(12)$

Procedure *ABTree::insert(e : Element)*

$(k,t) := r.insertRec(e, height, \ell)$

if $t \neq$ **null then**   // Wurzel wurde gespaltet

$r :=$ **allocate** *ABItem*$(\langle k \rangle, \langle t,r \rangle)$

$height++$

// Füge einen neuen Eintrag in einen Unterbaum der Tiefe h ein.

// Wenn dadurch die Wurzel des Unterbaums gespaltet wird,

// wird neuer Spaltschlüssel und Griff für neuen Unterbaum zurückgeliefert

Function *ABItem::insertRec(e : Element, h :* $\mathbb{N}$*, ℓ : List* **of** *Element) : Key×ABHandle*

$i := locateLocally(e)$

if $h = 1$ **then**   // Basisfall, unterstes Baumlevel

if $key(c[i] \rightarrow e) = key(e)$ **then**

$c[i] \rightarrow e := e$

return $(\perp,$ **null** $)$

else

if $key(c[i] \rightarrow e) > key(e)$ **then**

$(k,t) := (key(e), \ell.insertBefore(e, c[i]))$

else   // $key(c[i] \rightarrow e) < key(e)$

$(k,t) := (key(c[i] \rightarrow e), \ell.insertAfter(e, c[i]))$

$swap(c[i], t)$

endif

else

$(k,t) := c[i] \rightarrow insertRec(e, h-1, \ell)$

if $t =$ **null then return** $(\perp,$ **null** $)$

endif

$s' := \langle s[1], \ldots, s[i-1], k, s[i], \ldots, s[d-1] \rangle$

$c' := \langle c[1], \ldots, c[i-1], t, c[i], \ldots, c[d] \rangle$

if $d < b$ **then**   // es ist noch Platz im Knoten

$(s,c,d) := (s', c', d+1)$

return $(\perp,$ **null** $)$

else   // spalte diesen Knoten

$d := \lfloor (b+1)/2 \rfloor$

$s := s'[b+2-d..b]$

$c := c'[b+2-d..b+1]$

return $(s'[b+1-d],$ **allocate** *ABItem*$(s'[1..b-d], c'[1..b+1-d]))$

Abb. 7.8. Einfügen in einen (a,b)-Baum.

Baums wachsen kann. In diesem Fall nimmt die Tiefe aller Blätter um 1 zu, d. h., die Invariante, dass alle Blätter auf demselben Level sitzen, bleibt erhalten. Weil nach Lemma 7.1 die Tiefe des Baums $O(\log n)$ ist, ergibt sich für *insert* eine Ausführungszeit von $O(\log n)$ im schlechtesten Fall. Pseudocode für die Einfügung findet man in Abb. 7.8.[4]

Wir müssen noch begründen, weshalb *insert* einen korrekten (a,b)-Baum erzeugt. Wenn ein Knoten mit Grad $b+1$ gespalten wird, entstehen Knoten mit Grad $d = \lceil (b+1)/2 \rceil$ und $b+1-d$. Diese Grade sind offensichtlich kleiner als b. Weiter folgt aus der Ungleichung $b \geq 2a-1$, dass $b+1 - \lceil (b+1)/2 \rceil \geq a$ gilt. Man mache sich klar, dass $b = 2a-2$ ungeeignet ist.

Aufgabe 7.6. Man ist versucht, die Prozedur *insert* kompakter zu programmieren, indem man *locate* aufruft, um den anfänglichen Abstieg im Baum zu organisieren. Warum funktioniert das nicht? Könnte man so vorgehen, wenn jeder Knoten einen Zeiger zu seinem Vorgänger hätte?

Wir wenden uns nun der Löschoperation *remove* für (a,b)-Bäume zu. Der Ansatz ist ähnlich wie bei *insert*. Wir lokalisieren den zu löschenden Eintrag, entfernen seinen Knoten aus der doppelt verketteten Liste und reparieren mögliche Verletzungen der Invarianten auf dem Rückweg nach oben. In Abb. 7.9 ist Pseudocode für diese Operation angegeben. Wenn einem Knoten u als Resultat einer Löschung im Unterbaum unter Kindknoten $c[i]$ mitgeteilt wird, dass der Grad von $c[i]$ auf $a-1$ gefallen ist, dann wird, von u ausgehend, dieser Kindknoten mit einem seiner Geschwister $c[i-1]$ oder $c[i+1]$ kombiniert, um die Invariante wiederherzustellen. Dabei gibt es zwei Fälle, die in Abb. 7.10 bildlich dargestellt sind. Wenn der Grad des Geschwisterknotens größer als a ist, können wir die Grade *ausbalancieren*, indem wir einen oder mehrere Kinder des Geschwisterknotens nach $c[i]$ schieben. Wenn der Geschwisterknoten aber Grad exakt a hat, nützt Ausbalancieren nichts, weil beide Knoten zusammen nur $2a-1$ Kinder haben, so dass es unmöglich ist, beiden a Kinder zu geben. Wir können aber die beiden Knoten zu einem *verschmelzen*, weil die Regel $b \geq 2a-1$ sicherstellt, dass der Grad des durch die Verschmelzung entstandenen Knotens nicht größer als b ist.

Um den Knoten $c[i]$ mit seinem rechten Geschwister $c[i+1]$ zu verschmelzen, konkatenieren wir die Kindarrays der beiden Knoten und speichern das Ergebnis in Knoten $c[i+1]$. Die Spaltschlüssel können ebenfalls (in das entsprechende Array in $c[i+1]$) übernommen werden, mit Ausnahme der Stelle, an der die beiden Folgen zusammengefügt werden: hier wird der Spaltschlüssel $s[i]$ des Vorgängerknotens u eingetragen. Nun kann man den Knoten $c[i]$ freigeben, und die Position $c[i]$ sowie den Spaltschlüssel $s[i]$ aus den entsprechenden Arrays im Vorgängerknoten u streichen. (Hierdurch rückt der Griff für den neuen Knoten auf Position $c[i]$ vor.)

Aufgabe 7.7. Nehmen Sie an, dass ein Knoten v durch eine Verschmelzung wie eben beschrieben entstanden ist. Zeigen Sie, dass die Ordnungsinvariante erhalten bleibt:

---

[4] Die Schreibweise $C::m$ ist aus C++ übernommen, um die Definition einer Methode m für eine Klasse C zu bezeichnen.

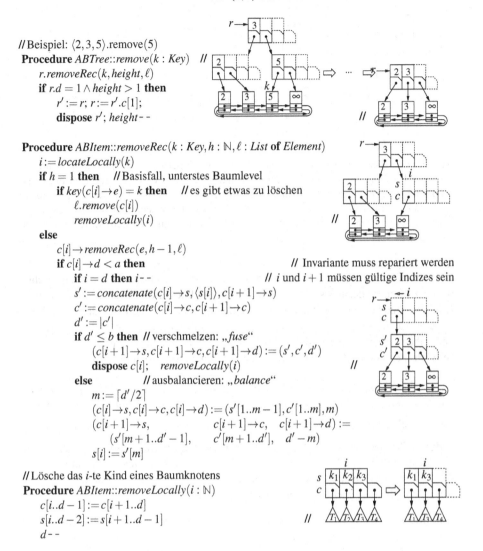

// Beispiel: $\langle 2,3,5 \rangle$.remove(5)

Procedure *ABTree::remove*(k : *Key*)   //
    r.removeRec(k, height, ℓ)
    if $r.d = 1 \wedge height > 1$ **then**
        $r' := r$; $r := r'.c[1]$;
        dispose r'; height $-\,-$
                        //

Procedure *ABItem::removeRec*(k : *Key*, h : $\mathbb{N}$, ℓ : *List* **of** *Element*)
    $i := locateLocally(k)$
    if $h = 1$ **then**   // Basisfall, unterstes Baumlevel
        if $key(c[i] \rightarrow e) = k$ **then**   // es gibt etwas zu löschen
            ℓ.remove($c[i]$)
            removeLocally(i)
    else
        $c[i] \rightarrow$ removeRec(e, $h-1$, ℓ)
        if $c[i] \rightarrow d < a$ **then**   // Invariante muss repariert werden
            if $i = d$ **then** $i -\,-$ // i und $i+1$ müssen gültige Indizes sein
            $s' := concatenate(c[i] \rightarrow s, \langle s[i] \rangle, c[i+1] \rightarrow s)$
            $c' := concatenate(c[i] \rightarrow c, c[i+1] \rightarrow c)$
            $d' := |c'|$
            if $d' \leq b$ **then** // verschmelzen: „*fuse*"
                $(c[i+1] \rightarrow s, c[i+1] \rightarrow c, c[i+1] \rightarrow d) := (s', c', d')$
                dispose $c[i]$; removeLocally(i)   //
            else   // ausbalancieren: „*balance*"
                $m := \lceil d'/2 \rceil$
                $(c[i] \rightarrow s, c[i] \rightarrow c, c[i] \rightarrow d) := (s'[1..m-1], c'[1..m], m)$
                $(c[i+1] \rightarrow s, \quad\quad c[i+1] \rightarrow c, \quad c[i+1] \rightarrow d) :=$
                    $(s'[m+1..d'-1], \quad c'[m+1..d'], \quad d'-m)$
                $s[i] := s'[m]$

// Lösche das i-te Kind eines Baumknotens
Procedure *ABItem::removeLocally*(i : $\mathbb{N}$)
    $c[i..d-1] := c[i+1..d]$
    $s[i..d-2] := s[i+1..d-1]$
    $d -\,-$ //

Abb. 7.9. Löschen in einem (a,b)-Baum.

Ein Eintrag e, der über Kind $v.c[i]$ erreichbar ist, erfüllt $v.s[i-1] < key(e) \leq v.s[i]$, für $1 \leq i \leq v.d$.

Das Ausbalancieren von zwei benachbarten Geschwistern ist äquivalent dazu, sie erst zu verschmelzen und dann das Ergebnis zu spalten, wie in der Operation *insert*. Weil das Verschmelzen von zwei Knoten den Grad ihres Vorgängers verringert, kann sich die Notwendigkeit, Knoten auszubalancieren oder zu verschmelzen, durch den Baum von unten nach oben fortpflanzen. Wenn irgendwann einmal der Grad der Wurzel auf 1 fällt, gibt es zwei Möglichkeiten. Wenn der Baum Tiefe 1 hat, die

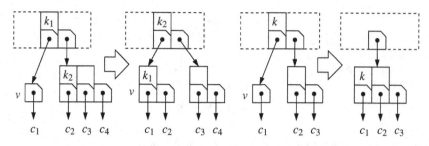

Abb. 7.10. Knotenbalancierung („*balance*") und Verschmelzen („*fuse*") bei (2,4)-Bäumen: Knoten v hat Grad $a-1$ (hier: 1). *Links*: Knoten v hat einen Geschwisterknoten mit Grad $a+1$ oder mehr (hier: 3), und wir *balancieren* die Grade *aus*. *Rechts*: Der Geschwisterknoten hat Grad a, und wir *verschmelzen* v mit diesem Geschwisterknoten. Man beobachte, wie die Spaltschlüssel verschoben werden. Wenn zwei Knoten verschmolzen werden, verringert sich der Grad des Vorgängers um 1.

Liste also nur einen Eintrag hat (den Dummyeintrag mit Schlüssel ∞), dann ist nichts weiter zu tun. Andernfalls können wir den Wurzelknoten freigeben und das einzige Kind als neue Wurzel benützen. Die Höhe des Baums verringert sich dabei um 1.

Die Ausführungszeit von *remove* ist ebenfalls proportional zur Höhe des Baums und daher logarithmisch in der Größe der sortierten Folge. Wir fassen das Rechenzeitverhalten von (a,b)-Bäumen im folgenden Satz zusammen.

Satz 7.2 *Für ganze Zahlen a und b mit $a \geq 2$ und $b \geq 2a-1$ gilt: (a,b)-Bäume führen die Operationen insert, remove und locate auf sortierten Folgen mit n Einträgen in Zeit $O(\log n)$ aus.*

Aufgabe 7.8. Geben Sie eine detailliertere Implementierung von *locateLocally* an, die auf binärer Suche beruht und nicht mehr als $\lceil \log b \rceil$ Vergleiche benötigt. Dabei sollten Sie es vermeiden, explizit unendliche Schlüsselwerte zu benutzen, und es sollte keine Fallunterscheidungen für Grenzfälle geben.

Aufgabe 7.9. Nehmen Sie $a = 2^k$ und $b = 2a$ an. Zeigen Sie, dass für eine *locate*-Operation in einem (a,b)-Baum mit n Einträgen $(1+\frac{1}{k})\log n+1$ Schlüsselvergleiche ausreichen. *Hinweis*: Es genügt *nicht* ganz, Aufgabe 7.4 mit Aufgabe 7.8 zu kombinieren, da dies einen zusätzlichen Summanden $+k$ erzeugen würde.

Aufgabe 7.10. Erweitern Sie (a,b)-Bäume so, dass sie mit mehrfach vorkommenden Schlüsseln umgehen können. Einträge mit identischen Schlüsseln sollen dabei in *last-in-first-out*-Manier behandelt werden, d. h., *remove*(k) soll den Eintrag mit Schlüssel k entfernen, der als letzter eingefügt wurde.

*Aufgabe 7.11 (Rot-Schwarz-Bäume). Ein *Rot-Schwarz-Baum* ist ein binärer Suchbaum, in dem jede Kante rot oder schwarz *gefärbt* ist, so dass die folgenden Invarianten gelten. Die *Schwarz-Tiefe* eines Knotens v ist dabei die Anzahl der schwarzen Kanten auf dem Weg von der Wurzel zu v.

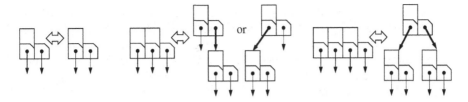

Abb. 7.11. (2,4)-Bäume und Rot-Schwarz-Bäume entsprechen einander. Knoten mit Grad 2, 3 bzw. 4 (jeweils *links*) entsprechen den jeweils *rechts* angegebenen Konfigurationen. Rote Kanten sind **fett** gezeichnet.

(a) Alle Blätter haben die gleiche Schwarz-Tiefe.

(b) Eingangskanten von Blättern sind schwarz.

(c) Kein Weg von einer Wurzel zu einem Blatt enthält zwei aufeinanderfolgende rote Kanten.

Zeigen Sie, dass Rot-Schwarz-Bäume und (2,4)-Bäume in folgendem Sinn isomorph sind: Aus einem (2,4)-Baum kann man einen Rot-Schwarz-Baum gewinnen, indem man Knoten von Grad 3 bzw. 4 durch 2 bzw. 3 Knoten ersetzt, die untereinander durch rote Kanten verbunden sind, wie in Abb. 7.11 skizziert. Aus einem Rot-Schwarz-Baum kann man mit der inversen Transformation einen (2,4)-Baum gewinnen, indem man Komponenten, die durch rote Kanten verbunden sind, durch einen einzigen Knoten mit Grad 3 oder 4 ersetzt. Erklären Sie, wie man (2,4)-Bäume implementieren kann, indem man sie als Rot-Schwarz-Bäume darstellt.[5] Erklären Sie insbesondere, wie die bei (2,4)-Bäumen auftretenden Operationen der Vergrößerung und Verringerung des Grades eines Knotens, das Spalten und Verschmelzen von Knoten, und die Rebalancierung mit Hilfe von Rotationsoperationen (s. Abb. 7.2) und Umfärbungen im Rot-Schwarz-Baum nachgebaut werden können. Die Farben sind jeweils in den Zielknoten der entsprechenden Kanten gespeichert.

7.3 Weitere Operationen

Mit Suchbäumen lassen sich über *insert*, *remove* und *locate* hinaus noch viele andere Operationen auf sortierten Listen realisieren. Wir werden solche Operationen in zwei Gruppen betrachten: In diesem Abschnitt geht es um Operationen, die sich direkt mit (a,b)-Bäumen ausführen lassen, in Abschnitt 7.5 werden wir Operationen betrachten, für die man die Datenstruktur erweitern muss.

- *min/max.* Die Operationen *first* und *last*, die für sortierte Listen zur Verfügung stehen, liefern in konstanter Zeit den kleinsten und den größten Eintrag der sortierten Folge. Beispielsweise finden wir in Abb. 7.5 über den Dummyknoten mit

---

[5] Falls die Schlüssel großen Umfang haben, könnte dies platzeffizienter sein als eine direkte Darstellung.

dem Schlüssel ∞ mit Hilfe der *next-* und *prev-*Zeiger sofort den kleinsten Schlüssel, 2, und den größten Schlüssel, 19. Insbesondere implementieren sortierte Folgen *zweiseitige Prioritätswarteschlangen* (engl.: *double-ended priority queues*), d. h., Mengen, bei denen man den kleinsten oder den größten Eintrag finden und entnehmen kann, wobei Suchen in konstanter Zeit und Entnehmen in logarithmischer Zeit ausgeführt werden kann.

- *Bereichsanfragen* (engl.: *range queries*). Um alle Einträge mit Schlüsseln im Intervall („Bereich") $[x, y]$ zu finden und auszugeben, lokalisieren wir x und durchlaufen dann die sortierte Liste, bis wir einen Eintrag mit einem Schlüssel erreichen, der größer als y ist. Die hierfür benötigte Zeit ist $O(\log n + \text{Umfang der Ausgabe})$. Beispielsweise wird die Bereichsanfrage $[4, 14]$ im Suchbaum in Abb. 7.5 zunächst den Eintrag 5 finden, danach 7, 11 und 13 ausgeben, und beim Erreichen der 17 anhalten.

- *(Neu-)Aufbau.* In Aufgabe 7.12 werden Sie gebeten, einen Algorithmus anzugeben, der in Linearzeit aus einer sortierten Liste oder einem sortierten Array einen (a, b)-Baum baut. Selbst wenn die Einträge zunächst sortiert werden müssen, ist diese Operation viel schneller als wenn man die Einträge einzeln einfügt. Zudem entsteht auf diese Weise eine kompaktere Datenstruktur.

Aufgabe 7.12. Erklären Sie, wie man aus einer sortierten Liste in Linearzeit einen (a, b)-Baum aufbauen kann. Welchen $(2, 4)$-Baum baut Ihr Algorithmus aus der Eingabefolge $\langle 1, \ldots, 17 \rangle$? Löschen Sie nun die Einträge 4, 9 und 16.

7.3.1 *Konkatenation.

Zwei sortierte Folgen können *konkateniert* (d. h. nebeneinandergesetzt) werden, wenn der größte Schlüssel der ersten Folge kleiner als der kleinste Schlüssel der zweiten Folge ist. Zwei als (a, b)-Bäume dargestellte Folgen S_1 und S_2 können in Zeit $O(\log(\max\{|S_1|, |S_2|\}))$ konkateniert werden. Als Erstes entfernt man den Dummyknoten aus der Liste für S_1 und konkateniert den Rest mit der Liste für S_2. (Dabei muss man den größten Schlüssel in S_1 notieren.) Nun wird die Wurzel des einen Baums mit einem passend gewählten Knoten des anderen verschmolzen, und zwar so, dass der resultierende Baum wieder ein Suchbaum und wieder balanciert ist. Wie geht das im Detail? Wir betrachten zunächst den Fall $S_1.height \geq S_2.height$. Startend in der Wurzel von S_1 steigt man $S_1.height - S_2.height$ Levels ab, und zwar folgt man in jedem Knoten immer dem am weitesten rechts stehenden Kindzeiger. Der jetzt erreichte Knoten v wird mit der Wurzel von S_2 verschmolzen. Der neue Spaltschlüssel, der dafür benötigt wird, ist der (vorher gespeicherte) größte Schlüssel in S_1. Wenn der vergrößerte Knoten v nun mehr als b Kinder hat, wird er gespalten; von diesem Moment an verläuft der Prozess genau wie bei der *insert*-Operation: Spaltvorgänge werden nach oben propagiert, bis die Invariante erfüllt ist oder bis eine neue Wurzel erzeugt wird. Der Fall $S_1.height < S_2.height$ wird spiegelbildlich behandelt: Die Wurzel von S_1 wird mit einem Knoten verschmolzen, den man durch Abstieg in S_2 entlang der am weitesten links stehenden Kindzeiger erreicht. In Abb. 7.12 ist ein Beispiel für diesen Fall dargestellt.

Wenn wir für jeden Baum die Tiefe explizit speichern, kann die Operation in Zeit $O(1 + |S_1.height - S_2.height|) = O(\log(|S_1| + |S_2|))$ ausgeführt werden.

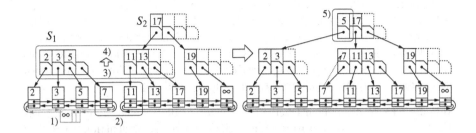

Abb. 7.12. Die Konkatenation von $(2,4)$-Bäumen für $\langle 2, 3, 5, 7 \rangle$ und $\langle 11, 13, 17, 19 \rangle$. Die Ziffern markieren die einzelnen Schritte: 1) Lösche Dummy; 2) konkateniere Listen; 3) verschmelze Knoten; 4) spalte Knoten; 5) füge Kind ein.

7.3.2 *Spalten.

Nun zeigen wir, wie man eine sortierte Folge an einem gegebenen Eintrag spalten kann. Man betrachtet dazu eine Folge $S = \langle w, \ldots, x, y, \ldots, z \rangle$. Wenn man diese Folge *an y spaltet*, erhält man die beiden Folgen $S_1 = \langle w, \ldots, x \rangle$ und $S_2 = \langle y, \ldots, z \rangle$. Wir beschreiben, wie dieser Vorgang implementiert werden kann. Betrachte den Weg p von der Wurzel zu dem Blatt, das y enthält. Jeder Knoten v auf p wird in zwei Knoten v_ℓ and v_r gespalten. Knoten v_ℓ erhält die Kinder von v, die links von p liegen, und v_r die Kinder von v, die rechts von p liegen. Es kann sein, dass ein solcher Teilknoten kein oder nur ein Kind hat. Jeder der entstandenen Teilknoten mit mindestens einem Kind liefert einen eigenen (a,b)-Baum. Die doppelt verkettete Liste, die die Einträge enthält, wird links des Eintrags mit Schlüssel y zerlegt; der erste Teil erhält einen neuen Dummyknoten. Ein Beispiel für die entstehende Situation findet man in Abb. 7.13 links. Wenn wir nun die Bäume links von p einschließlich des neuen Dummyknotens sukzessive konkatenieren, erhalten wir einen (a,b)-Baum, der die sortierte Liste $S_1 = \langle w, \ldots, x \rangle$ darstellt. Konkatenieren des Knotens mit Eintrag $\langle y \rangle$ mit den Bäumen rechts von p liefert entsprechend die gewünschte Darstellung der sortierten Liste $S_2 = \langle y, \ldots, z \rangle$. Bei diesen Konkatenationsoperationen braucht man sich um die Blattliste nicht mehr zu kümmern. Die notwendigen $O(\log n)$ Konkatenationsoperationen können sogar in Gesamtzeit $O(\log n)$ ausgeführt werden. Dies liegt im Wesentlichen daran, dass von links nach rechts gesehen die Tiefen der Bäume auf der linken Seite von p monoton fallen und die auf der rechten Seite monoton wachsen. Betrachten wir die Bäume links etwas genauer, wobei leere Bäume ausgelassen werden. Ihre Wurzeln nennen wir $r_1, r_2, \ldots, r_k$; die Tiefen seien $h_1, h_2, \ldots, h_k$. Dann gilt $h_1 > h_2 > \cdots > h_k$. (Um die Rechnung zu vereinfachen, lassen wir hier auch Wurzeln mit nur einem Kind zu.) Die sukzessive Konkatenation beginnt mit der Wurzel r_k und dem neuen Dummyknoten.

Dies liefert in Zeit $O(1+h_k)$ einen neuen Baum mit Tiefe höchstens $h_k + O(1)$. Der Baum unter r_{k-1} wird nun mit diesem neuen Baum konkateniert, was in Zeit $O(1+h_{k-1}-h_k)$ einen neuen Baum mit Tiefe höchstens $h_{k-1} + O(1)$ liefert. Es folgt die Konkatenation des Baums unter r_{k-2} mit diesem neuen Baum; in Zeit $O(1+h_{k-2}-h_{k-1})$ entsteht ein Baum mit Tiefe höchstens $h_{k-2} + O(1)$. Nach k Runden ist nur noch ein Baum übrig. Die gesamte für alle Konkatenationen benötigte Zeit ist $O\big(1+h_k+\sum_{1\le i<k}(1+h_i-h_{i+1})\big) = O(k+h_1) = O(\log n)$. Die Bearbeitung des Teils rechts des Weges zu Schlüssel y verläuft völlig analog. In Abb. 7.13 rechts ist das Ergebnis der Konkatenationsoperationen im Beispiel dargestellt.

Aufgabe 7.13. In der obigen Überlegung haben wir die folgende Frage nur oberflächlich betrachtet: Wie tief ist der Baum, der durch die Konkatenation der Bäume mit Wurzeln r_k bis r_i entsteht? Zeigen Sie (durch Induktion), dass diese Tiefe nicht größer als $h_i + 1$ ist.

Aufgabe 7.14. Erklären Sie, wie man aus einer als (a,b)-Baum organisierten sortierten Folge S in Zeit $O(\log n)$ eine Teilfolge $\langle e \in q : \alpha \le e \le \beta \rangle$ entfernt.

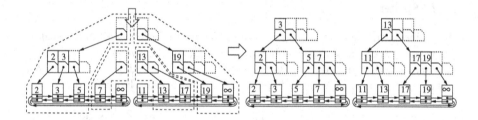

Abb. 7.13. Spalten des $(2,4)$-Baums für $\langle 2,3,5,7,11,13,17,19 \rangle$ aus Abb. 7.5 an Schlüssel 11. *Links*: Spalten des $(2,4)$-Baums entlang des Suchwegs für Schlüssel 11 erzeugt vier Teilbäume und einen separaten Listenknoten. Die zugrundeliegende Liste wurde unter Einfügen eines neuen Dummyknotens in zwei Teile aufgetrennt. *Rechts*: Die Konkatenation der Teilbäume links bzw. rechts des Suchwegs liefert zwei $(2,4)$-Bäume

7.4 Amortisierte Analyse von Einfügungen und Löschungen

Bei (a,b)-Bäumen kostet eine Einfügung oder eine Löschung Zeit $\Theta(\log n)$. Wenn man etwas genauer hinsieht, ergeben sich deutliche Unterschiede zwischen dem schlechtesten Fall und dem besten Fall. Im besten Fall müssen wir den betroffenen Eintrag lokalisieren sowie die verkettete Liste und den untersten inneren Knoten auf dem Suchweg aktualisieren. Im schlechtesten Fall können sich sich Spaltungen (*split*) oder Verschmelzungen (*fuse*) von Knoten durch alle Baumebenen nach oben fortpflanzen. Da das Bereitstellen oder Freigeben von Knoten teurer als das Lesen ist, schlagen diese Umbau-Schritte in der Rechenzeit deutlich zu Buche.

Aufgabe 7.15. Geben Sie eine Folge von n Operationen auf einer sortierten Liste an, die bei der Implementierung mit $(2,3)$-Bäumen $\Omega(n \log n)$ Knotenspaltungen und -verschmelzungen auslöst.

Wir zeigen in diesem Abschnitt, dass sich der *amortisierte* Zeitaufwand im schlechtesten und im besten Fall nicht wesentlich unterscheidet, wenn b nicht der kleinstmögliche Wert $2a - 1$ ist, sondern mindestens $2a$. Hierzu untersuchen wir die Anzahl der ausgeführten *split*- und *fuse*-Operationen genauer. In Abschnitt 7.5.1 werden wir Varianten von *insert* und *remove* betrachten, die im Licht der folgenden Analyse sogar nur konstante amortisierte Kosten haben.

Satz 7.3 *Man betrachte einen anfangs leeren (a,b)-Baum mit $b \geq 2a$. Für jede Folge aus n Einfügungen und Löschungen werden insgesamt höchstens $O(n)$ split- oder fuse-Operationen ausgeführt.*

Beweis. Wir beweisen den Satz für $(2,4)$-Bäume und überlassen die Verallgemeinerung der Leserin (Aufgabe 7.16). Für den Beweis benutzen wir die Bankkontomethode aus Abschnitt 3.3. Die anfallenden *split*- und *fuse*-Operationen werden mit Jetons aus dem Guthaben bezahlt; jede solche Operation kostet genau einen Jeton. Ein Guthaben wird aufgebaut, indem wir für jede Einfügung zwei Jetons und für jede Löschung einen Jeton verlangen. Wir werden zeigen, dass diese Einzahlungen ausreichen, um für alle *split*- und *fuse*-Operationen zu bezahlen. Wir beobachten, dass es bei jeder Löschung höchstens eine *balance*-Operation geben kann, so dass wir die Kosten der *balance*-Operationen bei der amortisierten Analyse nicht berücksichtigen müssen. Für die Analyse der Kontostände verteilen wir die vorhandenen Jetons auf die Baumknoten und zeigen, dass es möglich ist, die in der folgenden Tabelle angegebene Verteilung zu erreichen (die „Jeton-Invariante"):

Grad	1	2	3	4	5
Jetons	oo	o		oo	oooo

Man beachte, dass wir die Fälle von Knoten mit Grad 1 oder 5 mit aufgeführt haben, die als Wurzel eines Baums mit nur einem Blatt oder temporär während der Rebalancierung auftreten. Die *split*- und *fuse*-Operationen haben gerade den Zweck, diese Ausnahmefälle zu entfernen.

Die Erzeugung einer leeren Folge führt zur Erstellung einer leeren Liste mit einem Dummyeintrag und einer Wurzel mit Grad 1. Wir verlangen zwei Jetons für den Aufruf von *create*; diese werden der Wurzel zugeordnet. Nun betrachten wir Einfügungen und Löschungen. Diese Operationen fügen ein neues Blatt an oder löschen ein Blatt und führen zunächst dazu, dass sich der Grad eines Knotens unmittelbar über der Blattebene um 1 erhöht oder erniedrigt. Wenn sich der Knotengrad erhöht, werden bis zu 2 zusätzliche Jetons für den Knoten benötigt (bei einer Erhöhung von 3 auf 4 oder von 4 auf 5), und genau diese 2 Jetons verlangen wir für eine Einfügung. Wenn der Grad von 2 auf 3 steigt, brauchen wir keine zusätzlichen Jetons und kassieren zu viel – das schadet aber nichts für die Analyse. Ganz ähnlich benötigt man bei Löschungen eventuell einen zusätzlichen Jeton (falls sich der Grad von 3 auf 2

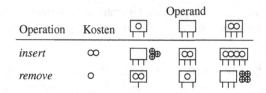

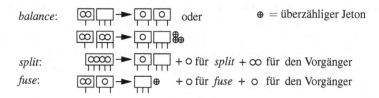

Abb. 7.14. Der Effekt von Operationen in einem (a, b)-Baum auf die Jeton-Invariante. Im *oberen Teil* ist dargestellt, was beim Hinzufügen oder Entfernen eines Blatts geschieht. Die beiden bei einer Einfügung zu bezahlenden Jetons werden folgendenmaßen verwendet: Falls das Blatt an einen Knoten angehängt wird, der vorher Grad 3 oder 4 hatte, erhält dieser Knoten die beiden Jetons. Falls der Knoten vorher Grad 2 hatte, werden die beiden Jetons nicht benötigt, und der vorher dort vorhandene Jeton wird ebenfalls frei. Entsprechend ist das Bild für eine Löschung zu lesen. Der *untere Teil* stellt die Verwendung der Jetons bei *balance-*, *split-*, und *fuse-*Operationen dar.

oder von 2 auf 1 erniedrigt), der entsprechend für diese Operation verlangt wird. Insgesamt ergibt sich, dass unmittelbar nach Einfügen oder Entfernen eines Blattes die Jeton-Invariante gilt.

Nun müssen wir untersuchen, was sich bei den Aktionen abspielt, die während der Rebalancierung auftreten. In Abb. 7.14 ist die folgende Diskussion graphisch zusammengefasst.

Eine *split*-Operation wird auf einen (temporären) Knoten mit Grad 5 angewendet und liefert einen Knoten mit Grad 3 und einen mit Grad 2; zudem erhöht sich der Grad des Vorgängers um 1. Die vier Jetons, die dem Knoten zugeordnet waren, werden wie folgt verteilt: ein Jeton bezahlt für die *split*-Operation, einer wird dem neuen Knoten mit Grad 2 zugeordnet und zwei Jetons gehen zum Vorgängerknoten. Wenn diese Jetons für den Vorgängerknoten gar nicht gebraucht werden, können wir sie wegwerfen.

Eine *balance*-Operation verschiebt ein Kind von einem Knoten mit Grad 3 oder 4 zu einem benachbarten Geschwisterknoten, der Grad 1 hat. Wenn der erste Knoten Grad 3 hat, haben wir zwei Jetons, die auch genau für die beiden entstehenden Knoten von Grad 2 benötigt werden. Wenn der erste Knoten Grad 2 hat, haben wir vier Jetons, benötigen aber nur einen. In beiden Fällen können wir die Jeton-Invariante aufrechterhalten.

Bei einer *fuse*-Operation wird ein Knoten von Grad 1 mit einem von Grad 2 verschmolzen; dabei entsteht ein Knoten von Grad 3, und der Grad des Vorgängers verringert sich um 1. Die beiden Ausgangsknoten liefern zusammen drei Jetons. Einer davon wird benutzt, um für die Operation zu bezahlen, ein weiterer wandert zum Vorgänger, dessen Grad sinkt. Der dritte Jeton ist überschüssig und wird nicht mehr gebraucht.

Wir fassen nun unsere Überlegungen zusammen. Für die Erzeugung einer Folge und für jede Einfügeoperation verlangen wir zwei Jetons, für eine Löschoperation einen. Das Guthaben ist stets ausreichend, um für jede *split*- und *fuse*-Operation einen Jeton zu bezahlen. Daneben fällt (abgesehen von der Suche) bei Einfügungen und Löschungen nur eine konstante Menge an Arbeit an. Das bedeutet: Wenn man mit der leeren Liste beginnt, erzeugen n Einfüge- und Löschoperationen nicht mehr als $2(n+1)$ *split*- und *fuse*-Operationen, und der Gesamtaufwand (neben dem Aufwand für das Suchen) ist $O(n)$. $\qquad\square$

*Aufgabe 7.16. Verallgemeinern Sie den obigen Beweis auf beliebige Werte $a \geq 2$ und b mit $b \geq 2a$. Zeigen Sie, dass n Einfügungen und Löschungen, startend mit einer leeren Folge, nur $O(n/(b-2a+1))$ *fuse*- und *split*-Operationen erfordern.

*Aufgabe 7.17 (Gewichtsbalancierte Bäume [162]). Betrachten Sie die folgende Variante von (a,b)-Bäumen: die knotenlokale Invariante $d \geq a$ wird zu der globalen Invariante abgemildert, dass der Baum bei gegebenem Wurzelgrad a mindestens $2a^{height-1}$ viele Blätter haben muss, wobei *height* die Tiefe ist. Eine Löschoperation führt zu keinerlei *fuse*- oder *balance*-Operationen. Vielmehr wird mit dem in Aufgabe 7.12 beschriebenen Verfahren der ganze Baum neu aufgebaut, wenn die Invariante verletzt wird. Zeigen Sie, dass Löschoperationen amortisierte Rechenzeit $O(\log n)$ haben.

7.5 Erweiterte Suchbäume

In diesem Abschnitt zeigen wir, wie man mit (a,b)-Bäumen weitere Operationen auf sortierten Folgen implementieren kann, wenn man die Datenstruktur mit zusätzlichen Informationen erweitert. Diese Erweiterungen haben aber auch Kosten: Sie benötigen Speicherplatz und Rechenzeit, um sie aktuell zu halten. Außerdem können sich solche Erweiterungen auch gegenseitig stören.

Aufgabe 7.18 (Reduktion). Einige Operationen auf Suchbäumen lassen sich auch ausführen, wenn man die doppelt verkettete Liste weglässt und nur die Navigations-Datenstruktur mitführt. Diskutieren Sie die bisher betrachteten Operationen unter dem Aspekt, ob für ihre Ausführung die *next*- und *prev*-Zeiger der linearen Liste benötigt werden. Bereichsanfragen stellen dabei eine besondere Herausforderung dar.

7.5.1 Vorgängerzeiger

Angenommen, wir wollen in einer sortierten Folge einen Eintrag löschen, der durch einen Griff für den betreffenden Listenknoten gegeben ist. In der Grundimplementierung aus Abschnitt 7.2 gibt es nur die Möglichkeit, den Schlüssel k des Eintrags zu lesen und *remove(k)* aufzurufen. Dabei benötigt die Suche logarithmische Zeit. Aus Abschnitt 7.4 wissen wir, dass im Fall $b \geq 2a$ für die Rebalancierung amortisiert nur konstant viele *fuse*-Operationen benötigt werden. Der Umweg über die Suche ist nicht nötig, wenn jeder Baumknoten v ein Feld *parent* hat, das einen Griff für seinen Vorgänger im Baum enthält (und eventuell einen Index i mit $v.parent.c[i] = v$).

Aufgabe 7.19. Es sei $b \geq 2a$. Zeigen Sie, dass in (a,b)-Bäumen mit Vorgängerzeigern die Operationen *remove(h : Item)* und *insertAfter(h : Item)* so implementiert werden können, dass sie in konstanter amortisierter Zeit ablaufen.

*Aufgabe 7.20 (Vermeiden von Erweiterungen). Erstellen Sie einen Entwurf einer Klasse *ABTreeIterator*, mit deren Hilfe man eine Position in einer sortierten Folge darstellen kann, die als (a,b)-Baum ohne Vorgängerzeiger implementiert ist. Die Erzeugung eines Iterators I ist eine Erweiterung von *locate* und benötigt logarithmische Zeit. Die Klasse sollte die Operationen *remove* und *insertAfter* in konstanter amortisierter Zeit ausführen können. *Hinweis*: Man speichert den Weg im Baum zur aktuellen Position.

*Aufgabe 7.21 (Finger-Suche). Erweitern Sie Suchbäume so, dass die Suche Nutzen aus einem „Hinweis" ziehen kann, der in der Form eines Griffs für einen „Finger-Eintrag" e' gegeben ist. Für einen gesuchten Eintrag e mit Rang r und einen Finger-Eintrag e' mit Rang r' sollte die Suchzeit $O(\log|r - r'|)$ sein. *Hinweis*: Eine mögliche Lösung verwendet für jedes Level des Suchbaums eine doppelt verkettete Liste, die die Knoten dieses Levels enthält.

*Aufgabe 7.22 (Optimales Mischen). In Abschnitt 5.2 wird die Aufgabe „Mischen" beschrieben. Erklären Sie, wie man die Finger-Suche aus der vorigen Aufgabe benutzen kann, um das Mischen zweier sortierter Folgen in (optimaler) Zeit $O(n\log(m/n))$ zu implementieren, wobei die kürzere Folge n Einträge und die längere Folge m Einträge hat.

7.5.2 Größe von Teilbäumen

Wir betrachten eine andere Erweiterungsmöglichkeit für Suchbäume. Angenommen, jeder Baumknoten t besitzt ein Feld $t.size$, das die „Größe" von t enthält, d. h. die Anzahl der Blätter im Unterbaum mit Wurzel t. Dann kann man das Auswahlproblem sehr schnell lösen: Zu gegebenem k kann der Eintrag von Rang k in einer Zeit gefunden werden, die proportional zur Baumhöhe ist. Um die Darstellung einfach zu halten, beschreiben wir das Vorgehen für binäre Suchbäume. Sei t der aktuelle Suchbaumknoten. (Zu Beginn ist dies die Wurzel.) Die Idee ist, im Baum abzusteigen und dabei die Invariante aufrechtzuerhalten, dass der Eintrag von Rang k im Unterbaum mit Wurzel t sitzt. Wir führen auch die Anzahl i der Einträge mit, die *links* von t sitzen. (Anfangs gilt $i = 0$.) Sei i' die Größe des linken Unterbaums von t. Wenn $i + i' \geq k$, wird t durch sein linkes Kind ersetzt; andernfalls wird t durch sein rechtes Kind ersetzt und i um i' erhöht. Wenn schließlich ein Blatt erreicht wird, folgt aus der Invarianten, dass dieses Blatt den Eintrag mit Rang k enthält. Ein Beispiel ist in Abb. 7.15 angegeben.

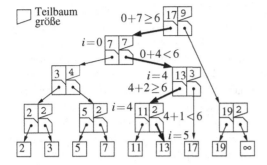

Abb. 7.15. Auswählen des Eintrags mit Rang 6 in der Folge $\langle 2,3,5,7,11,13,17,19 \rangle$, die durch einen binären Suchbaum dargestellt wird. Die **dicken** Pfeile geben den Suchweg an.

Aufgabe 7.23. Verallgemeinern Sie den eben beschriebenen Algorithmus für das Auswahlproblem auf (a,b)-Bäume. Entwickeln Sie zwei Varianten: eine, die Zeit $O(b \log_a n)$ benötigt und in einem Knoten nur die Größe seines Unterbaumes speichert, und eine andere, die nur Zeit $O(\log n)$ benötigt und in einem Grad-d-Knoten $d-1$ Summen von Unterbaumgrößen speichert.

Aufgabe 7.24. Erklären Sie, wie man zu gegebenem Schlüssel k in logarithmischer Zeit den Rang des Folgeneintrags mit Schlüssel k bestimmt.

Aufgabe 7.25. Ein Kollege schlägt vor, zugleich Auswahl in logarithmischer Zeit und konstante amortisierte Zeit für *fuse* und *split* zu ermöglichen, indem man die Erweiterungen aus Abschnitten 7.5.1 und 7.5.2 kombiniert. Was geht schief?

7.6 Implementierungsaspekte

Abgesehen von einigen Vereinfachungen unterscheidet sich der angegebene Pseudocode für (a,b)-Bäume gar nicht so sehr von einer tatsächlichen Implementierung in einer Sprache wie C++. Die temporär benutzten Arrays s' und c' in den Prozeduren *insertRec* und *removeRec* lassen sich durch passende Fallunterscheidungen vermeiden. Insbesondere wird in einer *balance*-Operation kein Speicherverwaltungsaufruf benötigt. Eine *split*-Operation für einen Knoten v ist eventuell etwas schneller, wenn in v die linken Teile der Arrays stehen bleiben anstelle der rechten. Wir haben die Operation anders formuliert, weil dann das Einfügen eines neuen Folgeneintrags und das Aufspalten eines Knotens aus Sicht des Vorgängerknotens gleich aussehen.

Für große Werte von b sollte die Prozedur *locateLocally* binäre Suche verwenden; für kleine b könnte lineare Suche besser sein. Zudem könnte es vorteilhaft sein, für kleine, feste Werte von a und b eine spezialisierte Implementierung zu benutzen, in denen alle inneren Schleifen „abgewickelt"[6] worden sind.

---

[6] Eine Schleife „**for** $i := 1$ **to** K **do** $body_i$" *abzuwickeln* bedeutet, sie durch ein lineares Codestück „$body_1; \ldots; body_K$" zu ersetzen. Dies spart den Zusatzaufwand für die Schleifensteuerung und ermöglicht eventuell weitere Vereinfachungen.

Natürlich spielen für die Effizienz die Werte a und b eine große Rolle. Wir beginnen mit den Kosten für die Operation *locate*. Ihre Ausführungszeit wird von den Kosten von zwei elementareren Operationen dominiert: Neben ihren eigentlichen Kosten können Vergleiche falsche Verzweigungsvorhersagen (engl.: *branch misprediction*) verursachen (s. auch Abschnitt 5.9); das Verfolgen von Zeigern kann Cachefehler verursachen. Aufgabe 7.9 weist darauf hin, dass sich die Anzahl der Schlüsselvergleiche minimieren lässt, indem man a als eine große Zweierpotenz und $b = 2a$ wählt. Weil die Anzahl der Zeiger, denen man folgen muss, proportional zur Baumhöhe ist (s. Aufgabe 7.4), sind große a-Werte auch im Hinblick auf dieses Maß von Vorteil. Wenn man diese Argumentation auf die Spitze treibt, würden wir das beste Rechenzeitverhalten für $a \geq n$ erhalten, d. h. für ein einziges sortiertes Array. Das ist keine Überraschung. Wir haben uns ja auf die Suche konzentriert, und statische Datenstrukturen sind die besten, wenn man Veränderungen außer Betracht lässt.

Wenn $b \geq 2a$ gewählt wird, haben Einfügungen und Löschungen amortisierte Kosten, die eine Lokalisierung und eine konstante Anzahl von Umstrukturierungsoperationen (*split*, *balance* oder *fuse*) mit Kosten von jeweils O(b) umfasst. Solange $b = O(\log n)$ gilt, erhalten wir logarithmische amortisierte Kosten für Einfügungen und Löschungen. Eine genauere Analyse (s. Aufgabe 7.16) würde zeigen, dass eine Wahl von b, die noch über $2a$ liegt, *split-* und *fuse*-Operationen noch seltener macht und dadurch die mit diesen Operationen verbundenen teuren Aufrufe des Speicherverwaltungssystems einspart. Allerdings hat diese Maßnahme leichte negative Auswirkungen auf die Effizienz der Suche, und sie erhöht natürlich den *Speicherplatzbedarf*. Daher sollte b doch möglichst in der Nähe von $2a$ liegen.

Schließlich sehen wir uns noch an, welchen Einfluss Cachefehler auf die Rechenzeit haben. Ein Cache der Größe M kann $\Theta(M/b)$ Baumknoten aufnehmen. Dies sind sehr wahrscheinlich die am häufigsten besuchten Knoten in der Nähe der Wurzel. In erster Näherung stellen wir uns vor, dass die obersten $\log_a(M/b)$ Baumebenen im Cache stehen. Unterhalb dieses Bereichs wird jedes Verfolgen eines Zeigers einen Cachefehler verursachen, d. h., jede *locate*-Operation führt zu etwa $\log_a(bn/\Theta(M))$ Cachefehlern. Weil die Cacheblocks von Prozessor-Caches an Adressen beginnen, die Vielfache der Blockgröße sind, ist es sinnvoll, die Startadressen der Suchbaumknoten an den Cacheblöcken auszurichten, d. h. sicherzustellen, dass auch ihre Startadresse ein Vielfaches der Blockgröße ist. Man beachte, dass (a, b)-Bäume für große Datenmengen durchaus effizienter als binäre Suchbäume sein können, weil wir bei der Anzahl von Cachefehlern einen Faktor von $\log a$ einsparen können.

Sehr große Suchbäume speichert man auf Festplatten. Unter dem Namen *B-Bäume* [18] sind (a, b)-Bäume das Arbeitspferd der Indexdatenstrukturen in Datenbanken. In diesem Fall haben die Baumknoten eine Größe von mehreren Kilobytes. Auch die Einträge in den verketteten Listen werden durch ganze Datenblöcke ersetzt, die zwischen a' und b' Einträgen speichern, für geeignete Werte a' und b' (s. auch Aufgabe 3.20). Auch diese Blattblöcke sind dann Spaltungs-, Balancierungs- und Verschmelzungsoperationen unterworfen. Nehmen wir beispielsweise an, dass $a = 2^{10}$ gilt, dass der interne Speicher genügend groß ist, damit die Wurzel und ihre unmittelbaren Kinder dort Platz finden (einige Megabytes genügen hierfür), und dass die Datenblöcke zwischen 16 und 32 Kilobytes an Daten speichern. Dann genügen zwei Plattenzugriffe zur Lokalisierung von Einträgen in einer sortierten Folge, die 16 Gigabytes groß ist. Wenn man die Daten in Blattblöcke packt, verringert sich der für alle Baumknoten zusammen benötigte Speicherplatz drastisch; zugleich werden Bereichsanfragen sehr schnell. Diese Maßnahme kann auch für Cache-effiziente Implementierungen von Suchbäumen im Hauptspeicher nützlich sein. Man beachte jedoch, dass Einfüge- oder Löschoperationen nun Einträge im Speicher verschieben können und daher außerhalb der Datenstruktur gespeicherte Griffe für Einträge ungültig werden können. Es gibt noch viele andere Tricks für die Implementierung von (a,b)-Bäumen, sei es im Hauptspeicher oder im Externspeicher. Einen Überblick über solche Methoden findet die Leserin in [88] und [153, Kap. 2 u. 14]. Die Bibliothek STXXL [54] stellt eine gute, frei benutzbare Implementierung von B-Bäumen bereit.

Angesichts der in Abschnitt 7.5 diskutierten Erweiterungsmöglichkeiten für Bäume und der hier besprochenen Trade-Offs bei den verschiedenen Implementierungsmöglichkeiten sollte klar geworden sein, dass es *die* optimale Implementierung für sortierte Folgen nicht gibt, sondern dass es auf die Hardware und die Mischung der verschiedenen Operationstypen ankommt, die für die jeweils gegebene Anwendung relevant sind. Nach Ansicht der Autoren sind (a,b)-Bäume mit $b = 2^k = 2a = O(\log n)$, mit doppelt verketteten Listen für die Blätter und erweitert um Vorgängerzeiger, eine Datenstruktur für sortierte Folgen, mit denen sich ein breites Spektrum von Operationen effizient realisieren lässt.

Aufgabe 7.26. Welche Wahl von a und b für einen (a,b)-Baum garantiert, dass für Einfügen, Löschen oder Suchen $O(\log_B(n/M))$ E/A-Operationen genügen? Wie viele E/A-Operationen benötigt man, um einen (a,b)-Baum mit n Einträgen *aufzubauen*, wenn man den externen Sortieralgorithmus aus Abschnitt 5.7 als Unterprogramm benutzt? Vergleichen Sie dies mit der Anzahl der E/A-Operationen, die man braucht, wenn man den Baum naiv über Einfügungen aufbaut! Für ein Zahlenbeispiel können Sie etwa Folgendes annehmen: $M = 2^{29}$ Bytes, $B = 2^{18}$ Bytes[7], $n = 2^{32}$; Einträge bestehen aus einem Schlüssel und einem Informationsteil, die jeweils 8 Bytes umfassen.

7.6.1 C++

Die Bibliothek STL enthält vier „*container*"-Klassen für sortierte Folgen, nämlich *set*, *map*, *multiset* und *multimap*. Das vorangestellte „*multi*" bedeutet dabei, dass verschiedene Einträge den gleichen Schlüssel haben dürfen. Die Klassen *map* verwendet die Schnittstelle eines assoziativen Arrays (s. auch Kap. 4). Zum Beispiel bewirkt der Aufruf *someMap*$[k] := x$, dass ein Eintrag mit Schlüssel k und Informationsteil x neu eingefügt wird bzw. dass der Informationsteil eines schon vorhandenen Eintrags mit Schlüssel k auf den Wert x aktualisiert wird.

In der Bibliothek STL wird für die Implementierung von sortierten Folgen vorzugsweise eine Variante von Rot-Schwarz-Bäumen mit Vorgängerzeigern benutzt,

---

[7] Wir vereinfachen die Situation hier insofern etwas, als man in der Praxis für den Baum eine viel kleinere Blockgröße wählen wird als für das Sortieren.

bei der alle Baumknoten und nicht nur die Blätter Einträge enthalten. Keine der von STL angebotenen Datentypen unterstützt das effiziente Spalten oder Konkatenieren von sortierten Folgen.

LEDA [130] bietet eine mächtige Schnittstelle *sortseq* an, die alle wichtigen Operationen auf sortierten Folgen vorsieht, einschließlich Finger-Suche, Spalten und Konkatenation. Mit Hilfe eines Implementierungsparameters kann der Benutzer zwischen (a, b)-Bäumen, Rot-Schwarz-Bäumen, randomisierten Suchbäumen, gewichtsbalancierten Bäumen und Skiplisten wählen.

7.6.2 Java

Die Java-Bibliothek *java.util* bietet die Schnittstellenklassen *SortedMap* und *SortedSet* an, die den STL-Klassen *set* bzw. *map* entsprechen. Die entsprechenden Implementierungsklassen *TreeMap* und *TreeSet* beruhen auf Rot-Schwarz-Bäumen.

7.7 Historische Anmerkungen und weitere Ergebnisse

Es gibt einen ganzen Zoo von Datenstrukturen für sortierte Folgen. Man kann praktisch jede davon verwenden, wenn es nur darum geht, dass Einfügen, Löschen und Suchen nur logarithmische Zeit kostet. Unterschiede in der Ausführungszeit für diese Basisoperationen hängen oft eher von Implementierungsdetails ab als von den maßgeblichen Eigenschaften der zugrundeliegenden Datenstruktur. Strukturelle Unterschiede zeigen sich bei den zusätzlichen Operationen.

Die erste Datenstruktur, die Einfügen, Löschen und Suchen in logarithmischer Zeit bereitstellte, waren die AVL-Bäume [4]. Dies sind binäre Suchbäume mit der Invarianten, dass sich an jedem inneren Knoten die Tiefen der beiden Unterbäume um höchstens 1 unterscheiden. Weil dies eine starke Balancierungsbedingung ist, ist wahrscheinlich die Suche in AVL-Bäumen etwas schneller als bei den meisten Konkurrenten. Andererseits bieten AVL-Bäume *nicht* die Eigenschaft an, dass Einfügungen und Löschungen in konstanter amortisierter Zeit vor sich gehen. In jedem Knoten muss man einen „Balancefaktor" speichern, der einen der drei Werte $-1, 0, 1$ annimmt. Rot-Schwarz-Bäume haben etwas höhere Suchkosten (im schlechtesten Fall), aber konstante amortisierte Kosten für Einfügungen und Löschungen. Das eine Bit für die Farbinformation kann meistens ohne eigenen Platzaufwand irgendwo untergebracht werden. Beispielsweise sind die Adresswerte, die Zeiger auf Einträge realisieren, immer gerade Zahlen, so dass das niedrigstwertige Bit für die Speicherung der Farbinformation umfunktioniert werden kann.

$(2, 3)$-Bäume wurden im Buch [6] vorgestellt. Die Verallgemeinerung auf (a, b)-Bäume und die amortisierte Analyse in Abschnitt 3.3 für $b \geq 2a$ stammen aus [106]. Dort wurde auch gezeigt, dass die Gesamtanzahl aller *split*- und *fuse*-Operationen an den Knoten einer gegebenen Höhe (d. h. Unterbaumtiefe) mit der Höhe exponentiell abnimmt.

Splay-Bäume [199] und einige Varianten von *randomisierten Suchbäumen* [191] benötigen in den Knoten keine Information, die über den dort gespeicherten Eintrag mit seinem Schlüssel und zwei Kindzeiger hinausgeht. Ein interessanterer Aspekt dieser Datenstrukturen ist ihre *Adaptivität*, mit der sie auf ungleiche Zugriffshäufigkeiten reagieren. Wenn auf einen Eintrag mit Wahrscheinlichkeit p zugegriffen wird, verändern diese Suchbäume im Lauf der Zeit ihre Gestalt so, dass ein Zugriff auf e in Zeit $O(\log(1/p))$ erfolgt. Man kann zeigen, dass dies für beliebige vergleichsbasierte Datenstrukturen asymptotisch optimal ist. Wegen vergleichsweise hoher Konstanten in den Rechenzeiten führt dies aber nur dann zu Verbesserungen, wenn die Zugriffshäufigkeiten sehr unterschiedlich sind.

Gewichtsbalancierte Bäume [162] balancieren die Größe der Unterbäume anstelle der Höhe. Sie haben den Vorteil, dass ein Knoten vom Gewicht w (= Zahl der Blätter in seinem Unterbaum) erst rebalanciert wird, nachdem $\Omega(w)$ Einfügungen oder Löschungen durch diesen Knoten gelaufen sind [28].

Es gibt so viele *Suchbaum*-Datenstrukturen für *sortierte Folgen*, dass die beiden Bezeichnungen manchmal als Synonyme benutzt werden. Jedoch gibt es auch einige gleichermaßen interessante Datenstrukturen für sortierte Folgen, die *nicht* auf Suchbäumen beruhen. Sortierte Arrays sind eine einfache *statische* Datenstruktur. Dünn besetzte Arrays [108] (engl.: *sparse table*) sind eine elegante Methode, sortierte Arrays zu „dynamisieren", d. h. sie um Einfüge- und Löschoperationen zu erweitern. Die Idee ist, einige leere Zellen zu erlauben, um Einfügungen zu erleichtern. In [21] wurden dünn besetzte Arrays zu einer Datenstruktur erweitert, die im amortisierten Sinn optimal ist. Zugleich ist diese Datenstruktur ein wesentlicher Bestandteil einer Datenstruktur für sortierte Folgen, die die Eigenschaft hat, „*cache-oblivious*" [75] zu sein, d. h., sie ist Cache-effizient zwischen zwei Ebenen einer Speicherhierarchie, ohne dass sie die Größe der Caches und der Blocks kennt. Die andere Zutat sind *statische* Suchbäume mit der Eigenschaft „cache-oblivious" [75]; dabei handelt es sich um perfekt balancierte binäre Suchbäume, die in einem Array so gespeichert sind, dass jeder Suchweg in jedem beliebigen Cache gute Lokalitätseigenschaften aufweisen wird. Wir beschreiben hier kurz das *van-Emde-Boas-Layout*, das man für diesen Zweck benutzen kann. Wir nehmen an, dass es $n = 2^{2^k}$ Blätter gibt, für eine ganze Zahl k. Am Anfang des Arrays stehen die obersten 2^{k-1} Baumebenen. Darauffolgend speichern wir die $2^{2^{k-1}}$ Teilbäume der Tiefe 2^{k-1}, deren Wurzeln auf Level 2^{k-1} liegen, jeden in einem konsekutiven Abschnitt des Arrays. Jeder dieser $1 + 2^{2^{k-1}}$ Teilbäume der Tiefe 2^{k-1} wird rekursiv auf die gleiche Weise gespeichert. Statische „cache-oblivious" Suchbäume sind auch in der Praxis gut insofern, als mit ihnen die Suche sogar schneller sein kann als binäre Suche in einem sortierten Array.

Skiplisten [173] beruhen auf einer anderen sehr einfachen Idee. Man geht von einer sortierten Liste ℓ aus. Die zeitraubende Durchmusterung der ganzen Liste ℓ bei einem Suchvorgang kann beschleunigt werden, indem man eine kürzere Liste ℓ' bereitstellt, die nur einige der Einträge von ℓ enthält. Wenn entsprechende Einträge von ℓ und ℓ' durch einen Zeiger verknüpft werden, muss man nur ℓ' durchmustern, um erst dann nach ℓ abzusteigen, wenn man in der Nähe des gesuchten Eintrags angelangt ist. Diese Idee kann man iterieren, indem man immer kürzere Teillisten baut, bis in der letzten, obersten Liste nur noch ein Eintrag steht. Mit dieser Datenstruktur lassen sich alle wesentlichen Operationen auf sortierten Folgen im erwarteten Fall effizient ausführen. Die Rolle des Zufalls ist dabei die, dass man ein Zufallsexperiment darüber entscheiden lässt, ob ein Eintrag aus einer Liste in die darüberliegende Teilliste übernommen wird. Skiplisten eignen sich besonders gut für Finger-Suche.

Noch eine Familie von Datenstrukturen für sortierte Folgen kommt ins Spiel, wenn man Schlüssel nicht mehr als atomare Objekte ansieht. Mit ganzzahligen Schlüsseln, die in Binärdarstellung gegeben sind, kann man schnellere Datenstrukturen erhalten, wenn man Ideen verwendet, die in Abschnitt 5.6 im Zusammenhang mit den schnellen Sortierverfahren für ganze Zahlen beschrieben wurden. Beispielsweise kann man sortierte Folgen mit w-Bit-Zahlen als Schlüssel so implementieren, dass alle Operationen in Zeit $O(\log w)$ ausgeführt werden [212, 141]. Zumindest für 32-Bit-Schlüssel führen diese Ideen in der Praxis zu einer beträchtlichen Beschleunigung [53]. Natürlich sind auch Listen von großer Bedeutung, die Strings als Schlüssel verwenden. Nehmen wir beispielsweise an, es soll eine Variante von (a, b)-Bäumen erstellt werden, die Strings variabler Länge als Schlüssel benutzt. Wenn Baumknoten nach wie vor konstanten Umfang haben sollen, müssen wir die Bedingung an den Minimalgrad von Knoten lockern. Zwei Ideen ermöglichen es, die Speicherung langer Schlüssel in vielen Knoten zu vermeiden: *Präfixe*, die allen Schlüsseln in einem Knoten *gemeinsam* sind, muss man nur einmal speichern; oft werden dafür die Vorgängerknoten benutzt. Weiterhin muss man in Knoten nur die *unterscheidenden Präfixe* speichern, d. h. genügend Buchstaben der Wortanfänge, um die verschiedenen Schlüssel in einem Knoten unterscheiden zu können [92]. Wenn man diese Ideen konsequent bis zum Ende verfolgt, ergibt sich die Datenstruktur *Trie* [70], eine Datenstruktur speziell für Strings. Tries sind Bäume, deren Kanten mit Buchstaben oder Strings beschriftet sind. Die Verkettung aller Buchstaben entlang eines Weges von der Wurzel zu einem Blatt liefert den dem Blatt zugeordneten String. Mit der passenden Datenstruktur für die inneren Knoten kann die Suche nach einem String der Länge s in Zeit $O(s)$ durchgeführt werden.

Zum Schluss erwähnen wir noch drei interessanten Verallgemeinerungen von sortierten Folgen. Die erste betrifft *mehrdimensionale Objekte* wie Intervalle oder Punkte in einem d-dimensionalen Raum. Für diese breite Thematik sei die Leserin auf Lehrbücher über Algorithmische Geometrie [52] verwiesen. Die zweite Verallgemeinerung betrifft die „*Persistenz*". Eine Datenstruktur heißt *persistent*, wenn ihre Aktualisierungsoperationen den alten Zustand nicht zerstören. Beispielsweise sollte es nach dem Einfügen eines Eintrags zwei Versionen der Datenstruktur geben, eine vor der Änderung und eine danach, so dass man in beiden suchen kann [65]. Die dritte Verallgemeinerung ist die gleichzeitige *Suche in vielen Folgen* [40, 41, 142]. Dabei ist die Situation so, dass es viele Folgen gibt, und bei einer Suche ein Schlüssel in allen oder in einer Teilmenge davon gesucht werden soll.

8

Darstellung von Graphen

Wissenschaftliche Resultate sind zum größten Teil als Artikel in Zeitschriften und Konferenzbänden verfügbar, oder auch in verschiedenen Quellen im World Wide Web[1]. Diese Artikel sind nicht in sich abgeschlossen, sondern zitieren früher erschienene Artikel mit verwandtem Inhalt. Wenn man heute einen im Jahr 1975 erschienenen Artikel liest, der ein interessantes Teilresultat enthält, fragt man sich natürlich, was der aktuelle Stand der Technik ist. Insbesondere würde man gerne wissen, in welchen neueren Artikeln dieser alte zitiert wird. Projekte wie „Google Scholar" stellen diese Funktionalität zur Verfügung, indem sie die Literaturangaben in Artikeln analysieren und eine Datenbank aufbauen, mit deren Hilfe man zu einem gegebenen Artikel die neueren Artikel finden kann, von denen er zitiert wird.

Diese Situation lässt sich leicht durch einen gerichteten Graphen modellieren. Der Graph hat einen Knoten für jeden Artikel und eine Kante für jede Zitierung. Eine Kante (u, v) von Artikel u zu Artikel v bedeutet, dass v in u zitiert wird. In dieser Darstellung speichert jeder Knoten (Artikel) u alle ausgehenden Kanten (zu in u zitierten Artikeln), nicht aber die eingehenden Kanten (von den Artikeln, die u zitieren). Wenn in jedem Knoten auch die eingehenden Kanten gespeichert wären, könnte man die zitierenden Artikel leicht finden. Eine der zentralen Aufgaben bei der Realisierung von Google Scholar ist die Konstruktion der umgekehrten Kanten. Dieses Beispiel zeigt, dass die Kosten einer ganz elementaren Operation auf einem Graphen, nämlich die Kanten zu finden, die in einen gegebenen Knoten hineinführen, stark von der Darstellung des Graphen abhängen. Wenn die eingehenden Kanten explizit gespeichert sind, ist die Operation einfach; wenn nicht, ist die Operation nichttrivial.

In diesem Kapitel stellen wir verschiedene Möglichkeiten für die Darstellung von Graphen in einem Computer vor. Dabei legen wir den Schwerpunkt auf gerichtete Graphen und nehmen an, dass ein ungerichteter Graph $G = (V, E)$ als der entsprechende doppelt gerichtete Graph $G' = (V, \bigcup_{\{u,v\} \in E} \{(u, v), (v, u)\})$ dargestellt ist (s. auch Abschnitt 2.9). In Abb. 8.1 ist oben ein ungerichteter Graph und sein doppelt gerichtetes Gegenstück dargestellt. Die meisten Datenstrukturen, die in diesem Kapitel behandelt werden, erlauben es, auch (parallele) Mehrfachkanten und Schleifen

---

[1] Das Bild oben zeigt ein Spinnennetz (USFWS, s. `http://commons.wikimedia.` `org/wiki/Image:Water_drops_on_spider_web.jpg`).

(v, v) darzustellen. Wir verschaffen uns zunächst einen Überblick über die Operationen, die möglicherweise ausführbar sein sollen.

- *Zugriff auf Informationskomponenten.* Oft will man auf Information zugreifen, die einem gegebenen Knoten oder einer gegebenen Kante zugeordnet ist, zum Beispiel das Gewicht einer Kante oder die Distanz zu einem speziellen Knoten. In vielen Darstellungen für Graphen sind Knoten und Kanten Objekte, und wir können die Information direkt in Instanzvariablen dieser Objekte speichern. Wenn nichts anderes gesagt ist, nehmen wir $V = 1..n$ an, so dass Information, die Knoten zugeordnet ist, in Arrays gespeichert werden kann. Wenn es keine andere gute Möglichkeit gibt, kann man Knoten- und Kanteninformation in einer Hashtabelle speichern. Auf jeden Fall können Zugriffe auf solche Informationskomponenten so implementiert werden, dass sie konstante Zeit kosten. Im Rest dieses Buchs abstrahieren wir von den verschiedenen Optionen für diese Zugriffe und benutzen die Datentypen *NodeArray* und *EdgeArray*, um anzuzeigen, dass es sich um arrayähnliche Datenstrukturen handelt, deren Indexbereich die Menge der Knoten bzw. Kanten ist.
- *Navigation.* Zu einem gegebenen Knoten will man oft auf die Kanten zugreifen, die aus ihm herausführen. Es stellt sich heraus, dass diese Operation für die meisten Graphalgorithmen von zentraler Bedeutung ist. Wie im Beispiel oben gesehen ist es manchmal auch nötig, die eingehenden Kanten eines Knotens zu kennen.
- *Kantenabfragen.* Zu einem gegebenen Knotenpaar (u, v) möchte man eventuell wissen, ob dieses Paar eine Kante im Graphen ist. Dies kann man immer mit einer Hashtabelle implementieren, aber manchmal möchten wir ein noch schnelleres Verfahren haben. Eine speziellere, aber wichtige Abfrage zu einer gerichteten Kante (u, v) in G ist, die (Darstellung der) *Umkehrkante* $(v, u) \in E$ zu finden, falls diese Kante existiert. Diese Operation lässt sich implementieren, indem man zusätzliche Zeiger speichert, die jede Kante mit der jeweils entgegengesetzten Kante verbinden.
- *Konstruktion, Umwandlung und Ausgabe.* Manchmal unterscheidet sich die Darstellung, die für das aktuell zu lösende algorithmische Problem am besten geeignet ist, von der zu Beginn gegebenen Darstellung. Das ist kein großes Problem, weil sich die meisten Graphdarstellungen in Linearzeit ineinander umwandeln lassen.
- *Aktualisierung.* Manchmal möchte man Knoten oder Kanten zu einem Graphen hinzufügen oder sie löschen. Beispielsweise wird die Beschreibung mancher Algorithmen einfacher, wenn man einen Knoten hinzufügt, von dem aus alle anderen Knoten erreichbar sind (siehe z. B. Abb. 10.10).

8.1 Ungeordnete Kantenfolgen

Vielleicht die einfachste Darstellung eines Graphen ist eine ungeordnete Liste der Kanten. Jede Kante enthält ein Paar von Knotenindizes und möglicherweise weitere

Information wie z. B. ein Kantengewicht. Ob diese Knotenpaare einen gerichteten oder einen ungerichteten Graphen darstellen, ist nur eine Sache der Interpretation. Die Darstellung als Kantenliste wird von Graphalgorithmen oft für die Eingabe und die Ausgabe benutzt. In dieser Darstellung lassen sich leicht in konstanter Zeit Knoten und Kanten hinzufügen. Viele andere Operationen, insbesondere das Navigieren im Graphen, sind dagegen so langsam, dass man sie nicht benutzen kann. Nur wenige Graphalgorithmen arbeiten daher mit Kantenlisten gut; die meisten benötigen den einfachen Zugriff auf die Kanten, die zu einem Knoten gehören. In diesem Fall passen die geordneten Darstellungen besser, die in den folgenden Abschnitten diskutiert werden. In Kap. 11 werden wir zwei Algorithmen für das Problem des Minimalen Spannbaums kennenlernen: Einer davon funktioniert gut mit der Kantenlisten-Darstellung; der andere benötigt eine raffiniertere Datenstruktur.

8.2 Adjazenzarrays – Statische Graphen

Um schnellen Zugriff auf die Kanten an einem gegebenen Knoten zu ermöglichen, kann man für jeden Knoten die von ihm ausgehenden Kanten in einem Array speichern. Wenn mit den Kanten keine weitere Information verknüpft ist, stehen in diesem Array nur die Indizes der Zielknoten. Wenn der Graph *statisch* ist, d. h., wenn er sich im Lauf der Zeit nicht ändert, kann man diese kleinen Arrays auch zu einem großen Kantenarray E konkatenieren. Ein zusätzliches Array V mit $n + 1$ Einträgen speichert die Startpositionen der kleinen Arrays, d. h., für jeden Knoten v ist $V[v]$ der erste Index in E, an dem eine Kante mit Startknoten v steht. In $V[n + 1]$ steht ein Dummyeintrag $m + 1$. Für jeden Knoten v findet man die Kanten aus v leicht als $E[V[v]], \ldots, E[V[v + 1] - 1]$; der Dummyeintrag stellt sicher, dass diese Regel auch für $v = n$ gilt. Ein Beispiel für ein solches Adjazenzarray findet man in Abb. 8.1 (Mitte links).

Der Speicherbedarf für einen Graphen mit n Knoten und m Kanten beläuft sich auf $n + m + \Theta(1)$ Wörter. Das ist sogar noch kompakter als die $2m$ Wörter, die man für die Darstellung als Kantenliste benötigt.

Die Darstellung durch ein Adjazenzarray lässt sich so ausbauen, dass auch zusätzliche Information gespeichert werden kann: Information an den Kanten kann man in zusätzlichen Arrays mit m Einträgen oder auch im Kantenarray selbst speichern. Wenn auch eingehende Kanten dargestellt werden sollen, kann man den Umkehrgraphen in zusätzlichen Arrays V' und E' speichern.

Aufgabe 8.1. Entwerfen Sie einen Linearzeit-Algorithmus zur Konvertierung der Darstellung eines Graphen als Kantenliste in eine Darstellung mit einem Adjazenzarray. Der zusätzlich benötigte Platz sollte nur O(1) sein. *Hinweis*: Fassen Sie das Problem als die Aufgabe auf, die Kanten nach ihren Startknoten zu sortieren, und modifizieren Sie den Algorithmus aus Abb. 5.15 für das Sortieren von ganzen Zahlen, so dass er hier anwendbar ist.

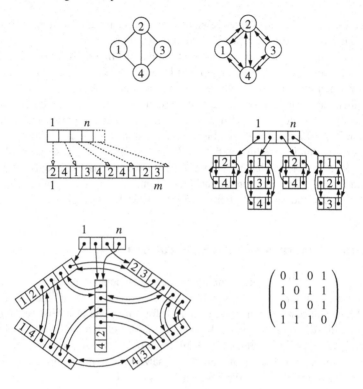

Abb. 8.1. *Oben*: Ein ungerichteter Graph und der entsprechende doppelt gerichtete Graph. *Mitte*: Die Darstellung des gleichen Graphen mit einem Adjazenzarray und mit Adjazenzlisten. *Unten*: Die Darstellung über verzeigerte Kantenobjekte und als Adjazenzmatrix.

8.3 Adjazenzlisten – Dynamische Graphen

Mit Kantenarrays lassen sich Graphen kompakt und effizient darstellen. Ihr Hauptnachteil ist, dass das Hinzufügen und das Entfernen von Kanten teuer ist. Nehmen wir beispielsweise an, es soll eine neue Kante (u, v) hinzugefügt werden. Selbst wenn im Kantenarray E dafür Platz ist, müssen wir für jeden der Knoten $u + 1$ bis n eine Kante ein Stück nach rechts verschieben, was Zeit $O(n)$ benötigt.

In Kap. 3 haben wir gesehen, wie man dynamische Folgen implementiert. Jede der dort angegebenen Lösungen kann verwendet werden, um eine Datenstruktur für dynamische Graphen zu bauen. Für jeden Knoten v stellen wir die Folge E_v seiner Ausgangskanten (oder Eingangskanten, oder Ausgangs- und Eingangskanten) als unbeschränktes Array oder durch eine (einfach oder doppelt) verkettete Liste dar. Die Vorteile und die Nachteile der jeweiligen Folgendarstellungen übertragen sich natürlich. Unbeschränkte Arrays sind Cache-effizienter. Verkettete Listen gestatten es, in konstanter Zeit Kanten an beliebigen Positionen einzufügen und zu löschen. Die meisten Graphen sind „dünn besetzt" in dem Sinn, dass im Schnitt jeder Knoten nur wenige aus- und eingehende Kanten hat. Die verketteten Listen bei der Darstellung dünn besetzter Graphen sollten ohne den Dummyknoten aus Abschnitt 3.1 implementiert werden, weil die erforderlichen n zusätzlichen Knoten zu erheblicher Platzverschwendung führen würden. Im Beispiel in Abb. 8.1 (Mitte) werden zirkulär doppelt verkettete Listen verwendet.

Aufgabe 8.2. Nehmen Sie an, dass die für jeden Knoten u die von ihm ausgehenden Kanten in einem unbeschränkten Array E_u gespeichert sind. Eine Kante $e = (u,v)$ ist durch ihre Position in E_u gegeben. Erklären Sie, wie man e in amortisiert konstanter Zeit entfernen kann. *Hinweis*: Die relative Ordnung der anderen Kanten muss nicht unbedingt erhalten bleiben.

Aufgabe 8.3. Erklären Sie, wie man den Algorithmus aus Abschnitt 2.9, der einen gerichteten Graphen darauf testet, ob er azyklisch ist, so implementieren kann, dass die Rechenzeit linear wird. Das heißt: Entwerfen Sie eine passende Darstellung für dynamische Graphen und einen Algorithmus, der diese Darstellung effizient benutzt. *Hinweis*: Benutzen Sie eine Warteschlange, um die Knoten mit Ausgangsgrad 0 zu speichern.

Doppelt gerichtete Graphen kommen häufig vor. Ungerichtete Graphen werden ganz natürlich als doppelt gerichtete Graphen dargestellt, und einige Algorithmen für gerichtete Graphen benötigen nicht nur die Ausgangskanten eines Knotens, sondern auch seine Eingangskanten. In dieser Situation will man oft die Information, die zu einer ungerichteten Kante (oder zu einer gerichteten Kante und ihrer Umkehrung) gehört, nur einmal speichern. Auch will man von einer Kante aus leicht Zugriff auf die Umkehrkante haben.

Wir beschreiben zwei Lösungen, die diese Anforderungen erfüllen. Die erste versieht einfach jede gerichtete Kante mit zwei zusätzlichen Zeigern. Einer davon zeigt auf die Umkehrkante, der andere auf die Information, die zu der Kante gehört.

Die zweite Lösung sieht nur einen Listenknoten für jede Kante vor und verwendet diesen Listenknoten in zwei Adjazenzlisten. Im Fall ungerichteter Graphen würde also der Listenknoten für eine ungerichtete Kante $\{u,v\}$ sowohl in der Liste für E_u als auch in der für E_v vorkommen. Jeder Knoten u speichert einen Zeiger auf eine mit ihm inzidente Kante und öffnet dadurch den Zugang zur gesamten Adjazenzliste. Wenn die Adjazenzlisten doppelt verkettet sein sollen (wobei einfach zirkulär verkettete Listen oft schon ausreichen), benötigt ein solcher Listenknoten vier Zeiger: zwei für die Adjazenzliste E_u von u und zwei für die Adjazenzliste E_v von v. Von dem entsprechenden Listenknoten ausgehend kann man alle mit diesem Knoten inzidenten Kanten durchlaufen. Der untere Teil von Abb. 8.1 zeigt ein Beispiel. Eine kleine Komplikation entsteht dadurch, dass es etwas Arbeit erfordert, den Knoten am anderen Ende einer Kante zu finden. Der Listenknoten für die Kante speichert die Knoten in keiner besonderen Ordnung. Wenn wir also in der Kantenliste auf eine mit u inzidente Kante stoßen, müssen wir beide Knoten ansehen und den wählen, der von u verschieden ist. Je nachdem, ob dies der erste oder zweite ist, ist der nächste Schritt in der verketteten Liste über das erste oder über das zweite Zeigerpaar zu nehmen. Eine elegante Alternative könnte darin bestehen, im Listenknoten für Kante

$\{u, v\}$ den Wert $u \oplus v$ zu speichern [157]. Ein bitweises XOR dieses Eintrags mit einem Endpunkt liefert dann den anderen. Diese Darstellung spart den Platz für einen Knotennamen ein. Man muss dann aber eine Festlegung treffen, wie die Listenzeiger den beiden Graphknoten zuzuordnen sind, beispielsweise, dass bei einem Listenknoten für Kante $\{u, v\}$ mit $u < v$ die beiden ersten Zeiger zur Adjazenzliste von u und die beiden letzten zur Adjazenzliste von v gehören.

Im Fall gerichteter Graphen, wenn jede Kante (u, v) als Ausgangskante von u und als Eingangskante von v gespeichert werden soll, kommt der Listenknoten für eine gerichtete Kante (u, v) in der Liste der Ausgangskanten von u und in der Liste der Eingangskanten von v vor. Auch hier werden an jedem Listenknoten vier Zeiger benötigt, zwei für die Rolle als Ausgangskante und zwei für die Rolle als Eingangskante. Jeder Graphknoten hat einen Zeiger auf eine seiner ausgehenden Kanten und einen Zeiger auf eine seiner eingehenden Kanten.

8.4 Adjazenzmatrizen

Ein Graph mit n Knoten lässt sich durch eine *Adjazenzmatrix* A der Größe $n \times n$ darstellen. Eintrag A_{ij} ist 1, wenn $(i, j) \in E$ gilt, und ist 0 sonst. Das Einfügen oder Löschen einer Kante sowie Kantenabfragen können in konstanter Zeit ausgeführt werden. Zeit $\Theta(n)$ wird benötigt, um die Kanten zu finden, die aus einem Knoten heraus oder in ihn hinein führen. Das ist nur für sehr dicht besetzte Graphen mit $m = \Omega(n^2)$ als effizient anzusehen. Der Speicherbedarf ist n^2 Bits. Für sehr dicht besetzte Graphen kann das besser sein als die $n + m + O(1)$ Wörter, die man für Adjazenzarrays benötigt. Aber auch für solche Graphen ist der Vorteil gering, wenn die Kanten Zusatzinformation tragen.

Aufgabe 8.4. Erklären Sie, wie man einen ungerichteten Graphen mit n Knoten und ohne Schleifen mit nur $n(n - 1)/2$ Bits darstellen kann. Kantenabfragen sollen Zeit $O(1)$ benötigen.

Vielleicht noch wichtiger als die Benutzung der Adjazenzmatrix als Speicherformat ist die strukturelle Verbindung zwischen Graphen und linearer Algebra, die über den Begriff der Adjazenzmatrix A eines Graphen hergestellt wird. Einerseits können graphentheoretische Probleme mit Methoden aus der Linearen Algebra gelöst werden. Wenn zum Beispiel $C = A^k$ ist, dann ist C_{ij} die Anzahl der Pfade von Knoten i zu Knoten j mit genau k Kanten.

Aufgabe 8.5. Erklären Sie, wie man eine $n \times n$-Matrix A mit m von Null verschiedenen Einträgen in Platz $O(m + n)$ speichern kann, so dass ein Matrix-Vektor-Produkt Ax in Zeit $O(m + n)$ berechnet werden kann. Beschreiben Sie den Multiplikationsalgorithmus. Erweitern Sie Ihre Darstellung so, dass auch Produkte der Form $x^\mathsf{T} A$ in Zeit $O(m + n)$ berechnet werden können.

Andererseits können graphentheoretische Konzepte für die Lösung von Problemen aus der linearen Algebra nützlich sein. Nehmen wir beispielsweise an, wir wollen die Matrixgleichung $Bx = c$ lösen, wo B eine symmetrische Matrix ist. Betrachte die entsprechende Adjazenzmatrix A, für die $A_{ij} = 1$ gilt genau dann wenn $B_{ij} \neq 0$. Wenn nun ein Algorithmus für Zusammenhangskomponenten herausfindet, dass der ungerichtete Graph, der durch A dargestellt wird, zwei Zusammenhangskomponenten enthält, dann kann man mit Hilfe dieses Wissens die Zeilen und Spalten von B zu einer äquivalenten Gleichung der folgenden Form umsortieren:

$$\begin{pmatrix} B_1 & 0 \\ 0 & B_2 \end{pmatrix} \begin{pmatrix} x_1 \\ x_2 \end{pmatrix} = \begin{pmatrix} c_1 \\ c_2 \end{pmatrix}.$$

Diese Gleichung kann gelöst werden, indem man die beiden Gleichungen $B_1 x_1 = c_1$ und $B_2 x_2 = c_2$ jeweils für sich löst. In der Praxis ist die Situation komplizierter, weil die Matrizen selten die Eigenschaft haben werden, dass die zugeordneten Graphen nicht zusammenhängend sind. Jedoch kann man mit Hilfe von verfeinerten graphentheoretischen Konzepten wie dem eines Schnitts Struktur in der Matrix entdecken, die dabei helfen kann, das Gleichungssystem effizienter zu lösen.

8.5 Implizite Darstellungen

Viele Anwendungen arbeiten mit Graphen einer speziellen Struktur. Oft kann man diese Situation ausnützen, um einfachere und effizientere Darstellungen zu erhalten. Wir geben zwei Beispiele an.

Das *Gitter* $G_{k\ell}$ mit Knotenmenge $V = [1..k] \times [1..\ell]$ und Kantenmenge

$$E = \left\{ ((i,j),(i,j')) \in V^2 : |j - j'| = 1 \right\} \cup \left\{ ((i,j),(i',j)) \in V^2 : |i - i'| = 1 \right\}$$

ist ein Graph, der durch Angabe der beiden Parameter k und ℓ vollständig bestimmt ist. In Abb. 8.2 ist $G_{3,4}$ angegeben. Kantengewichte sollte man in zweidimensionalen Arrays speichern, einem für die vertikalen und einem für die horizontalen Kanten.

Ein *Intervallgraph* ist durch eine endliche Menge von Intervallen über $\mathbb{R}$ gegeben. Zu jedem Intervall gibt es einen Knoten im Graphen, und zwei Knoten sind adjazent, wenn die entsprechenden Intervalle sich überlappen.

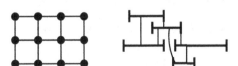

Abb. 8.2. Das Gitter G_{34} (*links*) und ein Intervallgraph mit fünf Knoten und sechs Kanten (*rechts*).

Aufgabe 8.6 (Darstellung von Intervallgraphen).

(a) Zeigen Sie, dass es für jede Menge von n Intervallen über $\mathbb{R}$ eine Menge von Intervallen gibt, deren Endpunkte ganze Zahlen in $1..2n$ sind und die denselben Graphen definieren.

(b) Geben Sie einen Algorithmus an, der entscheidet, ob der Intervallgraph, der durch n gegebene Intervalle definiert ist, zusammenhängend ist. *Hinweis*: Der Algorithmus sollte die Endpunkte der Intervalle sortieren und dann in aufsteigender Reihenfolge durchmustern. Dabei wird die Menge der Intervalle mitgeführt, die begonnen, aber noch nicht beendet wurden.

(c*) Geben Sie eine Darstellung für Intervallgraphen an, die nur $O(n)$ Platz benötigt und die im folgenden Sinn effizientes Navigieren unterstützt: Gegeben ein Intervall I, sollen alle Intervalle I' schnell gefunden werden, die I überschneiden; dabei überschneidet I' das Intervall I, wenn I einen Endpunkt von I' enthält oder wenn $I \subseteq I'$ gilt. Wie kann man zu gegebenem I sämtliche Intervalle der beiden Arten finden?

8.6 Implementierungsaspekte

In diesem Kapitel wurden mehrere Möglichkeiten für die Darstellung von Graphen betrachtet. Sie eignen sich für verschiedene Mengen von Operationen auf Graphen, und sie sind Ausgangspunkt für Verfeinerungen, die bei einzelnen Anwendungen das bestmögliche Platz- und Rechenzeitverhalten erzielen. Die Darstellung über Kantenfolgen ist nur für spezielle Situationen nützlich. Adjazenzmatrizen eignen sich für dicht besetzte Graphen. Adjazenzlisten sind gut, wenn sich der Graph häufig ändert. Oft wird eine Variante von Adjazenzarrays zu den schnellsten Rechenzeiten führen. Dies trifft häufig sogar dann zu, wenn sich der Graph verändert, weil eine der folgenden Situationen eintritt: es gibt nur wenige Änderungen; alle Änderungen finden in der Initialisierungsphase des Algorithmus statt; Änderungen lassen sich so aufsammeln, dass nur gelegentlich ein Neuaufbau erforderlich ist; Änderungen lassen sich simulieren, indem man einige miteinander verwandte Graphen aufbaut.

Es gibt viele Varianten der Darstellung über ein Adjazenzarray. Den Knoten und Kanten zugeordnete Information kann zusammen mit diesen Objekten oder in eigenen Arrays gespeichert sein. Eine Faustregel lautet, dass Information, auf die oft zugegriffen wird, mit den Knoten und Kanten gespeichert sein sollte. Eher selten genutzte Daten sollten in eigenen Arrays gehalten werden, um zu vermeiden, dass sie oft in den Cache kopiert werden müssen, obwohl sie gar nicht gebraucht werden. Jedoch kann es andere, kompliziertere Gründe dafür geben, weshalb es die Rechenzeit verringern kann, die Daten in eigenen Arrays zu halten. Wenn beispielsweise sowohl Nachbarschaftsinformation als auch Kantengewichte gelesen werden, aber nur die Gewichte geändert werden, können eigene Arrays schneller sein, weil weniger Daten in den Hauptspeicher zurückgeschrieben werden müssen.

Leider gibt es keine Graphdarstellung, die für alle Zwecke optimal ist. Wie soll man mit dem großen Zoo von möglichen Darstellungen umgehen? Wir geben einige allgemeine Hinweise. Zunächst einmal bieten Bibliotheken wie LEDA und die Boost-Graphenbibliothek mehrere Datentypen für Graphen an, und eine davon könnte zu den aktuellen Anforderungen passen. Zweitens kann es auch sein, dass die Behandlung der Graphen in der konkreten Anwendung gar nicht zeit- oder platzkritisch ist und deshalb mehrere Darstellungen den Zweck erfüllen können, so dass man gar keine spezielle, an die Anwendung angepasste Darstellung braucht. Drittens ist es empfehlenswert, Graphalgorithmen im Stil der „Generischen Programmierung" [78] zu schreiben. Die Algorithmen sollten die Graphdatenstruktur nur über eine kleine Schnittstelle ansprechen – also eine Menge von Operationen wie das Iterieren über die Ausgangskanten eines Knotens, das Lesen der Information an einer Kante, und das Verfolgen einer Kante vom Startknoten zu ihrem Zielknoten. Einen Algorithmus, der auf den Graphen nur über diese Schnittstelle zugreift, kann man dann mit jeder Graphdarstellung ablaufen lassen, die diese Schnittstelle implementiert. Wenn man diesen Ansatz benutzt, kann man mit mehreren Darstellungen experimentieren. Viertens, wenn man eine für eine Anwendung maßgeschneiderte Graphdarstellung erstellen muss, sollte man sie allgemein zugänglich machen.

8.6.1 C++

LEDA [143, 130, 157] bietet einen mächtigen Datentyp zur Darstellung von Graphen an, der bequem zu benutzen ist und mit dem sich eine Vielzahl von Operationen in konstanter Zeit ausführen lässt. Allerdings benötigt diese Darstellung recht viel Speicherplatz. Daher bietet LEDA auch mehrere platzeffiziente Darstellungen an, die auf Adjazenzarrays beruhen.

Die Boost-Graphenbibliothek [29, 131] besteht auf einer strikten Trennung von Darstellung und Schnittstelle. Insbesondere laufen alle Graphalgorithmen aus der Boost-Bibliothek mit jeder Darstellung, die die Boost-Graphenschnittstelle realisiert. Es wird auch eine eigene Darstellungsklasse *adjacency_list* angeboten. Eine Vielzahl von Parametern macht es möglich, zwischen mehreren Varianten von Graphen (gerichtete und ungerichtete Graphen oder auch Multigraphen[2]), Navigationsarten (Ausgangskanten, Eingangskanten, ...) und Darstellungen von Knoten- und Kantenfolgen (Arrays, verkettete Listen, sortierte Folgen, ...) zu wählen. Wir bemerken allerdings, dass die Arraydarstellung der Kanten für jeden Knoten ein eigenes Array für die mit ihm inzidenten Kanten benutzt.

8.6.2 Java

Die Datenstruktur-Bibliothek JDSL [87] bietet mit *jdsl.graph* reichhaltige Unterstützung für Graphen an. Dabei wird klar zwischen Schnittstellen, Algorithmen und Darstellung getrennt. Angeboten wird eine Adjazenzlistendarstellung für gerichtete und für ungerichtete Kanten.

8.7 Historische Anmerkungen und weitere Ergebnisse

Spezielle Klassen von Graphen stellen unter Umständen besondere Anforderungen an die Darstellung. Ein wichtiges Beispiel hierfür sind die *planaren Graphen* – Graphen, die man in der Ebene zeichnen kann, ohne dass sich Kanten kreuzen. Bei der

---

[2] Bei Multigraphen sind parallele Mehrfachkanten erlaubt.

Darstellung solcher Graphen sollte man zunächst eine Zeichnung des Graphen in der Ebene festlegen und dann die mit einem Knoten inzidenten Kanten in der Adjazenzliste so anordnen, dass die Reihenfolge in der Zeichnung einem Umlauf um den Knoten gegen den Uhrzeigersinn entspricht. Zusätzlich sollte die Datenstruktur es auf effiziente Weise ermöglichen, über die Kanten zu iterieren, die ein *Gebiet* (engl.: *face*) begrenzen, d. h. einen Kreis bilden, der in seinem Inneren (oder in seinem Äußeren) keinen Knoten enthält. LEDA bietet Darstellungen für planare Graphen an.

Man erinnere sich, dass *bipartite Graphen* besondere Graphen sind, bei denen sich die Knotenmenge $V = L \cup R$ in zwei disjunkte Teilmengen L und R zerlegen lässt, so dass Kanten nur zwischen L und R verlaufen. Alle Darstellungen, die in diesem Kapitel besprochen worden sind, lassen sich auch für bipartite Graphen verwenden. Zusätzlich möchte man vielleicht auch die beiden Seiten L und R des Graphen speichern. Eine naheliegende Variante der Adjazenzmatrixdarstellung für bipartite Graphen benötigt nur eine $|L| \times |R|$-Matrix.

Hypergraphen $H = (V,E)$ sind Verallgemeinerungen von Graphen, in denen eine Kante mehr als zwei Knoten verbinden kann. Ein solcher Hypergraph lässt sich bequem über den entsprechenden bipartiten Graphen B_H mit Knotenmenge $E \cup V$ und Kantenmenge $\{(e,v) : e \in E, v \in V, v \in e\}$ darstellen.

Cayleygraphen stellen ein interessantes Beispiel für implizit definierte Graphen dar. Wir müssen uns hierzu an den Begriff der *Gruppe* erinnern. Eine Menge V mit einer assoziativen zweistelligen (Multiplikations-)Operation $*$ heißt eine *Gruppe*, wenn sie ein neutrales Element besitzt und es zu jedem Element ein multiplikatives Inverses gibt. Der *Cayleygraph* (V,E) bezüglich einer Menge $S \subseteq V$ hat die Kantenmenge $\{(u,u*s) : u \in V, s \in S\}$. Cayleygraphen sind nützlich, weil graphentheoretische Konzepte in der Gruppentheorie hilfreich sein können. Auf der anderen Seite erlaubt es die Gruppentheorie, eine ganze Reihe von Graphen mit interessanten Eigenschaften sehr kompakt zu definieren. Beispielsweise haben bestimmte Cayleygraphen ausgezeichnete Eigenschaften als Verbindungsnetzwerke für Parallelrechner [12].

In diesem Buch haben wir uns auf Datenstrukturen beschränkt, die für die *Verarbeitung* von Graphen bequem sind. Intensiv untersucht wurden auch Methoden, die es erlauben, Graphen auf flexible, portable und effiziente Weise zu *speichern*. Erhebliche Kompression ist möglich, wenn es a-priori-Information über die Graphen gibt. Beispielsweise können die Kanten einer Triangulierung von n Punkten in der Ebene mit nur etwa $6n$ Bits dargestellt werden [47, 183].

9

Graphdurchläufe

Nehmen Sie an, Sie arbeiten in der Verkehrsplanungsabteilung einer Stadt mit einem hübschen mittelalterlichen Kern.[1] *Eine unheilige Allianz von Einzelhändlern, die sich mehr Parkraum am Straßenrand wünschen, und der grünen Partei, die am liebsten den gesamten Autoverkehr aus der Stadt vergraulen möchte, hat erreicht, dass fast alle Straßen zu Einbahnstraßen erklärt werden sollen. Sie möchten das Allerschlimmste verhüten und prüfen, ob der vorgeschlagene Plan wenigstens die Minimalanforderung erfüllt, dass man von jedem Punkt in der Stadt zu jedem anderen fahren kann.*

In Graphenterminologie (s. Abschnitt 2.9) lautet die Frage, ob der gerichtete Graph, der von den Straßen gebildet wird, *stark zusammenhängend* ist. Das gleiche Problem taucht in anderen Zusammenhängen auf. Im Fall eines Kommunikationsnetzwerks mit unidirektionalen Kanälen (z. B. Radiosendern) möchten wir wissen, wer mit wem kommunizieren kann. Bidirektionale Kommunikation ist innerhalb der *starken Zusammenhangskomponenten* des gerichteten Graphen möglich, der durch die Kommunikationskanäle gegeben ist.

In Abschnitt 9.2.2 werden wir einen einfachen und effizienten Algorithmus zur Berechnung der starken Zusammenhangskomponenten (engl.: *strongly connected components*, Abk.: SCCs) vorstellen. Die Berechnung von starken Zusammenhangskomponenten und viele andere grundlegende Probleme auf Graphen lassen sich auf eine systematische Erkundung des Graphen reduzieren, bei der jede Kante genau einmal angesehen wird. Wir werden die beiden wichtigsten Erkundungsstrategien vorstellen: *Breitensuche* (engl.: *breadth-first search*, Abk.: BFS) in Abschnitt 9.1 und *Tiefensuche* (engl.: *depth-first search*, Abk.: DFS) in Abschnitt 9.2. Beide Strategien konstruieren gerichtete Wälder und partitionieren die Kanten in vier Klassen: *Baum*kanten (engl.: *tree edge*, T), die den Wald bilden, *Vorwärts*kanten (engl.: *forward edge*, F), die parallel zu Wegen aus Baumkanten verlaufen, *Rückwärts*kanten (engl.: *backward edge*, B), die antiparallel zu Wegen aus Baumkanten verlaufen, und schließlich *Quer*kanten (engl.: *cross edge*, C). Dies sind alle übrigen Kanten. Sie verbinden verschiedene Unterbäume im Wald. In Abb. 9.1 sind die Kantenklassen exemplarisch dargestellt.

---

[1] Der Kupferstich oben zeigt einen Teil von Frankfurt am Main um 1628 (M. Merian).

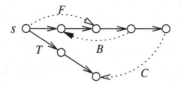

Abb. 9.1. Kanten eines Digraphen, klassifiziert als Baumkanten (**Tree**, durchgezogen), Vorwärtskanten (**Forward**), Rückwärtskanten (**Backward**) und Querkanten (**Cross**). Knoten s ist die Wurzel.

9.1 Breitensuche

Eine einfache Methode zum Erkunden aller Knoten (und Kanten), die von einem Startknoten s aus erreichbar sind, ist *Breitensuche* (BFS). BFS erkundet den Graphen (bzw. Digraphen) *Schicht für Schicht*. Der Startknoten s bildet Schicht 0. Die Nachbarn (bzw. Nachfolger) von s bilden Schicht 1. Allgemein wird Schicht $i+1$ von den Knoten gebildet, die einen Nachbarn (bzw. Vorgänger) in Schicht i haben, aber keinen Nachbarn (bzw. Vorgänger) in den Schichten 0 bis $i-1$. Wenn v zu Schicht i gehört, sagen wir auch, dass v *Tiefe* i hat, oder dass v *Abstand* i von s hat.

Der Algorithmus in Abb. 9.2 erhält einen Startknoten s, ermittelt alle von s erreichbaren Knoten und konstruiert auf ihnen den BFS-Baum mit Wurzel s. Für jeden Knoten v im Baum vermerkt der Algorithmus seinen Abstand $d(v)$ von s und den Vorgängerknoten *parent*(v), von dem aus v erstmals erreicht wurde. Hierzu werden zwei Knotenarrays *parent* und d benutzt. Der Algorithmus liefert das Paar $(d, parent)$ zurück. Zu Beginn gilt nur s als erreicht; alle anderen Knoten speichern als Vorgänger einen speziellen Wert $\bot$, um anzuzeigen, dass sie noch nicht erreicht wurden. Die Tiefe von s ist 0. In der Hauptschleife des Algorithmus wird der BFS-Baum Schicht für Schicht aufgebaut. Wir arbeiten mit zwei Mengen Q und Q'; die Menge Q enthält immer die Knoten der aktuellen Schicht, während in Q' die nächste Schicht aufgebaut wird. Die inneren Schleifen inspizieren alle Kanten (u, v), die aus Knoten u in der aktuellen Schicht Q herausführen. Wenn dabei ein Knoten v auftaucht, der noch keinen Vorgängerverweis hat, fügen wir ihn zur Menge Q' hinzu und setzen Abstand $d[v]$ und Vorgänger *parent*$[v]$ auf die zutreffenden Werte. Kante (u, v) wird Baumkante. Die anderen Kanten sind Rückwärts- und Querkanten; der Algorithmus kümmert sich nicht darum, diese zu unterscheiden. In Abb. 9.3 ist ein Beispiel eines BFS-Baums mit den entsprechenden Rückwärts- und Querkanten angegeben.

Breitensuche hat die nützliche Eigenschaft, dass seine Baumkanten kürzestmögliche Wege (im Sinn der Kantenanzahl) von der Wurzel s zu den Knoten im Baum bilden. Solche Wege können zum Beispiel benutzt werden, um Bahnverbindungen zu finden, bei denen der Reisende möglichst selten umsteigen muss, oder um in Kommunikationsnetzwerken Wege mit möglichst wenigen Zwischenstationen (engl.: *hops*) zu finden. Ein solcher kürzester Weg von s zu einem Knoten v kann ermittelt werden, indem man von v ausgehend iterativ den Vorgängerverweisen folgt.

Aufgabe 9.1. Zeigen Sie, dass nach einer Breitensuche auf G für alle Kanten (u, v) die Beziehung $d[v] \leq d[u] + 1$ gilt. Insbesondere kann es keine Vorwärtskanten geben. Folgern Sie, dass $d[v] = d(v)$ die minimale Kantenzahl eines Weges von s nach v ist.

Aufgabe 9.2. Was könnte bei unserer Implementierung von BFS schiefgehen, wenn *parent*[*s*] mit $\perp$ anstelle von s initialisiert wird? Geben Sie ein Beispiel für eine fehlerhafte Rechnung an.

Aufgabe 9.3. BFS-Bäume sind normalerweise durch die Struktur des Graphen nicht eindeutig bestimmt. Insbesondere haben wir nicht spezifiziert, in welcher Reihenfolge Knoten aus der aktuellen Schicht bearbeitet werden. Geben Sie den BFS-Baum an, der entsteht, wenn man im Graphen aus Abb. 9.3 eine Breitensuche von s aus durchführt und dabei Knoten d vor Knoten b bearbeitet.

Aufgabe 9.4 (FIFO-Breitensuche). Erklären Sie, wie man Breitensuche mit einer einzigen Warteschlange (oder FIFO-Liste) implementieren kann, in der die Knoten stehen, deren Ausgangskanten noch inspiziert werden müssen. Zeigen Sie, dass der resultierende Algorithmus und der in Abb. 9.2 angegebene Algorithmus denselben BFS-Baum liefern, wenn der letztere Algorithmus die Mengen Q bzw. Q' in einer geeigneten Reihenfolge durchläuft bzw. aufbaut. Vergleichen Sie die FIFO-Version der Breitensuche mit dem Algorithmus von Dijkstra aus Abschnitt 10.3 und dem Algorithmus von Jarník-Prim aus Abschnitt 11.2. Was haben sie gemeinsam? Was sind die wesentlichen Unterschiede?

Aufgabe 9.5 (Breitensuche mit konkreter Graphdarstellung). Geben Sie eine genauere Beschreibung des BFS-Algorithmus an. Machen Sie insbesondere die Details des Algorithmus explizit, wenn der Graph in der Adjazenzarraydarstellung aus Abschnitt 8.2 gegeben ist. Ihr Algorithmus sollte einen Zeitbedarf von $O(n + m)$ haben.

Function *bfs*(*s* : *NodeId*) : (*NodeArray* **of** $1..n$) $\times$ (*NodeArray* **of** *NodeId*)
    $d = \langle \infty, \ldots, \infty \rangle$: *NodeArray* **of** *NodeId*   // Abstand von der Wurzel
    parent $= \langle \perp, \ldots, \perp \rangle$: *NodeArray* **of** *NodeId*
    $d[s] := 0$
    parent[*s*] := *s*   // Schleife: signalisiert „Wurzel"
    $Q = \langle s \rangle$: *Set* **of** *NodeId*   // aktuelle Schicht des BFS-Baums
    $Q' = \langle \rangle$: *Set* **of** *NodeId*   // nächste Schicht des BFS-Baums
    for $\ell := 0$ **to** ∞ **while** $Q \neq \langle \rangle$ **do**   // erkunde Schicht für Schicht
        invariant Q enthält alle Knoten mit Abstand ℓ von s
        foreach $u \in Q$ **do**
            foreach $(u, v) \in E$ **do**   // durchlaufe Ausgangskanten von u
                if *parent*[*v*] $= \perp$ **then**   // bislang nicht erreichter Knoten gefunden
                    $Q' := Q' \cup \{v\}$ // für nächste Schicht merken
                    $d[v] := \ell + 1$
                    parent[*v*] := *u*   // aktualisiere BFS-Baum
        $(Q, Q') := (Q', \langle \rangle)$ // schalte auf nächste Schicht um
    return $(d, parent)$ // der BFS-Baum ist jetzt $\{(v, w) : w \in V, v = parent[w]\}$

Abb. 9.2. Breitensuche von einem Knoten s aus.

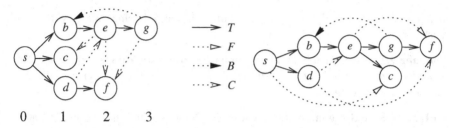

Abb. 9.3. Ein Beispiel für die bei Breitensuche (*links*, mit Schichten) und Tiefensuche (*rechts*) entstehende Einteilung der Kanten in Baumkanten (*T*), Vorwärtskanten (*F*), Rückwärtskanten (*B*) und Querkanten (*C*). (Bei BFS gibt es niemals Vorwärtskanten; der Algorithmus selbst unterscheidet nicht zwischen Rückwärts- und Querkanten.) BFS findet die Knoten in der Reihenfolge s, b, c, d, e, f, g; DFS findet die Knoten in der Reihenfolge s, b, e, g, f, c, d.

Aufgabe 9.6 (Breitensuche in ungerichteten Graphen und Zusammenhangskomponenten). (a) Geben Sie die Details eines Breitensuch-Algorithmus mit Rechenzeit $O(n+m)$ für ungerichtete Graphen an. Bequem ist es, die doppelt gerichtete Version des Graphen zu benutzen. Wenn Kante (u,v) von Knoten u aus betrachtet wurde, sollte danach die entgegengesetzte Kante (v,u) von v aus ignoriert werden. Zeigen Sie, dass keine Rückwärtskanten entstehen können.
(b) Erläutern Sie, wie man die Breitensuche modifizieren muss, um für einen ungerichteten Graphen in Zeit $O(n+m)$ einen Spannwald (s. Kap. 11) zu berechnen. Zudem sollte der Algorithmus in jeder Zusammenhangskomponente einen Knoten r als Repräsentanten wählen und für jeden Knoten v in dieser Zusammenhangskomponente dem Arrayeintrag *component*[v] den Wert r zuweisen. *Hinweis*: Durchlaufen Sie in einer äußeren Schleife alle Knoten $s \in V$ und starten Sie BFS für jeden Knoten s, der noch nicht als „erreicht" markiert ist, wenn er bei diesem Durchlauf betrachtet wird. Verändern Sie das Vorgänger-Array nicht zwischen verschiedenen Aufrufen von BFS. Beachten Sie, dass ein isolierter Knoten für sich allein eine Zusammenhangskomponente bildet.

Aufgabe 9.7 (Transitive Hülle). Die *transitive Hülle* $G^+ = (V, E^+)$ eines Graphen $G = (V, E)$ hat eine Kante $(u,v) \in E^+$ genau dann wenn es in E einen Weg von u nach v der Länge mindestens 1 gibt. Entwerfen Sie einen Algorithmus, der zu einem gegebenen Graphen G seine transitive Hülle berechnet. *Hinweis*: Rufen Sie für jeden Knoten v den Algorithmus *bfs*(v) auf, um die von v aus erreichbaren Knoten zu identifizieren. Nach Möglichkeit sollten die Arrays d und *parent* nicht vor jedem solchen Aufruf neu initialisiert werden. Welche Rechenzeit hat Ihr Algorithmus?

9.2 Tiefensuche

Man kann Breitensuche als eine vorsichtige, konservative Strategie für die systematische Erkundung eines Graphen ansehen, die die bekannten Dinge genau untersucht, bevor sie sich in unbekanntes Gelände vorwagt. In dieser Hinsicht ist *Tiefensuche* (engl.: *depth-first search*, Abk.: DFS) gerade das Gegenteil: Wenn sie einen neuen Knoten findet, fängt sie sofort an, von diesem aus den Graphen weiter zu erkunden. Sie kehrt nur dann zu vorher gefundenen Knoten zurück, wenn es keine Möglichkeiten zum Vorwärtsgehen mehr gibt. Im Vergleich mit den ordentlichen Schichten, die sich bei der Breitensuche ergeben, erzeugt die Tiefensuche unbalancierte und seltsam gestaltete Bäume. Dennoch macht die Kombination von ständig vorwärtsstrebender Erkundung mit dem perfekten Gedächtnis eines Computers die Tiefensuche zu einer äußerst nützlichen Strategie. In Abb. 9.4 ist ein Algorithmenschema für die Tiefensuche angegeben. Aus diesem Schema lassen sich spezifische Algorithmen ableiten, indem man die Unterprogramme *init*, *root*, *traverseTreeEdge*, *traverseNonTreeEdge* und *backtrack* passend gestaltet.

Die Tiefensuche verwendet Knotenmarkierungen. Zu Beginn sind alle Knoten unmarkiert. Ein Knoten v wird als *aktiv* markiert, wenn er entdeckt wird und die Erkundung von v aus beginnt. Später, wenn diese Erkundung endet, wird die Markierung von v auf *beendet* umgesetzt und dann nie mehr geändert. Die Hauptschleife in der Tiefensuche sucht nach einem unmarkierten Knoten s und ruft $DFS(s,s)$ auf, um den Graphen von s aus zu erkunden und einen Baum mit Wurzel s aufzubauen. Der rekursive Aufruf $DFS(u,v)$ inspiziert alle von v ausgehenden Kanten (v,w) und entscheidet jeweils, ob von w aus rekursiv eine Erkundung vorgenommen werden soll. Die erste Komponente u im Argument (u,v) zeigt an, dass v über die eingehende Kante (u,v) entdeckt wurde. Für einen Wurzelknoten s verwenden wir in der ersten Argumentposition ebenfalls s, als „Dummy-Argument". Wir schreiben $DFS(*,v)$, wenn es für die aktuelle Diskussion gleichgültig ist, auf welche Weise v erreicht wurde.

Im Aufruf $DFS(*,v)$, der die Erkundung von v aus realisiert, wird zunächst die Markierung von v auf *aktiv* gesetzt. Danach werden die Ausgangskanten (v,w) der Reihe nach inspiziert. Nehmen wir an, Kante (v,w) mit Zielknoten w wird inspiziert. Wenn Knoten w schon markiert ist, also vorher schon gefunden wurde, ist w schon Knoten im DFS-Wald, und (v,w) ist keine Baumkante. Daher wird *traverseNonTreeEdge*(v,w) aufgerufen, aber es erfolgt kein rekursiver Aufruf von *DFS*. Wenn Knoten w noch nicht markiert ist, also vorher noch nie gesehen wurde, wird (v,w) eine Baumkante. Es wird dann *traverseTreeEdge*(v,w) aufgerufen, und es erfolgt der rekursive Aufruf $DFS(v,w)$, um die Erkundung von w aus zu starten. Erst wenn alle mit der Baumkante (v,w) verknüpften Aktionen und (rekursiven) Aufrufe beendet sind, wird die nächste Kante inspiziert, die aus v hinausführt. Dies wird so lange iteriert, bis alle Ausgangskanten von v inspiziert worden sind. Nun wird die Prozedur *backtrack* aufgerufen, mit dem Argument (u,v) aus dem DFS-Aufruf für Knoten v, um gegebenenfalls etwas aufzuräumen oder Daten zusammenzuführen. Diese Aktionen können unterschiedlich sein abhängig davon, ob v Wurzel ist ($u=v$) oder nicht ($u \neq v$). Schließlich wird v wird als *beendet* markiert, und es erfolgt der Rücksprung.

Zu jedem Zeitpunkt während der Ausführung des Tiefensuch-Algorithmus aus Abb. 9.4 gibt es einen oder mehrere aktive Aufrufe der Prozedur *DFS*. Genauer gesagt gibt es Knoten $v_1,\ldots,v_k$ mit der Eigenschaft, dass als Nächstes eine Kante inspiziert wird, die aus v_k herausführt, und dass genau die Aufrufe $DFS(v_1,v_1)$,

Tiefensuche in einem gerichteten Graphen $G = (V, E)$
entferne alle Knotenmarkierungen
init
foreach $s \in V$ **do**
    if s ist nicht markiert **then**
        $root(s)$ *// Mache s zu einer Wurzel*
        $DFS(s, s)$ *// Baue neuen DFS-Baum mit Wurzel s*
Procedure $DFS(u, v : NodeId)$ *// erkunde v, von u kommend.*
    markiere v als *aktiv*
    foreach $(v, w) \in E$ **do**
        if w ist markiert **then** *traverseNonTreeEdge(v, w)*   *// w schon vorher erreicht*
        else *traverseTreeEdge(v, w)*   *// w vorher nicht erreicht*
            $DFS(v, w)$
    backtrack(u, v)   *// Aufräumen; Zusammenfassen und Rückgabe von Daten*
    markiere v als *beendet*
    return   *// Rücksprung*

Abb. 9.4. Ein Algorithmenschema für die Tiefensuche in einem gerichteten Graphen $G = (V, E)$. Wir sagen, dass ein Aufruf $DFS(*, v)$ den Knoten v *erkundet*. Diese Erkundung ist vollständig durchgeführt, wenn dieser Aufruf endet.

$DFS(v_1, v_2), \ldots, DFS(v_{k-1}, v_k)$ aktiv sind. In dieser Situation sind genau die Knoten $v_1, \ldots, v_k$ als *aktiv* markiert, und der Rekursionsstack enthält die Folge $\langle (v_1, v_1), (v_1, v_2), \ldots, (v_{k-1}, v_k) \rangle$. Wir sagen, dass Knoten v aktiv (bzw. beendet) ist, wenn er als *aktiv* (bzw. *beendet*) markiert ist. Wir sagen auch abkürzend, dass $v_1, \ldots, v_k$ den Rekursionsstack bilden. Knoten v_k heißt der *aktuelle Knoten*. Wir sagen, dass ein Knoten *erreicht* ist, wenn $DFS(*, v)$ schon aufgerufen wurde. Die erreichten Knoten sind also genau die aktiven und die beendeten Knoten.

Aufgabe 9.8. Geben Sie eine nichtrekursive Formulierung für Tiefensuche an. Es gibt zwei mögliche Vorgehensweisen: Man benutzt einen Stapel für die aktiven Knoten und speichert für jeden aktiven Knoten v die Menge der noch nicht inspizierten Kanten. (Hierfür genügt etwa ein Zeiger in die Liste bzw. das Array der Ausgangskanten von v.) Alternativ und programmtechnisch eleganter hält man in einem Stapel die noch nicht inspizierten Ausgangskanten von aktiven Knoten.

9.2.1 DFS-Nummern, Endezeiten und topologische Sortierung

Tiefensuche hat viele Ausformungen und Anwendungen. In diesem Abschnitt benutzen wir Tiefensuche, um die Knoten in zweierlei Weise zu nummerieren. Als Nebenprodukt werden wir sehen, wie man herausfindet, ob der Graph einen Kreis hat. Wir nummerieren die Knoten in der Reihenfolge, in der sie erreicht werden (Array *dfsNum*) und in der Reihenfolge, in der sie beendet werden (Array *finNum*). Dazu verwenden wir zwei globale Zähler *dfsPos* und *finPos*, beide mit 1 initialisiert. Wenn der Algorithmus eine neue Wurzel entdeckt oder entlang einer Baumkante zu einem neuen Knoten v geht, wird $dfsNum[v]$ auf $dfsPos$ gesetzt und $dfsPos$ um 1 erhöht. Wenn wir von Knoten v entlang einer Baumkante (u,v) zu u zurückkehren, weil v beendet ist, wird $finNum[v]$ auf $finPos$ gesetzt und $finPos$ um 1 erhöht. Dies wird durch die folgende Wahl für die Unterprogramme bewerkstelligt:

init:	$dfsPos = 1 : 1..n;\ \ finPos = 1 : 1..n$
root(s):	$dfsNum[s] := dfsPos{+}{+}$
traverseTreeEdge(v,w):	$dfsNum[w] := dfsPos{+}{+}$
backtrack(u,v):	$finNum[v] := finPos{+}{+}$

Die durch $dfsNum$ gegebene Anordnung der Knoten ist so nützlich, dass wir dafür ein eigenes Symbol „$\prec$" einführen wollen. Für beliebige Knoten u und v definieren wir:

$$u \prec v \ \Leftrightarrow \ dfsNum[u] < dfsNum[v] \ .$$

Wie wir als Nächstes sehen werden, kodieren die Nummerierungen $dfsNum$ und $finNum$ wichtige Information über den Ablauf der Tiefensuche. Zuerst zeigen wir, dass die DFS-Nummern entlang eines jeden Wegs im DFS-Baum ansteigen, und dann, dass mithilfe der Nummern die Kanten nach ihren Typen klassifiziert werden können. Während des Ablaufs können die Nummerierungen auch dazu benutzt werden, die Knotenmarkierungen zu kodieren. Wir erweitern dazu *init* so, dass die Arrays $dfsNum$ und $finNum$ alle mit 0 initialisiert werden. Dann ist ein Knoten v unmarkiert genau dann wenn $dfsNum[v] = 0$ gilt, v ist aktiv genau dann wenn $dfsNum[v] > 0$ und $finNum[v] = 0$ gilt und v ist beendet genau dann wenn $dfsNum[v] > 0$ und $finNum[v] > 0$ gilt.

Lemma 9.1. *Die Knoten des DFS-Rekursionsstacks sind stets bezüglich $\prec$ geordnet.*

Beweis. Der Zähler $dfsPos$ wird nach jeder Zuweisung an einen Eintrag $dfsNum[v]$ erhöht. Wenn also ein Knoten v durch einen Aufruf $DFS(u,v)$ aktiv wird und oben auf den Rekursionsstack gelegt wird, ist $dfsNum[v]$ soeben auf die bislang größte vergebene DFS-Nummer gesetzt worden.   □

Der Typ einer Kante (v,w) lässt sich aus den DFS-Nummern und den Endenummern von v und w und der Markierung von w zum Zeitpunkt der Betrachtung von (v,w) ablesen. Wie das geht, ist in Tabelle 9.1 zusammenfassend dargestellt. Die Eintragungen lassen sich folgendermaßen begründen. Wir beobachten zunächst, dass es für zwei Aufrufe der Prozedur DFS für verschiedene Knoten nur zwei Möglichkeiten gibt: Entweder sie sind *ineinander geschachtelt*, d. h., wenn der zweite Aufruf beginnt, ist der erste noch aktiv, oder sie sind *disjunkt*, d. h., der zweite Aufruf beginnt erst dann, wenn der erste beendet ist. Wenn der Aufruf $DFS(*,w)$ in den Aufruf $DFS(*,v)$ geschachtelt ist, beginnt der w-Aufruf nach dem v-Aufruf und endet vor diesem. Das heißt aber, dass $dfsNum[v] < dfsNum[w]$ und $finNum[w] < finNum[v]$ gilt. Wenn $DFS(*,w)$ und $DFS(*,v)$ disjunkt sind und der w-Aufruf vor dem v-Aufruf beginnt, dann endet er auch vor dem v-Aufruf, das heißt, es gilt $dfsNum[v] > dfsNum[w]$ und $finNum[w] < finNum[v]$.

Als Nächstes bemerken wir, dass die *unmittelbare* Schachtelungsstruktur der rekursiven Aufrufe in den Baumkanten festgehalten ist. Genauer gesagt: Eine Kante

(v,w) wird genau dann Baumkante, wenn bei der Inspektion der Kante (v,w) im Aufruf $DFS(*,v)$ der Aufruf $DFS(v,w)$ ausgelöst wird. Dies passiert genau dann, wenn w in diesem Moment noch unmarkiert ist. Diese Beobachtung zieht nach sich, dass ein Aufruf $DFS(*,w)$ genau dann in den Aufruf $DFS(*,v)$ geschachtelt ist, wenn es einen Weg aus Baumkanten von v nach w gibt. Wenn nun (v,w) eine Baumkante oder eine Vorwärtskante ist, dann gibt es einen solchen Weg aus Baumkanten von v nach w, also ist $DFS(*,w)$ in den Aufruf $DFS(*,v)$ geschachtelt. Es folgt, dass w eine größere DFS-Nummer und eine kleinere Endenummer als v hat. Man kann die beiden Typen daran unterscheiden, welche Markierung w bei der Inspektion der Kante (v,w) hat. Wenn w unmarkiert ist, ist (v,w) Baumkante. Wenn w schon markiert ist, muss w fertig sein, und es handelt sich um eine Vorwärtskante. (Wenn w aktiv wäre, würde w gegenwärtig im Rekursionsstack sitzen. Da v der oberste Eintrag im Rekursionsstack ist, würde nach Lemma 9.1 $dfsNum[w] < dfsNum[v]$ gelten, ein Widerspruch.)

Eine Rückwärtskante (v,w) läuft antiparallel zu einem Weg aus Baumkanten; daher hat w eine kleinere DFS-Nummer und eine größere Endenummer als v. Wenn die Kante (v,w) inspiziert wird, ist der Aufruf $DFS(*,v)$ aktiv, und wegen der Schachtelung ist auch der Aufruf $DFS(*,w)$ aktiv. Daher ergibt die Inspektion der Kante (v,w), dass w mit *aktiv* markiert ist.

Schließlich betrachten wir noch Querkanten. Diese laufen weder parallel noch antiparallel zu Wegen aus Baumkanten. Dies bedeutet nach der obigen Beobachtung, dass die Aufrufe $DFS(*,v)$ und $DFS(*,w)$ weder in der einen noch in der anderen Richtung ineinander geschachtelt sind. Das heißt, dass diese Aufrufe disjunkt sind. Also wird entweder w als *beendet* markiert, bevor $DFS(*,v)$ beginnt, oder w wird erst markiert, nachdem $DFS(*,v)$ geendet hat. Letzteres ist aber unmöglich, weil dann in dem Augenblick, in dem die Kante (v,w) inspiziert wird, Knoten w noch unmarkiert wäre, also (v,w) eine Baumkante werden würde. Daher wird w erst als *aktiv* und dann als *beendet* markiert, bevor $DFS(*,v)$ beginnt. Dies bedeutet, dass die Beziehungen $dfsNum[v] > dfsNum[w]$ und $finNum[w] < finNum[v]$ gelten und dass bei der Inspektion der Kante (v,w) Knoten w schon beendet ist. Das folgende Lemma fasst die Ergebnisse der Diskussion zusammen.

Lemma 9.2. *Tabelle 9.1 zeigt, wie der Typ einer Kante (v,w) aus den Einträgen in dfsNum und finNum und der Markierung von w zum Zeitpunkt der Inspektion von (v,w) abgelesen werden kann.*

Aufgabe 9.9. Modifizieren Sie die Tiefensuche so, dass die Kanten direkt mit ihrem Typ markiert werden, wenn sie inspiziert werden.

Bei gerichteten *azyklischen* Graphen (DAGs) haben die Endenummern eine interessante Eigenschaft.

Lemma 9.3. *Die folgenden Eigenschaften sind äquivalent:*

(i) *G ist ein azyklischer gerichteter Graph (DAG).*
(ii) *Tiefensuche auf G erzeugt keine Rückwärtskanten.*
(iii) *Für jede Kante (v,w) von G gilt $finNum[v] > finNum[w]$.*

Tabelle 9.1. Die Klassifikation einer Kante (v, w).

Typ	$dfsNum[v] < dfsNum[w]$	$finNum[w] < finNum[v]$	Markierung von w
Baumkante	ja	ja	unmarkiert
Vorwärtskante	ja	ja	*beendet*
Rückwärtskante	nein	nein	*aktiv*
Querkante	nein	ja	*beendet*

Beweis. Jede Rückwärtskante läuft antiparallel zu einem Weg aus Baumkanten und bildet daher zusammen mit diesem Weg einen Kreis. Daher kann Tiefensuche auf azyklischen Graphen keine Rückwärtskanten erzeugen. Aus Tabelle 9.1 lesen wir ab, dass alle Kanten außer Rückwärtskanten von Knoten mit größerer Endenummer zu solchen mit kleinerer Endenummer laufen. Nehmen wir nun an, dass in G alle Kanten von Knoten mit größerer Endenummer zu solchen mit kleinerer Endenummer laufen. Es ist offensichtlich, dass G dann keinen Kreis haben kann.   □

Eine lineare Anordnung der Knoten eines DAGs, in der alle Kanten von „kleineren" zu „größeren" Knoten gehen, heißt eine *topologische Sortierung*. Nach Lemma 9.3 ist die Ordnung, die durch fallende Endenummern definiert wird, eine topologische Sortierung. Viele Probleme auf DAGs können effizient gelöst werden, indem man die Knoten in der Reihenfolge einer topologischen Sortierung nacheinander bearbeitet. Beispielsweise werden wir in Abschnitt 10.2 einen schnellen, einfachen Algorithmus für die Berechnung von kürzesten Wegen in azyklischen Graphen kennenlernen, der auf diesem Ansatz beruht.

Aufgabe 9.10 (Topologische Sortierung). Entwerfen Sie einen DFS-basierten Algorithmus, der zu einem gegebenen gerichteten Graphen G eine topologische Sortierung berechnet, wenn G ein DAG ist. Andernfalls sollte er einen Kreis ausgeben.

Aufgabe 9.11. Gibt es einen BFS-basierten Algorithmus, der eine topologische Sortierung berechnet, wenn G ein DAG ist?

Aufgabe 9.12. Bei Tiefensuche in ungerichteten Graphen bietet es sich an, eine ungerichtete Kante $\{v, w\}$ nur in einer Richtung zu inspizieren. Dies erreicht man dadurch, dass (w, v) in der Adjazenzliste von w „abgeschaltet" wird, wenn (v, w) von v aus inspiziert wird. Zeigen Sie, dass die Tiefensuche in ungerichteten Graphen weder Vorwärts- noch Querkanten erzeugt.

9.2.2 Starke Zusammenhangskomponenten

Wir kommen nun auf das am Anfang des Kapitels formulierte Problem zurück. Man erinnere sich, dass zwei Knoten genau dann zur gleichen starken Zusammenhangskomponente (SCC) eines gerichteten Graphen gehören, wenn jeder der beiden vom jeweils anderen aus erreichbar ist. In ungerichteten Graphen ist die Relation „ist erreichbar" symmetrisch, und daher sind die starken Zusammenhangskomponenten das gleiche wie die Zusammenhangskomponenten. In Aufgabe 9.6(b) wird skizziert, wie man mit Breitensuche Zusammenhangskomponenten berechnen kann; mit der gleichen Idee gewinnt man auch aus der Tiefensuche ganz einfach einen Algorithmus, der die Zusammenhangskomponenten findet. Für gerichtete Graphen ist die Situation viel interessanter. In Abb. 9.5 findet man ein Beispiel für einen Digraphen und seine starken Zusammenhangskomponenten[2]. Der ebenfalls dort illustrierte Begriff des *vergröberten* (engl.: *shrunken*) Graphen G^s zu einem Digraphen $G = (V, E)$ wird sich als sehr nützlich erweisen. Die Knoten von G^s sind die Komponenten von G. Wenn C und D verschieden Komponenten von G sind, gibt es in G^s die Kante (C, D) genau dann wenn es Knoten $u \in C$ und $v \in D$ gibt, für die $(u, v) \in E$ ist.

Aufgabe 9.13. Zeigen Sie, dass die Knotenmengen verschiedener Komponenten disjunkt sind. *Hinweis*: Zeigen Sie, dass die Relation „w ist von v aus erreichbar und umgekehrt" eine Äquivalenzrelation auf der Knotenmenge V ist, d. h., dass sie reflexiv, transitiv und symmetrisch ist. Die Komponenten sind die Äquivalenzklassen zu dieser Relation. Es folgt, dass verschiedene Komponenten disjunkt sind.

Das folgende Lemma zur Struktur des vergröberten Graphen wird hilfreich sein.

Lemma 9.4. *Der vergröberte Graph G^s zu einem Digraphen G ist azyklisch.*

Beweis. Indirekt. Angenommen, in G^s gäbe es einen Kreis $C_0, C_1, \ldots, C_{k-1}, C_k$ mit $k \geq 2$ und $C_k = C_0$. Nach der Definition von G^s gibt es für jedes i mit $0 \leq i < k$ eine Kante (v_i, w_{i+1}) mit $v_i \in C_i$ und $w_{i+1} \in C_{i+1}$. Wir definieren $v_k := v_0$. Weil $C_1, \ldots, C_k$ stark zusammenhängend sind, gibt es für jedes i mit $0 \leq i < k$ in G einen Weg von w_{i+1} nach v_{i+1}. Durch Zusammensetzen der Kanten (v_i, w_{i+1}), $0 \leq i < k$, mit diesen Wegen erhalten wir einen Kreis in G, auf dem $v_0, v_1, \ldots, v_{k-1}$ liegen. Daher gehören alle v_i's zu ein und derselben Komponente, ein Widerspruch.   □

Wir werden zeigen, dass sich mit einer erweiterten Version des DFS-Algorithmus die Komponenten eines Digraphen G in linearer Zeit $\mathrm{O}(n + m)$ berechnen lassen. Genauer gesagt liefert der Algorithmus als Ausgabe ein Array *component* mit der Knotenmenge V als Indexmenge, so dass $component[v] = component[w]$ genau dann gilt, wenn v und w zur gleichen Komponente gehören. Ferner gilt $component[v] \geq component[w]$ für $(v, w) \in E$, d. h., die Komponentennummern sind auch eine topologische Sortierung des vergröberten Graphen. Alternativ könnte die Ausgabe auch eine Liste der Knotenmengen aller Komponenten sein.

Dem Algorithmus liegt folgende einfache Idee zugrunde. Wir stellen uns vor, dass die Kanten von $G = (V, E)$ einzeln nacheinander in einen Graphen mit Knotenmenge V eingefügt werden, der am Anfang gar keine Kanten hat. Wir bezeichnen den aktuellen Graphen mit $G_c = (V, E_c)$. Nun beobachten wir, wie sich die Komponenten von G_c entwickeln, wenn die Kanten nach und nach hinzukommen. Am Anfang gibt es keine Kanten, und jeder Knoten für sich ist eine Komponente. Für die

---

[2] In diesem Abschnitt werden wir anstelle von „starke Zusammenhangskomponente" kurz „Komponente" schreiben.

Beschreibung der Entwicklung ist es hilfreich, den vergröberten Graphen G_c^s von G_c zu beobachten.

Wie ändern sich die Komponenten von G_c und wie ändert sich G_c^s, wenn wir eine Kante e zu G_c hinzufügen? Wir müssen drei Fälle betrachten. *Fall 1*: Beide Endknoten von e gehören zur gleichen Komponente von G_c. Dann ändern sich die Komponenten und der vergröberte Graph nicht. *Fall 2*: Kante e verbindet Knoten in verschiedenen Komponenten und erzeugt daher eine neue Kante in G_c^s; diese schließt aber keinen Kreis in G_c^s. Dann ändern sich die Komponenten ebenfalls nicht. *Fall 3*: Kante e verbindet Knoten in verschiedenen Komponenten und erzeugt daher eine neue Kante in G_c^s; diese schließt (mindestens) einen Kreis in G_c^s. In diesem Fall werden alle Komponenten, die auf einem der neuen Kreise in G_c^s liegen, zu einer Komponente vereinigt, und der vergröberte Graph ändert sich entsprechend.

Um zu einem effizienten Algorithmus zu kommen, müssen wir beschreiben, wie wir die sich verändernden Komponenten darstellen, während sich der Graph entwickelt. Wenn die Kanten in völlig beliebiger Reihenfolge eingefügt werden, ist dafür kein effizientes, einfaches Verfahren bekannt. Wenn wir die Kanten aber in der Reihenfolge einfügen, in der sie von der Tiefensuche im gegebenen Graphen inspiziert werden, lässt sich relativ leicht eine effiziente Lösung erhalten. Betrachten wir also den Ablauf des DFS-Algorithmus in G. Zu einem Zeitpunkt während des Ablaufs sei E_c die Menge der bisher inspizierten Kanten, $G_c = (V, E_c)$ der aktuelle Graph. Man erinnere sich, dass es unmarkierte, aktive und beendete Knoten gibt. Wir unterscheiden drei Arten von Komponenten in G_c: unerreichte, offene und geschlossene. Unmarkierte Knoten haben in G_c Eingangs- und Ausgangsgrad 0 und bilden daher Komponenten mit einem Knoten. Im vergröberten Graphen G_c^s sind diese Komponenten isolierte Knoten; wir bezeichnen sie als *unerreicht*. Die anderen Komponenten enthalten nur markierte Knoten. Eine solche Komponente nennen wir *offen*, wenn sie mindestens einen aktiven Knoten enthält, und *geschlossen*, wenn sie nur beendete Knoten enthält. Ein markierter *Knoten* heißt *offen* (bzw. *geschlossen*), wenn er zu einer offenen (bzw. *geschlossenen*) Komponente gehört. Man beachte, das alle geschlossenen Knoten beendet sind, und dass offene Knoten entweder aktiv oder

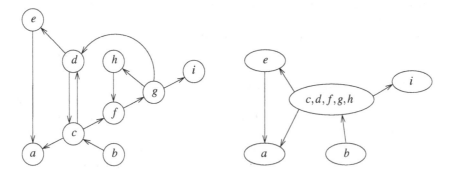

Abb. 9.5. Ein Digraph G und der zugehörige vergröberte Graph G^s. Die Komponenten von G haben Knotenmengen $\{a\}$, $\{b\}$, $\{c,d,f,g,h\}$, $\{e\}$ und $\{i\}$.

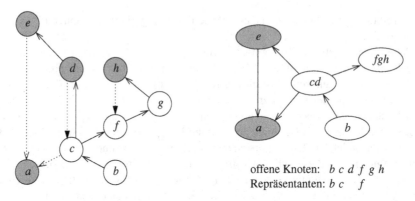

offene Knoten: *b c d f g h*
Repräsentanten: *b c   f*

Abb. 9.6. Eine Momentaufnahme der Tiefensuche im Graphen aus Abb. 9.5 und der entsprechende vergröberte Graph. Knoten *a* ist die Wurzel des ersten DFS-Baums; Knoten *b* die
Wurzel des zweiten. Der aktuelle Knoten ist *g*; Knoten *b*, *c*, *f* und *g* liegen auf dem Rekursi-
onsstack. Die Kanten (g, i) und (g, d) wurden noch nicht inspiziert – sie fehlen im aktuellen
Graphen G_c. Kanten (h, f) und (d, c) sind Rückwärtskanten, (e, a) ist eine Querkante, die
restlichen schon inspizierten Kanten sind Baumkanten. Beendete Knoten und geschlossene
Komponenten sind grau gezeichnet. Die Komponenten $\{a\}$ und $\{e\}$ sind geschlossen; die
Komponenten $\{b\}$, $\{c, d\}$ und $\{f, g, h\}$ sind offen. Die offenen Komponenten bilden einen
Weg im vergröberten Graphen G_c^s, wobei der aktuelle Knoten *g* zur letzten Komponente die-
ses Weges gehört. Die Repräsentanten der offenen Komponenten sind die Knoten *b*, *c* bzw.
f. Die Tiefensuche hat die offenen Knoten in der Reihenfolge *b*, *c*, *d*, *f*, *g*, *h* erreicht. Die
Repräsentanten partitionieren die Folge der offenen Knoten in die Komponenten von G_c.

beendet sein können. Für jede Komponente nennen wir den Knoten mit der kleinsten DFS-Nummer, den sie enthält, ihren *Repräsentanten*. Abbildung 9.6 illustriert
diese Definitionen. Als Nächstes formulieren wir einige Invarianten für G_c (s. auch
Abb. 9.7):

(1) Alle Kanten in G (nicht nur die in G_c), die aus geschlossenen Knoten hinausfüh-
    ren, führen zu geschlossenen Knoten. In unserem Beispiel sind *a* und *e* geschlos-
    sen.
(2) Der Weg im DFS-Baum von der Wurzel zum aktuellen Knoten enthält die Re-
    präsentanten aller offenen Komponenten. Es seien $S_1, \ldots, S_k$ diese offenen Kom-
    ponenten in der Reihenfolge, in dieser Weg sie erreicht. Dann gilt für jedes
    i mit $2 \leq i \leq k$: auf diesem Weg gibt es eine (Baum-)Kante von einem Knoten
    in S_{i-1} zum Repräsentanten von S_i, und dies ist die einzige Kante in G_c, die von
    außen in S_i hineinführt. Weiter gibt es für $1 \leq i < j \leq k$ in G_c keine Kante aus
    S_j in S_i hinein. Schließlich gilt für $1 \leq i \leq j \leq k$, dass alle Knoten in S_j vom
    Repräsentanten r_i von S_i aus erreichbar ist. Kurz gesagt: Die offenen Kompo-
    nenten bilden im vergröberten Graphen einen Weg. In unserem Beispiel ist der
    aktuelle Knoten *g*. Der Weg $\langle b, c, f, g \rangle$ im Baum zum aktuellen Knoten enthält
    die offenen Repräsentanten *b*, *c* und *f*.

(3) Wenn man die Knoten in den offenen Komponenten aufsteigend nach ihren DFS-Nummern sortiert, dann teilen die Repräsentanten diese Folge in Segmente, die genau diesen offenen Komponenten entsprechen. In unserem Beispiel ist die Folge der offenen Knoten $\langle b,c,d,f,g,h \rangle$, und die Repräsentanten teilen diese Folge in die offenen Komponenten $\{b\}$, $\{c,d\}$ und $\{f,g,h\}$.

Wir werden weiter unten beweisen, dass diese drei Eigenschaften allgemein gelten, nicht nur in unserem Beispiel. Sie werden Invarianten des Algorithmus sein, den wir entwickeln wollen. Die erste Invariante zieht nach sich, dass die geschlossenen Komponenten von G_c in Wirklichkeit Komponenten von G sind, d. h., es ist gerechtfertigt, sie geschlossen zu nennen. Diese Beobachtung ist so wichtig, dass sie als Lemma formuliert werden soll.

Lemma 9.5. *Jede geschlossene Komponente von G_c ist auch Komponente von G.*

Beweis. Sei v ein geschlossener Knoten, sei S die Komponente von G, in der v liegt, und sei S_c die Komponente von G_c, in der v liegt. Wir müssen zeigen, dass $S = S_c$ gilt. Weil G_c Teilgraph von G ist, gilt jedenfalls $S_c \subseteq S$. Es genügt also, die Beziehung $S \subseteq S_c$ zu zeigen. Sei w ein beliebiger Knoten in S. Dann gibt es in G einen Kreis C, auf dem sowohl v als auch w liegt. Aus Invariante (1) folgt, dass jeder Knoten von C geschlossen ist. Weil alle geschlossenen Knoten beendet sind, müssen alle Kanten, die von solchen Knoten ausgehen, schon inspiziert sein. Daraus folgt, dass C in G_c enthalten ist, und weiter, dass $w \in S_c$ gilt. □

Aus den Invarianten (2) und (3) ergibt sich ein einfacher Ansatz, um die offenen Komponenten von G_c darzustellen. Wir führen einfach eine Folge *oNodes* mit, in der die offenen Knoten in der Reihenfolge aufsteigender DFS-Nummern stehen, und zudem eine Teilfolge *oReps*, in der die offenen Repräsentanten stehen, in der gleichen Reihenfolge. In unserem Beispiel sind dies die Folgen *oNodes* $= \langle b,c,d,f,g,h \rangle$ und

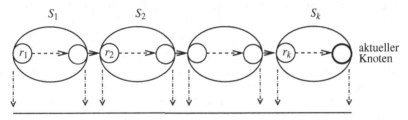

offene Knoten, nach DFS-Nummern geordnet

Abb. 9.7. Die offenen Komponenten sind als Ovale gezeichnet, ihre Repräsentanten als Kreise am linken Ende der Ovale. Der aktuelle Knoten ganz rechts ist als Kreis mit dickerem Rand gezeichnet. Der Weg im Baum von der Wurzel r_1 zum aktuellen Knoten ist angedeutet. Er betritt jede der offenen Komponenten bei ihrem Repräsentanten. Die horizontale Linie unten steht für die offenen Knoten, aufsteigend nach DFS-Nummern sortiert. Jede Komponente bildet dabei eine zusammenhängende Teilfolge, mit ihrem Repräsentanten als erstem Eintrag von links.

$oReps = \langle b, c, f \rangle$. Wir werden später sehen, dass für beide Folgen ein Stapel, also der Typ *Stack* **of** *NodeId*, geeignet ist.

Nun wollen wir überlegen, wie die Komponenten von G_c sich während der Tiefensuche entwickeln. Wir betrachten nacheinander die verschiedenen von der Tiefensuche durchgeführten Aktionen und zeigen, dass sie die Invarianten respektieren. Wir werden auch angeben, wie die Darstellung der offenen Komponenten und ihrer Repräsentanten zu aktualisieren ist.

Wenn die Tiefensuche beginnt, sind die Invarianten offensichtlich erfüllt: Kein Knoten ist markiert, keine Kante wurde bisher inspiziert, G_c hat keine Kante, und daher gibt es weder offene noch geschlossene Komponenten. Die Folgen *oNodes* und *oReps* sind leer.

Unmittelbar bevor eine neue Wurzel markiert wird (also der Aufbau eines neuen DFS-Baums begonnen wird), sind alle markierten Knoten beendet; daher kann es keine offenen Komponenten geben. Daraus ergibt sich, dass die Folgen *oNodes* und *oReps* leer sind, und dass das Markieren der neuen Wurzel s die offene Komponente $\{s\}$ erzeugt. Offensichtlich gelten auch danach alle drei Invarianten. Die korrekte Darstellung der einen offenen Komponente ergibt sich, indem man s in beide Folgen einfügt.

Wenn eine Baumkante $e = (v, w)$ inspiziert wird, also w markiert wird, wird $\{w\}$ eine neue offene SCC. Alle anderen Komponenten bleiben unverändert. Die erste Invariante bleibt offensichtlich erfüllt, weil v aktiv und daher offen ist. Der alte aktuelle Knoten ist v, der neue ist w. Die Folge der offenen Knoten wird um den Eintrag w verlängert. Die offenen Repräsentanten sind die alten offenen Repräsentanten, erweitert um den Eintrag w. Daher gilt auch die dritte Invariante weiter.

Nun betrachten wir die Situation, dass eine Nicht-Baumkante $e = (v, w)$ inspiziert wird, die vom aktuellen Knoten v ausgeht. Wenn w geschlossen ist, dann ändern sich die Komponenten von G_c durch das Hinzufügen von e nicht, weil nach Lemma 9.5 die Komponente von G_c, die w enthält, schon eine Komponente von G ist, *bevor* e in den Graphen G_c eingefügt wird. Wir können also annehmen, dass w offen ist. Dann liegt w in einer offenen Komponente S_i von G_c. Wir behaupten, dass durch das Einfügen von e die Komponenten $S_i, \ldots, S_k$ zu einer einzigen Komponente verschmolzen werden und dass alle anderen Komponenten unverändert bleiben, s. Abb. 9.8. Sei r_i der Repräsentant von S_i. Nach Invariante (2) gibt es von r_i nach v einen Weg aus Baumkanten, der auch die Repräsentanten $r_{i+1}, \ldots, r_k$ passiert; von v nach w führt Kante e; von w nach r_i führt ein Weg in G_c, weil beide Knoten in der Komponente S_i von G_c liegen. Wir erhalten also einen Kreis, der $r_i, \ldots, r_k$ enthält. Daraus folgt, dass jeder Knoten, der in einer Komponente S_j mit $i \leq j \leq k$ liegt, von r_i aus erreichbar ist, und dass r_i von diesem Knoten aus erreichbar ist. Diese Komponenten von G_c werden also durch das Hinzufügen von e zu einer einzigen Komponente, mit r_i als Repräsentanten. An den Komponenten S_j mit $j < i$ ändert sich durch das Hinzufügen von e nichts.

Die dritte Invariante sagt uns, wie wir den Repräsentanten r_i der Komponente, in der w liegt, finden können. Die Folge *oNodes* ist nach DFS-Nummern aufsteigend sortiert, und der Repräsentant einer Komponente hat die kleinste DFS-Nummer unter allen Knoten dieser Komponente. Daher gilt $dfsNum[r_i] \leq dfsNum[w]$

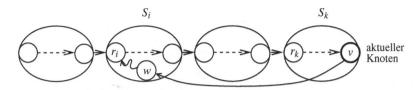

Abb. 9.8. Die offenen Komponenten sind als Ovale dargestellt, ihre Repräsentanten als Kreise am linken Ende der Ovale. Der aktuelle Knoten ist als Kreis mit dickerem Rand gezeichnet. Alle Repräsentanten liegen auf dem Weg im DFS-Baum zum aktuellen Knoten v. Die Nicht-Baumkante $e = (v, w)$ führt zu einer offenen Komponente S_i mit einem Repräsentanten r_i. Es gibt einen Weg von w nach r_i, weil w zu der Komponente mit Repräsentant r_i gehört. Daher führt die Kante e dazu, dass die Komponenten $S_i, \ldots, S_k$ zu einer Komponente zusammengefügt werden.

und $dfsNum[w] < dfsNum[r_j]$ für alle $j > i$. Damit lässt sich die Darstellung ganz leicht aktualisieren: wir müssen nur die Repräsentanten r aus der Liste $oReps$ löschen, für die $dfsNum[r] > dfsNum[w]$ gilt!

Schließlich müssen wir noch überlegen, was zu tun ist, wenn ein Knoten v beendet wird. Wann wird dadurch eine Komponente (von G_c), die vorher offen war, zu einer geschlossenen Komponente? Dies ist der Fall, wenn v der letzte offene Knoten der Komponente war. Nach Invariante (2) sind alle Knoten einer Komponente im Baum Nachfahren des Repräsentanten der Komponente, und daher ist der Knoten der Komponente, der als letzter beendet wird, gerade dieser Repräsentant. Anders ausgedrückt: Eine Komponente ändert ihren Status von „offen" nach „geschlossen" genau in dem Moment, in dem ihr Repräsentant beendet wird. Weil die Liste $oReps$ nach DFS-Nummern aufsteigend sortiert ist, und die Knoten dieser Liste auf einem Weg im Baum liegen, muss ein Repräsentant, der beendet wird, der letzte Knoten der Liste sein. Das wiederum heißt: Das Beenden eines Knotens v ändert den Status einer Komponente auf „geschlossen" genau dann, wenn v der letzte Knoten der Liste $oReps$ ist. Nehmen wir also an, dieser letzte Repräsentant v der Liste $oReps$ wird beendet. Nach Invariante (3) besteht die Komponente S_k mit Repräsentanten $v = r_k$ aus v und allen Knoten in $oNodes$, die hinter v stehen. Mit dem Beenden von v erhält S_k den Status „geschlossen". Nach Invariante (2) gibt es in G_c keine Kante, die von S_k aus in eine offene Komponente S_i mit $i < k$ führt. Da alle Knoten in S_k beendet sind, sind alle Kanten in G, die aus S_k hinausführen, auch in G_c enthalten. Also gibt es in ganz G keine Kante von S_k aus in eine offene Komponente S_i mit $i < k$. Damit gilt Invariante (1) auch für die ab jetzt „geschlossenen" Knoten in S_k. Wenn $k = 1$ ist, also die Erkundung des gesamten Baumes beendet ist, sind Invarianten (2) und (3) trivialerweise erfüllt. Wenn $k \geq 2$ ist, beobachten wir Folgendes: Der neue aktuelle Knoten ist der Vorgänger von v im DFS-Baum. Nach Invariante (2) liegt dieser in S_{k-1}. Daher gilt Invariante (2), auch nachdem S_k den Status „geschlossen" erhalten hat. Invariante (3) gilt, nachdem v aus $oReps$ gestrichen wurde und v und alle darauf folgenden Knoten aus $oNodes$ gestrichen wurde.

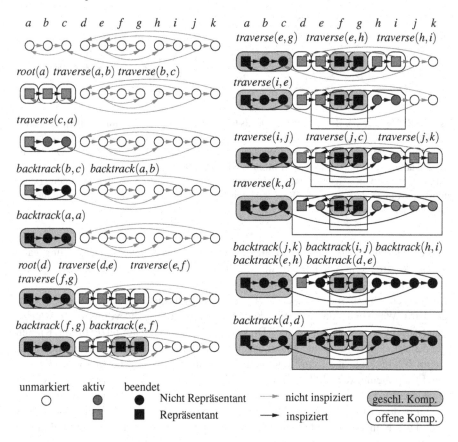

Abb. 9.9. Ein Beispiel für die Entwicklung von offenen und geschlossenen Komponenten während einer Tiefensuche. Unmarkierte Knoten sind als leere Kreise dargestellt, aktive Knoten in grau und beendete Knoten in schwarz. Kanten, die noch nicht inspiziert wurden, sind grau dargestellt, schon inspizierte Kanten schwarz. Offene Komponenten sind als leere Ovale oder Vereinigungen von Ovalen dargestellt, geschlossene Komponenten entsprechend in grau. Wir beginnen mit dem Graphen links oben: Alle Knoten sind unmarkiert. Zuerst wird a zur Wurzel gemacht und die Kanten (a,b) und (b,c) werden inspiziert. Dies erzeugt drei offene Komponenten. Wenn Kante (c,a) inspiziert wird, werden diese drei Komponenten zu einer vereinigt. Schließlich gehen wir zurück zu b, dann zu a, und schließlich kommen wir aus dem Aufruf $DFS(a,a)$ zurück. An diesem Punkt erhält die Komponente den Status „geschlossen". Die Leserin möge diese Schritt-für-Schritt-Beschreibung selbst ergänzen.

Nun ist es leicht, die Unterprogramme im DFS-Rahmenprogramm aus Abb. 9.4 so auszufüllen, dass die starken Zusammenhangskomponenten berechnet werden. In Abb. 9.10 findet man den Pseudocode, und Abb. 9.9 zeigt einen vollständigen Durchlauf. Ein Array *component* wird benutzt, um das Ergebnis festzuhalten, und zwei Stapel *oReps* und *oNodes* spielen die schon besprochene Rolle. Wenn eine neue Wurzel erreicht wird oder eine Baumkante inspiziert wird, die zu einem neu-

init:
    component : *NodeArray* **of** *NodeId*   // Repräsentanten
    oReps = $\langle \rangle$: *Stack* **of** *NodeId*   // Repräsentanten offener Komponenten
    oNodes = $\langle \rangle$: *Stack* **of** *NodeId*   // alle Knoten in offenen Komponenten

root(w) oder traverseTreeEdge(v,w):
    oReps.push(w)   // neue offene
    oNodes.push(w)   // Komponente

traverseNonTreeEdge(v,w):
    if $w \in oNodes$ **then**
        while $w \prec oReps.top$ **do** *oReps.pop*   // vereinige Komponenten auf Kreis

backtrack(u,v):
    if $v = oReps.top$ **then**
        oReps.pop   // Komponente als
        repeat   // geschlossen erkannt,
            $w := oNodes.pop$ // Behandlung abschließen
            $component[w] := v$
        until $w = v$

Abb. 9.10. Eine konkrete Version der Unterprogramme im DFS-Algorithmenschema aus Abb. 9.4, die die starken Zusammenhangskomponenten eines Digraphen $G = (V, E)$ berechnet.

en Knoten führt, wird eine neue offene Komponente erzeugt, indem dieser Knoten auf beide Stapel gelegt wird. Wenn eine Kante $e = (v, w)$ einen Kreis von offenen Komponenten schließt, werden diese Komponenten zu einer verschmolzen, indem Repräsentanten vom Stapel *oReps* heruntergenommen werden, bis der Repräsentant ganz oben auf dem Stapel in DFS-Reihenfolge nicht mehr vor dem Zielknoten w der Kante e steht, die den Kreis geschlossen hat. Eine Komponente wird geschlossen, wenn ihr Repräsentant v beendet wird. Dieser liegt in *oReps* ganz oben. In diesem Moment sind im Stapel *oNodes* oberhalb von v genau die Knoten der Komponente S gespeichert. Die Operation *backtrack* schließt die Bearbeitung von S ab, indem sie v aus *oReps* und die Knoten $w \in S$ aus dem Stapel *oNodes* entnimmt. Dabei wird der *component*-Eintrag dieser Knoten auf den Repräsentanten v gesetzt.

Es lässt sich einrichten, dass der Test „$w \in oNodes$" in *traverseNonTreeEdge* in konstanter Zeit ausführbar ist, indem man mit jedem Knoten die Information speichert, ob er offen ist oder nicht. Ein entsprechendes Flagbit kann man setzen, wenn der Knoten erreicht und markiert wird, und zurücksetzen, wenn die Komponente von v abgeschlossen wird. Implementierungsdetails findet man in Abschnitt 9.3. Die while-Schleife in *traverseNonTreeEdge* und die repeat-Schleife in *backtrack* können jeweils insgesamt nur n-mal durchlaufen werden, weil jeder Knoten genau einmal auf diese Stacks gelegt wird. Daher ist die Ausführungszeit insgesamt $O(m + n)$. Insgesamt haben wir den folgenden Satz bewiesen.

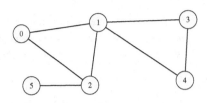

Abb. 9.11. Der abgebildete Graph hat zwei 2-Kantenzusammenhangskomponenten, nämlich $\{0,1,2,3,4\}$ und $\{5\}$. Der Graph hat drei Zweifachzusammenhangskomponenten, nämlich die von den Mengen $\{0,1,2\}$, $\{1,3,4\}$ und $\{2,5\}$ induzierten Teilgraphen. Die Knoten 1 und 2 sind Artikulationspunkte.

Satz 9.6 *Die Unterprogramme in Abb. 9.10 für das DFS-Algorithmenschema aus Abb. 9.4 liefern einen Algorithmus, der in Zeit $O(m+n)$ die starken Zusammenhangskomponenten eines Digraphen berechnet.*

Aufgabe 9.14 (Zertifikate). Sei G ein stark zusammenhängender Graph und sei s ein Knoten in G. Zeigen Sie, wie man zwei Bäume konstruieren kann, die s als Wurzel haben und Folgendes erfüllen: Der erste Baum beweist, dass man alle Knoten von s aus erreichen kann, und der zweite Baum beweist, dass s von jedem anderen Knoten aus erreichbar ist.

Aufgabe 9.15 (2-Kantenzusammenhangskomponenten). Ein ungerichteter Graph heißt *2-fach kantenzusammenhängend*, wenn man seine Kanten so mit einer Richtung versehen kann, dass der entstehende Digraph stark zusammenhängend ist. Die 2-Kantenzusammenhangskomponenten sind die maximalen 2-fach kantenzusammenhängenden Teilgraphen; siehe Abb. 9.11. Modifizieren Sie den Algorithmus aus Abb. 9.10 so, dass er die 2-Kantenzusammenhangskomponenten berechnet. *Hinweis*: Benutzen Sie, dass (nach Aufgabe 9.12) DFS in einem ungerichteten Graphen weder Quer- noch Vorwärtskanten erzeugt.

Aufgabe 9.16 (Zweifachzusammenhangskomponenten). Ein ungerichteter zusammenhängender Graph $G = (V,E)$ heißt *zweifach zusammenhängend*, wenn es in V keinen Knoten gibt, dessen Entfernen dazu führt, dass der Graph in mehrere Zusammenhangskomponenten zerfällt. (Ein solches v wäre ein *Artikulationspunkt*.) Die trivialen Randfälle sind, dass ein einzelner Knoten und eine einzelne Kante zweifach zusammenhängend sind. Zeigen Sie: Graphen mit mehr als zwei Knoten sind genau dann zweifach zusammenhängend, wenn es zu je zwei verschiedenen Knoten zwei knotendisjunkte Wege gibt, die sie verbinden. – Die *Zweifachzusammenhangskomponenten* (engl.: *biconnected components*, Abk.: *BCCs*) eines zusammenhängenden Graphen G sind seine maximalen zweifach zusammenhängenden Teilgraphen. Diese sind kantendisjunkt, müssen aber nicht knotendisjunkt sein. Die Knoten, die zu zwei verschiedenen BCCs gehören, sind genau die Artikulationspunkte. (Ein Beispiel ist in Abb. 9.11 angegeben.) Entwerfen Sie einen Algorithmus zur Berechnung der BCCs eines ungerichteten Graphen, der nur einen Durchlauf des Tiefensuch-Schemas ausführt. *Hinweis*: Gehen Sie vom Algorithmus für starke Zusammenhangskomponenten aus und passen Sie ihn an das neue Problem an. Definieren Sie den Repräsentanten einer BCC als den Knoten mit der zweitkleinsten DFS-Nummer in der BCC. Beweisen Sie, dass eine BCC in G_c aus dem Vorgänger des Repräsentanten und allen Nachfahren des Repräsentanten im Baum besteht, die erreicht werden können, ohne einen anderen Repräsentanten zu passieren. Modifizieren Sie die *backtrack*-Prozedur. Wenn man die Bearbeitung eines Repräsentanten v abschließt, werden v, alle Knoten oberhalb von v im Stapel *oNodes* und der Vorgänger von v ausgegeben.

9.3 Implementierungsaspekte

Breitensuche wird normalerweise implementiert, indem man die erreichten, aber noch nicht erkundeten Knoten (mit Tiefen d und $d+1$) in einer Warteschlange hält, s. Aufgabe 9.4. Wir haben uns für eine Formulierung mit zwei getrennten Knotenmengen, für Knoten auf Tiefe d und $d+1$, hauptsächlich deswegen entschieden, weil dies die Verwendung einer einfachen Schleifeninvariante erlaubt, aus der sich die Korrektheit unmittelbar ergibt. Jedoch könnte sich sogar herausstellen, dass unsere Formulierung etwas effizienter ist. Wenn man Q und Q' als Stapel organisiert, wird die Zahl der Cachefehler geringer sein als mit einer Warteschlange, insbesondere wenn nicht alle Knoten einer Schicht in den Cache passen. Die Speicherverwaltung wird sehr einfach und effizient, wenn man nur ein Array a für n Knoten bereitstellt, in dem beide Stapel untergebracht werden. Ein Stapel wächst von $a[1]$ beginnend nach rechts, der andere von $a[n]$ beginnend nach links. Wenn der Algorithmus zur nächsten Schicht übergeht, vertauschen die beiden Speicherbereiche ihre Rollen.

Unser Algorithmus für die starken Zusammenhangskomponenten muss für jeden Knoten v vier Arten von Information speichern: ob v markiert ist oder nicht, ob v offen ist oder nicht, die DFS-Nummer oder eine äquivalente Information, mit der man "$\prec$" implementieren kann, und für einen geschlossenen Knoten v die *NodeId* des Repräsentanten der Komponente von v. Interessanterweise genügt das eine Array *component* mit ganzzahligen Einträgen, um die gesamte Information unterzubringen. Wenn *NodeId*s Zahlen in $1..n$ sind, kann man mit $component[v] = 0$ anzeigen, dass v unmarkiert ist. Negative Zahlen können dann für mit -1 multiplizierte DFS-Nummern stehen, so dass $u \prec v$ äquivalent zu $component[u] > component[v]$ ist. Das funktioniert deswegen, weil die Relation "$\prec$" nie für geschlossene Knoten ausgewertet wird. Der Test $w \in oNodes$ schließlich wird einfach durch die Abfrage $component[w] < 0$ erledigt. Wenn man sich auf diese Vereinfachungen festgelegt hat, kann man den Code weiter auf Effizienz trimmen. Im Stapel *oReps* speichern wir für einen Repräsentanten anstelle seiner wirklichen Nummer seine DFS-Nummer (also den Betrag seiner *component*-Zahl), um bei den Abfragen den Zugriff auf $component[oReps.top]$ einzusparen. Schließlich sollte das Array *component* zusammen mit dem Knotenarray als ein einziges Array von Objekten eines zusammengesetzten Typs organisiert sein. Wie sich diese Optimierungen auf die Rechenzeit unseres Algorithmus für starke Zusammenhangskomponenten auswirken, wird in [144] genauer diskutiert.

9.3.1 C++

LEDA [130] stellt Implementierungen für topologisches Sortieren, Erreichbarkeit von einem Knoten (*DFS*), DFS-Nummerierung, Breitensuche, starke Zusammenhangskomponenten, Zweifachzusammenhangskomponenten und transitive Hülle bereit. Breitensuche, Tiefensuche, topologische Sortierung und starke Zusammenhangskomponenten stehen auch in einer sehr flexiblen Implementierung (*GIT_...*) zur Verfügung, die Darstellung und Implementierung trennt, inkrementelle (also jederzeit unterbrechbare) Ausführung gestattet und verschiedene andere Anpassungen ermöglicht.

Die Boost-Graphenbibliothek [29] benutzt das „Besucherkonzept" (engl.: *visitor concept*) für Graphdurchläufe. Eine *visitor*-Klasse hat vom Benutzer definierbare Methoden, die an bestimmten „Ereignispunkten" während eines Graphdurchlaufs aufgerufen werden. Beispielsweise definiert der Tiefensuch-*visitor* Ereignispunkte, die den Operationen *init*, *root*, *traverse∗* und *backtrack* in unserem Tiefensuch-Algorithmenschema entsprechen; es gibt in Boost aber noch mehr Ereignispunkte.

9.3.2 Java

Die Bibliothek JDSL [87] unterstützt Tiefensuche auf sehr flexible Weise, recht ähnlich zum für Boost beschriebenen *visitor concept*. Es gibt dort auch spezielle Algorithmen für die topologische Sortierung und für das Finden von Kreisen.

9.4 Historische Anmerkungen und weitere Ergebnisse

Breitensuche und Tiefensuche waren schon vor dem Computerzeitalter bekannt. R. E. Tarjan [201] erkannte die Leistungsfähigkeit des Tiefensuch-Algorithmus und fand Linearzeitalgorithmen für viele grundlegende Probleme, die mit Graphen zu tun haben, insbesondere für Zweifachzusammenhangskomponenten und für starke Zusammenhangskomponenten.

Der hier beschriebene Algorithmus für starke Zusammenhangskomponenten wurde von Cheriyan und Mehlhorn [44] vorgestellt und später von Gabow [77] nochmals gefunden. Es gibt noch einen weiteren Algorithmus für dieses Problem, der von Kosaraju und Sharir [193] stammt. Er ist sehr einfach, benötigt aber zwei Tiefensuch-Durchläufe und muss den Umkehrgraphen konstruieren. Tiefensuche ist die Basis für Linearzeitalgorithmen für viele andere Graphprobleme, z. B. *Ohrenzerlegung* (engl.: *ear decomposition*), Planaritätstest, planare Einbettungen und Dreifachzusammenhangskomponenten.

Es könnte den Anschein haben, dass die Probleme, die sich mit einem Graphdurchlauf lösen lassen, so einfach sind, dass weitere Forschungsanstrengungen in diesem Bereich überflüssig sind. Die schlechte Nachricht ist aber, dass auf fortgeschrittenen Berechnungsmodellen Graphdurchläufe selbst schwierig sind. Insbesondere ist Tiefensuche sowohl für Parallelverarbeitung [176] als auch für Speicherhierarchien [153, 140] ein wahrer Alptraum. Daher sind alternative Ansätze für scheinbar einfache Probleme ein interessantes Forschungsgebiet. Beispielsweise beschreiben wir in Abschnitt 11.8 für das Problem der Minimalen Spannbäume einen Ansatz, der auf *Kantenkontraktion* beruht und auch für das Finden von Zusammenhangskomponenten geeignet ist. Weiter kann das Problem, Zweifachzusammenhangskomponenten zu finden, auf das Problem, gewöhnliche Zusammenhangskomponenten zu finden, reduziert werden [205]. Die auf Tiefensuche beruhenden Algorithmen für Zweifachzusammenhangskomponenten und für starke Zusammenhangskomponenten sind fast identisch. Diese Ähnlichkeit verschwindet auf fortgeschrittenen Berechnungsmodellen aber völlig, so dass Algorithmen für starke Zusammenhangskomponenten ein Gebiet für intensive (und manchmal frustrierende) Forschung sind. Allgemeiner gesagt scheint es so zu sein, dass Probleme für ungerichtete Graphen (z. B. Zweifachzusammenhangskomponenten) häufig einfacher zu lösen sind als die analogen Probleme für gerichtete Graphen (z. B. starke Zusammenhangskomponenten).

Kürzeste Wege

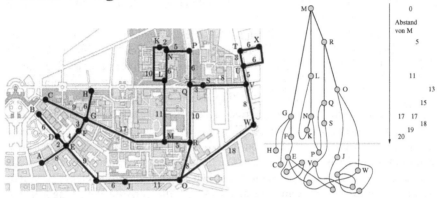

Das Problem, in einem Netzwerk den kürzesten, schnellsten oder billigsten Weg zu finden, ist allgegenwärtig. Jeder von uns löst es jeden Tag. Wenn man an Ort s ist und zu einem Ort t gelangen möchte, fragt man nach dem Weg, der einen am schnellsten von s nach t bringt. Die Feuerwehr möchte vielleicht die schnellsten Wege von der Feuerwehrzentrale s zu allen Stellen t in der Stadt finden – dies führt zum Problem „mit einem Startpunkt" (engl.: single source). Manchmal möchte man auch eine vollständige Tabelle aller Distanzen von jedem Ort zu jedem anderen haben – dies ist das Problem „kürzeste Wege für alle (Knoten-)Paare" (engl.: all pairs). Zum Beispiel findet sich in einem Straßenatlas üblicherweise eine Tabelle mit den Distanzen zwischen allen größeren Städten.

Es gibt einen Routenplanungsalgorithmus, der nur einen Stadtplan und eine Menge Geschicklichkeit, aber keinen Computer benötigt. Man legt dünne Fäden entlang der Straßen auf dem Stadtplan. An Kreuzungen werden die Fäden verknotet, und auch für den Startpunkt gibt es einen Knoten. Nun hebt man den Startknoten langsam hoch, bis das gesamte Netz unter ihm hängt. Wenn man dies schafft, ohne dass sich die Fäden verheddern, und wenn die Knoten so klein sind, dass nur ein straff gespannter Faden einen Knoten daran hindert, nach unten zu fallen, dann definieren die straffen Fäden genau die kürzesten Wege. Das einführende Bild[1] für dieses Kapitel zeigt eine Karte des Campus Süd des Karlsruher Instituts für Technologie (KIT) und illustriert den „fadenbasierten" Routenplanungsalgorithmus für den Startknoten M.

Routenplanung in Straßennetzen ist eine der vielen Anwendungen von Kürzeste-Wege-Berechnungen. Aber auch viele andere Probleme lassen sich mit Hilfe von Kürzeste-Wege-Berechnungen besser lösen, wenn man eine passende Modellierung

---

[1] © KIT, Institut für Photogrammetrie und Fernerkundung.

über Graphen findet. Beispielsweise werden in Ahuja *et al.* [8] so verschiedenartige Anwendungen genannt wie Planung von Flüssen in Netzwerken, Planung des Wohnungsbaus in Städten, Planung des Lagerbestands in Produktion und Handel, DNA-Sequenzierung, das Rucksackproblem (siehe auch Kap. 12), Produktionsplanung, Erstellung von Dienstplänen z. B. für Callcenter, Wagenparkplanung, die Approximation von stückweise linearen Funktionen und die Planung von Inspektionen bei einer Fertigungsstraße.

In der allgemeinsten Formulierung des Kürzeste-Wege-Problems betrachtet man einen gerichteten Graphen $G = (V, E)$ und eine Kostenfunktion c, die jeder Kante einen beliebigen reellen Kostenwert zuordnet. Es stellt sich heraus, dass es beträchtlichen Zeitaufwand erfordert, das Problem in dieser allgemeinen Formulierung zu lösen. Deshalb interessieren wir uns auch für verschiedene Einschränkungen, die einfachere und effizientere Algorithmen ermöglichen: nichtnegative Kantenkosten, ganzzahlige Kantenkosten und azyklische Graphen. Man beachte, dass der sehr spezielle Fall von Kanten mit Kosten 1 schon in Kap. 9.1 gelöst wurde – der Breitensuchbaum mit Wurzel s ist eine kompakte Darstellung von kürzesten Wegen von s aus zu allen anderen Knoten. In Abschnitt 10.1 betrachten wir einführend einige grundlegende Begriffe, die zu einem allgemeinen Ansatz für Kürzeste-Wege-Algorithmen führen. Ein systematisches Vorgehen wird uns helfen, in der Vielzahl verschiedener Kürzeste-Wege-Algorithmen den Überblick zu behalten. Als erstes Beispiel für einen schnellen und einfachen Algorithmus für eine eingeschränkte Klasse von Eingaben betrachten wir in Abschnitt 10.2 ein Verfahren für azyklische Graphen. In Abschnitt 10.3 kommen wir zum meistbenutzten Algorithmus für kürzeste Wege, nämlich dem Algorithmus von Dijkstra für allgemeine gerichtete Graphen mit nichtnegativen Kantenkosten. Wie effizient der Algorithmus von Dijkstra wirklich ist, hängt davon ab, wie effizient die verwendeten Prioritätswarteschlangen sind. In einer einführenden Vorlesung oder beim ersten Lesen kann man nach dem Algorithmus von Dijkstra vielleicht mit dem Thema „Kürzeste Wege" aufhören. Aber im restlichen Teil des Kapitels werden noch viele andere interessante Dinge zu diesem Thema präsentiert. Wir beginnen mit einer Durchschnittsanalyse des Algorithmus von Dijkstra in Abschnitt 10.4, die darauf hindeutet, dass im Normalfall die Operationen der Prioritätswarteschlange die Rechenzeit weniger dominieren als man nach der Analyse glauben könnte. In Abschnitt 10.5 diskutieren wir *monotone Prioritätswarteschlangen für ganzzahlige Schlüssel*, die eine spezielle Eigenschaft des Algorithmus von Dijkstra ausnutzen. Wenn man dies mit einer Durchschnittsanalyse verbindet, erreicht man sogar lineare erwartete Rechenzeit! Abschnitt 10.6 behandelt den Fall ganz beliebiger Kantenkosten, und in Abschnitt 10.7 befassen wir uns mit dem Problem, kürzeste Wege von jedem Knoten zu jedem anderen zu berechnen (*all pairs*). Wir zeigen, dass sich dieses Problem darauf reduzieren lässt, eine Instanz mit einem Startknoten und beliebigen Kantenkosten zu lösen und anschließend n Instanzen mit einem Startknoten und nichtnegativen Kantenkosten zu lösen. Im Zuge dieser Reduktion lernt der Leser auch das allgemein nützliche Konzept von Knotenpotenzialen kennen. Das Kapitel schließt mit Abschnitt 10.8, in dem das Problem von Kürzeste-Wege-*Anfragen* diskutiert wird.

10.1 Von Grundbegriffen zu einer allgemeinen Methode

Die Kostenfunktion für Kanten wird auf naheliegende Weise auf Wege erweitert. Die Kosten eines Weges sind die Summe der Kosten der Kanten, aus denen er besteht, d. h. die Kosten eines Wegs $p = \langle e_1, e_2, \ldots, e_k \rangle$ sind durch $c(p) = \sum_{1 \leq i \leq k} c(e_i)$ gegeben. Der leere Weg hat Kosten 0.

Wenn s und v Knoten sind, interessieren wir uns für einen *kürzesten Weg* von s nach v, also einen Weg von s nach v mit minimalen Kosten. Wir vermeiden hier absichtlich den bestimmten Artikel „den", weil es mehrere verschiedene Wege geben kann, die in diesem Sinn kürzestmöglich sind. Gibt es überhaupt immer einen kürzesten Weg? Man beobachte, dass es unendlich viele Wege von s nach v geben kann. Wenn zum Beispiel der Weg $r = pCq$ von s nach v einen Kreis C enthält, können wir den Kreis beliebig oft durchlaufen und erhalten jedes Mal einen anderen Weg von s nach v, s. Abb. 10.1. Wir beschreiben dies genauer: p ist ein Weg von s nach u, Kreis C läuft von u nach u, und q ist ein Weg von u nach v. Betrachte den Weg $r^{(i)} = pC^iq$, der zunächst p durchläuft, dann C genau i-mal durchläuft, und schließlich q durchläuft. Die Kosten von $r^{(i)}$ sind $c(p) + i \cdot c(C) + c(q)$. Wenn C ein *negativer Kreis* ist, d. h., wenn $c(C) < 0$ gilt, dann gibt es keinen kürzesten Weg von s nach v. (Das liegt daran, dass die Menge $\{r^{(i)} \mid i \geq 0\} = \{c(p) + c(q) - i \cdot |c(C)| \mid i \geq 0\}$ negative Zahlen mit beliebig großem Betrag enthält.) Wir zeigen als Nächstes, dass es immer kürzeste Wege gibt, wenn der Graph G keine negativen Kreise enthält.

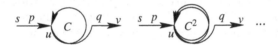

Abb. 10.1. Ein nicht-einfacher Weg pCq von s nach v.

Lemma 10.1. *Wenn G keine negativen Kreise enthält und v von s aus erreichbar ist, dann gibt es einen kürzesten Weg p_0 von s nach v, ja sogar einen kürzesten Weg p_0, der zudem einfach ist.*

Beweis. Sei p_0 ein *einfacher* Weg von s nach v mit minimalen Kosten unter den (endlich vielen) einfachen Wegen von s nach v. Angenommen, p_0 ist kein kürzester Weg von s nach v. Dann gibt es einen kürzeren, nicht-einfachen Weg r von s nach v. Weil r nicht einfach ist, können wir wie in Abb. 10.1 den Weg r als pCq schreiben, mit einem Kreis C und einem einfachen Weg pq. Dann gilt $c(p_0) \leq c(pq)$, und daher $c(pq) + c(C) = c(r) < c(p_0) \leq c(pq)$. Daraus folgt $c(C) < 0$, und wir haben einen negativen Kreis gefunden, im Widerspruch zur Voraussetzung. Also ist die Annahme falsch, und p_0 ist der gewünschte kürzeste Weg. □

Aufgabe 10.1. Verstärken Sie das eben bewiesene Lemma, indem Sie Folgendes zeigen: Für jeden von s aus erreichbaren Knoten v gibt es einen kürzesten Weg von s nach v genau dann wenn es keinen negativen Kreis gibt, der von s aus erreichbar ist und von dem aus v erreichbar ist.

Für zwei Knoten s und v definieren wir die „Kürzeste-Wege-Distanz" oder kurz „Distanz" $\mu(s, v)$ von s nach v als

$$
\mu(s, v) := \begin{cases} +\infty & \text{wenn es keinen Weg von } s \text{ nach } v \text{ gibt,} \\ -\infty & \text{wenn } s \text{ von } t \text{ aus erreichbar ist,} \\ & \text{aber kein kürzester Weg von } s \text{ nach } t \text{ existiert,} \\ c(p) & \text{für einen kürzesten Weg } p \text{ von } s \text{ nach } v \text{ sonst.} \end{cases}
$$

Weil wir den Startknoten meistens mit s bezeichnen, benutzen wir auch die Abkürzung $\mu(v) := \mu(s, v)$. Man beachte Folgendes: Wenn v von s aus erreichbar ist, aber es keinen kürzesten Weg gibt, dann existieren Wege von s nach v mit beliebig stark negativen Kosten. Insofern ist es sinnvoll, in diesem Fall $\mu(v) = -\infty$ zu setzen. Kürzeste Wege haben einige hübsche Eigenschaften, die wir als Übungsaufgaben formulieren.

Aufgabe 10.2 (Teilwege von kürzesten Wegen). Zeigen Sie, dass Teilwege von kürzesten Wegen selbst kürzeste Wege sind, d. h., wenn ein aus drei Teilwegen p, q und r zusammengesetzter Weg pqr ein kürzester Weg ist, dann ist q auch ein kürzester Weg.

Aufgabe 10.3 (Kürzeste-Wege-Bäume). Nehmen wir an, dass alle n Knoten von s aus erreichbar sind und dass es keine negativen Kreise gibt. Zeigen Sie, dass es dann einen Baum T mit n Knoten gibt, in dem der Startknoten s die Wurzel bildet und alle Wege im Baum kürzeste Wege sind. *Hinweis*: Nehmen Sie zunächst an, dass es von s nach v nur einen einzigen kürzesten Weg gibt, und betrachten Sie den Teilgraphen T, der aus allen kürzesten Wegen besteht, die von s ausgehen. Benutzen Sie die vorige Übungsaufgabe, um zu zeigen, dass T ein Baum ist. Erweitern Sie das Ergebnis dann auf den Fall, in dem kürzeste Wege nicht unbedingt eindeutig sind.

Unsere Strategie, mit der kürzeste Wege von einem Startknoten s aus gefunden werden sollen, ist eine Verallgemeinerung der Breitensuche (BFS), die in Abb. 9.3 dargestellt ist. Wir arbeiten mit zwei Arrays vom Typ *NodeArray*, die d und *parent* heißen. Dabei enthält der Eintrag $d[v]$ unser gegenwärtiges Wissen über die Distanz von s nach v, und *parent*$[v]$ speichert den Vorgänger von v auf einem Weg von s nach v, der nach aktuellem Stand kürzestmöglich ist. Der Wert $d[v]$ wird meist als *Schätzdistanz* für v bezeichnet. Anfangs ist $d[s] = 0$ und *parent*$[s] = s$. Alle anderen Knoten haben Schätzdistanz „unendlich" und keinen Vorgänger.

Der natürliche Ansatz zur Verbesserung von Abstandswerten ist, Abstandsinformation entlang von Kanten weiterzureichen. Wenn es einen Weg von s nach u mit Kosten höchstens $d[u]$ gibt und $e = (u, v)$ eine Kante ist, die von u ausgeht, dann gibt es einen Weg von s nach v mit Kosten nicht größer als $d[u] + c(e)$. Wenn diese Kosten kleiner sind als der beste bis dahin bekannte Distanzwert $d[v]$, aktualisieren wir $d[v]$ und *parent*$[v]$ entsprechend. Dieser Vorgang heißt *Kantenrelaxierung*:

Procedure *relax*$(e = (u, v) : Edge)$
    if $d[u] + c(e) < d[v]$ **then** $d[v] := d[u] + c(e)$; *parent*$[v] := u$

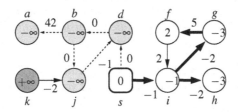

Abb. 10.2. Ein Graph mit Startknoten s und Kürzeste-Wege-Distanzen $\mu(v)$. Kantenkosten sind als Kantenmarkierungen angegeben, und die Distanzen stehen in den Knoten. Fett gezeichnete Kanten gehören zu kürzesten Wegen vom Startknoten s aus. Gestrichelte Kanten und hellgraue Knoten gehören zu einer unendlichen Menge von Wegen mit Startknoten s mit beliebig stark negativen Kosten. Der dunkle Knoten k ist von s aus unerreichbar.

(Hier wird mit dem Wert ∞ in naheliegender Weise gerechnet: es gilt $a < \infty$ und $\infty + a = \infty$ für alle Zahlen a, sowie $\infty \not< \infty$.)

Lemma 10.2. *Wenn nach einer beliebigen Folge von Kantenrelaxierungen $d[v] < \infty$ gilt, dann gibt es einen Weg von s nach v der Länge $d[v]$.*

Beweis. Wir benutzen Induktion über die Anzahl der Relaxierungen. Die Behauptung stimmt sicher vor der ersten Relaxierung: der leere Weg führt von s nach s und hat Länge $0 = d[s]$; alle anderen Knoten haben unendliche Schätzdistanz. Nun betrachten wir die Relaxierung einer Kante $e = (u,v)$. Nach Induktionsvoraussetzung gibt es einen Weg p der Länge $d[u]$ von s nach u und einen Weg der Länge $d[v]$ von s nach v. Wenn $d[u] + c(e) \geq d[v]$ gilt, ist nichts zu zeigen. Andernfalls ist pe ein Weg von s nach v der Länge $d[u] + c(e)$.   □

Die Algorithmen in diesem Kapitel folgen alle der Strategie, wiederholt Kanten zu relaxieren, bis entweder für jeden Knoten v ein kürzester Weg von s nach v gefunden worden ist oder bis ein negativer Kreis entdeckt worden ist. Zum Beispiel geben die (Umkehrungen der) fett gezeichneten Kanten in Abb. 10.2 die *parent*-Information wieder, die nach einer genügend großen Anzahl von Kantenrelaxierungen gesammelt worden ist: die Knoten f, g, i und h sind von s aus über diese Kanten erreichbar und haben die korrekten $\mu(\cdot)$-Werte 2, -3, -1 und -3 erreicht. Die Knoten b, j und d bilden einen von s aus erreichbaren negativen Kreis, so dass ihre Kürzesten-Wege-Kosten $-\infty$ sind. Knoten a ist von diesem Kreis aus erreichbar und hat daher ebenfalls Abstand $\mu(a) = -\infty$. Knoten k ist von s aus unerreichbar; sein Abstand ist $+\infty$.

Was aber ist eine gute Folge von Kantenrelaxierungen? Sei $p = \langle e_1, \ldots, e_k \rangle$ ein Weg von s nach v. Wenn wir die Kanten dieses Wegs in der Reihenfolge von e_1 bis e_k relaxieren, gilt nachher $d[v] \leq c(p)$. Wenn p ein kürzester Weg von s nach v ist, kann (nach dem vorherigen Lemma) $d[v]$ nie kleiner als $c(p)$ werden, und daher gilt nach dieser Folge von Relaxierungen, dass $d[v] = c(p)$ ist.

Lemma 10.3 (Korrektheitskriterium). *Nach Ausführung einer Folge R von Relaxierungen, die einen kürzesten Weg $p = \langle e_1, e_2, \ldots, e_k \rangle$ von s nach v als Teilfolge ent-*

hält, (d. h., wenn es Indizes $t_1 < t_2 < \cdots < t_k$ mit $R[t_1] = e_1, R[t_2] = e_2, \ldots, R[t_k] = e_k$ gibt), gilt $d[v] = \mu(v)$. Weiter gilt: Durch die parent-Information an den Knoten wird ein Weg von s nach v der Länge μ definiert.

Beweis. Wir stellen im Folgenden R und p schematisch dar. Die erste Zeile gibt die Zeit an. Zum Zeitpunkt t_1 erfolgt die Relaxierung von e_1, zum Zeitpunkt t_2 die von e_2 usw.:

$$
\begin{array}{l}
\qquad\quad 1,2,\ldots\ ,t_1,\ \ldots\ ,t_2,\ \ldots\ldots\ ,t_k,\ \ldots \\
R := \langle\quad \ldots\quad ,e_1,\ \ldots,\ e_2,\ \ldots\ldots\ ,e_k,\ \ldots\rangle \\
p := \qquad\qquad \langle e_1,\qquad e_2,\quad \ldots\ ,e_k\rangle
\end{array}
$$

Weil p ein kürzester Weg ist, gilt $\mu(v) = \sum_{1 \le j \le k} c(e_j)$. Für $i \in 1..k$ sei v_i der Zielknoten von e_i; weiter definieren wir $t_0 = 0$ und $v_0 = s$. Dann gilt nach Zeitpunkt t_i die Ungleichung

$$
d[v_i] \le \sum_{1 \le j \le i} c(e_j).
$$

Dies zeigt man durch Induktion, wie folgt: Nach Zeitpunkt t_0, also ganz am Anfang, gilt die Ungleichung, weil $d[s] = 0$ gesetzt wird. Nun betrachte $i > 0$. Nach Induktionsvoraussetzung gilt nach der Relaxierung zum Zeitpunkt t_{i-1} die Ungleichung $d[v_{i-1}] \le \sum_{1 \le j \le i-1} c(e_j)$. Weitere Relaxierungen zu Zeitpunkten zwischen t_{i-1} und t_i ändern daran nichts, da $d[v_{i-1}]$ dadurch nur kleiner werden kann. Durch die Relaxierung zum Zeitpunkt t_i wird sichergestellt, dass $d[v_i] \le d[v_{i-1}] + c(v_{i-1}, v_i)$ gilt. Durch Addieren der beiden letzten Ungleichungen ergibt sich die Induktionsbehauptung für Zeitpunkt t_i, was den Induktionsbeweis beendet. Aus der Ungleichung folgt, dass nach Zeitpunkt t_k die Beziehung $d[v] \le \mu(v)$ gilt. Nun kann aber nach Lemma 10.2 $d[v]$ nicht unter $\mu(v)$ fallen. Daher gilt nach Zeitpunkt t_k, und dann auch nach Ausführung der restlichen Relaxierungen in der Folge R, die Gleichung $d[v] = \mu(v)$.

Nun zeigen wir noch, dass die *parent*-Information kürzeste Wege beschreibt. Wir tun das unter der zusätzlichen Annahme, dass kürzeste Wege eindeutig sind, und überlassen den allgemeinen Fall dem Leser zur Übung. Aus den obigen Überlegungen folgt, dass nach den Relaxierungen in R die Gleichung $d[v_i] = \mu(v_i)$ für alle $i \in 1..k$ gilt. Zu irgendeinem Zeitpunkt wird also durch eine *relax*(u, v_i)-Operation in R der Wert $d[v_i]$ auf $\mu(v_i)$ gesetzt und *parent*$[v_i] = u$ gesetzt. (Man beachte, dass dies durchaus vor dem Zeitpunkt t_i geschehen sein könnte, aber nicht nachher.) Nach dem Beweis von Lemma 10.2 gibt es einen Weg der Länge $\mu(v_i)$ von s nach v_i, also einen kürzesten Weg, der mit der Kante (u, v_i) endet. Nach unserer Annahme sind kürzeste Wege eindeutig; also muss $u = v_{i-1}$ und damit *parent*$[v_i] = v_{i-1}$ gelten. Nachdem $d[v_i]$ auf den korrekten Wert $\mu(v_i)$ gesetzt worden ist, behält *parent*$[v_i]$ den Wert v_{i-1} bis zum Schluss.   □

Aufgabe 10.4. Führen Sie den Beweis im zweiten Absatz des vorangehenden Beweises nochmals, aber ohne die Annahme, dass kürzeste Wege eindeutig bestimmt sind.

Aufgabe 10.5. Es sei S eine Auflistung der Kanten von G in einer beliebigen Anordnung; man bilde die Folge $S^{(n-1)}$ durch Nebeneinandersetzen von $n - 1$ Kopien

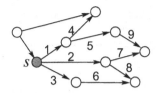

Abb. 10.3. Reihenfolge der Kantenrelaxierungen für die Berechnung der kürzesten Wege in einem DAG von einem Knoten s aus. Die topologische Sortierung der Knoten ist durch ihre x-Koordinate gegeben. Kanten, die von Knoten „links von" s ausgehen, müssen überhaupt nicht relaxiert werden.

von S. Zeigen Sie: Nachdem die Relaxierungen $S^{(n-1)}$ durchgeführt worden sind, gilt $\mu(v) = d[v]$ für alle Knoten v mit $\mu(v) \neq -\infty$.

Wie wir in den folgenden Abschnitten sehen werden, lassen sich für azyklische Graphen und für Graphen ohne negative Kantengewichte effizientere Relaxierungsfolgen finden. Auf allgemeine Graphen kommen wir in Abschnitt 10.6 zurück.

10.2 Gerichtete azyklische Graphen

In einem gerichteten azyklischen Graphen (kurz „DAG") gibt es keine gerichteten Kreise und daher auch keine negativen Kreise. Zudem haben wir in Abschnitt 9.2.1 festgestellt, dass die Knoten eines DAGs „topologisch angeordnet" werden können, d. h. in eine Reihenfolge $\langle v_1, v_2, \ldots, v_n \rangle$ gebracht werden können, für die aus $(v_i, v_j) \in E$ stets $i < j$ folgt. Eine topologische Sortierung kann mit Tiefensuche in linearer Zeit $O(m+n)$ berechnet werden. Die Knoten entlang jedes Weges in einem DAG sind bezüglich der topologischen Sortierung aufsteigend geordnet. Nach Lemma 10.3 können wir also kürzeste-Wege-Distanzen berechnen, indem wir zuerst alle von v_1 ausgehenden Kanten relaxieren, dann die von v_2 ausgehenden Kanten, und so fort. (In Abb. 10.3 findet man ein Beispiel. Man kann sogar auf die Relaxierung der Kanten verzichten, die von Knoten ausgehen, die in der topologischen Sortierung vor s stehen.) Wenn man so vorgeht, wird jede Kante höchstens einmal relaxiert. Weil jede Relaxierung nur konstante Zeit kostet, ist die Ausführungszeit insgesamt $O(m+n)$.

Satz 10.4 *In azyklischen Graphen können kürzeste Wege von einem Knoten aus in Zeit $O(m+n)$ berechnet werden.*

Aufgabe 10.6 (Routenplanung für öffentlichen Personenverkehr). Das Problem, in einem öffentlichen Personenverkehrsnetz schnellste Verbindungen zu finden, kann als kürzeste-Wege-Problem in einem azyklischen Graphen modelliert werden. Man betrachte einen Bus oder einen Zug, der Station p zur Zeit t verlässt und seinen nächsten Halt p' zum Zeitpunkt t' erreicht. Diese Verbindung wird als Kante aufgefasst, die von Knoten (p, t) zu Knoten (p', t') verläuft. Weiter führen wir für jede Station p und unmittelbar aufeinanderfolgende (Ankunfts- oder Abfahrts-)Ereignisse an p, etwa zu Zeiten t und t' mit $t < t'$, eine *Wartekante* von (p,t) nach (p,t') ein. (a) Zeigen Sie, dass der so definierte Graph ein DAG ist. (b) Ein zusätzlicher Knoten wird benötigt, der den Startpunkt des Reisenden als Orts- und Zeitangabe festlegt. Es muss auch eine Kante geben, die diesen Knoten mit dem Transportnetzwerk verbindet. Wie sollte diese Kante definiert sein? (c) Nehmen Sie an, ein Baum aus kürzesten Wegen vom Startknoten aus zu allen erreichbaren Knoten in diesem Personenverkehrsgraphen wurde berechnet. Wie findet man jetzt die Route, an der man eigentlich interessiert ist?

10.3 Nichtnegative Kantenkosten (Der Algorithmus von Dijkstra)

In diesem Abschnitt nehmen wir an, dass die Kantenkosten nicht negativ sind. Daraus folgt sofort, dass es keine negativen Kreise gibt und dass es kürzeste Wege für alle Knoten gibt, die von s aus erreichbar sind. Wir werden zeigen, dass bei einer klugen Wahl der Relaxierungsreihenfolge jede Kante nur einmal relaxiert werden muss.

Aber was ist die richtige Reihenfolge? Entlang eines kürzesten Weges steigen die Kürzeste-Wege-Distanzen an (genauer gesagt, sie fallen nicht). Das führt zu der Idee, dass die Knoten in der Reihenfolge wachsender Distanzen bearbeitet werden sollten. (Einen Knoten *bearbeiten* soll heißen, dass alle Kanten, die aus diesem Knoten herausführen, relaxiert werden.) Lemma 10.3 sagt uns, dass mit dieser Relaxierungsreihenfolge sichergestellt ist, dass die kürzesten Wege berechnet werden, zumindest wenn alle Kanten positive Länge haben. Im Algorithmus kennen wir natürlich die Kürzeste-Wege-Distanzen (noch) nicht, nur die *Schätzdistanzen* $d[v]$. Zum Glück stimmen für einen noch nicht bearbeiteten Knoten mit minimaler Schätzdistanz die wahre Distanz und die Schätzdistanz überein. Dies werden wir in Satz 10.5 feststellen. Es ergibt sich der in Abb. 10.4 dargestellte Algorithmus, der als „(Kürzeste-Wege-)Algorithmus von Dijkstra" bekannt ist. In Abb. 10.5 ist der Ablauf an einem Beispiel dargestellt.

Im Grund ist der Algorithmus von Dijkstra nichts anderes ist als der Fäden-und-Knoten-Algorithmus aus der Einleitung zu diesem Kapitel, zumindest für ungerichtete Graphen. Wenn wir alle Fäden und Knoten auf einen Tisch legen und dann den

Algorithmus von Dijkstra
Alle Knoten sind „unbearbeitet"; initialisiere d und *parent*
while es gibt unbearbeitete Knoten mit Schätzdistanz $< +\infty$ **do**

$u :=$ ein unbearbeiteter Knoten mit minimaler Schätzdistanz
relaxiere alle von u ausgehenden Kanten (u,v);
damit ist u „bearbeitet"

Abb. 10.4. Der Algorithmus von Dijkstra: Kürzeste Wege von einem Startknoten aus in Graphen mit nichtnegativen Kantengewichten

Operation	Schlange
$insert(s)$	$\langle (s,0) \rangle$
$deleteMin \rightsquigarrow (s,0)$	$\langle \rangle$
$relax\ s \xrightarrow{2} a$	$\langle (a,2) \rangle$
$relax\ s \xrightarrow{10} d$	$\langle (a,2),(d,10) \rangle$
$deleteMin \rightsquigarrow (a,2)$	$\langle (d,10) \rangle$
$relax\ a \xrightarrow{3} b$	$\langle (b,5),(d,10) \rangle$
$deleteMin \rightsquigarrow (b,5)$	$\langle (d,10) \rangle$
$relax\ b \xrightarrow{2} c$	$\langle (c,7),(d,10) \rangle$
$relax\ b \xrightarrow{1} e$	$\langle (e,6),(c,7),(d,10) \rangle$
$deleteMin \rightsquigarrow (e,6)$	$\langle (c,7),(d,10) \rangle$
$relax\ e \xrightarrow{9} b$	$\langle (c,7),(d,10) \rangle$
$relax\ e \xrightarrow{8} c$	$\langle (c,7),(d,10) \rangle$
$relax\ e \xrightarrow{0} d$	$\langle (d,6),(c,7) \rangle$
$deleteMin \rightsquigarrow (d,6)$	$\langle (c,7) \rangle$
$relax\ d \xrightarrow{4} s$	$\langle (c,7) \rangle$
$relax\ d \xrightarrow{5} b$	$\langle (c,7) \rangle$
$deleteMin \rightsquigarrow (c,7)$	$\langle \rangle$

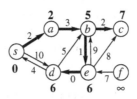

Abb. 10.5. Ablauf des Algorithmus von Dijkstra auf dem *rechts* angegebenen Graphen. Die fett gezeichneten Kanten bilden den Kürzeste-Wege-Baum; die fett geschriebenen Zahlen geben die Distanzen an. Die Tabelle *links* stellt die ausgeführten Schritte dar. Die (Warte-)*Schlange* enthält stets die Paare $(v,d[v])$ für Knoten v, die gefunden, aber noch nicht bearbeitet worden sind. Dabei heißt ein Knoten *gefunden*, wenn seine Schätzdistanz kleiner als $+\infty$ ist. Anfangs ist nur s gefunden und nicht bearbeitet. Die Aktionen des Algorithmus stehen in der ersten Spalte; der Inhalt der Schlange nach der jeweiligen Aktion in der zweiten.

Startknoten allmählich immer höher heben, lösen sich die anderen Knoten von der Tischplatte in der Reihenfolge ihrer Kürzeste-Wege-Distanzen.

Satz 10.5 *Der Algorithmus von Dijkstra löst das Kürzeste-Wege-Problem mit einem Startknoten für Graphen mit nichtnegativen Kantenkosten.*

Beweis. Der Beweis besteht aus zwei Schritten. Im ersten Schritt zeigen wir, dass alle von s aus erreichbaren Knoten irgendwann bearbeitet werden. Im zweiten Schritt zeigen wir, dass in dem Moment, in dem ein Knoten bearbeitet wird, seine Schätzdistanz und seine Kürzeste-Wege-Distanz übereinstimmen.

Wir sagen, ein Knoten wird *gefunden*, wenn seine Schätzdistanz einen Wert $< +\infty$ erhält. Der Algorithmus stellt offenbar sicher, dass jeder Knoten v, der gefunden wird, irgendwann auch bearbeitet wird.

Erster Schritt: Nach der eben gemachten Bemerkung genügt es zu zeigen, dass alle von s aus erreichbaren Knoten irgendwann gefunden werden. Dazu betrachten wir einen Weg $p = \langle s = v_1, v_2, \ldots, v_k = v \rangle$ von s zu einem Knoten v, und zeigen durch Induktion über i, dass v_i gefunden wird. Knoten $s = v_1$ wird gefunden, weil er durch die Initialisierung Schätzdistanz $d[s] = 0 < +\infty$ erhält. Nun sei $i > 1$. Nach Induktionsvoraussetzung wird v_{i-1} gefunden, also $d[v_{i-1}] < +\infty$ gesetzt. Irgendwann später wird v_{i-1} bearbeitet, und das heißt, dass $relax(v_{i-1}, v_i)$ ausgeführt wird. Spätestens nach dieser Operation gilt $d[v_i] \leq d[v_{i-1}] + c(v_{i-1}, v_i) < +\infty$, also wird v_i gefunden.

Zweiter Schritt: Durch Induktion über die Schleifendurchläufe ("Runden") beweisen wir folgende Behauptung: Wenn in Runde t Knoten u bearbeitet wird, dann gilt $d[u] \leq \mu[u]$. (Man beachte, dass nach Lemma 10.2 die Ungleichung $d[u] \geq \mu[u]$ immer gilt.) Die Behauptung gilt für $t = 1$, weil in Runde 1 Knoten s bearbeitet wird, mit $d[s] = 0 = \mu(s)$. Nun betrachten wir eine Runde $t > 1$ und den in dieser Runde bearbeiteten Knoten $u \neq s$. Wir wählen einen beliebigen Weg $p = \langle s = v_1, v_2, \dots, v_k = u \rangle$ von s nach u. Sei v_i mit $1 < i \leq k$ der erste Knoten auf diesem Weg, der *nicht* vor Runde t bearbeitet wird. Dann wird Knoten v_{i-1} vor Runde t bearbeitet. Dabei wird die Operation *relax*(v_{i-1}, v_i) ausgeführt. Nachher gilt:

$$d[v_i] \leq d[v_{i-1}] + c(v_{i-1}, v_i) \leq \mu(v_{i-1}) + c(v_{i-1}, v_i).$$

(Die erste Ungleichung wird durch die Operation *relax*(v_{i-1}, v_i) erzwungen; die zweite gilt wegen der Induktionsvoraussetzung.) Der Weg $\langle v_1, \dots, v_{i-1} \rangle$ von s nach v_{i-1} hat Kosten mindestens $\mu(v_{i-1})$, also gilt

$$\mu(v_{i-1}) + c(v_{i-1}, v_i) \leq c(\langle v_1, \dots, v_{i-1} \rangle) + c(v_{i-1}, v_i) = c(\langle v_1, \dots, v_i \rangle).$$

Weil $\langle v_1, v_2, \dots, v_i \rangle$ ein Anfangsstück von p ist und Kantenkosten nicht negativ sind, gilt weiter $c(\langle v_1, \dots, v_i \rangle) \leq c(p)$. Durch Kombinieren der letzten drei Ungleichungen ergibt sich, dass nach der Operation *relax*(v_{i-1}, v_i) die Ungleichung $d[v_i] \leq c(p)$ gilt. Auch wenn eventuell $d[v_i]$ noch sinkt, gilt dies auch zu Beginn von Runde t. Weil der Algorithmus in Runde t Knoten u als den Knoten mit minimaler Schätzdistanz zur Bearbeitung auswählt, muss $d[u] \leq d[v_i]$, also $d[u] \leq c(p)$ gelten. Da p beliebig war, folgt $d[u] \leq \mu(u)$, also die Induktionsbehauptung. $\square$

Aufgabe 10.7. Es seien $v_1, v_2, \dots$ die Knoten in der Reihenfolge, in der sie bearbeitet werden. Zeigen Sie: $\mu(v_1) \leq \mu(v_2) \leq \dots$, d. h., die Knoten werden in einer Reihenfolge von (schwach) steigenden Kürzeste-Wege-Distanzen bearbeitet.

Aufgabe 10.8 (Prüfen von Kürzeste-Wege-Distanzen). Wir nehmen an, dass alle Kantenkosten positiv sind und alle Knoten von s aus erreichbar sind. Weiter soll d ein Knotenarray mit nichtnegativen reellen Einträgen sein, für die $d[s] = 0$ und $d[v] = \min_{(u,v) \in E} d[u] + c(u, v)$ gilt, für alle $v \neq s$. Zeigen Sie, dass dann für alle v die Gleichheit $d[v] = \mu(v)$ gilt. Stimmt diese Behauptung auch noch, wenn es Kanten mit Kosten 0 gibt?

Wir wenden uns nun der Implementierung des Algorithmus von Dijkstra zu. Alle unbearbeiteten Knoten werden in einer adressierbaren Prioritätswarteschlange gespeichert (s. Abschnitt 6.2), wobei die Schätzdistanzen als Schlüssel dienen. Die Operation *deleteMin* liefert dann immer den nächsten zu bearbeitenden Knoten. Zur Adressierung von Einträgen bei der *decreaseKey*-Operation benutzen wir hier Knotennummern anstelle von Griffen. Ausgehend von einer gewöhnlichen Prioritätswarteschlange braucht man für die Implementierung dieser (*NodePQ* genannten) Datenstruktur nur ein zusätzliches Knotenarray, mit dessen Hilfe Knotennummern in Griffe übersetzt werden. Wenn die Prioritätswarteschlange Baumstruktur hat, wie etwa bei Fibonacci-Heaps oder Pairing-Heaps, kann man auch die Einträge der *NodePQ*, d. h. die Baumknoten, direkt in einem Knotenarray speichern. Ein Aufruf *decreaseKey*(v) aktualisiert die *NodePQ* unter der Annahme, dass unmittelbar vorher der Schlüssel $d[v]$ verringert wurde.

Function *Dijkstra*(*s* : *NodeId*) : *NodeArray*×*NodeArray*   // gibt (*d*,*parent*) zurück
  d = ⟨∞,...,∞⟩ : *NodeArray* **of** ℝ ∪ {∞}   // Schätzdistanzen
  parent = ⟨⊥,...,⊥⟩ : *NodeArray* **of** *NodeId*
  parent[*s*] := *s*   // Schleife signalisiert Wurzel
  Q : *NodePQ*   // unbearbeitete gefundene Knoten
  d[*s*] := 0; *Q.insert*(*s*)
  while *Q* ≠ ∅ **do**
    u := *Q.deleteMin*   // es gilt *d*[*u*] = μ(*u*)

    foreach *edge e* = (*u*,*v*) ∈ *E* **do**

      if *d*[*u*] + *c*(*e*) < *d*[*v*] **then**   // relaxiere
        d[*v*] := *d*[*u*] + *c*(*e*)
        parent[*v*] := *u*   // aktualisiere Baum
        if *v* ∈ *Q* **then** *Q.decreaseKey*(*v*)

      else *Q.insert*(*v*)

  return (*d*,*parent*)

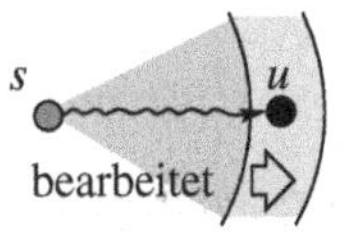

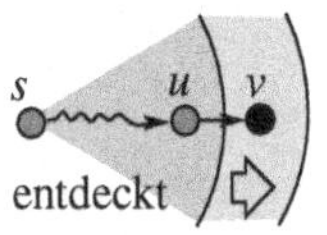

Abb. 10.6. Pseudocode für den Algorithmus von Dijkstra

Wir erhalten den in Abb. 10.6 dargestellten Algorithmus. Als Nächstes analysieren wir seine Rechenzeit in Abhängigkeit von den Zeiten, die für die Operationen auf der Prioritätswarteschlange anfallen. Die Initialisierung der Arrays *d* und *parent* und die Erstellung der Prioritätswarteschlange *Q* = {*s*} kosten Zeit O(*n*). Die Überprüfung der Bedingung *Q* = ∅ und die Schleifensteuerung benötigt in jedem Durchlauf durch die while-Schleife konstante Zeit, d. h. insgesamt Zeit O(*n*). Jeder von *s* aus erreichbare Knoten wird genau einmal aus der Prioritätswarteschlange entnommen. Jeder erreichbare Knoten, der von *s* verschieden ist, wird auch genau einmal eingefügt. Daher gibt es höchstens *n* *deleteMin*- und *insert*-Operationen. Weil jeder Knoten höchstens einmal bearbeitet wird, wird jede Kante höchstens einmal relaxiert, und daher kann es höchstens *m* *decreaseKey*-Operationen geben. Als Gesamtausführungszeit für den Algorithmus von Dijkstra ergibt sich

$$T_{Dijkstra} = O\big(m \cdot T_{decreaseKey}(n) + n \cdot (T_{deleteMin}(n) + T_{insert}(n))\big),$$

wobei $T_{deleteMin}$, T_{insert} und $T_{decreaseKey}$ die Ausführungszeiten für *deleteMin*, *insert* bzw. *decreaseKey* angeben. Man beachte, dass diese Ausführungszeiten von der Größe $|Q| = O(n)$ der Prioritätswarteschlange abhängen.

Aufgabe 10.9. Gegeben seien *n*, *m* mit $n \leq m \leq n(n-1)/2$. Konstruieren Sie einen Graphen *G* mit *n* Knoten und *m* Kanten und einen Satz nichtnegativer Kantengewichte, so dass bei der Ausführung des Algorithmus von Dijkstra $m - (n-1)$ der Kantenrelaxierungen eine *decreaseKey*-Operation auslösen!

In seiner 1959 erschienenen Originalarbeit schlug Dijkstra die folgende Implementierung für die Prioritätswarteschlange vor: Zähle die Anzahl der gefundenen, aber noch nicht bearbeiteten Knoten mit, und verwalte zwei Arrays, jeweils mit der Knotenmenge als Indexmenge – ein Array d, das die Schätzdistanzen speichert, und ein Array, das für jeden Knoten angibt, ob er noch nicht gefunden, gefunden und unbearbeitet, oder bearbeitet ist. Dann kosten *insert* und *decreaseKey* Zeit O(1). Eine *deleteMin*-Operation kostet Zeit O(n), weil dafür das ganze Array durchlaufen werden muss, um einen gefundenen, aber unbearbeiteten Knoten mit minimaler Schätzdistanz zu finden. Die Gesamtzeit wird damit

$$T_{Dijkstra59} = \mathrm{O}\big(m + n^2\big) \; .$$

In der Zeit nach dem Erscheinen von Dijkstras Originalarbeit wurden viel bessere Prioritätswarteschlangen gefunden. Wenn wir einen Binärheap bzw. einen Fibonacci-Heap verwenden (beide in Abschnitt 6.2 beschrieben), erhalten wir

$$T_{DijkstraBHeap} = \mathrm{O}((m + n) \log n)$$

bzw.

$$T_{DijkstraFibonacci} = \mathrm{O}(m + n \log n) \; .$$

Asymptotisch ist die Implementierung mit einem Fibonacci-Heap überlegen, außer für sehr dünn besetzte Graphen mit $m = \mathrm{O}(n)$. In der Praxis erhält man mit Fibonacci-Heaps nicht die schnellste Implementierung, weil die Rechenzeiten größere konstante Faktoren enthalten und weil es normalerweise viel weniger *decreaseKey*-Operationen gibt als von den worst-case-Abschätzungen vorhergesagt. Diese experimentelle Beobachtung wird im nächsten Abschnitt durch eine theoretische Analyse untermauert.

10.4 *Durchschnittsanalyse des Algorithmus von Dijkstra

In diesem Abschnitt zeigen wir, dass der Algorithmus von Dijkstra im erwarteten Fall O($n \log(m/n)$) *decreaseKey*-Operationen ausführt.

Unser Zufallsmodell sieht folgendermaßen aus: Der Graph G und der Startknoten s sind beliebig. Für jeden Knoten v liegt eine (Multi-)Menge $C(v)$ von *indegree*(v) vielen nichtnegativen reellen Zahlen vor. Bis hierher ist alles beliebig. Der Zufall kommt jetzt: Wir nehmen an, dass für jeden Knoten v die Zahlen in $C(v)$ zufällig den *Eingangskanten* von v als Kosten zugewiesen werden. Der Wahrscheinlichkeitsraum besteht also aus den $\prod_{v \in V}$ *indegree*(v)! möglichen Kombinationen von solchen Zuordnungen. Jede von ihnen hat dieselbe Wahrscheinlichkeit. Es sei betont, dass dieses Modell sehr allgemein ist. Insbesondere enthält es als Spezialfall die Situation, dass die Kosten jeder Kante unabhängig aus einer festen Verteilung gezogen werden.

Satz 10.6 *Unter den genannten Annahmen ist die erwartete Anzahl der vom Algorithmus von Dijkstra ausgeführten decreaseKey-Operationen* O($n \log(m/n)$).

Beweis. Der hier vorgestellte Beweis stammt von Noshita [163].

Bevor wir mit dem Beweis beginnen, benötigen wir noch eine technische Bemerkung zur Funktionsweise der verwendeten Prioritätswarteschlange. Wenn es zu einem Zeitpunkt mehrere Knoten gibt, die alle dieselbe minimale Schätzdistanz haben, ist es für die Analyse der Rechenzeit im schlechtesten Fall unerheblich, welcher davon von der *deleteMin*-Operation zurückgegeben wird, und dies wird von der Spezifikation des Datentyps „Prioritätswarteschlange" auch nicht festgelegt. Für den nun folgenden Beweis müssen wir verlangen, dass diese Entscheidung *konsistent* getroffen wird, zum Beispiel in folgender Weise: Wenn mehrere Knoten dieselbe aktuell minimale Schätzdistanz haben, hat der mit der kleinsten Nummer Vorrang. Man kann dies bei einer beliebigen Realisierung der Prioritätswarteschlange, etwa einem Binärheap, dadurch erreichen, dass man als Schlüssel für v nicht einfach die Schätzdistanz $d[v]$, sondern das Paar $(d[v], v)$ benutzt und als Ordnung auf diesen Schlüsseln die lexikographische Ordnung verwendet.

Wir betrachten zunächst einen beliebigen Knoten $v \neq s$ und nehmen an, dass für jeden Knoten $u \neq v$ den Eingangskanten von u ihre Kosten schon fest zugewiesen worden sind. Nur die Zuordnung der Kosten in $C(v)$ zu den Eingangskanten von v ist offen und wird zufällig bestimmt. Wir wollen zeigen, dass die erwartete Anzahl von *decreaseKey*(v)-Operationen durch $\ln(indegree(v))$ beschränkt ist. Dazu leiten wir eine Beziehung zwischen der Anzahl dieser *decreaseKey*(v)-Operationen und der Anzahl der Zwischenmaxima in einer Zufallsfolge der Länge $indegree(v)$ her (siehe Abschnitt 2.7.2).

Die Hauptschwierigkeit im Beweis liegt darin, dass möglicherweise die Reihenfolge, in der die Eingangskanten von v relaxiert werden, von der Zuordnung der Kosten zu diesen Kanten abhängt. Die entscheidende Beobachtung ist, dass bis zu dem Zeitpunkt, zu dem v bearbeitet wird, diese Reihenfolge immer gleich ist. Dazu betrachten wir parallel den Ablauf des Algorithmus von Dijkstra auf $G - v$ (also G ohne v und die mit v inzidenten Kanten) und auf G mit einer beliebig gewählten Zuordnung der Kosten bei v. Bevor (im letzteren Ablauf) v bearbeitet wird, werden in beiden Abläufen genau dieselben Knoten in genau derselben Reihenfolge bearbeitet. Dies gilt deswegen, weil bis zur Bearbeitung von v keine Ausgangskante von v relaxiert wird, also Knoten v und seine Schätzdistanz $d[v]$ auf den Ablauf und die Schätzdistanzen anderer Knoten keinen Einfluss haben. Wegen der eingangs gemachten Bemerkung zur Konsistenz der Arbeitsweise der Prioritätswarteschlange ändert auch das Vorhandensein von v in dieser Datenstruktur nichts an den Ergebnissen der *deleteMin*-Aufrufe. Man beachte aber, dass der Zeitpunkt, zu dem v bearbeitet wird, durchaus von der Zuweisung der Kosten zu den Eingangskanten von v abhängen kann. Wenn v aber erst einmal bearbeitet worden ist, gibt es keine *decreaseKey*(v)-Operation mehr.

Seien $u_1, \ldots, u_k$, für $k = indegree(v)$, die Startknoten der Eingangskanten von v in der Reihenfolge, in der sie beim Ablauf des Algorithmus von Dijkstra auf $G - v$ bearbeitet werden, und sei $\mu'(u_i)$ der Abstand von s nach u_i in $G - v$. Knoten u_i, die in $G - v$ von s aus nicht erreichbar sind, haben unendlichen Abstand und stehen in dieser Liste ganz hinten. Nach Übungsaufgabe 10.7 gilt dann $\mu'(u_1) \leq \cdots \leq \mu'(u_k)$. Im Ablauf des Algorithmus auf G werden die Eingangskanten von v in der Reihenfolge $e_1 = (u_1, v), e_2 = (u_2, v), \ldots$ relaxiert, bis zu dem Zeitpunkt, an dem

v bearbeitet wird. Für die dabei auftretenden Distanzen $\mu(u_i)$ gilt $\mu(u_i) = \mu'(u_i)$. Wenn nun die Relaxierung von e_i eine *decreaseKey(v)*-Operation auslöst, dann gilt $i \geq 2$ (die Relaxierung von e_1 löst kein *decreaseKey(v)*, sondern ein *insert(v)* aus), es gilt

$$\mu'(u_i) + c(e_i) < \min_{j<i}(\mu'(u_j) + c(e_j))$$

und v ist bisher noch nicht bearbeitet worden. Weil für $1 \leq j < i$ die Ungleichung $\mu'(u_j) \leq \mu'(u_i)$ gilt, folgt

$$c(e_i) < \min_{j<i} c(e_j).$$

Das bedeutet, dass die Relaxierung von e_i nur dann eine *decreaseKey(v)*-Operation auslösen kann, wenn $i \geq 2$ gilt und $c(e_i)$ in der Folge $c(e_1), \ldots, c(e_k)$ ein *Zwischenminimum* ist. (Zwischenminima sind analog zu Zwischenmaxima definiert.) Daher kann die Anzahl der *decreaseKey(v)*-Operationen nicht größer sein als die Anzahl der Zwischenminima in dieser Folge minus 1. In Abschnitt 2.7 haben wir gesehen, dass die erwartete Anzahl von Zwischenmaxima in einer zufällig angeordneten Folge der Länge k durch H_k beschränkt ist. Diese Schranke gilt auch für die Zwischenminima. Daher ist die erwartete Anzahl von *decreaseKey(v)*-Operationen nicht größer als $H_k - 1$, was wiederum durch $\ln k = \ln(indegree(v))$ beschränkt ist, siehe (A.12).

Wegen der Linearität des Erwartungswerts können wir diese Schranken über alle $v \in V$ aufaddieren und auf diese Weise für die erwartete Gesamtanzahl der *decreaseKey*-Operationen die Schranke

$$\sum_{v \in V} \ln(indegree(v)) \leq n \ln \frac{m}{n}$$

erhalten. Die letzte Ungleichung folgt dabei aus der Tatsache, dass die Logarithmusfunktion konkav ist (s. (A.15)).   □

Wir schließen, dass die erwartete Rechenzeit $O(m + n\log(m/n)\log n)$ ist, wenn man die Implementierung der Prioritätswarteschlange mit Binärheaps benutzt. Für genügend dichte Graphen ($m > n\log n\log\log n$) erhalten wir eine erwartete Ausführungszeit, die linear in der Eingabegröße ist.

Aufgabe 10.10. Zeigen Sie: Aus $m = \Omega(n\log n\log\log n)$ folgt $E[T_{DijkstraBHeap}] = O(m)$.

10.5 Monotone ganzzahlige Prioritätswarteschlangen

Der Entwurf des Algorithmus von Dijkstra zielt darauf ab, dass die Knoten in der Reihenfolge nichtfallender Schätzdistanzen bearbeitet werden. Daher genügt eine monotone Prioritätswarteschlange (s. Kap. 6) für die Implementierung. Man weiß nicht, ob die Eigenschaft der Monotonie im Fall allgemeiner reeller Kantenkosten zur Beschleunigung ausgenutzt werden kann. Wenn aber die Eigenschaft hinzukommt, dass die Kantenkosten ganzzahlig sind, sind signifikante Einsparungen möglich. In diesem Abschnitt nehmen wir daher an, dass die Kantenkosten ganze Zahlen in einem Intervall $0..C$ sind, für eine natürliche Zahl C. Die Zahl C soll bekannt sein, wenn die Prioritätswarteschlange initialisiert wird.

Weil wir uns auf kürzeste Wege ohne Knotenwiederholungen beschränken können, ist die Länge von kürzesten Wegen durch $C(n-1)$ beschränkt. Der Bereich von Werten, die gleichzeitig in der Schlange stehen können, ist noch kleiner. Sei *min* der letzte aus der Schlange entnommene Wert (Null vor Beginn des Algorithmus). Während des Ablaufs des Algorithmus von Dijkstra gilt stets die Invariante, dass alle Wert in der Schlange im Bereich $min..min+C$ liegen. Diese Invariante gilt sicher nach der ersten Einfügung. Durch eine Ausführung von *deleteMin* kann sich *min* erhöhen. Weil alle Werte in der Schlange durch C plus den alten Wert von *min* beschränkt sind, gilt dies erst recht für den neuen Wert von *min*. Kantenrelaxierungen fügen Schlüssel der Form $d[u]+c(e) = min+c(e) \in min..min+C$ ein.

10.5.1 Behälterschlangen

Eine Behälterschlange (engl.: *bucket queue*) ist ein zirkuläres Array B von $C+1$ vielen doppelt verketteten Listen (s. Abb. 10.7 und 3.8). Die natürlichen Zahlen werden „um das zirkuläre Array herumgewickelt" in dem Sinn, dass alle Zahlen der Form $i+(C+1)j$ auf den Index i abgebildet werden. Ein Knoten v, der mit Schätzdistanz $d[v]$ in der Prioritätswarteschlange Q steht, wird in „Behälter" $B[d[v] \bmod (C+1)]$ gespeichert. Weil die Schätzdistanzen in Q stets im Bereich $min..min+C$ liegen, haben alle Knoten, die im gleichen Behälter liegen, die *gleiche* Schätzdistanz.

Bei der Initialisierung werden $C+1$ leere Listen erzeugt. Eine Operation *insert*(v) fügt v in $B[d[v] \bmod (C+1)]$ ein. Eine Operation *decreaseKey*(v) entfernt Knoten v aus der Liste, in der er bisher stand, und fügt ihn in $B[d[v] \bmod (C+1)]$ ein. Daher kosten *insert* und *decreaseKey* konstante Zeit, wenn die Behälter als doppelt verkettete Listen implementiert werden.

Eine *deleteMin*-Operation untersucht zuerst den Behälter $B[min \bmod (C+1)]$. Falls dieser Behälter leer ist, wird *min* inkrementiert und es wird von vorn begonnen. Auf diese Weise haben alle *deleteMin*-Operationen zusammen Kosten $O(n+nC) = O(nC)$, weil *min* höchstens nC-mal inkrementiert wird und höchstens n Einträge aus der Prioritätswarteschlange entnommen werden. Wenn wir die Operationskosten für die Prioritätswarteschlange in unsere allgemeine Schranke für die Kosten des Algorithmus von Dijkstra einsetzen, erhalten wir

$$T_{DijkstraBucket} = O(m+nC).$$

*Aufgabe 10.11 (Behälterschlangen in der Variante von Dinitz [63]). Nehmen Sie an, dass die Kantenkosten positive reelle Zahlen im Intervall $[c_{min}, c_{max}]$ sind. Erklären Sie, wie man in Zeit $O(m+nc_{max}/c_{min})$ kürzeste Wege von einem Startknoten aus finden kann. *Hinweis*: Benutzen Sie Behälter der „Weite" c_{min}, d. h., jeder Behälter enthält Knoten mit Schätzdistanzen aus einem bestimmten Intervall der Länge c_{min}. Zeigen Sie, dass alle Knoten v im nichtleeren Behälter mit den kleinsten Schätzdistanzen die Gleichung $d[v] = \mu(v)$ erfüllen.

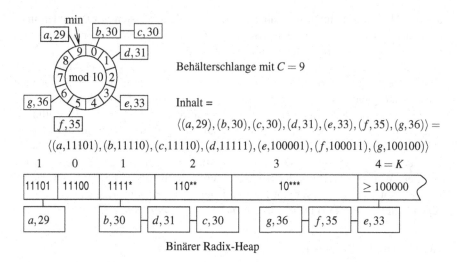

Binärer Radix-Heap

Abb. 10.7. Beispiel einer Behälterschlange (*oben*) und eines entsprechenden Radix-Heaps (*unten*). Wegen $C = 9$ haben wir $K = 1 + \lfloor \log C \rfloor = 4$. Die Bitmuster in den Behältern des Radix-Heaps geben an, welche Schlüssel ihnen zugeordnet werden

10.5.2 *Radix-Heaps

Radix-Heaps [9] verbessern die Implementierung von Prioritätswarteschlangen als Behälterschlangen, indem sie Behälter unterschiedlicher Weite benutzen. Für Schätzdistanzen in der Nähe von *min* benutzt man enge Behälter, für solche viel größer als *min* weite Behälter. In diesem Abschnitt zeigen wir, dass dieser Ansatz eine Version des Algorithmus von Dijkstra liefert, die Rechenzeit

$$T_{DijkstraRadix} = O(m + n \log C)$$

aufweist.

Radix-Heaps arbeiten mit der Binärdarstellung der Schätzdistanzen. Wir erklären dazu, was wir unter dem *höchstwertigen unterscheidenden Index* (engl.: *most significant distinguishing index*) zweier Zahlen a und b verstehen wollen. Dies ist der größte Index, an dem sich die Binärdarstellungen unterscheiden, d. h., wenn $a = \sum_{i \geq 0} \alpha_i 2^i$ und $b = \sum_{i \geq 0} \beta_i 2^i$ die Binärdarstellungen angeben, ist der höchstwertige unterscheidende Index $msd(a,b)$ das größte i mit $\alpha_i \neq \beta_i$. Für $a = b$ setzen wir $msd(a,b) = -1$. Wenn $a < b$ gilt, hat a ein 0-Bit in Position $i = msd(a,b)$ und b ein 1-Bit.

Ein Radix-Heap besteht aus einem Array von Behältern $B[-1]$, $B[0]$, ..., $B[K]$, mit $K = 1 + \lfloor \log C \rfloor$. Die Einträge der Prioritätswarteschlange werden gemäß der folgenden Regel auf die Behälter verteilt:

Eintrag v wird in Behälter $B[i]$ gespeichert, für $i = \min\{msd(min, d[v]), K\}$.

Diese Regel heißt die Behälterschlangen-Invariante. Ein Beispiel ist in Abb. 10.7 angegeben. Wir bemerken, dass Behälter $B[i]$ leer ist, wenn *min* in Position i ein 1-Bit hat, für $0 \leq i < K$. Dies gilt, weil jede Schätzdistanz $d[v]$ mit $i = msd(min, d[v])$

ein 0-Bit in Position i hätte und damit kleiner als *min* wäre, was der Definition von *min* widerspricht.

Wie kann man $i := msd(a,b)$ berechnen? Wir beobachten zunächst, dass für $a \neq b$ im bitweisen XOR $a \oplus b$ von a und b das höchstwertige 1-Bit an Stelle i steht. Dieses Binärwort stellt also eine natürliche Zahl zwischen 2^i (einschließlich) und 2^{i+1} (ausschließlich) dar. Daher gilt $msd(a,b) = \lfloor \log(a \oplus b) \rfloor$, weil $\log(a \oplus b)$ eine reelle Zahl mit ganzzahligem Anteil i ist, und die untere Gaußklammer den ganzzahligen Teil herauszieht. Viele Prozessoren ermöglichen die direkte Berechnung von *msd* durch Maschinenbefehle.[2] Alternativ können wir vorberechnete Tabellen oder andere Verfahren benutzen. Von hier an nehmen wir an, dass sich *msd* in konstanter Zeit berechnen lässt.

Wir wenden uns nun den Operationen der Prioritätswarteschlange zu. Die Initialisierung, *insert* und *decreaseKey* werden genau wie bei Behälterschlangen realisiert. Der einzige Unterschied ist, dass Behälterindizes gemäß der Behälterschlangen-Invariante berechnet werden.

Bei der Ausführung einer *deleteMin*-Operation wird als Erstes das kleinste i gesucht, für das Behälter $B[i]$ nicht leer ist. Wenn $i = -1$ ist, wird ein beliebiger Eintrag aus $B[-1]$ entnommen und zurückgegeben. Wenn $i \geq 0$ ist, wird Behälter $B[i]$ durchmustert und *min* wird auf die kleinste Schätzdistanz gesetzt, die im Behälter vorkommt. Weil sich *min* geändert hat, muss die Behälterschlangen-Invariante wiederhergestellt werden. Eine für die Effizienz von Radix-Heaps entscheidende Beobachtung besteht darin, dass nur Knoten in Behälter i betroffen sind. Wir sehen uns weiter unten genauer an, was genau für diese Knoten getan werden muss. Zunächst betrachten wir die Behälter $B[j]$ mit $j \neq i$. Die Behälter $B[j]$ mit $j < i$ sind leer. Wenn $i = K$ gilt, dann gibt es kein j mit $j > K$. Wenn $i < j \leq K$ gilt, erfüllt jeder Schlüssel a in $B[j]$ auch für den neuen Wert *min* die Gleichheit $msd(a, min) = j$, weil alter und neuer Wert von *min* in den Bitpositionen größer als i übereinstimmen.

Was passiert mit den Einträgen in $B[i]$? Sie werden in den passenden neuen Behälter verschoben. Daher kostet ein *deleteMin* konstante Zeit, wenn $i = -1$ gilt, und Zeit $O(i + |B[i]|) = O(K + |B[i]|)$, wenn $i \geq 0$ gilt. Lemma 10.7 unten zeigt, dass jeder Knoten in Behälter $B[i]$ in einen Behälter mit kleinerem Index verschoben wird. Diese Beobachtung macht es möglich, die Kosten der *deleteMin*-Operationen mit Hilfe einer amortisierten Analyse abzuschätzen. Als unsere Kosteneinheit (ein Jeton) benutzen wir die Zeit, die benötigt wird, einen Knoten von einem Behälter in einen anderen zu verschieben.

Wir verlangen $K + 1$ Jetons für die Operation *insert*(v), und heften diese $K + 1$ Jetons an Knoten v. Sie werden dafür benutzt, um für die Verlagerung von v in Behälter mit niedrigeren Indizes zu bezahlen, die sich bei einer *deleteMin*-Operation ergeben kann. Ein Knoten v startet in einem Behälter j mit $j \leq K$, um schließlich in Behälter -1 zu landen, und bewegt sich zwischenzeitlich nie zurück in Behälter mit höheren Nummern. Wir bemerken, dass auch *decreaseKey*(v)-Operationen nie Knoten in Behälter mit höheren Indizes verlagern. Daher können die $K + 1$ Je-

---

[2] $\oplus$ ist selbst ein Maschinenbefehl, und $\lfloor \log x \rfloor$ ist der Exponent in der Gleitkommadarstellung von x.

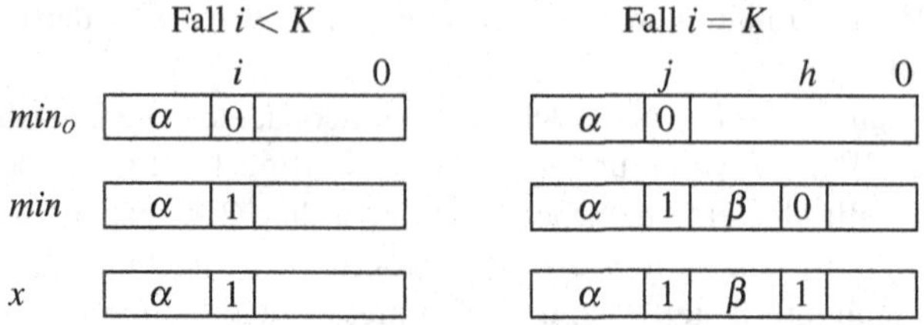

Abb. 10.8. Die Struktur der Schlüssel, die in Lemma 10.7 eine Rolle spielen. Im Beweis wird gezeigt, dass die ersten $j - K$ Ziffern von β Nullen sind.

tons für alle Knotenbewegungen bezahlen, die von *deleteMin*-Operationen ausgelöst werden. Für jede *deleteMin*-Operation fallen weiterhin Kosten von $O(K)$ an, die benötigt werden, einen nichtleeren Behälter zu finden. Mit amortisierten Kosten $K + 1 + O(1) = O(K)$ für ein *insert* und $O(1)$ für ein *decreaseKey* erhalten wir eine Gesamtzeit von $O(m + n \cdot (K + K)) = O(m + n \log C)$ für den Algorithmus von Dijkstra, wie behauptet.

Es bleibt zu zeigen, dass *deleteMin*-Operationen Knoten aus Behälter $B[i]$ in Behälter mit Nummern kleiner als i verschieben.

Lemma 10.7. *Sei i der kleinste Index, für den $B[i]$ nicht leer ist, wobei $i \geq 0$ gilt, und sei min der kleinste Schlüssel in $B[i]$. Dann gilt für alle Schlüssel $x \in B[i]$ die Ungleichung $msd(min, x) < i$.*

Beweis. Sei $x \in B[i]$ beliebig. Der Fall $x = min$ ist leicht, weil $msd(x, x) = -1 < i$ gilt. Für den nichttrivialen Fall $x \neq min$ betrachten wir die Unterfälle $i < K$ und $i = K$. Sei min_o der alte Wert von *min*. Abbildung 10.8 zeigt die Struktur der relevanten Schlüssel.

Fall $i < K$. Der höchstwertige unterscheidende Index von min_o und einem beliebigen $y \in B[i]$ ist i. Das heißt: An Position i in min_o steht eine 0, in x und min eine 1, und an allen Positionen mit Index größer als i stimmen min_o, x und min überein (α in Abb. 10.8). Daher ist der höchstwertige unterscheidende Index von min und x kleiner als i.

Fall $i = K$. Sei $j = msd(min_o, min)$. Dann gilt $j \geq K$, weil $min \in B[K]$. Sei $h = msd(min, x)$. Wir wollen beweisen, dass $h < K$ gilt. Mit α bezeichnen wir die Bits in min_o in Positionen größer als j. Sei A die Zahl, die man aus min_o erhält, wenn man alle Bits in Positionen 0 bis j auf 0 setzt. Die Binärdarstellung von A besteht dann aus α gefolgt von $j + 1$ Nullen. Weil min_o an Position j eine 0 stehen hat, min dagegen eine 1, gilt $min_o < A + 2^j$ und $A + 2^j \leq min$. Weiter gilt $x \leq min_o + C < A + 2^j + C \leq A + 2^j + 2^K$. Also haben wir

$$A + 2^j \leq min \leq x < A + 2^j + 2^K;$$

daher bestehen die Binärdarstellungen von *min* und *x* aus α, gefolgt von einer 1, gefolgt von $j - K$ Nullen, gefolgt von einem Bitstring der Länge K. Das bedeutet, dass die Binärdarstellungen von *min* und *x* in allen Bits mit Index *K* und größer übereinstimmen. Daraus folgt $h < K$.

Um die Situation intuitiv besser verständlich zu machen, geben wir noch einen zweiten Beweis für den Fall $i = K$ an. Wir beobachten zunächst, dass die Binärdarstellung von *min* mit α und einer nachfolgenden 1 beginnt. Nun beobachten wir, dass man *x* erhält, indem man zu min_o eine passende *K*-Bit-Zahl addiert. Weil $min \leq x$ gilt, muss das letzte Übertragsbit in dieser Binäraddition für Position *K* entstehen und bis zur Position *j* weiterlaufen. Andernfalls hätte *x* an Position *j* eine 0 stehen und wir hätten $x < min$. Weil in min_o an Position *j* eine 0 steht, läuft das Übertragsbit aber auch nicht weiter als bis Position *j*. Daraus ergibt sich, dass die Binärdarstellung von *x* wie folgt aussieht: Sie beginnt mit α, es folgt eine 1, dann folgen $j - K$ Nullen und schließlich ein beliebiger *K*-Bit-String. Weil $min \leq x$ gilt, müssen die $j - K$ Nullen auch in der Binärdarstellung von *min* stehen.   □

*Aufgabe 10.12. Man kann Radix-Heaps auch mit Zahldarstellungen bauen, die eine Basis *b* mit beliebig gewähltem $b \geq 2$ benutzen. In dieser Situation gibt es Behälter $B[i, j]$ für $i = -1, 0, 1, \ldots, K$ und $0 \leq j \leq b$, wobei $K = 1 + \lfloor \log C / \log b \rfloor$ gilt. Ein erreichter, aber unbearbeiteter Knoten *x* steht in Behälter $B[i, j]$, wenn $msd(min, d[x]) = i$ gilt und die *i*-te Ziffer von $d[x]$ gleich *j* ist. Für jedes *i* speichern wir auch $|\bigcup_j B[i, j]|$, also die Gesamtanzahl der Knoten, die in den Behältern $B[i, \cdot]$ enthalten sind. Diskutieren Sie die Implementierung der Operationen der Prioritätswarteschlange und zeigen Sie, dass sich ein Kürzeste-Wege-Algorithmus mit Rechenzeit $O(m + n(b + \log C / \log b))$ ergibt. Wie sollte man *b* wählen, um eine möglichst kleine Schranke zu erhalten?

Wenn die Kantenkosten zufällige natürliche Zahlen im Bereich $0..C$ sind, führt eine kleine Änderung am Algorithmus von Dijkstra mit Radix-Heaps zu linearer erwarteter Zeit [151, 83]. Für jeden Knoten *v* bezeichnen wir mit $c_{min}^{in}(v)$ die minimalen Kosten einer Kante mit Zielknoten *v*. Wir teilen die Prioritätswarteschlange *Q* in zwei Teile, eine Menge *F* mit unbearbeiteten Knoten, deren Schätzdistanz garantiert gleich dem wirklichen Abstand von *s* ist, und eine Menge *B*, die alle anderen unbearbeiteten Knoten enthält. Die Menge *B* wird als Radix-Heap organisiert. Weiter wird ein Wert *min* verwaltet. Knoten werden folgendermaßen bearbeitet.

Falls *F* nicht leer ist, wird ein beliebiger Knoten aus *F* entnommen und von ihm ausgehenden Kanten werden relaxiert. Falls *F* leer ist, wird der Knoten mit der kleinsten Schätzdistanz aus *B* gewählt und entnommen, und *min* wird auf die Schätzdistanz dieses Knotens gesetzt. Nachdem ein solcher Knoten aus *B* gewählt wurde, werden die Knoten im ersten nichtleeren Behälter $B[i]$ neu verteilt, falls $i \geq 0$ gilt. Im Umverteilungsprozess gibt es eine kleine Änderung. Wenn ein Knoten *v* verschoben werden soll und $d[v] \leq min + c_{min}^{in}(v)$ gilt, verschieben wir *v* in *F*. Dies ist gerechtfertigt, da zukünftige Relaxierungen von Kanten mit Zielknoten *v* den Wert $d[v]$ nicht mehr verringern können und daher feststeht, dass $d[v]$ den korrekten Abstand von *s* nach *v* angibt.

Wir nennen diesen Algorithmus ALD (*average-case linear Dijkstra*). Der Algorithmus ALD ist korrekt, da nach wie vor die Gleichheit $d[v] = \mu(v)$ gilt, wenn *v* bearbeitet wird. Falls *v* aus *F* entnommen wird, wurde dies im vorangegangen

Absatz gezeigt, und falls v aus B entnommen wird, folgt dies aus der Tatsache, dass v die kleinste Schätzdistanz unter allen nichtbearbeiteten, erreichten Knoten hat.

Satz 10.8 *Sei G ein beliebiger Graph und sei c eine zufällige Funktion von E nach 0..C. Dann löst der Algorithmus ALD das Problem „kürzeste Wege von einem Startknoten aus" in erwarteter Zeit* $O(m+n)$.

Beweis. Wir müssen nur noch die Rechenzeitschranke beweisen. Dafür modifizieren wir die amortisierte Analyse von gewöhnlichen Radix-Heaps. Wie zuvor liegt ein Knoten v am Anfang in einem Behälter $B[j]$, für ein $j \leq K$. Wenn v gerade in einen neuen Behälter $B[i]$ (also noch nicht nach F) verschoben worden ist, gilt $d[v] \geq min + c_{\min}^{\text{in}}(v) + 1$, und daher erfüllt der Index i des neuen Behälters von v die Ungleichung $i \geq \lfloor \log(c_{\min}^{\text{in}}(v) + 1) \rfloor + 1$. Um alle Kosten für das Verschieben von v von einem Behälter zum anderen abzudecken, genügt es daher, für die Operation *insert(v)* genau $K - (\lfloor \log(c_{\min}^{\text{in}}(v) + 1) \rfloor + 1) + 1 = K - \lfloor \log(c_{\min}^{\text{in}}(v) + 1) \rfloor$ Jetons auf das Konto einzuzahlen. Wenn wir dies über alle Knoten aufsummieren, erhalten wir eine Gesamteinzahlung von

$$\sum_v (K - \lfloor \log(c_{\min}^{\text{in}}(v) + 1) \rfloor) \leq n + \sum_v (K - \lceil \log(c_{\min}^{\text{in}}(v) + 1) \rceil).$$

Wir müssen den Erwartungswert dieser Summe abschätzen. Für jeden Knoten trägt eine eingehende Kante einen Summanden zu dieser Summe bei. Wenn wir die entsprechenden Summanden über *alle* Kanten summieren, wird die Summe höchstens größer, d. h.,

$$\sum_v (K - \lceil \log(c_{\min}^{\text{in}}(v) + 1) \rceil) \leq \sum_e (K - \lceil \log(c(e) + 1) \rceil).$$

Nun ist $K - \lceil \log(c(e) + 1) \rceil$ die Anzahl der führenden Nullen in der Binärdarstellung von $c(e)$ mit K Bits. Unsere Kantenkosten sind uniform zufällig in $0..C$, und $K = 1 + \lfloor \log C \rfloor$. Daher gilt $\text{prob}(K - \lceil \log(c(e) + 1) \rceil \geq k) = |0..2^{K-k} - 1| / |0..C| = 2^{K-k}/(C + 1) \leq 2^{-(k-1)}$. (Die letzte Ungleichung gilt wegen $C \geq 2^{K-1}$.) Mit (A.1) und (A.13) erhalten wir für jede Kante e:

$$E[K - \lceil \log(c(e) + 1) \rceil] = \sum_{k \geq 1} \text{prob}(K - \lceil \log(c(e) + 1) \rceil \geq k) \leq \sum_{k \geq 1} 2^{-(k-1)} = 2.$$

Mit der Linearität des Erwartungswerts ergibt sich daraus:

$$E\left[\sum_e (K - \lceil \log(c(e) + 1) \rceil)\right] = \sum_e E[K - \lceil \log(c(e) + 1) \rceil] \leq \sum_e 2 = O(m).$$

Daher sind die gesamten erwarteten Kosten der *deleteMin*-Operationen $O(m+n)$. Die Zeit für die *decreaseKey*-Operationen ist $O(m)$, die Zeit für alle anderen Operationen zusammen ebenfalls $O(m+n)$. $\qquad\square$

Man beachte, dass für den Beweis von Satz 10.8 nicht benötigt wird, dass die Kantenkosten unabhängig sind. Es genügt, wenn für jede einzelne Kante e der Wert $c(e)$ uniform in $0..C$ gewählt wird.

Es sieht etwas seltsam aus, dass der Wert C der maximal zulässigen Kantenkosten in Satz 10.8 in der Voraussetzung, aber nicht in der Aussage erscheint. Tatsächlich kann man zeigen, dass ein ähnliches Ergebnis für reellwertige Kantenkosten gilt.

**Aufgabe 10.13. Erklären Sie, wie man Algorithmus ALD modifizieren kann, damit auch Eingaben bearbeitet werden können, bei denen c eine Zufallsfunktion von E mit Werten im reellen Intervall $(0, 1]$ ist. Die erwartete Zeit sollte nach wie vor $O(m+n)$ sein. Welche Annahmen über die Darstellung von Kantenkosten und über die verfügbaren Maschinenbefehle werden benötigt? *Hinweis*: Lösen Sie zuerst Aufgabe 10.11. Der engste Behälter sollte Weite $\min_{e \in E} c(e)$ haben. Nachfolgende Behälter haben geometrisch wachsende Weiten.

10.6 Beliebige Kantenkosten (Der Algorithmus von Bellman und Ford)

Bei azyklischen Graphen und bei nichtnegativen Kantenkosten ist es uns gelungen, mit m Kantenrelaxierungen auszukommen. Für beliebige Graphen und beliebige Kantenkosten ist kein solches Ergebnis bekannt. Jedoch lässt sich leicht einsehen, dass $O(nm)$ Kantenrelaxierungen ausreichen, um zu garantieren, dass das Korrektheitskriterium von Lemma 10.3 erfüllt ist: Der Algorithmus von Bellman und Ford [20, 69], der in Abb. 10.9 dargestellt ist, führt $n-1$ Runden durch. In jeder Runde wird jede Kante einmal relaxiert. Weil einfache Wege aus höchstens $n-1$ Kanten bestehen, ist jeder kürzeste Weg ohne Knotenwiederholung eine Teilfolge dieser Relaxierungen. Nach Lemma 10.1 und Lemma 10.3 gilt daher nach der Ausführung dieser Runden $d[v] = \mu(v)$ für alle Knoten v mit $-\infty < \mu(v) < \infty$. Zudem kodiert das Array *parent* kürzeste Wege von s zu diesen Knoten. Für Knoten v, die von s aus nicht erreichbar sind, gilt $d[v] = \infty$, wie gewünscht.

Es ist nicht ganz so offensichtlich, wie man die Knoten v identifizieren kann, für die $\mu(v) = -\infty$ gilt. Nach Übungsaufgabe 10.1 sind dies die Knoten, die von s aus auf einem Weg erreichbar sind, der einen Kreis mit negativer Länge enthält. Entscheidend ist die folgende Eigenschaft negativer Kreise:

Beh. 1: Wenn $C = \langle v_0, v_1, \ldots, v_k \rangle$ mit $v_0 = v_k$ ein Kreis mit negativer Länge in G ist, der von s aus erreichbar ist, dann gibt es ein i in $1..k$ mit $d[v_{i-1}] + c((v_{i-1}, v_i)) < d[v_i]$.

Beweis: Weil C von s aus erreichbar ist, gilt $d[v_i] < +\infty$ für alle i in $1..k$. Angenommen, für alle diese i gilt $d[v_{i-1}] + c((v_{i-1}, v_i)) \geq d[v_i]$. Wenn wir diese k Ungleichungen addieren, heben sich die $d[v_i]$-Terme gegenseitig auf, und wir erhalten die Ungleichung $\sum_{1 \leq i \leq k} c((v_{i-1}, v_i)) \geq 0$. Diese bedeutet, dass C nichtnegative Länge hat.

Beh. 2: Sei v von s aus erreichbar. Dann gilt $\mu(v) = -\infty$ genau dann wenn es eine Kante $e = (u, w)$ gibt, so dass $d[u] + c(e) < d[w] < +\infty$ gilt und v von w aus erreichbar ist.

Function *BellmanFord*(s : *NodeId*) : *NodeArray*×*NodeArray*
$d = \langle \infty, \ldots, \infty \rangle$: *NodeArray* **of** $\mathbb{R} \cup \{-\infty, \infty\}$ // Abstand vom Startknoten
parent = $\langle \bot, \ldots, \bot \rangle$: *NodeArray* **of** *NodeId*
$d[s] := 0$; *parent*[s] := s   // Schleife kennzeichnet Wurzel
for $i := 1$ **to** $n - 1$ **do**
    forall $e \in E$ **do** *relax*(e)   // Runde i
forall $e = (u, v) \in E$ **do**   // Nachbearbeitung
    if $d[u] + c(e) < d[v]$ **then** *infect*(v)
return (d, *parent*)

Procedure *infect*(v)
    if $d[v] > -\infty$ **then**
        $d[v] := -\infty$
        foreach $(v, w) \in E$ **do** *infect*(w)

Abb. 10.9. Der Algorithmus von Bellman und Ford für kürzeste Wege in beliebigen Graphen

Beweis: Sei zunächst $\mu(v) = -\infty$. Dann ist v von s aus über einen Kreis $C = \langle v_0, v_1, \ldots, v_k \rangle$ mit negativer Länge erreichbar. Nach Beh. 1 enthält dieser Kreis eine Kante $e = (v_{i-1}, v_i)$ mit $d[v_{i-1}] + c((v_{i-1}, v_i)) < d[v_i]$. Zudem ist v von v_i aus erreichbar. Sei nun $e = (u, w)$ eine Kante mit $d[u] + c(e) < d[w] < +\infty$. Wir überlegen zunächst, dass $\mu(w) = -\infty$ gelten muss. Andernfalls hätten wir auch $-\infty < \mu(u) < +\infty$ und damit nach Lemma 10.3 $\mu(u) = d[u]$ und $\mu(w) = d[w]$. Die Ungleichung $\mu(u) + c(e) < \mu(w)$ kann aber nicht gelten. Da also $\mu(w) = -\infty$ gilt, ist w von s aus über einen Kreis mit negativer Länge erreichbar. Dies gilt dann auch für v.

Es ergibt sich folgender Ansatz, um in einer Nachbearbeitungsrunde die Knoten v mit $\mu(v) = -\infty$ zu identifizieren (und $d[v]$ auf $-\infty$ zu setzen): Für jede Kante $e = (u, v)$ wird einmal getestet, ob $d[u] + c(e) < d[v]$ gilt. Wenn dies so ist, erklärt man v für „infiziert", setzt $d[v] := -\infty$ und ruft eine rekursive Prozedur *infect*(v) auf, die analog zur Tiefensuche bewirkt, dass die d-Werte aller von v aus erreichbaren Knoten w auf $-\infty$ gesetzt werden, sofern sie nicht schon vorher diesen Wert hatten.

Aufgabe 10.14. Zeigen Sie, dass in der Nachbearbeitung es genau für die Knoten mit $\mu(v) = -\infty$ einen oder mehrere Aufrufe *infect*(v) gibt, und dass die gesamte Nachbearbeitung in Zeit O(m) abläuft. *Hinweis:* Argumentieren Sie wie bei der Analyse der Tiefensuche.

Aufgabe 10.15. Jemand schlägt ein alternatives Nachbearbeitungsverfahren vor: Setze $d[v]$ auf $-\infty$ für alle Knoten v mit $d[v] < +\infty$, für die der durch die Vorgängerzeiger *parent* angegebene Weg nicht zum Startknoten s führt. Geben Sie ein Beispiel an, bei dem diese Methode einen Knoten v mit $\mu(v) = -\infty$ übersieht.

Aufgabe 10.16 (Arbitrage). Betrachten Sie eine Menge C von Währungen mit Wechselkurs r_{ij} zwischen Währungen i und j (d. h., man erhält r_{ij} Einheiten von Währung j für eine Einheit von Währung i). Eine *Währungsarbitrage* ist möglich, wenn es eine Folge von elementaren Umtauschvorgängen (*Transaktionen*) gibt, die mit einer Einheit in einer Währung beginnt und mit mehr als einer Einheit derselben Währung endet. (a) Erklären Sie, wie man ermitteln kann, ob eine Matrix von Wechselkursen Währungsarbitrage zulässt. *Hinweis*: $\log(xy) = \log x + \log y$. (b) Verfeinern Sie Ihren Algorithmus dahingehend, dass er eine Folge von Umtauschtransaktionen ermittelt, die den durchschnittlichen Gewinn *pro Transaktion* maximiert!

In Abschnitt 10.10 werden weitere Verfeinerungen für den Algorithmus von Bellman und Ford beschrieben, die für ein gutes Verhalten in der Praxis benötigt werden.

10.7 Kürzeste Wege zwischen allen Knotenpaaren und Knotenpotenziale

Das Problem, in allgemeinen Graphen mit beliebigen Kantenkosten für alle Knotenpaare Kürzeste-Wege-Distanzen zu berechnen (*all-pairs*), ist gleichbedeutend mit n Kürzeste-Wege-Berechnungen von einem Startknoten aus (*single-source*) und kann daher in Zeit $O(n^2 m)$ gelöst werden. Jedoch ist hier eine erhebliche Verbesserung möglich. Wir werden zeigen, dass es ausreicht, ein allgemeines Problem mit einem Startknoten und zusätzlich n Probleme mit einem Startknoten in Graphen mit nichtnegativen Kantenkosten zu lösen. Auf diese Weise erreichen wir eine Rechenzeit von $O(nm + n(m + n \log n)) = O(nm + n^2 \log n)$. Wir benötigen hierfür den Begriff von Knotenpotenzialen.

Eine *(Knoten-)Potenzialfunktion* ordnet jedem Knoten v eine Zahl $pot(v)$ zu. Die *reduzierten Kosten* $\bar{c}(e)$ einer Kante $e = (v, w)$ werden dann als

$$\bar{c}(e) = pot(v) + c(e) - pot(w)$$

definiert.

Lemma 10.9. *Seien p und q Wege von v nach w. Dann gilt $\bar{c}(p) = pot(v) + c(p) - pot(w)$, und $\bar{c}(p) \leq \bar{c}(q)$ gilt genau dann wenn $c(p) \leq c(q)$. Insbesondere sind die kürzesten Wege bezüglich $\bar{c}$ genau dieselben wie die bezüglich c.*

Beweis. Die zweite und die dritte Feststellung folgen unmittelbar aus der ersten. Um die erste Behauptung zu beweisen, betrachte $p = \langle e_1, \ldots, e_k \rangle$ mit $e_i = (v_{i-1}, v_i)$, $v = v_0$ und $w = v_k$. Dann gilt

$$\bar{c}(p) = \sum_{1 \leq i \leq k} \bar{c}(e_i) = \sum_{1 \leq i \leq k} (pot(v_{i-1}) + c(e_i) - pot(v_i))$$

$$= pot(v_0) + \sum_{1 \leq i \leq k} c(e_i) - pot(v_k) = pot(v_0) + c(p) - pot(v_k).\qquad\square$$

Aufgabe 10.17. Mit Hilfe von Knotenpotenzialen lassen sich Graphen erzeugen, die negative Kantenkosten, aber keine negativen Kreise haben: Erzeuge einen (zufälligen) Graphen, weise jeder Kante e (zufällig gewählte) *nichtnegative* Kosten $c(e)$ zu, weise jedem Knoten einen (zufälligen) Potenzialwert $pot(v)$ zu, und setze die Kosten von $e = (u, v)$ auf $\bar{c}(e) = pot(u) + c(e) - pot(v)$. Zeigen Sie, dass dieses Vorgehen nie negative Kreise erzeugt.

Kürzeste Wege zwischen allen Knotenpaaren, ohne negative Kreise
füge neuen Knoten s hinzu
füge Kanten (s,v) mit Kosten 0 hinzu, für $v \in V$ // keine neuen Kreise, Zeit O(n)
berechne $\mu(v)$ für alle v mit Bellman-Ford   // Zeit O(nm)
setze $pot(v) = \mu(v)$; berechne reduzierte Kosten $\bar{c}(e)$, für $e \in E$ // Zeit O(m)
forall Knoten x **do**   // Zeit O$(n(m+n\log n))$
     benutze Dijkstra-Algorithmus, um reduzierte Kürzeste-Wege-Distanzen $\bar{\mu}(x,v)$
     zu berechnen, mit Startknoten x und reduzierten Kantenkosten $\bar{c}$
// übersetze Distanzen zurück in die ursprüngliche Kostenfunktion   // Zeit O(n^2)
forall $e = (v,w) \in V \times V$ **do** $\mu(v,w) := \bar{\mu}(v,w) + pot(w) - pot(v)$ // nach Lemma 10.9

Abb. 10.10. Algorithmus für kürzeste Wege für alle Knotenpaaren, ohne negative Kreise

Lemma 10.10. *Angenommen, G hat keine negativen Kreise, und alle Knoten sind von s aus erreichbar. Wenn für jedes $v \in V$ der Wert $pot(v) = \mu(v)$ als Knotenpotenzial gewählt wird, dann sind die reduzierten Kantenkosten alle nichtnegativ.*

Beweis. Weil alle Knoten von s aus erreichbar sind und es keine negativen Kreise gibt, gilt $\mu(v) \in \mathbb{R}$ für alle v. Daher sind die Knotenpotenziale und die reduzierten Kosten wohldefiniert. Für eine beliebige Kante $e = (v,w)$ gilt $\mu(v) + c(e) \geq \mu(w)$, also $\bar{c}(e) = \mu(v) + c(e) - \mu(w) \geq 0$.   □

Satz 10.11 *Das Problem, Kürzeste-Wege-Distanzen für alle Knotenpaare zu berechnen, lässt sich für einen Graphen G ohne negative Kreise in Zeit O$(nm + n^2 \log n)$ lösen.*

Beweis. Der Algorithmus ist in Abb. 10.10 angegeben. Wir fügen zu G einen Hilfsknoten s und Kanten (s,v) mit Kosten 0 hinzu, für alle Knoten v in G. Dies erzeugt keine negativen Kreise und lässt $\mu(v,w)$ für die Knoten im ursprünglichen Graphen unverändert. Dann lösen wir das Kürzeste-Wege-Problem für Startknoten s und setzen $pot(v) = \mu(v)$ für jeden Knoten v. Nun berechnen wir die reduzierten Kantenkosten und lösen dann mit dem Algorithmus von Dijkstra in G das Kürzeste-Wege-Problem von einem Startknoten aus, und zwar für jeden Knoten x als Startknoten. Schließlich übersetzen wir die ermittelten reduzierten Distanzen wieder zurück in die ursprüngliche Kostenfunktion. Die Berechnung der Potenzialwerte mit dem Algorithmus von Bellman und Ford kostet Zeit O(nm); die n Aufrufe des Algorithmus von Dijkstra nehmen Zeit O$(n(m+n\log n))$ in Anspruch. Vorbereitung und Nachverarbeitung kosten Zeit O(n^2).   □

Die Annahme, dass G keine negativen Kreise hat, kann weggelassen werden [145].

Aufgabe 10.18. Der *Durchmesser D* eines Graphen G ist als der maximale Abstand zwischen irgendwelchen Paaren von Knoten definiert. Der Durchmesser lässt sich natürlich leicht bestimmen, wenn man die Kürzeste-Wege-Distanzen zwischen allen

Knotenpaaren berechnet hat. Hier wollen wir überlegen, wie sich mit nur einer konstanten Anzahl von Kürzeste-Wege-Berechnungen von einem Startknoten aus der Durchmesser eines stark zusammenhängenden Graphen G *approximieren* lässt. (a) Für einen beliebigen Startknoten s definieren wir $D'(s) := \max_{u \in V} \mu(u)$. Zeigen Sie, dass für ungerichtete Graphen die Ungleichung $D'(s) \leq D \leq 2D'(s)$ gilt. Zeigen Sie auch, dass es bei gerichteten Graphen keine entsprechende Beziehung gibt. Nun setzen wir $D''(s) := \max_{u \in V} \mu(u,s)$. Zeigen Sie, dass sowohl in ungerichteten als auch in gerichteten Graphen die Ungleichung $\max\{D'(s), D''(s)\} \leq D \leq D'(s) + D''(s)$ gilt. (b) Wie sollte ein Graph dargestellt sein, damit die Berechnung kürzester Wege sowohl mit Startknoten s als auch mit Zielknoten s effizient vonstatten geht? (c) Kann man die Approximationsgüte verbessern, indem man mehr als einen Knoten s betrachtet?

10.8 Kürzeste-Wege-Anfragen

Oft interessieren wir uns für einen kürzesten Weg von einem gegebenen Startknoten s zu einem gegebenen Zielknoten t; Routenplanung in einem Verkehrsnetzwerk ist ein solches Szenario. Wir erklären hier einige Techniken, die es gestatten, solche *Kürzeste-Wege-Anfragen* effizient auszuführen, und begründen, weshalb sie für die Anwendung bei der Routenplanung nützlich sind. In diesem Abschnitt gehen wir immer von nichtnegativen Kantenkosten aus.

Wir beginnen mit einer Technik, die *frühes Stoppen* heißt. Dabei lässt man den Algorithmus von Dijkstra mit Startknoten s laufen, bricht die Suche aber ab, sobald t aus der Prioritätswarteschlange entnommen wird, weil zu diesem Zeitpunkt die Kürzeste-Wege-Distanz von t bekannt ist. Das verkürzt die Rechenzeit, außer wenn t unglücklicherweise der Knoten mit der maximalen Distanz von s ist. Unter der Annahme, dass in einer Anwendung jeder Knoten mit gleicher Wahrscheinlichkeit als Zielknoten auftritt, halbiert frühes Stoppen im Mittel die Anzahl der bearbeiteten Knoten. In der Praxis der Routenplanung spart frühes Stoppen viel mehr, weil moderne Navigationssysteme für Autos die Karte eines ganzen Kontinents enthalten, aber meist nur für Fahrten von bis zu wenigen hundert Kilometern benutzt werden.

Eine weitere einfache und allgemeine Heuristik ist *bidirektionale Suche* von s aus vorwärts und von t aus rückwärts, bis die Suchfronten aufeinandertreffen. Genauer gesagt lässt man dabei zwei Kopien des Algorithmus von Dijkstra nebeneinander ablaufen, die eine von s startend, die andere von t (und auf dem Umkehrgraphen arbeitend). Die beiden Kopien haben jeweils eigene Prioritätswarteschlangen, etwa Q_s und Q_t. Man lässt dabei die Suchbereiche ungefähr im selben Tempo wachsen, z. B. indem man einen Knoten aus Q_s entnimmt, wenn $\min Q_s \leq \min Q_t$ gilt, sonst einen Knoten aus Q_t.

Die Versuchung liegt nahe, das Verfahren abzubrechen, sobald ein Knoten u aus beiden Prioritätswarteschlangen entnommen worden ist, und zu behaupten, dass $\mu(t) = \mu(s,u) + \mu(u,t)$ gilt. (Die Distanz $\mu(u,t)$ wird ja von der Version des Algorithmus von Dijkstra ermittelt, die ausgehend von t auf dem Umkehrgraphen abläuft.) Dies ist nicht ganz korrekt, aber fast.

Aufgabe 10.19. Geben Sie ein Beispiel an, in dem u *nicht* auf einem kürzesten Weg von s nach t liegt.

Es ist jedoch tatsächlich so, dass genug Information vorliegt, um einen kürzesten Weg von s nach t zu bestimmen, sobald ein Knoten u aus beiden Prioritätswarteschlangen entnommen worden ist und die beiden Kopien des Dijkstra-Algorithmus angehalten worden sind. Seien d_s bzw. d_t die Schätzdistanzen zu den Kopien mit Startknoten s bzw. t zu diesem Zeitpunkt. Wir wollen zeigen, dass aus $\mu(t) < \mu(s,u) + \mu(u,t)$ folgt, dass es in Q_s einen Knoten v mit $\mu(t) = d_s[v] + d_t[v]$ gibt.

Sei dazu $p = \langle s = v_0, \dots, v_{i-1}, v_i, \dots, v_k = t \rangle$ ein kürzester Weg von s nach t. Wir wählen das größte i mit der Eigenschaft, dass v_{i-1} aus Q_s entnommen und bearbeitet worden ist, wenn die Algorithmen angehalten werden. Dann gilt in diesem Moment $d_s[v_i] = \mu(s,v_i)$ und $v_i \in Q_s$. Weiterhin gilt $\mu(s,u) \le \mu(s,v_i)$, weil u schon bearbeitet worden ist, nicht aber v_i. Nun beobachten wir, dass

$$\mu(s,v_i) + \mu(v_i,t) = c(p) < \mu(s,u) + \mu(u,t) ,$$

gilt: Die Gleichung gilt, weil p ein kürzester Weg von s nach t ist, die Ungleichung nach der Annahme über u. Wir subtrahieren $\mu(s,v_i)$ von beiden Seiten und erhalten:

$$\mu(v_i,t) < \underbrace{\mu(s,u) - \mu(s,v_i)}_{\le 0} + \mu(u,t) \le \mu(u,t) .$$

Weil u in der Suche von t aus schon bearbeitet worden ist, muss dies auch für v_i der Fall sein, d. h., es gilt $d_t[v_i] = \mu(v_i,t)$, wenn die Algorithmen angehalten werden.

Wir erhalten also die kürzeste-Wege-Distanz von s nach t, indem wir nicht nur den ersten Knoten betrachten, der in beiden Algorithmenkopien bearbeitet wird, sondern zudem alle Knoten etwa in Q_s. Wir durchlaufen alle diese Knoten v und bestimmen die kleinste Summe $d_s[v] + d_t[v]$.

Der Algorithmus von Dijkstra bearbeitet Knoten in der Reihenfolge wachsender Abstände vom Startknoten. In anderen Worten, er baut einen immer größer werdenden Kreis, dessen Mittelpunkt der Startknoten ist. Der Kreis wird durch die Kürzeste-Wege-Metrik im Graphen definiert. In der Anwendung des Kürzeste-Wege-Problems in der Routenplanung liegt es recht nahe, geometrische Kreise mit dem Startknoten als Mittelpunkt zu betrachten und anzunehmen, dass Kürzeste-Wege-Kreise und geometrische Kreise in etwa gleich sind. Wir können dann die durch bidirektionale Suche erzielte Beschleunigung mit folgender heuristischer Überlegung schätzen: Ein Kreis mit einem bestimmten Radius hat eine doppelt so große Fläche wie zwei Kreise mit dem halben Radius. Wir könnten daher hoffen, dass die bidirektionale Suche etwa um den Faktor 2 schneller zum Ziel kommt als der Algorithmus von Dijkstra selbst („unidirektionale Suche").

Aufgabe 10.20 (Bidirektionale Suche). (a) Betrachten Sie bidirektionale Suche in einem Gittergraphen, in dem alle Kanten Gewicht 1 haben. Um welchen Faktor geht dies schneller als unidirektionale Suche? *(b) Versuchen Sie, eine Familie von Graphen zu finden, bei der die bidirektionale Suche im Mittel (über alle möglichen Paare von Start- und Zielknoten) polynomiell weniger Knoten besucht als unidirektionale Suche. *Hinweis*: Betrachten Sie Zufallsgraphen mit $O(n)$ Kanten oder Hypercubes. (c) Geben Sie ein Beispiel an, wo bidirektionale Suche in einem konkreten Straßennetzwerk *länger* dauert als unidirektionale Suche. *Hinweis*: Betrachten Sie eine dicht besiedelte Stadt mit dünn besiedelter Umgebung. (d) Entwickeln Sie eine Strategie für bidirektionale Suche, so zwischen der Suche in Vorwärtsrichtung (von s aus) und der Suche in Rückwärtsrichtung (von t aus) hin- und herzuschalten, dass nie mehr als doppelt so viele Knoten bearbeitet werden als bei einer unidirektionalen Suche.

Im Folgenden werden noch drei etwas kompliziertere Techniken beschrieben, die zudem in weniger Situationen anwendbar sind. Wenn sie aber anwendbar sind, führen sie normalerweise zu größeren Einsparungen. Alle diese Techniken ahmen das Verhalten von Menschen bei der Routenplanung nach.

10.8.1 Zielgerichtete Suche

Die Grundidee ist hier, den Suchraum so „umzugewichten", dass der Algorithmus von Dijkstra nicht eine immer größer werdende Kreisscheibe aufbaut, sondern ein Gebiet, das sich stärker in Richtung des Zielknotens ausdehnt, wie in Abb. 10.11 schematisch dargestellt. Wir nehmen dazu an, dass eine Funktion $f: V \to \mathbb{R}$ vorliegt, die den Abstand zum Zielknoten schätzt, d. h., dass für jeden Knoten v die Zahl $f(v)$ ein Schätzwert für $\mu(v,t)$ ist. Diese Schätzwerte werden benutzt, um die Distanzfunktion zu modifizieren. Für jede Kante $e = (u,v)$ setzen wir[3]

$$\overline{c}(e) = c(e) + f(v) - f(u) \, .$$

Wir lassen den Algorithmus von Dijkstra mit den modifizierten Kosten ablaufen. (Hierzu nehmen wir vorläufig einfach an, dass die modifizierten Kantenkosten nichtnegativ sind. Details hierzu folgen gleich.) Dieser Ablauf findet kürzeste Wege bezüglich $\overline{c}$. Nach Lemma 10.9 sind dies aber ebenfalls kürzeste Wege bezüglich der ursprünglichen Kosten c. Der Unterschied ist, dass die Knoten eventuell in einer anderen Reihenfolge aus der Prioritätswarteschlange entnommen und bearbeitet werden als bei der Verwendung der Kosten c. Wir hoffen aber, dass aufgrund der modifizierten Kosten zum Erreichen von t weniger Knoten bearbeitet werden müssen.

Wenn man eine beliebige Folge R von Relaxierungen (wie in Abschnitt 10.1) bezüglich $\overline{c}$ bzw. c parallel ablaufen lässt, dann besteht nach jedem Schritt zwischen den jeweiligen Schätzdistanzen $\overline{d}$ und d die Beziehung $\overline{d}[v] = d[v] + f(v) - f(s)$, wie sich durch Induktion über die Relaxierungen leicht zeigen lässt. Dies gilt natürlich auch für die Relaxierungsreihenfolge, die durch den Algorithmus von Dijkstra mit $\overline{c}$ erzeugt wird. Der konstante Summand $f(s)$ ist offensichtlich irrelevant. Das

---

[3] In Abschnitt 10.7 hatten wir bei Kante (u,v) den Potenzialwert des Startknotens u addiert und den Potenzialwert des Zielknotens v subtrahiert. Hier geschieht genau das Umgekehrte. Technisch wird also $-f$ als Potenzialfunktion benutzt. Der Grund für diese Vorzeichenänderung ist, dass wir in Lemma 10.10 den Wert $\mu(s,v)$ als das Knotenpotenzial benutzen wollten, hier aber $f(v)$ den Wert $\mu(v,t)$ schätzt, mit Orientierung auf den Zielknoten t hin.

beschriebene Verfahren entspricht also dem Algorithmus von Dijkstra mit der Modifikation, dass für die Anordnung der Knoten in der Prioritätswarteschlange nicht $d[v]$, sondern $d[v] + f(v)$ benutzt wird, und in jeder Iteration ein Knoten v bearbeitet wird, der $d[v] + f(v)$ minimiert. Das beschriebene Verfahren ist unter dem Namen *A*-Suche* bekannt. In diesem Zusammenhang heißt f auch oft *Heuristik* oder *heuristische Schätzfunktion*.

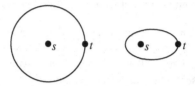

Abb. 10.11. Die gewöhnliche Dijkstra-Suche baut einen immer größer werdenden kreisförmigen Bereich mit dem Startknoten s als Mittelpunkt; zielgerichtete Suche baut einen Bereich, der sich dem Zielknoten t zuneigt.

Bevor wir Anforderungen an die Schätzfunktion f formulieren, betrachten wir ein spezifisches Beispiel. Nehmen wir als Gedankenexperiment an, dass für alle Knoten v die Gleichung $f(v) = \mu(v,t)$ gilt. Dann gilt $\bar{c}(e) = c(e) + \mu(v,t) - \mu(u,t)$ für jede Kante $e = (u,v)$, und daher haben alle Kanten auf kürzesten Wegen von s nach t modifizierte Kosten 0. Wenn $e = (u,v)$ eine Kante ist, für die u auf einem solchen kürzesten Weg liegt, die Kante e jedoch nicht, hat e positive modifizierte Kosten. Daher arbeitet der Algorithmus von Dijkstra mit den modifizierten Kosten nur auf kürzesten Wegen von s nach t, ohne nach rechts oder links zu sehen, bis t bearbeitet wird und der Algorithmus endet.

Damit A*-Suche ausgeführt werden kann, muss auf den Graphen mit Kantenkosten $\bar{c}$ der Algorithmus von Dijkstra anwendbar sein. Dies führt zu folgender Anforderung an die Schätzfunktion f: Für jede Kante $e = (u,v)$ muss die Ungleichung $\bar{c}(e) \geq 0$ gelten, also $c(e) + f(v) \geq f(u)$ sein. In Worten: Die Schätzung für den Abstand von u nach t darf nicht größer sein als die Schätzung für den Abstand von v nach t plus die Kosten $c(u,v)$ für den Schritt von u nach v. Diese Eigenschaft nennt man *Konsistenz der Schätzwerte* $f(v)$. Sie hat eine interessante Konsequenz. Wenn $p = \langle v = v_0, v_1, \ldots, v_k = t \rangle$ ein beliebiger Weg von v nach t ist, dann ergibt die Addition der Konsistenzrelationen $c((v_{i-1}, v_i)) + f(v_i) \geq f(v_{i-1})$ über $1 \leq i \leq k$ die Ungleichung $c(p) + f(t) \geq f(v)$. Daraus folgt $\mu(v,t) \geq f(v) - f(t)$. Wir treffen die naheliegende Festlegung, dass der Schätzwert $f(t)$ für $\mu(t,t) = 0$ selbst gleich 0 ist (falls nötig, kann man von allen Schätzwerten $f(v)$ den Wert $f(t)$ subtrahieren). Dann ergibt sich, dass $f(v)$ eine untere Schranke für $\mu(v,t)$ ist.

Was ist im Fall der Routenplanung in einem Straßennetzwerk eine gute heuristische Schätzfunktion? Routenplaner lassen den Benutzer oft zwischen *kürzesten* und *schnellsten* Verbindungen wählen. Im Fall von kürzesten Verbindungen ist eine naheliegende und einfache untere Schranke $f(v)$ die Länge der geraden Strecke zwischen v und t, also der geometrische Abstand. In der Literatur wird berichtet, dass die Rechenzeiten mit diesem Ansatz etwa um den Faktor 4 schneller werden. Für schnellste Wege könnten wir den Quotienten aus geometrischem Abstand und der Geschwindigkeit wählen, die für die beste Straßenart angenommen wird. Diese Schätzung ist natürlich sehr optimistisch, weil Fahrtziele sich oft inmitten einer Stadt befinden. Für diesen Ansatz wurden daher auch keine großen Rechenzeitverbesserungen berichtet. Es gibt auch ausgefeiltere Methoden für die Berechnung von unteren Schranken; für eine detaillierte Diskussion sei der auf die Arbeit [84] verwiesen.

10.8.2 Hierarchien

Straßennetze bestehen gewöhnlich aus einer Hierarchie von Straßen, in Deutschland etwa Autobahnen und autobahnähnliche Straßen, Bundesstraßen, Landesstraßen, Gemeindeverbindungen, innerstädtische Straßen. Normalerweise wird auf den Straßen mit höherem Status eine höhere durchschnittliche Geschwindigkeit erreicht, und daher folgen schnellste Verbindungswege oft dem Muster, dass man auf Straßen mit niedrigem Status beginnt, mehrere Male auf Straßen mit immer höherem Status wechselt, den größten Teil der Strecke auf einer Straße mit hohem Status fährt, und dann in der Nähe des Ziels wieder auf Straßen mit niedrigerem Status wechselt. Ein heuristischer Ansatz wäre daher, die Suche auf Straßen mit höherem Status zu beschränken, mit Ausnahme passend festgelegter Umgebungen von Start und Ziel. Man beachte aber, dass die Wahl dieser Nachbarschaften nicht offensichtlich ist, und dass mit einer solchen Heuristik die Optimalität geopfert wird. Vielleicht fällt dem Leser aus eigener Erfahrung ein Beispiel ein, wo für die schnellste Verbindung auch weitab von Start und Ziel Abkürzungen über kleinere Straßen benutzt werden müssen. Korrektheit lässt sich mit der Idee von Straßenhierarchien verbinden, wenn die Hierarchie algorithmisch definiert wird und nicht aus der offiziellen Klassifikation der Straßen übernommen wird. Wir skizzieren nun einen solchen Ansatz [180], genannt *Schnellstraßenhierarchien* (engl.: *highway hierarchies*). Dabei wird zunächst ein Konzept „Nahbereich" definiert, z. B. alles im Abstand von bis zu 10 km von Start oder Ziel. Eine Kante $(u, v) \in E$ ist eine *Schnellstraßenkante* bezüglich dieses Nahbereichskonzepts, wenn es einen Startknoten s und einen Zielknoten t gibt, so dass (u, v) auf einem schnellsten Weg von s nach t liegt, aber weder im Nahbereich von s noch im Nahbereich von t, d. h., weder von s aus innerhalb des festgelegten Nahbereichsradius erreichbar ist noch von t aus (im Umkehrgraphen). Das Netzwerk, das sich so ergibt, heißt das *Schnellstraßennetz*. In ihm kommen normalerweise viele Knoten mit Grad 2 vor: Wenn eine langsame Straße in eine schnelle Straße einmündet, wird die langsame Straße meist nicht auf einer schnellsten Route liegen, wenn die Einmündung weder zum Nachbereich des Startpunkts noch zu dem des Zielpunkts gehört. Daher wird diese Straße nicht im Schnellstraßennetz vorkommen. Die Einmündung hat also Grad 3 im ursprünglichen Straßennetz, aber Grad 2 im Schnellstraßennetz. Zwei Kanten, die an einem Knoten mit Grad 2 aneinanderstoßen, können zu einer einzigen Kante zusammengezogen werden. Auf diese Weise ergibt sich der *Kern* des Schnellstraßennetzes. Wenn diese Prozedur (definiere Nahbereiche, finde Schnellstraßenkanten, kontrahiere Kantenpaare an Knoten mit Grad 2) iteriert, erhält man eine Hierarchie von Schnellstraßennetzen. Beispielsweise

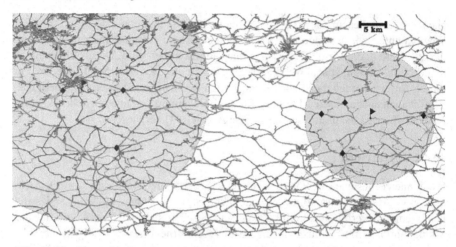

Abb. 10.12. Eine schnellste Route zwischen zwei Punkten (den Fähnchen) irgendwo zwischen Saarbrücken und Karlsruhe zu finden läuft darauf hinaus, die 2 × 4 entsprechenden *Zugangsknoten* (Karos) zu ermitteln, die 16 Distanzen zwischen allen Paaren der Zugangsknoten aus einer Tabelle auszulesen und zu überprüfen, dass die beiden Kreisscheiben, die den *Nachbarschaftsfilter* definieren, sich nicht überschneiden. Die kleinen Quadrate stehen für weitere Übergangsknoten.

ergaben sich in Versuchen mit den Straßennetzen von Europa und von Nordamerika Hierarchien mit bis zu 10 Ebenen. Die Berechnung von schnellsten Routen auf der Basis der sich ergebenden Schnellstraßenhierarchie kann mehrere tausend Male schneller sein als die einfache Benutzung des Algorithmus von Dijkstra.

10.8.3 Routing mit Übergangsknoten

Mit Hilfe einer anderen Beobachtung aus dem täglichen Leben können wir sogar noch schnellere Routingverfahren erhalten [17]. Wenn man „weit weg" fährt, wird man seine lokale Umgebung über eine von wenigen „wichtigen" Straßenkreuzungen oder -anschlussstellen verlassen. Es stellt sich heraus, dass in wirklichen Straßennetzwerken etwa 99% aller schnellsten Routen durch etwa $O(\sqrt{n})$ *Übergangsknoten* führen, die vorberechnet werden können, z. B. unter Benutzung von Schnellstraßenhierarchien. Zudem gehen für jeden als Start oder Ziel gewählten Knoten alle Fernverbindungen über einen von etwa zehn dieser Übergangsknoten – die *Zugangsknoten*. In einer Vorverarbeitungsrunde berechnen wir eine vollständige Distanztabelle für alle Paare von Übergangsknoten und von allen Knoten zu ihren Zugangsknoten. Weiter nehmen wir an, dass es eine Möglichkeit gibt zu entscheiden, ob ein Startknoten s und ein Zielknoten t „genügend weit" voneinander entfernt sind.[4] Dann muss es Zugangsknoten a_s und a_t geben, so dass $\mu(t) = \mu(a_s) + \mu(a_s, a_t) + \mu(a_t, t)$ gilt. Alle hier vorkommenden Abstände sind vorberechnet und stehen in einer Tabelle bereit.

---

[4] Eventuell ist hierfür eine weitere Vorberechnung nötig.

Es gibt nur etwa 10 Kandidaten für a_s bzw. für a_t, d. h., es werden (nur) etwa 100 Zugriffe auf die Distanztabelle benötigt. Dies kann mehr als eine Million Mal schneller sein als der Algorithmus von Dijkstra. Lokale Anfragen kann man mit einer anderen Technik beantworten, die ausnützen, dass Start und Ziel nahe beieinander liegen. Lokale Anfragen können eventuell auch mit zusätzlichen vorberechneten Tabellen abgedeckt werden. In Abb. 10.12 ist ein Beispiel angegeben (aus [17]).

10.9 Implementierungsaspekte

Kürzeste-Wege-Algorithmen arbeiten über der Menge der erweiterten reellen Zahlen $\mathbb{R} \cup \{+\infty, -\infty\}$. Der Wert $-\infty$ kann ignoriert werden, da er nur benötigt wird, wenn es negative Kreise gibt, und auch dann nur für die Ausgabe, s. Abschnitt 10.6. Auch der Wert $+\infty$ ist nicht wirklich notwendig, da $d[v] = +\infty$ genau dann gilt, wenn $parent(v) = \bot$ gilt. Das heißt: Wenn $parent(v) = \bot$, kann man den in $d[v]$ gespeicherten Zahlenwert ignorieren und so agieren, wie es im Fall $d[v] = +\infty$ vorgesehen ist.

Eine verfeinerte Implementierung des Algorithmus von Bellman und Ford [203, 143] führt eine explizite Approximation T des Baums der kürzesten Wege mit. Dieser Baum enthält nur Knoten und Kanten, die von s aus entlang von Kanten der Form $(parent[v], v)$ erreicht werden können (aber nicht unbedingt alle diese Knoten und Kanten). Bei den Relaxierungen in einer Runde werden die Kanten nach Startknoten gruppiert – es werden also, wie im Algorithmus von Dijkstra, *Knoten bearbeitet*. Knoten, die in der aktuellen Runde noch bearbeitet werden müssen, stehen in einer Menge Q. Wird nun bei der Relaxierung einer Kante $e = (u, v)$ der Wert $d[v]$ verringert, dann werden alle Nachfahren v in T im weiteren Verlauf einen neuen, kleineren d-Wert erhalten. Es ist also überflüssig, diese Knoten mit ihren aktuellen d-Werten zu bearbeiten, und man kann sie aus Q und auch aus T entfernen. Zudem können negative Kreise entdeckt werden, indem man prüft, ob v in T Vorfahr von u ist.

10.9.1 C++

LEDA [130] hat spezielle Klassen *node_pq* für Prioritätswarteschlangen, deren Einträge Graphknoten sind. Sowohl LEDA als auch die Boost-Graphen-Bibliothek [29] enthalten Implementierungen für den Algorithmus von Dijkstra und den Algorithmus von Bellman und Ford. Es gibt einen Graphen-Iterator auf der Basis des Dijkstra-Algorithmus, der es erlaubt, den Suchprozess in flexiblerer Weise zu steuern. Beispielsweise kann man die Suche nur so lange laufen lassen, bis eine vorgegebene Menge von Zielknoten erreicht worden ist. LEDA stellt auch eine Funktion zur Verfügung, die die Korrektheit von Distanzfunktionen verifiziert (s. Aufgabe 10.8).

10.9.2 Java

JDSL [87] stellt eine Implementierung des Algorithmus von Dijkstra für ganzzahlige Kantenkosten bereit. Diese Implementierung erlaubt auch eine detaillierte Steuerung des Suchvorgangs, ähnlich wie die Graph-Iteratoren von LEDA und Boost.

10.10 Historische Anmerkungen und weitere Ergebnisse

Dijkstra [62], Bellman [20] und Ford [69] fanden ihre Algorithmen in den 1950er Jahren. Die ursprüngliche Version des Algorithmus von Dijkstra hatte eine Rechenzeit von $O(m + n^2)$, und es gibt eine lange Geschichte von Verbesserungen. Die meisten davon beruhen auf besseren Datenstrukturen für Prioritätswarteschlangen. Wir habe Binärheaps [222], Fibonacci-Heaps [74], Behälterschlangen [58] und Radix-Heaps [9] diskutiert. Experimentelle Vergleiche lassen sich in [45, 143] finden. Für ganzzahlige Schlüssel sind Radix-Heaps nicht das Ende der Geschichte. Das beste theoretische Resultat ist Zeit $O(m + n \log \log n)$ [209]. Interessanterweise kann man für *ungerichtete* Graphen lineare Zeit erreichen [206]. Der entsprechende Algorithmus bearbeitet Knoten immer noch nacheinander, aber in einer anderen Reihenfolge als der Algorithmus von Dijkstra.

Meyer [151] gab den ersten Kürzeste-Wege-Algorithmus mit linearer mittlerer Rechenzeit an. Der oben beschriebene Algorithmus ALD stammt von Goldberg [83]. Für Graphen mit beschränktem Grad ist der Δ-Stepping-Algorithmus aus [152] sogar noch einfacher. Er benutzt Behälterschlangen und liefert auch einen guten parallelen Algorithmus für Graphen mit beschränktem Grad und kleinem Durchmesser.

Die Ganzzahligkeit von Kantenkosten ist auch hilfreich, wenn negative Kantenkosten erlaubt sind. Wenn alle Kantenkosten ganze Zahlen größer als $-N$ sind, erreicht ein *Skalierungsalgorithmus* Rechenzeit $O(m\sqrt{n}\log N)$ [82].

In Abschnitt 10.8 haben wir einige Beschleunigungstechniken für die Routenplanung skizziert. Hierfür gibt es noch viele andere Techniken. Insbesondere haben wir fortgeschrittene Versionen der zielgerichteten Suche nicht wirklich gewürdigt, ebenso wenig Kombinationen verschiedener Techniken, und andere mehr. Einen recht aktuellen Überblick geben die Arbeiten [181, 188]. Theoretische Rechenzeitgarantien unterhalb derer für den Algorithmus von Dijkstra sind schwieriger zu erreichen. Positive Ergebnisse gibt es für spezielle Graphfamilien wie planare Graphen, oder wenn es ausreicht, nur näherungsweise kürzeste Wege zu berechnen [66, 210, 208].

Es gibt Verallgemeinerungen des Kürzeste-Wege-Problems, bei denen mehrere Kostenfunktionen gleichzeitig betrachtet werden. Möglicherweise möchte man die schnellste Route von einem Startpunkt zu einem Zielpunkt finden, aber unter der Einschränkung, dass kein Nachtanken erforderlich ist. Oder ein Spediteur möchte eine schnellste Route unter der Maßgabe finden, dass ein bestimmter Höchstbetrag für die Autobahnmaut nicht überschritten wird. Solche Kürzeste-Wege-Probleme mit Zusatzeinschränkungen werden in [96, 147] betrachtet.

Kürzeste Wege lassen sich auch in geometrisch beschriebenen Situationen berechnen. Insbesondere gibt es eine interessante Verbindung zur Optik. Verschiedene Materialien haben verschiedene Brechungsindizes, die zur Lichtgeschwindigkeit im jeweiligen Material proportional sind. Die Gesetze der Optik diktieren, dass Lichtstrahlen, die durch verschiedene Materialien gehen, immer entlang von „schnellsten" Wegen laufen, also solchen, die die Gesamtrechenzeit minimieren.

Aufgabe 10.21. Eine *geordnete Halbgruppe* ist eine Menge S mit einer assoziativen und kommutativen Operation $\oplus$, einem neutralen Element e und einer linearen Ordnung $\leq$, wobei aus $x \leq y$ die Beziehung $x \oplus z \leq y \oplus z$ folgt, für alle x, y und z in

S. (Ein Beispiel für eine solche Halbgruppe ist $S = \mathbb{R}_{\geq 0}$ mit $e = 0$ und $\max\{x,y\}$ als Operation $x \oplus y$.) Welche der Algorithmen in diesem Kapitel funktionieren auch dann, wenn die Kantengewichte aus einer geordneten Halbgruppe kommen? Welche funktionieren unter der zusätzlichen Annahme, dass für alle x in S die Relation $e \leq x$ gilt? (Anmerkung: Ein kürzester Weg bzgl. der max-Operation ist ein *Flaschenhals-Kürzester-Weg*, bei dem die Kosten der teuersten Kante auf dem Weg minimal sind.)

11

Minimale Spannbäume

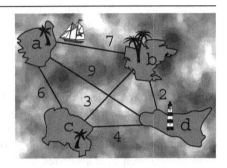

Die Bewohner des Atolls namens Taka-Tuka-Land in der Südsee bitten Sie um Hilfe.[1] Sie möchten ihre Inseln durch Fährlinien verbinden. Weil das Geld knapp ist, sollen die Gesamtkosten für alle Verbindungen möglichst klein sein. Es muss möglich sein, von jeder Insel zu jeder anderen zu gelangen, aber direkte Verbindungen werden nicht verlangt. Sie erhalten eine Liste der möglichen Verbindungen mit den zugehörigen geschätzten Kosten. Welche Fährverbindungen soll man einrichten?

Allgemeiner betrachtet möchten wir das folgende Problem lösen. Gegeben ist ein zusammenhängender ungerichteter Graph $G = (V, E)$ mit positiven reellen Kantenkosten $c\colon E \to \mathbb{R}_{>0}$. Ein minimaler Spannbaum (engl.: *minimum spanning tree*, daher *MST*) von G ist eine Menge $T \subseteq E$ von Kanten mit der Eigenschaft, dass der Graph (V, T) ein Baum ist, dessen Kosten $c(T) := \sum_{e \in T} c(e)$ so klein wie möglich sind. In unserem Beispiel stehen die Knoten für die Inseln, die Kanten für die möglichen Fährverbindungen und die Kosten sind die Kosten für die jeweilige Verbindung. In diesem Kapitel steht G stets für einen ungerichteten zusammenhängenden Graphen.

Minimale Spannbäume sind vielleicht die einfachste Variante einer wichtigen Familie von Problemen, die man *Netzwerkentwurf-Probleme* nennt. Weil minimale Spannbäume ein äußerst einfaches Konzept darstellen, tauchen sie auch in vielen Problemen auf, die scheinbar gar nichts damit zu tun haben, wie beim Clustering, bei der Suche nach Wegen, die die maximalen Kantenkosten minimieren, oder bei der Suche nach Näherungslösungen für schwierigere Probleme. In Abschnitten 11.6 und 11.8 wird darauf näher eingegangen. Ein ebenso guter Grund, sich in einem Buch über Algorithmen mit minimalen Spannbäumen zu beschäftigen, ist, dass es für dieses Problem einfache, elegante und schnelle Algorithmen gibt. In Abschnitt 11.1 werden wir zwei einfache grundlegende Eigenschaften von MSTs herleiten, die die Grundlage für die meisten MST-Algorithmen bilden. Der Algorithmus von Jarník-Prim geht von einem Startknoten aus und baut einen MST durch iterierte Erweiterung eines Baums; er wird in Abschnitt 11.2 dargestellt. Der Algorithmus von Kruskal baut gleichzeitig mehrere Bäume in Teilen des Graphen, die nichts miteinander zu

---

[1] Zeichnung von A. Blancani.

tun haben, und verschmilzt sie zu immer größeren Bäumen. Dieser Algorithmus wird in Abschnitt 11.3 untersucht. Für eine effiziente Implementierung dieses Algorithmus wird eine Datenstruktur benötigt, mit der eine Partition einer Menge von Einträgen (d. h. eine Zerlegung in disjunkte Teilmengen) unter zwei Operationen verwaltet werden kann: „finde heraus, ob zwei Einträge in derselben Teilmenge liegen" und „vereinige zwei Teilmengen". Die Union-Find-Datenstruktur wird in Abschnitt 11.4 besprochen. Sie hat neben der Konstruktion von minimalen Spannbäumen viele weitere Anwendungen.

Aufgabe 11.1. Wenn der Eingabegraph G nicht zusammenhängend ist, kann man nach einem *minimalen Spannwald* fragen – einer Kantenmenge, die für jede Zusammenhangskomponente von G einen MST angibt. Entwickeln Sie eine Methode, mit der man mit einem beliebigen MST-Algorithmus einen minimalen Spannwald finden kann. Dabei sollen *nicht* als Erstes die Zusammenhangskomponenten von G ermittelt werden. *Hinweis*: Fügen Sie $n-1$ zusätzliche Kanten ein.

Aufgabe 11.2 (Aufspannende Kantenmengen). Wir sagen, dass eine Kantenmenge $T \subseteq E$ einen zusammenhängenden Graphen $G = (V, E)$ *aufspannt*, wenn (V, T) zusammenhängend ist. Ist eine aufspannende Kantenmenge mit minimalen Kosten immer ein Baum? Ist sie ein Baum, wenn alle Kantenkosten positiv sind?

Aufgabe 11.3. Reduzieren Sie das Problem, Spannbäume mit *maximalen* Kosten zu finden, auf das MST-Problem.

11.1 Schnitteigenschaft und Kreiseigenschaft

Wir werden zwei einfache Lemmas beweisen: Eines erlaubt es, Kanten zu wählen, die in einen entstehenden MST aufgenommen werden, das andere, Kanten von der

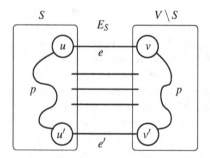 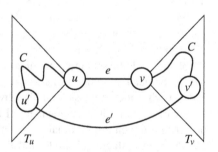

Abb. 11.1. Schnitteigenschaft und Kreiseigenschaft. Das Bild *links* illustriert den Beweis der Schnitteigenschaft. Kante e hat minimale Kosten unter den Kanten in E_S, die von S nach $V \setminus S$ verlaufen, und p ist der Weg im MST, der die Endpunkte u und v von e verbindet. Weg p muss eine Kante e' aus E_S enthalten. Das Bild *rechts* illustriert den Beweis der Kreiseigenschaft. C ist ein Kreis in G, e ist eine Kante auf C mit maximalen Kosten, und T ist ein MST, der die Kante $e = \{u, v\}$ enthält. T_u und T_v sind die Komponenten von $T \setminus \{e\}$; Kante e' liegt auf Kreis C und verbindet T_u und T_v.

weiteren Betrachtung auszuschließen. Wir benötigen den Begriff eines Schnitts in einem Graphen. Ein *Schnitt* in einem zusammenhängenden Graphen G ist eine Partition $(S, V \setminus S)$ der Knotenmenge V in zwei nichtleere Teile S und $V \setminus S$. Zu einem Schnitt gehört die Menge $E_S = \{e \in E \mid e = \{u, v\}$ mit $u \in S, v \in V \setminus S\}$ der Kanten, die zwischen S und $V \setminus S$ verlaufen. Abbildung 11.1 illustriert die Beweise der folgenden zwei Lemmas.

Lemma 11.1 (Schnitteigenschaft). *Sei $(S, V \setminus S)$ ein Schnitt mit Kantenmenge E_S und sei $e \in E_S$ eine Kante mit minimalen Kosten in E_S. Sei weiter T' eine Kantenmenge, die in einem MST enthalten ist und keine Kante aus E_S enthält. Dann ist auch $T' \cup \{e\}$ in einem MST enthalten.*

Beweis. Betrachte einen MST T von G mit $T' \subseteq T$. Die Endpunkte von e seien $u \in S$ und $v \in V \setminus S$. Weil T ein Spannbaum ist, gibt es in T einen (eindeutig bestimmten) Weg p von u nach v. Dieser Weg muss eine Kante $e' = \{u', v'\}$ mit $u' \in S$ und $v' \in V \setminus S$ enthalten. (Es ist nicht ausgeschlossen, dass $e = e'$ ist.) Nach Voraussetzung gilt $e' \notin T'$. Die Kantenmenge $T'' := (T \setminus \{e'\}) \cup \{e\}$ bildet ebenfalls einen Spannbaum, weil das Entfernen von e' zwei Teilbäume erzeugt, die durch das Hinzufügen von e wieder zu einem Baum verbunden werden. Weil $c(e)$ in E_S minimal ist, gilt $c(e) \leq c(e')$ und daher $c(T'') \leq c(T)$. Dies bedeutet, dass T'' ebenfalls ein MST ist. Offensichtlich gilt $T' \cup \{e\} \subseteq T''$. □

Lemma 11.2 (Kreiseigenschaft). *Es sei C ein einfacher Kreis in G, und es sei e eine Kante in C mit maximalen Kosten. Dann ist jeder MST von $G' = (V, E \setminus \{e\})$ auch ein MST von G.*

Beweis. Betrachte einen MST T von G. Wenn $e \notin T$ ist, haben alle MSTs von G' die gleichen Kosten wie T. Nun nehmen wir $e = \{u, v\} \in T$ an. Wenn man e aus T entfernt, entstehen zwei Teilbäume T_u und T_v mit u in T_u und v in T_v. Weil C ein Kreis ist, gibt es eine Kante $e' = \{u', v'\} \neq e$ auf C mit u' in T_u und v' in T_v. Die Menge $T' := (T \setminus \{e\}) \cup \{e'\}$ ist ein Spannbaum in G', dessen Kosten $c(T') = c(T) - c(e) + c(e')$ nicht größer als $c(T)$ sind. Also haben alle MSTs von G' die gleichen Kosten wie T. □

Die Schnitteigenschaft führt zu einer einfachen allgemeinen Greedy-Strategie für die Konstruktion eines MST. Man beginnt mit der leeren Kantenmenge $T' = \emptyset$. Solange T' nicht zusammenhängend ist, wiederholt man den folgenden Schritt: Suche einen Schnitt $(S, V \setminus S)$ mit der Eigenschaft, dass keine Kante aus T' die beiden Seiten des Schnitts verbindet, und füge eine Kante über den Schnitt mit minimalen Kosten zu T' hinzu. Wenn (V, T') zusammenhängend geworden ist, ist T' ein MST.

Verschiedene Methoden für die Auswahl des Schnittes machen aus dieser Strategie unterschiedliche spezifische Algorithmen. In den folgenden Abschnitten besprechen wir zwei Ansätze im Detail; in Abschnitt 11.8 wird ein weiterer Ansatz skizziert. Wir müssen auch noch klären, wie man eine Kante mit geringsten Kosten im Schnitt findet.

Die Kreiseigenschaft führt ebenfalls zu einer einfachen Strategie für das Finden eines MST. Anfangs wird $E' = E$ gesetzt. Solange E' nicht kreisfrei ist, führe folgenden Schritt aus: Finde einen Kreis C in E' und streiche aus E' eine Kante von C

mit maximalen Kosten. Wenn E' kreisfrei geworden ist, ist E' ein MST. Leider kennt man keine effiziente Implementierung dieses Ansatzes; wir werden ihn daher nicht weiter betrachten.

Aufgabe 11.4. Zeigen Sie, dass ein Graph genau einen MST hat, wenn alle Kantenkosten unterschiedlich sind. Zeigen Sie weiter, dass in diesem Fall der MST der gleiche ist, der sich ergibt, wenn man den Kostenwert einer jeden Kante durch ihren Rang unter allen Kantenkosten ersetzt.

11.2 Der Algorithmus von Jarník-Prim

Der Algorithmus von Jarník-Prim (JP-Algorithmus) [109, 172, 62] für minimale Spannbäume ähnelt dem Algorithmus von Dijkstra für kürzeste Wege.[2] Der JP-Algorithmus beginnt bei einem (beliebigen) Startknoten s (als Baum mit einem Knoten und leerer Kantenmenge) und baut einen MST auf, indem er einen Knoten nach dem anderen anbaut. In einer beliebigen Iterationsrunde sei $S \neq V$ die Menge der bislang in den Baum eingebauten Knoten. Dann ist $(S, V \setminus S)$ ein Schnitt. Wir wählen eine Kante $e = \{v, u\}$ mit $v \in S$ und $u \in V \setminus S$, die unter allen solchen Kanten minimale Kosten hat, und fügen u zu S und e zur Kantenmenge des Baums hinzu. Das Hauptproblem ist, diese Kante auf effiziente Weise zu finden. Hierzu hält der Algorithmus in einer Prioritätswarteschlange für jeden Knoten $w \in V \setminus S$ eine Kante $\{v, w\}$ mit minimalem Gewicht, die S mit w verbindet. Der Kostenwert steht auch in einem Arrayeintrag $d[w]$; der Knoten v steht in einem Arrayeintrag $parent[w]$. Der Eintrag u in Q mit minimalem d-Wert liefert die gewünschte Kante als $\{parent[u], u\}$. Wenn ein Knoten u zu S hinzugefügt wird, werden die mit u inzidenten Kanten überprüft, um zu ermitteln, ob sie verbesserte Verbindungen zu den Knoten in $V \setminus S$ liefern. In Abb. 11.2 ist anhand eines Beispiels dargestellt, wie der JP-Algorithmus arbeitet; in Abb. 11.3 findet man den Pseudocode. Wenn Knoten u zu S hinzugefügt wird und eine mit u inzidente Kante $\{u, w\}$ inspiziert wird, muss man feststellen können, ob $w \in S$ gilt oder nicht. Man könnte diese Information in einem Bitvektor speichern. Wenn alle Kantenkosten positiv sind, kann man aber auch das d-Array benutzen, um diese Information bereitzustellen. Für einen Knoten v bedeutet $d[v] = 0$, dass $v \in S$ gilt, und $d[v] > 0$ kodiert die Information, dass $v \notin S$ gilt.

Zusätzlich zur Platzersparnis spart dieser Trick auch einen Vergleich in der inneren Schleife ein. Man beachte, dass $c(e) < d[w]$ nur gelten kann, wenn $d[w] > 0$, d. h. $w \notin S$, gilt und wenn e eine verbesserte Verbindung von w nach S darstellt. Für den Test „**if** $w \in Q$" prüft man am einfachsten, ob der (vorher gesicherte) alte Wert von $d[w]$ gleich ∞ ist. Der einzige wesentliche Unterschied zum Algorithmus von Dijkstra liegt darin, dass die Schlüssel in der Prioritätswarteschlange Kantenkosten sind

---

[2] Dijkstra hat diesen Algorithmus sogar in seiner 1959 erschienenen grundlegenden Arbeit [62] zu kürzesten Wegen beschrieben. Weil Prim den gleichen Algorithmus schon zwei Jahre früher veröffentlicht hatte, wird er normalerweise nach ihm benannt. In Wirklichkeit geht der Algorithmus aber auf eine Arbeit von Jarník [109] aus dem Jahr 1930 zurück.

und keine Weglängen. Die Analyse des Algorithmus von Dijkstra überträgt sich unmittelbar auf den JP-Algorithmus, d. h., man erhält Rechenzeit $O(n\log n + m)$, wenn man Fibonacci-Heaps verwendet.

Aufgabe 11.5. Der Algorithmus von Dijkstra für kürzeste Wege kann monotone Prioritätswarteschlangen benutzen. Zeigen Sie, dass diese für den JP-Algorithmus *nicht* ausreichen.

*Aufgabe 11.6 (Durchschnittsanalyse des JP-Algorithmus). Nehmen Sie an, dass den Kanten von G zufällig Kantenkosten aus $1..m$ zugeordnet werden. Zeigen Sie, dass dann die mittlere Anzahl von *decreaseKey*-Operationen, die vom JP-Algorithmus ausgeführt werden, durch $O(n\log(m/n))$ beschränkt ist. *Hinweis*: Die hier gefragte Überlegung ist der Analyse des Algorithmus von Dijkstra in Satz 10.6 sehr ähnlich.

11.3 Der Algorithmus von Kruskal

Der JP-Algorithmus ist wahrscheinlich der beste Algorithmus für das MST-Problem, wenn man für alle Situationen gerüstet sein will. Dennoch stellen wir einen alterna-

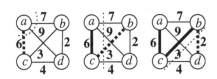

Abb. 11.2. Eine Folge von Schnitten (gepunktete Linien), die den Schritten im Algorithmus von Jarník-Prim entsprechen, wenn Knoten a als Startknoten gewählt wird. Die Kanten $\{a,c\}$, $\{c,b\}$ und $\{b,d\}$ werden zum MST hinzugefügt.

Function *jpMST* : *Set* **of** *Edge*
   $d = \langle \infty,\ldots,\infty \rangle$: *NodeArray*$[1..n]$ **of** $\mathbb{R} \cup \{\infty\}$ // $d[u]$ gibt geringste Kosten
                                                              // einer Kante von S nach u an
   parent : *NodeArray* **of** *NodeId*   // $\{parent[u],u\}$ ist eine billigste Kante von S nach u
   Q : *NodePQ*   // benutzt $d[\cdot]$ als Priorität
   $Q.insert(s)$ für ein beliebiges $s \in V$
   while $Q \neq \emptyset$ **do**
      $u := Q.deleteMin$
      $d[u] := 0$ // $d[u] = 0$ kodiert $u \in S$
      foreach *edge* $e = \{u,w\} \in E$ **do**
         if $c(e) < d[w]$ **then**   // $c(e) < d[w]$ impliziert $d[w] > 0$ und daher $w \notin S$
            $d[w] := c(e)$
            $parent[w] := u$
            if $w \in Q$ **then** $Q.decreaseKey(w)$ **else** $Q.insert(w)$
      invariant $\forall w \in Q : d[w] = \min\{c(\{v,w\}) : \{v,w\} \in E \wedge v \in S\}$
   return $\{\{parent[v],v\} : v \in V \setminus \{s\}\}$

Abb. 11.3. Der Algorithmus von Jarník-Prim für MSTs. Es wird angenommen, dass die Kantenkosten positiv sind.

tiven Algorithmus vor, nämlich den Algorithmus von Kruskal [127], der auch gewisse Vorzüge hat. Insbesondere wird dafür keine ausgefeilte Graphdarstellung benötigt. Der Algorithmus ist sogar anwendbar, wenn der Graph nur durch die Liste seiner Kanten gegeben ist. Auch ist seine Rechenzeit für dünn besetzte Graphen mit $m = O(n)$ mit dem JP-Algorithmus konkurrenzfähig.

Der Pseudocode in Abb. 11.4 ist äußerst kompakt. Der Algorithmus betrachtet die Kanten von G in der Reihenfolge ansteigender Kosten und führt eine kreisfreie Kantenmenge T mit, d. h. einen Wald, die anfangs leer ist. Die im Algorithmus garantierte Invariante ist, dass T zu einem MST erweitert werden kann. Wenn eine Kante e betrachtet wird, wird sie entweder in die Menge T aufgenommen oder verworfen. Die Entscheidung wird auf der Basis der Invarianten und der Schnitteigenschaft getroffen. Nach der Invarianten wissen wir, dass T zu einem MST erweitert werden kann. Es gibt zwei Fälle. Wenn die Endpunkte von e in derselben Zusammenhangskomponente von (V, T) liegen, ändert sich T nicht, und die Invariante gilt weiter. Wenn die Endpunkte u und v von e in verschiedenen Zusammenhangskomponenten von (V, T) liegen, betrachten wir den Schnitt $(S_u, V \setminus S_u)$, wobei S_u die Zusammenhangskomponente von u in (V, T) ist. Keine Kante von T überquert diesen Schnitt; Kante e verbindet S_u mit $V \setminus S_u$ und hat unter den Kanten über den Schnitt minimale Kosten. (Dies liegt daran, dass die Kanten in der Reihenfolge aufsteigender Kosten betrachtet werden. Wenn eine Kante e' mit $c(e') < c(e)$ den Schnitt überqueren würde, wäre e' vom Algorithmus vorher betrachtet und in T aufgenommen worden.) Nach der Schnitteigenschaft ist auch $T \cup \{e\}$ in einem MST enthalten. Wir können

Function *kruskalMST(V, E, c)* : *Set* **of** *Edge*
   $T := \emptyset$
   foreach $\{u, v\} \in E$ in der Reihenfolge steigender Kosten **do**
      if u und v liegen in verschiedenen Bäumen von T **then**
         $T := T \cup \{\{u, v\}\}$ // vereinige zwei Bäume
      invariant T ist ein Wald, der in einem MST enthalten ist
   return T

Abb. 11.4. Der MST-Algorithmus von Kruskal.

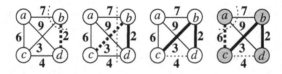

Abb. 11.5. In diesem Beispiel stellt der Algorithmus von Kruskal zunächst mit zwei Anwendungen der Schnitteigenschaft fest, dass es einen MST gibt, der $\{b, d\}$ und $\{b, c\}$ enthält. Dann wird Kante $\{c, d\}$ nicht gewählt, weil ihre beiden Endpunkte im Baum mit Knotenmenge $\{b, c, d\}$ liegen; schließlich wird Kante $\{a, c\}$ in den MST aufgenommen, durch Anwendung der Schnitteigenschaft auf den Schnitt $(\{a\}, \{b, c, d\})$.

also e zu T hinzufügen; die Invariante gilt weiter. In Abb. 11.5 ist ein Beispiel für den Ablauf des Algorithmus von Kruskal angegeben.

Wir müssen uns noch vergewissern, dass T am Ende ein MST ist. Nach der Invarianten ist T in einem MST enthalten. Wenn (V,T) nicht zusammenhängend wäre, gäbe es in E eine Kante e, die zwei Komponenten von (V,T) verbindet. Wenn der Algorithmus diese Kante betrachtet, nimmt er sie in T auf. Dieser Widerspruch zeigt, dass (V,T) am Ende zusammenhängend und damit selbst ein MST ist.

In einer Implementierung des Algorithmus von Kruskal muss man feststellen können, ob eine Kante zwei Komponenten von (V,T) verbindet oder nicht. Im nächsten Abschnitt werden wir sehen, dass dies so effizient geschehen kann, dass der dominierende Kostenfaktor der Aufwand für das Sortieren der Kantengewichte ist. Dies kostet Zeit $O(m \log m)$, wenn ein effizienter vergleichsbasierter Algorithmus benutzt wird. Der in der O-Notation versteckte konstante Faktor ist recht klein, so dass wir für $m = O(n)$ hoffen können, den JP-Algorithmus mit seiner Rechenzeit von $O(m + n \log n)$ zu schlagen.

Aufgabe 11.7 (MST für Datenströme). Nehmen wir an, die Kanten eines Graphen werden nur einmal gezeigt (zum Beispiel über eine Netzwerkverbindung) und der Speicherplatz reicht nicht aus, um alle zu speichern. Die Kanten erscheinen *nicht* unbedingt in aufsteigend sortierter Reihenfolge.

(a) Skizzieren Sie einen Algorithmus, der unter diesen Annahmen einen MST berechnen kann und dabei mit Platz $O(n)$ auskommt.

*(b) Verfeinern Sie Ihren Algorithmus so, dass er in Zeit $O(m \log n)$ läuft. *Hinweis*: Verarbeiten Sie die Kanten in Stapeln der Größe $O(n)$ (oder benutzen Sie die von Sleator und Tarjan [198] beschriebene Datenstruktur *dynamischer Baum*).

11.4 Die Union-Find-Datenstruktur

Eine *Partition* einer Menge M ist eine Menge $\{M_1, \ldots, M_k\}$ von nichtleeren Teilmengen von M mit der Eigenschaft, dass die Teilmengen disjunkt sind und ganz M überdecken, d. h., $M_i \cap M_j = \emptyset$ für $i \neq j$ und $M = M_1 \cup \cdots \cup M_k$. Die Mengen M_i heißen die *Blöcke* der Partition. Beispielsweise wird im Algorithmus von Kruskal die Knotenmenge V durch den Wald T partitioniert. Die Blöcke der Partition sind die Zusammenhangskomponenten von (V,T). Es kann triviale Komponenten geben, die nur aus einem isolierten Knoten bestehen. Insbesondere besteht die Partition am Anfang nur aus solchen einelementigen Mengen. Der Algorithmus von Kruskal führt auf dieser Partition zwei Arten von Operationen aus: Er testet, ob zwei Elemente zu derselben Teilmenge (d. h. zu demselben Teilbaum) gehören, und er vereinigt zwei Teilmengen zu einer (beim Einfügen einer Kante in T).

Die *Union-Find-Datenstruktur* verwaltet eine Partition der Menge 1..n in einer Weise, die es gestattet, diese beiden Operationen effizient auszuführen. In jedem Block ist dabei eines der Elemente als *Repräsentant* ausgezeichnet, der auch als Name für den Block dient. Die Wahl des Repräsentanten liegt beim Algorithmus, nicht beim Benutzer. Am Anfang bildet jedes Element v von 1..n einen Block für sich;

Class *UnionFind*$(n : \mathbb{N})$ // Verwalte eine Partition von $1..n$
  parent $= \langle 1, 2, \ldots, n \rangle : Array\ [1..n]$ **of** $1..n$
  rank $= \langle 0, \ldots, 0 \rangle : Array\ [1..n]$ **of** $0..\log n$ // Rang der Repräsentanten

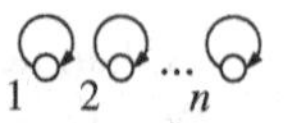

Function *find*$(v : 1..n) : 1..n$
  if *parent*$[v] = v$ **then return** v
  else $v' := find(parent[v])$ // Pfadverkürzung
    parent$[v] := v'$
    return v'

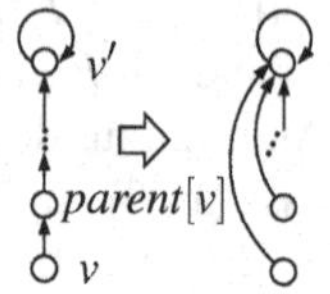

Procedure *union*$(r, s : 1..n)$
  assert r und s sind Repräsentanten verschiedener Blöcke
  if *rank*$[r] <$ *rank*$[s]$ **then** *parent*$[r] := s$
  else
    parent$[s] := r$
    if *rank*$[r] =$ *rank*$[s]$ **then** *rank*$[r]$++

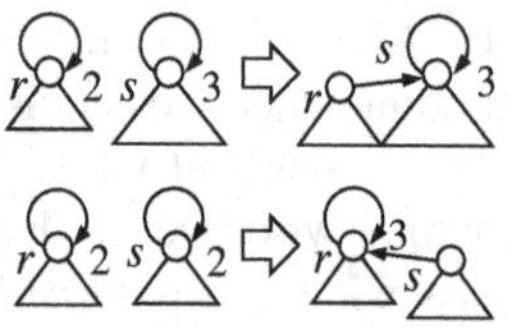

Abb. 11.6. Eine effiziente Union-Find-Datenstruktur zur Verwaltung einer Partition der Menge $1..n$.

der Repräsentant ist dieses Element v. Die Funktion *find*(v) gibt den Repräsentanten (also den Namen) des Blocks zurück, in dem v liegt. Um zu testen, ob zwei Elemente zum selben Block gehören oder nicht, ermittelt man ihre Repräsentanten und vergleicht diese. Eine Operation *union*(r, s), anzuwenden auf Repräsentanten verschiedener Blöcke[3], vereinigt diese Blöcke zu einem neuen Block (und legt einen neuen Repräsentanten fest).

Um den Algorithmus von Kruskal mit der Union-Find-Datenstruktur zu implementieren, muss man die Prozedur in Abb. 11.4 nur leicht verändern. Am Anfang wird der Konstruktor der Klasse aufgerufen, der jeden Knoten v zu einem eigenen Block macht. Die **if**-Anweisung wird durch Folgendes ersetzt:

$r := find(u); s := find(v);$
if $r \neq s$ **then** $T := T \cup \{\{u, v\}\}; union(r, s);$

Die Union-Find-Datenstruktur lässt sich einfach realisieren, wie folgt. Jeder Block wird als ein Baum mit Wurzel[4] dargestellt, wobei die Wurzel als Repräsentant dient. Der Vorgänger von Element v im Baum ist in der Zelle *parent*$[v]$ eines Arrays *parent*$[1..n]$ gespeichert. Für eine Wurzel r gilt *parent*$[r] = r$, das entspricht einer Schleife an der Wurzel.

Die Implementierung der Operation *find*(v) ist trivial. Man folgt den Vorgängerzeigern, bis eine Schleife gefunden wird. Diese Schleife sitzt beim Repräsentanten von v. Die Implementierung der Operation *union*(r, s) ist ähnlich einfach. Wir machen einen der Repräsentanten zum Vorgänger des anderen. Der letztere verliert

---

[3] In der Literatur wird mitunter zugelassen, dass die Argumente von *union* beliebige Elemente sind. Wenn Repräsentanten gefordert sind, spricht man dann auch von der *link*-Operation.

[4] Man beachte, dass die Struktur dieses Baums mit der Struktur des entsprechenden Teilbaums im Algorithmus von Kruskal nichts zu tun hat.

dadurch seine Rolle als Repräsentant; der erste dient als Repräsentant des neu entstandenen Blocks. Mit dem bisher beschriebenen Vorgehen ergibt sich eine korrekte, aber ineffiziente Realisierung der Union-Find-Datenstruktur. Die *parent*-Verweise könnten nämlich lange Ketten bilden, die bei *find*-Operationen immer wieder durchlaufen werden. Im schlechtesten Fall könnte jede der *find*-Operationen lineare Zeit benötigen.

Wegen dieses Problems werden im in Abb. 11.6 angegeben Algorithmus zwei Verbesserungen vorgenommen. Die erste Verbesserung führt dazu, dass die Bäume, die die Blöcke darstellen, nicht zu tief werden. Dazu wird für jeden Repräsentanten eine natürliche Zahl, sein *Rang* (engl.: *rank*), gespeichert. Anfangs ist jedes Element ein Repräsentant; dieser hat Rang 0. Wenn die *union*-Operation auf zwei Repräsentanten mit unterschiedlichen Rängen angewendet werden soll, machen wir den Repräsentanten mit kleinerem Rang zum Kind des anderen. Wenn die Ränge gleich sind, kann der neue Repräsentant beliebig aus beiden gewählt werden, aber wir erhöhen den Rang des neuen Repräsentanten um 1. Diese erste Optimierung heißt *Vereinigung nach Rang* (engl.: *union by rank*).

Aufgabe 11.8. Nehmen Sie an, dass *find*-Operationen die Baumstruktur nicht verändern (oder dass es keine solchen Operationen gibt). Zeigen Sie, dass der Rang eines Repräsentanten stets die Tiefe des Baums ist, dessen Wurzel er ist.

Die zweite Verbesserung heißt *Pfadverkürzung*. Sie stellt sicher, dass niemals eine Kette von Vorgängerverweisen zweimal durchlaufen wird. Dazu werden bei der Ausführung von *find*(v) die Vorgängerzeiger aller unterwegs besuchten Knoten direkt auf den Repräsentanten des Blocks von v umgesetzt. In Abb. 11.6 ist diese Regel als eine rekursive Prozedur formuliert. Diese Prozedur durchläuft zunächst den Weg von v zu seinem Repräsentanten und benutzt dann den Rekursionsstack, um diesen Weg zu v in umgekehrter Richtung nochmals zu durchlaufen. Während der Rekursionsstack abgebaut wird, werden die Vorgängerzeiger umgesetzt. Alternativ kann man den Weg auch zweimal in der gleichen Richtung durchlaufen. Beim ersten Durchlauf wird der Repräsentant ermittelt; beim zweiten Durchlauf werden die Vorgängerzeiger umgesetzt.

Aufgabe 11.9. Beschreiben Sie eine nichtrekursive Implementierung von *find*.

Satz 11.3 *Vereinigung nach Rang bewirkt, dass alle Bäume Tiefe höchstens* $\log n$ *haben.*

Beweis. Wir beweisen den Satz zunächst unter der Annahme, dass die Verbesserung „Pfadverkürzung" nicht benutzt wird. Das heißt, dass *find*-Operationen die Datenstruktur nicht verändern. Dann ist der Rang eines Repräsentanten stets gleich der Tiefe des Baums, dessen Wurzel er ist. Wir zeigen, dass kein Baum tiefer als $\log n$ sein kann. Dazu zeigen wir (durch Induktion), dass ein Baum, dessen Wurzel Rang k hat, mindestens 2^k Knoten hat. Dies ist für $k = 0$ sicher richtig. Der Rang einer Wurzel ändert sich in einer *union*-Operation nur dann, und zwar von $k-1$ auf k, wenn sie ein neues Kind erhält, das bislang Repräsentant mit Rang $k-1$ war. Nach

Induktionsvoraussetzung hatten Wurzel und neues Kind vor dieser Operation jeweils mindestens 2^{k-1} Nachfahren. Nach der Operation hat die Wurzel also mindestens 2^k Nachfahren. – Wenn wir die Verbesserung „Pfadverkürzung" hinzunehmen, bleibt der Beweis gültig und zeigt, dass kein Rang vorkommen kann, der größer als $\log n$ ist. Pfadverkürzung kann die innere Struktur der Bäume ändern, aber Bäume nicht tiefer machen. Daher gilt die Behauptung des Satzes auch in diesem Fall.   □

Die Kombination der Strategien Vereinigung nach Rang und Pfadverkürzung macht die Union-Find-Datenstruktur atemberaubend effizient – die amortisierten Kosten jeder Operation sind nahezu konstant.

Satz 11.4 *Die Union-Find-Datenstruktur aus Abb. 11.6 führt m find- und $n-1$ union-Operationen in Zeit $O(m\alpha(m,n))$ aus. Dabei ist*

$$\alpha(m,n) = \min\{i \geq 1 : A(i, \lceil m/n \rceil) \geq \log n\},$$

wobei

$$A(1,j) = 2^j \qquad\qquad\qquad \text{für } j \geq 1,$$
$$A(i,1) = A(i-1,2) \qquad\qquad \text{für } i \geq 2,$$
$$A(i,j) = A(i-1,A(i,j-1)) \qquad \text{für } i \geq 2 \text{ und } j \geq 2.$$

Die Leserin wird wahrscheinlich Schwierigkeiten haben, auf Anhieb zu verstehen, was die Formeln bedeuten sollen. Die Funktion[5] A wächst extrem schnell. Es gilt $A(1,j) = 2^j$, für $j \geq 1$, weiter $A(2,1) = A(1,2) = 2^2 = 4$, $A(2,2) = A(1,A(2,1)) = 2^4 = 16$, $A(2,3) = A(1,A(2,2)) = 2^{16}$, $A(2,4) = 2^{2^{16}}$, $A(2,5) = 2^{2^{2^{16}}}$, $A(3,1) = A(2,2) = 16$, $A(3,2) = A(2,A(3,1)) = A(2,16)$, und so weiter.

Aufgabe 11.10. Schätzen Sie $A(5,1)$ ab.

Für alle praktisch denkbaren Werte n gilt $\alpha(m,n) \leq 5$, und Vereinigung nach Rang und Pfadverkürzung zusammen garantieren im Wesentlichen konstante amortisierte Zeit für jede Operation.

Der Beweis von Satz 11.4 geht über den Rahmen dieses einführenden Lehrbuchs hinaus. Wir verweisen die Leserin auf [202, 192]. Hier beweisen wir eine abgeschwächte Form, die aber für praktische Zwecke ebenso aussagekräftig ist. Dazu definieren wir Zahlen T_k, $k \geq 0$, durch Induktion: $T_0 = 1$, und $T_k = 2^{T_{k-1}}$ für $k \geq 1$.

Die Zahl T_k wird also durch den „Zweierpotenzturm" $2^{2^{\cdot^{\cdot^2}}}$ der Höhe k dargestellt. Man sieht, dass für $k \geq 2$ die Gleichung $T_k = A(2,k-1)$ gilt. Die ersten Werte dieser sehr schnell wachsenden Zahlenfolge sehen so aus:

k	0	1	2	3	4	5	6	...
T_k	1	2	4	16	65536	2^{65536}	$2^{2^{65536}}$	...

---

[5] Der Buchstabe A bezieht sich auf den Logiker W. Ackermann [3], der in den späten 1920er Jahren als erster eine Funktion dieser Art angab.

Für $x > 0$ definieren wir $\log^* x$ als $\min\{k \mid T_k \geq x\}$. Dies ist zugleich die kleinste Zahl $k \geq 0$ mit der Eigenschaft, dass $\log(\log(\ldots \log(x) \ldots))$ (k-fache Hintereinanderausführung) einen Wert ≤ 1 liefert. Die Funktion $\log^* x$ wächst extrem langsam, z. B. gilt für alle Zahlen $x \leq 10^{19728} (< 2^{65536})$, dass $\log^* x \leq 5$ ist.

Satz 11.5 *Die Union-Find-Datenstruktur mit Vereinigung nach Rang und Pfadverkürzung führt m find- und $n-1$ union-Operationen in Zeit $O((m+n)\log^* n)$ aus.*

Beweis. (Dieser Beweis geht auf [104] zurück.) Wir betrachten eine beliebige Folge von $n - 1$ *union*- und m *find*-Operationen, beginnend mit der Initialisierung für die Menge $1..n$. Da jede *union*-Operation nur konstante Zeit benötigt, können wir uns auf die Analyse der *find*-Operationen beschränken.

Bislang hatten wir nur Wurzeln Ränge zugeordnet. Diese Ränge konnten im Verlauf der Operationenfolge wachsen. Nun definieren wir für jeden Knoten v seinen *finalen Rang* $fr(v)$ als den Rang, den v hat, wenn er erstmals Kind eines anderen Knotens wird. Wenn v am Ende noch Wurzel ist, ist $fr(v)$ der Rang, den v ganz am Ende hat. Wir machen folgende Beobachtungen.

(i)   Entlang von Wegen in Bäumen wachsen fr-Werte von unten nach oben strikt an.
(ii) Wenn ein Knoten v seinen finalen Rang h erhält, hat der Unterbaum unter v mindestens 2^h Knoten.
(iii) Es gibt nicht mehr als $n/2^h$ Knoten mit fr-Wert h.

Beweis der Beobachtungen: (i) Durch Induktion über Operationen zeigen wir, dass stets $fr(v) < fr(u)$ gilt, wenn v Kind von u ist. Anfangs sind alle Ränge 0, und kein Knoten ist Kind eines anderen. In dem Moment, in dem v bei einer *union*-Operation Kind von u wird, gilt $fr(v) = rank(v) < rank(u)$ sowie $rank(u) \leq fr(u)$. Auch eine *find*-Operation mit Pfadverkürzung ändert die Eigenschaft nicht, da v nur Kind eines Vorfahren seines Vorgängers u werden kann, der nach Induktionsvoraussetzung einen noch höheren fr-Wert als u hat.
(ii) Im Beweis von Satz 11.3 haben wir gesehen, dass eine Wurzel mit Rang h mindestens 2^h Nachfahren hat. In dem Augenblick also, in dem Knoten v mit finalem Rang $fr(v) = h$ Kind eines anderen Knotens wird, hat v mindestens 2^h Nachfahren. (Man beachte, dass *nachher* v durch Pfadverkürzung Nachfahren verlieren kann.)
(iii) Für jeden Knoten v mit finalem Rang h sei M_v die Menge der Nachfahren von v in dem Moment, in dem v Kind eines anderen Knotens wird (oder am Ende, wenn v dann noch Wurzel ist). Wir behaupten, dass diese Mengen M_v disjunkt sind. (Daraus folgt die Behauptung, weil (ii) besagt, dass jedes M_v mindestens 2^h Elemente hat, und weil es insgesamt n Knoten gibt.) Nehmen wir an, w ist Nachfahr von v, wenn v Kind von Knoten u wird. Nach (i) gilt dann $fr(u) > h$. Durch *union*-Operationen kann w im weiteren Verlauf auch neue Vorfahren erhalten. In dem Moment, in dem v' ein solcher neuer Vorfahr wird, ist v' aber Wurzel eines Baums, der u enthält; nach (i) gilt also $fr(v') > fr(u) > h$. Daher kann w nie Nachfahr eines anderen Knotens mit fr-Wert h werden.

Die Knoten mit fr-Wert größer als 0 werden nun in *Ranggruppen* $G_0, G_1, \ldots$ eingeteilt. Ranggruppe G_k enthält alle Knoten mit fr-Werten in $T_{k-1} + 1..T_k$, wobei wir

T_{-1} als 0 interpretieren. Beispielsweise enthält Ranggruppe G_4 die Knoten mit finalen Rängen im Intervall 17..65536. Da nach Satz 11.3 Ränge nie größer als $\log n$ werden können, ahnt man schon, dass es für praktisch vorkommende n keine Knoten in Ranggruppe G_5 oder höher gibt. Technisch beobachtet man Folgendes: Wenn ein Knoten v in Ranggruppe G_k liegt, für $k \geq 1$, dann ist $T_{k-1} < fr(v) \leq \log n$. Es folgt $T_k = 2^{T_{k-1}} < 2^{\log n} = n$ und daraus $k < \log^* n$. Die Anzahl der nichtleeren Ranggruppen ist also durch $\log^* n$ beschränkt.

Nun analysieren wir die Kosten der *find*-Operationen. Die Kosten einer solchen Operation *find(v)* setzen wir als die Anzahl r der Knoten auf dem Weg $v = v_1, \ldots, v_{r-1}, v_r = s$ von v zur Wurzel s des Baums an. (Dies ist sicherlich proportional zum Zeitaufwand dieser Operation, inklusive der Zeigeränderungen für die Pfadverkürzung.) Im Wesentlichen verteilen wir diese Kosten auf die Knoten v_i entlang des Weges, mit Kosten 1 pro Knoten. Wir machen bei dieser Zuweisung die folgenden Ausnahmen und weisen die entsprechenden Kosten nicht dem Knoten v_i, sondern direkt der *find(v)*-Operation zu:

(a) die Kosten für v, falls $fr(v) = 0$ gilt (dann muss v ein Blatt sein);
(b) die Kosten von Knoten v_i, wenn $fr(v_i) > 0$ gilt und der Vorgänger v_{i+1} in einer höheren Ranggruppe als v_i ist;
(c) die Kosten für die Wurzel v_r und den unmittelbaren Nachfolger v_{r-1}.

Da nach (i) die finalen Ränge entlang des Weges ansteigen und es nicht mehr als $\log^* n$ nichtleere Ranggruppen gibt, sind von (b) nicht mehr als $\log^* n - 1$ Knoten betroffen. Die direkt der *find(v)*-Operation zugewiesenen Kosten betragen also insgesamt nicht mehr als $\log^* n + 2$. Wenn man diese Kosten über alle m *find*-Operationen aufsummiert, ergibt sich $m(\log^* n + 2)$.

Nun müssen wir uns nur noch um die Kosten kümmern, die den Knoten zugewiesen werden. Betrachten wir einen Knoten v aus Ranggruppe G_k. Wenn v bei einer *find*-Operation Kosten 1 erhält, hat v einen Vorgänger u (in G_k), der nicht die Wurzel s ist, also erhält v bei der Pfadverkürzung s als neuen Vorgänger. Nach Beobachtung (i) gilt $fr(u) < fr(s)$. Das bedeutet: Immer wenn Knoten v Kosten 1 zugeteilt werden, erhält er einen neuen Vorgänger mit größerem finalen Rang. Nach spätestens T_k solchen Ereignissen hat v einen Vorgänger in einer höheren Ranggruppe; danach erhält v nie mehr Kosten zugeteilt. Die auf v entfallenden Kosten betragen also insgesamt nicht mehr als T_k. Die Kosten für alle Knoten in Ranggruppe G_k zusammen belaufen sich auf nicht mehr als $|G_k| \cdot T_k$.

Um $|G_k| \cdot T_k$ abzuschätzen, betrachten wir die Knoten in G_k. Ihre möglichen *fr*-Werte sind $T_{k-1} + 1, \ldots, T_k$. Nach Beobachtung (iii) gibt es nicht mehr als $n/2^h$ Knoten mit finalem Rang h. Daher haben wir

$$|G_k| \leq \sum_{T_{k-1} < h \leq T_k} \frac{n}{2^h} < \frac{n}{2^{T_{k-1}}} = \frac{n}{T_k} \,,$$

nach der Definition von T_k. Dies liefert: $|G_k| \cdot T_k < n$. Das bedeutet, dass alle Knoten aus Ranggruppe k zusammen Kosten nicht höher als n verursachen. Wir haben schon gesehen, dass es nicht mehr als $\log^* n$ nichtleere Ranggruppen gibt. Daher sind die Gesamtkosten über alle Knoten durch $n \log^* n$ beschränkt.

Wenn wir die den Operationen und die den Knoten zugeordneten Kosten addieren, erhalten wir die Kostenschranke $m(\log^* n + 2) + n \log^* n = O((n+m) \log^* n)$, wie gewünscht. □

11.5 *Externspeicher

Das Problem, einen minimalen Spannbaum zu berechnen, gehört zu den wenigen Graphproblemen, die einen E/A-effizienten Externspeicheralgorithmus haben. Wir geben einen einfachen und eleganten Algorithmus an, der beispielhaft den Einsatz einer ganzen Reihe von interessanten Techniken vorführt, die auch für andere Externspeicheralgorithmen und für die Berechnung von MSTs in anderen Berechnungsmodellen nützlich sind. Für unseren Algorithmus werden Techniken kombiniert, die wir schon gesehen haben: externes Sortieren, Prioritätswarteschlangen und (internes) Union-Find. Weitere Details finden sich in [56].

11.5.1 Eine semiexterne Version des Algorithmus von Kruskal

Wir beginnen mit einem einfachen Fall. Angenommen, wir haben genügend Hauptspeicher, um die Union-Find-Datenstruktur aus Abschnitt 11.4 für n Knoten zu speichern. Dies genügt, um den Algorithmus von Kruskal im Externspeichermodell zu implementieren. Zunächst werden mit dem Externspeicheralgorithmus aus Abschnitt 5.7 die Kanten sortiert. Dann werden die Kanten in der Reihenfolge ansteigender Gewichte durchmustert und verarbeitet, wie im Algorithmus von Kruskal vorgesehen. Wenn eine Kante zwei Teilbäume verbindet, handelt es sich um eine Kante des MST, die ausgegeben werden kann, andernfalls wird sie ignoriert. – Externspeicheralgorithmen für Graphprobleme, die $\Theta(n)$ Platz im Hauptspeicher benötigen, heißen *semiexterne* Algorithmen.

11.5.2 Kantenkontraktion

Wenn der Graph zu viele Knoten hat, so dass der semiexterne Algorithmus des letzten Abschnitts nicht verwendet werden kann, können wir versuchen, mit *Kantenkontraktion* die Knotenzahl zu verkleinern. Nehmen wir an, wir wissen, dass $e = \{u,v\}$ zu einem MST gehört, beispielsweise weil e die billigste unter den mit v inzidenten Kanten ist. Wir nehmen e zum entstehenden MST hinzu und müssen uns irgendwie merken, dass u und v schon verbunden sind. Oben haben wir dazu die Union-Find-Datenstruktur benutzt; hier verwenden wir Kantenkontraktion, um diese Information in die Graphstruktur hineinzukodieren. Wir identifizieren u und v und ersetzen sie durch nur einen Knoten. Zur Vereinfachung nennen wir diesen Knoten wieder u. Anders ausgedrückt: Wir löschen v und hängen alle mit v inzidenten Kanten auf u um, d. h., eine Kante $\{v,w\}$ wird zu $\{u,w\}$, für alle Nachbarn w von v. In Abb. 11.7 ist ein Beispiel angegeben. Um die Herkunft von umgehängten Kanten nachvollziehen zu können, geben wir jeder Kante ein zusätzliches Attribut, das ihre *ursprünglichen* Endpunkte angibt. Mit dieser zusätzlichen Information lässt sich der MST des

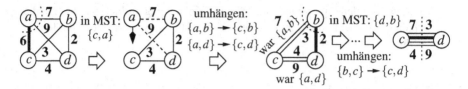

Abb. 11.7. Eine Ausführung des Algorithmus von Sibeyn mit $n' = 2$. Die Kante $\{c,a\}_6$ ist die billigste an Knoten a. (Wir deuten das Gewicht einer Kante durch einen Index an.) Wir fügen sie zum MST hinzu und kontrahieren a und c zum neuen Knoten c. Die Kante $\{a,b\}_7$ wird zu $\{c,b\}_7$ und $\{a,d\}_9$ wird zu $\{c,d\}_9$. Im neuen Graphen ist $\{d,b\}_2$ die billigste mit b inzidente Kante. Wir fügen sie zum MST hinzu und kontrahieren b und d zum neuen Knoten d. Die Kanten $\{b,c\}_3$ und $\{b,c\}_7$ werden zu $\{d,c\}_3$ bzw. $\{d,c\}_7$. Der Ergebnisgraph hat zwei Knoten, die durch vier parallele Kanten mit Gewicht 3, 4, 7 und 9 verbunden sind.

kontrahierten Graphen leicht in den Originalgraphen zurückübersetzen. Wir ersetzen einfach jede Kante durch ihr Original.

Wir haben nun ein Schema für einen externen MST-Algorithmus: finde wiederholt Kanten, die in einem MST liegen, und kontrahiere sie. Wenn die Anzahl der Knoten genügend klein geworden ist, schalte auf einen semiexternen Algorithmus um. Im folgenden Abschnitt geben wir eine besonders einfache Implementierung dieser Idee an.

11.5.3 Der Algorithmus von Sibeyn

Wir nehmen $V = 1..n$ an und betrachten die folgende einfache Strategie, die die Anzahl der Knoten von n auf n' verkleinert [56]:

for $v := 1$ **to** $n - n'$ **do**
  finde die billigste mit v inzidente Kante $\{u,v\}$ und kontrahiere sie

Abbildung 11.7 gibt ein Beispiel mit $n = 4$ und $n' = 2$ an. Die Strategie ist scheinbar sehr einfach; jedoch sind einige Details zu klären. Wir müssen überlegen, wie die billigste zu einem Knoten v inzidente Kante gefunden werden kann und wie die anderen zu v inzidenten Kanten umgehängt werden können, d. h., wie die Nachbarn von v informiert werden, dass sie neue zusätzliche Kanten erhalten. Beide Aufgaben können mit Hilfe *einer* Prioritätswarteschlange erledigt werden. Für eine Kante $e = \{u,v\}$ speichern wir den Eintrag

$$(\min\{u,v\}, \max\{u,v\}, \text{Gewicht von } e, \text{Ursprung von } e)$$

in der Prioritätswarteschlange. Die zugrundeliegende Ordnung ist lexikographisch nach der ersten und dritten Komponente, d. h., Kanten werden zunächst nach dem Endknoten mit der kleineren Nummer und dann nach ihrem Gewicht geordnet. Der Algorithmus läuft in Phasen ab. In einer Phase wählen wir alle Kanten aus, die den aktuellen Knoten („*current*") als Endpunkt haben. Die leichteste Kante (das ist die erste, die von der Prioritätswarteschlange geliefert wird), etwa ($current$, $relinkTo$),

Function *sibeynMST(V, E, c)* : *Set* **of** *Edge*
Sei π eine zufällige Permutation von $1..n$
Q: *priority queue* **of** $V \times V \times \mathbb{R}_{>0} \times E$ // Ordnung: 1. Komp., danach 3. Komp.
foreach $e = \{u, v\} \in E$ **do**
    $Q.insert((\min\{\pi(u), \pi(v)\}, \max\{\pi(u), \pi(v)\}, c(e), \{u, v\}))$
current $:= 0$ // vor Verarbeitung von Knoten 1
loop
    $(u, v, c, \{u_0, v_0\}) := \min Q$ // nächste Kante
    if *current* $\neq u$ **then**   // neuer Knoten
        if $u = n - n' + 1$ **then** *break loop*   // Knotenreduktion abgeschlossen
        $Q.deleteMin$
        output $\{u_0, v_0\}$ // ursprüngliche Endpunkte definieren MST-Kante
        $(current, relinkTo) := (u, v)$ // bereite Umhängen der übrigen u-Kanten vor
    else if $v \neq relinkTo$ **then**
        $Q.insert((\min\{v, relinkTo\}, \max\{v, relinkTo\}, c, \{u_0, v_0\}))$ // hänge Kante um
$S := sort(Q)$ // sortiere nach wachsendem Kantengewicht
wende semiexterne Version des Kruskal-Algorithmus auf S an

Abb. 11.8. MST-Algorithmus von Sibeyn.

wird in den entstehenden MST aufgenommen; alle anderen Kanten werden umgehängt. Um eine Kante $(current, z, c, \{u_0, v_0\})$ mit $z \neq RelinkTo$ an den Knoten $RelinkTo$ umzuhängen, fügen wir $(\min\{z, RelinkTo\}, \max\{z, RelinkTo\}, c, \{u_0, v_0\})$ in die Prioritätswarteschlange ein.

Abbildung 11.8 gibt die Details an. Bevor der Algorithmus startet, werden die Knoten zufällig umbenannt, d. h., wir wählen eine zufällige Permutation π der Zahlen zwischen 1 und n und benennen Knoten n in $\pi(n)$ um. (Der Grund für diese Maßnahme wird in der Analyse klar.) Für eine Kante $e = \{u, v\}$ speichern wir $(\min\{\pi(u), \pi(v)\}, \max\{\pi(u), \pi(v)\}, c(e), \{u, v\})$ in der Prioritätswarteschlange. Die Hauptschleife stoppt, wenn die Anzahl der Knoten auf n' reduziert worden ist. Danach wird die Konstruktion des MST vollendet, indem die verbleibenden Kanten sortiert werden und dann die semiexterne Version des Algorithmus von Kruskal angewendet wird.

Satz 11.6 *Sei* $sort(x)$ *die E/A-Komplexität des Problems, x Elemente zu sortieren. Dann kommt Algorithmus sibeynMST im erwarteten Fall mit* $O(sort(m \ln(n/n')))$ *E/A-Operationen aus.*

Beweis. Aus Abschnitt 6.3 wissen wir, dass eine externe Prioritätswarteschlange K Operationen mit $O(sort(K))$ E/A-Operationen ausführen kann. Für die Anwendung der semiexternen Version des Kruskal-Algorithmus werden $O(sort(m))$ E/A-Operationen benötigt. Daher genügt es, die Anzahl der E/A-Operationen in den Reduktionsphasen zu zählen. Neben den m Einfügungen in der Initialisierungsphase ist die Anzahl der Operationen der Prioritätswarteschlange proportional zur Summe der Grade der gefundenen Knoten. Die Zufallsvariable X_i soll für den Grad von Knoten

i in dem Moment stehen, in dem dieser verarbeitet wird. Wegen der zufälligen Umbenennung am Anfang hat jeder Knoten des jetzt vorliegenden Graphen die gleiche Wahrscheinlichkeit, nämlich $1/(n-i+1)$, der nächste aktuelle Knoten zu werden, und $E[X_i]$ ist der Durchschnittsgrad in diesem Graphen. Die Anzahl der Kanten im kontrahierten Graphen ist höchstens m, so dass der durchschnittliche Grad in einem Graphen mit $n-i+1$ verbleibenden Knoten höchstens $2m/(n-i+1)$ ist. Wegen der Linearität des Erwartungswerts gilt $E[\sum_{1\leq i\leq n-n'} X_i] = \sum_{1\leq i\leq n-n'} E[X_i]$. Wir erhalten:

$$E\left[\sum_{1\leq i\leq n-n'} X_i\right] = \sum_{1\leq i\leq n-n'} E[X_i] \leq \sum_{1\leq i\leq n-n'} \frac{2m}{n-i+1}$$

$$= 2m\left(\sum_{1\leq i\leq n} \frac{1}{i} - \sum_{1\leq i\leq n'} \frac{1}{i}\right) = 2m(H_n - H_{n'})$$

$$= 2m\left(\ln n - \ln n' + O(1)\right) = 2m\left(\ln \frac{n}{n'} + O(1)\right),$$

wobei $H_n := \sum_{1\leq i\leq n} 1/i = \ln n + \Theta(1)$ die n-te harmonische Zahl ist (s. (A.12)). $\square$

Man beachte, dass man auf das Umschalten auf den semiexternen Algorithmus verzichten und einfach die Kontraktion weiterlaufen lassen könnte, bis nur noch ein Knoten übrig ist. Dann wäre jedoch der logarithmische Faktor in der E/A-Komplexität $\ln n$ anstelle von $\ln(n/n')$, und das Verhalten in der Praxis wäre viel schlechter. Dies liegt daran, dass $n' = \Theta(M)$ eine große Zahl ist, zum Beispiel 10^8. Für $n = 10^{12}$ ist $\ln n$ dreimal so groß wie $\ln(n/n')$.

Aufgabe 11.11. Sei n beliebig. Geben Sie einen Graphen mit n Knoten und $O(n)$ Kanten an, für den bei Anwendung des Algorithmus von Sibeyn *ohne zufällige Umnummerierung* $\Omega(n^2)$ Kanten umgehängt werden.

11.6 Anwendungen

Das MST-Problem ist bei der Lösung vieler anderer Graphprobleme von Nutzen. Wir werden das Steinerbaumproblem und das Problem des Handlungsreisenden betrachten.

11.6.1 Das Steinerbaumproblem

Gegeben ist ein ungerichteter Graph $G = (V,E)$ mit nichtnegativen Kantenkosten $c\colon E \to \mathbb{R}_{\geq 0}$ sowie eine Menge S von Knoten. Die Aufgabe besteht darin, eine Kantenmenge T mit möglichst geringen Kosten zu finden, die die Knoten in S verbindet. Ein solches T heißt ein minimaler Steinerbaum. Dabei handelt es sich um einem Baum mit Knotenmenge U, wobei $S \subseteq U \subseteq V$ gilt. Die Herausforderung besteht darin, U so zu wählen, dass die Kosten des Baums minimal werden. Das MST-Problem ist der Spezialfall, in dem S alle Knoten enthält. Das Steinerbaumproblem ergibt sich ganz natürlich in unserem Einführungsbeispiel. Manche der Inseln in Taka-Tuka-Land sind unbewohnt, und die Aufgabe besteht darin, die bewohnten Inseln zu verbinden. Im Allgemeinen werden in einer optimalen Lösung einige unbewohnte Inseln im Verbindungsnetz vorkommen.

Das Steinerbaumproblem ist **NP**-vollständig (s. Abschnitt 2.10). Wir werden zeigen, wie man effizient eine Lösung konstruiert, deren Kosten höchstens doppelt so groß sind wie das Optimum. Dazu bauen wir einen gewichteten Hilfsgraphen H mit Knotenmenge S: Für jedes Paar $\{u, v\}$ von Knoten $u, v \in S$ gibt es in H eine Kante $\{u, v\}$, der als Kosten die Kürzeste-Wege-Distanz von u und v in G zugewiesen wird. Sei nun T_H ein MST in H. Wir erhalten einen Steinerbaum von G, indem wir jede Kante von T_H durch den Weg ersetzen, den sie in G darstellt, und gegebenenfalls Kanten streichen, bis der Untergraph keine Doppelkanten oder Kreise mehr enthält. Die Kosten des resultierenden Steinerbaums sind nicht größer als die von T_H.

Satz 11.7 *Der obige Algorithmus konstruiert einen Steinerbaum, dessen Kosten höchstens doppelt so groß sind wie die eines optimalen Steinerbaums.*

Beweis. Der Algorithmus konstruiert einen Steinerbaum mit Kosten höchstens $c(T_H)$. Daher genügt es zu zeigen, dass $c(T_H) \leq 2c(T_{\text{opt}})$ gilt, für einen minimalen Steinerbaum T_{opt} für S in G. Dafür wieder genügt es zu zeigen, dass der Hilfsgraph H einen Spannbaum mit Kosten $2c(T_{\text{opt}})$ besitzt. In Abb. 11.9 ist beispielhaft angegeben, wie ein solcher Spannbaum konstruiert werden kann. „Einmal rund um den Steinerbaum" definiert einen Kreis in der doppelt gerichteten Version von G. Man beobachtet, dass jede Kante von T_{opt} in diesem Kreis genau zweimal vorkommt. Daher hat dieser Kreis Kosten $2c(T_{\text{opt}})$. (Ohne auf eine Zeichnung des Baums Bezug zu nehmen, erhält man einen solchen Kreis auch als Ergebnis eines DFS-Durchlaufs in T_{opt}, indem man Kante (u, v) notiert, wenn $DFS(u, v)$ aufgerufen wird, und (v, u), wenn dieser Aufruf endet.) Wenn man in diesem gerichteten Kreis die Knoten, die nicht zu S gehören, und Wiederholungen von Knoten in S weglässt, erhält man einen einfachen

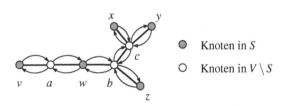

Abb. 11.9. „Einmal rund um den Baum": Der minimale Steinerbaum für $S = \{v, w, x, y, z\}$, zu dem auch die Knoten a, b und c in $V \setminus S$ gehören, ist in der Ebene dargestellt (stärkere, ungerichtete Kanten). Wenn man die Peripherie des Baumes einmal abläuft, erhält man die Knotenfolge $\langle v, a, w, b, c, x, c, y, c, b, z, b, w, a, v \rangle$, die in der doppelt gerichteten Version des Steinerbaums einen Kreis bildet. Weglassen der Knoten in $V \setminus S$ und des zweiten Vorkommens von Knoten w führt zu dem einfachen Kreis $\langle v, w, x, y, z, v \rangle$ im Hilfsgraphen H. Die Kanten $\{v, w\}, \{w, x\}, \{x, y\}, \{y, z\}$ bilden einen Spannbaum in H.

Kreis in H. Dessen Kosten sind ebenfalls nicht größer als $2c(T_{opt})$, weil die Kantenkosten in H Kürzeste-Wege-Distanzen in G sind. Wenn man aus dem Kreis in H eine Kante weglässt, erhält man einen Spannbaum mit Kosten höchstens $2c(T_{opt})$.   □

Aufgabe 11.12. Verbessern Sie die oben angegebene Schranke auf $2(1 - 1/|S|)$ mal das Optimum.

Der Algorithmus kann so implementiert werden, dass er in Zeit $O(m + n\log n)$ abläuft [138]. Es gibt auch Algorithmen, die eine bessere Approximationsgüte aufweisen [178].

Aufgabe 11.13. Skizzieren Sie eine Implementierung des oben angegebenen Algorithmus und analysieren Sie seine Rechenzeit.

11.6.2 Das Problem des Handlungsreisenden

Das Problem des Handlungsreisenden (engl.: *traveling salesman problem*, kurz *TSP*) ist eines der am intensivsten untersuchten Optimierungsprobleme überhaupt [13, 129, 15]. Gegeben ist dabei ein vollständiger ungerichteter Graph auf Knotenmenge V mit Kantengewichten $c(e)$, für $e = \{u, v\}$ mit verschiedenen Knoten $u, v \in V$. Die Aufgabe besteht darin, einen möglichst billigen einfachen Kreis (auch *TSP-Tour* genannt) zu finden, der alle Knoten durchläuft. Dies ist die Tour, die ein Handlungsreisender wählen würde, der zu möglichst geringen Kosten alle Knoten des Graphen besuchen will, wenn für das Benutzen von Kante e ein Betrag von $c(e)$ fällig wird. In diesem Abschnitt nehmen wir an, dass die Kantengewichte die *Dreiecksungleichung* erfüllen, d. h., dass für alle Knoten u, v und w die Ungleichung $c(\{u, v\}) + c(\{v, w\}) \geq c(\{u, w\})$ gilt. Der wesentliche Effekt dieser Bedingung ist Folgendes: Anstelle von einfachen Kreisen im ungerichteten Graphen könnte man auch Kreise in der doppelt gerichteten Version des Graphen betrachten, bei denen Knoten mehrfach besucht und Kanten doppelt benutzt werden. Wenn nun die Dreiecksungleichung gilt, können solche allgemeineren Rundreisen nicht zu billigeren Kosten führen als einfache Kreise. Dies liegt daran, dass man aus jedem solchen gerichteten Kreis einen einfachen Kreis gewinnen kann, der nicht teurer ist, indem man Wiederholungen von Knoten streicht.

Satz 11.8 *Seien C_{opt} und C_{MST} die Kosten einer optimalen TSP-Tour bzw. eines MST in einem ungerichteten Graphen mit Kantengewichten, die die Dreiecksungleichung erfüllen. Dann gilt*

$$C_{MST} \leq C_{opt} \leq 2C_{MST} .$$

Beweis. Sei C eine optimale TSP-Tour. Wenn man aus C eine beliebige Kante weglässt, bleibt ein Spannbaum übrig. Daraus folgt $C_{MST} \leq C_{opt}$. Für die Umkehrung betrachte einen MST T. Ein Rundweg einmal um den Baum, ganz ähnlich wie in Abb. 11.9, liefert einen Kreis mit Kosten höchstens $2C_{MST}$, der alle Knoten besucht. Manche Knoten können mehrfach besucht werden. Wie oben bemerkt, erhält man daraus durch Weglassen von Wiederholungen eine TSP-Tour, die aufgrund der Dreiecksungleichung nicht teurer ist als der Kreis.   □

Im folgenden letzten Teil dieses Abschnitts skizzieren wir eine Technik, mit der sich die untere Schranke aus Satz 11.8 verbessern lässt. Wir lassen hierbei für das MST-Problem auch negative Kantengewichte zu. (Solange man nach *Spannbäumen* mit minimalen Kosten fragt, ist dies unproblematisch.) Wir benötigen zwei weitere Begriffe: *1-Bäume* und *Knotenpotenziale*. Sei G' der Graph, den man aus G durch Weglassen von Knoten 1 und der zu diesem Knoten inzidenten Kanten erhält. Ein 1-Baum besteht aus einem Spannbaum von G' und zwei mit Knoten 1 inzidenten Kanten. Mit C_1 bezeichnen wir die minimalen Kosten, die ein 1-Baum haben kann; offensichtlich ist dies die Summe der Kosten eines MST für G' und der Kosten der beiden billigsten mit Knoten 1 inzidenten Kanten. Weil jede TSP-Tour ein 1-Baum ist, gilt $C_1 \leq C_{\text{opt}}$. Ein *Knotenpotenzial* ist eine beliebige reellwertige Funktion π auf den Knoten von G. Ein solches Knotenpotenzial liefert eine modifizierte Kostenfunktion c_π, indem man für jedes Knotenpaar (u, v) definiert:

$$c_\pi(\{u, v\}) := c(\{u, v\}) + \pi(u) + \pi(v) .$$

Für jede TSP-Tour C unterscheiden sich die Kosten unter c und c_π um $2S_\pi := 2\sum_v \pi(v)$, weil eine solche Tour für jeden Knoten genau zwei inzidente Kanten enthält. Sei T_π ein 1-Baum, der bezüglich c_π minimal ist. Dann gilt

$$c_\pi(T_\pi) \leq c_\pi(C_{\text{opt}}) = c(C_{\text{opt}}) + 2S_\pi ,$$

und daher

$$c(C_{\text{opt}}) \geq \max_\pi \left(c_\pi(T_\pi) - 2S_\pi \right) .$$

Diese untere Schranke ist als Held-Karp-Schranke bekannt [98, 99]. Das Maximum läuft über alle Knotenpotenziale π. Es ist schwierig, diese untere Schranke exakt zu berechnen, aber es gibt schnelle iterative Algorithmen, die sie approximieren. Die Idee ist folgende. (Für Details verweisen wir die Leserin auf die Originalarbeiten.) Angenommen, man hat eine Potenzialfunktion π und einen bezüglich c_π optimalen 1-Baum T_π. Wenn alle Knoten von T_π Grad 2 haben, liegt eine (optimale) TSP-Tour vor, und man hält an. Andernfalls macht man die Kanten, die mit Knoten mit Grad größer als 2 inzident sind, etwas teurer und Kanten, die zu Knoten mit Grad 1 führen, etwas billiger. Dies kann man erreichen, indem man wie folgt ein neues Knotenpotenzial π' definiert. Für Knoten v setze

$$\pi'(v) := \pi(v) + \varepsilon \cdot (\deg(v, T_\pi) - 2) ,$$

wobei ε ein Parameter ist, der mit wachsender Iterationszahl gegen 0 geht, und $\deg(v, T_\pi)$ der Grad von v in T_π ist. Danach berechnet man einen optimalen 1-Baum für π' und hofft, dass dies eine bessere untere Schranke liefern wird.

11.7 Implementierungsaspekte

Die in diesem Kapitel vorgestellten Algorithmen zur Berechnung eines minimalen Spannbaums sind so schnell, dass die Rechenzeit normalerweise durch die Generierung der Graphen und einer passenden Darstellung dominiert wird. Der Algorithmus von Jarník-Prim funktioniert für alle m und n gut, wenn eine Darstellung als Adjazenzarray (s. Abschnitt 8.2) vorliegt. Pairing-Heaps sind eine robuste Wahl für die Prioritätswarteschlange [154]. Der Algorithmus von Kruskal ist eventuell für dünn besetzte Graphen schneller, insbesondere wenn nur eine Liste oder ein Array der Kanten gegeben ist, oder wenn die Kanten sehr effizient sortiert werden können.

Die Union-Find-Datenstruktur kann platzeffizienter implementiert werden, indem man die Beobachtung ausnutzt, dass nur die Repräsentanten einen Rang benötigen und nur die Nicht-Repräsentanten einen Vorgänger haben. Wir können daher das Array *rank* in Abb. 11.4 weglassen. Stattdessen wird für eine Wurzel r mit Rang g in *parent*[r] der Wert $n + 1 + g$ gespeichert. Anstelle von zwei Arrays benötigt man also nur ein Array mit Werten im Bereich $1..n + 1 + \lceil \log n \rceil$. Dies ist besonders für den semiexternen Algorithmus von Nutzen.

11.7.1 C++

LEDA [130] benutzt für die Berechnung von MSTs den Algorithmus von Kruskal. Die Union-Find-Datenstruktur heißt in LEDA *partition*. Die Boost-Graphenbibliothek [29] bietet die Wahl zwischen den Algorithmen von Kruskal und von Jarník-Prim. Bei dieser Bibliothek ist die Union-Find-Datenstruktur nicht direkt („öffentlich") zugänglich.

11.7.2 Java

Die Bibliothek JDSL [87] benutzt den Algorithmus von Jarník-Prim.

11.8 Historische Anmerkungen und weitere Ergebnisse

Der älteste MST-Algorithmus beruht auf der Schnitteigenschaft und benutzt Kantenkontraktionen. Der *Algorithmus von Borůvka* [30, 160] stammt aus dem Jahr 1926 und stellt daher einen der ältesten Graphalgorithmen dar. Dieser Algorithmus arbeitet in Phasen, wobei in jeder Phase viele Kanten des MST gefunden werden. In jeder Phase findet jeder Knoten die billigste mit ihm inzidente Kante. Diese Kanten werden zum MST hinzugefügt und dann kontrahiert. (Man nimmt dabei an, dass alle Kantenkosten verschieden sind.) Man kann erreichen, dass jede Phase in Zeit $O(m)$ läuft. Da in einer Phase die Anzahl der verbleibenden Knoten mindestens halbiert wird, bleibt nach $O(\log n)$ Phasen nur ein Knoten übrig. Daher ist die Gesamtrechenzeit $O(m \log n)$. Der Algorithmus von Borůvka wird nicht oft benutzt, da er etwas schwierig zu implementieren ist. Er ist aber als Ausgangspunkt für parallele MST-Algorithmen wichtig.

Es gibt einen randomisierten MST-Algorithmus, der in linearer Zeit läuft und dabei Phasen wie im Algorithmus von Borůvka benutzt, um die Anzahl der Knoten zu reduzieren [116, 122]. Die zweite Komponente dieses Algorithmus reduziert die Anzahl der Kanten auf etwa $2n$: Wir wählen $O(m/2)$ Kanten zufällig, finden einen

MST T' der zufällig gewählten Kanten, und entfernen Kanten $e \in E$, die die teuerste Kante in dem durch e mit T' erzeugten Kreis sind. Die effiziente Implementierung des letzten Schritts ist recht schwierig. Aber zumindest für sehr dichte Graphen kann dieser Ansatz in der Praxis tatsächlich eine Verbesserung bringen [119]. Der Linearzeitalgorithmus lässt sich auch parallelisieren [94]. Eine Übertragung des parallelen Algorithmus auf das Externspeichermodell [2] spart im Vergleich mit dem Algorithmus von Sibeyn einen Faktor $\ln(n/n')$ in der asymptotischen E/A-Komplexität ein; allerdings ist dieser Algorithmus wegen der viel größeren Konstanten in der O-Notation für die zur Zeit interessanten Werte von n nicht praktikabel.

Der theoretisch beste *deterministische* MST-Algorithmus [39, 169] hat die interessante Eigenschaft, dass er optimale Komplexität im schlechtesten Fall hat, obwohl nicht genau bekannt ist, was diese Komplexität ist. Das bedeutet: Wenn jemand einen gänzlich anderen deterministischen MST-Algorithmus fände, der in Linearzeit läuft, würde folgen, dass auch dieser alte Algorithmus in linearer Zeit läuft.

Minimale Spannbäume legen für jedes Knotenpaar (u,v) einen eindeutig bestimmten Weg zwischen u und v fest. Es ist interessant, dass dieser Weg ein *Flaschenhals-Kürzester-Weg* [8, Application 13.3] ist, d. h., er minimiert die maximalen Kantenkosten unter allen Wegen im ursprünglichen Graphen, die u und v verbinden. Das bedeutet, dass man mit der Konstruktion eines MST das Kürzeste-Wege-Problem bezüglich des Flaschenhals-Kostenmaßes viel schneller lösen kann als dies für das Kürzeste-Wege-Problem mit gewöhnlichen Weglängen der Fall ist.

Eine verwandte und noch häufiger benutzte Anwendung ist MST-basiertes Clustering [8, Application 13.5]: Wenn man aus einem MST $k - 1$ Kanten streicht, zerfällt dieser in k Teilbäume. Die Knoten in einem Teilbaum T' sind in dem Sinn weit von den anderen Knoten entfernt, als alle Wege zu Knoten in anderen Teilbäumen Kanten enthalten, die mindestens so teuer sind wie die Kanten, mit denen T' aus dem MST herausgetrennt wurde.

Viele Anwendungen führen dazu, dass man das MST-Problem für einen vollständigen Graphen lösen muss. Häufig haben diese Graphen eine kompakte Beschreibung, beispielsweise wenn die Knoten Punkte in der Ebene darstellen und die Kantenkosten der euklidischen Distanz zwischen den Endpunkten entsprechen. (Solche MSTs heißen euklidische minimale Spannbäume.) In diesen Situationen ist es ein wichtiger Gesichtspunkt, ob man nicht viele Kanten als zu schwer aussortieren kann, ohne sie tatsächlich anzuschauen. Dies ist für das euklidische MST-Problem tatsächlich der Fall. Es lässt sich zeigen, dass ein euklidischer MST in der Delaunay-Triangulierung [52] der Punktmenge enthalten ist. Diese Triangulierung hat lineare Größe und kann in Zeit $O(n \log n)$ berechnet werden. Dies führt zu einem Algorithmus der gleichen Zeitkomplexität für euklidische MSTs.

Wir haben die Anwendung von MSTs auf das Steinerbaumproblem und das TSP-Problem diskutiert. Für mehr Information zu diesen und verwandten Problemen sei die Leserin auf die Bücher [8, 15, 129, 126, 214] verwiesen.

12

Generische Ansätze für Optimierungsprobleme

Ein Schmuggler in der wilden Bergregion von Profitanien hat in seinem Keller n Ge-
genstände liegen, die er über die Berge ins Nachbarland schaffen könnte. Wenn er
Gegenstand i dort verkauft, macht er Profit p_i. Allerdings besagt eine Vorschrift der
Schmugglergewerkschaft, dass der Rucksack, den er über die Grenze trägt, keines-
falls mehr als M Kilogramm wiegen darf. Nehmen wir an, Gegenstand i wiegt genau
w_i Kilogramm. Welche Gegenstände sollte er für seine nächste Tour in den Rucksack
packen, um seinen Profit zu maximieren?

Dieses Problem, das gemeinhin *Rucksackproblem* (engl.: *knapsack problem*)
heißt, hat eine ganze Reihe anderer Anwendungen, von denen viele in den Büchern [134, 120] dargestellt sind. Beispielsweise könnte eine Investmentbank eine
Menge M an Kapital haben, die sie investieren kann, und eine Reihe möglicher Anlageobjekte. Von Anlage i ist ein Gewinn p_i zu erwarten, bei einer Anlagesumme
von w_i. Welche Anlageobjekte sollten gewählt werden, um den erzielten Gewinn zu
maximieren? In diesem Kapitel wollen wir anhand des Rucksackproblems als Bei-
spielanwendung einige „generische", also allgemein anwendbare Ansätze für das
Lösen von Optimierungsproblemen vorstellen. Diese Ansätze sind recht flexibel und
können auch in komplizierten Situationen angewendet werden, wie sie in praktischen
Anwendungen allgegenwärtig sind.

In den vorigen Kapiteln haben wir sehr effiziente spezifische Lösungen für Probleme betrachtet, die häufig auftreten, wie das Finden kürzester Wege oder minimaler Spannbäume. Hier betrachten wir allgemeine Lösungsmethoden, die für einen
viel größeren Problembereich anwendbar sind. Natürlich erreichen diese generischen
Methoden normalerweise nicht die gleiche Effizienz wie spezifische Algorithmen,
doch sie sparen Entwicklungszeit.

Formal gehören zu einer Instanz I eines Optimierungsproblems eine Menge
$\mathcal{U}_I$ von *möglichen* Lösungen, eine Menge $\mathcal{L}_I$ von *zulässigen* Lösungen und eine
Zielfunktion $f_I \colon \mathcal{L}_I \to \mathbb{R}$. Bei einem *Maximierungsproblem* suchen wir nach einer
zulässigen Lösung $x^* \in \mathcal{L}_I$, die unter allen zulässigen Lösungen den größten Zielfunktionswert aufweist. Bei einem *Minimierungsproblem* geht es analog darum, eine

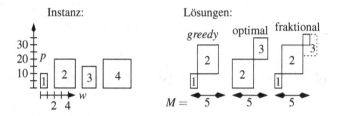

Abb. 12.1. Die *linke Seite* zeigt eine Instanz des Rucksackproblems mit $p = (10, 20, 15, 20)$, $w = (1, 3, 2, 4)$ und $M = 5$. Die Objekte sind als Rechtecke dargestellt, deren Breite dem Gewicht w_i und deren Höhe dem Profit p_i entspricht. Auf der *rechten Seite* sind drei Lösungen dargestellt: eine, die durch den Greedy-Algorithmus in Abschnitt 12.2 berechnet wird; eine optimale Lösung, die mit Hilfe des Ansatzes „dynamische Programmierung" berechnet wird (Abschnitt 12.3); schließlich die Lösung der linearen Relaxierung der Instanz (Abschnitt 12.1.1). Die optimale Lösung hat Gewicht 5 und Profit 35.

zulässige Lösung $x^* \in \mathscr{L}_I$ mit möglichst kleinem Zielfunktionswert zu finden. Bei einem *Suchproblem* ist f_I beliebig; die Aufgabe ist, eine zulässige Lösung $x \in \mathscr{L}_I$ zu finden, falls diese Menge nicht leer ist. Bei einem *Existenzproblem* geht es darum zu entscheiden, ob die Menge $\mathscr{L}_I$ der zulässigen Lösungen überhaupt ein Element enthält.

Betrachten wir als Beispiel das Rucksackproblem. Eine Instanz I spezifiziert ein Maximalgewicht M, eine Anzahl n von Objekten sowie Profite und Gewichte dieser Objekte, durch Vektoren $p = (p_1, \ldots, p_n)$ und $w = (w_1, \ldots, w_n)$. Eine mögliche Lösung für eine solche Instanz I ist einfach ein Vektor $x = (x_1, \ldots, x_n)$ mit $x_i \in \{0, 1\}$. Dabei zeigt „$x_i = 1$" an, dass Objekt i in den Rucksack gepackt wird, und „$x_i = 0$" zeigt an, dass Objekt i nicht eingepackt wird. Daher gilt $\mathscr{U}_I = \{0, 1\}^n$. Eine mögliche Lösung x ist zulässig, wenn das durch sie bestimmte Gesamtgewicht die Kapazität des Rucksacks nicht übersteigt, d. h., wenn $\sum_{1 \le i \le n} w_i x_i \le M$ gilt. Das Skalarprodukt $w \cdot x$ ist eine bequeme Abkürzung für $\sum_{1 \le i \le n} w_i x_i$. In dieser Schreibweise ist $\mathscr{L}_I = \{x \in \mathscr{U}_I : w \cdot x \le M\}$ die Menge der zulässigen Lösungen und $f_I(x) = p \cdot x$ ist die Zielfunktion.

Die Unterscheidung zwischen Minimierungs- und Maximierungsproblemen ist nicht wesentlich, weil die Umbenennung $f := -f$ aus einem Maximierungsproblem ein Minimierungsproblem macht und umgekehrt. Wir werden Maximierung als den Standardfall ansehen, einfach weil das fortlaufend als Beispiel verwendete Rucksackproblem sich in natürlicher Weise als Maximierungsproblem darstellt.[1]

In diesem Kapitel werden sieben generische Ansätze präsentiert. Wir beginnen mit Black-Box-Lösungsverfahren, die auf jede Probleminstanz angewendet werden kann, das sich in der Spezifikationssprache des jeweiligen Lösungsverfahrens ausdrücken lässt. In diesem Fall ist die einzige Aufgabe des Benutzers, die vorliegende Instanz in der Sprache des jeweiligen Black-Box-Lösungsverfahrens zu formulieren.

---

[1] Man beachte aber, dass in der Literatur meist die *Minimierung* als der Standardfall betrachtet wird.

Abschnitt 12.1 stellt diesen Ansatz vor, wobei *lineare Programmierung* und *ganzzahlige lineare Programmierung* (engl.: *integer linear programming, ILP*) als Beispiele dienen. Der *Greedy-Ansatz*, den wir schon in Kap. 11 kennengelernt haben, wird in Abschnitt 12.2 nochmals betrachtet. Der Ansatz der *dynamischen Programmierung*, der in Abschnitt 12.3 diskutiert wird, ist eine flexiblere Methode für die Konstruktion von Lösungen. Wir können auch systematisch den gesamten Raum aller möglichen Lösungen erkunden, wie in Abschnitt 12.4 beschrieben. *Constraintprogrammierung*, *SAT-Löser* und *ILP-Löser* sind Spezialfälle der *systematischen Suche*. Zum Schluss diskutieren wir zwei sehr flexible Ansätze, bei denen jeweils nur eine Teilmenge des Lösungsraums erkundet wird. *Lokale Suche*, diskutiert in Abschnitt 12.5, modifiziert eine Lösung, bis die gewünschte Güte erreicht ist. *Evolutionäre Algorithmen*, die in Abschnitt 12.6 betrachtet werden, simulieren eine Population von Kandidatenlösungen.

12.1 Lineare Programmierung – ein Black-Box-Lösungsverfahren

Am einfachsten findet man eine Lösung für eine Instanz eines Optimierungsproblems, indem man eine Spezifikation des Raums der zulässigen Lösungen und der Zielfunktion aufschreibt und dann ein Softwarepaket benutzt, um eine optimale Lösung zu finden. Natürlich ist die Frage, für welche Arten von Spezifikationen es solche allgemeinen Lösungsverfahren gibt. In diesem Abschnitt stellen wir eine besonders mächtige Klasse von Probleminstanzen vor, für die es effiziente Black-Box-Lösungsverfahren gibt.

Definition 12.1. *Ein* lineares Programm *(LP)[2] mit n Variablen und m Nebenbedingungen (engl.:* constraints*) ist eine Instanz eines Maximierungsproblems, die folgendermaßen beschrieben ist. Die möglichen Lösungen sind die Vektoren $x = (x_1, \ldots, x_n)$ mit reellen Komponenten. (Die x_i heißen Variablen.) Die Zielfunktion ist eine lineare Funktion f von x, d. h. $f \colon \mathbb{R}^n \to \mathbb{R}$ mit $f(x) = c \cdot x$, wobei $c = (c_1, \ldots, c_n)$ der* Gewichts- *oder* Kosten- *oder* Profitvektor[3] *heißt. Die Variablen sind durch m lineare Nebenbedingungen eingeschränkt, die die Form $a_i \cdot x \bowtie_i b_i$ haben, mit $\bowtie_i \in \{\leq, \geq, =\}$, $a_i = (a_{i1}, \ldots, a_{in}) \in \mathbb{R}^n$ und $b_i \in \mathbb{R}$ für $i \in 1..m$. Die Menge der zulässigen Lösungen ist*

$$\mathscr{L} = \left\{ x \in \mathbb{R}^n : \forall i \in 1..m : a_i \cdot x \bowtie_i b_i \text{ and } \forall j \in 1..n : x_j \geq 0 \right\} .$$

Abbildung 12.2 zeigt ein einfaches Beispiel. Eine klassische Anwendung der linearen Programmierung ist das Futtermittelproblem. Ein Landwirt möchte Futter

---

[2] Der Ausdruck „lineare Programmierung" stammt aus den 1940er Jahren [50] und hat mit der modernen Bedeutung des Wortes „(Computer-)Programm" nichts zu tun.

[3] Wenn alle c_i positiv sind, spricht man bei Maximierungsproblemen eher von „Profit", bei Minimierungsproblemen eher von „Kosten".

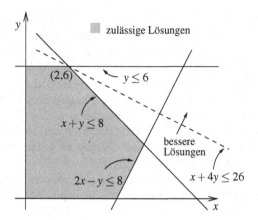

Abb. 12.2. Ein einfaches zweidimensionales lineares Programm in Variablen x und y, mit drei Nebenbedingungen und der Zielfunktion „maximiere $x + 4y$". Die zulässige Region ist schraffiert gezeichnet. Der Punkt $(x, y) = (2, 6)$ ist die optimale Lösung. Ihr Zielfunktionswert ist 26. Die Ecke $(2, 6)$ ist optimal, weil die durch die Ungleichung $x + 4y \leq 26$ beschriebene Halbebene die gesamte zulässige Region enthält und $(2, 6)$ als Randpunkt hat.

für seine Kühe mischen. Auf dem Markt gibt es n verschiedene Arten von Futterbestandteilen, etwa Mais, Soja, Fischmehl usw. Ein Kilogramm von Futtermittel j kostet c_j Euro. Es gibt m Anforderungen für gesunde Ernährung – die Kühe sollten zum Beispiel genügend Kalorien, Proteine, Vitamin C usw. bekommen. Ein Kilogramm von Futtermittel j enthält a_{ij} Prozent des täglichen Bedarfs einer Kuh im Bezug auf Anforderung i. Eine Lösung des folgenden linearen Programms liefert eine kostenoptimale Futtermischung, die die Gesundheitsanforderungen erfüllt. Es sei x_j die (in Kilogramm angegebene) Menge von Futtermittel j, die der Landwirt einsetzt. Die ernährungstechnische Anforderung i wird durch die Ungleichung $\sum_j a_{ij} x_j \geq 100$ modelliert. Die Kosten der Futtermischung sind $\sum_j c_j x_j$; die Aufgabe ist, diese Kosten zu minimieren.

Aufgabe 12.1. Wie lassen sich Futterbestandteile modellieren, die nur in begrenzten Mengen verfügbar sind, beispielsweise Futter, das der Landwirt selber produziert? Erklären sie auch, wie man weitere Einschränkungen wie etwa „keine Kuh darf am Tag mehr als 0.01 mg Cadmium aufnehmen" spezifizieren kann.

Kann das Rucksackproblem als ein lineares Programm formuliert werden? Wahrscheinlich nicht. Man kann ein Objekt nur als Ganzes in den Rucksack packen oder gar nicht. Es gibt keine Möglichkeit, es nur zum Teil einzupacken. Im Gegensatz dazu wird beim Futtermittelproblem angenommen, dass man eine beliebige Menge eines Futtermittels kaufen kann, beispielsweise 3.7245 kg und nicht nur 3 kg oder 4 kg. Ganzzahlige lineare Programme (engl.: *integer linear program*, *ILP*) (s. Abschnitt 12.1.1) sind die richtige Darstellungsmethode für das Rucksackproblem.

Wir wollen nun die lineare Programmierung zu zwei weiter vorn im Buch betrachteten Problemstellungen in Beziehung setzen, nämlich zu kürzesten Wegen und zu Flussproblemen. Als Erstes soll das Kürzeste-Wege-Problem mit einem Startknoten in Digraphen mit nichtnegativen Kantenkosten in der Sprache der linearen Programmierung formuliert werden. Gegeben sei also ein gerichteter Graph $G = (V, E)$, ein Startknoten $s \in V$ und eine Kostenfunktion $c \colon E \to \mathbb{R}_{\geq 0}$ für die Kanten von G. Im linearen Programm, das dieser Instanz entspricht, gibt es für jeden Knoten v in G eine Variable d_v. Die Idee ist, dass in einer optimalen Lösung die Variable d_v die Kürzeste-Wege-Distanz von s nach v angeben soll. Auf den ersten Blick etwas überraschend ist die Beobachtung, dass es hierfür angemessen ist, ein *Maximierungsproblem* zu formulieren. Wir formulieren Optimierungsziel und Nebenbedingungen wie folgt:

$$\text{maximiere} \qquad \sum_{v \in V} d_v \,,$$

$$\text{wobei} \qquad d_s = 0$$

$$d_w \leq d_v + c(e) \quad \text{für alle } e = (v, w) \in E \,.$$

Um Intuition dafür zu gewinnen, weshalb dies eine passende Formulierung ist, kann man sich an das Fadenmodell für die kürzesten Wege von s aus erinnern, das wir am Anfang von Kapitel 10 vorgestellt haben. Dieses Modell bewirkt, dass jeder Knoten *möglichst tief* unter dem Startknoten hängt, ohne dass dabei eine Kante überdehnt wird – das heißt, dass für zwei Knoten v und w, die eine Kante $e = (v, w)$ bilden, und ihre Distanzen d_v und d_w von s die Beziehung $d_w \leq d_v + c(e)$ gelten muss. Wir beweisen nun formal, dass das angegebene lineare Programm die Instanz des Kürzeste-Wege-Problems darstellt, die durch G, s und c gegeben ist.

Satz 12.2 *Sei $G = (V, E)$ ein gerichteter Graph, $s \in V$ ein ausgezeichneter Knoten, und sei $c \colon E \to \mathbb{R}_{\geq 0}$ eine nichtnegative Kostenfunktion. Wenn alle Knoten von G von s aus erreichbar sind, dann bilden die Kürzeste-Wege-Distanzen die eindeutig bestimmte optimale Lösung des oben angegebenen linearen Programms.*

Beweis. Sei $\mu(v)$ die Länge eines kürzesten Weges von s nach v. Dann ist $\mu(v) \in \mathbb{R}_{\geq 0}$, weil alle Kantenkosten nichtnegativ sind und alle Knoten von s aus erreichbar sind, und daher Distanzen $-\infty$ und $+\infty$ von s nicht auftreten können. Wir beobachten zunächst, dass die Festlegung $d_v := \mu(v)$ für alle v eine zulässige Lösung des linearen Programms ergibt: Es gilt $\mu(s) = 0$ und $\mu(w) \leq \mu(v) + c(e)$ für jede Kante $e = (v, w)$. Nun zeigen wir Folgendes: Wenn $(d_v)_{v \in V}$ alle Nebenbedingungen des LP von oben erfüllt, dann gilt $d_v \leq \mu(v)$ für alle v. Betrachte dazu einen beliebigen Knoten v und einen kürzesten Weg $\langle s = v_0, v_1, \ldots, v_k = v \rangle$ von s nach v. Dann ist $\mu(v) = \sum_{0 \leq i < k} c(v_i, v_{i+1})$. Wir beweisen durch Induktion über $j \in \{0, \ldots, k\}$, dass $d_{v_j} \leq \sum_{0 \leq i < j} c(v_i, v_{i+1})$ gilt. Für $j = 0$ folgt dies aus $d_s = 0$, der ersten Nebenbedingung. Für $j > 0$ gilt

$$d_{v_j} \leq d_{v_{j-1}} + c(v_{j-1}, v_j) \leq \sum_{0 \leq i < j-1} c(v_i, v_{i+1}) + c(v_{j-1}, v_j) = \sum_{0 \leq i < j} c(v_i, v_{i+1}) \,,$$

wobei die erste Ungleichung aus den Nebenbedingung für $v \neq s$ und die zweite Ungleichung aus der Induktionsvoraussetzung folgt.

Wir haben nun gezeigt, dass $(\mu(v))_{v \in V}$ eine zulässige Lösung ist, und dass jede zulässige Lösung $(d_v)_{v \in V}$ für jeden Knoten v die Ungleichung $d_v \leq \mu(v)$ erfüllen muss. Weil das Zielfunktion des linearen Programms verlangt, dass die Summe der d_v's maximiert werden soll, muss in der optimalen Lösung $(d_v)_{v \in V}$ für jeden Knoten v die Gleichheit $d_v = \mu(v)$ gelten. $\square$

Aufgabe 12.2. An welcher Stelle wird der Beweis falsch, wenn nicht alle Knoten von s aus erreichbar sind oder wenn es negative Kantengewichte gibt? Funktioniert der Beweis noch, wenn es zwar negative Kantengewichte, aber keine negativen Kreise gibt?

Der Beweis, dass das obige lineare Programm das Kürzeste-Wege-Problem exakt erfasst, ist nicht trivial. Wenn man ein Problem in der LP-Version formuliert, sollte man immer beweisen, dass das LP tatsächlich eine korrekte Beschreibung der jeweilig zu lösenden Probleminstanz ist.

Aufgabe 12.3. Sei $G = (V, E)$ ein gerichteter Graph, und seien s und t zwei Knoten („Quelle" und „Senke"). Seien weiter $cap \colon E \to \mathbb{R}_{\geq 0}$ und $c \colon E \to \mathbb{R}_{\geq 0}$ nichtnegative Funktionen auf den Kanten von G. Für eine Kante e nennen wir $cap(e)$ und $c(e)$ die *Kapazität* bzw. die *Kosten* von e. Ein *Fluss* in einem solchen Graphen ist eine Funktion $f \colon E \to \mathbb{R}_{\geq 0}$ mit $0 \leq f(e) \leq cap(e)$ für alle Kanten e und *Flusserhaltung* an allen Knoten außer s und t. Das heißt, dass für alle Knoten $v \neq s, t$ die Gleichung

$$\text{Fluss in } v \text{ hinein} = \sum_{e=(u,v)} f(e) = \sum_{e=(v,w)} f(e) = \text{Fluss aus } v \text{ heraus} \,,$$

gilt. Der *Wert* eines Flusses f ist der Netto-Fluss aus der Quelle s heraus, d. h. die Größe $\sum_{e=(s,v)} f(e) - \sum_{e=(u,s)} f(e)$. Das *Max-Flow-Problem* fragt nach einem Fluss mit maximalem Wert. (Die Kostenfunktion wird ignoriert.) Zeigen Sie, dass diese Problemstellung äquivalent als lineares Programm formuliert werden kann.

Die *Kosten* eines Flusses f sind $\sum_e f(e)c(e)$. Das *Min-Cost-Max-Flow-Problem* fragt nach einem maximalen Fluss, der minimale Kosten hat (unter allen maximalen Flüssen). Zeigen Sie, wie man diese Problemstellung als lineares Programm formulieren kann.

Der Ansatz der linearen Programmierung ist besonders deswegen von zentraler Bedeutung, weil er große Ausdrucksstärke mit effizienten Lösungsalgorithmen kombiniert.

Satz 12.3 *Lineare Programme können in polynomieller Zeit gelöst werden* [121, 117], *im folgenden Sinn: Wenn es eine zulässige Lösung gibt, die die Zielfunktion maximiert, wird eine solche gefunden. Andernfalls wird gemeldet, dass es keine zulässige Lösung gibt oder dass zulässige Lösungen mit beliebig großem Zielfunktionswert existieren.*

Die Rechenzeit des besten bekannten LP-Algorithmus im schlechtesten Fall ist $O\!\left(\max\{m, n\}^{7/2} L\right)$. Für diese Schranke wird angenommen, dass alle Koeffizienten

c_j, a_{ij} und b_i ganze Zahlen sind, deren Absolutbetrag nicht größer als 2^L ist; n und m sind die Anzahl der Variablen bzw. die Anzahl der Nebenbedingungen. Glücklicherweise kommt der schlechteste Fall selten vor. Es gibt mehrere Verfahren, die die meisten linearen Programme recht schnell lösen. Eines davon, der Simplex-Algorithmus, wird in Abschnitt 12.5.1 kurz skizziert. Für den Moment sollte die Leserin zwei Tatsachen zur Kenntnis nehmen: Einerseits können viele Probleme als lineare Programme formuliert werden; andererseits gibt es effiziente Lösungsverfahren für lineare Programme, die als Black Box verwendet werden können. Obwohl solche Lösungsprogramme routinemäßig benutzt werden, wissen nicht allzu viele Leute auf der Welt, wie man ein hocheffizientes LP-Lösungsverfahren im Detail implementiert.

12.1.1 Ganzzahlige lineare Programmierung

Die Ausdrucksstärke der linearen Programmierung nimmt zu, wenn man einige oder alle Variablen als „ganzzahlig" auszeichnen kann. Solche Variablen können dann nur nur ganzzahlige Werte annehmen, nicht mehr beliebige reelle Werte. Wenn alle Variablen als ganzzahlig ausgezeichnet sind, heißt die Problemstellung ein *ganzzahliges lineares Programm* (engl.: *integer linear program*, abgekürzt *ILP*). Wenn einige, aber nicht alle Variablen ganzzahlig sein müssen, spricht man von einem gemischten ganzzahligen linearen Programm (engl.: *mixed ILP*, abgekürzt *MILP*). Beispielsweise ist unser Rucksackproblem zum folgenden ganzzahligen linearen Programm äquivalent:

$$\text{maximiere } p \cdot x$$

unter den folgenden Nebenbedingungen:

$$w \cdot x \le M, \quad \text{and} \quad x_i \in \{0, 1\} \text{ for } i \in 1..n \,.$$

Ein ILP wie dieses, in dem für die Variablen nur die Werte 0 und 1 erlaubt sind, heißt ein 0-1-ILP.

Aufgabe 12.4. Erklären Sie, wie man jedes beliebige ILP durch ein 0-1-ILP ersetzen kann, wenn eine obere Schranke U für alle Variablen in einer optimalen Lösung bekannt ist. *Hinweis*: Ersetzen Sie jede Variable im ursprünglichen ILP durch eine Menge von $O(\log U)$ 0-1-wertigen Variablen.

Unglücklicherweise ist das Lösen von ILPs und MILPs **NP**-schwer. In der Tat: schon die Instanzen, die das Rucksackproblem repräsentieren, also nur eine Nebenbedingung haben, machen ILP **NP**-schwer. Nichtsdestotrotz können ILPs in der Praxis oft mit LP-Paketen effizient gelöst werden. In Abschnitt 12.4 werden wir skizzieren, wie das gemacht wird. Wenn das Finden einer exakten Lösung zu zeitaufwendig wäre, kann lineare Programmierung dabei helfen, Näherungslösungen zu finden. Die *LP-Relaxierung* eines ILP ist das lineare Programm, das man erhält, wenn man die Ganzzahligkeitsbedingungen für die Variablen fallenlässt. Beispielsweise würden wir im Rucksackproblem die Nebenbedingung $x_i \in \{0, 1\}$ durch die schwächere Nebenbedingung $x_i \in [0, 1]$ ersetzen.

Eine LP-Relaxierung lässt sich mit einem LP-Lösungsverfahren lösen. In vielen Fällen liefert diese Lösung Information über das zugrunde liegende ganzzahlige lineare Programm. Eine Beobachtung gilt immer (für Maximierungsprobleme): Der optimale Zielfunktionswert der Relaxierung ist mindesten so groß wie das Optimum des ILP. Diese Behauptung ist trivial, weil jede zulässige Lösung für das ILP auch für die Relaxierung zulässig ist. Die optimale Lösung der LP-Relaxierung wird normalerweise „*fraktional*" sein, d. h., die Variablen haben rationale Werte, die nicht ganzzahlig sind. Jedoch kann es passieren, dass dies nur für einige wenige Variablen zutrifft. Durch geeignetes Runden der fraktionalen Variablen zu ganzen Zahlen lassen sich oft gute ganzzahlige zulässige Lösungen erhalten.

Wir geben ein Beispiel für dieses Vorgehen an. Die lineare Relaxierung einer Instanz für das Rucksackproblem ist durch das folgende lineare Programm gegeben:

$$\text{maximiere } p \cdot x$$

unter den Nebenbedingungen

$$w \cdot x \leq M \quad \text{und} \quad x_i \in [0, 1], \text{ für } i \in 1..n \,.$$

Dieses lineare Programm hat eine natürliche Interpretation. Man muss nicht mehr ganze Objekte in den Rucksack packen; vielmehr ist es erlaubt, von einzelnen Objekten auch Bruchteile einzupacken. In unserem Schmuggel-Szenario entspricht das *fraktionale Rucksackproblem* einer Situation, in der es um beliebig zerteilbare Waren wie etwa Flüssigkeiten oder Pulver geht.

Das fraktionale Rucksackproblem lässt sich auf einfache Weise in Zeit $O(n \log n)$ lösen; es ist nicht nötig, hierfür ein allgemeines LP-Lösungsverfahren zu bemühen. Wir nummerieren die Objekte so um, dass ihre *Profitdichte* p_i / a_i schwach monoton wächst, d. h. so dass gilt:

$$\frac{p_1}{w_1} \geq \frac{p_2}{w_2} \geq \cdots \geq \frac{p_n}{w_n} \,.$$

Nun finden wir den kleinsten Index j mit der Eigenschaft, dass $\sum_{i=1}^{j} w_i > M$ gilt. (Wenn es kein solches j gibt, können wir alle Objekte in den Rucksack packen.) Nun setzen wir

$$x_1 = \cdots = x_{j-1} = 1, x_j = \left(M - \sum_{i=1}^{j-1} w_i \right) \Big/ w_j \text{ und } x_{j+1} = \cdots = x_n = 0 \,.$$

In Abb. 12.1 ist ein Beispiel angegeben. Die eben beschriebene fraktionale Lösung ist Ausgangspunkt für viele gute Algorithmen für das Rucksackproblem. Wir werden im weiteren Verlauf mehr davon sehen.

Aufgabe 12.5 (Lineare Relaxierung des Rucksackproblems).

(a) Beweisen Sie, dass das oben beschriebene Vorgehen eine optimale Lösung berechnet. *Hinweis*: Ein Austauschargument ähnlich wie im Beweis der Schnitteigenschaft bei minimalen Spannbäumen in Abschnitt 11.1 könnte hilfreich sein.

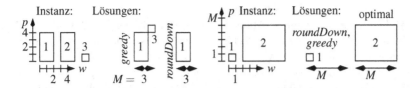

Abb. 12.3. Zwei Instanzen des Rucksackproblems. *Links*: für $p = (4, 4, 1)$, $w = (2, 2, 1)$ und $M = 3$ liefert *greedy* ein besseres Resultat als *roundDown*. *Rechts*: für $p = (1, M - 1)$ und $w = (1, M)$ sind die von *greedy* und *roundDown* berechneten Lösungen weit vom Optimum entfernt.

(b) Skizzieren Sie einen Algorithmus, der in linearer erwarteter Zeit eine optimale Lösung berechnet. *Hinweis*: Benutzen Sie eine Variante des Algorithmus *quickSelect*, der in Abschnitt 5.5 beschrieben wurde.

Eine Lösung des fraktionalen Rucksackproblems kann man leicht in eine zulässige Lösung für des Rucksackproblem überführen, indem man die eine fraktionale Variable x_j auf 0 abrundet. Diesen Algorithmus für das Rucksackproblem wollen wir *roundDown* nennen.

Aufgabe 12.6. Formulieren Sie die folgende Instanz des *Mengenüberdeckungsproblems* (engl.: *set cover*) als ein ILP: Gegeben ist eine Menge M, Teilmengen $M_i \subseteq M$ für $i \in 1..n$ mit $\bigcup_{i=1}^{n} M_i = M$ sowie Kosten c_i für jede Menge M_i. Es ist eine Menge $F \subseteq 1..n$ mit $\bigcup_{i \in F} M_i = M$ zu wählen, so dass $\sum_{i \in F} c_i$ minimiert wird.

12.2 Greedy-Algorithmen – Nie zurückschauen!

Die Bezeichnung *Greedy-Algorithmus* (engl.: *greedy*, gierig) wird für eine algorithmische Strategie benutzt, bei der die betrachteten Objekte in einer gewissen (meistens sorgfältig gewählten) Reihenfolge nacheinander betrachtet werden, und eine Entscheidung über ein Objekt (z. B. ob es in die Lösung aufgenommen wird oder nicht) in dem Moment getroffen wird, in dem dieses Objekt betrachtet wird. Einmal getroffene Entscheidungen werden nachher nie mehr geändert. Der Algorithmus für das fraktionale Rucksackproblem im vorigen Abschnitt folgt dem Greedy-Ansatz: Wir betrachten die Objekte in der Reihenfolge fallender Profitdichten. Die Algorithmen für kürzeste Wege bei azyklischen Graphen und bei nichtnegativen Kantenkosten (Abschnitte 10.2 und 10.3) sowie für minimale Spannbäume (Kap. 11) folgen ebenfalls der Greedy-Strategie. Beispielsweise wurden für das Kürzeste-Wege-Problem mit nichtnegativen Kantenkosten die Knoten in der Reihenfolge wachsender Schätzdistanzen betrachtet. Für diese Probleme führte der Greedy-Ansatz zu optimalen Lösungen.

Normalerweise liefern Greedy-Algorithmen Lösungen, die nicht optimal sind. Betrachten wir noch einmal das Rucksackproblem. Ein typischer Greedy-Ansatz wäre, die Objekte in der Reihenfolge fallender Profitdichte zu durchmustern und ein

Objekte einzupacken, falls es noch in den Rucksack hineinpasst. Diesen Algorithmus wollen wir *greedy* nennen. Abbildungen 12.1 und 12.3 geben Beispiele an. Man beachte, dass die von *greedy* gelieferten Lösungen stets mindestens so gut sind wie die von *RoundDown*: Wenn Algorithmus *roundDown* ein Objekt findet, das nicht mehr in den Rucksack passt, hält er an. Algorithmus *greedy* dagegen sucht weiter und kann oft weitere Objekte mit kleinerem Gewicht in den Rucksack packen. Obgleich die beiden Algorithmen bei dem Beispiel in Abb. 12.1 das gleiche Ergebnis liefern, sind die Ergebnisse im Allgemeinen tatsächlich verschieden. Man betrachte die beiden Beispielinstanzen in Abb. 12.3. Mit Profiten $p = (4,4,1)$, Gewichten $w = (2,2,1)$ und $M = 3$ wählt *greedy* das erste und das dritte Objekt und erzielt einen Profit von 5, wohingegen *roundDown* nur das erste Objekt wählt und einen Profit von 4 erreicht. Beide Algorithmen können auch Lösungen erzeugen, die sehr weit vom Optimum entfernt sind. Im zweiten Beispiel in Abb. 12.3 werden für eine beliebige Kapazität M Profite $p = (1, M-1)$ und Gewichte $w = (1,M)$ betrachtet. Sowohl *greedy* als auch *roundDown* wählen nur das erste Objekt, das eine leicht höhere Profitdichte als das zweite Objekt hat, aber mit 1 einen sehr kleinen absoluten Profit. Es wäre viel besser, nur das zweite Objekt (mit Profit $M-1$) zu wählen.

Diese Beobachtung lässt sich in einen Ansatz umwandeln, der zu einem weiteren Algorithmus namens *round* führt. Dieser Algorithmus berechnet zwei Lösungen, nämlich die Lösung x^d von *roundDown* und die Lösung x^c, die man erhält, indem man nur das kritische Objekt x_j der fraktionalen Lösung wählt[4], und gibt die bessere der beiden zurück.

Algorithmus *round* besitzt eine interessante Gütegarantie. Für jede Instanz wird mindestens die Hälfte des Profits erzielt, die eine optimale Lösung erreicht. Allgemein sagen wir, dass ein Algorithmus eine *Approximationsgüte* von α erreicht, wenn für jede Instanz eine Lösung berechnet wird, deren Profit höchstens um den Faktor α kleiner ist als das Optimum.

Satz 12.4 *Algorithmus round hat Approximationsgüte 2.*

Beweis. Wir betrachten eine Instanz p, w, M. Sei x^* eine beliebige optimale Lösung, und sei x^f die optimale Lösung für p, w, M, wenn fraktionale Lösungen zugelassen sind. Dann gilt $p \cdot x^* \leq p \cdot x^f$. Der Wert der Zielfunktion steigt, wenn man in der fraktionalen Lösung $x_j = 1$ setzt. Damit erhalten wir:

$$p \cdot x^* \leq p \cdot x^f \leq p \cdot x^d + p \cdot x^c \leq 2 \max\{p \cdot x^d, p \cdot x^c\},$$

also ist der Profit bei Algorithmus *round* mindestens die Hälfte des Optimums.   □

Algorithmus *round* lässt sich auf viele Arten verfeinern, ohne dass man diese Approximationsgarantie opfern muss. Wir können zum Beispiel x^d durch die Lösung des Greedy-Ansatzes ersetzen. Ebenso können wir x^c durch eine Lösung des Greedy-Ansatzes auf einer kleineren Instanz erweitern, die sich ergibt, indem wir Objekt j entfernen und die Rucksackkapazität um w_j verringern.

---

[4] Wir nehmen hier an, dass in einem Vorverarbeitungsschritt „zu schwere" Objekte mit $w_i > M$ aus der Probleminstanz gestrichen worden sind.

Wir wenden uns nun einer weiteren wichtigen Klasse von Problemen zu, die *Schedulingprobleme* heißen. Wir betrachten das folgende Szenario, das als *Schedulingproblem für unabhängige gewichtete Jobs auf identischen Maschinen* bekannt ist. Gegeben sind m Maschinen, auf denen wir n Jobs ausführen wollen; die Ausführungszeit von Job j beträgt t_j Zeiteinheiten. Eine Zuordnung $x\colon 1..n \to 1..m$ der Jobs auf die Maschinen heißt ein *Schedule* (auf Deutsch etwa „Zeitablaufplan"). Die der Maschine j zugewiesene *Last* ℓ_j ist dann $\sum_{i:\,x(i)=j} t_i$. Das Ziel ist, die maximale Ausführungszeit (engl.: *makespan*) $L_{\max} = \max_{1 \le j \le m} \ell_j$ der Zuordnung x zu minimieren.

Ein mögliches Anwendungsszenario wäre Folgendes: Wir haben einen Videospiel-Prozessor mit mehreren identischen Prozessorkernen. Die Jobs sind Aufgaben, die bei einem Videospiel auszuführen wären, wie Audioverarbeitung, die Vorbereitung von graphischen Objekten für die Bildverarbeitungseinheit, die Simulation von physikalischen Effekten, die Simulation der Logik des Spiels.

Als Nächstes geben wir einen einfachen Greedy-Algorithmus für das eben beschriebene Problem an [89], der die zusätzliche Eigenschaft hat, dass er die Größen der zu planenden Jobs nicht im Voraus kennen muss. Die Größen der Jobs werden nacheinander gelesen, und sobald ein Job bekannt geworden ist, wird er einer Maschine zugewiesen. Algorithmen mit dieser Eigenschaft („unbekannte Zukunft") heißen *Online-Algorithmen*. Algorithmus *listScheduling* sagt nun einfach, dass Job i in dem Moment, in dem er eintrifft, der Maschine zugewiesen wird, die momentan die kleinste Last hat („*shortest-queue*-Heuristik"). Formal berechnen wir für jede Maschine j die momentane Auslastung $\ell_j = \sum_{h<i\wedge x(h)=j} t_h$ und weisen Job i einer Maschine j_i zu, die die Gleichung $\ell_{j_i} = \min_{1 \le j \le m} \ell_j$ erfüllt. Dieser Algorithmus garantiert nicht, dass die Lösung optimal ist, aber er liefert Lösungen, die nahe beim Optimum liegen.

Satz 12.5 *Für Algorithmus listScheduling gilt:*

$$L_{\max} \le \frac{1}{m}\sum_{i=1}^{n} t_i + \frac{m-1}{m}\max_{1 \le i \le n} t_i\,.$$

Beweis. In der von *listScheduling* erzeugten Zuordnung hat irgendeine Maschine j^* Last $L_{\max}$. Wir betrachten den letzten Job i^*, der auf Maschine j^* geplant wird. In dem Moment, in dem Job i^* der Maschine j^* zugewiesen wird, haben alle m Maschinen Last mindestens $L_{\max} - t_{i^*}$, d. h.,

$$\sum_{i \ne i^*} t_i \ge (L_{\max} - t_{i^*}) \cdot m\,.$$

Wenn wir dies nach $L_{\max}$ auflösen, erhalten wir

$$L_{\max} \le \frac{1}{m}\sum_{i \ne i^*} t_i + t_{i^*} = \frac{1}{m}\sum_i t_i + \frac{m-1}{m}t_{i^*} \le \frac{1}{m}\sum_{i=1}^{n} t_i + \frac{m-1}{m}\max_{1 \le i \le n} t_i\,. \qquad \square$$

Wir sind fast fertig. Es bleibt nur noch zu beobachten, dass sowohl $\frac{1}{m}\sum_i t_i$ als auch $\max_i t_i$ untere Schranken für die maximale Last für *jede* Zuweisung sind, also auch für die maximale Last bei einer optimalen Zuweisung. Es ergibt sich das folgende Korollar.

Korollar 12.6. *Die Approximationsgüte von Algorithmus listScheduling ist* $2 - 1/m$.

Beweis. Sei $L_1 = \sum_i t_i/m$ und $L_2 = \max_i t_i$. Die maximale Last bei der optimalen Lösung ist mindestens $\max\{L_1, L_2\}$. Die maximale Last bei der von Algorithmus *listScheduling* erzeugten Zuordnung ist nicht größer als

$$L_1 + \frac{m-1}{m}L_2 \leq \frac{mL_1 + (m-1)L_2}{m} \leq \frac{(2m-1)\max\{L_1, L_2\}}{m}$$

$$= (2 - \frac{1}{m}) \cdot \max\{L_1, L_2\} . \qquad \Box$$

Wir bemerken noch, dass Algorithmus *listScheduling* auch nicht besser ist als eben festgestellt. Dazu betrachten wir eine Instanz mit $n = m(m-1) + 1$, $t_i = 1$ für $i = 1, \ldots, n-1$ und $t_n = m$. Die optimale Lösung hat maximale Last $L_{\max}^{opt} = m$, wohingegen Algorithmus *listScheduling* eine Lösung mit maximaler Last $L_{\max} = 2m - 1$ liefert. Algorithmus *listScheduling* ist ein Online-Algorithmus. Er erzeugt eine Lösung, die höchstens um den Faktor $2 - 1/m$ schlechter ist als ein Algorithmus, der die gesamte Eingabe kennt. In einer solchen Situation sagen wir, dass der Online-Algorithmus einen *kompetitiven Faktor* (engl.: *competitive ratio*) von $\alpha = 2 - 1/m$ besitzt.

*Aufgabe 12.7. Zeigen Sie, dass Algorithmus *listScheduling* Approximationsgüte $4/3$ erreicht, wenn man zu Beginn die Jobs nach ihrer Größe fallend sortiert.

*Aufgabe 12.8 (Binpacking). Nehmen Sie an, die Chefin einer Schmugglerbande hat verderbliche Güter in ihrem Keller. Sie muss für die kommende Nacht genügend viele Träger anheuern, um alle Güter auf einmal über die Grenze zu schaffen. Entwickeln Sie einen Greedy-Algorithmus, der die Anzahl der benötigten Träger zu minimieren versucht, unter der Annahme, dass jeder maximal Gewicht M tragen kann. Versuchen Sie, für Ihren Algorithmus zur Lösung des *Binpackingproblems* eine Approximationsgüte zu beweisen.

Boolesche Formeln stellen eine weitere mächtige Beschreibungssprache dar. Hier können Variablen die Booleschen Werte 1 und 0 annehmen, und die Verknüpfungen $\land$, $\lor$ und $\neg$ werden benutzt, um ausgehend von Variablen Formeln aufzubauen. Eine Boolesche Formel ist *erfüllbar*, wenn es eine Belegung der Variablen mit Booleschen Werten gibt, so dass die Auswertung der Formel 1 ergibt. Als Beispiel formulieren wir das Schubfachprinzip (engl.: *pigeonhole principle*) als Instanzen des Erfüllbarkeitsproblems. Das Schubfachprinzip besagt, dass es unmöglich ist, $n+1$ Gegenstände so auf n Behälter (Schubfächer) zu verteilen, dass jeder Behälter höchstens einen Gegenstand enthält. Wir benutzen Variablen x_{ij} für $1 \leq i \leq n+1$ and $1 \leq j \leq n$. Index i läuft also über Gegenstände, Index j über Behälter. Variable x_{ij} steht für die Aussage „Gegenstand i liegt in Behälter j". Jeder Gegenstand muss in (mindestens) einem Behälter liegen, also bilden wir für jedes i die Teilformel $x_{i1} \lor \ldots \lor x_{in}$. Kein Behälter soll mehr als einen Gegenstand enthalten, also bilden wir für jedes j die Teilformel $\neg(\vee_{1 \le i < h \le n+1}(x_{ij} \wedge x_{hj}))$. Die Konjunktion dieser $n + m + 1$ Teilformeln ist unerfüllbar, weil man aus einer erfüllenden Belegung eine Verteilung der $n + 1$ Objekte auf n Behälter ablesen könnte, die es nach dem Schubfachprinzip nicht gibt. SAT-Löser oder SAT-Solver entscheiden, ob eine vorgelegte Boolesche Formel erfüllbar ist oder nicht und berechnen gegebenenfalls eine erfüllende Belegung. Obwohl das Erfüllbarkeitsproblem **NP**-vollständig ist, gibt es heute SAT-Löser, die Probleminstanzen aus echten Anwendungen lösen können, die Hunderttausende von Variablen umfassen.[5]

Aufgabe 12.9. Formulieren Sie das Schubfachprinzip für $n + 1$ Objekte und n Behälter als ein ganzzahliges lineares Programm (ILP).

12.3 Dynamische Programmierung – Schrittweiser Aufbau

Die Grundidee beim Ansatz der dynamischen Programmierung ist zunächst, zu einer gegebenen Probleminstanz ein geeignetes System von Hilfsinstanzen zu definieren, die hier *Teilprobleme* genannt werden. Oft gilt dann das folgende *Optimalitätsprinzip*: Eine optimale Lösung eines Teilproblems setzt sich aus optimalen Lösungen für darin enthaltene kleinere Teilprobleme zusammen. Der Algorithmus, der dem Prinzip der dynamischen Programmierung folgt, baut dann systematisch eine Tabelle von optimalen Lösungen für alle Teilprobleme auf. Dabei wird für die Konstruktion einer optimalen Lösung für ein Teilproblem auf die schon in der Tabelle gespeicherten Lösungen für die darin enthaltenen kleineren Teilprobleme zurückgegriffen. Eine Lösung für die gegebene Probleminstanz lässt sich dann aus der Lösung eines oder mehrerer Teilprobleme ablesen.

Wieder benutzen wir das Rucksackproblem als Beispiel. Betrachte eine Instanz I, bestehend aus Gewichtsvektor w, Profitvektor p und Kapazität M. Für jedes $i \in 0..n$ und jedes C zwischen 0 und $w_1 + \ldots + w_n$ definieren wir ein *Teilproblem*, wie folgt: $P(i, C)$ ist der maximale Profit, der erzielt werden kann, wenn nur Objekte 1 bis i gewählt werden dürfen und das Gesamtgewicht nicht mehr als C betragen darf. Der *Profit* einer optimalen Bepackung des Rucksacks ist dann $P(n, M)$. (Wir werden unten sehen, dass sich aus den Lösungen der Teilprobleme auch leicht eine Bepackung berechnen lässt, die diesen optimalen Profit realisiert.) Wir wollen schrittweise Lösungen für die Teilprobleme berechnen. Die trivialen Basisfälle sind schnell erledigt: wenn $i = 0$ oder $C = 0$ ist, kann man gar kein Objekt wählen, und der maximale Profit ist 0. Also:

$$P(0, C) = 0 \text{ für alle } C \quad \text{und} \quad P(i, 0) = 0 \text{ für alle } i.$$

Nun betrachten wir ein beliebiges Paar (i, C) mit $i > 0$ und $C > 0$, und eine Lösung für dieses Teilproblem, das den optimalen Profit $P(i, C)$ liefert. In dieser Lösung

---

[5] Siehe http://www.satcompetition.org/.

kommt entweder Objekt i vor oder es kommt nicht vor. Wie man sofort sieht, ist im zweiten Fall der maximal erzielbare Profit $P(i,C)$ gerade $P(i-1,C)$. (Eine solche optimale Lösung für Teilproblem (i,C) besteht also aus einer optimalen Lösung für Unter-Teilproblem $(i-1,C)$.) Im ersten Fall ist der maximal erzielbare Profit $P(i,C)$ genau $p_i + P(i-1,C-w_i)$, weil in einer solchen optimalen Lösung Objekt i Profit p_i liefert und die verbleibende Kapazität $C - w_i$ mit den ersten $i-1$ Objekten optimal ausgenutzt werden muss. (Eine solche optimale Lösung für Teilproblem (i,C) enthält also eine optimale Lösung für Unter-Teilproblem $(i-1,C-p_i)$.) Natürlich kann der erste Fall nur auftreten, wenn $C \geq w_i$ gilt. Wir fassen die Diskussion in der folgenden Rekurrenzgleichung für $P(i,C)$ zusammen:

$$
P(i,C) = \begin{cases} 0, & \text{falls } i = 0 \text{ oder } C = 0, \\ \max\{P(i-1,C), P(i-1,C-w_i) + p_i\}, & \text{falls } i \geq 1 \text{ und } w_i \leq C, \\ P(i-1,C), & \text{falls } i \geq 1 \text{ und } w_i > C \end{cases}
$$

Aufgabe 12.10. Zeigen Sie, dass man die Fallunterscheidung in der Definition von $P(i,C)$ weglassen kann, wenn man für $C < 0$ definiert: $P(i,C) = -\infty$.

Mit der oben angegebenen Rekurrenz lässt sich $P(n,M)$ berechnen, indem man eine Tabelle P ausfüllt, die für jede mögliche Kapazität C eine Spalte und für jede Objektmenge $1..i$ eine Zeile hat. In Tab. 12.1 ist ein Beispiel angegeben. Es gibt viele Möglichkeiten, die Reihenfolge festzulegen, in der die Einträge berechnet werden. Eine davon ist Zeile für Zeile. Um eine Lösung (d. h., eine optimale Auswahl der Objekte) für die ursprüngliche Rucksackinstanz zu konstruieren, arbeiten wir in dieser Tabelle rückwärts, beginnend bei Eintrag $P(n,M)$ in der rechten unteren Ecke. Wir setzen $(i,C) := (n,M)$, und iterieren Folgendes: Wenn $P(i,C) = P(i-1,C)$ gilt, setzen wir $x_i := 0$ (Objekt i wird nicht gewählt) und $i := i-1$. Andernfalls gilt $P(i,C) = P(i-1,C-w_i) + p_i$, und wir setzen $x_i := 1$ (Objekt i wird gewählt), $i := i-1$ und $C := C - w_i$. Dies wird durchgeführt, bis i den Wert 0 erreicht hat. Dann ist $(x_1, \ldots, x_n)$ eine optimale Lösung für die ursprüngliche Rucksackinstanz.

Aufgabe 12.11. Der eben beschriebene Algorithmus für die Berechnung einer optimalen Lösung x für das Rucksackproblem erfordert die Speicherung der gesamten Tabelle P mit $\Theta(nM)$ ganzen Zahlen. Geben Sie eine platzeffizientere Lösung an, die an jedem Tabellenplatz von P nur ein Bit speichert, sowie zu jedem Zeitpunkt nur zwei Zeilen der vollen Tabelle P! Welche Information steckt in diesem Bit? Wie werden die Bits bei der Konstruktion einer optimalen Lösung benutzt? Können Sie anstelle von zwei Zeilen mit *einer* Zeile der vollen Tabelle auskommen? *Hinweis*: Nutzen Sie die bestehende Freiheit der Wahl der Reihenfolge, in der Tabelleneinträge erstellt werden!

Wir beschreiben nun eine wichtige Verbesserung des Algorithmus im Hinblick auf Platzverbrauch und Geschwindigkeit. Anstatt $P(i,C)$ für alle i und alle C zu berechnen, findet der Algorithmus von *Nemhauser/Ullmann* [158, 19] „Pareto-optimale" Lösungen. Dabei heißt eine Lösung x Pareto-optimal, wenn es keine zulässige Lösung x' gibt, von der x *dominiert* wird, d. h., dass x' größeren Profit bei

Tabelle 12.1. Eine Tabelle für den für den Rucksackproblem-Algorithmus, der dem Ansatz „dynamische Programmierung" folgt. Die Instanz besteht aus $p = (10, 20, 15, 20)$, $w = (1, 3, 2, 4)$ und $M = 5$. Einträge, die bei der Ermittlung der optimalen Lösung untersucht werden, sind **fett** gedruckt.

	$C =$					
	0	1	2	3	4	5
$i = 0$	0	0	0	0	0	0
1	**0**	10	10	10	10	10
2	0	10	10	**20**	30	30
3	0	10	15	25	30	**35**
4	0	10	15	25	30	**35**

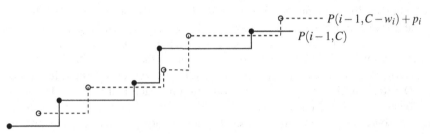

Abb. 12.4. Die mit einer durchgezogenen Linie gezeichnete Stufenfunktion stellt die Abbildung $C \mapsto P(i-1, C)$ dar, die gestrichelte Stufenfunktion die Abbildung $C \mapsto P(i-1, C - w_i) + p_i$. Die Funktion $C \mapsto P(i, C)$ ist das punktweise Maximum dieser beiden Funktionen. Die durchgezogen dargestellte Funktion wird als Folge der gefüllten Punkte gespeichert; die Darstellung der gestrichelt dargestellten Funktion ergibt sich durch Addition von (w_i, p_i) zu jedem gefüllten Punkt. Die Darstellung von $C \mapsto P(i, C)$ erhält man durch Mischen der beiden Darstellungen und Entfernen aller dominierten Einträge.

höchstens gleichen Kosten oder kleinere Kosten bei mindestens gleichem Profit hat wie x. In anderen Worten: Weil $P(i, C)$ als Funktion von C monoton wachsend ist, werden im Algorithmus nur die Paare $(C, P(i, C))$ mit $P(i, C) > P(i, C - 1)$ benötigt. Wir speichern diese Paare in einer Liste L_i, sortiert nach C-Werten. Die erste Liste ist $L_0 = \langle (0, 0) \rangle$, was anzeigt, dass $P(0, C) = 0$ für alle $C \geq 0$ gilt; weiter ist $L_1 = \langle (0, 0), (w_1, p_1) \rangle$, was bedeutet, dass $P(1, C) = 0$ für $0 \leq C < w_1$ gilt und $P(i, C) = p_1$ für $C \geq w_1$.

Wie kommen wir von L_{i-1} zu L_i? Die Rekurrenz für $P(i, C)$ weist hierzu den Weg; s. Abb. 12.4. Wir haben die Listendarstellung L_{i-1} für die Funktion $C \mapsto P(i-1, C)$. Die Darstellung L'_{i-1} für $C \mapsto P(i-1, C - w_i) + p_i$ erhalten wir dadurch, dass wir jeden Punkt in L_{i-1} um den Vektor (w_i, p_i) verschieben. Nun mischen wir die Listen L_{i-1} und L'_{i-1} zu einer Liste zusammen, in der Ordnung der ersten Komponenten. (Der Mischvorgang ist der gleiche wie bei Mergesort, s. Abschnitt 5.2.) Danach werden alle Listeneinträge gelöscht, die durch einen anderen Wert dominiert werden, d. h., es werden alle Einträge gelöscht, vor denen ein anderer Eintrag mit größerer zweiten Komponente steht, und für jeden Wert von C behalten wir nur den Eintrag mit der größten zweiten Komponente.

Aufgabe 12.12. Geben Sie Pseudocode für den eben beschriebenen Mischvorgang mit anschließendem Löschen dominierter Einträge an. Zeigen Sie, dass das Mischen in Zeit $|L_{i-1}|$ ausgeführt werden kann. Schließen Sie, dass die Gesamtrechenzeit des Algorithmus proportional zur Zahl der Pareto-optimalen Lösungen ist.

Der einfache Algorithmus für das Rucksackproblem, der dem Ansatz „dynamische Programmierung" folgt, und die verbesserte Variante von Nemhauser/Ullman benötigen beide im schlechtesten Fall $\Theta(nM)$. Dies ist recht gut, solange M nicht zu groß ist. Weil die Rechenzeit des Algorithmus polynomiell in n und M ist, nennt man ihn *pseudopolynomiell*. Der Zusatz „pseudo-" bedeutet dabei, dass die Rechenzeit nicht unbedingt polynomiell in der *Größe der Eingabe* ist (die im Wesentlichen $n +$ die Summe der Bitlängen der Zahlen $w_1, \ldots, w_n, p_1, \ldots, p_n, M$ ist.) Jedoch ist die Rechenzeit polynomiell in den recht natürlichen Parametern n und M. Allerdings gibt es einen wichtigen Unterschied zwischen dem einfachen Algorithmus und der verfeinerten Variante. Die einfache Variante hat Rechenzeit $\Theta(nM)$ auch im besten Fall. Die Rechenzeit für die verfeinerte Variante im besten Fall ist $O(n)$. Die *mittlere* Rechenzeit der verfeinerten Variante ist polynomiell in n, *unabhängig von M*. Dies gilt sogar, wenn man von einer beliebigen fest vorgegebenen Eingabe ausgeht und die Durchschnittsbildung nur über kleine Änderungen an dieser Eingabe durch Zufallsrauschen vorgenommen wird. Für Details verweisen wir die Leserin auf [19].

Aufgabe 12.13 (Dynamische Programmierung, nach Profit). Gegeben sei eine Instanz des Rucksackproblems. Definieren Sie alternative Teilprobleme wie folgt: Für i und P sei $W(i, P)$ das kleinste Gewicht, mit dem sich unter Verwendung von Objekten $1, \ldots, i$ ein Profit von mindestens P erzielen lässt. Offensichtlich gilt $W(i, P) = 0$ für $1 \leq i \leq n$ und alle $P \leq 0$. Setze $W(0, P) = \infty$ für $1 \leq i \leq n$ und alle $P > 0$.

(a) Zeigen Sie, dass $W(i, P) = \min\{W(i-1, P), W(i-1, P - p_i) + w_i\}$ gilt, für $1 \leq i \leq n$ und alle $P \geq 0$.

(b) Entwickeln Sie einen tabellenbasierten Algorithmus nach dem Schema „dynamische Programmierung", der mit Hilfe der eben genannten Rekurrenzgleichung in Zeit $O(np^*)$ eine optimale Lösung berechnet, wobei p^* der Profit der optimalen Lösung ist. *Hinweis*: Nehmen Sie zunächst an, dass p^* oder zumindest eine gute obere Schranke für p^* bekannt ist. Erklären Sie anschließend, wie man auch ohne diese Annahme auskommt.

Aufgabe 12.14 (Wechselgeld). Nehmen Sie an, Sie sollen einen Verkaufsautomaten programmieren, der genaues Wechselgeld herausgibt und dabei stets möglichst wenige Münzen benutzt.

(a) Entwickeln sie einen optimalen Greedy-Algorithmus, der in der Eurozone funktioniert, in der es Münzen zu 1, 2, 5, 10, 20, 50, 100 and 200 (Euro-)Cent gibt, und auch in Kanada, wo es Münzen zu 1, 5, 10, 25, (50,) 100 and 200 Cent gibt[6].

(b) Zeigen Sie, dass der Algorithmus für manche Eingaben nicht optimale Lösungen liefert, wenn es zusätzlich 4-Cent-Münzen gibt.

(c) Entwickeln Sie auf der Basis des Ansatzes „dynamische Programmierung" einen Algorithmus, der für beliebige Münzsysteme optimales Wechselgeld berechnet.

Aufgabe 12.15 (Matrix-Kettenprodukte). Wir möchten das Produkt $M_1 \cdot M_2 \cdots M_n$ berechnen, wobei M_i eine $k_{i-1} \times k_i$-Matrix ist, für $i = 1, \ldots, n$. Wir nehmen an, dass das Produkt einer $m \times k$-Matrix mit einer $k \times s$-Matrix in der üblichen Weise berechnet wird, also mit mks Multiplikationen von Einträgen (und einer ähnlichen Anzahl von Additionen). Nutzen Sie die Assoziativität der Matrixmultiplikations-Operation aus, um die Anzahl der Multiplikationen einzelner Einträge zu minimieren. Benutzen Sie dynamische Programmierung, um einen Algorithmus zu entwerfen, der in Rechenzeit $O(n^3)$ eine optimale Auswerteordnung berechnet. Beispielsweise kann man das Produkt einer 4×5-Matrix M_1, einer 5×2-Matrix M_2 und einer 2×8-Matrix M_3 auf zwei Arten berechnen. Mit der Klammerung $M_1(M_2M_3)$ werden $5 \cdot 2 \cdot 8 + 4 \cdot 5 \cdot 8 = 240$ Multiplikationen benötigt, mit der Klammerung $(M_1M_2)M_3$ nur $4 \cdot 5 \cdot 2 + 4 \cdot 2 \cdot 8 = 104$ Multiplikationen.

Aufgabe 12.16 (Editierdistanz). Die *Editierdistanz* (oder auch *Levenshtein-Distanz*) $L(s,t)$ zwischen zwei Strings s und t ist die kleinste Anzahl von Löschungen, Einfügungen und Ersetzungen einzelner Buchstaben, mit denen sich t aus s erzeugen lässt. Beispielsweise gilt $L(\texttt{graph}, \texttt{group}) = 3$ (lösche h, ersetze a durch o, füge vor dem p ein u ein). Sei n die Länge von s und m die Länge von t. Wir definieren Teilprobleme durch $d(i,j) = L(\langle s_1, \ldots, s_i \rangle, \langle t_1, \ldots, t_j \rangle)$, für $0 \le i \le n$ und $0 \le j \le m$. Zeigen Sie, dass

$$d(i,j) = \min\{d(i-1,j) + 1, d(i,j-1) + 1, d(i-1,j-1) + [s_i \neq t_j]\}$$

gilt, wobei $[s_i \neq t_j]$ den Wert 1 hat, wenn s_i und t_j verschieden sind, und den Wert 0, wenn sie gleich sind. Benutzen Sie diese Gleichung, um einen Algorithmus zur Berechnung von $L(s,t)$ zu formulieren. Welche Rechenzeit hat dieser? Erklären Sie, wie man nach der Berechnung aller Werte $d(i,j)$ effizient eine optimale Folge von Schritten ermitteln kann, die s in t transformiert.

Aufgabe 12.17. Gilt das Optimalitätsprinzip in irgendeinem Sinn auch für minimale Spannbäume? Überprüfen Sie die folgenden Möglichkeiten für die Definition von Teilproblemen: Teilmengen von Knoten, beliebige Teilmengen der Kanten und Anfangsstücke der nach Kosten aufsteigend sortierten Kantenfolge.

Aufgabe 12.18 (Kürzeste Wege mit Nebenbedingungen). Betrachten Sie einen gerichteten Graphen $G = (V, E)$, dessen Kanten $e \in E$ eine *Länge* $\ell(e)$ und Kosten *cost*

---

[6] Halbdollarmünzen sind in Kanada offizielles Zahlungsmittel, werden aber kaum verwendet.

$c(e)$ haben. Wir wollen einen Weg von Knoten s zu Knoten t mit möglichst kleiner Gesamtlänge finden, unter Einhaltung der Nebenbedingung, dass die gesamten Kosten des Weges höchstens C sind. Zeigen Sie, dass ein Teilweg von s' nach t' eines optimalen Weges von s nach t *nicht* unbedingt ein optimaler Weg von s' nach t' sein muss.

12.4 Systematische Suche – Im Zweifelsfall: Volle Rechenpower!

Bei vielen Optimierungsproblemen ist für jede gegebene Eingabe I das Universum $\mathcal{U}_I$ der möglichen Lösungen eine endliche Menge. Im Prinzip können wir also das Optimierungsproblem lösen, indem wir die volle Rechenkraft des Computers einsetzen und alle Elemente von $\mathcal{U}_I$ durchprobieren[7]. Leider führt dieser Ansatz nicht sehr weit, wenn man ihn ganz naiv anwendet, weil $\mathcal{U}_I$ mit wachsendem $|I|$ typischerweise sehr schnell sehr groß wird. Man kann aber oft viel weiter kommen, wenn man versucht, die Suche auf *aussichtsreiche* Kandidatenlösungen einzuschränken. Diesen Ansatz wollen wir „systematische Suche" nennen.

Wir werden den Ansatz der systematischen Suche anhand des Rucksackproblems und einer spezifischen Methode erläutern, die *Branch-and-Bound* (engl. für „Verzweige-und-Beschränke") heißt. In Aufgaben 12.20 und 12.21 skizzieren wir Verfahren der gleichen Kategorie, die einem etwas anderen Muster folgen.

Ein Branch-and-Bound-Algorithmus für das Rucksackproblem

Branch-and-Bound kann immer angewendet werden, wenn (zulässige) Lösungen als Vektoren dargestellt werden können, deren Komponenten nur endlich viele Werte annehmen. Die Menge aller dieser Vektoren wird systematisch durchsucht. Eine Möglichkeit ist, dies in Form einer baumförmigen Erkundung des Lösungsraumes zu tun. In Abb. 12.5 findet man Pseudocode für eine Prozedur *bbKnapsack*, die dem Branch-and-Bound-Ansatz folgt und einen solchen Baumdurchlauf mittels einer rekursiven Prozedur organisiert. Abbildung 12.6 zeigt einen Beispieldurchlauf. Ein Knoten des Baums entspricht einer partiellen Lösung, also einem Vektor, in dem einige Komponenten auf Werte festgelegt sind und die anderen Komponenten noch frei sind. In der Wurzel sind alle Komponenten frei. *Branching*, also *Verzweigen*, in einem Knoten ist der elementare Schritt bei der systematischen Suche. Eine freie Komponente wird gewählt, für jeden „sinnvollen" Wert dieser Komponente wird ein Kindknoten gebildet, in dem die Komponente auf diesen Wert festgelegt ist, und von jedem Kindknoten aus wird das Verfahren rekursiv angewendet. Für den gesamten rekursiven Aufruf ist diese Komponente also konstant. Im Fall des Rucksackproblems sind Lösungen Vektoren $(x_1, \dots, x_n) \in \{0,1\}^n$ und in partiellen Lösungen sind einige der Komponenten auf 0 oder auf 1 festgelegt, was heißt, dass einige Objekte eingepackt und andere ausgeschlossen sind. Im Prinzip kann man in einem Knoten eine beliebige

---

[7] Folgendes Zitat von Kenneth Thompson, einem der Mitentwickler von UNIX, weist auf diesen Ansatz hin: „When in doubt, use brute force."

Function $bbKnapsack((p_1,\ldots,p_n),(w_1,\ldots,w_n),M) : \{0,1\}^*$
  assert $p_1/w_1 \geq p_2/w_2 \geq \cdots \geq p_n/w_n$ // Annahme: Objekte nach Profitdichte sortiert
  $\hat{x} = heuristicKnapsack((p_1,\ldots,p_n),(w_1,\ldots,w_n),M) : \{0,1\}^*$ // bisher beste Lösung
  $x : \{0,1\}^*$ // aktuelle partielle Lösung
  $recurse(1,M,0)$
  return $\hat{x}$

  // Finde beste Lösung für $x_1,\ldots,x_{i-1}$ fest, $M' = M - \sum_{j<i} x_j w_j$, $P = \sum_{j<i} x_j p_j$.
  Procedure $recurse(i, M', P : \mathbb{N})$
    $u := P + upperBound((p_i,\ldots,p_n),(w_i,\ldots,w_n),M')$
    if $u > p \cdot \hat{x}$ **then**   // nicht beschränkt
      if $i > n$ **then** $\hat{x} := x$
      else   // verzweige an Variabler x_i
        if $w_i \leq M'$ **then** $x_i := 1$; $recurse(i+1, M'-w_i, P+p_i)$
        $x_i := 0$; $recurse(i+1, M', P)$

Abb. 12.5. Ein Branch-and-Bound-Algorithmus für das Rucksackproblem. Zu Anfang wird in *heuristicKnapsack* mit einer Heuristik eine zulässige Lösung berechnet. Die Funktion *upperBound*, angewendet auf eine Rucksackinstanz, berechnet eine obere Schranke für den zu erreichenden Profit. $\{0,1\}^*$ ist die Menge aller Binärstrings beliebiger Länge.

freie Komponente wählen, die festgelegt werden soll. Der Algorithmus *bbKnapsack* versucht dabei erst, das entsprechende Objekt einzuschließen (mittels $x_i := 1$), und dann, es auszuschließen (mittels $x_i := 0$). Dabei werden die Variablen in der Reihenfolge fallender Profitdichten festgelegt. Die Zuweisung $x_i := 1$ gilt dann als nicht sinnvoll und wird nicht versucht, wenn das Gesamtgewicht der dann gewählten Objekte größer als die Rucksackkapazität M wäre. Technisch führt man hierzu immer die „verbleibende Kapazität" M' mit, und übergeht das Einschließen eines Objekts i, wenn $w_i > M'$ ist. Wenn die Rekursion die n-te Ebene erreicht hat, sind alle n Variablen belegt, und *bbKnapsack* hat eine zulässige Lösung gefunden. Alle untersuchten partiellen Lösungen bilden also einen Baum, dessen Blätter auf Level n zulässigen Lösungen entsprechen. Verzweigungen finden an inneren Knoten des Baums statt. Es verhält sich so, dass ohne die weiter unten beschriebene Beschränkungsregel der Algorithmus systematisch *alle* zulässigen Lösungen erzeugen würde. Er muss dann nur eine mit größtem Profitwert notieren und ausgeben. Die erste gefundene zulässige Lösung ist dieselbe, die der Algorithmus *greedy* findet.

Bounding, also *Beschränken*, ist eine Methode für das Abschneiden von Teilbäumen, die keine besseren Lösungen enthalten können als solche, die schon gefunden wurden. Ein Branch-and-Bound-Algorithmus bewahrt die beste zulässige Lösung, die bislang gefunden wurde (die *aktuell beste* Lösung), in einer globalen Variablen $\hat{x}$ auf. Ganz zu Anfang wird $\hat{x}$ mit einer Lösung initialisiert, die mittels irgendeines heuristischen Verfahrens gefunden wird. Der Wert von $\hat{x}$ gibt stets eine globale untere Schranke für den maximal erreichbaren Wert der Zielfunktion an. Dieser unteren Schranke steht eine obere Schranke u gegenüber, die für jeden Knoten berechnet wird. Sie beschränkt die Werte der Zielfunktion, die sich durch Erweitern der parti-

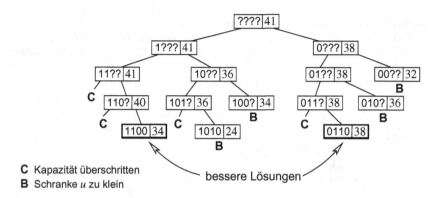

Abb. 12.6. Der von Prozedur *knapsackBB* erkundete Teil des Suchraums, wenn eine Rucksackinstanz mit $p = (10, 24, 14, 24)$, $w = (1, 3, 2, 4)$ und $M = 5$ bearbeitet wird. Als Anfangslösung dient die leere Lösung $\hat{x} = (0, 0, 0, 0)$ mit Profit 0. Die Funktion *upperBound* wird durch Abrunden des optimalen Zielfunktionswertes für das fraktionale Rucksackproblem berechnet. In den Knoten des Suchbaums sind die bislang festgelegten Komponenten $x_1 \cdots x_{i-1}$ sowie die obere Schranke u notiert. Linke Unterbäume werden zuerst erkundet; sie entsprechen der Festlegung $x_i = 1$. Es gibt zwei Situationen, in denen die Suche nicht fortgeführt wird, obgleich die Blattebene des Baums noch nicht erreicht ist: Für die Wahl $x_i = 1$ ist nicht genügend Kapazität übrig (angezeigt durch "C"; der rekursive Aufruf wird gar nicht erzeugt) oder zu Beginn eines rekursiven Aufrufs stellt sich heraus, dass schon eine Lösung bekannt ist, deren Wert mindestens so groß ist wie die obere Schranke u ist (angezeigt durch "B"; der Aufruf wird abgebrochen).

ellen Lösung in diesem Knoten zu einer vollen zulässigen Lösung erreichen lassen. Wenn dieser Wert nicht größer ist als der Wert der aktuellen besten Lösung, kann man auf die Betrachtung dieser Erweiterungen vollständig verzichten. In unserem Beispiel könnte die obere Schranke der Profit sein, den die bisher ausgewählten Objekte zusammen mit der optimalen Lösung für das fraktionale Rucksackproblem mit Objekten $i..n$ und Kapazität $M' = M - \sum_{j<i} x_j w_j$ ergeben. Branch-and-Bound erkundet dann den Unterbaum unter einem Knoten nicht weiter, wenn für die zu diesem Knoten gehörige obere Schranke u die Ungleichung $u \leq p \cdot \hat{x}$ gilt, d. h., wenn es ausgeschlossen ist, in diesem Unterbaum eine bessere Lösung als die aktuell beste zu finden.

Aufgabe 12.19. Erklären Sie, wie man die Funktion *upperBound* in Abb. 12.5 so implementieren kann, dass ihre Rechenzeit $O(\log n)$ ist. *Hinweis*: Berechnen Sie die Präfixsummen $\sum_{j \leq i} w_j$ und $\sum_{j \leq i} p_j$ vor und verwenden Sie binäre Suche.

Aufgabe 12.20 (Das 15-Puzzle). Das 15-Puzzle ist ein beliebtes Schiebepuzzle. Fünfzehn quadratische Plättchen ("Steine"), die mit $1, \ldots, 15$ nummeriert sind, sitzen auf 15 der 16 Plätze in einem 4×4-Rahmen. Ein erlaubter Zug besteht darin, einen Stein, der neben dem leeren Feld ("Loch") sitzt, auf dieses zu verschieben, also Stein und Loch zu vertauschen. Mittels solcher erlaubter Züge sollen die Steine in die korrekte (zeilenweise) Anordnung gebracht werden, zum Beispiel so, dass am Ende das Loch ganz rechts unten sitzt.

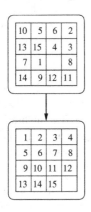

Entwerfen Sie einen Algorithmus, der zu jeder gegebenen Startkonfiguration eine möglichst kurze Folge von Zügen findet, die zu der sortierten Konfiguration im Bild unten links führt. Nehmen Sie an, dass es eine Lösung gibt. Benutzen Sie die Technik „*iterativ tiefergehende* Suche" [125]: Erst werden alle Folgen mit einem Zug probiert, dann alle Folgen mit zwei Zügen usw. Für das etwas einfachere 8-Puzzle (mit 8 Plättchen in einem 3×3-Rahmen) sollte dies direkt funktionieren. Für das 15-Puzzle sollten Sie die folgenden Optimierungen vornehmen: Machen Sie nie den unmittelbar vorausgehenden Zug rückgängig. Benutzen Sie die Anzahl der Züge als untere Schranke, die man benötigen würde, wenn die Plättchen frei springen könnten, und brechen Sie die Suche für einen Unterbaum ab, wenn diese Schranke belegt, dass die momentan betrachtete Suchtiefe nicht ausreicht. Entscheiden Sie vorher, ob die Anzahl der benötigten Züge gerade oder ungerade ist. In Ihrer Implementierung sollte jeder versuchte Zug nur konstante Zeit benötigen.

Aufgabe 12.21 (Constraint-Programmierung und das Acht-Damen-Problem). Betrachten Sie ein Schachbrett. Die Aufgabe besteht darin, acht Damen so auf das Brett zu stellen, dass keine eine andere bedroht, d. h., keine zwei Damen sollten in derselben Reihe, Linie, Diagonalen oder Gegendiagonalen stehen. Daher enthält jede Reihe genau eine Dame. Sei x_i die Position der Dame in Reihe i. Dann gilt $x_i \in 1..8$. Die Lösung muss die folgenden Nebenbedingungen einhalten: $x_i \neq x_j$, $i + x_i \neq j + x_j$ und $x_i - i \neq x_j - j$ für $1 \leq i < j \leq 8$. Was wird durch diese Bedingungen ausgedrückt? Zeigen Sie, dass sie ausreichend sind. Bei einer systematischen Suche kann man die folgende Idee benutzen, um den Ablauf zu straffen und zu beschleunigen: Wenn eine Variable x_i auf einen Wert festgelegt ist, dann schließt dies gewisse Werte für noch freie Variablen aus. Modifizieren Sie die systematische Suche so, dass für jede noch freie Variable immer bekannt ist, welche Werte für sie noch zur Verfügung stehen. Brechen Sie die Erkundung ab, sobald es für eine freie Variablen überhaupt keinen verfügbaren Wert mehr gibt. Diese Technik der Elimination von Werten ist grundlegend für die *Constraint-Programmierung*.

12.4.1 Branch-and-Bound für ganzzahlige LPs

In Abschnitt 12.1.1 haben wir gesehen, wie man Instanzen des Rucksackproblems als 0-1-lineare Programme beschreibt. Wir werden nun skizzieren, wie sich die für das Rucksackproblem entwickelte Branch-and-Bound-Prozedur auf jedes beliebige 0-1-ILP angewendet werden kann. Man erinnere sich, dass in einem 0-1-ILP die Variablen nur die Werte 0 und 1 annehmen dürfen. Unsere Diskussion wird recht kurz sein. Für weitere Informationen verweisen wir die Leserin auf Lehrbücher zur ganzzahligen linearen Programmierung [159, 187].

Die wesentliche Änderung ist die, dass die Funktion *upperBound* nun ein allgemeines lineares Programm löst, das die Variablen $x_i, \ldots, x_n$ mit Wertebereich $[0, 1]$ hat. Die Nebenbedingungen für dieses lineare Programm stammen aus dem eingegebenen ILP, wobei die Variablen $x_1, \ldots, x_{i-1}$ durch ihre schon festgelegten Werte ersetzt werden. Im Rest dieses Abschnitts werden wir dieses lineare Programm als „das LP" bezeichnen.

Wenn das LP eine zulässige Lösung hat, liefert die Funktion *upperBound* den optimalen Zielfunktionswert für das LP (und einen optimalen Lösungsvektor, falls dieser benötigt wird). Wenn das LP keine zulässige Lösung hat, liefert *upperBound* den Wert $-\infty$, so dass das ILP-Lösungsverfahren diesen Unterbaum des Suchraums nicht weiter erkundet. Als Nächstes beschreiben wir einige Verallgemeinerungen der grundlegenden Branch-und-Bound-Prozedur, die mitunter zu beträchtlichen Verbesserungen führen.

Zweig-Auswahl: In einem Knoten des Baums können wir jede beliebige nicht festgelegte Variable x_j zum Verzweigen wählen. Insbesondere können wir die Auswahl der Verzweigungsvariablen anhand des Ergebnisses des LP treffen. Eine häufig benutzte Regel ist, eine Variable zu wählen, deren Wert in der (fraktionalen) Lösung des LP am nächsten an $1/2$ liegt.

Reihenfolge des Baumdurchlaufs: Bei der Behandlung des Rucksackproblems mit der Branch-and-Bound-Methode wurde der Baum der partiellen Lösungen in Tiefensuch-Reihenfolge durchlaufen, und es wurde jeweils zuerst der 1-Zweig bearbeitet. Im Allgemeinen können wir die Reihenfolge der Bearbeitung der Knoten sehr viel freier wählen. Es gibt mindestens zwei Aspekte, die bei der Auswahl einer Strategie bedacht werden sollten. Wenn keine gute zulässige Lösung bekannt ist, sollte man wie bei der Tiefensuche vorgehen, um schnell zu vollständigen Lösungen zu gelangen. Andernfalls ist es günstiger, eine *best-first*-Strategie zu verwenden, die bevorzugt die Knoten bearbeitet, in deren Unterbäumen gute Lösungen vermutet werden. Hierzu hält man die Knoten in einer Prioritätswarteschlange und wählt als nächsten zu bearbeitenden Knoten einen, der am vielversprechendsten ist. Dies könnte etwa ein Knoten sein, dessen LP-Lösung die größte obere Schranke liefert. Man beachte aber auch: Weil die Lösung von LPs im Prinzip recht aufwendig ist, kann es manchmal günstiger sein, sich mit Näherungslösungen für die oberen Schranken zu begnügen.

Das Finden von Lösungen: Wenn man Glück hat, zeigt sich, dass die optimale Lösung des LP nur ganzzahlige Komponenten hat. In diesem Fall erübrigt sich weiteres Verzweigen. Anwendungsspezifische Heuristiken können zusätzlich dabei helfen, schnell gute Lösungen zu finden.

Branch-and-Cut: Wenn ein ILP-Lösungsverfahren nach dem Branch-and-Bound-Ansatz zu oft verzweigt, explodiert die Größe des Suchbaums, und es wird zu teuer, eine optimale Lösung zu finden. Verzweigungen lassen sich vermeiden, indem man zu dem linearen Programm Nebenbedingungen hinzufügt, die einen Teil des Lösungsraums mit fraktionalen Werten wegschneiden („*cut*"), ohne dass optimale Lösungen mit ganzzahligen Koordinaten verloren gehen.

12.5 Lokale Suche – Global denken, lokal handeln!

Die Optimierungsalgorithmen, die wir bisher betrachtet haben, sind nur unter speziellen Voraussetzungen anwendbar. Der Ansatz Dynamische Programmierung setzt voraus, dass die Probleminstanzen eine passende Struktur haben. Systematische Suche ist normalerweise zu langsam für große Instanzen. Greedy-Algorithmen sind schnell, liefern aber oft nur Lösungen von schlechter Qualität. *Lokale Suche* ist ein iteratives Verfahren, das in vielen Situationen anwendbar ist. Es startet mit einer zulässigen Lösung und wandert dann in Runden von lokalen Modifikationen von einer zulässigen Lösung zu einer anderen. Abbildung 12.7 gibt das Grundverfahren an. Wir werden es später verfeinern.

Lokale Suche verwaltet eine aktuelle zulässige Lösung x und die beste bisher gefundene Lösung $\hat{x}$. In jedem Schritt bewegt sich lokale Suche von der aktuellen Lösung zu einer „benachbarten" zulässigen Lösung. Was soll dabei eine „benachbarte Lösung" sein? Jede Lösung, die man aus der aktuellen Lösung erhält, indem man sie leichten Änderungen unterwirft. Im Fall des Rucksackproblems könnten wir beispielsweise bis zu zwei Objekte aus dem Rucksack entfernen und sie durch ein oder zwei andere Objekte ersetzen. Die genaue Definition des Begriffs „zu x benachbarte Lösung" hängt von der Anwendung und vom Algorithmenkonstrukteur ab. Wir benutzen die Bezeichnung $\mathcal{N}(x)$ für die *Nachbarschaft* von x, also die Menge der zu x benachbarten zulässigen Lösungen. Die zweite wichtige Entscheidung ist natürlich, welche Lösung aus der Nachbarschaft gewählt werden soll. Schließlich wird mittels einer Heuristik entschieden, wann das Verfahren anhalten soll.

Im Rest dieses Abschnitts werden wir den Ansatz der lokalen Suche genauer besprechen.

12.5.1 Hill-Climbing

Hill-Climbing (engl.: für „Bergsteigen") ist die Greedy-Variante der lokalen Suche. Bei dieser Strategie geht man nur zu Nachbarn, die besser sind als die beste bisher gefundene Lösung. Diese Einschränkung vereinfacht die lokale Suche. Die Variablen $\hat{x}$ und x brauchen nicht unterschieden zu werden, und wir halten an, wenn die Nachbarschaft der aktuellen Lösung $\mathcal{N}(x)$ keine besseren Lösungen als x enthält. Der einzige nichttriviale Aspekt bei Hill-Climbing ist die Auswahl der Nachbarschaften. Wir betrachten zwei Beispiele, bei denen Hill-Climbing recht gut funktioniert, und dann eines, bei dem es versagt.

Gegeben: Eingabe I
finde eine zulässige Lösung $x \in \mathcal{L}_I$
$\hat{x} := x$ // $\hat{x}$ ist die beste bisher gefundene Lösung
while unzufrieden mit $\hat{x}$ **do**
    $x :=$ eine aus $\mathcal{N}(x) \cap \mathcal{L}_I$ heuristisch gewählte zulässige Lösung
    if $f(x) > f(\hat{x})$ **then** $\hat{x} := x$

Abb. 12.7. Lokale Suche.

Unser erstes Beispiel ist das Handlungsreisendenproblem aus Abschnitt 11.6.2. Gegeben sei ein ungerichteter Graph und eine Distanzfunktion auf den Kanten, die die Dreiecksungleichung erfüllt. Die Aufgabe ist, eine kürzeste *TSP-Tour* zu finden, also einen möglichst billigen einfachen Kreis, der alle Knoten des Graphen einmal besucht. Die Nachbarn einer TSP-Tour werden wie folgt definiert. Seien (u,v) und (w,y) zwei Kanten der Tour, d. h., die Tour hat die Gestalt $(u,v),p,(w,y),q$, wobei p ein Weg von v nach w und q ein Weg von y nach u ist. Wir entfernen diese beiden Kanten aus der Tour und fügen statt ihrer die Kanten (u,w) und (v,y) ein. Die neue Tour durchläuft zunächst (u,w), dann p in umgekehrter Richtung zurück nach v, dann benutzt sie Kante (v,y) und läuft schließlich entlang q nach u. Eine solche Transformation heißt 2-Austausch, und eine Tour, die durch keinen 2-Austausch verkürzt werden kann, heißt 2-optimal. Bei vielen Instanzen des Handlungsreisendenproblems kommen beliebige 2-optimale Touren recht nahe an optimale Touren.

Aufgabe 12.22. Beschreiben Sie einen Nachbarschaftsbegriff, bei dem drei Kanten entfernt und drei neue eingefügt werden („3-Austausch").

Ein interessantes Beispiel für denn Hill-Climbing-Ansatz mit einer ausgeklügelten Nachbarschaftsfunktion ist der *Simplexalgorithmus* für die lineare Programmierung (s. Abschnitt 12.1). Dies ist der für lineare Programmierung meistverwendete Algorithmus. Die Menge $\mathscr{L}_I$ der zulässigen Lösungen einer Instanz (eines linearen Programms) I mit Variablenvektor $x = (x_1, \ldots, x_n)$ wird durch eine Menge $a_i \cdot x \bowtie b_i$, $1 \leq i \leq m$, von linearen Gleichungen und Ungleichungen (den „*Nebenbedingungen*") und die n Bedingungen $x_j \geq 0$, $1 \leq j \leq n$, beschrieben. Die Punkte, die eine lineare

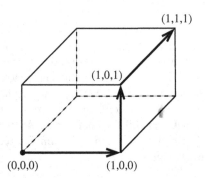

Abb. 12.8. Der dreidimensionale Einheitswürfel ist durch die Ungleichungen $x \geq 0$, $x \leq 1$, $y \geq 0$, $y \leq 1$, $z \geq 0$ und $z \leq 1$ definiert. An den Ecken $(1,1,1)$ und $(1,0,1)$ sind drei dieser Ungleichungen mit Gleichheit erfüllt, und auf der Kante, die diese Ecken verbindet, sind die Ungleichungen $x \leq 1$ und $z \leq 1$ als Gleichheiten erfüllt. Wenn die zu maximierende Zielfunktion $x + y + z$ ist, kann der Simplexalgorithmus zum Beispiel bei $(0,0,0)$ starten und dann den durch die Pfeile angegebenen Weg nehmen. Der Knoten $(1,1,1)$ ist optimal, weil der durch die Ungleichung $x + y + z \leq 3$ gegebene Halbraum den gesamten zulässigen Bereich enthält und der Knoten $(1,1,1)$ auf dem Rand dieses Halbraums liegt.

Gleichung $a_i \cdot x = b_i$ erfüllen, bilden eine *Hyperebene* in $\mathbb{R}^n$, und die Punkte, die eine lineare Ungleichung $a_i \cdot x \leq b_i$, $a_i \cdot x \geq b_i$ oder $x_j \geq 0$ erfüllen, bilden einen *Halbraum*. In einer zweidimensionalen Situation entsprechen Hyperebenen den Geraden und Halbräume den (durch eine Gerade begrenzten) Halbebenen. Im dreidimensionalen Raum entsprechen Hyperebenen den gewöhnlichen Ebenen und Halbräume den gewöhnlichen (durch eine Ebene begrenzten) Halbräumen. Die Menge der zulässigen Lösungen ist ein Durchschnitt von $m + n$ Halbräumen und Hyperebenen und bildet ein *konvexes Polytop*. In Abb. 12.2 haben wir schon ein zweidimensionales Beispiel gesehen. Abbildung 12.8 zeigt ein Beispiel im dreidimensionalen Raum. Konvexe Polytope sind im n-dimensionalen Raum analog zu Polygonen im Zweidimensionalen.

Um Fallunterscheidungen zu vermeiden, bemerken wir zunächst Folgendes: Wir können annehmen, dass es überhaupt keine Gleichheits-Nebenbedingungen gibt. Eine solche Nebenbedingung $a_i \cdot x \bowtie b_i$ kann immer nach einer der Variablen aufgelöst werden, etwa in der Form $x_{j_0} = d_0 + d \cdot x$, wobei d_0 eine Zahl ist und im Vektor d die Komponente d_{j_0} den Wert 0 hat. Diese Variable x_{j_0} kann aus dem linearen Programm entfernt werden, indem man jedes ihrer Vorkommen durch $d_0 + d \cdot x$ ersetzt. Man beachte, dass die Ungleichung $x_{j_0} \geq 0$ zu einer neuen Nebenbedingung $d \cdot x \geq 0$ führt. Die aus $x_{j_0} = d_0 + d \cdot x$ entstehende Gleichung $d_0 + d \cdot x = d_0 + d \cdot x$ ist immer erfüllt und kann entfernt werden.

Wir nehmen nun also an, dass alle Nebenbedingungen Ungleichungen sind. Die Punkte des Polytops, die alle Ungleichungen *strikt* (d. h. mit > bzw. <) erfüllen, bilden das *Innere*; alle anderen Punkte des Polytops, bei denen also einige der Ungleichungen mit Gleichheit erfüllt sind, bilden seinen *Rand*. Ein Punkt des Polytops heißt eine *Ecke*, wenn er eine Menge von n linear unabhängigen Ungleichungen mit Gleichheit erfüllt. Eine Teilmenge des Polytops heißt eine *Kante*, wenn sie genau aus den Punkten des Polytops besteht, die eine Menge von $n - 1$ linear unabhängigen Ungleichungen mit Gleichheit erfüllt. Ecken und Kanten spielen im Simplexalgorithmus eine zentrale Rollen. Wir skizzieren nun, wie dieser Algorithmus arbeitet.

Der Simplexalgorithmus beginnt an einer beliebigen Ecke des zulässigen Bereichs. In jedem Schritt läuft er zu einer „benachbarten" Ecke, d. h., einer Ecke, die entlang einer Kante erreicht werden kann, die einen größeren Wert der Zielfunktion aufweist. Falls es mehrere solche Nachbarn gibt, besagt eine verbreitete Strategie, einen Nachbarn mit dem größten Zielfunktionswert zu wählen. Wenn es keinen Nachbarn mit größerem Zielfunktionswert gibt, hält der Algorithmus an. Wie wir gleich sehen werden, ist *die in diesem Moment erreichte Ecke eine zulässige Lösung mit optimalem Zielfunktionswert*. In den Beispielen in Abb. 12.2 und 12.8 wird in den Bildunterschriften erkärt, weshalb dies gilt. Allgemein lässt sich diese Aussage folgendermaßen begründen: Sei x^* die Ecke, an der der Simplexalgorithmus anhält. Der zulässige Bereich ist in einer (n-dimensionalen) Pyramide mit Spitze x^* enthalten. Diese wird von den Halbgeraden aufgespannt, die man durch Verlängern der von x^* ausgehenden Kanten erhält. Alle diese Kanten führen zu Ecken, die keinen besseren Zielfunktionswert als x^* aufweisen. Daraus folgt, dass entlang aller dieser Halbgeraden die Zielfunktion nirgends steigt, und daher, dass die gesamte Pyramide im Halbraum $\{x : c \cdot x \leq c \cdot x^*\}$ enthalten ist. Daher kann kein zulässiger Punkt einen größeren Zielfunktionswert haben als x^*.

Wir haben den Simplexalgorithmus mittels der geometrischen Vorstellung beschrieben, dass ein Weg auf der Begrenzungsfläche eines konvexen Polytops abgeschritten wird. Der Algorithmus kann äquivalent auch in der Sprache der linearen Algebra beschrieben werden. Die wirklichen Implementierungen des Simplexalgorithmus beruhen auf der Beschreibung, die auf linearer Algebra beruht.

Bei der linearen Programmierung führt der Hill-Climbing-Ansatz zu einer optimalen Lösung. Im Allgemeinen wird Hill-Climbing aber keine optimale Lösung finden. Schlimmer noch, es wird noch nicht einmal eine annähernd optimale Lösung gefunden. Man betrachte das folgende Beispiel. Unser Ziel ist, den höchsten Punkt auf der Erde zu finden, d. h., den Mount Everest. Jeder Punkt auf der Erdoberfläche gilt als zulässige Lösung. Die lokale Nachbarschaft eines Punktes besteht aus allen Punkten in einem Abstand von maximal 10 km. Der Algorithmus würde also an irgendeinem Punkt auf der Erdoberfläche starten, dann zum höchsten Punkt gehen, den es in einer Distanz von bis zu 10 km gibt, dann wieder zum höchsten Punkt in einer Distanz von bis zu 10 km, und so weiter. Vom Wohnort des ersten Autors ausgehend würde der erste Schritt zu einer Höhe von 350 m führen, und dann würde der Algorithmus anhalten, weil es im Umkreis von 10 km um diesen Punkt keinen höheren Hügel mehr gibt. Es gibt wenige Stellen auf der Erde, bei denen der Algorithmus viele Schritte machen würde, und noch viel weniger Stellen, von denen ausgehend er den Mount Everest finden würde.

Warum funktioniert Hill-Climbing so gut für lineare Programmierung und versagt, wenn man den Mount Everest finden will? Der Grund ist, dass die Erdoberfläche sehr viele lokale Maxima hat, also Hügel, die in einer Umgebung von 10 km den höchsten Punkt darstellen. Im Gegensatz dazu bilden die lokalen Optima bei einem linearen Programm eine zusammenhängende Teilmenge des zulässigen Bereiches, und der Zielfunktionswert ist dort konstant. Daraus folgt, dass dieses lokale Optimum auch globales Optimum ist. Für eine Instanz mit vielen separaten lokalen Optima sollten wir erwarten, dass *jede* generische Methode Schwierigkeiten hat, das globale Optimum zu finden. Die Vergrößerung der Nachbarschaften hilft bei der Suche nach dem Mount Everest nicht, außer man macht die Nachbarschaften so groß, dass sie im Wesentlichen die gesamte Erdoberfläche umfassen. Dann ist aber das Problem, das Maximum in der Nachbarschaft zu finden, genauso schwer wie das ursprüngliche Problem.

12.5.2 Simulierte Abkühlung – Von der Natur lernen

Wenn wir den Fluch der lokalen Optima bei der lokalen Suche brechen wollen, müssen wir es ermöglichen, dass der Suchvorgang aus ihnen auch wieder entkommen kann. Das heißt, dass wir manchmal Züge akzeptieren müssen, die den Zielfunktionswert *verringern*. Was könnte hier „manchmal" bedeuten? Wir haben widersprüchliche Ziele. Auf der einen Seite müssen wir bereit sein, auch einmal bergab zu gehen, so dass wir ein ausgedehntes lokales Optimum auch wieder verlassen können. Auf der anderen Seite müssen wir genügend zielorientiert vorgehen, so dass wir

finde eine zulässige Lösung $x \in \mathscr{L}_I$
$T :=$ ein positiver Wert   // Anfangstemperatur des Systems
while T ist noch genügend groß **do**
    führe eine Reihe von Schritten der folgenden Form aus
        wähle x' uniform zufällig aus $\mathscr{N}(x) \cap \mathscr{L}_I$
        mit Wahrscheinlichkeit $\min\{1, \exp((f(x') - f(x))/T)\}$ **do** $x := x'$
    verringere T // mache Züge zu schlechteren Lösungen weniger wahrscheinlich

Abb. 12.9. Simulierte Abkühlung

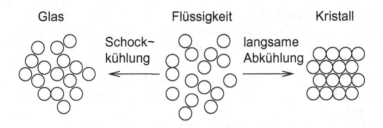

Abb. 12.10. Langsame Abkühlung versus Schockkühlung.

das globale Optimum finden, auch wenn es am Ende eines langen schmalen Grats liegt. Ein beliebter und oft erfolgreicher Ansatz, der diesen Konflikt auflöst, ist *simulierte Abkühlung* (engl.: *simulated annealing*). Diese Methode arbeitet in Phasen, wobei jede Phase von einem Parameter T (der „*Temperatur*" des Prozesses) gesteuert wird. Wir erklären unten, weshalb bei der Beschreibung von simulierter Abkühlung die Sprache der Physik verwendet wird. In jeder Phase gibt es eine Reihe von Zügen. Dabei wird in jedem Zug uniform zufällig ein Nachbar $x' \in \mathscr{N}(x) \cap \mathscr{L}_I$ gewählt, danach wird der Zug von x nach x' mit einer gewissen Wahrscheinlichkeit ausgeführt. Diese Wahrscheinlichkeit ist 1, wenn x' besser als x ist, und kleiner als 1, wenn x' schlechter als x. Der Trick liegt darin, dass die Wahrscheinlichkeit in Abhängigkeit von T und vom Unterschied der Zielfunktionswerte gewählt wird. Wenn T groß ist, wird der Schritt zu einer schlechteren Lösung mit größerer Wahrscheinlichkeit gemacht als wenn T in der Nähe von 0 liegt. Man hofft dabei, dass der Prozess in Phasen mit höherer Temperatur eine Region findet, die ein gutes lokales Optimum enthält und danach in Phasen mit niedrigen Temperaturen dieses lokale Optimum erreicht. Die Wahrscheinlichkeit, von x nach x' zu wechseln, obwohl x' einen schlechteren Zielfunktionswert hat, wird genauer als $\exp((f(x') - f(x))/T)$ festgelegt. Man beachte, dass T im Nenner steht und dass $f(x') - f(x)$ negativ ist. Dies bewirkt, dass die Übergangswahrscheinlichkeit sowohl mit fallendem T als auch mit wachsendem Verlust im Zielfunktionswert fällt.

    Warum benutzen wir die Sprache der Physik, und warum werden die Übergangswahrscheinlichkeiten auf diese merkwürdig anmutende Art und Weise geändert? Simulierte Abkühlung ist inspiriert durch den physikalischen Prozess eines bestimmten Erhitzungs- und Abkühlungsverfahrens (engl.: „*annealing*") für Glas, das zur Reduktion von Spannungen führt. Dabei wird angestrebt, die Gesamtenergie eines physikalischen Systems zu minimieren[8] . Betrachten wir beispielsweise einen Behälter mit geschmolzenem Siliciumdioxid (SiO_2, technischer Name *silica*); s. Abb. 12.10. Wenn wir die Masse schnell abkühlen, erhalten wir ein Glas, eine amorphe Substanz, in der sich jedes Molekül separat betrachtet in einem Zustand minimaler Energie befindet. Dieser Prozess der Schockkühlung hat eine gewisse Ähnlichkeit zu Hill-Climbing. Jedes Molekül fällt einfach in einen Zustand lokal minimaler Energie; bei Hill-Climbing akzeptieren wir eine lokale Modifikation des Zustands, wenn sie zu einem kleineren Wert der Zielfunktion führt. Ein Glas ist jedoch nicht in einem Zustand minimaler Gesamtenergie. Ein Zustand mit viel kleinerer Gesamtenergie wird von einem Quarzkristall erreicht, in dem alle Moleküle einem regulären Muster folgend angeordnet sind. Ein solcher Zustand kann erreicht (oder approximiert) werden, indem man die Schmelze sehr langsam abkühlt. Dieser Prozess heißt im Englischen *annealing*. Wie kann es sein, dass sich Moleküle über eine Distanz von Milliarden von Moleküldurchmessern hinweg in einem perfekten Kristallgitter anordnen, obwohl die lokalen Kräfte nur über Entfernungen von wenigen Moleküldurchmessern spürbar sind?

Qualitativ gesprochen ist die Erklärung, dass die lokalen Energieminima genügend Zeit haben, sich zugunsten von global effizienteren Strukturen aufzulösen. Wenn sich beispielsweise ein Cluster von einem Dutzend Molekülen einem kleinen perfekten Kristall nähert, der schon Tausende von Molekülen enthält, und genügend Zeit zur Verfügung steht, dann wird sich der Cluster auflösen und seine Moleküle können sich an den Kristall anlagern. Eine formalere Beschreibung des Prozesses, die in einem plausiblen Modell des Systems zutrifft, sieht aus wie folgt: Wenn die Abkühlung genügend langsam ist, erreicht das System bei jeder Temperatur ein *thermisches Gleichgewicht*. Dabei bedeutet Gleichgewicht bei Temperatur T, dass ein Zustand x des Systems mit Energie E_x mit Wahrscheinlichkeit

$$\frac{\exp(-E_x/T)}{\sum_{y \in \mathcal{L}} \exp(-E_y/T)}$$

angenommen wird, wobei T die Temperatur des Systems und $\mathcal{L}$ die Menge der Zustände des Systems ist. Diese Energieverteilung heißt die *Boltzmannverteilung*. Wenn T abnimmt, steigt die Wahrscheinlichkeit von Zuständen mit minimaler Energie. Tatsächlich ist es so, dass die Wahrscheinlichkeit von Zuständen mit minimaler Energie gegen 1 geht, wenn sich die Temperatur T dem absoluten Nullpunkt 0 nähert.

Die gleiche Art der mathematischen Argumentation funktioniert für abstrakte Systeme, die einem Maximierungsproblem entsprechen. Die zulässigen Lösungen (Menge $\mathcal{L}$) entsprechen den Zuständen des Systems und der Wert $f(x)$ einer Lösung x entspricht der Energie des entsprechenden Zustands. Man kann zeigen, dass sich solche Systeme für eine recht allgemeine Klasse von Nachbarschaftsbegriffen einer Boltzmannverteilung annähern, wenn man für die Wahl des nächsten Zustands folgende Regel verwendet:

wähle x' uniform zufällig aus $\mathcal{N}(x) \cap \mathcal{L}$

---

[8] Man beachte, dass wir hier über *Minimierung* sprechen.

mit Wahrscheinlichkeit $\min\left(1, \exp((f(x') - f(x))/T)\right)$ **do** $x := x'$.

Die physikalische Analogie gibt uns eine Idee, weshalb simulierte Abkühlung funktionieren könnte[9], aber sie liefert nicht direkt eine Implementierung. Um aus der Beschreibung in Abb. 12.9 einen Algorithmus zu gewinnen, müssen wir noch zwei unbestimmte Regeln präzisieren: Wie lange sollen wir bei einer festen Temperatur warten, bis sich vielleicht Gleichgewicht eingestellt hat, d. h., wie viele Schritte sollen wir bei einer gegebenen Temperatur durchführen? Wie viele und welche Temperaturstufen sollen wir einstellen? Für simulierte Abkühlung muss man einen *Abkühlungsplan* festlegen, also vorschreiben, wie sich die Temperatur T im Lauf der Zeit ändern soll. Ein einfacher Plan wählt eine Starttemperatur T_0, die so groß sein sollte, dass alle Nachbarn akzeptiert werden. Für jede Probleminstanz sollte es dann eine feste Zahl N von Iterationen geben, die bei bei jeder Temperatur ausgeführt wird. Die Idee ist, dass N so klein wie möglich sein sollte, aber es immer noch ermöglichen sollte, dass das System dem Gleichgewicht nahe kommt. Nach jeweils N Iterationen wird T verringert, indem man diesen Parameter mit einer Konstanten $\alpha < 1$ multipliziert. Typischerweise liegt α zwischen 0.8 und 0.99. Wenn T so klein geworden ist, dass es sehr unwahrscheinlich ist, dass man sich jeweils zu schlechteren Lösungen bewegt (dies ist der Fall, wenn T mit der kleinsten Differenz zwischen zwei Zielfunktionswerten vergleichbar ist), dann wird T abschließend auf 0 gesetzt, d. h., der Kühlungsprozess schließt mit einer Suche mittels Hill-Climbing.

Ein besseres Verhalten kann mit *dynamischen Abkühlungsplänen* erreicht werden. Beispielsweise kann die Anfangstemperatur bestimmt werden, indem man mit einer niedrigen Temperatur beginnt und diese schnell erhöht, bis der Anteil der akzeptierten Übergänge nahe bei 1 liegt. Dynamische Abkühlungspläne gründen die Entscheidung darüber, um wie viel T verringert werden sollt, auf der tatsächlich beobachteten Variation von $f(x)$ während der lokalen Suche. Wenn die Temperaturänderung gegenüber dieser Variation viel zu klein ist, hat sie zu wenig Effekt. Wenn die Änderung zu nahe oder gar größer als diese Variation ist, dann besteht die Gefahr, dass das System zu früh in ein lokales Optimum gezwungen wird. Die Anzahl von Schritten, die man abwartet, bis die Temperatur gesenkt wird, kann man von der Zahl der tatsächlich akzeptierten Züge abhängig machen. Weiterhin kann man ein vereinfachtes statistisches Modell des Prozesses verwenden, um abzuschätzen, wann das System ein Gleichgewicht erreicht hat. Die Einzelheiten von dynamischen Plänen liegen jenseits dessen, was diese einführende Darstellung leisten kann. Für Einzelheiten über simulierte Abkühlung sei die Leserin auf [1] verwiesen.

Aufgabe 12.23. Entwerfen Sie einen Algorithmus für das Rucksackproblem, der den Ansatz der simulierten Abkühlung verwendet! Die Nachbarschaft einer zulässigen Lösung besteht aus allen Lösungen, die erreicht werden können, indem man bis zu zwei Objekte streicht und bis zu zwei neue hinzufügt.

---

[9] Man beachte, dass wir vorsichtig „funktionieren *könnte*" sagen, nicht „funktioniert".

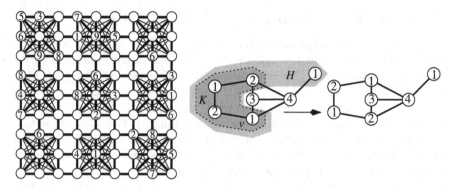

Abb. 12.11. Die Abbildung *links* zeigt eine partielle Färbung des Graphen, der Sudokus zugrundeliegt. Jede fett eingezeichnete Strecke steht für eine Clique, die alle von der Strecke berührten Knoten umfasst. Die Abbildung *rechts* zeigt einen Schritt im Verfahren Kempeketten-Annealing, mit Farben 1 und 2 und einem Knoten *v*.

Graphfärbung

Wir werden nun den Ansatz der simulierten Abkühlung am Beispiel des Graphfärbungsproblems darstellen, das bereits in Abschnitt 2.10 erwähnt wurde. In der Optimierungsversion ist dabei ein ungerichteter Graph $G = (V, E)$ gegeben, und man sucht nach einer (zulässigen) *Färbung* der Knoten mit möglichst wenigen Farben, so dass benachbarte Knoten stets unterschiedliche Farben haben. Technisch kann man dies so formulieren: Eine (*zulässige*) *Färbung* ist eine Abbildung $c\colon V \to 1..k$, für eine natürlich Zahl k, wobei für jede Kante $\{u, v\} \in E$ die Bedingung $c(u) \neq c(v)$ gilt. Gesucht ist eine solche Färbung mit möglichst kleiner Farbenzahl k. Es gibt immer eine Lösung mit $k = |V|$ Farben; wir geben allen Knoten verschiedene Farben. Es gibt viele Anwendungen des Graphfärbungsproblems und verwandter Probleme. Die klassische Anwendung ist das Färben von Landkarten – die Knoten entsprechen Ländern, und eine Kante zwischen zwei Knoten zeigt an, dass die beiden entsprechenden Länder aneinandergrenzen, so dass man sie mit unterschiedlichen Farben darstellen sollte. Der *Vierfarbensatz*, ein berühmter Satz der Graphentheorie, besagt, dass alle planaren Graphen (und damit alle Landkarten) mit vier Farben gefärbt werden können [14, 177]. Sudokus sind ein wohlbekanntes Beispiel für eine Variante des Graphfärbungsproblems, bei dem die Rätselaufgabe darin besteht, eine partielle Färbung des in Abb. 12.11 dargestellten Graphen mit den Farben 1..9 zu vervollständigen. Wir besprechen hier zwei Ansätze für das Färben von Graphen, die auf simulierter Abkühlung beruhen; viele andere wurden versucht.

Kempeketten-Abkühlung

Natürlich ist die naheliegende Zielfunktion bei der Graphfärbung die Anzahl der benutzten Farben. Im Rahmen des Ansatzes der lokalen Suche ist diese Wahl der Zielfunktion aber zu einfach, weil ein Zug im Allgemeinen die Anzahl der Farben nicht verändern wird. Wir brauchen eine Zielfunktion, die lokale Änderungen belohnt, wenn sie „auf einem guten Weg" zur Verringerung der Farbenanzahl sind. Eine solche Funktion erhält man, indem man die Quadrate der Größen der Farbenklassen aufsummiert. Formal definiert man dazu $C_i = \{v \in V : c(v) = i\}$ als die Menge der Knoten, die mit Farbe i gefärbt sind, und

$$f(c) = \sum_i |C_i|^2 \,.$$

Diese Zielfunktion muss man nun *maximimieren*: Sie wächst, wenn man eine schon große Farbklasse auf Kosten von kleineren Farbklassen vergrößert. Diese lokalen Verbesserungen werden schließlich dazu führen, dass eine Farbklasse leer wird und damit die Anzahl der Farben sinkt.

Nach Festlegung der Zielfunktion kommen wir nun zur Definition einer lokalen Änderung und damit der Nachbarschaften. Eine triviale Definition wäre folgende: Eine lokale Änderung verändert die Farbe eines Knotens, wobei man jede Farbe verwenden kann, die unter den Nachbarn des Knotens nicht vorkommt. Kempeketten-Abkühlung benutzt eine demgegenüber deutlich lockerere Definition einer „lokalen Umfärbung". Alfred Bray Kempe (1849–1922) hat als einer der ersten Forscher das Vierfarbenproblem untersucht. Im Verlauf seiner letztendlich vergeblichen Versuche, den Vierfarbensatz zu beweisen, erfand er die sogenannten *Kempeketten*. Dabei geht es um Folgendes: Angenommen, wir wollen Knoten v von Farbe i auf Farbe j umfärben. Damit die Färbung zulässig bleibt, müssen wir vielleicht auch andere Farben ändern: Knoten v könnte Knoten mit Farbe j als Nachbarn haben. Diese sollten wir dann mit Farbe i färben. Allerdings könnten diese Knoten wieder Nachbarn haben, die schon mit Farbe i gefärbt sind, also nach j umgefärbt werden müssen, und so weiter. Formal betrachtet man den Teilgraphen H von G, der aus allen Knoten mit Farben i und j und den dazwischen verlaufenden Kanten besteht. Die Zusammenhangskomponente H, in der Knoten v liegt, ist die Kempekette K, die uns interessiert. Wir erhalten eine neue zulässige Färbung, indem wir in K Farben i und j vertauschen. In Abb. 12.11 ist ein Beispiel dargestellt. Kempeketten-Abkühlung beginnt mit einer beliebigen zulässigen Färbung.

*Aufgabe 12.24. Benutzen Sie Kempeketten, um zu beweisen, dass jeder planare Graph G eine zulässige Färbung mit fünf Farben besitzt. *Hinweis*: Benutzen Sie die Tatsache, dass jeder planare Graph einen Knoten vom Grad 5 oder kleiner besitzt. Sei v ein solcher Knoten. Man entfernt ihn aus G und färbt $G - v$ rekursiv. Nun wird v wieder eingebaut. Wenn unter den Nachbarn von v nur vier Farben vorkommen, gibt es eine Farbe, mit der v gefärbt werden kann. Also kann man annehmen, dass v fünf Nachbarknoten mit unterschiedlichen Farben hat. Ohne Beschränkung der Allgemeinheit sind dies die Farben $1, \ldots, 5$, wenn man im Uhrzeigersinn um v herumläuft. Man betrachte den Teilgraphen, der durch die Knoten mit Farben 1 und 3 induziert wird. Wenn die Nachbarn von v mit Farben 1 und 3 in unterschiedlichen Zusammenhangskomponenten dieses Graphen sitzen, kann man mit einer Kempekette den Knoten mit Farbe 1 auf 3 umfärben. Wenn sie in derselben Komponente sitzen, betrachtet man den Teilgraphen, dessen Knoten mit Farben 2 und 4 gefärbt sind. Beweisen Sie, dass die Nachbarn von v mit Farben 2 und 4 in unterschiedlichen Zusammenhangskomponenten dieses Graphen liegen müssen!

Simulierte Abkühlung mit Straffunktion

Eine allgemein nützliche Idee bei der lokalen Suche ist, einige Nebenbedingungen für die Zulässigkeit zu relaxieren, um die Suche flexibler zu machen und das Finden einer Startlösung zu vereinfachen. Man beachte, dass wir bislang immer angenommen haben, dass irgendwie eine zulässige Lösung zur Verfügung steht. Jedoch ist manchmal das Finden auch nur einer zulässigen Lösung schon ein schwieriges Problem – das Acht-Damen-Problem aus Aufgabe 12.21 ist ein Beispiel. Um am Ende eines Suchvorgangs eine zulässige Lösung zu erhalten, wird die Zielfunktion so modifiziert, dass unzulässige Lösungen bestraft werden. Im Endeffekt werden die Nebenbedingungen so in die Zielfunktion verlagert.

Im Beispielproblem „Graphfärbung" erlauben wir nun auch unzulässige Färbungen, d. h., Färbungen, in denen benachbarte Knoten auch dieselbe Farbe haben dürfen. Eine Startlösung wird erzeugt, indem man die Anzahl der Farben rät und die Knoten zufällig färbt. Ein „zufälliger" Nachbar der aktuellen Färbung c wird erzeugt, indem man eine zufällige Farbe j wählt, danach einen zufälligen Knoten v mit Farbe $c(v) = j$, und schließlich aus den schon benutzten Farben und einer bisher unbenutzten „neuen" Farbe eine zufällig wählt.

Wie oben sei C_i die Menge der Knoten mit Farbe i; weiter sei $E_i = E \cap (C_i \times C_i)$ die Menge der Kanten, die zwei Knoten mit Farbe i verbinden. Die Zielfunktion ist

$$f(c) = 2 \sum_i |C_i| \cdot |E_i| - \sum_i |C_i|^2 \; ;$$

sie soll *minimiert* werden. Der erste Term bestraft illegale Kanten: jede illegale Kante für Farbe i trägt die Größe der i-ten Farbklasse bei. Wie oben schon überlegt, führt der zweite Term dazu, dass große Farbklassen günstig sind. Das globale Minimum dieser Zielfunktion liegt nicht unbedingt bei einer optimalen Färbung, aber alle lokalen Minima sind legale Färbungen. Das bedeutet, dass die Straffunktionsversion von simulierter Abkühlung eine zulässige Färbung findet, selbst wenn sie von einer illegalen Färbung ausgeht.

Aufgabe 12.25. Zeigen Sie, dass lokale Minima der eben beschriebenen Zielfunktion nur bei zulässigen Färbungen liegen können. *Hinweis*: Betrachten Sie die Änderung, die $f(c)$ erfährt, wenn ein Endknoten einer legal gefärbten Kante auf eine bisher unbenutzte Farbe umgefärbt wird. Zeigen Sie andererseits, dass es sein kann, dass ein globales Minimum der beschriebenen Zielfunktion nicht bei einer Färbung mit der kleinstmöglichen Farbenzahl sitzt.

Experimentelle Ergebnisse

Johnson *et al.* [112] haben Algorithmen für das Färben von Graphen, insbesondere solche, die simulierte Abkühlung verwenden, experimentell genau untersucht. Wir berichten kurz über ihre Ergebnisse und ziehen dann einige Schlüsse. Die meisten der

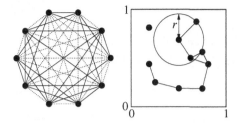

Abb. 12.12. *Links*: Ein Zufallsgraph mit 10 Knoten und $p = 0.5$. Die gewählten Kanten sind durchgehend gezeichnet, die nicht gewählten gestrichelt. *Rechts*: Ein geometrischer Zufallsgraph mit 10 Knoten und Reichweite $r = 0.27$.

Experimente wurden mit Zufallsgraphen im $G_{n,p}$-Modell oder mit zufälligen geometrischen Graphen durchgeführt. Im $G_{n,p}$-Modell, wobei p ein Parameter in $[0, 1]$ ist, wird ein ungerichteter Zufallsgraph gebaut, indem jede der $n(n-1)/2$ möglichen Kanten mit Wahrscheinlichkeit p eingebaut wird; die Zufallsentscheidungen für verschiedene Kanten sind unabhängig. (Ein Beispiel ist in Abb. 12.12 angegeben.) Dies bewirkt, dass der erwartete Grad eines Knotens $p(n-1)$ ist und die erwartete Kantenzahl insgesamt $pn(n-1)/2$. Für Zufallsgraphen mit 1000 Knoten und Kantenwahrscheinlichkeit $p = 0.5$ erzeugte Kempeketten-Abkühlung sehr gute Färbungen, wenn genügend Zeit zur Verfügung stand. Ein ausgeklügelter und zeitaufwendiger Greedy-Algorithmus namens XRLF, erzeugte in weniger Zeit sogar noch bessere Ergebnisse. Für sehr dichte Zufallsgraphen mit $p = 0.9$ waren die Ergebnisse von Kempeketten-Abkühlung besser als die von XLRF. Für weniger dichte Zufallsgraphen mit Kantenwahrscheinlichkeit $p = 0.1$ wiederum war simulierte Abkühlung mit Straffunktion besser als Kempeketten-Abkühlung, und sie konnte manchmal mit XRLF mithalten. Eine weitere interessante Klasse von zufälligen Eingaben bilden die *geometrischen Zufallsgraphen*. Dabei wählen wir zufällig und unabhängig n Punkte im Einheitsquadrat $[0, 1] \times [0, 1]$. Diese Punkte stellen die Knoten des Graphen dar. Zwei Punkte sind durch eine Kante verbunden, wenn ihr euklidischer Abstand nicht größer als eine vorgegebene „Reichweite" r ist. In Abb. 12.12 ist ein Beispiel angegeben. Solche Instanzen werden oft benutzt, um Situationen zu modellieren, wo die Knoten Radiosender und die Farben Frequenzbänder darstellen. Knoten, die voneinander Abstand weniger als r haben, dürfen nicht dieselbe Frequenz benutzen, damit sie sich nicht gegenseitig stören. Für dieses Modell lieferte Kempeketten-Abkühlung gute Ergebnisse, es wurde aber von einer dritten Abkühlungsstrategie namens *Abkühlung mit festem K* noch übertroffen.

Was soll man daraus lernen? Die Güte der Ergebnisse bei Verfahren nach dem Ansatz „simulierte Abkühlung" hängt stark von der Klasse der Eingaben und der verfügbaren Rechenzeit ab. Zudem ist es unmöglich, das Verhalten solcher Algorithmen auf einer Klasse von Instanzen vorherzusagen, wenn man das Verhalten auf einer anderen Klasse kennt. Daraus lässt sich folgende Warnung ableiten: Simulierte Abkühlung ist eine Heuristik, und man sollte keine Vorhersagen für das Verhalten auf einer Klasse von Instanzen machen, bevor man es nicht ausgiebig auf genau dieser Klasse getestet hat.

12.5.3 Weiteres zu lokaler Suche

Wir schließen unsere Behandlung der lokalen Suche ab mit einer Diskussion dreier Verfeinerungen, mit denen sich die bislang betrachteten Ansätze modifizieren oder ersetzen lassen.

Schwellenakzeptanz

Es liegt wohl keine Magie in der speziellen Form der bei simulierter Abkühlung verwendeten Akzeptierungsregel. Beispielsweise benutzt eine einfachere, aber ebenfalls erfolgreiche Regel den Parameter T als Schwellwert. Ein neuer Zustand x' wird akzeptiert, wenn sein Zielfunktionswert $f(x')$ mindestens den Wert $f(x) - T$ hat, sonst nicht.

Tabulisten

Algorithmen, die den Ansatz der lokalen Suche verwenden, kehren manchmal immer wieder zu derselben nicht-optimalen Lösung zurück – sie laufen im Kreis. Es könnte zum Beispiel sein, dass simulierte Abkühlung die Spitze eines steilen „Hügels" im Zielfunktionsgebirge erreicht hat. Die Zufallsexperimente führen immer wieder von diesem lokalen Optimum weg, aber der Zustand kann für lange Zeit auf diesem Hügel bleiben. *Tabusuche* lenkt die Suche von lokalen Optima weg, indem sie eine *Tabuliste* von „Lösungselementen" mitführt, die vorläufig in neuen Lösungen vermieden werden sollten. Bei der Graphfärbung könnte ein Suchschritt zum Beispiel die Farbe eines Knotens v von i nach j verändern und dann das Paar (v, i) in der Tabuliste speichern, um anzuzeigen, dass die Farbe i für Knoten v verboten ist, solange dieses Tupel in der Tabuliste steht. Normalerweise wird diese Einschränkung nach der Tabuliste nicht angewendet, wenn eine verbesserte Lösung erreicht werden kann, indem man Knoten v mit Farbe i färbt. Tabulisten sind so erfolgreich, dass sie als die Kerntechnik einer unabhängigen Variante der lokalen Suche dienen können, die *Tabusuche* heißt.

Neustarts

Das typische Verhalten eines gut abgestimmten Algorithmus nach dem Ansatz der lokalen Suche ist, dass er in einen Bereich mit guten zulässigen Lösungen läuft und dann diesen Bereich erkundet, auf der Suche nach immer besseren lokalen Optima. Es könnte aber natürlich in großer Entfernung Bereiche mit viel besseren Lösungen geben. Die Suche nach dem Mount Everest illustriert diese Situation. Wenn wir in Australien beginnen, ist der Mount Kosciusko mit 2229 m Höhe das beste Ergebnis, auf das man hoffen kann – leider weit vom Optimum entfernt. Es ist daher sinnvoll, den Algorithmus mehrfach ablaufen zu lassen, mit verschiedenen Startlösungen, weil verschiedene zufällig gewählte Startlösungen zu verschiedenen Bereichen mit guten Lösungen führen. Wenn man Suchen nach dem Mount Everest an vielen Orten und in allen Kontinenten startet, wird man sicher bessere Lösungen erreichen als wenn man

nur einmal in Australien beginnt. Selbst wenn diese Neustarts die mittlere Ergebnisgüte des Algorithmus nicht verbessern sollten, machen sie ihn robuster in dem Sinn,
dass er mit geringerer Wahrscheinlichkeit Lösungen produziert, deren Wert weit unter dem Optimum liegt. Mehrere unabhängige Läufe sind auch ein offensichtlicher
Ansatzpunkt, um Parallelverarbeitung einzusetzen: man lässt einfach das Programm
auf mehreren verschiedenen Rechnern gleichzeitig ablaufen.

12.6 Evolutionäre Algorithmen

Lebewesen sind auf geniale Weise an ihre Umwelt angepasst, und sie meistern problemlos die Herausforderungen des täglichen Lebens. Können wir irgendwie die
Prinzipien des Lebens benutzen, um gute Algorithmen zu entwickeln? Die Evolutionstheorie sagt uns, dass folgende genetische Mechanismen zu dieser großen Leistung führen: *Mutation*, *Rekombination*, und *Überleben des am besten Angepassten*.
Was könnte ein evolutionärer Ansatz für Optimierungsprobleme bedeuten?

Das Erbgut oder Genom, das ein Individuum beschreibt, entspricht der Beschreibung einer zulässigen Lösung. Wir können auch unzulässige Lösungen als tote oder
kranke Individuen auffassen. In der Natur ist es wichtig, dass es eine genügend große
Population von Individuen mit ihren Genomen gibt; wenn der Genpool zu klein ist,
führt Rekombination nur zu Inzucht, und das Prinzip des Überlebens des am besten Angepassten kann seine Vorteile nicht ausspielen. Anstelle mit einer Lösung wie
bei lokaler Suche arbeiten wir nun mit einer ganzen Menge von zulässigen Lösungen. Die Individuen in einer Population produzieren Nachwuchs. Weil Ressourcen
beschränkt sind, werden Individuen, die besser an die Umwelt angepasst sind, eher
überleben und wieder Nachwuchs erzeugen. Hierzu analog werden zulässige Lösungen anhand einer *Fitnessfunktion f* bewertet, und Lösungen mit einem besseren
f-Wert haben eine größere Wahrscheinlichkeit zu überleben und sich fortzupflanzen.
Evolutionäre Algorithmen arbeiten gewöhnlich mit einer Menge von Lösungen einer
festen Größe, etwa N. Das Prinzip des Überlebens des am besten Angepassten wird
dann dadurch implementiert, dass nur die N Individuen mit den besten f-Werten
überleben.

Sogar bei Bakterien, die sich durch Zellteilung vermehren, ist kein neu erzeugtes
Individuum ganz identisch mit dem geteilten Individuum. Der Grund ist *Mutation*.
Wenn ein Genom kopiert wird, gibt es kleine Fehler. Obwohl Mutationen sich normalerweise negativ auf die Fitness auswirken, verbessern manche Mutationen diese
auch. Lokale Änderungen in einer Lösung stellen die Analogie zu Mutationen dar.

Eine noch wichtigere Komponente bei der Evolution ist die *Rekombination*. Bei
der geschlechtlichen Fortpflanzung enthalten die Nachkommen genetische Information von beiden Elternteilen. Die Wichtigkeit des Vorgangs der Rekombination ist
leicht zu verstehen, wenn man sich vor Augen hält, wie selten nützliche Mutationen
sind. Daher dauert es viel länger, ein Individuum zu erzeugen, das zwei nützliche
Mutationen enthält, als es dauert, zwei Individuen zu kombinieren, die zwei solche
nützliche Mutationen enthalten.

Erzeuge eine Anfangspopulation *population* $= \{x^1, \ldots, x^N\}$
while nicht fertig **do**
    if Paarungschritt **then**
        wähle Individuen x^1, x^2 mit hohem Fitnesswert und erzeuge $x' := rekombiniere(x^1, x^2)$
    else wähle Individuum x^1 mit hohem Fitnesswert und erzeuge $x' = mutiere(x^1)$
    population $:= population \cup \{x'\}$
    population $:= \{x \in population : x$ hat genügend hohen Fitnesswert$\}$

Abb. 12.13. Ein generischer evolutionärer Algorithmus.

Wir haben nun alle Komponenten genannt, die für einen generischen evolutionären Algorithmus benötigt werden; s. Abb. 12.13. Wie bei den anderen in diesem Kapitel besprochenen Ansätzen müssen noch eine Menge von Details ergänzt werden, wenn man zu einem Algorithmus für ein konkretes Problem gelangen möchte. Der Algorithmus beginnt, indem er eine Startpopulation einer gewissen Größe N erzeugt. Dieser Prozess sollte dem Zufall einigen Einfluss einräumen, aber auch die Benutzung von Heuristiken zur Erzeugung guter Startlösungen ist von Vorteil.

In der Schleife wird zunächst entschieden, ob Nachwuchs durch Mutation oder durch Rekombination erzeugt werden soll. Diese Entscheidung wird durch ein Zufallsexperiment getroffen, das die Boolesche Variable „matingStep" auf *true* oder *false* setzt. Dann werden ein oder zwei Individuen für die Erzeugung von Nachkommen ausgewählt. Um Selektionsdruck zu erzeugen, ist es wichtig, dass der Fortpflanzungserfolg an die Fitness gekoppelt ist. Andererseits ist es normalerweise ungünstig, eine harte Grenze zu ziehen und nur die Individuen mit den höchsten Fitnesswerten zu verwenden, weil dies zu einer allzu uniformen Population und Inzucht führen könnte. (Auch Individuen mit insgesamt nicht optimaler Fitness können genetisches Material enthalten, das für das Erreichen des Optimierungsziels nützlich ist.) Man könnte beispielsweise die Kandidaten für die Reproduktion auch rein zufällig wählen und dann bei der Auswahl Individuen mit höherem Fitnesswert noch höhere Priorität geben. Eine wichtige Entwurfsentscheidung ist die Wahl der Werte für diese Wahrscheinlichkeiten. Eine Möglichkeit ist, die Individuen nach Fitness zu ordnen und die Reproduktionswahrscheinlichkeit als irgendeine Funktion zu definieren, die mit wachsendem Rang abnimmt. Dieser indirekte Ansatz hat den Vorteil, dass die Zielfunktion f und absolute Fitnessunterschiede darin nicht mehr vorkommen – diese Unterschiede werden im Verlauf der vom Algorithmus simulierten Evolution normalerweise immer kleiner werden.

Die kritischste Operation ist *mate*, die Paarung, die aus zwei Elternindividuen neuen Nachwuchs erzeugt. Die „kanonische" Paarungsoperation heißt *Crossover*. Dabei nimmt man an, dass jedes Individuum durch ein Wort aus n Bits dargestellt ist. Eine Zahl k wird gewählt. Das neue Individuum erhält die ersten k Bits von einem Elternteil und die letzten $n - k$ Bits vom zweiten Elternteil. In Abb. 12.14 ist diese Operation dargestellt. Alternativ kann man auch k zufällige Positionen aus dem ersten Elternteil wählen und die restlichen $n - k$ Positionen aus dem zweiten übernehmen. Für das Rucksackbeispiel ist Crossover eine recht natürliche Wahl. Jedes

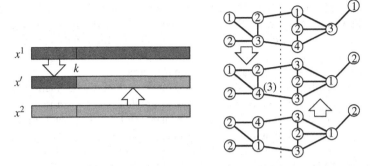

Abb. 12.14. Paarung von Strings durch Crossover (*links*) und Paarung von Graphfärbungen durch Zusammenheften von Bruchstücken von Färbungen (*rechts*).

Bit entscheidet, ob das entsprechende Objekt im Rucksack liegt oder nicht. In anderen Fällen ist Crossover weniger natürlich oder erfordert eine sorgfältige Kodierung der Individuen. Für die Graphenfärbung etwa wäre es natürlicher, den Graphen so in zwei Teile zu zerlegen, dass nur wenige Kanten durchtrennt werden müssen. Ein Teil übernimmt die Färbung vom ersten Elternteil, der andere vom zweiten. Nun kann es sein, dass einige Kanten, die zwischen den Teilen verlaufen, Knoten mit derselben Farbe verbinden. Man kann dann versuchen, dies mittels eines heuristischen Verfahrens zu reparieren, etwa indem man für illegal gefärbte Knoten im ersten Teil die kleinste legale Farbe wählt. Auch hierfür ist in Abb. 12.14 ein Beispiel angegeben.

Mutationen werden genau wie bei lokaler Suche realisiert. Aus dem Blickwinkel dieses Abschnitts betrachtet ist lokale Suche nichts anderes als ein evolutionärer Algorithmus mit Populationsgröße $N = 1$.

Die einfachste Methode, die Populationsgröße zu begrenzen, besteht darin, sie konstant zu halten, indem man in jeder Iteration ein Individuum mit schlechtestem Fitnesswert zu entfernen. Aber auch andere Ansätze können verwendet werden, die etwas Raum für verschiedene „ökologische Nischen" bieten. Im Beispiel des Rucksackproblems könnte man dafür sorgen, dass alle Pareto-optimalen Lösungen immer in der Population verbleiben. Der evolutionäre Algorithmus würde dann der optimierten Version des Algorithmus ähneln, der dem Prinzip der dynamischen Programmierung folgt.

12.7 Implementierungsaspekte

Wir haben verschiedene generische Ansätze für die Optimierung kennengelernt, die auf eine große Vielfalt von Problemen angewendet werden können. Wenn man mit einer neuen Anwendung konfrontiert wird, ist es daher meist so, dass mehr methodische Ansätze zur Auswahl stehen als man realistischerweise implementieren kann. In einer kommerziellen Umgebung wird man sich sogar oft recht schnell auf einen Ansatz festlegen müssen. Wir nennen einige Faustregeln, die hier helfen könnten.

- Betrachten Sie möglichst viele Aspekte des Problems, stellen Sie Beziehungen zu Problemstellungen her, die Sie kennen, und suchen Sie das Problem im Internet.
- Finden Sie heraus, welche Ansätze für verwandte Problemstellungen erfolgreich waren.
- Ziehen Sie Black-Box-Lösungsverfahren in Betracht.
- Wenn die Probleminstanzen klein sind, könnte systematische Suche oder dynamische Programmierung es ermöglichen, optimale Lösungen zu finden.
- Wenn keiner der bislang genannten Ansätze erfolgversprechend aussieht, implementieren Sie einen einfachen Lösungsalgorithmen-Prototypen, der einen Greedy-Ansatz oder eine andere einfache heuristische Methode benutzt; der Prototyp wird Sie dabei unterstützen, das Problem besser zu verstehen und könnte als Komponente eines raffinierteren Algorithmus dienen.
- Entwickeln Sie einen Algorithmus mit dem Ansatz „lokale Suche". Legen Sie Wert auf eine gute Darstellung der Lösungen und darauf, wie man anwendungsspezifisches Wissen in das Suchverfahren integrieren kann. Wenn Sie eine erfolgversprechende Idee für eine Paarungsoperation *mate* haben, können Sie auch evolutionäre Algorithmen in Betracht ziehen. Benutzen Sie Randomisierung und Neustarts, um das Ergebnis robuster zu machen.

Es gibt viele Implementierungen von LP-Lösungsverfahren. Weil gute Implementierungen *sehr* kompliziert sind, sollten Sie eines der verfügbaren Pakete verwenden, wenn nicht sehr außergewöhnliche Umstände eine eigene Implementierung erfordern. Die deutsche und die englische Wikipedia-Seite zu linearer Programmierung sind gute Ausgangspunkte. Einige Systeme für die lineare Programmierung unterstützen auch ganzzahlige lineare Programmierung.

Es gibt auch viele Frameworks, also Programm-Rahmenstrukturen, die die Implementierung von Algorithmen mit lokaler Suche oder evolutionären Algorithmen erleichtern. Da diese Algorithmen eher einfach sind, ist die Benutzung dieser Frameworks nicht so weit verbreitet wie etwa bei der linearen Programmierung. Auf der anderen Seite besitzen solche vorbereiteten Implementierungen eventuell eingebaute Mechanismen für das dynamische Setzen von Suchparametern, und sie unterstützen eventuell die Parallelverarbeitung. Die englische Wikipedia-Seite zu „*evolutionary algorithm*" enthält Verweise auf solche Frameworks.

12.8 Historische Anmerkungen und weitere Ergebnisse

Wir haben das Thema der (ganzzahligen) linearen Programmierung nur äußerst oberflächlich behandelt. Die Implementierung von Lösungsverfahren, das geschickte Modellieren von Problemen und die Behandlung riesiger Instanzen füllen die Seiten von Tausenden von wissenschaftlichen Arbeiten. In den späten 1940er Jahren erfand Dantzig den Simplex-Algorithmus [50]. Obwohl dieser Algorithmus in der Praxis gut arbeitet, kann man zeigen, dass einige seiner Varianten im schlechtesten Fall exponentielle Zeit beanspruchen. Es ist ein berühmtes offenes Problem, herauszufinden, ob es Varianten gibt, die im schlechtesten Fall mit polynomieller

Zeit auskommen. Es ist allerdings bekannt, dass die Einbeziehung auch sehr leichter zufälliger Störungen in den Koeffizienten der Nebenbedingungen zu polynomieller führt. Das entsprechende Analyseverfahren [200] heißt *geglättete Analyse* (engl.: *smoothed analysis*). Manchmal lassen sich sogar Probleminstanzen mit einer exponentiellen Zahl von Nebenbedingungen oder Variablen effizient lösen. Der Trick dabei ist, explizit nur jene Nebenbedingen zu betrachten, die verletzt sein könnten, und die Variablen, die in einer optimalen Lösung einen von Null verschiedenen Wert haben könnten. Das funktioniert, wenn sich verletzte Nebenbedingungen oder möglicherweise nichtverschwindende Variable effizient finden lassen, und wenn die Gesamtzahl der erzeugten Nebenbedingungen und Variablen klein bleibt. Khachiyan [121] und Karmarkar [117] fanden Polynomialzeitalgorithmen für die lineare Programmierung. Es gibt viele gute Lehrbücher über lineare Programmierung, etwa [25, 64, 80, 159, 187, 213].

Ein weiteres interessantes Black-Box-Lösungsverfahren ist *Constraint-Programmierung* [100, 133]. Wir haben die Technik in Aufgabe 12.21 angedeutet. Dabei haben wir es wieder mit Variablen und Nebenbedingungen zu tun. Jedoch stammen die Variablen nun aus diskreten Mengen (normalerweise kleine endliche Mengen). Die Nebenbedingungen können dagegen sehr unterschiedliche Strukturen haben. Es gibt Gleichungen und Ungleichungen, möglicherweise mit arithmetischen Ausdrücken, aber auch Nebenbedingungen höherer Ordnung. Beispielsweise verlangt die Bedingung *allDifferent*$(x_1, \ldots, x_k)$, dass den Variablen $x_1, \ldots, x_k$ unterschiedliche Werte zugeordnet werden. Bei der Constraint-Programmierung werden Lösungsverfahren aus der Kategorie „systematische Suche" verwendet, die sehr geschickte Techniken für das Abschneiden von Unterbäumen verwenden. Die Constraint-Programmierung ist flexibler als lineare Programmierung, kann dafür aber nur für kleinere Probleminstanzen angewendet werden. Wikipedia ist ein guter Ausgangspunkt, um mehr zu diesem Thema zu erfahren.

A

Anhang

A.1 Mathematische Symbole

$\{e_1, \ldots, e_n\}$: die Menge mit Elementen $e_1, \ldots, e_n$.

$\{e : P(e)\}$: die Menge aller Elemente, die das Prädikat (die Aussage) P erfüllen.

$\langle e_1, \ldots, e_n \rangle$: die Folge mit Einträgen $e_1, \ldots, e_n$.

$\langle e \in S : P(e) \rangle$: die Teilfolge aller Einträge von S, die das Prädikat P erfüllen.

$|x|$: der Absolutbetrag von x, für eine reelle Zahl x.

$\lfloor x \rfloor$: die größte ganze Zahl $\leq x$, für eine reelle Zahl x (untere Gaußklammer, Abrundung).

$\lceil x \rceil$: die kleinste ganze Zahl $\geq x$, für eine reelle Zahl x (obere Gaußklammer, Aufrundung).

$[a, b] := \{x \in \mathbb{R} : a \leq x \leq b\}$.

$i..j$: Abkürzung für $\{i, i+1, \ldots, j\}$.

A^B: die Menge aller Funktionen von B nach A, für Mengen A und B.

$A \times B$: die Menge aller geordneten Paare (a, b) mit $a \in A$ und $b \in B$.

$\perp$: ein undefinierter Wert.

$(+/-)\infty$: (plus/minus) unendlich.

$\forall x : P(x)$: *alle* Werte x erfüllen das Prädikat (die Aussage) P.

$\exists x : P(x)$: *es gibt* einen Wert x, der das Prädikat (die Aussage) P erfüllt.

$\mathbb{N}$: die Menge der nichtnegativen ganzen Zahlen; $\mathbb{N} = \{0, 1, 2, \ldots\}$.

$\mathbb{N}_+$: die Menge der positiven ganzen Zahlen; $\mathbb{N}_+ = \{1, 2, \ldots\}$.

$\mathbb{Z}$: die Menge der ganzen Zahlen; $\mathbb{Z} = \{\ldots, -2, -1, 0, 1, 2, \ldots\}$.

$\mathbb{R}$: die Menge der reellen Zahlen.

$\mathbb{R}_{>0}$: die Menge der positiven reellen Zahlen.

$\mathbb{Q}$: die Menge der rationalen Zahlen.

$|, \&, \ll, \gg, \oplus$: bitweises OR, AND, Linksshift, Rechtsshift und exklusiv-OR (XOR).

$\sum_{i=1}^{n} a_i = \sum_{1 \le i \le n} a_i = \sum_{i \in \{1, \ldots, n\}} a_i := a_1 + a_2 + \ldots + a_n$.

$\sum_{x \in S} a_x$ bzw. $\sum_{P(x)} a_x$ oder $\sum_{x \text{ mit } P(x)} a_x$: Summation über die Elemente einer endlichen Menge S bzw. über alle Elemente x, die ein Prädikat P erfüllen.

$\prod_{i=1}^{n} a_i = \prod_{1 \le i \le n} a_i = \prod_{i \in \{1, \ldots, n\}} a_i := a_1 \cdot a_2 \cdots a_n$.

$n! := \prod_{i=1}^{n} i$; lies: „n Fakultät". Spezialfall: $0! = 1$.

$H_n := \sum_{i=1}^{n} 1/i$, die n-te harmonische Zahl (s. Ungleichung (A.12)).

$\log x$: der Logarithmus von x zur Basis 2, $\log_2 x$, für $x > 0$.

$\log^* x$, für $x > 0$: die kleinste Zahl $k \ge 0$ mit $\log(\log(\ldots \log(x) \ldots)) \le 1$ (k-fache Hintereinanderausführung).

$\ln x$: der (natürliche) Logarithmus von x zur Basis $e = 2.7182818284590\ldots$, für $x > 0$.

$\mu(s, t)$: die Länge eines kürzesten Weges von s nach t; $\mu(t) := \mu(s, t)$.

div: Quotient bei ganzzahliger Division; $m \operatorname{div} n := \lfloor m/n \rfloor$ für $n > 0$.

mod: Rest bei ganzzahliger Division; $m \bmod n := m - n(m \operatorname{div} n)$, für $n > 0$.

$a \equiv b \pmod{m}$, für $m > 0$: a und b sind kongruent modulo m, d. h. $a + im = b$ für eine ganze Zahl i.

$\prec$: eine beliebige Ordnungsrelation. In Abschnitt 9.2 bedeutet $\prec$ die Ordnung, in der die Knoten während einer Tiefensuche markiert werden.

1, 0: die Booleschen Werte „wahr" und „falsch" („true" und „false").

Σ^*: die Menge $\{(a_1, \ldots, a_n) \mid n \in \mathbb{N}, a_1, \ldots, a_n \in \Sigma\}$ aller Zeichenreihen (oder „Wörter") $a_1 \ldots a_n = (a_1, \ldots, a_n)$ über einem (endlichen) Alphabet Σ.

$|x|$: die Anzahl n der Buchstaben in $x = (a_1, \ldots, a_n) \in \Sigma^*$, für Wörter x.

A.2 Mathematische Begriffe

antisymmetrisch: Eine Relation R heißt *antisymmetrisch*, wenn für alle a und b aus $a\,\mathrm{R}\,b$ und $b\,\mathrm{R}\,a$ folgt, dass $a = b$ gilt.

Äquivalenzrelation: eine transitive, reflexive und symmetrische Relation.

asymptotische Notation:

$$\mathrm{O}(f(n)) := \{g(n) : \exists c > 0 : \exists n_0 \in \mathbb{N}_+ : \forall n \geq n_0 : g(n) \leq c \cdot f(n)\}.$$

$$\Omega(f(n)) := \{g(n) : \exists c > 0 : \exists n_0 \in \mathbb{N}_+ : \forall n \geq n_0 : g(n) \geq c \cdot f(n)\}.$$

$$\Theta(f(n)) := \mathrm{O}(f(n)) \cap \Omega(f(n)).$$

$$o(f(n)) := \{g(n) : \forall c > 0 : \exists n_0 \in \mathbb{N}_+ : \forall n \geq n_0 : g(n) \leq c \cdot f(n)\}.$$

$$\omega(f(n)) := \{g(n) : \forall c > 0 : \exists n_0 \in \mathbb{N}_+ : \forall n \geq n_0 : g(n) \geq c \cdot f(n)\}.$$

Siehe auch Abschnitt 2.1.

konkav: Eine Funktion f ist auf einem Intervall $[a,b]$ konkav, wenn

$$\forall x,y \in [a,b] : \forall t \in [0,1] : f(tx + (1-t)y) \geq tf(x) + (1-t)f(y).$$

konvex: Eine Funktion f ist auf einem Intervall $[a,b]$ konvex, wenn

$$\forall x,y \in [a,b] : \forall t \in [0,1] : f(tx + (1-t)y) \leq tf(x) + (1-t)f(y).$$

Körper: eine Menge von Elementen (mit einer Null und einer Eins), auf denen Operationen Addition und (die dazu inverse Operation) Subtraktion, Multiplikation und (die dazu inverse Operation) Division durch Elemente, die nicht Null sind, definiert sind. Addition und Multiplikation sind assoziativ und kommutativ und haben neutrale Elemente, die sich wie die Null und Eins in den reellen Zahlen verhalten. Die wesentlichen Beispiele für Körper sind: $\mathbb{R}$, die reellen Zahlen; $\mathbb{Q}$, die rationalen Zahlen; $\mathbb{Z}_p$, die ganzen Zahlen modulo einer Primzahl p.

lexikographische Ordnung: die kanonische Methode, um eine lineare Ordnung auf einer Menge von Elementen auf Tupel, Strings oder Folgen über dieser Menge zu erweitern. Es gilt $\langle a_1, a_2, \ldots, a_k \rangle < \langle b_1, b_2, \ldots, b_\ell \rangle$ genau dann wenn es ein $i \leq \min\{k, \ell\}$ mit $\langle a_1, a_2, \ldots, a_{i-1} \rangle = \langle b_1, b_2, \ldots, b_{i-1} \rangle$ und $a_i < b_i$ gibt oder wenn $k < \ell$ und $\langle a_1, a_2, \ldots, a_k \rangle = \langle b_1, b_2, \ldots, b_k \rangle$ ist. Eine alternative, rekursive Beschreibung: $\langle \rangle < \langle b_1, b_2, \ldots, b_\ell \rangle$ für alle $\ell > 0$; für $k > 0$ und $\ell > 0$ gilt $\langle a_1, a_2, \ldots, a_k \rangle < \langle b_1, b_2, \ldots, b_\ell \rangle$ genau dann wenn $a_1 < b_1$ oder $a_1 = b_1$ und $\langle a_2, \ldots, a_k \rangle < \langle b_2, \ldots, b_\ell \rangle$ gilt.

lineare Ordnung: (auch: totale Ordnung) eine reflexive, transitive, antisymmetrische und totale Relation. Für eine lineare Ordnung verwendet man oft das Zeichen $\leq$. Für $a \leq b$ schreibt man dann auch $b \geq a$. Abkürzung (*strikte* Version einer Totalordnung): $a < b$ steht für $a \leq b \wedge a \neq b$; entsprechend steht $a > b$ für $a \geq b \wedge a \neq b$. Die Relation $<$ ist dann transitiv, *irreflexiv* (aus $a < b$ folgt $a \neq b$) und *total* in dem Sinn, dass für a,b stets $a < b$ oder $a = b$ oder $a > b$ gilt.

lineare Präordnung: (auch: totale Präordnung oder lineare/totale Quasiordnung) eine reflexive, transitive und totale Relation. Auch hierfür verwendet man oft die Zeichen $\leq$ und $\geq$. Die Definition der strikten Variante ist in diesem Fall: $a < b$, falls $a \leq b$ und nicht $a \geq b$ gilt.

Median: ein Eintrag mit Rang $\lceil n/2 \rceil$ in einer Menge von n Einträgen.

multiplikatives Inverses: Wenn ein Objekt x mit seinem *multiplikativen Inversen* x^{-1} multipliziert wird, erhalten wir $x \cdot x^{-1} = 1$ – das neutrale Element der Multiplikation. Insbesondere gilt, dass in einem *Körper* jedes Element außer Null (dem neutralen Element der Addition) ein multiplikatives Inverses hat.

Primzahl: eine ganze Zahl n, $n \geq 2$, ist eine Primzahl, wenn es keine ganzen Zahlen $a, b > 1$ gibt, die $n = a \cdot b$ erfüllen.

Rang: Auf der endlichen Menge $S = \{e_1, \ldots, e_n\}$ sei eine lineare Präordnung $\leq$ definiert. Eine injektive Abbildung $r : S \to 1..n$ ist eine *Rangfunktion* für S, wenn $r(e_i) < r(e_j)$ für alle e_i, e_j mit $e_i < e_j$ gilt. Wenn $\leq$ eine lineare Ordnung auf S ist, gibt es genau eine Rangfunktion.

reflexiv: Eine Relation $R \subseteq A \times A$ heißt *reflexiv*, wenn $\forall a \in A : (a, a) \in R$.

Relation: Eine (binäre) Relation R ist eine Menge von geordneten Paaren. Wir schreiben Relationen oft in Infixschreibweise: das Prädikat $a \, R \, b$ bedeutet einfach $(a, b) \in R$. (Alle in diesem Buch benutzten Relationen sind binäre Relationen.)

symmetrische Relation: eine Relation R ist *symmetrisch*, wenn für alle a and b gilt: aus $a \, R \, b$ folgt $b \, R \, a$.

totale Ordnung: lineare Ordnung.

totale Relation: eine Relation $R \subseteq A \times A$ ist auf A total, wenn für alle $a, b \in A$ mindestens eine der Aussagen $a \, R \, b$ und $b \, R \, a$ gilt. Wenn eine Relation R total und transitiv ist, liefert folgende Definition eine passende Äquivalenzrelation $\sim_R$ auf A: $a \sim_R b$ genau dann wenn $a \, R \, b$ und $b \, R \, a$.

transitiv: eine Relation R heißt *transitiv*, wenn für alle a, b, c gilt: aus $a \, R \, b$ und $b \, R \, c$ folgt $a \, R \, c$.

A.3 Grundlagen aus der Wahrscheinlichkeitsrechnung

Die Wahrscheinlichkeitsrechnung beruht auf dem Begriff eines *Ergebnisraums* $\mathscr{S}$ (engl.: *sample space*). Um etwa das Werfen zweier Würfel zu beschreiben, würden wir den Ergebnisraum $\{1, \ldots, 6\} \times \{1, \ldots, 6\}$ benutzen, der 36 Elemente hat; d. h., die Elemente des Ergebnisraums (die Ergebnisse oder auch Elementarereignisse genannt werden) sind die Paare (x, y) mit $1 \leq x, y \leq 6$ und $x, y \in \mathbb{N}$. Im Allgemeinen ist der Ergebnisraum eine beliebige (nichtleere) Menge. In diesem Buch sind alle Ergebnisräume endlich.[1] In einem Zufallsexperiment wird jedes Element $s \in \mathscr{S}$ mit einer elementaren *Wahrscheinlichkeit* $p_s \geq 0$ gewählt, wobei $\sum_{s \in \mathscr{S}} p_s = 1$ gilt. Die Funktion, die jedem Ergebnis s ihre Wahrscheinlichkeit p_s zuordnet, heißt eine *Verteilung*. Ein Ergebnisraum zusammen mit einer Verteilung heißt ein *Wahrscheinlichkeitsraum*. In diesem Buch werden fast ausschließlich *uniforme Verteilungen* benutzt; in diesem Fall gilt $p_s = p = 1/|\mathscr{S}|$. Eine Teilmenge $\mathscr{E}$ des Ergebnisraums heißt ein *Ereignis*. Die Wahrscheinlichkeit $\mathrm{prob}(\mathscr{E})$ eines Ereignisses $\mathscr{E} \subseteq \mathscr{S}$ ist die Summe der Wahrscheinlichkeiten seiner Elemente. Im uniformen Fall heißt dies also, dass $\mathrm{prob}(\mathscr{E}) = |\mathscr{E}|/|\mathscr{S}|$ gilt. Beispielsweise hat im Würfel-Wahrscheinlichkeitsraum das Ereignis $\{(x,y) : x+y = 7\} = \{(1,6),(2,5),\ldots,(6,1)\}$ die Wahrscheinlichkeit $6/36 = 1/6$, wohingegen das Ereignis $\{(x,y) : x+y \geq 8\}$ die Wahrscheinlichkeit $15/36 = 5/12$ hat.

Eine *Zufallsvariable* ist eine Abbildung vom Ergebnisraum in die reellen Zahlen. Man bezeichnet Zufallsvariablen üblicherweise mit Großbuchstaben, um sie von gewöhnlichen Werten zu unterscheiden. Im Würfelbeispiel könnte die Zufallsvariable X die Augenzahl des ersten Würfels angeben, die Zufallsvariable Y die Augenzahl des zweiten Würfels und die Zufallsvariable S die Summe der beiden. Formal sieht dies so aus: für $(x,y) \in \mathscr{S}$ ist $X((x,y)) = x$, $Y((x,y)) = y$ und $S((x,y)) = x+y = X((x,y)) + Y((x,y))$.

Wenn man schon Zufallsvariablen hat, kann man weitere Zufallsvariablen definieren, indem man Ausdrücke mit den gegebenen Zufallsvariablen und gewöhnlichen Werten bildet. Beispielsweise lassen sich aus Zufallsvariablen V und W die neuen Zufallsvariablen $(V+W)(s) = V(s) + W(s)$, $(V \cdot W)(s) = V(s) \cdot W(s)$ und $(V+3)(s) = V(s)+3$ gewinnen.

Ereignisse werden oft durch Prädikate spezifiziert, in denen Zufallsvariablen vorkommen. Beispielsweise bezeichnet $X \leq 2$ das Ereignis $\{(1,y),(2,y) : 1 \leq y \leq 6\}$; damit kann man $\mathrm{prob}(X \leq 2) = 1/3$ schreiben. Ähnlich schreibt man $\mathrm{prob}(X + Y = 11) = \mathrm{prob}(\{(5,6),(6,5)\}) = 1/18$.

Eine *Indikator-Zufallsvariable* (kurz: Indikatorvariable) ist eine Zufallsvariable, die nur die Werte 0 und 1 annimmt. Indikatorvariablen sind für die wahrscheinlichkeitstheoretische Analyse von Algorithmen äußerst nützlich, weil sie es gestatten, das Verhalten von komplexen Algorithmen in einfache mathematische Objekte zu kodieren. Für Indikatorvariablen benutzen wir oft die Buchstaben I und J. Ereignisse und Indikatorvariablen entsprechen einander eineindeutig: Zum Ereignis $\mathscr{E}$ gehört die Indikatorvariable $I_{\mathscr{E}}$, die genau für die $s \in \mathscr{E}$ den Wert 1 hat. Ist ein Ereignis durch ein Prädikat P gegeben, schreibt man oft kurz $[P]$ für die entsprechende Indikatorvariable, d. h. $[P](s) = 1$, falls $P(s)$ gilt, andernfalls $[P](s) = 0$.

Der *Erwartungswert* einer Zufallsvariablen $Z : \mathscr{S} \to \mathbb{R}$ ist

---

[1] Alle in diesem Abschnitt getroffenen Feststellungen gelten mit im Wesentlichen den gleichen Beweisen auch für abzählbar unendliche Ergebnisräume. Solche Räume werden zum Beispiel benötigt, um das Experiment „würfle wiederholt, bis eine 6 kommt" zu modellieren.

$$E[Z] = \sum_{s \in \mathscr{S}} p_s \cdot Z(s) = \sum_{z \in Z[\mathscr{S}]} z \cdot \text{prob}(Z = z) \,. \qquad \text{(A.0)}$$

Das heißt: Jedes Ergebnis s trägt den Wert von Z an der Stelle s bei, multipliziert mit der Wahrscheinlichkeit von s. Alternativ können wir für jedes z im Wertebereich $Z[\mathscr{S}]$ von Z alle Ergebnisse s mit $Z(s) = z$ zu einem Ereignis $Z = z$ zusammenfassen und dann über alle $z \in Z[\mathscr{S}]$ summieren.

Für die oben betrachtete Zufallsvariable X gilt $E[X] = (1 + 2 + 3 + 4 + 5 + 6)/6 = 21/6 = 3.5$, d. h., der Erwartungswert der Augenzahl des ersten Würfels ist 3.5. Natürlich gilt dies auch für den zweiten Würfel. Für eine Indikatorvariable I gilt

$$E[I] = 0 \cdot \text{prob}(I = 0) + 1 \cdot \text{prob}(I = 1) = \text{prob}(I = 1) \,.$$

Oft ist nicht so sehr der Ergebnisraum interessant, sondern vielmehr eine Zufallsvariable Z und ihr Verhalten in $\mathbb{R}$. In diesem Fall genügt es, die Menge $Z[\mathscr{S}]$ zusammen mit den Wahrscheinlichkeiten $\text{prob}(Z = z)$, $z \in Z[\mathscr{S}]$, zu kennen. Man kann $Z[\mathscr{S}]$ sogar als (abgeleiteten) Ergebnisraum auffassen, mit durch $\text{prob}(Z = z)$, $z \in Z[\mathscr{S}]$, gegebener Verteilung. Daher heißt die Funktion $z \mapsto \text{prob}(Z = z)$, die jedem $z \in Z[\mathscr{S}]$ seine Wahrscheinlichkeit zuordnet, oft auch *die Verteilung von Z*. Zwei Zufallsvariablen Y und Z, die die gleiche Verteilung haben, heißen *identisch verteilt*, analog für mehr als zwei Zufallsvariablen.

Für Zufallsvariablen Z, die nur Werte in den natürlichen Zahlen annehmen, gilt folgende sehr nützliche Formel für den Erwartungswert:

$$E[Z] = \sum_{k \geq 1} \text{prob}(Z \geq k), \text{ falls } Z[\mathscr{S}] \subseteq \mathbb{N} \,. \qquad \text{(A.1)}$$

Der Beweis ist sehr einfach. Man setzt $p_k = \text{prob}(Z \geq k)$ und $q_i = \text{prob}(Z = i)$, für $k, i \in \mathbb{N}$. Dann gilt $p_k = \sum_{i \geq k} q_i$, und daher, mit einer einfachen Vertauschung der Summationsreihenfolge:

$$E[Z] = \sum_{z \in Z[\mathscr{S}]} z \cdot \text{prob}(Z = z) = \sum_{i \in \mathbb{N}} i \cdot \text{prob}(Z = i) = \sum_{i \in \mathbb{N}} \sum_{1 \leq k \leq i} q_i = \sum_{k \geq 1} \sum_{i \geq k} q_i = \sum_{k \geq 1} p_k.$$

Häufig interessiert man sich für den Erwartungswert einer Zufallsvariablen, die mittels anderer Zufallsvariablen definiert wurde. Für Summen von Zufallsvariablen ist dies besonders einfach: Grund ist die *Linearität des Erwartungswerts* von Zufallsvariablen. Für beliebige Zufallsvariablen V und W gilt:

$$E[V + W] = E[V] + E[W] \,. \qquad \text{(A.2)}$$

Diese Gleichung ist äußerst nützlich. Ihr Beweis ist ganz einfach; er besteht im Wesentlichen aus der Anwendung des Distributivgesetzes. Es gilt

$$\begin{aligned}
E[V + W] &= \sum_{s \in \mathscr{S}} p_s \cdot (V(s) + W(s)) \\
&= \sum_{s \in \mathscr{S}} p_s \cdot V(s) + \sum_{s \in \mathscr{S}} p_s \cdot W(s) \\
&= E[V] + E[W] \,.
\end{aligned}$$

Als erste Anwendung wollen wir die erwartete Augenzahl von zwei Würfeln berechnen. Es gilt

$$E[S] = E[X + Y] = E[X] + E[Y] = 3.5 + 3.5 = 7 \, .$$

Man beachte, dass sich das Resultat fast ohne Berechnung ergibt. Wenn man ohne die Linearität des Erwartungswerts auskommen wollte, müsste man eine umständliche Berechnung ausführen:

$$E[S] = 2 \cdot \tfrac{1}{36} + 3 \cdot \tfrac{2}{36} + 4 \cdot \tfrac{3}{36} + 5 \cdot \tfrac{4}{36} + 6 \cdot \tfrac{5}{36} + 7 \cdot \tfrac{6}{36} + 8 \cdot \tfrac{5}{36} + 9 \cdot \tfrac{4}{36} + \ldots + 12 \cdot \tfrac{1}{36}$$

$$= \frac{2 \cdot 1 + 3 \cdot 2 + 4 \cdot 3 + 5 \cdot 4 + 6 \cdot 5 + 7 \cdot 6 + 8 \cdot 5 + \ldots + 12 \cdot 1}{36} = 7 \, .$$

Ebenso leicht wie (A.2) zeigt man: $E[aV] = aE[V]$, für $a \in \mathbb{R}$. Weiter lässt sich (A.2) leicht auf beliebig viele Summanden verallgemeinern, wie ein Beweis durch vollständige Induktion zeigt.

Aufgabe A.1. Was ist die erwartete Augensumme bei drei Würfeln?

Als weiteres Beispiel mit einem etwas komplexeren Ergebnisraum betrachten wir nun das Experiment, n Bälle in m Körbe zu werfen. Jeder Ball landet in einem (uniform) zufälligen Korb, und verschiedene Würfe beeinflussen einander nicht. Formal gesehen ist der Ergebnisraum die Menge aller Funktionen f von $1..n$ nach $1..m$. Dieser Ergebnisraum hat Größe m^n; für $1 \leq i \leq n$ gibt $f(i)$ an, in welchem Korb der Ball mit Nummer i landet. Alle Ergebnisse im Ergebnisraum haben die gleiche Wahrscheinlichkeit. Wie viele Bälle sollten wir in Korb 1 erwarten? Die Anzahl der Bälle in Korb 1 ist eine Zufallsvariable, die wir W nennen. Um den Erwartungswert zu bestimmen, benutzen wir Indikatorvariable I_i, $1 \leq i \leq n$. Die Variable I_i ist 1, wenn Ball i in Korb 1 fällt, sonst ist I_i gleich 0. Formal: $I_i = [f(i) = 1]$. Dann gilt $W = \sum_i I_i$ und daher

$$E[W] = E[\sum_i I_i] = \sum_i E[I_i] = \sum_i \text{prob}(I_i = 1) \, .$$

Dabei beruht die zweite Gleichheit auf der Linearität des Erwartungswerts, die dritte folgt daraus, dass die I_i Indikatorvariablen sind. Wir müssen nur noch die Wahrscheinlichkeit dafür bestimmen, dass $I_i = 1$ ist. Weil die Bälle rein zufällig geworfen werden, ist die Wahrscheinlichkeit für jeden Korb gleich, dass Ball i dort landet.[2] Daraus ergibt sich $\text{prob}(I_i = 1) = 1/m$, und daher

$$E[W] = \sum_i \text{prob}(I_i = 1) = \sum_i \frac{1}{m} = \frac{n}{m} \, .$$

Produkte von Zufallsvariablen verhalten sich anders als Summen. Im Allgemeinen gilt $E[X \cdot Y] \neq E[X] \cdot E[Y]$. Es gibt aber eine wichtige Ausnahme: für *unabhängige* Zufallsvariablen X und Y gilt die Gleichheit. Dabei heißen Zufallsvariablen $X_1, \ldots, X_k$ unabhängig, wenn

---

[2] Formal: es gibt genau m^{n-1} Funktionen f mit $f(i) = 1$, und $m^{n-1}/m^n = 1/m$.

$$\forall x_1, \ldots, x_k \in \mathbb{R} : \mathrm{prob}(X_1 = x_1 \wedge \ldots \wedge X_k = x_k) = \prod_{1 \leq i \leq k} \mathrm{prob}(X_i = x_i) \, . \qquad \text{(A.3)}$$

Wenn wir zum Beispiel mit zwei Würfeln würfeln, sind die Augenzahl des ersten und die des zweiten Würfels unabhängige Zufallsvariablen. Die Augenzahl des ersten Würfels und die Augensumme der beiden sind dagegen nicht unabhängig. (Nicht unabhängige Zufallsvariablen heißen *abhängig*.)

Aufgabe A.2. I und J seien unabhängige Indikatorvariablen, und X sei durch $X = (I + J) \bmod 2$ definiert, d. h., X ist 1 genau dann wenn I und J verschieden sind. Zeigen Sie, dass I und X unabhängig sind, dass aber I, J und X im Allgemeinen abhängig sind.

Seien nun also X und Y unabhängige Zufallsvariablen. Um zu zeigen, dass sich die Erwartungswerte multiplizieren, rechnen wir:

$$
\begin{aligned}
\mathrm{E}[X] \cdot \mathrm{E}[Y] &= \left(\sum_x x \cdot \mathrm{prob}(X = x) \right) \cdot \left(\sum_y y \cdot \mathrm{prob}(X = y) \right) \\
&= \sum_{x,y} x \cdot y \cdot \mathrm{prob}(X = x) \cdot \mathrm{prob}(X = y) \\
&= \sum_{x,y} x \cdot y \cdot \mathrm{prob}(X = x \wedge Y = y) \\
&= \sum_z \sum_{x,y \text{ mit } z = x \cdot y} z \cdot \mathrm{prob}(X = x \wedge Y = y) \\
&= \sum_z z \cdot \sum_{x,y \text{ mit } z = x \cdot y} \mathrm{prob}(X = x \wedge Y = y) \\
&= \sum_z z \cdot \mathrm{prob}(X \cdot Y = z) \\
&= \mathrm{E}[X \cdot Y] \, .
\end{aligned}
$$

Wie (un)wahrscheinlich ist es, dass eine Zufallsvariable weit von ihrem Erwartungswert abweicht? Die *Markovsche Ungleichung* gibt eine einfache, aber nützliche Schranke an. Sei X eine nichtnegative Zufallsvariable und sei $c > 0$ beliebig. Dann gilt:

$$\mathrm{prob}(X \geq c \cdot \mathrm{E}[X]) \leq \frac{1}{c} \, . \qquad \text{(A.4)}$$

Der Beweis ist einfach. Wir haben:

$$
\begin{aligned}
\mathrm{E}[X] &= \sum_{z \in X[\mathscr{S}]} z \cdot \mathrm{prob}(X = z) \\
&\geq \sum_{z \in X[\mathscr{S}], z \geq c \cdot \mathrm{E}[X]} z \cdot \mathrm{prob}(X = z) \\
&\geq c \cdot \mathrm{E}[X] \cdot \mathrm{prob}(X \geq c \cdot \mathrm{E}[X]) \, ,
\end{aligned}
$$

wobei für die erste Ungleichung benutzt wird, dass wir über eine Teilmenge der möglichen Werte summieren und X nichtnegativ ist, und für die zweite Ungleichung, dass in jedem Summanden in der zweiten Zeile der Faktor z mindestens den Wert $cE[X]$ hat.

Für Zufallsvariablen, die stärkere Voraussetzungen erfüllen, lassen sich viel schärfere Schranken beweisen. Die folgende Situation ergibt sich an mehreren Stellen in diesem Buch. Wir haben eine Summe $X = X_1 + \ldots + X_n$ von n unabhängigen Indikatorvariablen $X_1, \ldots, X_n$ und möchten die Wahrscheinlichkeit dafür abschätzen, dass X weit von seinem Erwartungswert abweicht. In dieser Situation ist die folgende Variante der *Chernoff-Schranke* nützlich. Für jedes $\varepsilon > 0$ gilt:

$$\text{prob}(X < (1 - \varepsilon)E[X]) \le e^{-\varepsilon^2 E[X]/2} \, , \tag{A.5}$$

$$\text{prob}(X > (1 + \varepsilon)E[X]) \le \left(\frac{e^\varepsilon}{(1 + \varepsilon)^{(1+\varepsilon)}} \right)^{E[X]} . \tag{A.6}$$

Eine Schranke der obigen Form heißt eine *Tail-Schranke*, weil sie den „*tail*" (engl. für „Schwanz") der Wahrscheinlichkeitsverteilung abschätzt, d. h. den Teil, für den X weit von seinem Erwartungswert abweicht. Wir betrachten ein Beispiel. Wenn wir n-mal eine Münze werfen und X_i die Indikatorvariable ist, die 1 ist genau dann wenn beim i-ten Wurf „Kopf" erscheint, dann gibt die Zufallsvariable $X = X_1 + \ldots + X_n$ an, wie oft insgesamt „Kopf" erscheint. Offensichtlich gilt $E[X] = n/2$. Die obige Schranke sagt uns, dass $\text{prob}(X \le (1 - \varepsilon)n/2) \le e^{-\varepsilon^2 n/4}$ gilt. Wenn wir beispielsweise $\varepsilon = 0.1$ wählen, gilt $\text{prob}(X \le 0.9 \cdot n/2) \le e^{-0.01 \cdot n/4}$. Für $n = 10\,000$ ist der Erwartungswert $5\,000$, und die Wahrscheinlichkeit, dass X unter $4\,500$ liegt, ist kleiner als e^{-25}, eine sehr kleine Zahl.

Aufgabe A.3. Schätzen Sie im obigen Beispiel die Wahrscheinlichkeit dafür ab, dass X größer als $5\,050$ ist.

Wenn die Indikatorvariablen unabhängig und identisch verteilt sind, d. h. alle die gleiche Verteilung haben, etwa $\text{prob}(X_i = 1) = p$ gilt für eine Zahl p, dann ist X *binomialverteilt* (mit Parametern p und n):

$$\text{prob}(X = k) = \binom{n}{k} p^k (1 - p)^{n-k}, \text{ für } 0 \le k \le n \, . \tag{A.7}$$

Aufgabe A.4 (Bälle in Körbe, Fortführung). Sei wie oben W die Anzahl der Bälle in Korb 1. Zeigen Sie:

$$\text{prob}(W = k) = \binom{n}{k} \left(\frac{1}{m} \right)^k \left(1 - \frac{1}{m} \right)^{n-k} ,$$

und versuchen Sie dann, $E[W]$ als $\sum_k \text{prob}(W = k)k$ zu berechnen.

A.4 Einige nützliche Formeln und Abschätzungen

Wir führen zunächst einige nützliche Formeln und Abschätzungen auf. Einige von ihnen werden im Anschluss bewiesen.

- Einfache Schranken für die Fakultätsfunktion:

$$\left(\frac{n}{e}\right)^n \leq n! \leq n^n, \text{ oder schärfer: } e\left(\frac{n}{e}\right)^n \leq n! \leq (en)\left(\frac{n}{e}\right)^n. \tag{A.8}$$

- Die Stirlingsche Approximationsformel für die Fakultätsfunktion:

$$n! = \left(1 + \Theta\left(\frac{1}{n}\right)\right)\sqrt{2\pi n}\left(\frac{n}{e}\right)^n, \tag{A.9}$$

oder genauer:

$$\sqrt{2\pi n} \cdot \left(\frac{n}{e}\right)^n \cdot e^{\frac{1}{12n+1}} < n! < \sqrt{2\pi n} \cdot \left(\frac{n}{e}\right)^n \cdot e^{\frac{1}{12n}}, \text{ für } n \geq 1. \tag{A.9'}$$

- Eine obere Schranke für Binomialkoeffizienten:

$$\binom{n}{k} \leq \left(\frac{n \cdot e}{k}\right)^k. \tag{A.10}$$

- Die Summe der ersten n positiven ganzen Zahlen:

$$\sum_{i=1}^{n} i = \frac{n(n+1)}{2}. \tag{A.11}$$

- Die harmonischen Zahlen:

$$\ln n \leq H_n = \sum_{i=1}^{n} \frac{1}{i} \leq \ln n + 1. \tag{A.12}$$

- Die geometrische Summe und die geometrische Reihe:

$$\sum_{i=0}^{n-1} q^i = \frac{1-q^n}{1-q} \quad \text{für } q \neq 1 \text{ und } \quad \sum_{i \geq 0} q^i = \frac{1}{1-q} \quad \text{für } |q| < 1. \tag{A.13}$$

$$\sum_{i \geq 0} 2^{-i} = 2 \quad \text{and} \quad \sum_{i \geq 0} i \cdot 2^{-i} = \sum_{i \geq 1} i \cdot 2^{-i} = 2. \tag{A.14}$$

- Die Jensensche Ungleichung: Für jede konkave Funktion f und jede Folge $(x_1, \ldots, x_n)$ von reellen Zahlen im Definitionsbereich von f gilt:

$$\sum_{i=1}^{n} f(x_i) \leq n \cdot f\left(\frac{\sum_{i=1}^{n} x_i}{n}\right); \tag{A.15}$$

für jede konvexe Funktion f und jede Folge $x_1, \ldots, x_n$ von Punkten im Definitionsbereich von f gilt:

$$\sum_{i=1}^{n} f(x_i) \geq n \cdot f\left(\frac{\sum_{i=1}^{n} x_i}{n}\right). \tag{A.16}$$

A.4.1 Beweise

Für (A.8) beobachten wir zuerst, dass $n! = n(n-1) \cdots 1 \leq n^n$ gilt. Aus der Analysis weiß man, dass die Exponentialfunktion wie folgt geschrieben werden kann: $e^x = \sum_{i \geq 0} \frac{x^i}{i!}$. Daher ist $e^n \geq \frac{n^n}{n!}$. Daraus folgt die untere Schranke für $n!$.

Für die schärferen Schranken beobachten wir, dass für alle $i \geq 2$ die Abschätzung $\ln i \geq \int_{i-1}^{i} \ln x\, dx$ gilt, und daher

$$\ln n! = \sum_{2 \leq i \leq n} \ln i \geq \int_{1}^{n} \ln x\, dx = \Big[x(\ln x - 1) \Big]_{x=1}^{x=n} = n(\ln n - 1) + 1 \,.$$

Daraus folgt

$$n! \geq e^{n(\ln n - 1) + 1} = e(e^{\ln n - 1})^n = e\left(\frac{n}{e}\right)^n \,.$$

Analog folgt aus $\ln(i-1) \leq \int_{i-1}^{i} \ln x\, dx$, dass $(n-1)! \leq \int_{1}^{n} \ln x\, dx = e\left(\frac{n}{e}\right)^n$ gilt, also $n! \leq (en)\left(\frac{n}{e}\right)^n$.

Die Abschätzung (A.10) folgt fast unmittelbar aus (A.8). Wir haben

$$\binom{n}{k} = \frac{n(n-1)\cdots(n-k+1)}{k!} \leq \frac{n^k}{(k/e)^k} = \left(\frac{n \cdot e}{k}\right)^k \,.$$

Gleichung (A.11) erhält man durch eine Rechnung mit einem einfachen Trick:

$$1 + 2 + \ldots + n = \frac{1}{2}\big((1 + 2 + \ldots + (n-1) + n) + (n + (n-1) + \ldots + 2 + 1)\big)$$
$$= \frac{1}{2}\big((1+n) + (2 + (n-1)) + \ldots + ((n-1) + 2) + (n+1)\big)$$
$$= \frac{n(n+1)}{2} \,.$$

Die entsprechenden Summen von höheren Potenzen kann man leicht abschätzen. Beispielsweise gilt $\int_{i-1}^{i} x^2\, dx \leq i^2 \leq \int_{i}^{i+1} x^2\, dx$; daraus folgt

$$\sum_{1 \leq i \leq n} i^2 \leq \int_{1}^{n+1} x^2\, dx = \Big[\frac{x^3}{3}\Big]_{x=1}^{x=n+1} = \frac{(n+1)^3 - 1}{3}$$

und

$$\sum_{1 \leq i \leq n} i^2 \geq \int_{0}^{n} x^2\, dx = \Big[\frac{x^3}{3}\Big]_{x=0}^{x=n} = \frac{n^3}{3} \,.$$

Für (A.12) verwenden wir ebenfalls eine Abschätzung durch ein Integral. Es gilt $\int_{i}^{i+1}(1/x)\, dx \leq 1/i \leq \int_{i-1}^{i}(1/x)\, dx$, und daher

$$\ln n = \int_{1}^{n} \frac{1}{x}\, dx \leq \sum_{1 \leq i \leq n} \frac{1}{i} \leq 1 + \int_{1}^{n-1} \frac{1}{x}\, dx \leq 1 + \ln n \,.$$

Gleichung (A.13) folgt aus

$$(1-q) \cdot \sum_{0 \leq i \leq n-1} q^i = \sum_{0 \leq i \leq n-1} q^i - \sum_{1 \leq i \leq n} q^i = 1 - q^n.$$

Für $|q| < 1$ können wir n gegen unendlich gehen lassen, um $\sum_{i \geq 0} q^i = 1/(1-q)$ zu erhalten. Für $q = 1/2$ erhalten wir $\sum_{i \geq 0} 2^{-i} = 2$. Weiter gilt

$$\sum_{i \geq 1} i \cdot 2^{-i} = \sum_{j \geq 1} 2^{-j} + \sum_{j \geq 2} 2^{-j} + \sum_{j \geq 3} 2^{-j} + \ldots$$

$$= (1 + 1/2 + 1/4 + 1/8 + \ldots) \cdot \sum_{i \geq 1} 2^{-i}$$

$$= 2 \cdot 1 = 2.$$

Für die erste Gleichheit muss man nur beobachten, dass für jedes i der Term 2^{-i} in genau den ersten i der j-Summen der rechten Seite vorkommt.

Gleichung (A.15) kann man durch Induktion über n beweisen. Für $n = 1$ ist nichts zu zeigen. Wir nehmen also $n \geq 2$ an. Definiere $x^* = \sum_{1 \leq i \leq n} x_i / n$ und $\bar{x} = \sum_{1 \leq i \leq n-1} x_i / (n-1)$. Dann gilt $x^* = ((n-1)\bar{x} + x_n)/n$, und daher

$$\sum_{1 \leq i \leq n} f(x_i) = f(x_n) + \sum_{1 \leq i \leq n-1} f(x_i)$$

$$\leq f(x_n) + (n-1) \cdot f(\bar{x}) = n \cdot \left(\frac{1}{n} \cdot f(x_n) + \frac{n-1}{n} \cdot f(\bar{x}) \right)$$

$$\leq n \cdot f(x^*),$$

wobei die erste Ungleichung die Induktionsvoraussetzung benutzt und die zweite direkt auf die Definition des Begriffs „konkav" zurückgreift, mit $x = x_n$, $y = \bar{x}$, und $t = 1/n$. Die Erweiterung auf konvexe Funktionen folgt unmittelbar, mit der Beobachtung, dass $-f$ konkav ist, wenn f konvex ist.

Literaturverzeichnis

[1] E. H. L. Aarts und J. Korst: *Simulated Annealing and Boltzmann Machines.* Wiley, 1989.

[2] J. Abello, A. Buchsbaum und J. Westbrook: A functional approach to external graph algorithms. *Algorithmica* **32**(3):437–458, 2002.

[3] W. Ackermann: Zum hilbertschen Aufbau der reellen Zahlen. *Mathematische Annalen* **99**:118–133, 1928.

[4] G. M. Adel'son-Vel'skii und E. M. Landis: An algorithm for the organization of information. *Soviet Mathematics Doklady* **3**:1259–1263, 1962.

[5] A. Aggarwal und J. S. Vitter: The input/output complexity of sorting and related problems. *Communications of the ACM* **31**(9):1116–1127, 1988.

[6] A. V. Aho, J. E. Hopcroft und J. D. Ullman: *The Design and Analysis of Computer Algorithms.* Addison-Wesley, 1974.

[7] A. V. Aho, B. W. Kernighan und P. J. Weinberger: *The AWK Programming Language.* Addison-Wesley, 1988.

[8] R. K. Ahuja, R. L. Magnanti und J. B. Orlin: *Network Flows.* Prentice Hall, 1993.

[9] R. K. Ahuja, K. Mehlhorn, J. B. Orlin und R. E. Tarjan: Faster algorithms for the shortest path problem. *Journal of the ACM* **3**(2):213–223, 1990.

[10] N. Alon, M. Dietzfelbinger, P. B. Miltersen, E. Petrank und G. Tardos: Linear hash functions. *Journal of the ACM* **46**(5):667–683, 1999.

[11] A. Andersson, T. Hagerup, S. Nilsson und R. Raman: Sorting in linear time? *Journal of Computer and System Sciences* **57**(1):74–93, 1998.

[12] F. Annexstein, M. Baumslag und A. Rosenberg: Group action graphs and parallel architectures. *SIAM Journal on Computing* **19**(3):544–569, 1990.

[13] Anonymus: *Der Handlungsreisende – wie er sein soll und was er zu thun hat, um Auftraege zu erhalten und eines gluecklichen Erfolgs in seinen Geschaeften gewiss zu sein – Von einem alten Commis-Voyageur.* Voigt, 1832.

[14] K. I. Appel und W. Haken: *Every Planar Map is Four Colorable,* Contemporary Mathematics, Bd. 98. American Mathematical Society, 1989.

[15] D. L. Applegate, R. E. Bixby, V. Chvátal und W. J. Cook: *The Traveling Salesman Problem: A Computational Study.* Princeton University Press, 2007.

[16] G. Ausiello, P. Crescenzi, G. Gambosi, V. Kann, A. Marchetti-Spaccamela und M. Protasi: *Complexity and Approximation: Combinatorial Optimization Problems and Their Approximability Properties*. Springer, 1999.

[17] H. Bast, S. Funke, P. Sanders und D. Schultes: Fast routing in road networks with transit nodes. *Science* 316(5824):566, 2007.

[18] R. Bayer und E. M. McCreight: Organization and maintenance of large ordered indexes. *Acta Informatica* 1(3):173–189, 1972.

[19] R. Beier und B. Vöcking: Random knapsack in expected polynomial time. *Journal of Computer and System Sciences* 69(3):306–329, 2004.

[20] R. Bellman: On a routing problem. *Quarterly of Applied Mathematics* 16(1):87–90, 1958.

[21] M. A. Bender, E. D. Demaine und M. Farach-Colton: Cache-oblivious B-trees. *SIAM Journal on Computing* 35(2):341–358, 2005.

[22] J. L. Bentley und M. D. McIlroy: Engineering a sort function. *Software Practice and Experience* 23(11):1249–1265, 1993.

[23] J. L. Bentley und T. A. Ottmann: Algorithms for reporting and counting geometric intersections. *IEEE Transactions on Computers* 28(9):643–647, 1979.

[24] J. L. Bentley und R. Sedgewick: Fast algorithms for sorting and searching strings. In *Proc. 8th Annual ACM-SIAM Symposium on Discrete Algorithms*, pp. 360–369, 1997.

[25] D. Bertsimas und J. N. Tsitsiklis: *Introduction to Linear Optimization*. Athena Scientific, 1997.

[26] G. E. Blelloch, C. E. Leiserson, B. M. Maggs, C. G. Plaxton, S. J. Smith und M. Zagha: A comparison of sorting algorithms for the connection machine CM-2. In *Proc. 3rd Annual ACM Symposium on Parallel Algorithms and Architectures*, pp. 3–16, 1991.

[27] M. Blum, R. W. Floyd, V. R. Pratt, R. L. Rivest und R. E. Tarjan: Time bounds for selection. *Journal of Computer and System Sciences* 7(4):448, 1972.

[28] N. Blum und K. Mehlhorn: On the average number of rebalancing operations in weight-balanced trees. *Theoretical Computer Science* 11:303–320, 1980.

[29] Boost.org. Boost C++ Libraries. http://www.boost.org.

[30] O. Borůvka: O jistém problému minimálním (Über ein gewisses Minimalproblem). *Práce mor. přírodově d. spol. v Brně* III(3): 37–58, 1926. (Auf Tschechisch.)

[31] F. C. Botelho, R. Pagh und N. Ziviani: Practical Perfect Hashing Algorithm in Nearly Optimal Space. *Information Systems Journal* 38(1):108–131, 2013.

[32] G. S. Brodal: Worst-case efficient priority queues. In *Proc. 7th Annual ACM-SIAM Symposium on Discrete Algorithms*, pp. 52–58, 1996.

[33] G. S. Brodal und J. Katajainen: Worst-case efficient external-memory priority queues. In *Proc. 6th Scandinavian Workshop on Algorithm Theory*, Lecture Notes in Computer Science 1432, pp. 107–118. Springer, 1998.

[34] G. S. Brodal, G. Lagogiannis und R. E. Tarjan: Strict Fibonacci heaps. In *Proc. 44th Annual ACM Symposium on Theory of Computing*, pp. 1177–1184, 2012.

[35] M. R. Brown und R. E. Tarjan: Design and analysis of a data structure for representing sorted lists. *SIAM Journal on Computing* **9**:594–614, 1980.

[36] R. Brown: Calendar queues: A fast $O(1)$ priority queue implementation for the simulation event set problem. *Communications of the ACM* **31**(10):1220–1227, 1988.

[37] C. K. Caldwell und Y. Cheng: Determining Mills' constant and a note on Honaker's problem. *Journal of Integer Sequences* **8**, Artikel 05.4.1, 2005.

[38] J. L. Carter und M. N. Wegman: Universal classes of hash functions. *Journal of Computer and System Sciences* **18**(2):143–154, 1979.

[39] B. Chazelle: A minimum spanning tree algorithm with inverse-Ackermann type complexity. *Journal of the ACM* **47**:1028–1047, 2000.

[40] B. Chazelle und L. J. Guibas: Fractional cascading: I. A data structuring technique. *Algorithmica* **1**(2):133–162, 1986.

[41] B. Chazelle und L. J. Guibas: Fractional cascading: II. Applications. *Algorithmica* **1**(2):163–191, 1986.

[42] J.-C. Chen: Proportion extend sort. *SIAM Journal on Computing* **31**(1):323–330, 2001.

[43] Y. Cheng: Explicit estimate on primes between consecutive cubes. *Rocky Mountain Journal of Mathematics* **40**(1):117–153, 2010.

[44] J. Cheriyan und K. Mehlhorn: Algorithms for dense graphs and networks. *Algorithmica* **15**(6):521–549, 1996.

[45] B. V. Cherkassky, A. V. Goldberg und T. Radzik: Shortest path algorithms: Theory and experimental evaluation. *Mathematical Programming* **73**:129–174, 1996.

[46] E. G. Coffman, M. R. Garey und D. S. Johnson: Approximation algorithms for bin packing: A survey. In D. Hochbaum (Hrsg.): *Approximation Algorithms for NP-Hard Problems*, pp. 46–93. PWS, 1997.

[47] D. Cohen-Or, D. Levin und O. Remez: Progressive compression of arbitrary triangular meshes. In *Proc. 10th IEEE Visualization Conference*, pp. 67–72, 1999.

[48] S. A. Cook: *On the Minimum Computation Time of Functions*. Dissertation, Harvard University, 1966.

[49] S. A. Cook: The complexity of theorem-proving procedures. In *Proc. 3rd Annual ACM Symposium on Theory of Computing*, pp. 151–158, 1971.

[50] G. B. Dantzig: Maximization of a linear function of variables subject to linear inequalities. In T. C. Koopmans (Hrsg.): *Activity Analysis of Production and Allocation*, pp. 339–347. Wiley, 1951.

[51] A. De, P. P. Kurur, C. Saha und R. Saptharishi: Fast integer multiplication using modular arithmetic. *SIAM Journal on Computing* **42**(2):685–699, 2013.

[52] M. de Berg, O. Cheong, M. van Kreveld und M. Overmars: *Computational Geometry: Algorithms and Applications*. Springer, 3. Aufl., 2008.

[53] R. Dementiev, L. Kettner, J. Mehnert und P. Sanders: Engineering a sorted list data structure for 32 bit keys. In *Proc. 6th Workshop on Algorithm Engineering & Experiments*, pp. 142–151. SIAM, 2004.

[54] R. Dementiev, L. Kettner und P. Sanders: STXXL: Standard Template Library for XXL data sets. *Software: Practice and Experience* **38**(6):589–637, 2008. Siehe auch http://stxxl.sourceforge.net/.

[55] R. Dementiev und P. Sanders: Asynchronous parallel disk sorting. In *Proc. 15th Annual ACM Symposium on Parallelism in Algorithms and Architectures*, pp. 138–148, 2003.

[56] R. Dementiev, P. Sanders, D. Schultes und J. Sibeyn: Engineering an external memory minimum spanning tree algorithm. In *Proc. IFIP TCS*, pp. 195–208, 2004.

[57] L. Devroye: A note on the height of binary search trees. *Journal of the ACM* **33**:289–498, 1986.

[58] R. B. Dial: Shortest-path forest with topological ordering. *Communications of the ACM* **12**(11):632–633, 1969.

[59] M. Dietzfelbinger, T. Hagerup, J. Katajainen und M. Penttonen: A reliable randomized algorithm for the closest-pair problem. *Journal of Algorithms* **1**(25):19–51, 1997.

[60] M. Dietzfelbinger, A. Karlin, K. Mehlhorn, F. Meyer auf der Heide, H. Rohnert und R. E. Tarjan: Dynamic perfect hashing: Upper and lower bounds. *SIAM Journal on Computing* **23**(4):738–761, 1994.

[61] M. Dietzfelbinger und C. Weidling: Balanced allocation and dictionaries with tightly packed constant size bins. *Theoretical Computer Science* **380**(1–2):47–68, 2007.

[62] E. W. Dijkstra: A note on two problems in connexion with graphs. *Numerische Mathematik* **1**:269–271, 1959.

[63] E. A. Dinic: Economical algorithms for finding shortest paths in a network. In In Y. Popkov und B. Shmulyian (Hrsg.): *Transportation Modeling Systems*, pp. 36–44. Institute for System Studies, Moskau, 1978. (Auf Russisch.)

[64] W. Domschke und A. Drexl: *Einführung in Operations Research*. Springer, 2007.

[65] J. R. Driscoll, N. Sarnak, D. D. Sleator und R. E. Tarjan: Making data structures persistent. *Journal of Computer and System Sciences* **38**(1):86–124, 1989.

[66] J. Fakcharoenphol und S. Rao: Planar graphs, negative weight edges, shortest paths and near linear time. *Journal of Computer and System Sciences* **72**(5):868–889, 2006.

[67] R. Fleischer: A tight lower bound for the worst case of Bottom-Up-Heapsort. *Algorithmica* **11**(2):104–115, 1994.

[68] R. Floyd: Assigning meaning to programs. In J. T. Schwarz (Hrsg.): *Mathematical Aspects of Computer Science*, pp. 19–32. American Mathematical Society, 1967.

[69] L. R. Ford: Network flow theory. Technischer Bericht P-923, Rand Corporation, Santa Monica, California, 1956.

[70] E. Fredkin: Trie memory. *Communications of the ACM* **3**:490–499, 1960.

[71] M. L. Fredman: On the efficiency of pairing heaps and related data structures. *Journal of the ACM* **46**(4):473–501, 1999.

[72] M. L. Fredman, J. Komlós und E. Szemerédi: Storing a sparse table with $O(1)$ worst case access time. *Journal of the ACM* **31**:538–544, 1984.

[73] M. L. Fredman, R. Sedgewick, D. D. Sleator und R. E. Tarjan: The pairing heap: A new form of self-adjusting heap. *Algorithmica* **1**:111–129, 1986.

[74] M. L. Fredman und R. E. Tarjan: Fibonacci heaps and their uses in improved network optimization algorithms. *Journal of the ACM* **34**:596–615, 1987.

[75] M. Frigo, C. E. Leiserson, H. Prokop und S. Ramachandran: Cache-oblivious algorithms. *ACM Transactions on Algorithms* **8**(1): Artikel 4, 2012.

[76] M. Fürer: Faster integer multiplication. *SIAM Journal on Computing* **39**(3):979–1005, 2009.

[77] H. N. Gabow: Path-based depth-first search for strong and biconnected components. *Information Processing Letters*, pp. 107–114, 2000.

[78] E. Gamma, R. Helm, R. Johnson und J. Vlissides: *Design Patterns: Elements of Reusable Object-Oriented Software.* Addison-Wesley, 1995.

[79] M. R. Garey und D. S. Johnson: *Computers and Intractability: A Guide to the Theory of NP-Completeness.* W. H. Freeman, 1979.

[80] B. Gärtner und J. Matousek: *Understanding and Using Linear Programming.* Springer, 2006.

[81] GMP (GNU Multiple Precision Arithmetic Library). `http://gmplib.org/`.

[82] A. V. Goldberg: Scaling algorithms for the shortest path problem. *SIAM Journal on Computing* **24**:494–504, 1995.

[83] A. V. Goldberg: A simple shortest path algorithm with linear average time. In *Proc. 9th European Symposium on Algorithms*, Lecture Notes in Computer Science 2161, pp. 230–241. Springer, 2001.

[84] A. V. Goldberg und C. Harrelson: Computing the shortest path: A^* meets graph theory. In *Proc. 16th Annual ACM-SIAM Symposium on Discrete Algorithms*, pp. 156–165, 2005.

[85] G. H. Gonnet und R. Baeza-Yates: *Handbook of Algorithms and Data Structures: In Pascal and C.* Addison-Wesley, 2. Aufl., 1991.

[86] M. T. Goodrich: Randomized Shellsort: A simple data-oblivious sorting algorithm. *Journal of the ACM* **58**(6:27):1–26, 2011.

[87] M. T. Goodrich und R. Tamassia: JDSL – the data structures library in Java. `http://cs.brown.edu/cgc/jdsl/`.

[88] G. Graefe und P.-Å. Larson: B-tree indexes and CPU caches. In *Proc. 17th International Conference on Data Engineering*, pp. 349–358. IEEE Computer Society, 2001.

[89] R. L. Graham: Bounds for certain multiprocessing anomalies. *Bell System Technical Journal* **45**:1563–1581, 1966.

[90] R. L. Graham, D. E. Knuth und O. Patashnik: *Concrete Mathematics.* Addison-Wesley, 2. Aufl., 1994.

[91] J. F. Grantham und C. Pomerance: Prime numbers. In K. H. Rosen (Hrsg.): *Handbook of Discrete and Combinatorial Mathematics*, Kap. 4.4, pp. 236–254. CRC Press, 2000.

[92] R. Grossi und G. Italiano: Efficient techniques for maintaining multi-dimensional keys in linked data structures. In *Proc. 26th International Colloquium on Automata, Languages and Programming*, Lecture Notes in Computer Science 1644, pp. 372–381. Springer, 1999.

[93] B. Haeupler, S. Sen und R. E. Tarjan: Rank-pairing heaps. *SIAM Journal on Computing* **40**(6):1463–1485, 2011.

[94] S. Halperin und U. Zwick: Optimal randomized EREW PRAM algorithms for finding spanning forests *J. of Algorithms* **39**(1):1–46, 2001.

[95] Y. Han und M. Thorup: Integer sorting in $O\left(n\sqrt{\log\log n}\right)$ expected time und linear space. In *Proc. 42nd Annual IEEE Symposium on Foundations of Computer Science*, pp. 135–144, 2002.

[96] G. Y. Handler und I. Zang: A dual algorithm for the constrained shortest path problem. *Networks* **10**:293–309, 1980.

[97] J. Hartmanis und J. Simon: On the power of multiplication in random access machines. In *Proc. 5th Annual IEEE Symposium on Foundations of Computer Science*, pp. 13–23, 1974.

[98] M. Held und R. Karp: The traveling-salesman problem and minimum spanning trees. *Operations Research* **18**:1138–1162, 1970.

[99] M. Held und R. Karp: The traveling-salesman problem and minimum spanning trees, part II. *Mathematical Programming* **1**:6–25, 1971.

[100] P. V. Hentenryck und L. Michel: *Constraint-Based Local Search*. MIT Press, 2005.

[101] C. A. R. Hoare: An axiomatic basis for computer programming. *Communications of the ACM* **12**:576–585, 1969.

[102] C. A. R. Hoare: Proof of correctness of data representations. *Acta Informatica* **1**:271–281, 1972.

[103] R. D. Hofstadter: Metamagical themas – Virus-like sentences and self-replicating structures. *Scientific American* **248**(1):14–22, 1983.

[104] J. E. Hopcroft und J. D. Ullman: Set merging algorithms. *SIAM Journal on Computing* **2**(4):294–303, 1973.

[105] P. Høyer: A general technique for implementation of efficient priority queues. In *Proc. 3rd Israeli Symposium on Theory of Computing and Systems*, pp. 57–66. IEEE Computer Society, 1995.

[106] S. Huddlestone und K. Mehlhorn: A new data structure for representing sorted lists. *Acta Informatica* **17**:157–184, 1982.

[107] J. Iacono. Improved upper bounds for pairing heaps: In *Proc. 7th Scandinavian Workshop on Algorithm Theory*, Lecture Notes in Computer Science 1851, pp. 32–45. Springer, 2000.

[108] A. Itai, A. G. Konheim und M. Rodeh: A sparse table implementation of priority queues. In *Proc. 8th International Colloquium on Automata, Languages and Programming*, Lecture Notes in Computer Science 115, pp. 417–431. Springer, 1981.

[109] V. Jarník: O jistém problému minimálním (Über ein gewisses Minimalproblem). *Práca Moravské Přírodovědecké Společnosti* **6**:57–63, 1930. (Auf Tschechisch.)

[110] K. Jensen und N. Wirth: *Pascal User Manual and Report: ISO Pascal Standard*. Springer, 1991.

[111] T. Jiang, M. Li und P. Vitányi: A lower bound on the average-case complexity of shellsort. Journal of the ACM **47**(5):905–911, 2000.

[112] D. S. Johnson, C. R. Aragon, L. A. McGeoch und C. Schevon: Optimization by simulated annealing: Experimental evaluation; part II, graph coloring and number partitioning. *Operations Research* **39**(3):378–406, 1991.

[113] K. Kaligosi und P. Sanders: How branch mispredictions affect quicksort. In *Proc. 14th European Symposium on Algorithms*, Lecture Notes in Computer Science 4168, pp. 780–791. Springer, 2006.

[114] H. Kaplan und R. E. Tarjan: New heap data structures. Technischer Bericht TR-597-99, Princeton University, 1999.

[115] A. Karatsuba und Y. Ofman: Multiplication of multidigit numbers on automata. *Soviet Physics Doklady* **7**(7):595–596, 1963.

[116] D. Karger, P. N. Klein und R. E. Tarjan: A randomized linear-time algorithm for finding minimum spanning trees. *Journal of the ACM* **42**:321–329, 1995.

[117] N. Karmarkar: A new polynomial-time algorithm for linear programming. *Combinatorica* **4**(4):373–395, 1984.

[118] J. Katajainen und B. B. Mortensen: Experiences with the design and implementation of space-efficient deques. In *Proc. 5th International Workshop on Algorithm Engineering*, Lecture Notes in Computer Science 2141, pp. 39–50. Springer, 2001.

[119] I. Katriel, P. Sanders und J. L. Träff: A practical minimum spanning tree algorithm using the cycle property. In *Proc. 11th Annual European Symposium on Algorithms*, Lecture Notes in Computer Science 2832, pp. 679–690. Springer, 2003.

[120] H. Kellerer, U. Pferschy und D. Pisinger: *Knapsack Problems*. Springer, 2004.

[121] L. Khachiyan: A polynomial time algorithm in linear programming. *Soviet Mathematics Doklady* **20**(1):191–194, 1979.

[122] V. King: A simpler minimum spanning tree verification algorithm. *Algorithmica* **18**:263–270, 1997.

[123] D. E. Knuth: *The Art of Computer Programming: Sorting and Searching*, Bd. 3. Addison-Wesley, 2. Aufl., 1998.

[124] D. E. Knuth: *MMIXware: A RISC Computer for the Third Millennium*, Lecture Notes in Computer Science 1750. Springer, 1999.

[125] R. E. Korf: Depth-first iterative-deepening: An optimal admissible tree search. *Artificial Intelligence* **27**:97–109, 1985.

[126] B. Korte und J. Vygen: *Combinatorial Optimization: Theory and Algorithms*. Springer, 2000.

[127] J. Kruskal: On the shortest spanning subtree of a graph and the travelling salesman problem. *Proceedings of the American Mathematical Society* **7**:48–50, 1956.

[128] A. LaMarca und R. E. Ladner: The influence of caches on the performance of heaps. *ACM Journal of Experimental Algorithmics* **1**(Artikel 4):1–32, 1996.

[129] E. L. Lawler, J. K. Lenstra, A. H. G. Rinooy Kan und D. B. Shmoys: *The Traveling Salesman Problem*. Wiley, 1985.

[130] LEDA (Library of Efficient Data Types and Algorithms). `http://www.algorithmic-solutions.com`.

[131] L. Q. Lee, A. Lumsdaine und J. G. Siek: *The Boost Graph Library: User Guide and Reference Manual*. Addison-Wesley, 2002.

[132] L. Levin. Universal search problems: *Problemy Peredachi Informatsii* **9**(3):115–116, 1973. (Auf Russisch.)

[133] I. Lustig und J.-F. Puget: Program does not equal program: Constraint programming and its relationship to mathematical programming. *Interfaces* **31**:29–53, 2001.

[134] S. Martello und P. Toth: *Knapsack Problems: Algorithms and Computer Implementations*. Wiley, 1990.

[135] C. Martínez und S. Roura: Optimal sampling strategies in Quicksort and Quickselect. *SIAM Journal on Computing* **31**(3):683–705, 2002.

[136] C. McGeoch, P. Sanders, R. Fleischer, P. R. Cohen und D. Precup: Using finite experiments to study asymptotic performance. In R. Fleischer, B. M. E. Moret, E. M. Schmidt (Hrsg.): *Experimental Algorithmics – From Algorithm Design to Robust and Efficient Software*, Lecture Notes in Computer Science 2547, pp. 1–23. Springer, 2002.

[137] MCSTL: The Multi-Core Standard Template Library. `http://algo2.iti.uni-karlsruhe.de/singler/mcstl/`.

[138] K. Mehlhorn: A faster approximation algorithm for the Steiner problem in graphs. *Information Processing Letters* **27**(3):125–128, Mar. 1988.

[139] K. Mehlhorn: Amortisierte Analyse. In T. Ottmann (Hrsg.): *Prinzipien des Algorithmenentwurfs*, pp. 91–102. Spektrum Lehrbuch, 1998.

[140] K. Mehlhorn und U. Meyer: External memory breadth-first search with sublinear I/O. In *Proc. 10th European Symposium on Algorithms*, Lecture Notes in Computer Science 2461, pp. 723–735. Springer, 2002.

[141] K. Mehlhorn und S. Näher: Bounded ordered dictionaries in $O(\log \log N)$ time and $O(n)$ space. *Information Processing Letters* **35**(4):183–189, 1990.

[142] K. Mehlhorn und S. Näher: Dynamic fractional cascading. *Algorithmica* **5**:215–241, 1990.

[143] K. Mehlhorn und S. Näher: *The LEDA Platform for Combinatorial and Geometric Computing*. Cambridge University Press, 1999.

[144] K. Mehlhorn, S. Näher und P. Sanders: Engineering DFS-based graph algorithms. Manuskript, 2007.

[145] K. Mehlhorn, V. Priebe, G. Schäfer und N. Sivadasan: All-pairs shortest-paths computation in the presence of negative cycles. *Information Processing Letters* **81**(6):341–343, 2002.

[146] K. Mehlhorn und P. Sanders: Scanning multiple sequences via cache memory. *Algorithmica* **35**(1):75–93, 2003.

[147] K. Mehlhorn und M. Ziegelmann: Resource constrained shortest paths. In *Proc. 8th European Symposium on Algorithms*, Lecture Notes in Computer Science 1879, pp. 326–337, 2000.

[148] R. Mendelson, R. E. Tarjan, M. Thorup und U. Zwick: Melding priority queues. *ACM Transactions on Algorithms* **2**(4):535–556, 2006.

[149] *Meyers Konversationslexikon.* Bibliographisches Institut, 1888.

[150] B. Meyer: *Object-Oriented Software Construction.* Prentice-Hall, 2. Aufl., 1997.

[151] U. Meyer: Average-case complexity of single-source shortest-path algorithms: Lower and upper bounds. *Journal of Algorithms* **48**(1):91–134, 2003.

[152] U. Meyer und P. Sanders: Δ-stepping: A parallel shortest path algorithm. *Journal of Algorithms* **49**(1):114–152, 2003.

[153] U. Meyer, P. Sanders und J. Sibeyn (Hrsg.): *Algorithms for Memory Hierarchies*, Lecture Notes in Computer Science 2625. Springer, 2003.

[154] B. M. E. Moret und H. D. Shapiro: An empirical analysis of algorithms for constructing a minimum spanning tree. In *Proc. 2nd Workshop on Algorithms and Data Structures*, Lecture Notes in Computer Science 519, pp. 400–411. Springer, 1991.

[155] R. Morris: Scatter storage techniques. *Communications of the ACM* **11**(1):38–44, 1968.

[156] S. S. Muchnick: *Advanced Compiler Design and Implementation.* Morgan Kaufmann, 1997.

[157] S. Näher und O. Zlotowski: Design and implementation of efficient data types for static graphs. In *Proc. 10th European Symposium on Algorithms*, Lecture Notes in Computer Science 2461, pp. 748–759. Springer, 2002.

[158] G. Nemhauser und Z. Ullmann: Discrete dynamic programming and capital allocation. *Management Science* **15**(9):494–505, 1969.

[159] G. Nemhauser und L. Wolsey: *Integer and Combinatorial Optimization.* Wiley, 1988.

[160] J. Nešetřil, H. Milková und H. Nešetřilová: Otakar Borůvka on minimum spanning tree problem: Translation of both the 1926 papers, comments, history. *Discrete Mathematics* **233**(1–3):3–36, 2001.

[161] K.-D. Neubert: The Flashsort1 algorithm. *Dr. Dobb's Journal*, pp. 123–125, Feb. 1998.

[162] J. Nievergelt und E. Reingold: Binary search trees of bounded balance. *SIAM Journal on Computing* **2**:33–43, 1973.

[163] K. Noshita: A theorem on the expected complexity of Dijkstra's shortest path algorithm. *Journal of Algorithms* **6**(3):400–408, 1985.

[164] A. Pagh, R. Pagh und M. Ružić: Linear probing with constant independence. *SIAM Journal on Computing* **39**(3):1107–1120, 2009.

[165] R. Pagh und F. Rodler: Cuckoo hashing. *Journal of Algorithms* **51**:122–144, 2004.

[166] M. Pătraşcu und M. Thorup: On the k-independence required by linear probing and minwise independence. In *Proc. 37th International Colloquium on Automata, Languages and Programming (ICALP), Part I*, Lecture Notes in Computer Science 6198, pp. 715–726, 2010.

[167] W. W. Peterson: Addressing for random access storage. *IBM Journal of Research and Development* **1**(2):130–146, 1957.

360   Literaturverzeichnis

[168] S. Pettie: Towards a final analysis of pairing heaps. In *Proc. 46th Annual IEEE Symposium on Foundations of Computer Science*, pp. 174–183, 2005.

[169] S. Pettie und V. Ramachandran: An optimal minimum spanning tree algorithm. *Journal of the ACM* **49**(1):16–34, 2002.

[170] J. Pinkerton: *Voyages and Travels*, Bd. 2. 1808.

[171] P. J. Plauger, A. A. Stepanov, M. Lee und D. R. Musser: *The C++ Standard Template Library*. Prentice Hall, 2000.

[172] R. C. Prim: Shortest connection networks and some generalizations. *Bell Systems Technical Journal* **36**:1389–1401, 1957.

[173] W. Pugh: Skip lists: A probabilistic alternative to balanced trees. *Communications of the ACM* **33**(6):668–676, 1990.

[174] O. Ramaré und Y. Saouter: Short effective intervals containing primes. *Journal of Number Theory* **98**:10–33, 2003.

[175] A. Ranade, S. Kothari und R. Udupa: Register efficient mergesorting. In *Proc. 7th International Conference on High Performance Computing*, Lecture Notes in Computer Science 1970, pp. 96–103. Springer, 2000.

[176] J. H. Reif: Depth-first search is inherently sequential. *Information Processing Letters* **20**(5):229–234, 1985.

[177] N. Robertson, D. P. Sanders, P. Seymour und R. Thomas: Efficiently four-coloring planar graphs. In *Proc. 28th ACM Symposium on Theory of Computing*, pp. 571–575, 1996.

[178] G. Robins und A. Zelikwosky: Tighter Bounds for Graph Steiner Tree Approximation. *SIAM Journal on Discrete Mathematics* **19**(1):122–134, 2005.

[179] P. Sanders: Fast priority queues for cached memory. *ACM Journal of Experimental Algorithmics* **5**(Artikel 7):1–25, 2000.

[180] P. Sanders und D. Schultes: Highway hierarchies hasten exact shortest path queries. In *Proc. 13th European Symposium on Algorithms*, Lecture Notes in Computer Science 3669, pp. 568–579. Springer, 2005.

[181] P. Sanders und D. Schultes: Engineering fast route planning algorithms. In *Proc. 6th Workshop on Experimental Algorithms*, Lecture Notes in Computer Science 4525, pp. 23–36. Springer, 2007.

[182] P. Sanders und S. Winkel: Super scalar sample sort. In *Proc. 12th European Symposium on Algorithms*, Lecture Notes in Computer Science 3221, pp. 784–796. Springer, 2004.

[183] R. Santos und F. Seidel: A better upper bound on the number of triangulations of a planar point set. *Journal of Combinatorial Theory, Series A* **102**(1):186–193, 2003.

[184] R. Schaffer und R. Sedgewick: The analysis of heapsort. *Journal of Algorithms* **15**:76–100, 1993.

[185] A. Schönhage: Storage modification machines. *SIAM Journal on Computing* **9**:490–508, 1980.

[186] A. Schönhage und V. Strassen: Schnelle Multiplikation großer Zahlen. *Computing* **7**:281–292, 1971.

[187] A. Schrijver: *Theory of Linear and Integer Programming*. Wiley, 1986.

[188] D. Schultes: *Route Planning in Road Networks*. Dissertation, Universität Karlsruhe, 2008.

[189] R. Sedgewick: Analysis of Shellsort and related algorithms. In *Proc. 4th European Symposium on Algorithms*, Lecture Notes in Computer Science 1136, pp. 1–11. Springer, 1996.

[190] R. Sedgewick und P. Flajolet: *An Introduction to the Analysis of Algorithms*. Addison-Wesley, 1996.

[191] R. Seidel und C. R. Aragon: Randomized search trees. *Algorithmica* 16(4–5):464–497, 1996.

[192] R. Seidel und M. Sharir: Top-down analysis of path compression. *SIAM Journal on Computing* 34(3):515–525, 2005.

[193] M. Sharir: A strong-connectivity algorithm and its applications in data flow analysis. *Computers and Mathematics with Applications* 7(1):67–72, 1981.

[194] D. L. Shell: A high-speed sorting procedure. *Communications of the ACM* 2(7):30–32 (1959).

[195] J. C. Shepherdson und H. E. Sturgis: Computability of recursive functions. *Journal of the ACM* 10(2):217–255, 1963.

[196] J. Singler, P. Sanders und F. Putze: MCSTL: The Multi-Core Standard Template Library. In *Proc. Parallel Processing, 17th International Euro-Par Conference*, Lecture Notes in Computer Science 4641, pp. 682–694. Springer, 2007.

[197] M. Sipser: *Introduction to the Theory of Computation*. MIT Press, 1998.

[198] D. D. Sleator und R. E. Tarjan: A data structure for dynamic trees. *Journal of Computer and System Sciences* 26(3):362–391, 1983.

[199] D. D. Sleator und R. E. Tarjan: Self-adjusting binary search trees. *Journal of the ACM* 32(3):652–686, 1985.

[200] D. Spielman und S.-H. Teng: Smoothed analysis of algorithms: Why the simplex algorithm usually takes polynomial time. *Journal of the ACM* 51(3):385–463, 2004.

[201] R. E. Tarjan: Depth first search and linear graph algorithms. *SIAM Journal on Computing* 1:146–160, 1972.

[202] R. E. Tarjan: Efficiency of a good but not linear set union algorithm. *Journal of the ACM* 22(2):215–225, 1975.

[203] R. E. Tarjan: Shortest paths. Technischer Bericht, AT&T Bell Laboratories, 1981.

[204] R. E. Tarjan: Amortized computational complexity. *SIAM Journal on Algebraic and Discrete Methods* 6(2):306–318, 1985.

[205] R. E. Tarjan und U. Vishkin: An efficient parallel biconnectivity algorithm. *SIAM Journal on Computing* 14(4):862–874, 1985.

[206] M. Thorup: Undirected single source shortest paths in linear time. *Journal of the ACM* 46:362–394, 1999.

[207] M. Thorup: Even strongly universal hashing is pretty fast. In *Proc. 11th Annual ACM-SIAM Symposium on Discrete Algorithms*, pp. 496–497, 2000.

[208] M. Thorup: Compact oracles for reachability and approximate distances in planar digraphs. *Journal of the ACM* 51(6):993–1024, 2004.

[209] M. Thorup: Integer priority queues with decrease key in constant time and the single source shortest paths problem. *Journal of Computer and System Sciences* **69**(3):330–353, 2004.

[210] M. Thorup und U. Zwick: Approximate distance oracles. *Journal of the ACM* **52**(1):1–24, 2005.

[211] A. Toom: The complexity of a scheme of functional elements realizing the multiplication of integers. *Soviet Mathematics Doklady* **150**(3):496–498, 1963.

[212] P. van Emde Boas: Preserving order in a forest in less than logarithmic time. *Information Processing Letters* **6**(3):80–82, 1977.

[213] R. Vanderbei: *Linear Programming: Foundations and Extensions.* Springer, 2001.

[214] V. Vazirani: *Approximation Algorithms.* Springer, 2000.

[215] J. von Neumann: First draft of a report on the EDVAC. Technischer Bericht, University of Pennsylvania, 1945.

[216] J. Vuillemin: A data structure for manipulating priority queues. *Communications of the ACM* **21**:309–314, 1978.

[217] L. Wall, T. Christiansen und J. Orwant: *Programming Perl.* O'Reilly, 3. Aufl., 2000.

[218] I. Wegener: BOTTOM-UP-HEAPSORT, a new variant of HEAPSORT beating, on an average, QUICKSORT (if n is not very small). *Theoretical Computer Science* **118**(1):81–98, 1993.

[219] I. Wegener: *Komplexitätstheorie – Grenzen der Effizienz von Algorithmen.* Springer, 2003.

[220] R. Wickremesinghe, L. Arge, J. S. Chase und J. S. Vitter: Efficient sorting using registers and caches. *ACM Journal of Experimental Algorithmics* **7**(Artikel 9):1–17, 2002.

[221] R. Wilhelm und D. Maurer: *Übersetzerbau.* Springer, 2. Aufl., 1997.

[222] J. W. J. Williams: Algorithm 232: Heapsort. *Communications of the ACM* **7**:347–348, 1964.

Sachverzeichnis